【当代心理科学名著译丛】

社会性动物

（第九版）

The Social Animal

E·阿伦森　著
邢占军　译　缪小春　审校

华东师范大学出版社
·上　海·

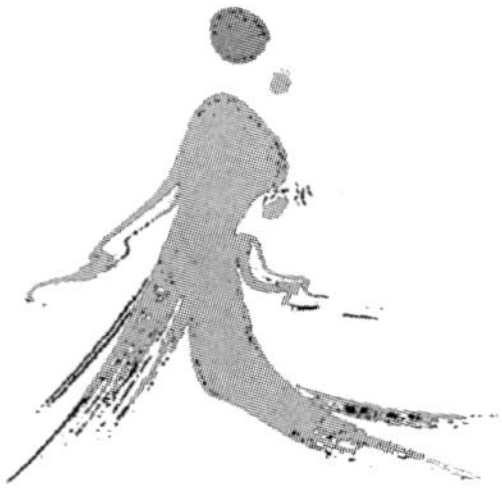

图书在版编目(CIP)数据

社会性动物:第九版/(美)阿伦森著;邢占军译.
上海:华东师范大学出版社,2007.10
(心理译丛)
ISBN 978-7-5617-5663-8

Ⅰ.社… Ⅱ.①阿…②邢… Ⅲ.社会心理学—研究
Ⅳ.C912.6

中国版本图书馆CIP数据核字(2007)第167566号

The Social Animal, 9th Edition
By Elliot Aronson

First published in the United States by WORTH PUBLISHERS, New York and Basingstoke

当代心理科学名著译丛

社会性动物(第九版)

撰　　著 E·阿伦森
译　　者 邢占军
审　　校 缪小春
项目编辑 彭呈军
文字编辑 彭呈军
责任校对 赖芳斌
封面设计 高　山
版式设计 蒋　克

出版发行 华东师范大学出版社
社　　址 上海市中山北路3663号 邮编 200062
网　　址 www.ecnupress.com.cn
电　　话 021-60821666 行政传真 021-62572105
客服电话 021-62865537 门市(邮购)电话 021-62869887
地　　址 上海市中山北路3663号华东师范大学校内先锋路口
网　　店 http://hdsdcbs.tmall.com

印 刷 者 浙江临安曙光印务有限公司
开　　本 787毫米×1092毫米 1/16
印　　张 25.25
字　　数 503千字
版　　次 2007年12月第一版
印　　次 2025年9月第四十三次
书　　号 ISBN 978-7-5617-5663-8/B·347
定　　价 45.00元

出版人 王 焰

(如发现本版图书有印订质量问题,请寄回本社客服中心调换或电话021-62865537联系)

“当代心理科学名著译丛”

选编委员会

理所当然地献给维拉

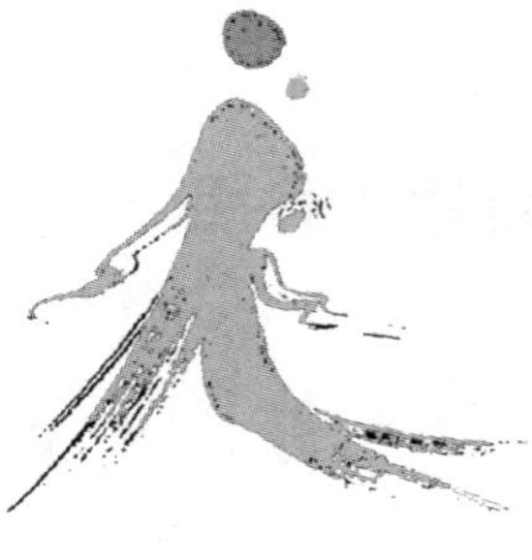

目　　录

总　　序

感谢读者在“当代心理科学名著译丛”前驻足和浏览。

我们为什么要译介和出版这套丛书？

学术会通时代。科学与技术从来都在为历史的发展和人类的进步助跑，这在我们身处之时代尤为显著。在这新纪喷薄、百业腾骧、中华数千年文玥将再现辉煌的历史时刻，中国的心理学工作者应该有所作为。

心理学正日益走近和踏入我们的生活。目前它几乎已成“热学”。林林总总冠以“心理学”名谓的出版物不断更新着书店和读者的书架。心理学不再神秘。但也不必讳言，从“心理学”这棵大树繁衍开来的过度茂密的枝蔓，使其主干倒显得有些不明了。严肃的心理学工作者应该做些修枝整叶的工作。没有心理学主干的承托，心理学之树的常绿是不能长久的。培本固干是本译丛的宗旨。

我们的目光还应看得更远。国内外均有学者断言，心理学将成为21世纪的“显学”。我们同意这一观点。这并非心理学家的自大，某种意义上，这是科学发展史的必然走向。心理学是研究人类自身奥秘的科学，即使在近代科学诞生之前的所谓“前科学”的粗放时代，人类就已开始或一直在关注自身（我）。先哲们深刻的理性思考中蕴涵着无数实质为心理学的问题。仅就“知”的领域而言，以当代著名心理学家、发生认识论者皮亚杰的理论分析，所谓“格物致知”，实际包含着一种“双向建构”的过程。人类的知识，不管是群体，还是个体，其构成都是这一双向建构的产物，即人（类）在认识世界的同时，自身的认知结构也得到了提升，而且，人（类）又不断使用在认识世界的过程中锤炼的“认知结构”这一利器，反身解剖自己的认识（甚至包括认知结构本身），并及于其他专属于“人”的领域——意识的、思想的、情感的、人际的、个性的诸多方面。这种自我解剖的功能，唯有“地球上最美的花朵——思维着的精神”才能做到，它是人类精神的本质所在。而且，随着人类自身的发展，它会变得越来越自觉和深入。心理学地位的日益凸显正是与此相伴随的。

当今社会的发展已为之提供了许多佐证。现代文明的历史进程紧迫呼唤科学心理学的介入,因为现代化的核心是人的现代化。现代化的大厦须以"人"为支撑点。以现代人的智慧、理性、道德和情操,才能真正构成现代的文明。这对正在进行现代化建设的当代中国来说,具有更加现实的意义。

试看:当人们惊呼知识濒于"大爆炸"之时,必然更期望破解知识获得过程之谜以实现真正的学习的革命;当教育终于从应试模式的藩篱中解脱出来回归素质教育的正确方向时,就更要求教育的过程符合人才成长的自身规律;当培养新一代学子的创新精神和创造能力关乎一个国家和民族的兴衰大业时,充分发掘智力的潜能和探索其有效的培养途径必然更显重要。人们面临的问题似乎也更多了,例如:当知识经济和信息时代的特质日益改变人们的生存状态和生活方式时,如何才能保持人们自身的健康身心和塑造健全的人格?当现代生活的压力在人与家庭、人与群体、人与社会的关系中注入了新的特征时,如何正确处理这些关系以达于彼此的和谐与适应?当本由人所创造和发明的外化的技术却在与人的颉颃中,显现出凌驾于人的态势时,如何重铸人的尊严和恢复精神力量的能动地位?当愈益先进的技术把人导入愈益复杂的人机系统时,究竟是"物从于人",还是"人从于物",或是"人物相容",又怎样相容?如此等等。所有这些问题,都需要心理学作出回答。

当然,就心理学目前的发展水平而言,它为这些问题所能提供的答案和解释,与人们对它的要求相比,尚有相当的距离。有学者认为,心理学是一门"准科学"(Almost Science),或至少目前是如此。一来是因为心理学受到研究方法的制约,缺少有效的研究手段。例如,在脑电图的记录成为可能之前,要想研究梦的生理基础几乎是天方夜谭;二是因为心理学的研究还受到诸多实际操作和伦理的限制。心理学不可能为了探明感知觉的关键期而人为地将婴儿幽闭于光、声隔绝的环境。正是基于这样一些原因,同物理、化学等纯粹的自然科学相比,心理学从来都不是那么"过硬"。但是,我们同样应该看到,在科学心理学诞生以来的百余年中,科学技术已有了长足的进步,自然科学各分支领域所取得的成果为心理学研究突破禁区提供了可能。尤其是大脑和神经科学的新进展为探讨心理学的生理机制打下了坚实的基础;而社会的发展、人类自身文明程度的提高以及社会科学的繁荣与深入,又为打破传统的禁忌和藩篱创造了条件。另外,随着哲学(尤其是认识论)和科学发展史以及科学哲学研究的日益深入(比如进化论思想在心理发生发展中的应用),也为心理学构筑正确的理论框架提供了启发与指导。心理学的研究无论从方法还是从内容看,都已今非昔比。自冯特创立科学心理学至今,心理学度过了发展的婴儿期,现已长成蹒跚学步的幼童。唯其尚幼,才会有21世纪的青春可期。心理学已成为当今蓬勃发展的生命科学的一个重要组成部分,并终将在科学之林尽显风骚。

让我们再把视线收至当代。一个不讳的事实是:由于近代科学心理学发端于西方,西方学者比我们稍稍领先了几步。“他山之石,可以攻玉”。我们是积极的拿来主义者。我们希望从一种多元的视野中,以某种开放的气息,吸纳他人之长处,此所谓“大道多容”的心态,当为今日中国学人所取。

当然,我们在做这件“拿来”的工作时,应该保持一分清醒,这又与心理学的学科特色不无关系。心理学是一门既具一般性,更具多样性的学科。一般性主要体现在人的心理活动规律的普遍性上,心理学以揭示此规律为己任。多样性则表现为两个方面。一是学科的多样性。心理现象并非缥缈之物,它是在人的诸多实践领域的活动中表现出来的。因此,人的实践活动领域的多样性决定了它必然分枝繁茂,且多有交叉。另一多样性则与文化有关。不同的文化势必会在它们所研究和表述的心理学上打上各自的烙印,甚至在心理学的基础部分也难以避免,在那些与社会文化关系密切的领域则更是如此。这样说并不否认其普遍性。规律的普遍性和文化的特殊性(多样性)的共存关系,恰如生物体基因型和表现型的统一。

因此,心理学也许是一门最具多样性的学科了。目前,在世界范围内,特别是在科技发达的西方,在各个重要的心理学分支领域,产生了一些各具特色、各有侧重的心理学流派,出现了一些具有世界影响的著名的心理学家及其代表性著作。在最能体现一般性和普遍性的基础心理学部分,更诞生了一批成熟的、经受了时间考验的专著。所有这些,均应被视为人类知识库中的财富。把它们介绍给中国的学术界,可为中国的心理和教育工作者打开一扇瞭望当代心理科学发展现状和研究成果的窗口,从而更好地把握心理科学的发展脉络。我们认为,这无论从促进心理学在中国的发展,提高中国心理学的教学和研究的整体水平,壮大我们的学术队伍,还是从推广、普及和深化心理学知识在智力开发与训练、人才培养与评估、人事与组织管理、心理健康与教育等实践领域的运用,都是一项极有意义的工作。

因此,基于上述种种思考,选译当代西方心理学名著的想法就自然产生了。而且我们设想,它应是一套成系列的丛书,其范围应尽可能地涵盖各个主要的心理学领域,以名家名著为取材对象,以学术性和权威性为入选的标准,试图使读者能从这套丛书中形成关于科学心理学的“主干”形象,并为当前国内心理学界的研究提供借鉴与指导。我们的这些想法首先在华东师范大学心理学系的几位教授中酝酿并取得共识,旋即得到华东师范大学出版社领导的赞同,继而迅速组成了选编委员会及其工作班子。基于出版同类丛书国内尚无先例,为慎重计,我们又拜访了中国心理学界几位德高望重的著名学者陈立、荆其诚、张厚粲、王甦教授,征询他们的意见。他们对出版这套丛书的计划均表肯定与赞许,且欣然应允担任丛书的顾问。

他们还对选编工作提出了许多指导性的原则和建议，一再鼓励我们要把“好事做好”，其语殷殷，其情切切。无疑，这极大地增强了我们完成这一任务的信心。

本套丛书名曰“当代”，具体指近十余年来的作品，或是问世稍早，近年又再版流行者。时间是判断学术著作之生命力的良好尺度。但立足“当代”，与判断名著的时间间距的要求，两者之间显然是矛盾的。我们试图从中寻找某种平衡点。确定选择的时限不超过20世纪80年代，就是对两者的兼顾。当然，更重要的是对作品的内在学术价值的把握。这正是编委会的工作重心所在。因此，那些既反映某学科领域的最新研究成果，又对后继的学科发展具有前瞻性启示意义，且为当今学者所公认的有影响的作品（含某些成熟的基础心理学的教科书），为本丛书的选择目标。全套丛书容量约25种，内容涉及教育与发展心理学（含智力理论）、普通心理学和实验心理学、社会心理学、管理心理学等方面，在三五年内陆续出版。

现在，从动议至今仅及年余，“当代心理科学名著译丛”的首批作品就奉献于读者面前了。选编委员会和译校者都尽了全力，当然不足之处终所难免。我们诚恳期盼心理学界同仁和广大读者的批评与指正。在此译丛成书之际，我们尤其感谢华东师范大学出版社的大力支持。出版社领导人的远见和决断使丛书得以迅速面世。出版社社长朱杰人教授和副总编辑阮光页教授还亲自参加了选编委员会选编工作组的工作，从而保证了选编委员会工作的高效运转。这是一次愉快的合作。

最后，我们想表达我们全体选编委员会同仁们最诚挚的愿望，这也是我们编译这套丛书的最核心的初衷：今日播种西方译丛，为的是来年收获中国的名著！随着新世纪曙光的到来，随着中国现代化进程的高歌猛进，中国的心理学家既有能力也有信心，贡献于世界科学与文明更多创造性的成果。我们深信，待以时日，“当代中国心理学家名著译丛”也会出现于西方！

“当代心理科学名著译丛”选编委员会

1999年10月15日

我为什么要写这本书

1970 到 1971 年，我应邀来到了加利福尼亚州斯坦福行为科学高等研究中心。在这一年里，我获得了所有可能的支持和鼓励，可以自由地去做自己想做的任何事情。可以肯定的是，我不需要对这里的任何人和任何事情负责。中心坐落在一座美丽的小山上，离我钟爱的城市旧金山大约三十英里的行程，在这里我可以随心所欲地做点自己的事情，于是我决定撰写这本书。置身于美丽的乡下，而且又毗邻令我神往的旧金山，为什么我却要将自己关在一间斗室里去撰写这样一本书呢？并不是因为我发了疯，也不是为了钱。如果说有一个理由促使我来写这本书的话，那是因为我曾经亲口对一群大学二年级的学生们讲，社会心理学是一门年轻的学科，而这令我感到自己就像一个懦夫。

请容我解释：我们社会心理学家喜欢讲社会心理学是一门年轻的学科，事实上它的确是一门年轻的学科。当然，至少从亚里士多德(Aristotle)时代开始，敏锐的观察者们就已经对社会现象提出了一些引人关注的断言和振奋人心的假说，但是直到进入 20 世纪，这些断言和假说才受到了严格的检验。据我所知，第一个系统的社会心理实验是 1898 年垂普勒特(Tripulett)完成的，他测量了竞争对成绩的影响。然而真正意义上的实验社会心理学则诞生于 20 世纪 30 年代后期，主要是因为有了库尔特·勒温(Kurt Lewin)以及他的那些出色的学生们的推动。同样值得关注的一个有趣事实是，尽管早在约公元前 350 年亚里士多德就首次提出了有关社会影响和说服的一些基本原理，但这些原理直到 20 世纪中期才得到了卡尔·霍夫兰德(Carl Hovland)和他的同事们的实验检验。

然而，从另一方面看来，声称社会心理学是一门年轻的学科，则又会陷入因极力逃避而带来的自责之中——这无疑是在恳求人们不要对我们抱太大的期望。尤其是在运用已有研究成果来解决现实世界的问题时，这样说可以使我们推脱应负的责任，回避潜在的风险。从这层意义上讲，声称社会心理学是一门年轻的学科，无异于声称我们还不能够讲出任何重要的、有用的或者有关的(假如读者原谅我使用这样一个过分的词)东西。

本书力图问心无愧(尽管也有些诚惶诚恐)地阐述社会心理研究对于解决困扰当代社会的一些难题的重要意义。本书的大部分材料建立在实验的基础之上,但大多数实例和例证却来源于当前所面临的社会问题。这些问题包括偏见、宣传、战争、精神错乱、攻击、骚乱以及政治动荡。这种两重性体现了我本人所持的两个偏向——这些偏向也是我情有独钟的。第一个偏向是,实验方法是我们理解复杂现象的最好方法。科学的自明之理在于,真正认识世界的唯一途径是重构:也就是说,要真实地理解是一事物导致了另一事物,仅仅靠简单的观察是远远不够的,更为重要的是,我们有责任创设一种事物以便确定它的出现的确导致了另一事物的出现。我的第二个偏向是,要确定通过实验所发现的因果关系是有效的,唯一途径便是将它们从实验室带到现实世界中去。因此,作为一名科学家,我愿意在实验室里工作;然而作为一介平民,我又希望获得一扇观察周围世界的窗户。当然,这扇窗户也是双向的:我们也可以经常从日常生活中获得一些假设。我们可以在实验室“纯净”的条件下对这些假设进行最充分的检验;而且为了尽可能防止我们的想法变得“纯净”,我们会尝试着将实验室中的发现通过这扇窗户带回到现实世界,以检验它们能否站得住脚。

所有这些都隐含着我的一种信念,那就是社会心理学是非常重要的,即社会心理学家在帮助我们这个世界变得更加美好方面,可以扮演极为重要的角色。的确,每当我感到自我陶醉的时候,都会强化藏在自己内心深处的某种信念,那就是:社会心理学家处于一种特殊的位置,他们可以对人们的生活产生深远而又有益的影响,这种影响是通过增进人们对诸如从众、说服、偏见、爱、攻击等一些重要现象的理解而实现的。既然我的这种隐秘的信念已经不再是什么秘密了,对后面的章节我所能允诺的也只能是尝试着决不强加给读者。我宁愿让读者在读完本书之后自己做出判断:社会心理学家是否已经发现或者能够不断发现某些有用的(而远非极其重要的)东西。

与其他版本的社会心理学书相比,本书是简略的,这也是有意而为之。我们希望本书能够成为人们踏入社会心理学领域的一本简要导论,而不是一部有关研究和理论的百科全书式的著作。出于简略的原因,我不得不有所选择。这可能意味着会有一些传统的主题在我所选取的范围之外,而我所选取的一些主题也未必能够穷尽所有的细节。由于我期望本书尽可能做到既简略又通俗易懂,这便给写作带来了困难。更多的时候,我只能做一名“新闻评论员”,而不是一名“记者”。例如,对于许多争论,我并没有全部加以叙述。我宁可采用自己的判断,对当前本领域一些最为确切的说法加以专业化的(同时,我也希望是公正的)评价,并且尽我所能将其阐述清楚。

作出这样一个决定是出于对学生的考虑——本书是写给学生们的,而并非写给我的同行们的。如果说在将近四十年的大学教学中我懂得了一个道理的话,那就是,尽管全方位地进行详细的阐述对同行们可能是有用的(而且有时甚至是令人着迷的),但对于学生们来讲则可能是索然寡味的。学生们实际上询问我们的可能仅仅是现在几点了,而我们却硬给他们搬出一张标示世界上不同时区的地图、从日晷到最先进的计算机记时方法的历史、对祖先的钟表构造的详细的描述。等到介绍完这一切的时候,他们已经对问题失去了兴趣。没有比讲出所有问题的所有方面更保险的了,但也没有什么事情比这更令人厌烦。尽管我在此讨论了一些有争议的问题,但在下结论时却没有丝毫的犹豫。一句话,我已试图做到简略而又不失公允,尽力简要清晰地展示复杂的材料而又不过于简单。只有读者才能确定我是否成功地做到了这一切。

1972 年我完成了本书第一版的写作,当时我认为自己已经结束了这项工作。这是一种多么天真的想法。1975 年初,我不太情愿地决定对本书进行第一次修订。在这三年的时间里发生了很多事情。不仅仅在社会心理学领域有了一些新的激动人心的发现,更为重要的是,从 1972 年冬天我在发黄的纸笺上结束第一版写作以来,这个世界已经出现了一些重要的变化。在此仅仅列举其中的几个事件:一场残忍的、筋疲力尽的、导致分裂的战争结束了;美利坚合众国的一位副总统和总统被迫蒙羞下台;妇女解放运动开始明显地对国民意识产生影响。这些都是至关重要的社会心理事件。居于自己内心深处的那个懒虫不得不(带着长长的叹息)承认,任何一本想要与人们的(你们的和我的)生活相关的书,都必须力争做到与我们的时代同行。

毋庸讳言,一次修订是远远不够的。正如大家所看到的,事件的进展迫使我每隔三到四年就对本书修订一次。另外,不仅社会事件在迅速地变化,作为一门充满生机的科学,社会心理学也不断地推出一些引人注目的新概念和新发现。如果不能跟得上研究的进展就会对那些真诚的学生们造成损害。但在这里,作为作者必须分外谨慎。因热衷于追求完全的时髦,教科书作者可能会舍弃一项相当完美的研究,而其原因仅仅是这项研究是在十年前完成的。

事情往往是这样起作用的:作为作者,我们希望保持经典的材料同时又希望增加自上次修订以来新出现的一些研究。但我们不希望书变得越来越厚。一些东西已经成为过去,因此,在多数教科书中,许多好的研究会渐被忘却,不是因为它们已被更好的研究所代替,而仅仅是被一些较新的研究所代替。这可能给人们造成该领域缺乏连续性的错觉，即在经典与最新研究之间很少有其他的研究，这是一种可怕的误解。

在过去的三十年里，我一直在尽力解决这一难题。除非新的研究有助于增进人们对所讨论现象的理解，我总是坚决拒绝用最新的研究来取代那些较新的研究。在第九版中，我介绍了大量的新研究，这些研究都是在过去的五年里完成的。但我必须马上补充说明的是，从总体上看，这些研究的确是新的，而不单单是最近的。我期望本版《社会性动物》仍然保持原版简洁的风格，其中的内容是最新的而又不遗弃晚近那些优秀的研究。

致　谢

封面上的署名显示我是本书的唯一作者，本书的全部写作以及绝大部分构思也的确是由我本人完成的。因此，如果说本书有任何疏漏，自然要由我来承担，如果你在阅读本书的时候感到恼火，也应该将账算在我的头上。同时，我也想坦言几乎没有一项工作完全是由我自己完成的：在写作本书的过程中，许多人贡献了他们的知识和思想，我愿意借此机会，对他们所给予的慷慨帮助，表达由衷的谢意。

在本书第一版写作的过程中，维拉·阿伦森（Vera Aronson，我的妻子）和爱伦·博施德（Ellen Berscheid，我最出色的学生之一）给予了特别的帮助。她们不辞劳苦逐页逐行地校对原稿，提出了不计其数的建议和批评，对本书的完成起到了重要的作用。而且，她们对整个计划的热情感染并帮助我从一次次经常出现的“写作绝望”中摆脱出来。

另外一些人也贡献了他们有价值的思想和建议。我不能一一将他们列举出来，但其中贡献最大的包括南希·阿斯顿（Nancy Aston）、伦纳德·博克威茨（Leonard Berkowitz）、戴维·布拉德福（David Bradford）、约翰·达利（John Darley）、理查德·伊斯特林（Richard Easterlin）、乔纳森·弗里德曼（Jonathan Freedman）、詹姆斯·弗瑞尔（James Freel）、罗伯特·赫姆瑞克（Robert Helmreich）、朱迪·希尔顿（Judy Hilton）、迈克尔·卡恩（Michael Kahn）、约翰·科普兰（John Kaplan）、贾德森·米尔斯（Judson Mills）和杰维·西克斯（Jev Sikes）。

本书的大部分内容，是我在加利福尼亚的斯坦福行为科学高等研究中心做特别研究员时完成的，我深深地感谢这个出色的研究机构的那些工作人员，他们为我提供了必要的空闲和便利。

最后，我想以欣慰的心情说明，我的朋友和导师利昂·费斯汀格（Leon Festinger）与本书没有直接的关系。他从未阅读过书稿，而且据我所知，他甚至不知道我在写这本书。然而，本书的面世却要归功于他。利昂是一位令人叹服的老师，也是一位高要求的典范。可以讲，我的全部社会心理学知识都受之于他，但这远未表达事实的全部。他所传授给我的要比这些知识更有价值：那就是如何去发现人所未知的事物。

1972年3月

这是本书的第九版。有人可能会讲，我的年龄已经不容我再去修订这本书了。望着本书封底的那张布满皱纹、胡须花白的脸（那正是我的脸），不由得为自己仍能够追踪消逝的时间而产生一种酸甜的感受。当我初次撰写本书时，我曾满怀深情地谈到了从自己的朋友和导师利昂·费斯汀格那里所蒙受的恩惠。不需言表，我对这位高尚人物的感激与爱戴之情始终如一。如果一定要说点什么的话，那就是随着时光的流逝，我的这种感受更加深刻了。我喜欢做他的学生，而且我感到自己要一辈子做他的学生。1989年，利昂去世了，这标志着社会心理学一个重要时代的结束。他被人们深切地怀念着——不仅仅来自我们这些与他相识并深爱着他的人，而且也来自所有曾经受到过他的研究或理论影响的人们，这其中包括任何一个曾经学习过社会心理学的学生。

另外，随着本书的岁月已久以及我本人年龄的增长，我也越来越意识到自己从学生们身上受益匪浅。每隔四年，当我着手对本书进行修订时，我都会惊奇地发现这本书中已经不单单是我个人的思想了。的确，这些思想是我和我的学生们一起发展的。在过去的四十年里，我有幸招到了许多出色的学生，从我1960年最初的研究助手默瑞尔·卡尔史密斯（Merrill Carlsmith）、托尼·格林沃德（Tony Greenwald）和约翰·达利，一直到最近的那些研究助手。从他们身上我学到了很多东西，我由衷地感谢他们的帮助。我也很愿意与一些极具天赋的同事们交流并吸取他们的思想。其中需要特别提到的两位是安东尼·普莱特肯尼斯（Anthony Pratkanis）和卡罗尔·塔瓦瑞丝（Carol Tavris），他们为本书的不断完善作出了相当大的贡献。在此对他们的无私支持表示衷心的感谢。

一定意义上讲，本书也可以视为一项家庭事业。尤其是近年来，我感到特别满意的是，自己正越来越多地受到日渐成熟的孩子们不同形式的影响。我最小的儿子乔舒亚·阿伦森（Joshua Aronson），凭着自己的资质成为一名杰出的实验社会心理学家，他以极大的兴致尽力帮我掌握最新的方法和理论。特别是在本版，也就是第九版的修改中，他为我提供了非常宝贵的见解和建议，甚至动笔写了一些文字。我的大儿子哈尔·阿伦森（Hal Aronson），是一位环境社会学家，他帮助我将自己的视野从狭小的实验室转移出来。我另外两个孩子尼尔·阿伦森（Neal

Aronson)和朱莉·阿伦森(Julie Aronson),一个是圣克鲁斯市的消防员,另一个从事教育研究与评估,他们都在为人们的日常生活提供服务,他们的生活经历提醒我,社会心理学最终所追求的必须对人们的日常生活有所帮助。

最后,你可能已经注意到,本书的献词是“理所当然地献给维拉”。这里所说的维拉就是维拉·阿伦森,我将近五十年的挚友和顾问,而且今生有幸,她成了我的妻子。对于任何一个了解我们的人来讲,献词中“理所当然”这个词是多余的。由于多余是从事教学工作所养成的一种职业病,我只能承认(带着歉意)这类多余的表述在以后的论述中肯定还会出现。

艾略特·阿伦森(Elliot Aronson)

2003 年 3 月

社会性动物

从本质上讲人是一种社会性动物；那些生来离群索居的个体，要么不值得我们关注，要么不是人类。社会从本质上看是先于个体而存在的。那些不能过公共生活，或者可以自给自足不需要过公共生活，因而不参与社会的，要么是兽类，要么是上帝。

亚里士多德

《政治学》，公元前 328 年

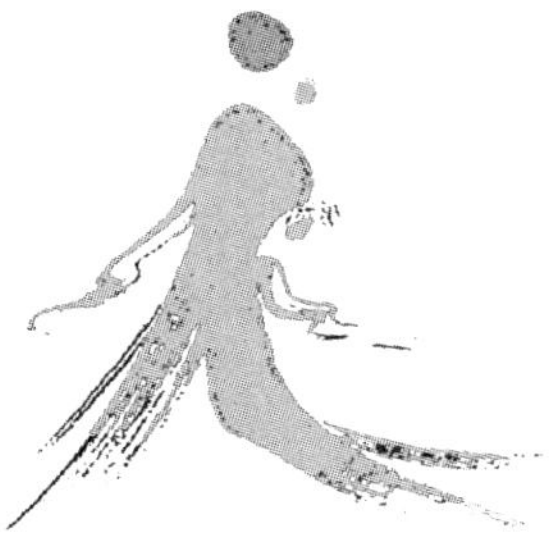

1

什么是社会心理学

据我们所知，亚里士多德最先对社会影响和说服的一些基本原则，进行了认真 1
的思考并做了系统的阐述。尽管他的确说过人是一种社会性动物，但他不太可能是最早觉察到这一点的人。另外，他也不太可能是第一个对这个陈述的真实性感到惊异，而同时又对它的陈腐和脆弱感到困惑的人。既然人类可以确定无疑地被视为社会性动物，那么从蚂蚁和蜜蜂到猴子和猿类等一大群其他动物，想必也是如此。将人类称之为“社会性动物”究竟意味着什么呢？先让我们来看一些具体的事例：

一个叫萨姆(Sam)的大学生正在与四个相识的人一起收看一位总统候选人的电视演讲。这位候选人给萨姆留下了很好的印象；他看起来很真诚，所以与他的对手相比，萨姆更喜欢这位候选人。演讲结束后，其中一位同学声称自己讨厌这位候选人，认为他是一个十足的骗子，所以她倾向于另一位候选人。其余几个人都随声附和。萨姆看上去很为难而且有点苦恼。最终，他对他的朋友们低声说道，“我想，他似乎不如我所期望的那样真诚”。

一位二年级的老师向全班提问，“6 加 9 加 4 加 11 的和是多少？”坐在第三排的一个女孩想了几秒钟，迟疑着，犹豫不决地举起了手，当被叫到的时候，吞吞吐吐地答道，“30？”老师点点头，微笑着对她说，“很好，卡罗尔”，并在她的前额贴上了一枚金星。老师接着问全班同学，“7 加 4 加 8 加 3 加 10 的和是多 2
少？”卡罗尔毫不迟疑地跳起来高喊，“32！”

一个四岁的男孩得到了一件生日礼物，一把玩具鼓。他敲打了几分钟后，便将它扔到一边，一连几周都不去理会它。一天一位朋友来访，拿起鼓来想玩。小“主人”突然一把从朋友手里抢过鼓来，玩个不停，好像这把玩具鼓一直是他最喜欢的玩具。

一个十岁的女孩每天都要喝下两大碗威提司麦片粥[*]，原因是一位奥运冠军为该产品代言。这位冠军暗示，她拥有非凡的运动能力一定程度上是因为食用了这种特殊品牌的麦片。

一位店主在蒙大拿州的一个小镇上生活了一辈子，他从来没有与任何一位黑人实际接触过，然而他竟然会认为黑人都是愚蠢的、懒惰的、好色纵欲的。

查利(Charlie)是一位高年级的高中生，最近他搬到了一座新城市。以往他人缘很好，而今一切都改变了。尽管新学校的孩子们对他还算客气，但他们并不特别友好。他感到孤独、缺乏安全感、难以引人注意。一天，在午餐的时候，他恰好和同班的两位女生坐同一张餐桌。其中的一位热情、迷人、漂亮、活泼，他一直很爱慕她，而且对她做过白日梦。随后的几周里，他一直渴望着与这位女生交谈。而另外一位女生则远谈不上有吸引力。查利却对那位活泼的女生不加理睬，而是开始热切地与她的那位同伴交往起来。

一位名叫德碧(Debbie)的大学生，收到了一封来自交往了很长时间的男友的绝交信。尽管德碧一向为自己能够节食以保持体型而骄傲，但听到绝交消息，她却大吃大喝起来，一个周末就吃下了几盒奥利奥薄脆饼、马珞玛司甜点、趣多多饼干。更有甚者，尽管她一向是一位工程专业成绩全优、数一数二的学生，但却在本该取得好成绩的微积分考试中没有及格。

越战期间，几百名肯特州立大学的学生举行了反战示威游行——这是我们历史上那个麻烦时代里，大学校园里经常发生的事情。由于某种难以解释的原因，负责维持校园治安的俄亥俄州国民卫队开了火，杀死了四名学生。悲剧发生后，一位当地中学教师断言这些被杀害的学生是咎由自取。尽管这位教师非常清楚受害者中至少有两个人其实并没有参加示威游行，他们仅仅是在枪击发生时从校园路过，但她仍然口出此言。事实上，她还声称，“任何一个 3
留着长发、衣衫不整或打着赤脚的人，出现在类似肯特这样城市的大街上，都该被枪杀”。[1]

当教主吉姆·琼斯(Jim Jones)发出警告，超过900名移居圭亚那的人民圣殿教成员聚集在他的面前。他知道国会调查团的几个成员已经被杀死，而圣洁的、与世隔绝的琼斯城将面临入侵。琼斯宣布他们死亡的时刻已经来临。大桶大桶的毒药准备好了，四下可以听到抗议声，可以看到反抗的举动，父母给婴儿和孩子们喂下药，然后自己喝下去，躺下来，手挽着手，等待着死亡。

---

* 美国通用米勒公司1926年推出的一种麦片品牌，后来逐渐成为一种全球著名品牌，能够成为威提斯麦片的代言人是许多体育明星梦寐以求的目标。——译者注

1999年4月20日，在科罗拉多州利特尔顿市哥伦拜恩中学的走廊和教室里，回荡着枪击声。两名持有杀伤性武器和爆炸装置的学生，在狂怒中杀死了一位教师和他们的几个同学。接着，他们将枪口对准了自己。硝烟过后，包括枪击者在内的15人当场毙命，另有23人被送往医院，其中多人重伤。

玛丽(Mary)刚满九岁。她收到的生日礼物是苏丝家庭主妇玩具，苏丝家庭主妇可以用她的小炉灶进行烘烤和烹制。女孩的父母之所以挑选了这件礼物，是因为她看上去对烹饪之类的事情很感兴趣，她总是不断地帮着妈妈整理餐桌、准备饭菜、打扫房间。“难道这不好吗，”玛丽的父亲说，“她怎么会在九岁时就已经对做一名家庭主妇感兴趣呢！小女孩基因之中已经融入了家政的成分。不要听那些女权主义者胡言乱语。”

我少年时代的朋友乔治·伍德(George Woods)，是一位非洲裔美国人。20世纪40年代当我们一起在马萨诸塞成长的时候，他总认为自己是“有色少年”并且感到比他的白人朋友们低下[2]。有许多原因导致他产生这种感受。当然，这位乔治所受到的来自白人社区的低人一等的对待，直接影响了他；而其他一些压力也多少对他产生了间接的影响。在那些日子里，乔治用来自娱自乐的方式，就是打开收音机收听《阿莫斯与安迪》。这是一部极为流行的广播剧，剧中的黑人成年人被描绘成幼稚的孩童：愚蠢、懒惰、无知，就像驯服乖巧的牲畜。黑人角色当然是由白人演员扮演的。在电影中，乔治所看到的是定型化的“有色人种”，通常是私人雇佣的汽车司机或者其他奴仆。一个程式化的情节可能是一个黑人和一个白人英雄一起走进了一间有鬼魂出没的屋子，他们听到了一种奇怪而又不祥的声音。镜头会全景拍摄黑人的面部：他的眼睛充满恐惧地睁大，他会拼命地叫喊，“快跑，别管闲事！”并且甚至连门都来不
及打开，就猛地夺门而去。我们只能猜测，乔治在与他的白人朋友们一起观看 4
这些电影时，会有何种体验。

情况在不断发生变化。譬如，尽管歧视和不公在我们这个社会仍然发挥相当大的作用，但成长在21世纪的乔治·伍德的孙辈们，不会再同样面对乔治本人所面对的灾难。而今的大众媒介所描绘的黑人角色并非全是奴仆。在20世纪的后半期，伴随着一场对非洲裔美国人历史和文化的关注和热情，开始出现了以身为黑人而自豪的情形。社会正以与影响乔治不同的方式影响着乔治的孙辈们。

尽管情况的确发生了变化，但我们切不可乐观地认为所有的变化都是直线式的、朝着人性化的方向发展。1936年8月30日，正值西班牙内战期间，一架飞机轰炸了马德里。一些人在轰炸中受了伤，但没有人死亡。令世人深深地为之震惊的是，一座人口稠密的城市可能受到来自空中的攻击。世界各地的报纸编辑们述说

着市民们的普遍恐惧与愤慨。仅仅九年之后，美国飞机在广岛和长崎扔下了原子弹。超过十万人被杀死，还有难以计数的人遭到了严重的伤害。此后不久进行的一项民意测验却显示，仅有不到4.5%的美国人认为我们不应当使用那些武器，令人吃惊的是22.7%的人认为在日本有机会投降之前，应当更多地使用这些武器。[3]显然，九年里发生的一些事情对舆论产生了影响。

定　　义

什么是**社会心理学**？几乎有多少位社会心理学家，就有多少种关于社会心理学的定义。在此不打算一一列举这些定义，采用论题来界定这一领域可能会提供更多的信息。前面所呈现的那些事例都是对社会心理情境的说明。尽管这些情境千差万别，但它们都包含了一个共同的因素：社会影响。萨姆的朋友对那位总统候选人品行的意见影响了萨姆的判断（或者至少他所做出的公开声明考虑到了这种判断）。来自那位老师的奖励影响了卡罗尔课堂反映的速度和积极性。那位四岁男孩发现他的玩具鼓很有吸引力，是因为无意中受到了他朋友兴趣的影响。另一方面看来，那位奥林匹克运动员对我们那位年轻的威提司麦片食用者的影响，则并不是无意的，而是在有意策划以激发她说服自己的父母去购买威提司麦片。那位蒙大拿的店主对黑人所持有的不良定型，决非他的头脑中生来固有的，而是某些人以某种方式灌输给他的。德碧的大吃大喝以及成绩不佳与她遭到拒绝有一定的关系——至于这件事是如何对她起作用的，则需要细致地分析。查利不理睬他的梦 5
中女孩，几乎可以肯定与他担心自己被拒绝、他看待自己的方式以及他对两位女生中谁更可能拒绝自己的潜在假定有关。被拒绝可能产生更为深远的影响，就像德碧的行为所启示的。被拒绝和受到羞辱，也可能在哥伦拜恩中学疯狂的枪杀事件中起了一定的作用。俄亥俄州肯特市的那位高中教师，是如何开始相信无辜的人们应该被杀死，则是一个颇具吸引力而又令人惊恐的问题；而今，我们只能简单地讲，她的这种看法很可能受到她本人是那次校园悲剧事件的间接同谋的影响。另外一个更令人担忧的问题，则是从琼斯镇和哥伦拜恩事件中反映出来的：什么力量可以导致亲生父母毒死自己的孩子，然后结束自己的生命？是什么导致了十几岁的少年杀死自己的同班同学？我希望随着本书的逐渐展开，能够对这些复杂的问题提供一些思考的视角。

现在来看看小玛丽和她的苏丝家庭主妇玩具，可以想象，正如玛丽的父亲所讲到的，“家政”体现在基因之中；但更为可能的是，从幼儿开始，只要玛丽在诸如煮饭、缝补、玩娃娃之类从传统看属于女性的一些事情上表现出兴趣，就会得到奖赏和鼓励，而这种激励是她在橄榄球、拳击、化学等方面表现出兴趣时所远不能得到的。我们同样有理由假定，如果玛丽的小弟弟表现出对“家政”的兴趣，他不可能得到一个苏丝家庭主妇玩具作为生日礼物。和感觉自己在小伙伴面前低人一等的乔治·伍德一样，玛丽的自我形象可能受到了大众传媒的影响。大众传媒倾向于按文化传统所鼓励的那样将女性角色定格为：家庭主妇、秘书、护士、中小学教师等；而很少将她们描绘成生化学家、大学教授，或者公司总经理。如果将少年乔治·伍德与他的孙辈们相比，我们会发现少数族裔的自我形象是可以改变的，而且这种改变可以影响大众传媒以及社会大众态度的变化。当然，后者的变化也引起了这些人自我形象的改变。这一点也从 1945 年美国民众对使用核武器的看法中得到了具体的印证。

以上所讨论的内容中，关键词是**社会影响**。这也是我们对社会心理所下的操作定义：人们对他人的想法或者行为所产生的影响。采用这一定义，我们将尝试对以上所举事例中的许多现象加以解释。人们是怎样受到影响的？他们为什么会接受影响——或者，从另一角度看，对他们而言这些影响中隐含了些什么？哪些变量增加或减弱了社会影响的力量？这种影响是长久的还是短暂的？哪些变量增加或减弱了社会影响效果的持久性？同样的原理，是否适用于俄亥俄州肯特市的那位
高中教师，和偏爱玩具的那位小男孩？一个人是如何逐渐喜爱上另一个人的？我 6
们逐渐喜欢新跑车的过程，与喜欢一盒威提司麦片的过程一样吗？我们对某个少数族裔或种族的偏见是如何产生的？它与喜爱类似（只是相反的角度），还是涉及完全不同的心理过程？

大多数人都对诸如此类的问题感兴趣，因为所有人都是在与他人的互动中度过绝大部分光阴的：被他人影响着，也影响着他人，因为他人而高兴、快乐、伤心、愤怒。所以，我们会理所当然地提出有关社会行为的假设。从这种意义上讲，我们人人都是业余的社会心理学家。尽管绝大多数业余社会心理学家满足于自己对这些假设的检验，但是这种“检验”缺乏严谨的科学研究所必需的严格与公正。科学研究的结果，往往与大多数人“认为”正确的说法没有什么两样。对此不必大惊小怪，公众的一般看法往往是建立在敏锐观察的基础之上，这种观察经受住了时间的检验。

实际上，当你阅读本书的一些实验时，可能会不经意地发现自己会有这样的想法：“那是显而易见的——为什么他们还会花费时间和金钱去‘发现’它呢？”尽管结论看上去往往没有多少惊人之处，但有一些理由却仍要求我们进行实验研究。理由之一便是，人们都容易出现**事后聪明偏差**，这种偏见指的是一旦知道了某个事件

的结果，人们倾向于过高估计自己的预测能力。例如，研究表明，在一场选举结束的第二天，当被问到此前曾预测哪位候选人获胜时，尽管在选举的前一天，他们的预测并不那么准确，但人们几乎总是相信自己所预测的就是实际获胜者[4]。同样，一旦人们通过实验获得了结果，对实验结果的预测几乎总要比不考虑事后聪明之利情况下所做的预测强得多。

另外，一些实验结果看上去似乎显而易见，但进行这类实验仍然是重要的，因为许多被我们"认为"正确的事情，经过仔细的考察后被证实是错误的。例如，有这样一个假定：人们受到做出某种行为要受严厉惩罚的威胁，最终他们可能厌恶这种行为。尽管看上去这一假定合乎情理，但将这一问题付诸科学研究却显示，真实情况并非如此：当面对着轻微惩罚的威胁时，人们会讨厌被禁止的行为；而那些受到严重威胁的人，则恰好相反，对被禁止行为的喜爱反而有些增加。同样，从自身的经验出发，我们大多数人会猜测，如果我们无意中（背后）听到某人在讲我们的好话，在其他条件都相同的情况下，我们会喜欢这个人。这一点已经被证明是正确的。但同样正确的是，如果我们无意中听到的不完全是好话，我们会更加喜欢这个人。在后面的章节中我们会对这一现象进一步探讨。

在我们尝试理解人类社会行为的过程中，专业社会心理学家比大多数业余社
会心理学家具有更多的有利条件。尽管像业余社会心理学家一样，我们这些专家 7
往往也是从仔细观察开始的，但我们能够比这走得更远。我们不必等待事情发生后去观察人们如何反应；实际上，我们可以让事情发生。也就是说，社会心理学家可以进行实验，在实验中让许多人面对特定的事件（例如，严重的威胁或者轻微的威胁；无意中听到好话或者无意中既听到好话又听到令人不愉快的话）。不仅如此，除了所要研究的特定事件，我们可以在特定的情境下使一切保持不变。因此，专业社会心理学家可以比业余社会心理学家获取更为精确而丰富的材料，并在此基础上得出结论。而后者则只能依靠对偶然发生事件的观察，而且这种观察是在复杂的环境下进行的，会出现许多不可预料的事情。

几乎本书所呈现的所有材料都有其实验依据。由于这个原因，以下两点特别重要：(1)读者需了解一项社会心理学实验的构成要素；(2)读者需了解与这种探索联系在一起的那些有利因素、不利因素、伦理难题、激动人心之处、棘手之处以及为之痛心之处。虽然了解实验方法是重要的，但它决不对理解我在本书中所呈现的大量材料起决定作用。为此，本书最后一章所安排的内容是"作为一门科学的社会心理学"。对读者来讲，可以在阅读其他章节之前先阅读该章（假如你愿意在钻研大量的材料之前先理解技术性的问题的话），也可以在阅读本书的过程中，在任何感兴趣的地方随时阅读该章内容。

做出疯狂举动的人未必疯狂

社会心理学家研究影响人们行为的社会情境。有时，这些自然的情境会具有相当大的压力，迫使人们按照一种很容易被归为变态的方式去行动。这里所讲的人们，指的是为数众多的人。在我看来，将这些人归为精神病患者并不能增加我们对人类行为的理解。更为有益的做法是尽力去了解特定情境的性质，以及产生特定行为的过程。这就将我们引向了阿伦森第一定律：

做出疯狂举动的人未必疯狂。

我们可以列举俄亥俄的那位声称四个肯特州立大学学生该死的中学教师，来对此加以说明。我认为她并不是唯一持这种意见的人。尽管所有持这种意见的人可能都近乎疯狂，但老实讲我对此是怀疑的。而且，将这些人归为精神错乱者并不能增进我们对这一现象的理解。与其他事件类似，肯特州立大学枪击事件余波未 8
平，有关被杀死的女孩草率怀孕的谣言四处传播——这样的话，人们便可以将她们的死算作一件幸事。谣言还称，所有四个大学生身上都污秽不堪爬满虱子，以至于停尸房的值班人员在查验尸体的时候都想呕吐。当然，这些谣言都是虚假的。但是，正如詹姆斯·米歇纳(James Michener)[5]所说的，它们就像野火一样传播。难道所有相信并传播这些谣言的人都精神错乱了吗？在本书后面的章节中，我们将考察在正常社会心理条件下，我们大多数人可能会存在的这类行为的产生过程。

我从前的一个学生爱伦·博施德[6]曾经观察到，人们在解释令人讨厌的行为时，倾向于给作恶者贴上标签(“疯狂的”、“残忍的”，或者其他一些特征)，由此而将这个人从“我们这些好人”中排除。那样的话，我们就不需为那些令人讨厌的行为而感到烦忧，因为它们与我们这些好人没有任何关系。按照博施德的看法，这种思考问题方式的危险在于，它使我们对自己敏感于引起令人讨厌行为的情境压力而沾沾自喜，并进而导致我们在解决社会问题时采取一种头脑简单的方式。更有甚者，这样一种头脑简单的解决办法，可能包括编制一些诊断测验来确定哪些人是说谎者、哪些人残忍、哪些人贪污、哪些人是疯子，于是便可能采取这样一种社会行动：将这些人鉴别出来并将他们移送到相应的机构。当然，这并不意味着精神错乱现象不复存在，也不是说精神错乱者根本不应该被送交专门机构治疗。我并非要说，在同样强度的社会压力下，所有人都会如出一辙，做出同样疯狂的反应。我所要强调的是，一些情境性变量，可能会促使我们大部分“正常的”成年人，以一种非常令人厌恶的方式行事。最为重要的是，我们试图理解这些变量，理解那些令人讨厌的或破坏性的行为产生的过程。

我们可以通过一个例子更好地说明这一问题。设想有一座监狱。想象一下监狱中的看守们。他们是一种什么形象？很可能大多数人，都会将这些监狱看守想象成强健的、无情的、冷酷的人。一些人甚至可能认为他们残忍、专断、暴虐。那些持有这种**素质**观的人可能会联想到：有人之所以要做看守，就是为了有机会在相对不受惩罚的条件下施展他们的残暴。现在再来想象一下那些囚犯。他们又是一种什么形象？顽固不化？俯首帖耳？无论我们的头脑中存在的是什么样的具体形象，关键在于我们有这样一些形象。而且，我们绝大多数人相信，无论囚犯还是看守，这些人在个性和人格方面都与我们存在着很大的差别。

这一切可能是正确的，但实际上也可能比这更为复杂。在一项引人注目的验证中，菲利普·津巴多(Philip Zimbardo)和他的同事们在斯坦福大学心理学系的地下室里创设了一个模拟监狱。一组成熟、稳定、聪明的正常年轻人被带进“监狱”。通过抛掷硬币，津巴多指定其中的一半为囚犯，另一半为看守，他们按照各自
的角色一起生活了几天。结果发生了什么样的事情呢？让我们看一看津巴多本人 9
的描述：

> 仅仅过了六天，我们就不得不关闭我们的模拟监狱，因为所看到的一切令我们感到惊恐。无论是对我们还是对绝大多数被试来讲，已经搞不清楚他们的自我是在何时结束、角色是从何时开始的。多数人已经真正变成了“囚犯”或“看守”，他们已经不能够清晰地区分出所扮演的角色和自我。他们的行为、思想和情感，几乎任何一个方面，都出现了戏剧性的变化。在不到一周的时间里，监禁的经历抵消（暂时地）了一生的学习；人的价值被悬置，自我概念受到挑战，人性中最丑恶、最深层的病态一面显露出来。我们对所看到的一切感到恐怖：一些男孩（“看守”）像对待可鄙的动物那样对待另外一些男孩，在残忍中取乐，而另外一些人（“囚犯”）则变得奴颜婢膝，像失去人性的机器人一样一心只想着逃脱，只顾他们自身的生存，心中只有对看守加倍的憎恨[7]。

2
从　众

人类是社会性动物这一事实决定了，我们的生活要处于个人价值取向与社会 11
要求遵从的价值取向的紧张冲突状态之中。詹姆斯·瑟伯(James Thurber)* 所做的描述可以说抓住了从众的特点：

> 突然有人开始跑起来。在这一刻，他很可能是想起了与他的妻子有一场约会，而现在去赴约已经太迟了。别管什么理由，他在百老汇大街上向东跑去(或许是奔向玛瑞摩餐馆，一个男人最喜欢与自己的妻子约会的地方)。另外一个人也开始跑起来，可能是一个心情不错的报童。又一个人，一位仪表堂堂的公务人员，也是一路小跑。在10分钟的时间里，从联合仓库到法院大楼，商业街上的每一个人都在奔跑。一声嘟囔逐渐演变成一个可怕的词——“堤坝”。“堤坝决口了！”这种恐惧被人讲了出来，这个人可能是电车里的一位瘦小的老妇人，可能是一位交通警察，也可能是一个小男孩；没有人知道他是谁，而且现在这一点也并不重要。两千多人一下子全都逃了起来。四下响起了“向东跑！”的喊声，向东跑就可以远离那条河，向东跑就会安全。“向东跑！向东跑！”一个目光严厉、神情坚定、身材瘦削的高个子女人，沿着街心从我身边向东跑过。尽管大家都在叫喊，但我仍然不能确定到底出了什么事情。我奋力追上，与她并行跑着，尽管她已经快60岁了，但从她那轻盈优美的奔跑姿势中，看得出她身体棒极了。“怎么回事？”我气喘吁吁地问道。她迅速瞥了我一眼，又继续将目光投向前方，稍稍加快了步伐。“别问我，问上帝去吧！”她说道[1]。

瑟伯的这段话，尽管充满了喜剧色彩，但却是说明人们从众现象的一个恰当的

---

* 美国幽默作家、寓言作家、画家。俄亥俄州人，大学毕业后，当过记者、编辑，晚年执教于耶鲁大学。代表作有《当代寓言集》、《当代寓言续集》。——译者注

例子。一两个人因为他们个人的原因开始奔跑；不久，每个人都跑了起来。为什么会这样？因为他人在奔跑。根据瑟伯的描述，当奔跑的人们认识到堤坝根本没有决口，他们都感到自己相当愚蠢。然而，如果堤坝真的决口了，而他们又没有从众， 12
那他们又会感到自己愚蠢到何种程度呢？从众究竟是好事，还是坏事？猛一听，这是一个可笑的问题。但是这个词本身的确有评价的功能。于是，那些所谓的个人主义者或不顺从的人，便理所当然地被界定为“好”人。这类人令人们联想到的是丹尼尔·布恩(Daniel Boone)* 的形象，肩背来复枪站在一座山顶上，微风吹拂着他的头发，夕阳从他的身后落下。在我们的文化中，被称为顺从的人某种程度上也被认定为“无能的”人。这使人们联系到一排身着灰色法兰绒制服的官僚，夹着一模一样的公文包，看上去他们就像同一个模子做出来的。

但我们可以用同义词来表达十分不同的形象。我们可以用“偏离者”来代替“个人主义者或不顺从的人”，用“合作者”来代替“顺从的人”。偏离者不太可能令人联想到站在山顶上的丹尼尔·布恩，合作者也不太可能令人联想到出自同一个模子的那些官僚。

稍加分析我们就会发现，社会对从众(合作)和不从众(偏离)的看法是不尽一致的。例如，20 世纪 50 年代最畅销的一本书是约翰·肯尼迪(John F. Kennedy)的《当仁不让》，书中作者赞扬了几位政治家，因为他们有勇气承受巨大的压力并拒绝从众。从另一角度来看，肯尼迪是在赞扬那些拒绝成为合作者的人，这些人会拒绝按照他们所在的政党或宪法的要求去投票或者行动。尽管这些行为在很久以后赢得了肯尼迪的赞扬，但他们同时代的人们在当时所做出的一般反应却远非正面的。那些不顺从的人做出的不从众举动，很久以后受到历史学家的赞扬，或者被电影或文学作品当作偶像来崇拜，但在当时他们却没有得到那些要求他们遵从的人们的高度尊重。这一观察事实也得到了一些社会心理学实验的有力支持。例如，在斯坦利·沙赫特(Stanley Schachter)所做的一项经典实验中[2]，几组学生围绕着一个名叫约翰·罗科(John Rocco)的少年犯的个人经历进行讨论。读完案例后，要求每个小组对此进行讨论，并选择对罗科的处理意见，选项是介于“非常宽大的处理”到“非常严厉的处理”之间的一个量表。每个小组由九人组成，其中六人是真正的被试，另外三人是实验者雇来的帮手。这些帮手依次扮演事前安排的三种角色中的一种，他们事先经过了精心的演练：仿效者，所采取的立场与真正被试的一般立场相符合；偏离者，采取与小组的一般倾向针锋相对的立场；立场改变者，他们最初采取的是与偏离者类似的立场，随着讨论的进行，渐渐转向了仿效者，采取了

---

* 美国早期著名探险家，著有个人传记《丹尼尔·布恩》。——译者注

从众的立场。结果清楚地表明，人们最喜欢的是与小组标准相一致的仿效者，最不喜欢的是偏离者。艾瑞·克鲁格兰斯基（Arie Kruglanski）和唐娜·韦伯斯特 13
（Donna Webster）[3]在后来进行的一项实验发现，假如不顺从者在临近截止时（当小组成员感觉到了将要结束讨论的紧要关头时）才声称持有不同意见，比在讨论刚开始时表示不同意见更容易遭到抵制。

总之，上述实验材料表明，权力机构或规范群体更为喜欢的，是那些从众者，而不是不从众者。很显然，在有些情境下人们高度期待的是从众，而不从众则会导致绝对的灾难。譬方说，假定我突然间感到自己厌烦做一名从众者，于是我跳上汽车沿着路的左侧向前行驶——无疑以这种方式来展示自己粗俗的个性是错误的，假如此时你正好驾车沿同一条街朝着我的方向驶来（按照从众的方式），这对你便是相当不公平的。与此类似，让我们想象一个叛逆少年叼着香烟、夜不归宿、文身刺花，或许还与某个男孩约会，而她这样做仅仅是因为她知道自己的父母反对这些。与所表现出来的反从众倾向相比，她并没有表现出更多的独立性，她这样做并不是为自己着想，而只是一味地做出与他人的愿望或期盼相反的行为。

但是，我并不是要说明，从众一概合乎时宜，而不从众一概不合时宜。在另外一些情况下，从众可能导致灾难和悲剧。而且，即使那些满腹经纶、深谙世故的决策者，也可能成为特定类型的从众压力的牺牲品，而这种从众压力是群体决策中所固有的。让我们来考虑下面这样一个事例：在阿道夫·希特勒（Adolf Hitler）的高级顾问之一阿尔伯特·施佩尔（Albert Speer）的回忆录中，希特勒周围的圈子被描述为一个完全从众的群体——根本不允许存在偏离。在这种氛围下，由于没有了不同的意见，即使是最残忍的行动看起来也是合理的，这一切给人们造成的是一种没有任何异议的错觉，并阻止每一个人考虑存在其他选择的可能性。

> 在正常的环境中，如果人们背离了现实，他们很快得到来自周围人的批评与纠正。在第三帝国中却不存在这种矫正。与此相反，每一次自我欺骗都会被成倍地放大，就像置身于一个哈哈镜装饰而成的大厅，成为一个由反复得到确认的奇怪的虚幻世界，它不再与严酷的外部世界保持任何联系。在这些哈哈镜里，除了看到自己的面孔反复出现外，我什么都看不到[4]。

一个我们更加熟悉但可能不太引人注目的例子，涉及水门事件中与前总统理查德·尼克松（Richard Nixon）和他的“宫廷卫队”有关的几个人物。在那次事件中，这些身居政府高位的人作伪证、销毁证据、不计后果地去行贿，而他们中不少人是律师。出现这种情况，至少可以部分地归因于20世纪70年代早期，在总统周围形成的那个忠贞不二的封闭的圈子。在这个圈子被打破之前，这种极端的忠诚使 14

得偏离根本不可想象。一旦圈子被打破，一些人才吃惊地发现了自己的违法行为，好像一切都是在噩梦中发生的。这些人包括杰布·斯图亚特·马格鲁德(Jeb Stuart Magruder)、理查德·克兰典斯特(Richard Kleindienst)和帕特里克·格雷(Patrick Grey)。约翰·迪恩(John Dean)这样写道：

> 无论如何，当早上打开报纸，阅读着替代昨天已经出现过的封面报导内容的新的报导，你开始相信今天的新闻是真实的。这形成了一种不切实际的氛围，直到最后一刻还在白宫弥漫。当你经常把一件事情挂在嘴上，久而久之，它也就变成了事实。例如，当新闻界得知新闻记者与白宫官员的通话被窃听，此时断然的否认已经不能奏效，这时有人便声称那是国家安全事务。我确信许多人相信窃听电话是为了国家安全，但事实并非如此。这是事情发生后他们虚构的辩解理由。然而你应该意识到，在他们说出这些话的时候，他们的确坚信这一点[5]。

1986年1月28日，挑战者号航天飞机在发射几秒钟后爆炸。七位宇航员，包括一位平民中学教师，在一团橘红色火球中丧生。尽管挑战者号在最近的一次发射中与灾难擦肩而过，尽管这次发射遭到了激烈的反对，而且那些知识渊博的工程师对联接火箭助推器的O型密封圈存在的缺陷提出了警告，但是他们仍然做出了继续发射的决定。难道是国家航空航天局的主要官员们忽视了危险性或者置宇航员的生命于不顾吗？我对此持怀疑态度。

一种更加可能的解释涉及一系列因素，正是这些因素导致了国家航空航天局在决策过程中出现了失误。首先，国家航空航天局采用基本一样的设备已经进行了24次成功的发射。由于以往的成功增强了信心，国家航空航天局的官员们倾向于做出“发射”的决定。其次，就像普通公众一样，国家航空航天局的官员们也满怀热情，期待着通过这次发射将第一位平民，中学教师克里斯塔·麦考利夫(Christa McAuliffe)，送入太空。

另外，根据艾瑞·克鲁格兰斯基所做的深入分析[6]，还有另外一些实际的原因促使国家航空航天局的官员们因异想天开而蒙受损失：假如国家航空航天局需要通过展示发射的效率和能力来获得国会的资金投入，假如公众对于“教师进入太空”计划有着强烈的兴趣，假如国家航空航天局希望展示他们的技术力量，那么对他们来说，更具诱惑力的决定便是“发射”而不是推迟。提及任何可能的系统缺陷都预示着需要花费更多的钱，预示着国家航空航天局在成本效益和经济性方面所做的承诺将要泡汤。

最终，在这种充满狂热和外部压力的氛围中，国家航空航天局里没有人希望听到任何形式的事故可能发生的提醒，而且事实上他们也没有得到任何提醒。与国家航空航天局的官员们不同，摩顿·狄欧可公司（生产固体火箭推进器的公司）的工程师们却并不关心做出是否发射决定可能造成的政治、经济和公共关系方面的影响。他们唯一关心的是那该死的事情是否会发生——考虑到发射地的气温在 15
0℃以下，他们拼命地反对发射。

但是摩顿·狄欧可公司的高层主管却是十分不幸的。与他们利益攸关的绝不仅仅是一次成功的发射。他们处于极度的矛盾之中。一方面，作为工程师，他们对那些来自同为工程师的同事们的意见很敏感。但另一方面，作为主管，他们又要依赖国家航空航天局，后者决定着他们每年大约四亿美元的购货合同。因此，在某种程度上他们更倾向于与国家航空航天局官员们的想法保持一致。根据狄欧可公司主管工程师的副总裁罗伯特·兰德（Robert Land）在总统调查委员会的证言，最初他是反对发射的，但当被建议“不要考虑工程师的身份而只是作为管理层的代表”时，他改变了自己的立场。像兰德这样的一些摩顿·狄欧可公司的主管们是如何处理这种矛盾的呢？在与国家航空航天局的官员们进行最后一次协商之前，他们要求狄欧可公司的雇员投票表决，但参加表决的不是工程师，而只是公司其他管理人员，是他们投票决定进行发射。这样，在那场致命的发射实施的前夜，在国家航空航天局官员与狄欧可公司主管举行的协商会上，与会者强化了要将发射工作进行下去的承诺。

现在让我们来总结一下。除了都做出了灾难性的决定之外，在希特勒的核心圈子、尼克松的“宫廷卫队”和国家航空航天局的官员们之间，有哪些共同之处呢？他们都是远离不同观点、具有相当凝聚力的群体。当要求这样的群体做出决定时，他们往往会陷入社会心理学家欧文·贾尼斯（Irving Janis）所讲的**群体思维**[7]之中。根据贾尼斯的观点，群体思维指的是“人们所采取的这样一种思考模式：在一个具有凝聚力的排他小群体中，由于人们共同的追求占统治地位，因此该群体无视对那些可供选择的行动方案所做的实事求是的评价”。具有这种适应不良决策策略的群体一般感到自身是无懈可击的——他们处于盲目乐观之中。而且当不同意见被阻拦时，这种乐观得以持续。面对从众的压力时，群体的个别成员会怀疑自己的异议，并克制发表不同的意见。追求一致是如此重要，以至于某些群体成员有时甚至会成为心理卫士——他们会对那些令人烦恼的信息的进入加以审查，就像摩顿·狄欧可公司的那些高管们所做的。

我无意通过列举这些事例来说明，个人不需对自己所做出的愚蠢的、灾难性的决定负责。我真正想要说明的是，与理解错误决策的深层心理过程相比，进行调查和责任追究都要容易得多。但是，只有通过较深层次的分析和对这些过程的理解，我们才有希望来改善人们的决策方式，并因此而减少人们未来可能做出的灾难性决定。

什么是从众

从众可以定义为，由于受到来自他人或者群体的真实的或者想象的压力，一个 16
人的行为或意见发生了改变。多数情境并不像我们以上所列举的事例那样极端。我们将通过考察那些不太极端（而且可能较为简单）的实例来关注从众现象。让我们回过头来看看我们的朋友萨姆——我们在第 1 章里最先碰到的那位假想的大学生。我们可以回想一下：萨姆在电视上看到了一位总统候选人，并对他的真诚留下了很好的印象。然而，面对着朋友们所持的这位候选人不真诚的一致意见，萨姆至少口头上同意了他们的意见。

对于这样一种情境我们可以提出以下几个问题：(1)是什么导致人们遵从群体压力？具体而言，是什么导致萨姆这样做？(2)群体压力的本质是什么？具体而言，萨姆的朋友们做了些什么才导致他去从众？(3)在他得知所有同学都不同意他的看法的那段短暂而又紧张不安的时间里，萨姆是否改变了自己对那位候选人的看法？或者说，萨姆是否仍然坚持他最初的看法，只是在口头上改变了对那位候选人的评价？如果看法出现了改变，这种改变是永久的还是暂时的？

遗憾的是，我们不能确切地、肯定地说出当时萨姆在想些什么，因为那个情境中的许多因素我们无从得知。例如，我们搞不清萨姆对自己最初的看法究竟有多少自信；我们不清楚他对一起收看节目的那些人喜爱程度有多大；我们不知道萨姆是否认为自己能够对一个人的真诚与否做出很好的评价，或者他是否认为其他几个人能够很好地去评价一个人的真诚；我们搞不清萨姆通常是一个坚定的人，还是一个优柔寡断的人；如此等等。我们所能够做到的是，构想一种与萨姆所面对的实际环境相类似的实验情境，对我们认为重要的一些因素加以控制和改变。这样一种基本的情境已经被所罗门·阿希(Solomen Asch)[8]用一套经典的实验设计出来。假定你置身于下面的情境中：你自愿参与一项知觉判断实验。你和其他四个被试一起走进一个房间。实验者向你们所有的人出示了一条直线（直线 X）。同时，他又向你们出示了用于比较的其他三条直线（直线 A、B、C）。你的任务是判断另外三条直线中哪一条与直线 X 长度最接近。看上去，这种判断对你来讲是非常容易的。

很明显，直线 B 是正确的答案，而且当轮到你回答的时候，你也会确定无疑地回答直线 B。但现在还没有轮到你回答。轮到的是一位年轻人，他仔细地对那些直线进行观察，然后回答道，“直线 A”。你张大嘴巴，吃惊地望着他。“即便是傻瓜都看得出是直线 B，他怎能认为是直线 A 呢?”你暗暗地对自己说，“这人要么是个瞎子，要么是疯了。”现在轮到第二个人回答了。他同样选择了直线 A。顿时你感到自己就像爱丽丝(Alice)* 在梦游仙境。“怎么会这样呢?”你又默默地问自己，“难道这两个人都是瞎子或疯了吗?”接下来轮到另一个人，他也回答，“直线 A。”你又看了一眼那些直线。“或许真正疯了的是我自己，”你默默念叨。现在轮到了第四个人，他也判断正确的是直线 A。最后，轮到你了。“嗨，当然是直线 A，”你确定无疑地说，“我早就知道答案了。” 17

这就是那些大学生们在阿希实验中所经历的那种冲突。正如你所猜到的，先回答问题的那几个人是实验者的帮手，他被要求在实验中做出错误的回答。这个知觉判断本身是非常容易的。如果在没有群体压力的情况下，让这些被试单独对各种长度的直线进行判断，他们几乎不会犯任何错误。的确，这项任务太容易了，从物理特征上看清晰明确，因此阿希本人确信即便有人真的会屈从于群体压力，数量也会相当少。但是他的预测错了。在所进行的 12 轮判断中，面对着大多数同学所做出的不正确回答，大约有 3/4 的被试至少一次出现了从众，做出了错误的选择。在对所有的判断进行分析时，我们发现在阿希帮手们的影响下，被试所做出的全部回答中遵从错误判断的平均比例为 35%。

所罗门·阿希在 50 多年前进行了他的这项经典实验研究。尽管他的这些结论具有权威性，但令人感兴趣的是，今天的美国大学生已经有了很大的变化，他的这些发现是否依然有效。尤其是，随着电脑和因特网的出现，我们已经变得越来越老练，因此不太容易受到这类群体压力的影响。但事实却并非如此，这些年来，阿

* 英国数学家刘易斯·卡洛尔所著的系列童话作品《爱丽丝漫游奇境记》和《爱丽丝镜中奇遇记》中的人物。——译者注

希实验已经被无数次成功地重复。就在几年前，在国家电视台进行的一次引人注目的展示中，安东尼·普拉特坎尼斯（Anthony Pratkanis）[9]准确地重复了阿希在50年前所做的实验。普拉特坎尼斯实验中的被试们都是非常老练的大学生，他们中的许多人认为自己是不从众者。这项引人注目的实验，结果几乎与阿希的结论完全一致。

实验者们所安排的这些情境是颇具吸引力的，因为与我们在实际生活中可能面对的从众情境不同，在这些情境中没有对个人明显的强制。在许多情境中，对不从众者的惩罚是清楚明确的。例如，我不喜欢打领带，在许多场合下我可能不会因此而受到惩罚。但有时，我却不能幸免。我常常被一家餐馆拒之门外，他们很有礼貌地（但却非常断然地）告诉我，如果拒绝打上领班递给我的领带，我就不能在这家
餐馆用餐。我要么打上领带进去用餐，要么舒舒服服地敞着领口离开，但那样只能 18
饿肚子。不从众所带来的消极影响是如此明显。

但在阿希实验中（也包括我们所假想的萨姆通过电视收看候选人演讲的例子中），情境却要微妙得多。在这些情境中，不存在对从众的明显的奖励，对偏离也没有明显的惩罚。那么，为什么阿希的被试们和萨姆会从众呢？这里主要有两种可能：一种可能是，当面对着多数人完全一致的判断时，他们开始确信自己的意见是错误的；另一种可能则是，他们做出了与众人一致的回答（尽管内心里他们仍然相信自己最初的判断是正确的），以便于被多数人所接受，或者避免因持不同的意见而招致众人的反感。

总之，在这里我想要说明的是，这些个体怀有两个重要的目的：一个目的是确保自己的意见正确；另一个目的是通过不辜负他人的期望来赢得他人的好感。在许多场合下，一种简单的行为便可达到这两个目的。沿着公路的右侧驾驶是一件正确的事情，同时这也符合人们的期望。在母亲节这天给自己的母亲打电话，在小镇上给游客指路，用功学习在考试中取得优异成绩，这些也同样如此。与此类似，如果别人同意你对直线长度所做出的判断，而且你自己做出的判断是正确的，那么你的两个目的便都会实现。但在阿希的实验中，这两个目的处于冲突之中。假如你是该实验中的一位被试，而且最初你确认的正确答案是直线B，那么如果你做出这样的回答就会实现你希望自己判断正确的目的——但这样也就可能背离你同伴们的期望，他们可能会认为你有些可笑。从另一方面看，如果你选择了直线A，可能会赢得他人对你的认可，但却会背离你希望自己正确的目的，除非你确信他们是正确的。

大多数人认为，他们最初的动机是希望自己做出正确的判断，而别人的最初动机是希望赢得他人的好感。例如，在人们旁观一项阿希式的从众实验时，他们对实

验被试们从众反应的预测，通常要多于这些被试实际的从众行为[10]。特别有趣的是，同样一批旁观者对自己的从众反应所做出的预测，却要少于与他们一样的人们实际的从众行为。也就是说，尽管我们知道其他人可能从众，但我们会对自身因受群体诱导而出现遵从的程度做出过低的估计。

具体到萨姆，他是真正被同学说服并相信自己喜欢的候选人是个十足的骗子，还是仅仅为了得到同学们的认可而遵从他们的判断，同时内心却仍然相信那位候选人是真诚的呢？由于萨姆是个假想的人物，我们不可能确切地回答这个问题。在阿希实验中，那些从众者难道真的相信他们最初的判断是错误的，而且确信其他人一致做出的判断是正确的吗？我们可以询问他们。在阿希实验中，实验者也的 19
确这样做了。实验结束后，他们问那些从众者所看到的的确和他人一样，还是只是口头上这样说。少数被试坚称他们所看到的的确如此。但是我们又怎能确定这些人说的是真话呢？假定你处在被试的位置上，而且假定你尽管屈从于群体压力但仍坚持认为自己最初的判断正确，你可能也会很难承认这一点，因为这样做会显得你很软弱而且优柔寡断。不仅如此，这样做还意味着你没有按照实验者的要求去进行你自己的选择。因此，那些说自己所看到的与群体判断一致的被试，很可能是为了保全自己的面子而去欺骗实验者。

如此说来，我们怎样才能确定群体压力是否真正对一个人的判断产生了影响呢？让我们沉思片刻。假定我们能够跟随萨姆走进投票站并且亲眼看到他选择的是哪位候选人，我们就可以发现他实际上真正相信了同学的意见，认为自己最初喜欢的候选人是个十足的骗子，还是仅仅口头上与他们保持一致而私下仍然相信那位候选人。但我们不可能跟随萨姆走进投票站。幸运的是，我们可以确定阿希实验中被试们的公开表现与他们单独回答时的判断是否一致。假设现在要重复这个实验，我们打算像阿希实验所做的那样，先让真正被试看到实验者帮手的回答，但我们不会要求他们当着其他人的面做出自己的判断。如果被试在单独回答时所做的选择与他在公开场合表现的一致，我们就会发现其他人在实验一开始所做出的回答的确对被试产生了影响，他们真正相信自己最初的判断是错误的。从另一方面看，如果被试仅仅是为了抚慰他人才放弃自己认为最佳的判断，那么我们就很难看到被试在单独回答时会屈从于他人的判断。这一命题得到了许多实验的验证，结论都是一致的：留给个人的私密性越大，人们出现从众的可能性越小。无论被试所判断的是直线长度[11]、节拍器发出咔哒声的数目[12]，还是对一件现代艺术品的美学价值[13]，这一发现都得到了反复的证实。因此，他人判断所造成的从众压力，对实验被试单独判断的影响，如果说有，也是很小的。

增强和减弱从众的因素

一致性　在与阿希实验类似的情境中，决定被试是否会遵从多数人意见的一个关键因素，是多数人的意见是否一致。哪怕被试只碰到一个做出正确回答的支持者，他(她)遵从多数人错误判断的可能性也会大大降低[14]。事实上，即便打破一 20
致性的不是一位支持者，群体的力量也会受到严重的削弱[15]。换句话说，如果群体成员中有一个人做出了不同于多数人的错误回答(当群体中其他人都回答直线 A 的时候，他却回答是直线 C)，这个持异议者的出现也会戏剧性地降低从众的压力，这时被试很可能做出正确的回答：直线 B。一个持异议者的出现会助长人们摆脱多数人影响的力量。但是，如果拥有了一致性，多数人在实际规模上不必太大，就足以使一个人最大限度地从众。实际上，意见一致的多数人无论是由另外三人还是十六人组成，一个人遵从群体压力的可能性都是一样大的。

表态　减弱个体对群体从众压力的途径之一，是引导他(她)对自己最初的判断表态。假定你是美国职业棒球大联盟*的一位裁判。在第一垒出现了一次封杀，这时你当着 5 万球迷的面判跑垒者出局。比赛结束后，另外三位裁判都走过来对你说，他们认为跑垒者安全进垒了。这时你有多大可能性改变自己的判罚呢？我们可以将这种情境与另一种情境(就像阿希实验中的情境)加以比较，在那种情境下，三位裁判都判跑垒者安全进垒，这时轮到你来做出判断。莫顿·多伊奇(Morton Deutsch)和哈罗德·杰勒德(Harold Gerard)通过实验对此进行了比较[16]，他们采用阿希的方法发现，如果没有事先表态(就像在阿希实验中那样)，大约 25%的回答遵从了多数人的错误判断。但是，如果被试在听到其他裁判的判断之前已经做了公开表态，则只有不到 6%的新判断是从众的。

责任　假定你发现自己在试图做出决定时面对着群体压力，而且，假定你也很清楚自己在会议结束前必须向群体其他成员证明自己的决定是合理的。那么你认为这一切会对你的决定产生什么样的影响呢？研究表明，在大多数场合下，对群体的这种责任会增加从众的可能性[17]。但是，当你同时也被告知重要的是要尽可能地准确，又会出现什么样的情况呢？在最近的一次实验中，安德鲁·奎恩(Andrew Quinn)和巴巴里·施伦克尔(Barry Schlenker)[18]设计了一个程序，要让人们对一个糟糕的决定产生从众行为。在考察可能出现的从众行为之前，实验者做了两件

---

* 北美洲地区水准最高的职业棒球比赛。——译者注

事情:(1)要求一半被试记住重要的是要做到尽可能的准确,而要求另一半被试记住合作的重要性。(2)选取了上述两种实验条件下各一半的被试,分别明确地告诉他们,在做出决定后需要与各自的同伴讨论所做的决定,并说明自己做出这种决定的理由。结果清楚地表明,那些表现出最强独立性和做出最正确决定的被试,正是 21
那些看重准确性并且需要就他们的不从众行为向人们做出解释的人。值得关注的是,与那些看重准确性但不需承担责任的被试相比,处于这种实验条件下的被试行为的独立性更大。这一点意味着,除非人们清楚地知道自己要对一项没有异议的顺从的决定负责,否则大多数人为了相安无事会去迎合他人。

个体与文化 影响从众的另外一个重要因素涉及目标个体的一些特征。特别是,与那些高自尊的人相比,那些总体上看低自尊的个体更容易屈从群体压力。另外,与具体任务有关的自尊心在这个过程中起着重要的作用。如果个体感到自己很少有或者根本没有能力来承担当前的任务,他们从众的可能性就会增加。同样,那些在先前曾经成功地完成过直线长度判断任务的个体,会比那些从未接触过此类情境的人较不容易从众[19]。

个体是否会抵制群体压力还存在着一些重要的文化差异。其中一种文化差异可以通过下面的几则民谚表现出来。在美国,人们讲“吱吱叫的车子先上油”;而在日本,人们则说“突起的钉子先敲下”。这种一般的印象被罗德·邦德(Rod Bond)和彼得·史密斯(Peter Smith)所证实。在对来自 17 个国家采用阿希方法所做的大约 133 个实验所做的分析中,他们发现与个体主义社会(例如,美国和法国)相比,从众现象在集群主义社会(例如,日本、挪威和中国)更为盛行[20]。一些研究发现,似乎也存在着一些微小但却颇为一致的性别差异,女性比男性更可能从众[21]。但值得注意的是,当研究者本人是男性或者群体任务具有男性指向时,这种性别上的差异最大[22]。

施加压力的群体 当然,这一问题还与施加压力的群体的构成有关。一个群体如果具有以下特征,则更容易导致从众:(1)它由专家组成;(2)其成员(无论从个体主义,还是从集群主义意义上看)对个体是重要的;(3)其成员(无论从个体主义,还是从集群主义意义上看)在某一方面和个体是类似的。让我们再回到前面所假想的那个大学生萨姆的例子上来,我会做出这样的推测:假如萨姆认为他的朋友们是政治方面或者人际关系判断方面的专家,那么他更可能遵从来自这些人的压力。同样,如果这些人是他重要的朋友,而并非与他毫无关系,他也更有可能遵从他们。最后一点,同学的身份也使得萨姆朋友们的判断对他的行为产生了更大的影响,假如这种判断来自一组十岁的孩子、一组建筑工人或者一组葡萄牙生化学家,这种影响则要小得多。在这类比较中至少有一个例外。研究表明,如果意见一致的多数 22

人是由白人孩子组成的，其他孩子（不管是白人还是黑人）会表现出更多的遵从[23]。显然，即使是在孩子们中间，白人也被认为要比黑人更有力量[24]。由此可见，我们的文化赋予白人的力量，完全可以克服他们受到相类似的人影响的倾向。当然这种形势可能正在发生变化，我们社会中黑人的力量也在不断增强。

在黑人孩子身上所出现的这些结果，部分可归因于他们的不安全感。我们仍回到前面的例子中来，假设萨姆确信自己被朋友们喜爱并接受，他就更有可能说出自己的不同意见；如果萨姆在与这些人相处时没有安全感，他这样做的可能性就很小。这一观点得到了詹姆斯·迪特斯（James Dittes）和哈罗德·凯利（Harold Kelley）所进行的一项实验研究的有力支持[25]。在这项实验中，大学生们被邀请参加一个很有吸引力而且很有威望的小组，接着告诉他们在这个小组中他们自身处境的安全程度。具体而言，小组中的每一个成员都被告知，为了保证小组的效率他们可以在任何时候让任何一个成员离开小组。随后，小组就少年犯罪问题展开了一场讨论。每间隔一段时间，讨论就会被打断，要求每个成员就其他成员对小组的重要性做出评价。讨论结束后，每个小组成员都会被告知其他人是如何对他进行评价的；实际上，反馈给他们的是事前准备好的假评价。这样，就可以使一些被试相信自己很受欢迎，而另外一些被试相信自己不是很受欢迎。对每个成员从众程度的测量通过以下两个方面进行：一是在随后就少年犯罪问题展开的进一步讨论中他所表达的意见；二是他在完成一项简单的知觉任务时面对群体压力时所表现出来的脆弱性。结果表明，对那些被认为在群体中有价值的个体而言，其中认为自己在群体中只是一般受到欢迎的，比那些感到自己完全受到欢迎的，更容易遵从小组的规则和标准。换句话讲，那些在小组中处境安全的人更容易做出偏离小组的行为。

当影响来自于个体而非群体时，影响从众的因素也是相似的。因此，如果一个人与我们类似或者对我们很重要，或者在特定的情境下看上去像专家或者有权威，我们就更容易遵从他的行为或意见。例如，有研究表明，即便是面对着一些琐事，与穿便服的人相比，人们也会更愿意听从那些穿制服的人的意见。在一项研究中[26]，要求行人们向一位在自动计时表前停车的司机（实际上是实验者之一）提供一点零钱，假如走过来的是一位身穿制服的停车管理员，被试们很容易按照她的要求去做，假如她穿着邋遢或者是专业人士、商人打扮，人们就很少会理会她。因此，权威的外表（就像制服鲜明标志的）可以使要求具有合法性，从而导致较高的遵从比例。

在更为宽泛的层面上，当红作家马尔科姆·格莱德威尔（Malcolm Gladwell） 23
提出[27]，当某些有威望的人恰巧在适当的时间出现在适当的地点，主流社会走势往往会通过从众机制而发生戏剧性的、出乎意料的改变。他将这种顷刻间的改变，即主流变化达到一个临界值时，称之为“引爆点”。他将引起这些变化的人们称之为“连接器”。只靠口口相传，这些“连接器”可以在一周的时间里让一个濒临倒闭的餐馆变得红红火火、顾客盈门，或者将很小的趋势（例如，一些妇女要求定期做乳房检查）演变成是一种流行时尚。按照格莱德威尔的说法，“连接器”并不一定是专家；他们只是一些看上去“内行”的普通人，他们总会在适当的地点谈论适当的话题。那些并非医学专家的人怎么能够诱导大量的妇女定期去做乳房检查呢？地点是很重要的。在此例中，“引爆点”出现在妇女们（而且只有妇女）随意地聚集而且有时间攀谈的地方。这就是美容院，而“连接器”就是那些美容师。

奖惩与信息

正如我前面已经提到的，有两个原因可能导致那些像我们一样的人出现从众。原因之一是他人的行为可能使我们确信自己最初的判断是错误的。另一个原因则是我们可能希望在群体中逃避惩罚（例如，被拒绝或嘲笑）或者获得奖励（例如，得到喜爱或认可）。阿希实验以及其他一些类似的实验中的被试们的行为，看上去很大程度上是为了获得奖励或者避免惩罚。这一点可以从如下事实中推测出来，那就是：当被试们被允许单独回答时，很少出现从众现象。

与此同时，在许多情境中，我们遵从他人的行为，是因为他们的行为是我们采取合适行动的唯一指南。总之，我们常常依靠他人的意见来判断事物的真实性。本章开头所引述的瑟伯的那段描述，给出的就是一个这种类型从众的例子。按照利昂·费斯汀格的观点[28]，当物理现实变得越来越不确定时，人们就会越来越多地依赖“社会现实”——也就是说，他们更可能遵从他人的行为。这样做，并不是因为他们担心受到群体的惩罚，而是因为群体能够提供他们所期待的有价值的信息。我们可以举例来说明这一点：假定你要到一个不太熟悉的教学楼去上厕所。在“洗手间”指示牌下有两扇门，但遗憾的是，门上的标记已经被破坏了；也就是说，你不能确定哪一间是男厕所，哪一间是女厕所。这的确令人进退两难——因为怕自己窘迫或令他人窘迫，你不敢去打开任一扇门。正当你沮丧不安地踱来踱去的时候， 24
从左边的门里走出了一位相貌堂堂的先生。你深深地舒了口气，无所顾忌地走上前去，理所当然地认为左边是男厕右边是女厕。你为什么会如此自信呢？正如我们前面所看到的，研究表明我们越认为一个人是专家或者值得信任，我们就越可能追随他（她）并遵从他（她）的行为。因此，一个相貌堂堂的绅士，肯定会比一个衣衫不整、神色不安的人拥有更多的追随者。

的确如此，对不遵守交通规则的研究显示，与那些没有多少声望或者不怎么富有的人相比，人们似乎更多地遵从地位高的人的行为。通过几例实验，研究者们发现，与没有遇到任何示范者相比，当有一位不去闯红灯的示范者在场时，其他步行者更可能不去闯红灯。而且当示范者衣着整洁时，与那些衣冠不整、穿着破旧的人相比，他们的从众效应会更强[29]。

关于浪费水资源和乱丢垃圾　让我们对此进一步加以探讨。一些机构常常要求人们按照某种方式行事，但并非绝对要求人们这么做。例如，我所在大学的男生更衣室淋浴间里，挂着一个告示，要求人们为节约用水在打肥皂的时候关上水龙头。我们通过系统的观察发现只有6%的学生按要求行事。由于这种做法会带来一些不便，我对这一结果并不感到奇怪。随后，我和迈克尔·欧莱瑞（Michael O'Leary）进行了一项简单的实验，目的在于引导更多的人节约水源以及用于加热的能源[30]。我们推断：如果人们相信其他学生认真对待这一要求，他们更可能在打肥皂的时候关上淋浴器。据此，我们征集了一些男学生作为帮手，他们只是作为示范者按照所要求的那样去行动。但我们并不希望人们因为担心遭到反对或者惩罚而去从众，为此我们采用下面的方式设计实验：我们的示范者在空无一人的时候走进淋浴间（这是一个开阔的空间，八个淋浴喷头按照一定的间隔排开），他走进最里边，背对着房门，打开淋浴器。当听到有人走进来时，他便立刻关掉淋浴，打好肥皂后，再打开淋浴器很快地冲洗干净，看都不看来人一眼，便离开淋浴间。在他离开以后，另一个学生（我们的观察者）走了进来，不动声色地观察"被试"打肥皂时是否关掉淋浴器。我们发现49%的学生会照着做。而且，当同时有两个学生示范正确的行为时，按照告示去做的人猛增到67%。因此，在一种不确定的情境中，其他人通过为我们提供信息，暗示在特定场合下人们的一般做法，从而诱导我们从众。

让我们再来看一下抵制乱丢垃圾的文化规范是如何形成的。对大多数人来讲 25
乱丢垃圾似乎不是什么大问题——这本身就是问题的一部分：多数人认为随便丢点垃圾无所谓；但这些垃圾累积起来，不仅污染我们的环境，而且也会浪费纳税人的许多钱。而今仅在加利福尼亚，一年用来清理路边垃圾的费用就超过1个亿。假定，就在你走向自己停在当地图书馆停车场里的车子的时候，你发现有人已将那些讨厌的广告单塞到了你的挡风玻璃雨刷器下。于是你取下这些广告单，不假思索地将它们揉成一团。问题的关键是：你会将它扔到地上，还是将它塞到兜里，稍后再仍到垃圾箱里？答案是：在很大程度上，这取决于其他人会怎么做。在一个设计精妙的实验中，罗伯特·西奥迪尼（Robert Cialdini）[31]和他的同事们在一些汽车的挡风玻璃雨刷器下放置了广告单，然后等在一边观察每个司机在发现它们时会怎么做。对于其中一些人，当他们一离开图书馆，实验者的一个帮手就会从他们身边走过，弯下身来，捡起扔在地上用过的快餐袋，随手扔到垃圾箱里。在控制条件下，地上则没有袋子，帮手只是从那些朝自己车子走去的人身边经过。结果发现，在控制条件下，当人们走到车前看到广告单时，37%的人将它扔到了地上；而在有“示范者”的条件下，只有7%的人将广告单扔到地上。

在一个类似的实验中，西奥迪尼和他的同事们[32]采用了更加难以察觉的信息影响技术。他们没有利用示范者，取而代之的是对停车场的场景进行操作。具体说来，当实验者将广告单扔到停车场上时，大多数司机都会照着做——他们可能会想，“毕竟，假如没有人关心停车场的清洁，我为什么要去关心呢?”非常有意思的是，假如人们看到地上有一片碎纸，她们乱扔垃圾的可能性要比停车场上一干二净时小得多。原因在于看到一片碎纸使我们想到了垃圾——这会使我们想起绝大多数人是遵循那些规范的。如果停车场一干二净，大多数人甚至根本想不到那些规范，于是他们便可能在不经意间扔掉了广告单。

在淋浴间和停车场所做的这些实验中，从众是由信息而并不是由担心引起的。
但是要将这两类从众区分开来，却并非易事。从行为表现上看，二者往往是完全一
致的；区分这两种过程的关键因素是看是否存在某种惩罚的力量。让我们想象一
下，在传说中的弗里多尼亚国，客人在饭后打嗝被认为是有礼貌的，这是一种向主
人表示他们对饭菜满意的一种方式。假定你不了解这些，便在美国国务院的一些
外交官们的陪同下到一位弗里多尼亚高官家中做客。如果饭后，这些外交官们开
始打嗝，那么你也可能会打嗝。是这些外交官为你提供了有价值的信息。换个角 26
度看，假如你仍在同一个人家中做客，但陪伴你的却是一群粗壮的年轻人，据介绍
他们是弗里多尼亚国家奥林匹克摔跤队的重量级选手。如果这些大力士饭后打
嗝，我猜想你很可能不会去仿效他们的行为。换句话说，你可能认为这样做是失礼
的，你会尽力不打嗝。但是，当他们因为你不照着做而怒视着你的时候，你可能也
会真的打起嗝来——这样做，不是因为他们所提供给你的信息，而是因为你害怕由
于没有附和他们粗鲁的行为而受到排斥或遭到报复。

我认为，为了获取恰当行为的有关信息，我们去观察他人的行动并出现从众，要比为了获得认可或者逃避惩罚而去从众，其结果可能会更具威力。我想要说明的是，如果我们置身于一种不确定的场合，这时我们只能依据他人的行为去行事，那么在随后出现的类似的情境时，无需暗示，我们便会重复刚刚学到的行为。事实上，除非我们后来清楚地证明自己的行为是不恰当或者错误的，我们都会这样做。好，现在回到我们的例子中，假定你再一次来到那位弗里多尼亚高官家里做客。但这一次你是唯一的客人。问题是：你在饭后会打嗝吗？稍加思索便会得到明确的

答案:如果你在前一次在他家用餐后打过嗝,而且你认为这样做是恰当的(就像在有外交官陪同的场合下用餐那样),那么在你与这位高官单独用餐时,你就很有可能会打嗝。但是,假如你上次用餐打嗝是出于担心受排斥或遭惩罚的话(就像你在那些摔跤手陪同下用餐一样),在你单独做客时你几乎肯定不会打嗝。让我们再次回到萨姆和电视上的总统候选人的例子,你现在可以很容易理解我们之所以不能预测萨姆在选举中实际投票情况的许多原因中的一个。如果萨姆附和他人仅仅是为了逃避惩罚或者取得认可的话,那么当他在投票站里单独投票的时候,他所做出的选择便很可能与他朋友们的意见相左。相反,如果萨姆将其他人作为信息源,那么我们几乎可以肯定,他在投票的时候会放弃自己最初喜爱的那位候选人。

社会影响与情绪 需要再次说明的是:当事实本身不清晰的时候,其他人便会成为信息的主要来源。斯坦利·沙赫特和杰罗姆·辛格(Jerome Singer)所做的一些研究,很好地说明了这种现象的普遍性。他们证实,即使是在评价自己情绪品质这类具有鲜明个人色彩的现象时,人们也会遵从他人[33]。在介绍这项研究之前,有必要说明这里所讲的"情绪"的含义。根据威廉·詹姆斯(William James)[34]的观点,情绪既包括"情感"的内容也包括认知的内容。他对情绪的这种二重定义可以 27
与自动电唱机播放歌曲相类比:首先,你需要投入一枚硬币启动电唱机;然后按键选择自己想听的歌曲。同样,情绪也需要从生理上唤起,而后才能认识它是什么情绪。具体而言,譬方说我们正行走在森林中,突然撞上了一头饥饿凶猛的熊,这时我们就会出现某种生理变化。这种变化会令我们激动起来。从生理学上看,这是一种交感神经系统的反应,与我们突然碰上一个令自己愤怒的人所做出的反应是类似的。只有当我们从认知上开始弄明白那些引起我们恐惧的刺激(例如凶猛的熊)时,我们才将这种反应解释为恐惧(不是愤怒,也不是欣喜)。但假如没有出现适宜的刺激,我们对生理唤起又会有什么样的感受呢?例如,假如有人偷偷向我们的饮料中加入了一种能够引起同样生理反应的化学药品,情况又会怎样呢?我们会感到恐惧吗?威廉·詹姆斯认为,除非周围存在适宜的刺激,否则我们不会感到恐惧。

现在我们就让沙赫特和辛格出场。在一项实验中,他们给一部分志愿者注射了消旋肾上腺素(肾上腺素的一种合成体,能够引起生理兴奋),而给另一部分人则注射了一种无害的安慰剂。所有被试都被告知注射了一种名为"修普罗津"(suproxin)的维他命营养剂。他们告诉部分进行药物注射的被试,可能会出现心悸和手颤等副作用。这些的确是消旋肾上腺素所引起的一些反应。因而,当这些被试感受到了消旋肾上腺素引起的这些症状时,他们能够得到一种合理的解释。实际上,当症状出现的时候,他们会自言自语道,"我的心跳加快双手发抖都是因为注射了药物，没有任何别的原因。”而另外的一些被试在事前并没有得到有关这类症状的警告。在心跳开始加快、双手开始发抖的时候，他们又会怎样对待这些现象呢？答案是这些人会做出与他们周围人一致的反应。实验的具体做法是，把一位帮手介绍给被试，并且告诉被试这个人也被注射了“修普罗津”。在一种情境下，要求这位帮手表现得欣喜若狂；而在另一种情境下，他被要求表现出特别愤怒的样子。假设你身临其境：你正和一个刚刚被注射了同样药物的人独处一室。他看上去精力旺盛、手舞足蹈，高兴地将纸团成球，像投球一样扔到纸篓里。他的幸福感是显而易见的。渐渐地，你所注射的药物开始起作用了，你也感受到了心跳加快、双手发抖等反应。你会感受到什么样的情绪呢？在这种情境下大多数被试报告自己有幸福感——而且他们的行为看上去很快乐。相反，假定你不是呆在有幸福感的帮手的房间里，而是与表现出愤怒的帮手呆在一起。他对你们正在填写的一份调查表大加抱怨，最终，火冒三丈的他撕碎了调查表，扔进了废纸篓里。与此同时， 28
消旋肾上腺素的症状开始出现；你感到自己的心跳在加快、双手开始发抖。这时你会有何感受？在这种情境中，绝大多数被试感到愤怒，而且他们的行为看上去也的确愤怒。

值得注意的是，如果被试们注射的是一种安慰剂（即一种不会产生任何症状的良性药剂），或者事前得到所注射药物可能引起症状方面的警告，他们就不会受到实验者帮手奇怪而可笑举止的影响。我们可以将这个实验总结如下：当物理现实清晰而且可解释的时候，被试的情绪受他人的影响并不大。但是，当他们感受到一种不知从何而来的强烈的生理反应的时候，他们便可能将自己的感受解释为愤怒或者欣喜。至于究竟被试们做出何种解释，则取决于那些假装注射了同一种药物的实验者帮手们的行为。

社会影响：生与死 正如我们所看到的，他人有意或无意的影响，会对一个人的行为产生重大的作用。除非我们了解了这一过程如何发生，这类影响也可能产生我们所不愿意看到的社会后果。克雷格·哈尼（Craig Haney）所做的一项有关死刑认定程序的研究，为我们提供了一个引人关注而又发人深思的例证[35]。大致地讲，死刑认定程序指的是为谋杀案选定一个陪审团的过程，在这一过程中那些反对死刑的陪审员都被排除在陪审团之外。死刑认定程序是由那些最终被选进陪审团的人来完成的。身为律师和社会心理学家的哈尼推论道：很可能会出现这样的情况，当那些信奉死刑的陪审员在目睹那些因反对死刑而被排除在陪审团之外时，这可能会隐约地向他们暗示法律不支持那些反对死刑的人。这种结论可能会增加他们将死刑强加于人的可能性。为了检验这一想法，哈尼设计了一项实验，让一组随机选取的成人样本观看一场令人信服的陪审团认定过程的录像，这一过程是在一个法学院的模拟法庭里拍摄的。现场布置得非常逼真，法庭上的设施一应俱全。录像中的原告、辩护律师和法官，都是由有经验的律师扮演的。在一种实验条件下，这一程序包含了对死刑认定的一个片段；在另一种条件（控制条件）下，这个片段则没有出现。与控制条件下的人相比，那些观看了死刑认定片段的被试更加相信被告有罪，他们更加相信他会被判死刑，而且他们还相信陪审团会判定他有罪。如果被告证明有罪，他们更可能倾向于将死刑强加给他。因此，影响人们看法和行为的一些因素可能很微妙，但它们却很可能会决定着一个人的生死。

对社会影响的反应

至此，我已经采用多少有些通俗的术语介绍了两种类型的从众。这种区分主 29
要基于以下两个方面：(1)个体从众是由于奖惩的原因，还是出于获得信息的需要；(2)从众行为的相对持久性。现在，让我们走出这种简单的区分，对其做一番更为复杂而有用的分类，这种分类不仅仅适用于从众，也适用于所有形式的社会影响。在这里，我将不再使用“从众”这个简单的术语，而是把人们对社会影响的反应划分为三种类型：依从、认同和内化[36]。

依从　**依从**这一术语能够最恰当地用来表示一个人为了获得奖励或者避免惩罚而做出某种行为。通常，一个人的行为的持续时间与他所得到的奖励承诺或者所面临的惩罚威胁同样长。为此，人们可以将一只老鼠饿上一段时间，然后在迷津终端放上食物，以此来诱使它高效率地跑向迷津。同样，一个残忍的独裁者可以通过威胁不顺从将遭受的痛苦折磨，或者许诺顺从所能得到的荣华富贵，来获取一定比例的臣民对他的忠诚。在依从这一水平上，多数研究者发现在人类和动物之间存在很小的差别，因为所有的有机体都会对具体的奖惩发生反应。因此，将食物从迷津终端的盒子里拿走，老鼠最终会停止在迷津中的奔跑；取走食物或者取消惩罚的威胁，那些臣民也会停止对独裁者的忠诚。

认同　**认同**这一术语指的是因个体希望与影响施加者保持一致，而对社会影响产生的某种反应。和依从一样，在认同中，也并非因为某种行为内在地令人满意，我们才采取这种行为方式；我们采取特定的行为方式，仅仅是因为这种行为方式能使我们与所认同的另一个人（或一些人）建立起令人满意的关系。认同与依从的区别在于，在认同中我们的确相信自己所采取的意见或价值，尽管我们对这些意见和价值的相信程度还不很强烈。因此，一旦我们发现某个人或者某个群体在某些方面具有吸引力或感染力，我们就倾向于接受来自这个人或这个群体的影响，并且采取类似的价值或态度——这样做并不是为了获得奖励或者逃避惩罚(就像在依从中那样),而仅仅是为了与某个人或某个群体相像。我将这称之为“完美的查理老叔”现象。假定你有一位名叫查理的叔叔,他热情、有魄力,也很有魅力;当你还是个孩子的时候,你就喜爱他,希望自己长大后能像他那样。查理大叔是一家公司的经理,他在许多事情上意见鲜明,包括他对社会福利立法就很反感。他确信只要一个人真正努力,他就能够得到一份像样的薪水,而由政府向人们发钱,则只能导致人们失去工作的愿望。从儿时起,你就在多种场合听到查理叔叔发表自己的观点,这一点也已经成为你的信念体系的一部分——并不是因为你对它有深入的思考并认为它是正确的,也不是因为查理叔叔因为你采纳了这一观点而对你有所奖励(或者因为你没有采纳此观点而威胁要惩罚你)。正是因为你对查理叔叔的喜 30
爱,这种喜爱之情使你萌生了要将他的一切吸收到自己的生命中来的倾向,因而他的这个观点也就成为你的信念体系的一部分。

内化 对某种价值或信念的**内化**是对社会影响最为持久、也最根深蒂固的反应。将特定信念内化的动机是希望自己正确。因此对这种信念的奖赏是内在的。假如施加这种影响的人被认为值得信任而且具有很好的判断力,我们就会接受他所主张的信念,并将它融入自己的价值体系之中。一旦成为我们自身价值体系的一部分,这种信念就会与它的来源没有任何关系,并且变得非常不容易改变。

现在,让我们讨论一下社会影响的这三种反应所具有的一些重要而又鲜明的特征。依从持续的时间最短,而且对个体产生的影响最小,因为人们仅仅为了获得奖励或者逃避惩罚才会去依从。依从者了解环境的压力,而且一旦这种环境不再存在,他们便会轻易地改变自己的行为。当自己被人用枪指着的时候,我可能会被迫什么都说;但一旦脱离了死亡威胁,我很快会忘掉所说过的一切。如果一个小男孩为了得到母亲手中的小甜饼才对自己的小弟弟表现得和蔼、慷慨,那么他将来未必会成为一个慷慨的人。他并不知道慷慨本身就是一种美德;他所知道的是表现得慷慨,是得到小甜饼的一种好办法。一旦小甜饼没有了,他那慷慨的行为最终也会停止,除非这种行为得到一种新的奖赏(或者惩罚)的支撑。奖励和惩罚是引导人们学习并进行某种具体活动的重要手段,但是它们又是非常有限的社会影响手段,因为它们必须兑现才能有效——除非个体发现了使行为得以持续下去的其他原因。最后这一点稍后再作简要讨论。

对于我所讲的认同这种社会影响形式而言,持续的奖励或惩罚则是不必要的。个体所认同的那个人根本不必要在场;所需要的仅仅是个体希望与那个人相像。例如,假定查理叔叔搬到了另外一座城市,而且你几个月(甚至几年)不能见到他,你仍将继续持有与他相同的信念,只要(1)对你而言他仍然很重要,(2)他仍然持有同样的信念，(3)这些信念没有遭遇更具说服力的相反的观点的挑战。基于同样的原因，如果查理叔叔改变了自己的看法，或者你对查理叔叔的喜爱开始不如从前，这些信念也可能改变。如果对你来讲比查理叔叔更重要的一个人或者一群人提出了一套不同的信念，这时那些信念也可能改变。例如，假定你来到了大学，在这里 31
你发现了一些新的有魅力的朋友，他们与查理叔叔不同，强烈地支持社会福利。假如你像敬佩你的叔叔一样敬佩他们，甚至对他们的敬佩超过了对你叔叔的敬佩，那么为了与他们相像，你就会改变自己的信念。于是，一种新的更为重要的认同就会取代原有的认同。

社会影响通过认同所产生的效应，也可能由于一个人希望得到正确的认识而得以消除。如果你已经通过认同而持有了某种信念，随后你又看到了由一位值得信任的专家提供的具有说服力的相反的主张，这时你很可能要改变自己的信念。内化是对社会影响最持久的反应，正是因为人们希望自己正确的动机是一种强大的而且可以自我支撑的力量，它才不需像依从那样依靠奖惩之类的力量的持续监督，也不需像认同那样要依靠对另一个人或者某个群体的持续敬重。

意识到下面这一点是很重要的：任何一项具体的行动都可以归因于依从、认同和内化。举例说明这一点，让我们来看一看“遵守有关限速驾驶法规”这样一种简单的行为，社会通过高速公路巡警保证这些法规得以实施，而且我们都清楚，如果人们事先得到警告这些巡警将在某一路段进行仔细检查，他们就会在限速范围内驾驶。这就是依从。很显然此时人们遵守有关法规是为了避免被罚款。假定你已经在那些高速公路巡警的视野之外，在意识到这一点的时候，许多人便会加快车速。但也有一些人仍然会继续在限速范围内驾驶；一个人继续这样做，很可能是因为他的父亲(或者查理叔叔)总是按限速驾驶，或者他总是强调遵守交通法规的重要性。这当然就是认同。最后，人们遵从限速驾驶的法规，可能是因为他们相信限速驾驶的确很好，遵守该法规有助于防范交通事故，以中等速度驾驶是一种理智的行为。这就是内化。而且在内化状态下，你会观察到人们的行为会更加灵活。例如，在某些条件下——比方说在一个星期天的早上六点钟、能见度极好而且几英里的范围内看不到一辆车子——这个人便可能超出限速驾驶。而一个处在依从状态下的人可能会担心雷达跟踪，一个处在认同状态的人便可能非常刻板地与自己的示范者保持一致；因此，这两种人都对环境的一些重要变化不那么敏感。

让我们来看一下对社会影响的这三种反应的主要成分。在依从中，最为重要的成分是**权力**——影响施加者所具有的对依从者奖励和对不依从者惩罚的权力。父母们拥有赞扬、喜爱、提供小食品、警告、打骂、不再兑现已经许诺的东西，等等的权力；老师拥有在学生的额头贴上金星、给学生打不及格令他们退学的权力；雇主拥有对员工表扬、晋升、羞辱、解雇的权力。美国政府拥有对附属国增加或者减少经济援助的权力。由此，政府便可以通过这种方式说服拉丁美洲的一个小国在选 32
举中一定程度上坚持民主。奖励和惩罚是产生这种类型依从的有效手段。但人们可能会质疑我们是否希望只是简单的依从：与引导一个国家的统治者确立民主思想和进行民主统治相比，引导这个国家进行一场民主选举要容易得多。

在认同中，最为重要的成分是**吸引**——被认同者所具有的吸引力。因为我们认同示范者，所以我们希望持有与示范者一致的看法。假设你所敬佩的一个人在某一问题上持有一种特定的观点。除非相反的观点对你有特别强烈的吸引力或者有确凿的证据支持这种观点，你都会倾向于采纳你所敬佩的这个人的观点。有时，我们会很有意思地发现反过来讲也是成立的：如果一个你不喜欢的人或者群体发表了某种观点，那么你很可能会拒绝他的观点或者采纳相反的观点。例如，假定你不喜欢某个群体（譬如美国纳粹党），这个群体又在大声呼吁反对增加最低工资。如果你对这个问题一无所知，在其他条件相同的情况下，你很可能会同意增加最低工资。

在内化中，最重要的成分是**可信性**——提供信息的这个人的可信性。例如，假定你正在阅读一个可信性很高的人所提出的某个观点——这个人既是一位专家，又很值得信任——这时你就很可能会受到这种观点的影响，因为你希望自己的看法正确。回想一下我们在前面例子中提到的那位弗里多尼亚高官的宴会上出现的外交官们，由于你对他们的专家身份的认可，使得他们的行为（饭后打嗝）看上去是正确的。因此，我推测这一行为（你在一位弗里多尼亚高官家中用餐后打嗝）将被内化；以后，你仍然会这样做，因为你认为这样做是正确的。

回想一下所罗门・阿希所做的从众实验，社会压力导致了许多被试遵从群体的错误回答。我们可以进一步回想，当被试们单独回答的时候，从众发生率大幅度地降低。由此，可以清楚地表明，认同和内化还没有形成。显然，这些被试是在依从群体一致的意见，他们这样做只是为了避免遭受被嘲笑或者被排斥的惩罚，如果其中包含了认同和内化，在单独回答时他们就会坚持从众行为。

将社会影响分为依从、认同和内化三种类型，对于我们理解这种现象是很有帮助的。同时，就像我们对世界的许多分类方法一样，它也并非完美无缺；这种分类在某些方面也可能会出现交叉。具体而言，尽管从总体上看，依从和认同要比内化持续时间短，但在某些情况下我们可以增加它们的持续时间。例如，当个体与最早引起依从行为的个人或群体就继续相处做出坚定的承诺时，依从的持续时间就会增加。在查尔斯・基斯勒（Charles Kiesler）和他的同事们[37]所做的一项实验中，当 33
被试们相信将要继续与一个没有吸引力的讨论小组相处时，他们不仅公开地依从，而且似乎也将这种依从内化——也就是说，他们不仅改变了公开的行为，而且也改变了私下的意见。这种情况我们将在第五章详细加以讨论。

在做出依从行为的时候，如果我们在这种行为或者这种行为的后果中发现，即使最初引起依从的原因（奖励或惩罚）不再出现，继续这种行为也是有价值的，依从行为就会持续下去。这种现象被称之为**次级收益**。例如，在行为矫正疗法中，就是通过系统的惩罚有害的或适应不良的行为，奖励那些替代性行为，或者二者同时采用，来努力消除那些不良行为。例如，人们付出了各种努力希望采用这种技术来帮助那些吸烟的人戒掉吸烟的习惯[38]。当吸烟者按正常的方式开始吸烟（点上一根香烟，把它放到嘴上，吸一口，等等）时，他便会遭受一系列令人痛苦的电击。实验几次之后，吸烟者就不再吸烟了。遗憾的是，人们很容易想到实验室情境与外边真实的世界是不同的：人们会意识到，在离开了实验室情境后，吸烟者便不会遭到电击。结果是，当点上香烟的时候，吸烟者可能会感到一些残存的焦虑，但由于显而易见没有遭到电击，这点焦虑最终烟消云散。因此，许多接受了这种行为矫正的人，虽然短暂地戒掉了香烟，但在他们意识到不再会有电击的威胁时，他们最终又再次吸烟。那些经过行为矫正后不再吸烟的人情况又怎样呢？问题的关键在于：一旦我们在诱导之下出现依从，而且在随后的几天里不再吸烟，很可能是因为我们有所发现。经过了这么多年，我们每天早上醒来都会干咳气短、口干舌燥，对这些我们可能已经认为是难以避免了。但戒烟几个周后，我们可能发现咽喉清新、口腔清爽的竟然会让人感到如此舒服。这一发现足以使我们不再抽烟。因此，尽管依从本身通常不能够产生持久的行为，但它却有可能为那些能够产生较为持久效应的事件的出现创造条件。

服从是依从的一种形式

我指出依从行为几乎都是短暂的，并不意味着他们不值一提，短暂的行为可能是非常重要的。这一点已经令人难以置信地被斯坦利·米尔格拉姆（Stanley Milgram）一系列有关服从的研究所证实[39]。让我们描绘一下他最初一个实验的情景：通过广告招募 40 名男性志愿者参加一项学习与记忆的实验。但这只是表面说法；实际上，这是一项有关人们会在多大程度上服从权威的研究。当志愿者预约来 34
到实验室的时候，他与另一个男性配对，一位有点严厉、专家打扮的实验者向他们解释，将通过对他们的实验来检验惩罚对学习的影响。学习期间要求其中一人，即学习者，对一列词对进行记忆，而另一个人，即老师，将对他进行检查。两人通过抽签决定各自的角色；真正的被试抽到的是老师的角色。他被领到一个“电击发生器”前，电击发生器上有一个仪表板，仪表板上有 30 个拨动开关，刻度从最低点的 15 伏（标有“轻微电击”）逐渐上升到中度水平，然后逐渐上升到高达 450 伏的电击（标有“XXX”）。要求老师通过操作这些开关，在学习者每次做出错误回答之后，向他发出一个强度逐渐加大的电击。接着老师跟随实验者和另一个人（学习者）走进隔壁房间，在这里学习者被绑到一个电椅装置上，这个装置通过电极连接到电击发生器上。学习者声称自己的心脏不是太好，实验者向他保证，“尽管电击可能会很疼，但不会引起任何持久的组织损伤。”

实际上，学习者知道自己根本不必担心。他并非真正的被试，而只是实验者的一个帮手，而且抽签指派角色也在事前做了手脚，以保证他能够扮演学习者而真正的被试能够成为老师。学习者也并没有真的被通上电。但老师却深信隔壁房间的受难者真的被连接到他所控制的电击发生器上。他甚至还体验过一次尝试性的电击（从仪器里一个 45 伏的电池中发出的），他听到了学习者的反应，似乎真的受到了伤害，因此他相信遭到电击是很痛苦的。

学习开始后，学习者多次做出正确的回答，也出现了几次错误。每当错误出现时，老师都会按动下一个开关，根据估计实施一次更强的电击。在发出第五次电击时，强度到了 75 伏，受难者开始表示不满并发出呻吟声。强度达到 150 伏，他请求允许他退出实验。到 180 伏的时候，他大叫再也受不了了。当电击水平达到了标有“危险：极度电击”的时候，老师听到受难者在砸墙并乞求让他离开房间。但是，这当然不是正确的答案，于是实验者要求老师继续增加电压，按动下一个开关发出下一次电击。

该实验的被试是一个随机样本，样本中有商人、专业人员、白领职员和蓝领职员。到实验的最后会有多大比例的人继续实施电击？假如换了你，又会持续多长时间？在每一年的社会心理学课上，我都会提出这些问题。每次，由 240 人组成的班级中大约 99%的学生都会表示，在学习者开始砸墙后他们就不会继续实施电击了。我的学生们的这些猜测，与米尔格拉姆在一所有名的医学院对 40 名精神病专家所做的调查结论是一致的。那些精神病专家们预测大多数被试将会在 150 伏的时候住手，这时受害者第一次要求退出。他们还预测只有 4%的被试在受难者拒 35
绝回答（在 300 伏时）后仍继续对他电击，实施发生器上最强电击的人不会超过 1%。

实际情境中人们又是如何反应的呢？在上面所描述的经典研究中，米尔格拉姆发现，尽管有些人需要实验者一定程度的督促，但大多数被试——大约 65%的人——会继续实施电击直到实验最终结束。那些服从者继续实施电击，并不是因为他们是虐待狂或特别残忍的人。事实上，米尔格拉姆和阿伦·埃尔默斯（Alan Elms）对被试们在一系列标准人格测验上的得分进行比较后发现，那些完全服从的人和成功地拒绝了服从压力的人之间没有差异[40]。这些服从者也并非对受难者表现出来的痛苦无动于衷。一些人提出抗议；许多人有出汗、发抖、口吃以及其他一些紧张表现。一些人突然发出神经质的笑声，但他们仍然服从，直到最后。

这种行为并不仅限于生活在康涅狄格州的美国人。无论米尔格拉姆的实验在哪里进行，都出现了相当程度的服从。例如，一些重复实验表明[41]，生活在澳大利亚、约旦、西班牙、德国、荷兰的人们，采取了与米尔格拉姆实验中的人们同样的反应方式。同样，女性与男性在服从上没有任何差别[42]。

含义 令人震惊的是，为了服从权威而置他人于痛苦境地的人们，比例竟会如此之高。在实验室之外的现实世界中，也存在着与该研究极为相似的一些事情。例如，在阅读着这些研究的时候，我们很难不注意到米尔格拉姆实验中的老师与阿道夫·艾希曼（Adolf Eichmann）的盲目服从行为之间的类似之处。阿道夫·艾希曼将自己屠杀数以千计的无辜平民的责任，归因于来自纳粹帝国的上级的命令，而他自己只不过是服从命令的一个好军官。

稍晚一些时候，在越南战争中，陆军中尉威廉·卡利（William Calley）被指控蓄意、无故地谋杀美莱村的越南妇女和儿童。他坦率地承认了这些事实，但却说自己认为这样做是对上级军官权威的正当服从。有趣的是，米尔格拉姆的一位服从的被试，当被问到为什么会这样做时，也回答："我住手了，可是他（实验者）命令我继续下去。"

这些说法比较容易引起争议，我们应当持一种谨慎的态度，以免对米尔格拉姆的结论做出过分的解释。考虑到米尔格拉姆实验中有65%的被试依从实验者的命令，一些评论者曾设想，如果人们置身于类似阿道夫·艾希曼和威廉·卡利所处的情境，也许大多数人也会采取同样的行为。这一点可能是对的；但应当强调的是，实际上米尔格拉姆的被试们所处的情境中，存在着一些可能使服从增加到最大限度的重要因素。由于被试是自愿参加的，他完全有理由假定受难者也是自愿的。 36
因此，他很可能觉得双方都有义务防止实验的中断。此外，他是单独面对实验者的要求；另外一项研究显示，当他同其他两位公然反对实验者的教师一起参加实验时，完全服从者的比例降到了10%[43]。而且，在米尔格拉姆的大多数实验中，发出命令的权威人物是耶鲁大学实验室的一位富有声望的科学家，他的开场白使得被试们相信实验是在研究一个很重要的科学问题。在我们的社会中，人们已经习惯于相信，科学家是享有很高声誉的负责任的、有善意的人。如果这位科学家又是像耶鲁大学这样久负盛名、极有威望的机构中的一员，情况便更是如此。所以，被试们完全有理由相信，没有任何一位科学家会在他的实验中发布可能置人于死地或者对人造成伤害的命令。在艾希曼和卡利的例子中，这些条件显然都不具备。

来自米尔格拉姆进一步研究的一些证据支持了这一推测。在另外一项分别进行的实验中[44]，他将人们对一位耶鲁大学科学家命令的服从，与人们对另一位科学家命令的服从进行了比较。这位科学家在康涅狄格州的一座工业城市布里奇波特闹市区一栋破败商品楼的一个办公室里工作。在这项研究中，对耶鲁大学科学家的服从率达到了65%，而在布里奇波特服从率只有48%。因此，没有了耶鲁大学的名望，似乎会在某种程度上减少服从的比率。

当然，48%仍然是一个很高的比例。如果主持实验的不是一位科学家或者他是另外一位合法权威人物，服从他的人是否会更少呢？米尔格拉姆在另一项研究中对这一问题进行了考察。在这项实验中，科学家身份的实验者在最后一刻被一个没有权威的"替代者"所取代。实验是这样进行的：在有关学习任务的常规准备完成以后，还没来得及说明使用何种水平的电击，实验者就被一个预先安排好了的电话叫走。另外一位"被试"（实际上是一位帮手）承担了实验者的角色。替代者假装偶然想起要让老师在学生每次出错后增加电击的水平。就像科学家身份的实验者在以前的实验中所做的那样，替代者也会敦促老师继续实施电击。在这种条件下，完全服从的被试所占的比例一下子跌到了20%，表明对大多数人来讲，只有合法权威的命令才能得到高度的服从，并非人人都可以承担权威的角色。

另外一个减少服从程度的因素是权威人物是否在场。米尔格拉姆发现，当实验者不在房间里而是通过电话来发布命令时，完全服从的被试所占比例下降到
25%以下。而且，有几个继续进行实验的人出现了欺骗行为；具体地讲，他们所发 37
出的电击在强度上比所要求的要低——而且他们决不会告诉实验者自己违背了正常的实验程序。我感到，最后这一点体现了一些人令人感动的努力，他们在服从合法权威命令的同时，尽可能减小自己强加给他人的痛苦。这使我们联想到邓巴（Dunbar）的行为，邓巴是约瑟夫·海勒（Joseph Heller）的经典战争题材小说《第22条军规》中的人物。在第二次世界大战期间，邓巴奉命轰炸意大利的一些村庄。他既不想公开抗命，又不愿伤害无辜百姓，在那些作为指定目标的意大利村庄附近的空地上，他扔下了炸弹。

考虑到邓巴身处远离村民的高空和人们并不知道他是何人，他对那些炸弹爆炸的可能牺牲者们的感受给人们留下了特别深刻的印象。事实上，米尔格拉姆在随后的研究中发现，老师距离学习者越远，他们就越可能服从权威的命令。当老师们实际地看到学习者的时候，只有40%的人会继续发出令人痛苦的电击。相比之

下，那些仅仅听到受难者叫喊的老师继续实施电击的比例则达到了62%。与此类似，当老师被要求逼迫学习者将手臂直接放在发出电击的金属板上——而不是采用较远距离的电击发生器发出电击——服从的比例下降到30%。因此，活生生地目睹他人遭受痛苦，会使得继续向这些人施加痛苦变得更加困难。反过来讲，现代战争所使用的武器，排除了近距离接触潜在牺牲者的可能性，这就更容易导致那些使用死亡武器的人对无辜目标的悲惨命运漠不关心。

最近在荷兰进行的一系列实验中，维姆·米乌斯(Wim Meeus)和奎丁顿·雷治麦加斯(Qutinten Raaijmakers)[45]采用略微不同的方式探讨了服从与距离的关系问题。除了成功地重复了米尔格拉姆最初的实验程序外，他们采用了不同的方式进行了尝试。在新的程序中，实验者要求人们服从他们，对一位求职者在一项测验上的成绩做出一系列越来越消极的评价，而他们所做出的评价将决定着求职者能否被录用。为此，被试们相信自己会对求职者造成伤害——但这种伤害不会在当时，而是在将来的某个时候显现出来，被试们将不可能看到他们服从所造成的后果。正如人们所预料的，与直接重复米尔格拉姆实验相比，在这种情境中被试服从的比例要高得多；在这一实验中，超过90%的被试继续服从，直到实验结束。

米尔格拉姆实验中的不服从　正如你所了解到的，在米尔格拉姆实验中尽管受到了实验者的敦促，但仍有一些被试公开反对实验者而且拒绝继续参加实验。
同样，在人类历史上也曾经有出现过许多勇气可嘉、激动人心的事例。例如，在挪 38
威、丹麦和其他一些欧洲国家建立的“自由纪念馆”，就是为了颂扬少数英雄为抵抗纳粹占领和帮助犹太人从大屠杀灾难中逃脱所付出的努力。尽管这些人道主义的、勇敢的行动是那么鼓舞人心，但是我们却不能够因此而对人们服从权威的普遍性视而不见。我们很多人参观这些纪念馆，赞美所展示的那些事迹，并且确信我们自己也会表现出同样的勇气。我们会沉浸在面对服从压力自己宁折不弯的幻想之中。当米尔格拉姆实验的被试们被要求对他们的表现进行预测时，由于受到他们的价值观和自我概念的影响，所有的被试都回答他们会在中等或中等以下水平停止电击[46]。但我们已经看到了实际情境的压力会如何超越他们的价值观和自我概念。有一年，当我同往常一样，问我的那些社会心理学学生们是否可能持续发出电击直至最大强度，只有一个人慢慢地举起了手；班上其他的人都确信自己会公开反对实验者的命令。那位举手的是一位越南战场的退伍军人，他清楚地知道那种处境。他曾经经历过类似的压力，而且逐渐痛苦而悲惨地认识到在某些场合下自身的脆弱之处。的确，我们不仅发现拒绝伤害他人的压力是一件困难的事情，而且我们还常常会在有机会帮助他人的时候采取逃避的行动。

不介入的旁观者是从众者

1964年,一个名叫基蒂·珍诺维丝(Kitty Genovese)的年轻女子在纽约被刺身亡。这是一起悲剧性事件,但事件本身并不特别新奇。无论如何,在人口稠密的市中心,凶杀案并不少见。引人关注的是在这一事件中,不少于38位遇害者的邻居们在凌晨三点走到了自家的窗前。面对着受害者的尖叫,他们一动不动地站在那里,呆呆地看了30分钟。袭击她的人用了30分钟才完成了令人发指的暴行,在此期间他先后三次返回来攻击她。没有一个人出来帮助她;直到最后才有人拿起电话叫警察,而此时已为时已晚[47]。为什么会这样呢?

或许这些旁观者当时睡眼朦胧,思绪不清。毕竟,在凌晨3点的时候,人们很难完全地控制自己的思维能力。如果说这是可能的话,那么在一个大白天,一位名叫埃莉诺·布拉德利(Eleanor Bradly)的人在纽约第五大街购物的时候,失足跌倒,摔断了腿,她躺在那里处于休克状态长达40分钟,其间数百名头脑清醒的行人停下来,呆呆地看上一会儿,然后继续走自己的路。对此,又如何解释呢?

为什么这些旁观者不去救助?难道人们对他人的危难无动于衷吗?难道人们已经习惯于灾难,以至于当面对痛苦和暴力时已经麻木不仁了吗?难道这些情境中的旁观者与你我在某些方面有所不同吗?所有这些问题的答案都是否定的。对珍诺维丝凶杀案中的旁观者所做的访谈,揭示了其中有很多原因,但不包括漠不关心——他们被吓坏了。那么,他们为什么不出来干预呢?这是一个很难回答的 39
问题。

一种可能的解释涉及大城市与小城镇在帮助标准上所存在的差异。一些实验[48]发现,在城市以外的地区人们获得帮助的可能性要大于城市地区。但是,这些研究考察的只是一些很小的帮助请求——像兑换零钱、校准时间,等等。这种城乡差别是否会在基蒂·珍诺维丝和埃莉诺·布拉德利所碰到的那类严重紧急的情况下出现,这一点我们还并不清楚。

一些更为令人信服的解释是由约翰·达利(John Darley)、比博·拉塔纳(Bibb Latane)和他们的同事通过巧妙的实验提出的[49]。这些研究者们假定,大量的人目睹危难事件,将对每个人的帮助举动产生抑制影响——也就是说,如果大量的人在场观看危难的发生,受难者很可能得不到帮助。因此,不介入可以被视为一种从众行为。在这种情况下,在每个人看来,似乎其他人都在权衡求助或者不救助的合理性与恰当性。正如我们所看到的,从他人那里得到的提示往往是合理的。但这样做偶尔也可能出现误导，而在紧急的情况下尤其可能出现误导。在我们的社会中，在公共场合毫不掩饰个人强烈的情绪被认为是“不冷静”的。当我们身边有他人在场的时候，我们多数人会尽力表现得比实际上更无畏、更坦然、更放松，或者对异性更没有兴趣。例如，从夜总会观赏脱衣舞的那些客人们脸上，我们看到的往往是厌倦的表情，据此我们决不会猜想他们为之兴奋或者对此感兴趣。同样，即使是鼎鼎大名的火星来访者看到牙医候诊室里病人脸上冷静的表情时，也决不会想到他们内心会忐忑不安。

分析了这一切之后，让我们来考虑一下在第五大街上跌倒并将腿摔断的那位女士。假定你在她摔伤十分钟后来到了现场。你看到一位女士躺在地上，看上去很难受。你还看到了什么？你看到许多人从她旁边走过，瞥了她一眼，然后继续赶路。你会对情况做何种估计？你可能得出不宜介入此事的结论。在你看来，她可能伤得并不严重；可能她喝醉了酒；可能她是装出来的；或许整个这件事是一场偷拍，如果你介入此事，将会在国家电视台上播出，那会使你看起来有多么愚蠢。“总之，”你反问自己，“如果事情真的很严重，这些人中为什么没有一个出来做点什么呢？”因此，有许多人在附近这一事实，看起来更能增加某个人出手相助的可能性，但实际上却降低了任何一个人前去帮助的可能性[50]。

这是一种有趣的推测，但事实果真如此吗？为了探明这一点，比博·拉塔纳和朱迪丝·罗丁（Judith Rodin）[51]围绕着“危难中的女性”进行了一项实验。实验中，一位女性实验者要求大学生们填写一份问卷。然后实验者经过一个没有上锁的卷帘门回到隔壁房间，临走向大家交代问卷完成后她便会回来。几分钟后，她上演了 40
一场“事故”。学生们实际听到的是这位年轻女性的声音（从一部隐藏的录音机里发出的）：先是爬上椅子，接着听到的是一声尖叫和倒塌的声音，听上去好像椅子倒了，她被摔到了地板上。接下来学生们听到了呻吟和叫喊声，只听她痛苦地喊道，“噢，上帝呀，我的脚，我……我的脚不能动了。噢，我的脚脖子……我搬不开这些东西了。”叫喊声持续了大概有一分钟，然后便渐渐消失了。

研究者们感兴趣的是，确定被试们是否会来帮助这位年轻女性。实验中重要的变量是人们是否单独呆在房间里。在那些单独呆在房间的被试中，70%的人向她提供了帮助。而在那些与一些陌生人一起呆在房间的被试中，只有20%的人提供了帮助。因此，这一实验清楚地表明，其他旁观者在场会抑制人们采取行动。这种现象被称之为**旁观者效应**。在随后的访谈中，那些与他人一起呆在房间里没有提供帮助的被试们谈到，他们推断事故可能并不严重，之所以做出这种判断至少部分因为同伴们没有采取行动。

在珍诺维丝凶杀案中，旁观者们没有进行救助很可能还有另外一个原因。在这种情境中很可能出现下面的情况：如果人们意识到其他人也目睹了这一事件，每个人所感受到的责任就会扩散。每一位珍诺维丝被害的目击者，在看到其他几个窗口发出的灯光和闪现的面孔时，可能都会感到自己没有责任采取行动。既然其他人也看到了，每个旁观者便都可能推测，另外某个人正在给警察打电话，或者干脆认为打电话是另外某个人的责任。为了检验这一想法，达利和拉塔纳[52]设计了一个实验情境，人们被单独安排到每个房间里，但相互之间可以通过麦克风和耳机进行联系。这样，被试们彼此之间可以相互听到但却不能看到。研究者策划了模拟癫痫病人发作的情境：他们播放了一段假定某个被试被癫痫病人抓住的录音。在一种实验条件下，让每个人都相信在被抓事件发生时，只有他（她）自己的通讯工具是打开的；在另一种实验条件下，让每个人都相信至少还有另外一人的通讯工具也打开了。那些认为自己是唯一听见这个情况的人，比认为其他人也听见的人，离开房间提供帮助的可能性要大得多。随着能够听到事件发生的人数的增多，人们提供帮助的可能性却在下降。

珍诺维丝凶杀案中的旁观者和达利-拉塔纳实验中的被试们的行为，表现的是人类的处境相当冷酷的一面：如果有人通过不介入做出了不良的示范，或者某一行为的责任看上去被扩散到了每一个人，人们就会想尽一切可能地逃避相互帮助。
事实果真如此吗？可能未必。有些情境可能会激发人们对他人进行援助，我亲身 41
经历的一个事件可能有助于说明这一点。几年前，我前往优胜美地国家公园徒步旅行。有一天，夜已经很深了，就在我将要入睡的时候，忽然听到了一个男人在大声呼叫。从喊声中我分辨不出那是痛苦、惊慌，还是高兴。我搞不清楚到底是有人在哄闹，还是我的一位野营伙伴遭到了熊的袭击。我从睡袋里爬出来，四下张望，努力使自己的头脑清醒一下并确定尖叫声从何方传来。这时，奇怪的事情发生了。无数的灯光从四面八方汇集到一点。这是几十个野营者跑去救助那位发出尖叫的人时手里拿的提灯和手电筒。事情搞清楚了，因为煤油炉突然烧起来受到惊吓，他便发出尖叫声，好在没有造成什么伤害。当得知不需要什么帮助的时候，其他野营者似乎有些失望。他们步履沉重地返回自己的帐篷，我猜想，他们很快便会入睡。但我却辗转反侧，难以入眠。作为一个非常看重科学材料的社会心理学家，我花了整整一个晚上，思考这样一个令我迷惑不解的事实：我的这些野营同伴们采取了与达利-拉塔纳实验中的被试们完全不同的行为方式。

为什么这些野营者们的行为会如此不同？这两种情境在哪些方面存在差异？在野营地至少有两个因素在起作用，而这两个因素在我们前面所讨论过的情境中没有出现或者仅在相当有限的程度上出现过。因素之一可以从我在上段话中所使用过的一个术语“我的野营同伴”体现出来。具体而言，在那些志趣相投、休戚与共的人们中间往往能够产生“同呼吸、共命运”的感觉，而在像野营地这样封闭的环境中，人们相互之间的依存感比那些只是居住在同一个国家、同一个地区或者同一个城市的人们强烈得多。另一个与此相关的因素是，在这种情境中人们不能避免面对面的接触：珍诺维丝案中的旁观者们可以离开窗户回到自己相对安全封闭的内室；第五大街上的人们可以从躺在人行道上的女士身边走过，继续赶路，名正言顺地离开；达利-拉塔纳实验中的被试们与受难者也没有面对面的交往，而且他们知道自己可以迅速地离开现场。在野营地，事情发生在一个相当有限的范围之内；无论那天晚上野营者们中间发生了什么事情，他们第二天早上都要直接面对。看来，在这种条件下，人们更愿意相互负责。

当然，这仅仅是推测。野营者们在优胜美地的所作所为尽管引人关注，但却不能由此而得出任何结论，因为这不是一次控制条件下的实验研究。这类观察资料的一个主要问题在于，观察者不能对特定情境下出现的人加以控制。因此，人们在 42
解释不同人在行为上所表现出来的差异时，可能往往从个体差异上找原因。例如，人们可能认为，那些参加野营的人从本性上或者经历使得他们比纽约人更为厚道、和善，考虑问题更周到，也更有人情味。可能他们从小就是童子军——因此他们对野营感兴趣——而且，在做童子军的时候，他们就常常受到助人教育。进行实验研究的一个理由就是为了控制这类不确定因素。事实上，随后进行的一项实验，为我对那次野营地经验的推测提供了支持。这项实验是欧文·皮利亚文(Irving Piliavin)和他的同事们[53]在纽约城市地铁的一节列车车厢里完成的。实验中，实验者的一个帮手在和他一起乘坐地铁的几个人面前摇晃着倒下。这位“受难者”伸开四肢躺在列车的地板上，眼睛盯着天花板。在各种不同的条件下这一场景被重复了 103 次。最为惊人的结果是，在大多数场合下，人们都会自发地冲上去救助“伤者”。尤其是当受难者看上去明显生病的时候，在超过 95%的实验中，立即会有人提供帮助。即使是在“受难者”带着酒瓶、浑身散发着酒气的情况下，在 50%的实验中他仍然得到了及时的救助。与达利-拉塔纳实验中被试们的行为不同，地铁列车上这些人的救助行为并没有受到旁观者人数的影响。无论是在拥挤的车厢里(在这里可能存在着责任扩散)还是在很空的车厢里，人们的救助行为都会一样经常、一样及时。尽管实施救助行为的是纽约人(他们与珍诺维丝案中的旁观者、第五大街上的那些行人、达利-拉塔纳实验中的被试一样)，而且他们所处的情境与优胜美地国家公园有很大的不同，但他们所面对的环境与野营地在以下两个方面是共同的：(1)人们乘坐的是同一节地铁车厢，由此而产生了共命运的感受；(2)他们与受难者处于面对面的情境之中，并且不可能迅速离开这里。

那么，怎样提高人们的助人倾向呢？想象一下当你遇到一个紧急事件的时候，你的脑海中可能闪过的问题：情况真的很严重吗？事情需要我介入吗？对我来讲救助是否有困难，代价是否会很高？我的救助对受难者有益吗？我能轻易脱身吗？你的反应将取决于你对这些问题的回答。

实施帮助的第一个前提是，确定所面临的情况是紧急事件。我们已经看到，现场那些没有做出反应的旁观者们所提供的线索，会促使其他观望者断定并没有发生紧急事件。但旁观者的理解也可能从相反的方向影响人们的判断。在伦纳德·比克曼(Leonard Bickman)[54]所做的一项实验中，女生们坐在小房间里，通过通讯工具听到撞击和尖叫声，随后听到的是目击者对这起事件的反应。与不确定或者被 43
认定为非紧急事件相比，当被试们听到目击者将事情说成是紧急事件时，他们提供帮助的次数会更多而且更迅速。紧急事件越确切，人们提供帮助的可能性越大。

确定所面临的情境是紧急事件只是第一步；下一步则是承担个人的介入责任。当观望者在没有假定他人会去行动从而降低自己的责任感时，他们更可能去帮助他人。我已经介绍过达利和拉塔纳的一项实验，该实验表明，当人们认为自己是唯一知道紧急事件的人时，他们会提供更多的救助。在比克曼的实验中，尽管被试们认为其他人清楚现场的情况，但其中一些人相信其他被试不会做出反应。他们具体的做法是，告诉其中一些女生，她们从通讯工具里听到的其他被试就在附近的小房间里；告诉另外一部分女生，受难者的声音是从附近小房间里发出的，而另一位被试则在另一幢大楼里。在后一种实验条件下，即判断其他旁观者不能进行帮助的时候，被试们对紧急事件的反应要迅速得多。事实上，那些不能推卸自己责任的人，与那些认为只有自己知道事件的人，同样快地介入了事故。

尽管需要帮助的紧急事件是确定无疑的，但当帮助的代价很高时，人们也很少会去救助。在皮利亚文的另外一项地铁实验中[55]，有时“受难者”在摔倒的时候会咬碎一个装满红色染液的胶囊，看上去就像从他的嘴里流出了鲜血。尽管“鲜血”使得紧急事件看上去更加严重了，但与摔倒时没有鲜血相比，对那些流血受难者的救助明显减少了。显然，可能的救助者让鲜血给吓退了，由此而减少了他们救助的可能。人们还可能考虑到另外的一些代价，包括一些看上去很小的代价。约翰·达利和丹尼尔·巴特森(Daniel Batson)[56]对此做了清楚的说明。他们召集了普林斯顿神学院的学生们，声称要他们录制一篇演讲。他们要求每个学生在一个房间里练习，然后步行前往另外一幢楼，将在那里进行录音。过了一段时间，他们告诉一些学生，他们约定的时间已经过了，要抓紧。另一些学生被告知时间刚到，剩下的学生则被告知他们还有时间。在去另一幢楼录音的路上，学生们碰到了看上去受伤的人，倒在门口，低着头，闭着眼睛，痛苦地咳嗽着。在这些未来的牧师中间，那些准时或者有空余时间的人，停下来救助受难者的超过50%。而在那些认为自己迟到了的人中，尽管在他们的演讲中包含了要求人们乐善好施的说教，但仅有10%的人提供了救助。

除了考虑帮助的代价外，人们还会考虑他们的帮助所带来的好处。大量的证 44
据表明，如果人们确信自己所付出的真的有用，他们就会去帮助他人[57]。例如，罗伯特·巴伦(Robert Baron)[58]的一项实验表明，当一个人看上去明显痛苦——而且当旁观者知道自己的行为可以减轻这种痛苦时——那么，受难者看上去越是痛苦，旁观者越可能做出迅速的反应。但是，假如旁观者不相信自己可以减轻受难者的痛苦时，在受难者的痛苦与旁观者的反应速度之间便存在一种反向关系——那就是，受难者看上去越痛苦，旁观者的反应会越慢。为更好地说明这一结果，我们有必要使用移情这一概念。在本例中移情可以理解为，当看到另外一个人处于痛苦之中时，我们也可能会出现不愉快的生理反应。受难者越痛苦，我们的不愉快感越强。为了减少这种不愉快感，我们可以帮助受难者，也可以在心理上远离这一情境。如果我们确实能够对此有所作为，特别是在受难者处于极度痛苦的时候，我们就会尽快去行动。如果我们越认为自己对此无能为力，我们离开那里的可能性就会越大(为了减轻我们自身的不愉快感)。如果受难者处于极度痛苦之中，我们更会这样做。

至此，我们已经关注了人们围绕着是否去救助一位受难者而做出的种种考虑。就像我们在运用移情来论证有关观点时所讨论的，旁观者也会考虑不提供帮助时个人的得失。如果目击者能够重新确认所发生的事件并非紧急事件，或者确认我们没有介入的责任，那么我们因目睹受难者身处困境而引起的不安就会减轻。当我们可以轻易地离开现场的时候，帮助也就减少了。但是，一些因素可能会强化旁观者与受难者之间的联系，并阻止我们离开现场。我们都听说过人们不顾一切地闯进燃烧着的房屋或者奔向行驶中的汽车去救助自己亲人的事迹。当受难者是我们很亲近的人时，我们更容易产生移情，并且会承担更多的责任。有时这种联系可能会比家庭纽带弱一些；例如，可能的帮助者会对那些态度与他们相同的人提供更多的帮助。1971 年，当抗议者为反对尼克松的越南政策在华盛顿举行示威游行的时候，彼得·休德菲尔德(Peter Suedfld)和他的同事们设计[59]了一项实验，以考察态度和意愿的相似性与帮助之间的关系。他们培训了一位年轻的女士，让她接近那些示威者，请求他们对她生病的男友进行救助。她生病的男友佩戴着一块写有“抛弃尼克松”或者“支持尼克松”的标语牌。与看上去像尼克松支持者的人相比，示威者们给予了佩戴着反对尼克松标语牌的人更多的救助。最后一点，正如我在讨论优胜美地野营事件和地铁实验时所提到的，人们一旦拥有了共命运的意识，帮助也就更有可能出现。这种相互依存的意识在我们的社会中很容易被忽略。珍诺维丝案中的 38 位旁观者所给出的最主要的解释便是，“我不想受到牵连”。

实验中应当注意的伦理问题

在探求知识的过程中，实验社会心理学家们有时会令人们产生一些非常紧张 45
的体验。仅仅在本章我们已经讨论了这样的一些实验，有时人们会被置于自己亲眼看到的事实与其他人众口一词判断的冲突之中，有时他们受命对一个看上去痛苦的受难者发出强烈的电击，有时许多搭乘地铁的无辜的人们被迫面对一个处于困境的人的痛苦挣扎。

这些做法引发了一些严重的伦理问题。本书第 9 章将对实验伦理进行更为全面的讨论；在此，只想谈谈总体上要遵循的两点：第一点，保护实验被试免受伤害是本领域所有实验者的责任。实验者必须采取措施，保证被试们在离开实验情境的时候，他们的心理状态至少与进入实验情境时一样完好。这就常常需要借助后实验阶段的**“心理纾解”**过程，与实验主体部分相比，这一过程需要付出更多的时间与努力。

既然实验者在对待伦理问题时必须做到如履薄冰，那么为什么还要不厌其烦地进行这类实验呢？这便是我想在这里就伦理问题强调的第二点：对社会心理学家而言，伦理问题并非单方面的事情。从根本意义上讲，为了人类幸福这一终极目标，他们有义务利用研究技能来增进人们对人类行为的认识与理解。总之，社会心理学家对整个社会负有伦理责任；如果不能做到不遗余力地进行研究，他们便没有履行好自己的这份责任。当所承担的这种社会一般伦理责任与他们对实验被试个体的具体伦理责任发生冲突的时候，社会心理学家们将面对着一种两难的处境；尤其是当研究的对象是诸如从众、服从、救助、喜爱等重大的问题时，情况会更加复杂，冲突会非常激烈。因为，从总体上看，所研究的问题越重大，(1)对社会可能带来的利益越大，而且(2)引起个体被试不适、焦虑或者痛苦体验的可能性也就会越大。如果希望看到有关这一问题的更为全面的论述，读者可以阅读第 9 章。

3

大众传播、宣传与说服

在过去的30年里，大众传播的优势将世界变成了一个地球村。这一点在美国 47
尤为明显，在这里几乎每家每户都拥有至少一台电视机，其结果是，只要有某种类似节食的信息出现，几乎全国所有的人很快都能看到。让我首先列举几个有关这种现象的生动事例以及它们所引起的一些后果：1977年，美国的电视播出了最早引起轰动的电视连续片。超过一亿三千万观众坚持收看或至少收看了一集《根》(*Roots*)。《根》是美国广播公司根据亚历克斯·哈利(Alex Haley)的小说改编的电视片，讲述的是一个非洲裔美国家庭几代人在美国的历史。该片受到了广泛的好评，因为它促进了人们对黑人历史的了解，激发了黑人对自身文化遗产的自豪感。6年以后，美国广播公司播出了《浩劫后》(*The Day After*)，这是一部为电视制作的影片，该片生动地描述了美国发生核弹爆炸后的种种境况。1983年11月，超过了四千万的美国家庭坚持收看该片；观众数量是难以置信的，远远超出了我们的估计。在该片播出数周前，《浩劫后》已经成为国内许多新闻杂志头条的主题。电影明星、物理学家和包括总统在内的政治领袖，纷纷就这个节目及其可能造成的影响发表自己的观点[1]。

毫无疑问，即使对那些仅仅听到过宣传而没有实际观看过影片的人，《浩劫后》 48
也产生了影响。影片播出后，无论是观看过还是没有观看过影片的人同样都对核战争进行了更多的思考，人们意识到核战争爆发具有更大的可能性，感到从这样一场战争中生还的可能微乎其微，而且认为即使生存下来也未必是件好事。另外，这两部分人都声称，他们会通过支持冻结核武器以及参加其他一些反核活动阻止核战争的爆发。总的看来，对那些收看者的影响要大于那些没有收看的人。令人惊奇的是，仅仅在黄金时间播出的两小时的电视节目，竟然会对大多数美国人产生如此大的影响，不仅影响到他们的态度，而且影响到他们为避免核战争威胁而可能采取的积极的行动[2]。

仅仅两小时的电视节目也可能造成巨大的负面影响，它有可能阻止人们去采取行动。许多年前，哥伦比亚广播公司播放了一部名为《受害者的呼声》(*Cry Rape*)的影片。该片让人们清楚地看到，一个强奸案的受害者要坚持控告强奸她的人，她就必须冒着遭到与被强奸同样痛苦折磨的风险。本片中的强奸犯做出一副天真无辜的样子，提供了可信的证据来证明他受到那位妇女勾引的假象。在随后的几周里，向警察报案的强奸受害者的数量大幅降低——很显然，由于受到了影片的暗示，她们担心警察不会相信她们[3]。

1995年，上千万观众一连数月端坐在电视机前，收看对辛普森(O. J. Simpson)谋杀案的审判。在此期间，不同类型的律师们在电视镜头前露面，就诉讼程序的每一个细节发表他们的专家意见。大量的观众则对之乐此不疲——他们对那些与审判有关的事情似乎永远充满着好奇。当裁决最终宣布而且辛普森被判无罪时，我们见证了这个国家最为严重的种族分裂：大多数黑人认为这是一项公正的判决；而大多数白人则认为审判不公。似乎白人和黑人看到的是两项完全不同的审判。

后来，9・11发生了。电视机前的观众们不知多少次收看了双子塔倒塌的过程！塔倒下的一幅幅画面，一旁被惊呆的人们，英勇的救援人员以及那些悲痛欲绝的受难者亲属，都牢牢地印刻在大多数美国人的心中。这一切都深深地影响着我们对恐怖分子的恐惧与愤怒，影响着我们的爱国之心，影响着我们对发动反恐战争的支持。可惜，也导致了某些人产生对穆斯林莫须有的偏见。

说服的努力 不言而喻，我们生活在一个大众传播的时代；的确，甚至可以讲我们所生活的这个时代的特征就是要努力说服大众。无论何时，当我们打开收音机或电视机，当我们打开一本书、一本杂志或一份报纸，总会有人在尽力说服我们，说服我们去购买某种产品，劝说我们去投某个候选人的票，或者劝说我们去订购某些关于真善美之类的书籍。这种企图在广告中表现得最为明显：那些几乎拥有同 49
样产品(例如，阿司匹林、牙膏、洗衣粉)的制造商们，花费大量的金钱来劝说人们购买带有他们包装的产品。但是，大众传媒的影响却不必如此大张旗鼓。《根》、《浩劫后》以及辛普森审判所产生的影响，远远超出了在纪录片中或法庭上所表现出来的最为明显的效应。当然，这种影响可能是非常微妙的，甚至是无意的。那个有关强奸的影片的例子说明，即使传递这个信息的人并没有试图直接向我们推销什么，但他们却能够成功地影响我们观察世界的方式，以及我们对生活中重大事件的反应方式。

让我们来看一下像新闻这类被人们认为是客观的事物。难道新闻广播员在努力向我们推销什么东西吗？大概不会。但是，那些制作电视新闻的人，却能够决定播出哪些事件以及播出的频率，从而对人们的意见产生强有力的影响。

几年前，一个名叫罗德尼·金(Rodney King)的驾车者因野蛮驾驶被拦截。在逮捕的过程中，他遭到了洛杉矶警察局官员的野蛮殴打。侥幸的是，附近的一位居民用录像带记录了这一事件；在随后的几周里，录像带在国内的电视屏幕上一遍又一遍地反复播放。结果是，在 1992 年的春天，一个陪审团认定警察是无辜的，他们没有做错任何事情。消息一传出，洛杉矶中心区爆发了美国历史上最严重的骚乱。到骚乱平息为止，44 人被打死，大约 2 000 人受重伤，洛杉矶整个中南区部分陷入火海，造成了 10 亿美元的财产损失。不用说，有许多原因导致了骚乱。但可以肯定的是导火索之一便是这样一个事实：人们已经无数次收看了打人的录像，因而这一判决令他们义愤填膺。

考虑到新闻广播的威力，我们有理由探讨一下哪些因素决定电视新闻的内容。答案并不是唯一的，但最主要的因素之一是必须能够吸引观众。英国广播公司的主管等不止一个专家曾经说过，电视新闻就是一种娱乐形式。最近的一些研究也表明，当那些负责新闻节目制作的人决定报导哪些事件，或者在无数的录像带中决定哪些部分向公众播出时，他们至少部分地依据材料的娱乐价值来做决定。一段描写大都市遭遇洪水袭击的电视胶片，要比构筑堤坝抵抗洪水的胶片更有娱乐价值：看到一道抵抗洪水的堤坝并不会令人感到多么激动。但这道堤坝无疑是一条更重要的新闻。

正如橄榄球这类激烈对抗的运动项目要比棋类比赛等非运动类项目在电视上更具娱乐性一样，骚乱、轰炸、地震、屠杀和其他一些激烈的事件播出的时间，要远
远多于人们为制止这类激烈事件而付出的努力。因此，电视新闻往往关注的是一 50
些人——恐怖分子、抗议者、罢工者或警察——的暴力行为，因为反映这类活动的画面比反映人们平静有序地行为的画面更具刺激性。这类新闻的播放与世界各地和国内各地发生的事件在数量上不成比例，不是因为掌握新闻媒体的人别有用心或者想操纵我们，他们这样做仅仅是为了迎合我们的兴趣。而且，在迎合我们兴趣的过程中，他们可能无意中在影响我们并使我们感到，今天的人们比以往更具暴力性。这会令我们对时代的发展趋势和国家的状况不会感到乐观，甚至为之忧虑。最终，他们的做法可能会影响我们投票，影响到我们去大城市中心区旅游的愿望，影响到我们对其他国家的态度，如此等等。就像我们在第 6 章将要看到的，最终可能会使人们的行为表现出更多的暴力倾向。

当然，有些暴力事件很重要，而且需要进行大量的报道。就像我在前面曾经提到的，在 9·11 恐怖袭击的时候，大多数美国人都一动不动地坐在电视机前，因为他们想搞清所发生的一切，他们希望确认局势已经得到了控制。在整个过程中，由

于有线电视新闻频道整日反复不断地播出这一事件，我们许多人无数次地收看了双子塔倒塌的画面。我们怎样才能确定这就是当时我们民众的需求呢？在袭击发生后的两个周里，收看美国有线电视新闻网的人数激增了 667%，与 11 月 10 日相比，11 月 12 日《纽约时报》的销量增加了 25 万份[5]。

我们应当获取有关信息——而媒体在保证我们不断地获取信息的过程中扮演着重要的角色。但媒体的这种曝光也可能起到相反的作用。这类活生生的画面反复不断地播出，会有意无意地对人们的态度和意见产生影响。双子塔倒塌的持续的画面，以及有线电视新闻频道反复打出的那些好战标语（“向恐怖主义宣战”，“美国要反击”，等等），往往能够激发起观众强烈的情绪反应，而这无疑会降低人们就入侵阿富汗是否明智开展任何真正意义上辩论的可能性。不仅如此，在 9 · 11 周年之后，当布什总统设法将萨达姆 · 侯赛因（Saddam Hussein）与基地恐怖分子联系在一起时，他所提出的授权入侵伊拉克的请求，几乎没有遭到丝毫反对便在国会顺利通过。有必要澄清的是，我并非主张这些政策不成熟。我想指出的是，在类似决定是否开战这类需要发扬民主的、重大的决策时，我们应当面对公众进行自由的、理性的辩论。强烈的情绪反应常常会妨碍人们进行争论和持有异议。就像阿道夫 · 希特勒的一个高级助手赫尔曼 · 戈林（Hermann Goering）在纽伦堡被判处死刑之前所讲的，“人们总是被教导要听从领袖们的命令……你必须做的只是告诉人们他们正面临着攻击，而去指责那些主张和解的人缺乏爱国心并且会将国家置于危险之中。在任何一个国家这一手都会奏效。”[6]

媒体感染

或许，媒体的威力可以通过一种被称之为**情绪感染**的现象来很好地加以说明。51
例如，1982 年 10 月，当芝加哥地区的七位居民因服用被掺入氢化物的泰诺林头疼胶囊致死后，这一悲剧被国内新闻媒体进行了广泛的宣传。的确，几天内只要打开电视或收音机，或者翻开报纸，人们就会看到有关泰诺林中毒事件的消息。当然，这既是一场悲剧又显得有些特别——这是一个很好的新闻题材。这种大肆渲染的报道所产生的效应可谓立竿见影：在全国各城市也出现类似的中毒报告，有毒的物品涉及漱口剂、眼药水、鼻腔用喷雾剂、苏打水，甚至热狗。这些突然出现的被称之为“盲目模仿性中毒”的中毒事件，反过来又受到了媒体的广泛关注。公众的反应体现了这种恶性循环的所有特征：许多人陷入恐慌之中，即使仅仅是常见的喉痛和腹痛，也要当作发烧和中毒来求诊。误报人数是实际受到物品毒害人数的 7 倍[7]。

因为这些事件是在万圣节之前出现的，许多社区的官员们忧心忡忡，他们在节日期间禁止孩子们挨家挨户去要糖果*，因为担心一些人会模仿谋杀者在糖果里投毒。

最初发生在芝加哥的投毒事件几乎可以肯定是出自一人之手。随后的事件则是在芝加哥投毒事件发生后由媒体宣传引起的。但是这种信念广为传播，投毒的风潮形成了“一场无法治愈的传染病”，而这一切不过是由一条新闻引起的[8]，这件事情本身也成为一个社会走向“病态”、一个国家陷入“疯狂”的征兆。许多报纸发现自身处于一种可笑的境地：从最初耸人听闻地报道投毒事件，到后来极力渲染专家们对这类宣传所导致的灾难性后果而提出的批评。

几年以后，新泽西州的四个少年订立了自杀协定，随后实施了他们的计划。在这一连锁自杀案发生后不到一周的时间里，两个中西部的少年也被发现在同样的环境中自杀。毫无疑问，媒体报道将重点放在少年自杀所引起的混乱与悲伤方面。但媒体对这类悲剧的曝光是否可能实际地激发盲目模仿性自杀呢？根据社会学家戴维·菲利普斯(David Philips)的看法，答案是肯定的。

菲利普斯和他的同事们研究了青少年在电视播放有关自杀的新闻或故事片后的自杀率。他们的研究考察了故事播出前后青少年自杀率的变化。经过一周的播放发现，青少年自杀率的增长远远高于单由偶然因素解释的比率。而且，有关自杀的电视广播报道越多，随后青少年自杀率增加得越多。即使在研究者们排除了其他可能引起自杀的因素后，自杀率仍然会有增长。因此，对青少年自杀随着媒体报 52
道增加而增多的最为可能的解释是，这类报道实际上触发了随后出现的盲目性模仿自杀[9]。

盲目性模仿自杀并非青少年中特有的现象。在另外一项引起公众高度注意的自杀效应的研究中，菲利普斯将致命撞车事故作为考察对象[10]。一些不希望自杀给家庭成员带来精神创伤的人，往往会选择撞车的方式自杀，这样做看上去就像事故。这类自杀可以从警方有关单人单车致死事故的纪录中发现。菲利普斯推测，经过对这类自杀的宣传，这类事故将会有惊人的上升，而且受难者在某些方面会与所宣传的自杀者类似。这也正是他在检查自杀宣传前后高速公路巡逻的纪录后所发现的。他还发现，多车事故和单车多乘客事故没有变化，而且这类事故的受难者与所宣传自杀事故的受难者之间没有相似之处。然而，自杀式的事故却增加了，而且受难者的年龄与所宣传的自杀者年龄高度相关。对这些发现的最具可能性的解释是，对某个自杀者的宣传刺激了他人并导致他们去自杀。

泰洛林投毒案和盲目模仿自杀都有新闻报道价值。我并不是要说媒体制造了

---

* 西方万圣节前夕，孩子们有穿着节日盛装挨家挨户去要糖果的风俗。——译者注

这些事件，或者这些事件不应当被报道。我在这里所要强调的一个明显的事实是，对报道重点的选择使得媒体有可能决定随后发生的事件——而不仅仅是对它们进行报道。

正如我在前面所讲过的，这种影响很可能是无意的；新闻媒体并不是想鼓励暴力或者给人们制造一种大多数人都是残忍的幻觉。但是电子宣传工具的渗透性也不可过分强调。事实上，有时媒体对某个事件进行报道所起的作用比事件本身更有新闻价值。例如，在 1985 年贝鲁特人质危机中，一架美国环球航空公司客机上的大约 40 名无辜的美国乘客被沙特恐怖分子劫持。电视摄像机对整个危机事无巨细地做了全方位的报道。其中，包括恐怖分子的新闻发布会，人质的新闻发布会，家人痛苦的特写，要求，反要求，挥动的手枪，无耻的声明，午餐的菜单，等等。除了跟着人质进洗手间外，电视摄像人员做了全程报道。

曾经有人提出，允许对沙特事件进行如此多的自由报道，电子宣传工具可能会拖延人质所受到的折磨。那么电视联播又做了些什么呢？他们实况直播了学者们关于在类似条件下媒体作用的一系列专题讨论。这些信息本身也成了传播媒介。这种对事件无休无止的讨论，使我想到了小时候某个流行品牌的调味盐；在它的包装盒上印着一个小女孩举起一盒这种调味盐的画面，这幅画上仍然是一个小女孩举起一盒这种调味盐的画面，而这幅画上印着的还是一个小女孩举起一盒这种调味盐的画面……随着有线新闻 24 小时的反复播出，这种无限的重复已经变得司空 53
见惯。

政治家就是演员

在这些事件中，说服往往是在不知不觉中发生的。现在让我们不再将目光集中在这类无意的媒体影响，而是看看另外一种针对大众的更有意、更直接的说服努力，这种说服努力是通过精心挑选那些将要在媒体上出现的材料来进行的。让我们想象一下下面的假定情境：有两位候选人正在竞选总统。其中一位候选人能够用在竞选活动中的钱要比另一位少得多。因此，为了能够最大限度地免费露面，他答应接受大量的访谈，频繁地出现在新闻发布会以及嘉宾讨论类电视节目上。这类场合下的采访者是老练的记者，他们对候选人并非总是抱有好感。他们常常问候选人一些难题——有时甚至直接问一些很不友善的问题。候选人会发现自己永远处于守势。有时摄像机会抓拍丑化他形象的镜头，或者抓拍他挖鼻孔、打哈欠，或者心不在焉地摆弄物品时的动作。他那在家里收看节目的母亲，吃惊地看着他眼睛下面的眼袋，惊奇地发现他看上去又累又老。有时，当面对一个棘手的或者没有预料到的问题时，他感到很难做出恰当的回答；这时他便支支吾吾，哑口无言。

他那位拥有充足竞选资金的对手，则根本不需要在这类论坛上亮相。相反，他会花费大量的金钱录制在节目中插播的商业性广告。由于他已经支付给摄制人员和导演钞票，他的容貌在拍到的镜头中总能够得到尽可能好的美化。他的个人化妆师会下大力气为他去除眼下的眼袋，并使他看上去既年轻又有活力。他的母亲在家里看到他时，觉得从来没有见过自己的儿子看上去这么棒。采访他的人所提的问题都是事先准备的或者演练过的，这样就会使他的回答显得理智、简洁、清晰。假如这位候选人真的碰巧出现吞吞吐吐或者干脆忘词时，摄像机就会停下来，随后画面被反复拍摄直到完美无瑕。

上面的例子在 20 世纪 60 年代还仅仅是一种假想。然而从那以后，它已经成为一种现实[11]。当代的候选人(从那些竞选总统的人到那些竞聘捕狗员的人)如果希望胜出，就必须看上去令人满意。在总统候选人电视辩论之后，专家们常常就他们中谁做的"更像总统"展开讨论。一位像总统那样去行事的成功的候选人是名叫罗纳德·里根(Ronald Reagan)的电视演员。另外，今天大多数候选人不得不花费越来越多的时间和精力去筹集竞选捐款，用以抵补急剧上升的商业电视广告费用。而今，一个竞选年，国会竞选的联合成本已经超过了 10 亿美元[12]。

借助感染力的效果

主要的问题在于：借助大众媒体进行的产品(牙膏、阿司匹林、总统候选人)包装和推销努力，其可靠性和有效性如何？表面证据显示它们是绝对有效的。否则为什么公司和政党每年都要花费几亿美元去宣传自己的产品呢？而且，作为家长，我们许多人都看到自己的孩子对玩具广告着迷，它们以一种不可抗拒的方式巧妙地对最为单调的玩具加以渲染。同样，一个星期六早上观看卡通片的孩子，也会淹没在推销谷类食品、方便食品和糖果的快节奏广告之中。他们的目的是让孩子们去求他们的父母为自己购买从商品广告中见过的产品。而且，这似乎是起作用的。根据对孩子们的母亲所做的一项调查，超过 90%的学前儿童曾经向她们要过在电视广告中见过的玩具或食品[13]。事实上，几乎三分之二的母亲报告听到她们的孩子唱起过从商品广告中学会的短歌，而且大部分是在三岁以前。 54

大部分孩子过一段时间后能够真正理解广告的内容。我曾经观察到自己的孩子在经历了几度失望之后，对这些商品广告的真实性产生了一种健康的怀疑态度

(甚至带有某种程度的冷嘲热讽)。的确,一项调查[14]发现,只有 12%的六年级学生一直或大部分时间相信电视广告是真实的;到了十年级学生,即便相信大部分时间感觉广告是真实的也仅有 4%。这种怀疑在成人中也很普遍。一项民意测验显示,绝大多数成人被访者认为电视广告中含有不真实的论据。而且,结果还表明,人们所受教育程度越高,他们所持怀疑越大。不仅如此,那些持怀疑态度的人相信自己所持的怀疑态度会使他们免受说服的影响。这可能会使我们得出结论:只需了解宣传者没有站在客观立场的事实,便有助于人们免受其所提供的信息的影响。但是,这一结论并不正确。这仅仅是因为,我们认为自己可以免受说服的影响,并不一定意味着我们实际不受其影响。对于许多消费品而言,公众喜欢购买某种特定的品牌只有一个理由,那就是该品牌做了大量的广告。

让我们来看一看治疗头痛药品的经营之术。达里尔·贝姆(Daryl Bem)为我们提供了一种有趣的分析[15],即便已经知道电视广告不客观,我们对它们仍然具有易感性。贝姆分析道,一种知名品牌的阿司匹林(我们可以将它称之为"品牌 A")在广告中自己宣传纯度为 100%;广告还声称政府的检验显示没有任何其他止痛药比品牌 A 药效更强。制造商没有提到的是,政府实际的检验结果显示,没有任何一个品牌在疗效上比其他品牌更强或者更弱。换句话说,除了价格之外,所有被检验的品牌在其他方面完全一样。如果选用畅销流行的品牌 A,消费者需要花费大约三倍于具有同类药效但没有做过广告的品牌。

另外一种产品宣称采用了"医生们推荐的"特殊(没有做明确说明)成分。但从 55
标记中我们看到,这种"秘密"成分是一种人们非常熟悉的价格低廉的阿司匹林。一些制药公司还出售各种"特效"关节痛配方。人们需要为这类产品支付额外的费用,但它们又是否物有所值呢?实际上,它们所谓的特效只不过多加了一些阿司匹林(或者醋氨酚,一种阿司匹林的替代品),还有一定剂量的咖啡因。多服用一些阿司匹林是很便宜的,但从广告中听起来这种药品却很昂贵:"并非一种成分,而是由多种经医学检验的成分按照特效配方配制而成。"

这种不加掩饰的大众劝导看上去是十分可卑的。然而,大量的消费者即便知道这类信息明显是为了推销某种产品,仍然会将自己的怀疑放在一边。当然,对阿司匹林广告的易感性与总统候选人广告的易感性之间,可能存在着根本的区别。当我们面对着同样的或非常类似的产品的时候,仅仅因为熟悉便可能存在着巨大的差别。罗伯特·扎荣茨(Robert Zajonc)已经证明[16],在其他条件相同的情况下,人们对某个产品越熟悉,它便越有吸引力。假设我走进一家百货店去购买一袋洗衣粉。在洗涤品柜台前,面对眼花缭乱的品牌我感到犹豫不决。因为对我来讲购买哪一种是无关紧要的,我便直奔自己最熟悉的品牌而去——我之所以对该品牌熟悉，很可能是因为曾经在电视广告中一次次地听到或看到过它的名字。如果事实真的如此，那么迅速增加电视宣传便能够使人们对产品的熟悉程度出现巨大变化，由此而可能对销售量产生巨大影响。事实上似乎也正是这样。例如，几年前，西北联合人寿保险公司进行了一次全国性的调查，旨在了解公众对该公司名称的熟悉程度。结果表明该公司在所调查的保险公司中列在第 34 位。两周后，该公司又进行了一次同样的调查。在这次调查中它的知名度位居第三。是什么导致了从默默无闻到赫赫有名这一惊人的飞跃呢？正是连续两周里投入了 100 万美元所做的电视广告。知名度不一定等于销售量，但二者往往是联系在一起的——例如，草根汽水做了六个月的电视广告后，它的市场份额从 15%猛增到 50%。

那么，在候选人中投票选举总统与选择牙膏或草根汽水是否是同一种决策呢？答案是肯定的。几年前，约瑟夫·格鲁什（Joseph Grush）和他的同事们[17]发现，总体上看，花钱最多的国会议员候选人得票也最多。最近，迈克尔·法乌（Michael Pfau）和他的同事们的研究表明[18]，到目前为止插播电视广告仍然是影响人们如何去投票的最重要因素。另外，当竞选集中在那些可能引起选民们激烈情绪反应的问题时，电视插播广告特别有效。在此举一个引人注目的例子。让我们回顾一下 1988 年在老布什（George Bush）和原马萨诸塞州州长迈克尔·杜卡基斯（Michael Dukakis）之间进行的那场总统选举。1988 年夏天，布什在总统竞选中远远落在杜
卡基斯之后。许多观察家确信杜卡基斯的领先优势是不可逾越的。但是，在短短 56
的几个月里，这种领先优势消失了，在选举日布什轻易地获胜了。许多政治分析家认为威利·霍顿（Willie Horton）在这场逆转中扮演了重要的角色。而且，《时代》杂志甚至将他称为“乔治·布什最有价值的演员”。[19]

威利·霍顿是何许人？他并非布什的一位顾问，也不是布什竞选的一位重要的资金捐助者。事实上，这两个人从未见过面。威利·霍顿是在马萨诸塞一所监狱里长期服刑的一个重罪犯，因为罪犯休假计划，他在刑期结束之前被释放。但在休假期间，他逃到了马里兰州。在那里，霍顿当着一位妇女男友的面强奸了她，她的男友已经被他打伤并被绑在了椅子上。当霍顿的休假得到批准的时候，迈克尔·杜卡基斯正担任马萨诸塞州州长。布什通过一系列电视宣传播放嫌疑犯威利·霍顿阴沉的面部照片，以及展示罪犯从监狱的旋转门进进出出的画面，宣称杜卡基斯对罪犯软弱无力。这则宣传摸透了许多美国人对街头犯罪合理的恐惧心理，他们对刑事司法制度以牺牲受难者为代价来照顾罪犯表示强烈的质疑。另外，威利·霍顿是个黑人而受害者是个白人这一事实，也没有被大多数观众所忽略[20]。

杜卡基斯又是如何进行反击的呢？他采用大量的事实和数据指出，马萨诸塞只是许多实施罪犯休假制度的州中的一个，而且即便是联邦政府（布什也是其中的

一员）也让犯人休假离开监狱。此外，他还提出，罪犯休假制度从总体上看是很有效果的。例如，在 1987 年，53 000 名犯人在 20 多万次休假中，只有很小比例的人惹过麻烦[21]。杜卡基斯还指出，获批准休假的一般是那些刑期快到的犯人，因而休假是打算让他们适应外边的世界。他坚持认为整个计划是一个发明创造——而且，即便乔治·布什当选，他也不会改变罪犯休假制度。

你是否已经感到厌烦了？选民们也有同样的感受。如果在迈克尔·杜卡基斯的竞选阵营中有一位社会心理学家，他很可能会得到更好的建议。正如我和安东尼·普拉特坎尼斯[22]所指出的，当人们处于恐惧和气愤之中时，单有事实和数据是不太能够令人信服的。只有当这些事实和数据对解决选民们所深度关切的问题有帮助时，它们才能够发挥作用。在 1992 年和 1996 年的总统选举中，候选人比尔·克林顿（Bill Clinton）看上去已经吸取了迈克尔·杜卡基斯的教训，一直将注意力集中在美国人民所关注的高于一切的一个问题——经济状况——而没有受到感情问题的牵扯，在这个问题上候选人之间没有什么真正的差异[23]。有人指出，在 2000 年的总统选举中，候选人阿尔·戈尔（Al Gore）忘记了克林顿先生的忠告，由于没有一个核心议题，在一些问题上东拉西扯，而且时不时地变换自己的立场，他最终丧失了许多选民。

教育还是宣传？

阿司匹林广告明显地在有意误导观众，以便以高价推销某种产品。这可以被 57
视为宣传。然而，“兜售”一位总统候选人却要复杂得多。因此，通过政治策划师和演讲撰稿人将候选人良好的一面展示出来，毫无疑问应当被视为教育——即试图通过候选人尽可能清楚、有效、流畅地表达自己的观点，来对公众进行候选人的政策和美德方面的教育。宣传和教育之间的差别在哪里呢？《美国传统英语词典》将“宣传”定义为“对某种特定信条的系统的传播”，而将教育定义为“传授知识和技能的行为”。人们可能都会同意阿司匹林广告是旨在推销某种品牌产品的宣传。但是对于其他一些电视节目我们又是如何看待的呢？这些节目常常将妇女、老人、少数群体刻画成固定的角色。或者从更为细微的方面看，人们又是如何看待我们的大部分高中历史课本中至今总体上仍然忽视黑人和其他少数民族所作出的贡献或只是口头上应付性地提及他们的贡献呢？难道这仅仅是传授知识吗？

教育与宣传之间的区分可能更加微妙。让我们看一看在公立学校里所学习的算术课。什么东西可能更有教育意义？我的意思是说，什么东西可以更纯粹、更客观、更真实，没有受到信条的污染？这恰恰是我们所要当心的。还记得你的小学算术课本中举的那些例子吗？大多数例子是关于买、卖、租赁、工资、利息方面的计算。正如津巴多、埃布森(Ebbesen)和马斯拉克(Maslach)[24]所指出的，这些例子不仅仅反映孕育了这种教育的资本主义制度，它们有系统地对资本主义制度加以认可，使之合法化，而且通过暗示使人们感到这是一种自然的、正常的运行方式。在举例说明乘法与百分数时，课本往往采用这样一种形式：琼斯先生为了买一辆新车，需要以 9%的利息贷款 15 000 美元。难道这个例子可以被那种认为索取利息是可耻的(就像早期基督教社会所信奉的)社会所采用吗？那些信奉“负担不起就不要妄想去拥有”的社会难道会采用这个例子吗？我并不是要说明，在算术课本中使用这类例子有错或者不道德；我所要指出的只是它们是一种宣传形式，而且我们认识到这一点是有益的。

实际上，一个人将特定的教育过程视为教育还是宣传，很大程度上取决于他(她)所持有的价值。让我们思考一下我的孩子们在中学时被要求观看的一部药物滥用的影片。影片提到，许多重度海洛因成瘾者都是从尝试大麻开始的。我相信大多数中小学校的官员们可能将放映这类实际知识视为一种“知识传授”，但大多数大麻吸食者则很可能将它视为“对某种特定信条的系统的传播”——那就是，吸食大麻导致了吸毒。出于同样的原因，在中小学里人们对性教育这一话题的看法， 58
一个基督教右翼成员与《花花公子》杂志的编辑完全不同。在此，并不是说所有的信息都具有极为鲜明的倾向性和片面性。而是说，当人们面对公众意见差异很大而又充满感情色彩的问题时，我们就很难保证所传播的信息对持有不同看法的两部分人都是公平的、不偏不倚的。在下一章里我将透过“意见持有者的视角”对信息传播进行更为详细的探讨。在此我们需要注意的一点是，无论我们所说的宣传还是教育，都是一种说服。它们并不会因为我们的忽略而不存在。因此，我们应通过分析有关说服的实验材料来对这一点做更深的理解。

说服的两种主要路径

当我们接触到一个试图说服自己的观点时，我们是否对此进行过深入的思考？或者说是否不加思考地予以接受呢？对这一问题的回答成为我们理解说服的重要基础。根据理查德·佩蒂(Richard Petty)和约翰·卡西奥普(John Cacioppo)的理论[25]，如果所涉及的问题与我们有关或者对我们很重要，我们便倾向于进行深入的思考。在这类情况下，我们倾向于对这些观点做细致的审查。但有时，尽管问题也很重要，但我们可能正心烦意乱或者很繁忙——或者信息被巧妙地呈现了，我们可能不会对它进行严格的审查。

佩蒂和卡西奥普从理论上假定人们在被说服时存在着两种基本的路径——**中心地**或者**边缘地说服**。**中心路径**指的是对观点加以权衡，对相关的事实或数据加以考虑，在对问题进行系统思考的基础上作出决定。与此相反，说服的**边缘路径**则没有经过多少深思熟虑；人们并非依据对观点力量的权衡和思考过程，而是不做过多思考地依据那些简单的、往往不太相关的线索对观点做出正确、错误或者有吸引力的反应。例如，思考那些如何整治不佳的经济境况的主张，便与中心路径有关；而对威利·霍顿的形象感到恐惧和气愤，则与边缘路径有关。同样，如果一个人购买某种品牌的电脑，是因为他从广告介绍中得知，这种电脑用户使用起来更为便利，而且拥有他所需要的运行速度、内存和数据保存能力，于是他被这些有力的证据所打动。这就是中心路径。但是，假如他购买这款电脑是因为自己喜欢的某个电影明星拥有同样的电脑，他被那些与产品本身无关的问题所打动，这就是边缘路径。

需要注意的是，很少有哪种说服纯粹是由中心路径或边缘路径引起的，大部分都包含这两种路径的成分。例如，一个众所周知的流行品牌电脑的广告，吹捧最低 59
的价格、最多的担保、最前卫的组件。但是该品牌年轻的广告员以及他那熟悉的广告词“好家伙，你搞到了戴尔”，明显是为了让青少年感到这种产品很酷，这一点即便是对那些很少关心运行速度和担保的人也会起作用。

律师和政治家往往能够很好地将论据和边缘线索结合起来。收看过辛普森审判的读者们，可能会回忆起其中惊人的一幕，起诉人要求辛普森试戴凶手戴过的那副染血的手套。这副手套对于辛普森来说很紧。在包含着一些极具说服力的证据的辩论总结中，辛普森的律师强尼·科克伦(Johnny Cochrane)增加了大家认为具有高度说服力的边缘线索。他反复告诉陪审团，“如果手套戴不下，你们就必须宣告无罪。”这一陈述是颇具说服力的，并非因为证据合乎逻辑——毕竟，很有可能戴着一副紧手套去谋杀。这一陈述具有威力是因为，当人们在评价一个论点的性质时，他们会受到措辞形式的高度影响。在科克伦这个例子中，他讲话的节奏为他的陈述戴上了一道正确的光环。马修·迈克格伦内(Matthew McGlone)最近进行了一项研究证实了我们对这种策略的推测。他在考察大学生们受一些不熟悉格言的影响时发现，尽管意思相同，那些押韵的格言(woes unite foes)比不押韵的格言(woes unite enemies)对他们产生的影响更大。边缘路径对说服的影响可能是非常微妙的，但也的确是非常有效的。

让我们更进一步地对这一问题加以考察。可以增加宣传有效性的关键因素有哪些呢？有三种最为基本的变量是很重要的：(1)宣传的来源(是谁说的)，(2)宣传的性质(他或她是怎样说的)，以及(3)接受者的特征(他或她对谁说的)。用最简单的话讲就是：谁对谁讲了什么？我们将对这几个方面分别加以讨论。

宣传的来源

可信性 想象一下以下情境：你的门铃响了，当你去开门的时候，看到的是一个中年男子，他穿着一件花哨的方格茄克衫。领带松散，衣领破损，裤子皱皱巴巴，满脸胡子拉碴。在与你谈话的时候眼睛不停地在你的头顶上左顾右盼。他手里提着一个小罐子，罐子上有一个投币孔，他试图说服你向一个你从来没有听说过的慈善组织捐助几个美元。尽管他所讲的话听起来很有道理，但他能够成功地让你解囊的几率有多大呢？

现在让我们再回到几分钟前：听到门铃声后你打开了门，门口站着一位穿着老式西装的中年男人，他穿的这身衣服制作考究、烫熨平整。他目光正视着你，自我介绍是花旗银行的副总裁，请你向一个慈善组织(你以前从未听说过该组织)捐助几美元。这个人所说的话与前面穿花哨的方格茄克衫的那位一模一样。你是否更 60
有可能向他捐钱呢？

几年前，当我在一次深夜播放的电视谈话节目中看到诗人艾伦·金斯伯格(Allen Ginsberg)时，这种现象便深深地吸引了我。金斯伯格是被称之为“垮掉的一代”诗人中人气最旺的一位；他的诗《嚎叫》在20世纪50年代震撼并刺激了文学界。在谈话节目中，金斯伯格再一次让人们感到震撼与刺激：刚刚吹嘘完同性恋，他接着又谈起了代沟问题。镜头对他做着全景特写：胖胖的，留着胡须，看起来目光有点发直(他该不会是喝醉了酒吧?)；从他那光秃的脑袋的另一侧杂乱地缀下缕缕长发；他穿着一件带窟窿的扎染的T恤衫，还戴着几串珠子。尽管他在很认真地谈论着青年人所面临的问题，而且在我看来也是切合实际的，但演播室里的观众们仍然笑声四起。看上去他们就像拿他当小丑对待。我逐渐意识到，非常可能的是，绝大多数在家里收看节目的观众，此时正躺在床上，透过两脚之间的缝隙看着这位诗人，根本不可能认真对待他——不管他的信息是多么切合实际，也不管他是多么认真地向观众们传递这些信息。他的外貌很可能完全决定了观众们对他的反应。作为科学家，我希望让一位身着整洁的老式西装的银行家来取代这位目光发直的诗人，让他随着镜头后金斯伯格讲话的内容做出相应的口型。我猜想，在这种情况下，金斯伯格的信息可以很好地被观众们所接受。

但这样做是多余的。类似的实验已经有人做过。事实上，人们对声望影响说服效果的思考由来已久。公元前300年以前，亚里士多德，这位世界上第一位有著作传世的社会心理学家，写道：

> 与其他人相比，我们会更容易完全相信一个正直的人：一般而言，无论面对的是什么样的问题，这一点都是正确的；而当人们对问题的认识不能做到确定无疑或者存在不同意见时，这一点便是绝对正确的。一些作者在有关修辞学的论述中所做的假定是不正确的，他们认为，演说者所展现出来的个人美德，对于他的说服力没有丝毫帮助；恰恰相反，演说者的个性几乎可以被认为是他所拥有的最为有效的说服手段。[26]

在历经大约2 300年以后，亚里士多德的观察结论才得到了严格的实验验证。这一实验是由卡尔·霍夫兰德和沃尔特·魏斯（Walter Weiss）完成的[27]。这些研究者们所做的非常简单：他们向许多人提供一条信息，该信息坚持一个特定的观点——例如，建造核动力潜艇是可能的（这项实验是在1951年做的，当时将核能用于潜艇还只是一种梦想）。其中部分人被告知，这一观点是一位有着很高**可信性**的人提供的；而让其他的人认为该观点的信息来源可信性较低。他们的具体做法是，告诉一部分人，罗伯特·奥本海默（J. Rorbert Oppenheimer），这位全国著名而且威望很高的原子物理学家，认为可以在不久的将来建造核潜艇；而让另一部分人认为该观点来自《真理报》——这是当时苏联的官方报纸，一份被很多人认为不以客观性和真实性见长的报纸。在那些被告知信息来自奥本海默的人中，有很大比例 61
改变了他们的意见，他们更加相信建造核潜艇具有可行性。而认为同样的信息来自《真理报》的人，改变自己最初对该信息所持意见的则少之又少。

几位不同的研究者采用不同类型的主题以及不同类型的宣传者进行了研究，结果这一现象得到了反复的证实。实验表明，一位少年法庭的法官可以左右人们对青少年犯罪问题的意见，一位著名的诗人和批评家可以左右人们对一首诗的评价，一本医学杂志可以左右人们对抗组胺剂能否成为非处方药的意见。物理学家、法官、诗人和医学杂志具有哪些《真理报》所不具备的特征呢？或者说，是什么因素导致了它们具有不同的效力呢？亚里士多德说过人们相信“正直的人”，他所指的是那些具有很高道德风范的人。霍夫兰德和魏斯采用的术语是“可信的”，该术语不再局限于亚里士多德所界定的道德涵义。奥本海默、少年法庭的法官以及诗人都是可信的——更确切地说，他们未必是有道德的，但他们却是值得相信的专家。听从那些既值得相信又熟悉所谈论问题的人的意见是明智的。所以，人们受到罗伯特·奥克海默对核动力意见的影响是可以理解的，而人们受到艾略特（T. S.

Eliot)对诗的看法的影响也是可以理解的。他们都是专家，是一些值得相信的人。

然而，并非所有的人都会同等地接受来自同一位宣传者的影响。的确，对于同一位宣传者，在一些人眼里可能拥有很高的可信性，而在另一些人看来则可信性可能很低。另外，某个宣传者的表面特征也可能对一些听众产生很大的影响；这类特征可以令特定的宣传者更为有效或者更为无效。

在我与伯顿·戈尔登(Burton Golden)[28]进行的一项实验中，这一现象得到了有力的证明。在实验中，我们让六年级的学生收听一段赞美算术有用和重要的演讲。向一部分人介绍演讲者是一位来自名牌大学获过奖的工程师，而向另一部分人介绍他是一个洗碗工。就像人们能够预料到的，工程师比洗碗工对这些年轻人产生的影响大。这一发现与以往的研究结果是一致的；就实验本身来看，是显而易见的，而且没有多少新奇之处。但后来我们改变了演讲者的种族：在一些实验中演讲者是白人；而在另一些实验中是黑人。在实验前几周，这些孩子们(他们全都是 62 白人)曾经填答过一份问卷，测量了他们对黑人的偏见程度。实验结果是惊人的：在那些对黑人偏见最深的孩子们中，尽管收听的是同样的演讲，但黑人工程师的影响明显要低于白人工程师。而在那些对黑人最没有偏见的孩子们中，黑人工程师的影响力明显高于白人工程师。这似乎是难以理解的，类似肤色这样的表面特征竟然会影响一个人的可信性。人们可能会争辩，在一个纯粹的理性领域里，一个有声望的工程师，不论他的肤色如何，都会在算术的重要性这个问题上对那些六年级的学生们产生影响，但很显然这并非一个纯粹的理性领域。在演讲内容相同的情况下，一位黑人演讲者比另外一位白人演讲者的影响更高还是更低，取决于听众对黑人态度的不同。

显然，这类行为并不是很适当的。如果你在接受这类算术信息时所受的影响程度会决定你的生活质量，那么宣传者的专长便似乎是最有理由关注的因素。但如果其他一些与此不相干的因素(例如，肤色)，一定程度上增加或减弱了你在该问题上接受说服的易感性时，你便可能采取一种不适当的行为方式。但是广告客户恰恰寄希望于这类不适当的行为，并且依靠提高一些不相干的因素来增加代言人的可信性。例如，自从电视开始兴起以来，那些在电视剧中扮演医生的演员们便经常在诸如阿司匹林和感冒药之类的产品广告中露面。

不仅广告经常强调宣传者的这类表面特征，而且观众们能够感知到的往往也只有这类特征。在整个 20 世纪 50 和 60 年代，前奥运会十项全能冠军鲍勃·理查德(Bob Richard)是最持久的早餐广告推销员之一，在推销威提斯麦片时，他可能比那些有学问的营养学教授们更有效力。20 世纪 70 年代，他被另外一位十项全能冠军布鲁斯·詹纳(Bruce Jenner)所取代。这些人到底有多大的效力？我们不能确定——但是，当20世纪80年代最终要有人来接替布鲁斯·詹纳时，威提斯公司再一次做出决定不聘用营养学家，而是雇佣了玛丽·露·雷顿(Mary Lou Retton)，一位奥运会体操金牌获得者。因此，当我们后来看到威提斯的产品包装盒上出现了像迈克尔·乔丹(Michael Jordan)、布雷特·法夫尔(Bret Favre)和泰格·伍兹(Tiger Woods)这样一些不同凡响的运动员，而且听到乔丹先生说出耳熟能详的广告词"你最好去吃威提斯"时，我们一点也不感到吃惊。很显然，无论是谁在负责威提斯的销售，他都确信运动员是有效的宣传者。

那么，这种想法是合理的吗？难道人们受到某则广告的影响仅仅是因为其中出现了一位体育明星吗？即便我们钦佩这些运动员在运动场上所表现出来的技艺，我们会真的相信他们所说的有关他们认可的产品的那些事实吗？毕竟，我们都 63
知道这些体育明星得到了优厚的报酬才会同意推销某一品牌的早餐麦片或者运动鞋。我猜想我们大多数人会脱口而出："决非如此。我食用威提斯麦片、购买耐克运动鞋，绝不是因为迈克尔·乔丹说过他食用这种麦片、喜欢这种鞋。或许其他人听从了某个体育明星的话去购买某种产品，但我肯定不会相信自己最喜欢运动员的建议而去花掉自己辛辛苦苦赚来的钱。"然而，人们能够真正预测自己的行为吗？在回答这个问题之前，让我们先仔细考察一下信任这个因素。

可信性的增加 很显然，信任是决定一个宣传者是否有效力的重要因素。例如，阿伦森—戈尔登实验中的那些持有更多偏见的六年级学生受到那位黑人工程师的影响明显少于白人工程师，其关键原因可能仅仅是他们不信任黑人。如果事实的确如此，那么假如我们可以向接受者们提供清晰的、独立的证据，证明一个人是值得信赖的，那么这个人便可以成为一个非常有效的宣传者。

那么，宣传者怎样才能让人们看起来值得信赖呢？方式之一就是不计较他们的个人利益。如果一个人在说服我们的时候没有得到任何好处(而且可能失去一些东西)，我们就会信任他，他也就会更有效力。举个例子可能有助于说明这一点。假定一个最近刚刚因走私和贩卖海洛因而被判刑的惯犯在谈论美国司法制度的弊端，你会受到他的影响吗？恐怕不会。大多数人可能认为他不值得关注，而且也不值得信赖：他看上去明显不属于亚里士多德定义的那种正直的人。但假如他声称刑事司法过于宽松：如果有一位聪明的律师，罪犯几乎都能够逃脱刑事责任，而且即便罪犯被判刑，量刑也往往很轻。这时，他会影响你吗？

我敢肯定他会对你造成影响；事实上，我和伊莱恩·韦斯特(Elaine Walster)和达西·亚伯拉罕(Darcy Abrahams)进行了这项实验[29]，而且实验证实了我们的假设。在实验中，我们向被试们出示了一份新闻记者对"肩膀"乔·纳波利塔诺(Joe Napolitano)访谈的剪报，我们用上述方式来确定"肩膀"乔属于哪一类人。在一种实验条件下，“肩膀”乔主张法庭应当更严厉而且判决应该更重。在另一种实验条件下，他主张法庭应当更加宽大而且判决应当稍轻。同时我们还设计了一套平行的条件，在这类条件下同样的看法由一位受尊敬的公职人员讲出来。当“肩膀”乔主张法庭应当更为宽大时，他几乎没有任何效力；实际上，他只能使被试的意见向相反的方向做少许改变。但当他提出法庭应当更加严厉时，他变得非常有效力——就像那位受尊敬的公职人员发表同样的观点一样有效。这一研究表明，亚 64
里士多德并不是完全正确的。一个宣传者可能是一个并不引人注目的不道德的人，但只要人们清楚地看到他没有通过说服得到任何东西（甚至可能失去一些东西），他仍然有效力。

为什么“肩膀”乔在我们的实验中会有如此大的效力呢？让我们对此详加分析。大多数人听到一个声名狼藉的罪犯主张实行宽大的刑事司法制度时并不会感到吃惊。出于对罪犯的背景和其个人利益方面的了解，人们会预料到罪犯可能提出诸如此类的观点。当听到的是相反的观点时，人们的预期便不能得到证实。为了化解这一心理矛盾，听众们可能会做如下推断：要么是犯人已经改过自新了，要么是他们在某种压力下接受了反对犯罪的观点。然而，在没有任何证据支持这些推测的情况下，还存在着另外一种更为合理的解释：可能这个问题的正确性太明显了，以至于尽管不符合发言人的背景和他的自身利益，但他仍可能发自内心地相信自己所支持的观点。

这一现象的更多证据来自近期完成的一项实验。艾丽斯 · 伊格利（Alice Eagly）和她的同事们[30]向学生们介绍了工商企业界和环保组织在公司对河流污染问题上存在的争议。接着让这些学生阅读了一项有关这一问题的说明。在一种条件下，被试们被告知发言人具有工商企业背景，而且他讲话的对象是一群工商企业界人士。在另一种条件下，发言人的背景和接受者都出现了变化，从而改变了被试对发言人所提供信息的预期。结果支持我们前面所提出的推论；当所得到的信息与自己的预期出现冲突时，接受者越是感到宣传者真诚，越可能受到他的观点的影响。例如，很难想象，还有什么人能比一个自身命运与几百万美国烟民丢掉吸烟习惯密切相关的人在反吸烟运动中更有说服力。事实上，帕特里克 · 雷诺（Patrick Reynolds），这位从自己祖父所建立的雷诺烟草公司继承了几百万美元的人，就曾公开地强烈反对吸烟，并支持那些吸烟导致的疾病患者向烟草公司提起诉讼[31]。

如果接受者能够绝对肯定某个人并非试图影响自己，这个人的可信性也可以增加。假定一个股票经纪人打电话向你提供某只股票的最新消息。你会去购买吗？很难确定。从一个方面看，或许这个经纪人是位行家，这样便有可能影响你去购买。但从另一方面看，或许这个经纪人提供给你这条消息是为了从中获利（受人雇佣），这样便会降低她的效力。但假如你是碰巧无意听到她在告诉她的一位好友某只股票价格将会上涨，由于她并未试图对你施加影响，你便可能会更容易接受她的影响。

几年前，哈顿（E. F. Hutton）经纪公司在一系列非常成功的广告中加入了这 65
种条件。其中一则典型的广告是从这样的镜头开始的：两个人在一个嘈杂拥挤的餐馆里私下谈话。当其中一个人开始谈到来自哈顿的一些股票建议时，整个餐馆一下子陷入了沉寂，其中的每个人——侍者、顾客、勤杂工——都将耳朵伸向了讲话者，偷听秘密消息。这时传来播音员的声音，“哈顿讲话的时候，人们都会倾听。”这其中的含义再清楚不过了：餐馆里的每个人都得到了不是有意提供给他们的建议，因而这一信息也就更加有价值。当宣传者们并不试图影响人们的时候，他们影响人们的可能性却增加了。

这也正是伊莱恩·韦斯特和利昂·费斯汀格[32]在哈顿公司广告出现前已经发现的现象。在实验中，他们设计了两个研究生之间的一场谈话，其中一位研究生谈了自己关于某个问题的很内行的意见。他们让一个大学生无意之中听到了他们的谈话。在一种实验条件下，告诉被试这两个研究生知道他在隔壁房间，因而被试清楚他们所说的每一句话都确定无疑是指向他的，旨在影响他对问题的意见。在另一种条件下，实验情境设计成被试相信那两个研究生不知道他在隔壁房间里。在这种条件下，被试的意见比前一种条件下有了更多的改变。

吸引力　从这些发现中我们可以看到迈克尔·乔丹和“老虎”泰格·伍兹力促我们去食用威提斯麦片或者去穿耐克鞋吗？很显然，他们在试图影响我们。而且，他们这样做是出于个人利益；当我们对事情进行仔细的考察的时候，我们便会清楚地发现，威提斯公司和耐克公司为这些运动员宣传它们的产品支付了巨额费用。我们期待这些运动员来推荐这些产品，而且我们也清楚这些运动员希望我们收看他们的广告。这些因素使得他们的可信赖性降低。但是这些能否导致他们的影响力降低呢？

未必。尽管我们大多数人可能不相信做广告者的真诚，但这并不意味着我们不去购买他们做广告的产品。另外一个决定宣传者效力的重要因素是他们的吸引力大小或者说他们招人喜爱的程度——这与他们的专业知识和可信性无关。多年前，我和贾德森·米尔斯进行的一项简单的实验室实验证实，一位漂亮的女士——仅仅因为她漂亮——能够在一个与她的美貌完全无关的话题上对一个接受者的意见产生根本影响，而且在她公开表示希望影响接受者的时候，她所产生的影响最大[33]。后来，艾丽斯·伊格利和谢莉·柴肯（Shelly Chaiken）进行的一项实验，不仅再现了这一发现，即宣传者越可爱越具有说服力，而且进一步证实，人们期待自己所中意的观点得到有吸引力的人的支持。[34]

很显然，我们将宣传者的吸引力与信息的合意性联系在一起。我们被自己所喜爱的人所影响。只要我们喜爱某个宣传者（而不是看重他或她的专业知识），我们做出某种行为就好像为了取悦于我们所喜欢的人。因此，宣传者希望我们改变多少观点，我们就会改变多少——但只是在一些不太重要的问题上才会如此。换句话说，不论我们是否愿意承认，橄榄球运动员可以影响我们去使用某种剃须膏，漂亮的女士可以促使我们就某个抽象的问题同意她们的看法。但与此同时，他们却不可能影响我们去为他们同意的总统候选人投票，或者让我们采纳他们在堕胎道德方面所持的观点。总结本部分，我们可以列出以下几点： 66

- 我们的意见会受到那些可靠而且值得信任的人的影响。
- 如果一个宣传者所坚持的立场明显与他（她）的个人利益相反，他的可信性（及其效力）可以得到增加。
- 如果一个宣传者看起来并不试图影响我们的意见，他的可信性（及其效力）可以得到增加。
- 如果我们喜欢并且能够认同某个人，那么至少在不太重要的观点和行为上，他（她）的观点和行为会比通常具有正当性的内容对我们产生更大的影响。
- 而且，当所面对的是一些不太重要的观点与行为时，假如我们喜欢某个人，即使他（她）在明显地试图影响我们，或者明显地为了从中获利，我们仍然会接受他（她）的影响。

宣传的性质

宣传的表达方式是决定其效力的一个重要因素。我们可以从几个方面来考察不同的宣传方式之间所存在的差异。在此，我选择了其中五个我认为最重要的方面来加以说明：(1)旨在吸引接受者推理能力的宣传更具说服力，还是旨在激发接受者情感的宣传更有说服力？(2)人们更容易受到与个人生动的体验相关的宣传的影响，还是更容易受到有大量清晰的无懈可击的统计证据支持的宣传的影响？(3)宣传应该只呈现单方面的观点，还是应该同时呈现对相反观点的驳斥？(4)如果像辩论那样将双方的观点都呈现出来，观点呈现的次序是否会影响到其中一方的效果？(5)接受者最初的观点与宣传者所提倡的观点之间的差异，与宣传效果之间是何种关系？

借助理性与借助情感 几年前，我居住的一个社区要投票决定是否在自来水 67
中加入少量氟以防蛀牙。那些支持在自来水中加入少量氟的人，发布了一份看上去很有逻辑也很合理的游说材料。这份材料主要包括以下内容：一些著名的牙医对自来水中加入少量氟的益处的介绍，这些牙医对饮用加氟自来水地区蛀牙减少证据的分析，以及内科医生和其他健康专家所做出的加氟自来水没有有害影响的陈述。反对者更多地借助情感。例如，一张传单上画着一只十分丑陋的老鼠，上面写着"不要让他们向你们的饮用水中投放老鼠药"。在对自来水中加入少量氟的公民投票中，支持者遭到了彻底的失败。当然，这一事件并不能最终证明借助情感更为有效，主要是因为这一事件并非控制条件下的科学研究。我们不知道，如果没有做任何宣传，人们会对自来水中加氟这件事怎样投票，我们也不知道反对自来水加氟的宣传是否被更多的人看到，是否这类宣传品比支持者所提供的文字宣传更容易理解，等等。尽管这一领域的现有研究还远远不能得出最终的结论，但一些证据支持传播**主要**需要借助情感。例如，在一项较早进行的研究中，乔治·哈特曼（George Hartmann）[35]试图测量不同种类的影响方式对人们投票给某个政治候选人程度的影响。他证实那些**主要**接受情感信息的人，比那些**主要**接受逻辑信息的人，更经常地投票给那些宣传信息中所支持的候选人。

将"**主要**"这个词加重是有原因的；它表明了这一研究领域所存在的主要困难——那就是，对"**情感的**"和"**理性的**"，还没有确定的、可以将二者截然区分开来的定义。例如，在自来水中加入少量氟这个例子中，大多数人可能承认持反对意见者设计的传单目的在于激起人们的恐惧；然而，该宣传也并非完全不合逻辑，因为可以防止蛀牙的微量的氟，在加大到一定剂量时，的确可以用作老鼠药。从另一方面看，呈现专家的意见也并非完全没有借助情感；得知内科医生和牙医赞成使用加入少量氟的自来水，可以（在情绪水平上）产生舒适感。

由于实际上很难对"**理性的**"和"**情感的**"做出区分，一些研究者将目光转向了一个同样有意思且研究起来容易得多的问题：某种情感的不同水平对人们观点改变的影响。假定你希望通过激发接受者的内心恐惧来促使他们改变观点，是仅仅让他们产生轻微的恐惧更有效，还是将他们吓得半死更有效呢？例如，如果你的目标是说服人们谨慎驾驶，是让他们观看展示高速公路事故中受难者残肢断臂的血淋淋影片更有效，还是低调呈现你的传播信息——展示被撞弯的护栏，讨论因粗心驾驶而导致的保险费用的增加，而且指出那些粗心驾驶的人被暂时吊销执照的可
能性——更有效呢？在这个问题上人们的常识性认识是矛盾的。一方面，它意味 68
着相当的惊吓会促使人们去行动；另一方面，它也表明过强的恐惧可能会起到抑制

作用——也就是说，它有可能妨碍一个人对信息的注意力、理解力以及依据信息行动的能力。我们可能都曾经认为，“这件事只会发生在他人的身上——不可能在我身上发生”。于是，即便人们在认识上很到位，但仍然会高速驾驶或者酒后驾车。之所以这样，或许是因为这样做可能出现的消极后果太大了，以至于人们尽力不去想它。因此，有人认为，如果某一宣传激发了巨大的恐惧，人们便不会密切地去关注它了。

这些证据对我们有何启示呢？绝大多数实验资料表明，在其他条件相同的情况下，一个人受到来自宣传的惊吓越大，他(她)就越可能采取积极的预防行动。在这一领域最多产的研究者是霍华德·利文撒尔(Howard Leventhal)和他的同事们[36]。在一项实验中，他们努力劝导人们戒烟，同时让这些人做 X 光胸透。一些被试面对的是引起轻度恐惧的宣传方式：他们仅仅得到戒烟和做 X 光胸透的建议。另外一些人受到的是中度恐惧：安排他们收看了一部电影，描述的是一个年轻人在做 X 光胸透时被发现患了肺癌。那些受到高度恐惧的人收看了同一部电影——另外，他们又看到了进行肺癌手术那血淋淋的场面。结果发现，那些受到最大惊吓的人，最希望戒烟而且最有可能去做 X 光胸透。

所有的人都真的会这样去做吗？并非如此。常识性认识使得一些人相信高度恐惧会导致人们不去行动的原因之一便是：对于某些人而言，在某些情况下确实会这样做。利文撒尔和他的同事们发现，那些自认为持有良好评价的人(高度自尊的人)，最有可能被高度的恐惧所打动。而那些对自己评价低的人，当面对来自宣传的巨大恐惧时，最少立即采取行动——但是(这是最有意思的地方)在延迟一段时间后，他们会采取与那些自尊心高的人非常类似的行动。也就是说，如果不需要马上行动而是可以延缓行动，那些自尊心低的人在面对一种可以激发巨大恐惧的宣传时，更可能采取行动。那些对自己评价低的人应对自身所面临的威胁时，可能会遇到许多困难。引起高度恐惧的宣传压垮了他们，他们很想爬上床，用被子蒙住脑袋。而当他们体验到轻度或中度的恐惧时，则可以比较轻易地应对。但是，如果他 69
们受到了极度的惊吓，而且时间又充足——也就是说，他们不需要马上行动——他们便很可能会采取行动。

利文撒尔和他的合作者们后来的研究支持了这一分析。在一项研究中，他们让被试们收看一部有关严重车祸的影片。部分被试在一个大屏幕上近距离观看影片；而其他被试则通过一个很小的屏幕远距离观看。在自尊心高或中等自尊的被试中，那些通过大屏幕近距离收看的人，比通过小屏幕远距离收看的人，更容易在后来采取预防行动。那些低自尊的被试，在通过小屏幕观看影片时更容易采取行动。那些通过大屏幕观看影片而又不太自信的人，报告感到很疲劳，而且声称很难将自己想象成车祸中的受难者。因此，当需要迅速做出反应时，那些自尊心低的人明显被恐惧压垮，以至于不能采取行动。

让自尊心高的人像低自尊的人那样去行为是相对容易的。我们可以通过让他们感到自己没有任何办法预防或者缓解危险的情境，来压垮他们。这会令大多数人逃避现实——即使是那些高自尊的人。相反，假设你希望减少车祸或者帮助人们戒烟，而且面对的是自信心低的人，你会如何去做呢？假如你能够设计一则信息，其中包含清晰、具体、乐观的说明，这样就可能增强接受者面对恐惧应对危险的信心。这些推测已经得到了证实；利文撒尔和他的同事所做的实验显示，那些能够激发恐惧的信息如果包含了何时、何地、如何采取行动的具体说明，比那些不包含这些说明的建议更为有效。例如，某个大学校园里开展了一项劝导学生注射破伤风疫苗的宣传活动，其中包含了时间和地点方面的具体指导。宣传材料中有一张标明学生健康服务中心位置的地图，还有一则让每个学生在方便的时候前去注射的建议。结果表明，借助引起高度恐惧的材料比引起轻度恐惧的材料，更容易在学生中形成对注射破伤风疫苗赞同的态度，而且也增加了学生们前去注射疫苗的意向。有关如何去注射疫苗的特别具体的指导，对于学生们的看法和意向没有产生丝毫的影响，但是却对学生们的实际行动产生了很大的影响：在那些被告知该如何去做的被试中，28％的人实际注射了疫苗；在没有得到具体指导的被试中，只有3％的人前去注射。而在仅仅提供行动指导没有任何诱发恐惧的信息的控制组中，没有一个人去注射。因此，只有具体的指导不足以产生行动，恐惧是在这样的情境 70
中行动的必要成分。

利文撒尔有关戒烟的实验也取得了类似的结果。他发现，高度恐惧的宣传产生了更为强烈的戒烟意向。但除非同时提供具体的行为指导，这类宣传很少能够引起行为的改变。同样，只有具体的指导（如“用买一包香烟的钱去买一本杂志”，“特别想吸烟的时候大量喝水”，等等）而没有能够激发恐惧的宣传，也很少有效果。恐惧激发和具体指导相结合，可以收到最佳的效果；那些接受这种实验条件的学生，在实验结束四个月后，很少有人继续吸烟。

因此，在某些场合下，借助恐惧激发和适当行为的具体指导，可能而且也的确能够让人们按所建议的那样去行动。但正如利文撒尔和他的同事们[37]所指出的，在某些情境中，即便恐惧激发与具体指导同时呈现，也不会产生所期望的效果。让我们想一想近些年来在公共卫生方面所面临的最为严重的挑战：获得性免疫缺陷综合征（艾滋病）。艾滋病已经被大众传媒描绘成“20 世纪的瘟疫，”[38]而且看上去它在 21 世纪会继续保持蔓延之势。公共卫生官员们在教育公众避免进行不安全的性行为和静脉注射毒品方面已经付出了艰辛的努力，他们对性活跃群体进行艾滋病发病原因方面的教育并使他们相信其对生命的威胁的确存在。这类信息是与一些具体的预防建议（例如，独身、一夫一妻、使用安全套）一起呈现的。尽管独身和一夫一妻是有价值的目标，但是期望大多数青少年和年轻人按照这些主张去做则是不现实的。即使像前卫生局长埃弗雷特·库普（C. Everett Koop）这样在政治上保守的专家最终也开始相信，对处于性活跃期的大多数年轻人而言，正确地使用安全套可能是预防艾滋病的最为现实的方式[39]。

于是，说服性活跃人群使用安全套成为宣传的目标。那么这类说服又是借助了何种形式呢？这些说服形式一般包含了对不安全性行为以及染病后的痛苦所做的形象生动的描述。政策制定者和宣传教育者的内在假设可能是，激发强大的恐惧可以促使人们改变他们的性行为。安全套生产厂家显然也持有同样的假设。例如，在某个安全套广告中，一个迷人的女子在播出的画面中说道："我喜欢做爱，但我不愿意因此而丧命。"[40]这句话听过很容易记住。但有迹象表明，这样一种方法
对于预防艾滋病，不但起不到效果，甚至还会产生相反作用。为什么会这样呢？大 71
多数人在做爱时，不会去考虑死亡或者疾病。如果人们注意到死亡与安全套之间存在很强的联系，那么使用安全套的想法便可能是有害的，这样想会减少性爱所带来的快感。在这种情况下，许多人会将死亡、疾病和安全套抛在脑后，采取一种拒绝的心态。但他们不会停止做爱。于是，他们这样来说服自己："这些不会发生在我的身上"，"我不会迷上那种艾滋病患者"或者"我只要看一看就能够分辨出那些艾滋病患者"。另外一些人则通过拒绝相信宣传中所提供的资料来防范那些引起恐惧的信息。阿齐瓦·利伯曼（Akiva Liberman）和谢莉·柴肯[41]发现，引起恐惧的信息与每个观众的行为联系越密切（因此对这些人的威胁也越大），这些人越会促使自己相信信息中提到的危险被夸大了。

这种分析得到了艾滋病文献中许多发现的支持。例如，拉塞尔·克拉克（Russell Clark）[42]的研究表明，艾滋病的流行对年轻人随意的性行为意愿总体上影响很小；凯蒂·利什曼（Katie Leishman）[43]发现，"那些有很高风险的人甚至没有进行预防"；萨奈娜·威廉姆斯（Sunyna Williams）和她的同事[44]所做的一项研究表明，大学生们之所以认为自己保持不安全的性行为是正当的，主要基于如下错误认识：如果他们是认识或者喜欢的性伙伴，那么他（她）便不可能是艾滋病病毒携带者。与此类似，在全国范围内对大学生所做的一项调查显示，处于性活跃期的这些大学生中，大部分没有采取安全的性交方式，没有与性伙伴讨论过性传播疾病问题，而且甚至从来没有购买过一个安全套。

假如激发恐惧不能奏效是因为它导致了信息接受者的拒绝，难道面对着流行病的攻击，我们只能置之不理、坐以待毙吗？未必如此。对这一问题没有简便易行

的办法。但如果我们认为，让人们使用安全套是制止艾滋病蔓延的最现实的办法，那么不论性活跃人群因为什么原因对安全套不感兴趣，我们都可能设计出信息来帮助他们加以克服。例如，我们对处于性活跃期的大学生所做的调查发现，大多数人将使用安全套视为"隔断"，视作"一种防护措施"，它减弱了偶发性性行为所带来的浪漫。[46] 为此，解决这一问题的途径之一可能是，找到一种改变人们这种思维倾向的方法，或许要让他们相信，使用安全套可以作为性爱前戏的一个组成部分，将它视为做爱的前奏而不是多余的干扰。[47] 我们将在本书第 5 章介绍解决这一重要问题的其他一些策略。

恐惧与来自恐怖主义的威胁　9·11 恐怖袭击以后，许多美国人可以理解地表现出震惊、愤怒和恐惧。除了其他一些事情，我们还希望了解：何时我们可以对下一次攻击做出预测，我们可以做些什么来使这种危险降至最小。国土安全部和 72 美国司法部长站在反恐的最前沿。他们的工作就是要搜集那些反映恐怖分子企图的资料，发布警报，向民众提出建议。我们绝大多数人只能按照他们的建议去做。

正如我们所看到的，为了保证宣传的效力，这些警告和建议必须建立在可靠证据的基础之上，而且必须由一位可信的宣传者来提供。这位宣传者必须清楚地说明：威胁是什么；为了避免灾难，人们应当采取什么样的具体行动。当飓风来临的时候，我们被告知用栅木板钉上窗户，如果暴风恰好经过我们的住处，我们甚至要抛弃自己的家。当河流有泛滥的危险，我们被警告要向高处转移。如果我们得到警告，恐怖分子要在周末袭击我们的商业中心，我就会避免前去购物。如果我们得到警告，恐怖分子将要袭击飞机、火车和公共汽车，我便很可能会推迟我的旅行。

如果我们不清楚危险是什么、危险从哪里来，或者不清楚该如何去规避危险，那么任何警告都是无效的。从世贸中心爆炸到本书修订所经历的这 18 个月的时间里，政府高官们已经发布了七次可能将要受到恐怖分子袭击的警告。其中没有一次哪怕满足有效警告必要标准中的一条。也就是说，每一次警告在袭击包括什么、袭击的时间和地点方面都模糊不清，也没有搞清楚人们应当怎样做才能避免成为受害者。与此同时，国土安全部首长也警告人们，要保持警惕，但不要因此而妨碍我们的日常生活。这意味着什么呢？我推测这意味着我不必取消纽约之旅，但在我登上飞机之后，我必须确信坐在我旁边的那个家伙不会引爆飞机。如果情况不是如此危险，人们便可能会看到这些警告带有喜剧性的一面。的确，这些公开声明所提供的材料就像杰伊·莱诺(Jay Leno)和大卫·莱特曼(David Letterman)为我们所展示的。例如，在 2003 年 2 月发出的警告中，政府官员们要求人们囤积塑料片卷和绝缘带，以便在遭到可能的毒气或炭疽袭击的时候能够用胶袋密封我们的门窗。但一些专家警告这种办法可能导致人们窒息而死。在回应这一警告时，政府官员们竟然说，实际上，“哦，我们是说过要囤积那些材料，但我们并没说过要使用它们！”

但是，形势的确是危险的。发生严重恐怖袭击的可能性是真实存在的。而且，我们那些政府官员的表现不仅仅是无能，在我看来其所发挥的作用简直是弊大于利。正如我们所看到的，让人们受到了惊吓而又不向他们提供切合实际的行动指南，导致了人们处于一种高度的焦虑状态而且不能采取适宜的行动。更为糟糕的是，人们不可能忍受这种持续的焦虑。因此，假如模糊不清的警告每隔几月就重复一次（就像 9 · 11 以来我们所经历的）而且又被证实是虚假的警报，大多数人最后会不知不觉地处于拒绝的状态，人们会感到厌烦而且漠不关心，并最终将这类警告当作耳旁风。[48]

一致性的统计证据与个别例证　假定你要到市场上去购买一辆新车，而且你 73
最为看重的两个方面是可靠性与使用寿命。也就是说，你并不在意车的外观、款式，或运行费用；你真正关心的是维修率。作为一个理性的明智的消费者，你查阅了《消费者报告》*，我们假定，你了解到维修纪录最佳的是沃尔沃轿车。你自然打算购买一辆沃尔沃。现在假定，就在你要去购买的前一天晚上，你去参加一个晚宴，在宴会上把你的打算告诉了一位朋友。他对此表示怀疑：“你不会是认真的吧”，他对你说，“我的一个表弟去年买了一辆沃尔沃，从那以后就麻烦不断。先是燃油喷射系统坏了；接着，变速器不听使唤；后来，发动机开始发出找不到原因的怪叫；到最后，不知从什么地方滴油。因为担心会再发生些什么，我那可怜的表弟已经不敢开车了。”

我们假定《消费者报告》所做的排名依据的是一个包含 1 000 位沃尔沃用户的样本。你朋友表弟的不幸经历将样本量增加到了 1 001 人。这只是在你的数据库中增加了一个反面的个案。从逻辑上讲，并不足以影响到你的决定。但理查德 · 奈斯比特（Richard Nisbett）和他的同事们[49]所进行的系列研究（这个例子就是取自他们的研究）表明，由于生动形象，与逻辑统计资料所隐含的信息相比，这类事例表现得更为重要。的确，这类事例往往起决定性作用。因此，你会将朋友表弟的遭遇牢记在心，也就很难匆忙决定去购买一辆沃尔沃了。

另外，事例越是生动形象，它们所产生的说服力越大。对此，我们可以在能源保护领域找到现实生活中的证明。几年前，我和我的学生们着手劝说那些拥有私房的人对房屋进行必要的改造，使之成为高效能房。[50]我们与当地公共事业公司的

---

* 美国消费者协会出版的一本杂志，主要提供产品测试方面的信息。该杂志于 1936 年创刊，目前已成为美国十大付费杂志之一。——译者注

房屋审计员们一起进行这项工作，并教他们在向人们提出房屋改造建议时采用生动的事例。例如，大多数审计员在留下他们的改造方案时，只是向房主指出门周围的裂缝，并建议他们安装挡风雨条。而在对另外一些审计员进行培训时，则让他们告诉房主如果将所有门周围的裂缝加在一起，就等于在他们的住宅里开了一个篮球大小的洞。“如果在你家的墙上有一个这样大的洞，你不想将它补上吗？挡风雨条就是用来补洞的。”结果颇令人震惊。接受这种形象的语言培训的审计员，其效力增加了 4 倍；尽管此前接受建议的房主只有 15%，但是在审计员们开始采用更为形象的宣传时，这个数字增加到了 61%。与大量的统计数据相比，大多数人更容易受到清晰、形象的个别事例的影响。因此，有关你朋友的沃尔沃故事或者想到你 74
家墙上篮球大小的一个洞，可能具有惊人的威力。

单方面论证与两方面论证 假设你想通过一场演讲来说服你的听众相信死刑是必要的。是只陈述你自己的观点而对反对死刑者的看法避而不谈更有说服力，还是讨论反对者的观点并努力加以反驳更有说服力呢？在试图回答这一问题之前，让我们先仔细思考一下其中隐含了些什么。如果一个宣传者提及反对者的观点，可以表明他（她）是一个客观的、公正的人；这有可能增加演讲者的可信性，从而提高他（她）的效力。但从另一方面看，如果一个宣传者过多地提及有关问题的相反观点，就有可能暗示接受者该问题存在争议；这样便可能令接受者们感到困惑，会使他们犹豫不决，并最终降低宣传的说服力。了解了这些可能性之后，读者便不会对此感到惊讶：单方面论证与宣传效果之间并不存在简单的关系。二者之间的关系一定程度上取决于接受者的见识：接受者越是见多识广，他们就越不容易被单方面的观点所说服，而被那种先提出重要的相反观点然后予以驳斥的论证方式说服的可能性越大。由此便可以理解：一个见多识广的人更希望了解一些相反的观点。宣传者如果不提这些观点，那么接受者中那些见多识广的人，就可能会认为宣传者不公正，或者认为他不能反驳这些观点。反之，一个见识不多的人则不太容易了解相反观点的存在。如果不谈相反的观点，那些见识不多的接受者能够被说服；如果提出了相反的观点，则可能引起他们的困惑。

另外一个起关键作用的因素是接受者最初的立场。正如我们可以想象到的，如果某位接受者预先倾向于相信宣传者的观点，那么单方面呈现观点会比两方面呈现观点对他（她）有更大的影响。但是，如果某位接受者倾向于相反的观点，那么两方面反驳式论证更具说服力。[51] 多数政治家似乎都熟谙此道；他们很注意根据听众的构成来发表完全不同的讲话。在向党内的忠实信徒讲话时，他们总是发表那些能够营造火爆气氛的观点，以此来支持他们的政纲和候选人。如果此时他们提到反对派，采用的也是一种嘲弄讥讽的口吻。相反，当他们出现在有线电视上，或者面对一群忠诚程度不同的听众讲话时，他们倾向于采取更为老练的手法，在推翻对手的观点之前，先对其进行合理而又准确的阐述。

观点呈现的次序 假设你正在竞选市议员。你和竞选对手受到邀请，要在市 75
礼堂向一大群听众发表演讲。选举已经临近，此时许多听众仍然没有做出决定，这场演讲可能会决定着选举的结果。你已经尽力撰写了演讲稿并且进行了演练。当你坐在台上，会议主持人问你愿意现在开始演讲还是稍后再讲。你沉思了一会儿，心想：先讲可能有利，因为第一印象是至关重要的；如果我能够先让听众站在我这边，那么我的对手不仅需要兜售自己的观点，而且还需争取那些站在我这边的听众——他将逆流而行。从另一方面看，后讲可能对我有利，因为当听众离开礼堂的时候，他们记住的可能仅仅是他们最后听到的东西。我的竞选对手前面所讲过的无论多么有效力，都会被我的雄辩所掩盖，这仅仅因为我所讲的更容易被记住。你结结巴巴地说道："我愿意先讲…… 不，后讲…… 不，先讲…… 不，请稍候。"带着困惑，你跑下台，找到一个电话亭，给你的一位社会心理学家朋友打电话。毫无疑问，她(他)一定知道哪种次序对你有利。

如果你希望得到一个简明的一字答案，你恐怕就要失望了。而且，假如你耐着性子听完那位社会心理学家所做出的详尽说明和解释，你可能早已丧失了发表演讲的机会。甚至，你可能会错过选举。

毋庸讳言，这个问题很复杂，其中涉及学习和记忆。我将尽可能简要地对此加以说明。这个问题与你(我们假定的政治家)对常识问题的思考是相似的。的确，在其他条件相同的情况下，听众对最后听到的演讲内容记忆更深，这只是因为它在时间上与选期相距更近。但从另一方面看，对第二个材料的实际学习并不如第一个材料那样全面，这仅仅是因为第一个材料的存在对学习过程产生了干扰与抑制。因此，依据我们对学习现象的了解，在其他条件相同的情况下，首先进行的论证更为有效；我们将这种现象称之为**首因效应**。但另一方面，依据我们对记忆现象的了解，在其他条件相同的情况下，最后进行的论证更为有效；我们将这种现象称之为**近因效应**。

这两种信息传递方式看上去包含了相互对立的预测，但这并不意味着哪一方演讲在前无关紧要；也不意味着试图做出确定的预测是没有希望的。它的真正意义在于，通过了解抑制和记忆如何发生作用，我们可以对有利于首因效应或者近因
效应的条件加以预测。在此，关键的变量是时间——也就是在下列情况下，事件之 76
间的时间间隔：(1)第一个人的宣传与第二个人的宣传之间的时间间隔；(2)从第二个人的宣传结束到听众必须做出最终决定之间的时间间隔。这里最为关键的有两点：(1)如果两场宣传之间时间间隔非常短，抑制(干预)最强，第一个人的宣传便会

对第二个人的宣传产生最大的抑制，这时就会出现首因效应——第一位演讲者将占有优势。(2)当听众在听完第二个人的演讲后必须马上做出决定，这时记忆效果最好，近因效应便会出现。

好，你现在还在打着电话吗？这就是给你的建议：如果你和你的竞选对手将要依次发表各自的观点，而且选举要在几天后进行，你应该第一个发言。你首先进行的演讲将会抑制听众接受你对手演讲的能力；而且选举要在几天之后进行，因记忆而引起的不同效果是微不足道的。但是，如果选举在第二个人演讲之后马上进行，而且在两个人的演讲之间会安排较长的休息时间，那么你第二个演讲效果更好。由于两场演讲之间有休息时间，第一个人的演讲内容对人们接受第二个人演讲的抑制作用将降到最小；由于听众必须在第二个人演讲结束后马上做出决定，那么你第二个演讲便可以利用好人们的记忆作用。因此，近因效应将会起支配作用：在其他条件相同的情况下，最后进行演讲更有说服力。

这些推测被诺尔曼·米勒(Norman Miller)和唐纳德·坎贝尔(Donald Campbell)[52]所进行的一项实验所证实。在该实验中，安排了一场模拟的陪审团审判，向被试们出示了一场真实的陪审团审判的记录副本的缩减本。在这场审判中，一位制造商因出售一种有缺陷的喷雾器造成伤害而遭到起诉。控方的论据由控方证人的证词、控方律师对辩方证人的诘问以及控方律师的控词组成。辩方的论据则由辩方证人的证词、辩方律师对控方证人的诘问以及辩方律师的辩护词组成。在记录的缩印本上，控方的所有论据集中在一起，辩方的所有论据也集中在一起。在实验中，研究者改变了被试阅读两种论据之间的间隔时间以及他们阅读后一种论据与做出裁决之间的间隔时间。结果发现，当阅读第一种论据与阅读第二种论据之间的时间间隔很长，而阅读后一种论据与做出裁决之间的时间间隔很短时，会出现近因效应。当阅读第一种论据与阅读第二种论据之间的时间间隔很短，而阅读后一种论据与做出裁决之间的时间间隔很长时，会出现首因效应。该实验所讨论的问题有助于让人们重视这两种现象可能具有的重大实践意义。大多数审判都 77
允许控方先做出陈述并呈现证据，并且以控方最终陈述结束，这就会使得控方陈述占尽首因和近因两种效应之利。由于证据呈现的次序可能影响到陪审团对有罪或无罪的裁定，因此我建议我们的审判程序应当加以修改，以防止因首因效应或近因效应而可能导致的任何误判。

差异的大小 假设你正在与一群强烈反对你的观点的听众谈话。你是将自己的观点以非常激烈的方式和盘端出，还是缓和一下自己的立场，采用一种看上去与这位听众的立场相差不太大的形式呈现，更为有效呢？例如，假设你认为人们只有每天坚持大运动量的锻炼才能保持健康；任何形式的体育活动都是有益的，但最好每天至少锻炼一小时。你的听众由一些大学教授组成，他们似乎相信对一个普通人而言翻翻书这样的活动已经足够了。你怎样才能最大限度地改变他们的意见呢？是证明人们应当实施一项每天跑步、游泳、做操的严格的计划，还是建议人们采取简便易行的训练计划？简单地说，在接受者观点和宣传者建议之间存在多大的差异，说服的效果才最好呢？这一点对于任何一位宣传者或教育者都是至关重要的。

让我们从接受者的观点这个角度来分析一下这种情境。就像我在本书第 2 章曾经提到的，我们绝大多数人都有一种想要正确的强烈愿望——希望自己持有“正确的”观点而且能够理智地去行动。当有人表现出与我们不同的观点时，我们会感到不安，因为这意味着我们的观点和行为可能是错误的，或者依据的是错误的信息。观点之间的不一致越大，我们的不安就越强烈。那么，怎样才能减轻我们的这种不安呢？我们可以简单地改变自己的观点或行为。观点之间越不一致，我们自身观点改变得也就越大。因此，按照这种推理，宣传者应当提供严格的天天锻炼计划的理由，因为观点之间差异越大，观点改变得越大。事实上，一些研究者发现这种线性关系是成立的。菲利普·津巴多所做的一项实验为二者之间的关系提供了最好的例证[53]。实验者要求每一位自愿做实验被试的女大学生，都要带着一位最亲密的朋友一起来实验室。他们向每对朋友提供了一个少年犯的个案研究材料，然后要求每位被试私下提出个人对事情的处理建议。实验者让这些被试相信自己的亲密朋友对他的建议不太同意或者完全不同意。津巴多发现，被试与自己朋友观点之间的表面差异越大，他们越可能依据心目中朋友的看法来改变自己的观点。

然而，仔细考察研究文献，我们也发现一些实验并没有证实上述线性推理。例 78
如，詹姆斯·魏塔克(James Wittaker)[54]发现，观点差异与意见改变之间存在一种曲线关系。这里所讲的曲线关系指的是：当差异在较小的范围内有些增加时，意见改变的程度也会相应增加；但随着差异的不断增加，意见改变的幅度开始减缓：最终，观点之间的差异变得很大时，意见改变得很少。当这种差异达到极大时，几乎观察不到人们的看法有任何改变。

在魏塔克这些发现的基础上，卡尔·霍夫兰德、哈维(O. J. Harvey)和穆扎法尔·谢里夫(Muzafer Sherif)[55]提出，如果某一宣传内容与某个人的立场相差太远，实际上它处在此人**可接受范围**之外，那么这个人便不会太多受到它的影响。在霍夫兰德和他的同事所做的实验中，宣传内容依据的是一个当时争论非常激烈的问题——被试们对该问题有着强烈的切身体验：他们所在的州是应当“禁酒”还是“开禁”？——也就是说，是否应当更改有关酒类饮料配给与销售的法律禁令。该州的选民对该问题的意见基本上势均力敌，而且被试是一个有代表性的样本：一些被试强烈主张本州应当继续禁酒，另外一些人强烈主张对酒开禁，余下的人持中间立场。被试们被分为若干组，每组都由持三种不同意见的人组成。实验者向每个组提供的宣传内容支持三种意见中的一种，这样可以保证每个组中都有一些被试发现宣传内容与自己的观点接近、一些被试发现宣传内容与自己的立场存在中等程度的差异、一些被试发现宣传内容与自己的立场相差很大。他们的具体做法是，向一些组提供“开禁”的信息，赞成对酒类不加限制、放开经营；提供给另一些组的是“禁酒”的信息，赞成彻底禁止；提供给余下组的是中等程度“禁酒”的信息，主张允许少量饮酒，但需要一定的控制与限制。结果发现，实际提供的信息与小组成员看法存在中等差异时，意见改变最大。

对一个科学家而言，这是一件多么令人激动的事情！当我们看到大量的研究发现指向某一方向，而同样多的发现则指向了另一方向，这并不必然意味着某个人错了，而是暗示我们还有很重要的因素没有考虑到——这的确是令人激动的，因为它为科学家的探索提供了机会。在此恳请读者谅解，我希望对这个问题详加说明——不仅仅因为该问题本身具有重要价值，而且还因为它为我们提供了一个机会，使我们得以分析作为一门科学的社会心理学更具挑战性的一个方面。我们主要可以通过两种途径来进行这种探索。我们可以先将反映出一种结果的所有实验和反映出另一种结果的所有实验汇集到一起，用手里想象中的那把放大镜小心谨慎地对它们加以审查，寻找 A 组实验中普遍存在但在 B 组实验中却不复存在的因素；然后，我们便可能从理论上确定，为什么这一因素导致了两组实验结果存在差 79
异。或者，反过来，我们也可以先从引起差异因素的理论推理入手，然后依据这一理论查阅已有的文献，去考察 A 组实验与 B 组实验在这一方面是否存在差异。

作为科学家，我个人偏爱第二种途径。因此，我和我的两个学生朱迪丝 · 特纳(Judit Turner)和默瑞尔 · 卡尔史密斯一起，首先对导致这种差异的因素进行了推测。我们接受了前面曾经讨论过的观点：观点之间的差异越大，接受者内心的不安越强烈。但我们推断这种不安并不一定意味着接受者改变他们的看法。接受者至少可以采取四种方式来减少心中的不安：(1)他们可以改变自己的看法；(2)他们可以劝说**宣传者**改变看法；(3)他们可以寻找那些与自己观点相同的人，以支持自己最初的看法，对宣传者的说法置之不理；(4)他们可以贬低宣传者，让自己相信宣传者是愚蠢的、不道德的，从而使他的看法无效。

在许多宣传场合，包括一些实验条件下，信息的传递是通过书面陈述(例如，报纸、杂志上的文章)或者接受者不能接触到的宣传者(如出现在电视、演讲台上，等等)来实现的。而且，被试往往是独处的，即使是一群接收者，他们之间也没有交流的机会。因此，在这种条件下，接收者实际上不可能进行交流，他们既不可能对宣传者的观点产生直接影响，也不可能寻求直接的社会支持。这样，接受者便只剩下两种减少内心不安的方式：改变自己的看法，或者贬低宣传者。

那么在何种条件下，一个人会感到贬低宣传者很容易或者很困难呢？要贬低一个自己喜爱的或者尊敬的朋友是相当困难的；要贬低在所讨论的问题上非常值得信赖的专家也是很困难的。但是，如果宣传者的可信性值得怀疑，那么贬低他（她）就比较容易了。循着这一推理思路，我们提出：如果一个宣传者的可信性很高，宣传者与接受者之间观点的差异越大，对接收者看法的影响越大；但是，如果宣传者的可信性不太高，从逻辑上看，他（她）会遭到贬低。这并不是说宣传者对接受者的看法不能产生影响。如果宣传者与接受者之间观点的差异不太大，宣传者仍然可能对人们看法的改变产生影响。但这类宣传者的立场与接受者之间的差异越大，接收者越可能怀疑他（她）的学识才智，也就越不可能受到他 80
（她）的影响。

让我们回过头再看一下有关体育锻炼的例子：设想有一位 73 岁的老人，他的体格可以同一位比他年轻一半的人相比，而且刚刚在波士顿马拉松赛中获胜。如果他来告诉我，保持身体状态做到健康长寿的很好途径是，每天至少进行两个小时的大运动量锻炼，我会相信他的话。我怎能不相信他呢！他这样说，比建议我每天锻炼十分钟，更能够对我产生实际的影响。但是，假如换了一位可信度不太高的人，例如一位中学的田径教练，来传递这个信息，又会怎样呢？如果他建议我每天锻炼十分钟，这一建议在我可以接受的限度之内，他可能会对我的看法和行为产生影响。但是，如果他建议我去实施一项每天两小时的大运动量锻炼计划，我就可能会将他看作骗子、养身迷、狂热者，这样我便可以继续安心地懒惰下去。因此，我同意霍夫兰德、哈维和谢里夫的观点：当宣传者可信性不高的时候，人们可能会将某种与自身观点相差极大的宣传，排除在自己可以接受的范围之外。

根据这些推测，我和我的学生们仔细考察了现有的有关这一问题的实验，我们特别注意了这些实验中对实验者的描述方式。令人惊奇的是，我发现那些观点差异与看法改变之间存在线性关系的实验，恰恰比那些存在曲线关系的实验，将宣传者描述得更为可信。这一发现证明了我们对可信性作用的推测。但我们并未就此止步：我们设计了一项实验，系统地考察了观点差异程度与宣传者可信性之间的关系[56]。在实验中，我们请女大学生阅读了几节现代朦胧诗，并要求她们按照从好到差的顺序对它们进行排序。接着，让这些女生每人阅读一篇旨在评论现代诗的短文，评论中特别提到了被列为最差的那节诗。对一些被试，短文作者在描述这节诗时采用了充满激情的语言，由此而使得宣传者的观点与该种实验条件下学生所持的观点产生很大的差异。对另一些被试，短文作者在描述这节诗时只是略微表示赞许，这样便使短文作者的观点与该种实验条件下学生的观点产生中等程度的差异。在第三者条件下，短文作者略微表达了对这节诗不屑一顾的态度，由此而使接收宣传者产生轻度差异的感觉。最后，我们让实验中一半的被试认为，短文的作者是诗人艾略特，他是一位可信度很高的诗歌评论家；而让另外一半被试认为短文作者是一个大学生。接着，我们再次要求被试们对这几节诗进行排序。如果艾略特被看作宣传者，当短文对这节诗的评价与学生们的评价之间差异最大时，它对学生们产生的影响最大。如果那位只有中等可信度的学生被看作短文作者，当短文的 81
评价与学生们的评价稍有差异时，它会使学生们的看法稍有改变；当短文的评价与学生们的评价之间存在中等差异时，它会导致学生的观点改变很大；当二者之间差异极大时，学生们的观点改变很小。

概括本节内容，那些互相冲突的结果可以作如下解释：假如一位宣传者具有很高的可信性，他(她)所提出的观点与接受者观点之间的差异越大，接受者越容易被说服；从另一方面看，假如一位宣传者的可信性受到怀疑或者原本就不高，当宣传者与接受者观点存在中等差异时，他(她)会使接受者看法改变最大。

接受者的特征

所有的听众、读者或者观众都是不一样的。一些人可能较难被说服。另外，就像我们已经看到的，某种宣传可能对某个人有吸引力，而对另外一个人则没有吸引力。例如，两方面宣传是否比单方面宣传更有效力，便取决于接受者的知识水平和他们原有的观点。

自尊　一个人的人格会对他(她)的可说服度产生什么样的影响呢？与可说服度密切相关的一个人格变量是自尊。那些自我感觉不好的人比那些认为自己了不起的人，更容易受到说服宣传的影响。[57]这一点看上去是很合理的；毕竟，如果一个人连他自己都不喜爱，那么他便不可能看重自己的观点，也不会有多少自信。因此，当自己的想法遇到挑战时，他们便可能自愿放弃这些想法。记住人们总是希望自己正确。假设萨姆是一个自尊心很强的人，当他听到与自己看法不同的宣传时，他一定会下决心弄明白，转变立场还是坚持自己的意见，更有可能保证自己正确。一个自尊心很强的人，在发现自己与某个可信性很高的宣传者观点不一致时，便可能体验到某种冲突。他可能会通过改变自己的看法来解决这种冲突，或者可能坚持自己的看法。但假如萨姆是一个自尊心很低的人，那就可能很少或者根本没有冲突。由于对自己的看法不太自信，他便可能会认为只要接受了宣传者的观点，就更有可能保证自己正确。

接受者的前期经验 另一个与接受者密切相关的很重要的因素是接受宣传前一刻接受者的心境。如果宣传被很好地呈现，而且宣传内容是轻松愉快的，那么接受者就容易接受宣传。的确，就像欧文·贾尼斯和他的同事们所发现的，在阅读一份说服宣传材料时，那些食用了可口食物的人比控制组（没有食用）的人，更多地受到了材料的影响。[58]与此类似，理查德·佩蒂和他的同事们的研究发现，处于良好 82
的心境状态，可以使人们更容易被说服。[59]杰弗里·科恩（Geoffrey Cohen）和他的同事们[60]的研究也发现，那些最近在自尊心方面得到了肯定性的反馈（例如，得知自己很受欢迎）的人们，也更容易接受说服宣传。

相反，也有一些方法可以使接受者不易接受或者不易被说服。我曾经注意到，人们总是预测他们不会受到诸如电视广告之类的说服宣传的影响。因此，降低这类宣传的可说服性的一种方法就是，预先警告人们有人将试图说服他们。[61]如果信息内容与人们原有的看法存在差异，这种方法尤为有效。我曾提出"现在，是一条来自我们赞助者的信息"这样一句开场白，比没有开场白直接导入广告要降低说服力。这种预告似乎是在说，"注意，我要设法说服你了，"人们对此的反应往往是有准备地对将出现的信息加以抵制。乔纳森·弗里德曼和戴维·西尔斯（David Sears）[62]所做的一项实验证实了这一现象。实验者告诉一些青少年，他们将会听到一场题为"为什么不允许青少年驾车"的讲演。十分钟后，演讲者向他们进行了已经准备好的宣传。在控制条件下，进行的是同样的演讲，只是没有提前十分钟进行预告。结果表明，控制条件下的被试比那些得到预告的被试，更容易被宣传所彻底说服。

人们往往会保护他们的自由感。根据杰克·布雷姆（Jack Brehm）的**对抗理论**，[63]当我们的自由感受到威胁时，我们会努力去恢复它。例如，我喜欢收到生日礼物。但假如一个可能在我的课程上不及格的学生，在将要阅读学期论文的时候送给我一份昂贵的生日礼物，我就会感到不舒服。我的自由感或自主感将受到挑战。同样，如果说服宣传过于明显或者带有强迫性，也可能被认为侵犯了一个人选择的自由，会激起他对信息的抵制。例如，一个过于积极的售货员一定要让我购买某种商品，我的第一反应就是离开这家商店以坚持我的独立性。

在莉莲·本斯利（Lillian Bensley）和吴瑞（Rui Wu）[64]完成的一项实验中，大学生们分别观看了反对饮用酒类饮料的两则信息中的一则。其中一则信息措辞严厉、武断，宣称所有的酒类都是不安全的，人们应当始终做到滴酒不沾。第二则信息比较温和，强调了控制饮酒的重要性。结果表明，第二则信息在促使人们减少饮酒方面效果好得多。尤其是对那些酒瘾极大的人更是如此。这些人在接触那些措辞严厉的信息时，几乎全都体验到最为强烈的对抗。

对抗可能以许多有趣的方式发挥作用。我们可以设想一下：我行走在大街上，83
有人很有礼貌地请我在一份请愿书上签名。我对这个问题了解并不多，就在此人要向我做出解释的时候，另外一个人上前与我们搭话，并且给我施加压力让我不要签名。根据对抗理论我们可以预测，为了抵制这种压力坚持我的选择自由，我更有可能签名。这一方案被马德琳·海尔曼(Madeline Heilman)[65]实际地付诸实施，结果证实了她的预测：在大多数情况下，阻止被试在请愿书上签名的企图越强烈，被试们越有可能签名。当然，正如我们在本章以及上一章所看到的，人们有可能而且实际上也的确受到潜在的社会压力的影响并据此去行动，就像阿希实验中所表现的那样。然而，当这些压力变得如此明显以至于影响到人们的自由感时，人们不仅抵制它们，而且还往往按相反的方向去行动。

在此，应当提及的还有人们的自由和自主需要的另外一个方面。在其他条件相同的情况下，在面对与自己的重要信念截然相反的信息时，无论何时只要有可能，人们总会立即想出相反的论据。[66]通过这种方式，人们便可以防止自己的看法受到不适当的影响，保护自己的自主感。但是这些抵制也是可以消除的。利昂·费斯汀格和内森·迈克比(Nathan Maccoby)[67]进行了一项实验研究，在实验中他们尽力防止接受者想出论据来反驳提供给他们的信息。这一点是通过在进行宣传的同时分散接受者的注意力来实现的。实验者要求同属一个兄弟会的两组大学生收听一份关于大学兄弟会邪恶行径的录音材料。这份材料旁征博引，很有说服力，而且你可以想象得出，与被试们的信念相去甚远。在进行宣传的过程中，其中一组学生的注意力被分散。具体做法是，给他们放映一部非常有趣的无声电影。费斯汀格和迈克比推测，由于这组被试同时进行两项任务——收听反对兄弟会的录音和观看一部娱乐片，他们的大脑会全神贯注，很少或根本没有机会去想出论据对录音提供的信息进行反驳。相反，在控制组中则没有利用影片来分散被试的注意力，因此他们能够更多地投入思考，通过提出相反的论据来抵制宣传。实验结果证实了他们的推测。与那些注意力没有被分散的学生相比，那些因观看影片而被分散了注意力的学生更多地转变了看法，对兄弟会持反对意见。

让我们仔细地分析一下这个问题的另一方面。我们怎样才能帮助人们抵制影响他们的企图？威廉·麦圭尔(William McGuire)和他的同事们设计了一种巧妙的方法来引发人们的抵制。这种方法已经被恰当地命名为**预防接种效应**。我 84
们已经看到信息的两方面(加以反驳的)呈现方式比单方面呈现方式，在促使大多数接受者信服方面更具效力。麦圭尔对这一现象进行了引申，他提出，如果让人们先接触某一简短的宣传，而且接着他们能够对其加以反驳，人们就会对后来大规模出现的同样观点产生“免疫”，这就如同在人体内注入少量经过稀释的病毒可以帮助人们对这种病毒的大规模进攻产生“免疫”。在麦圭尔和迪米特里·帕普吉奥基斯(Dimitri Papageorgis)[68]进行的一项实验中，一组被试发表了他们的看法，随后这些看法遭到了轻微的攻击，但这一攻击遭到反驳。随后，这些人遇到了对其最初看法更具威力的反对意见。结果表明，与控制组那些看法预先没有遭到轻度攻击的被试相比，这些被试较少表现出要改变他们看法的倾向。事实上，他们已经进行了防止自身看法改变的接种，而且具有了相对的免疫力。因此，两方面反驳式观点呈现方式，常常被作为更为有效的宣传技术加以运用，而且，如果使用得当，这种呈现方式还可能增强接受者对随后出现的反向宣传的抵抗力。

在一项引人关注的现场实验中，阿尔弗雷德·麦卡利斯特(Alfred McAlister)和他的同事们[69]在一些七年级学生中进行了对来自同辈的吸烟压力的预防。例如，实验者向学生们展示了一则当时流行的广告，广告词是：“宝贝，你已经有了很大的进步！”其中暗示着真正获得解放的女性是吸烟者。随后，对他们进行了预防，告诉他们如果一个女性沉迷于尼古丁是不可能得到解放的。与此类似，由于许多青少年开始吸烟部分是因为这样看上去很“酷”或者有“男子汉气”(就像万宝路牛仔)，如果一个学生不吸烟，来自同辈压力会将他称作“雏鸡”。为此，麦卡利斯特设计了一种情境来抵销这种作用。这些七年级的学生们在特定情境中扮演一定的角色，他们在活动中通过讲“如果我吸烟仅仅是为了使你感动，那我就是一只真正的雏鸡”之类的话，让学生们接触与他们原来看法相反的观点。这种抵抗同辈影响的预防被证明非常有效。到这些学生升入九年级时，他们中可能吸烟的人，只是来自同一所初中作为控制组的学生中可能吸烟人数的一半。

研究[70]发现，如果遭到攻击的是特定文化中不言而喻的道理，那么进行预防以培植抵抗力会产生最佳的效果。文化中不言而喻的道理，指的是被一个社会的绝大多数成员作为毋庸置疑的真理而接受下来的信念。例如，“美国是世界上最令人惊奇的国家”、“如果人们愿意付出努力，他们就一定能够成功”。这类文化中不言而喻的道理很少受到质疑，结果也很容易让人忽略为何坚持这些信念。因此，一旦遭到激烈的攻击，这些信念就可能崩溃。为激发人们坚持我们的信念，我们必须清
楚这些信念的脆弱性，而维护这些信念的最好办法是让它们面对轻微的攻击。这 85
种通过轻微攻击人们的信念而进行的预先接触，可以培植针对可能出现的说服宣传的抵抗力，原因在于：(1)人们被激发起来保卫自己的信念，(2)通过被迫思考坚持这些信念的原因，人们积累了保卫这些信念的实践经验。这样，人们便可以更好地武装起来以抵抗更为激烈的攻击。

这些原则如何发挥作用

假设你继承了某个电视广播公司的控股权，你便拥有了在一些重大问题上影响民众观点的绝好机会。我们假定你是国家健康保险的热情支持者，而且你希望说服人们赞同你的观点。读完本章内容后，你不仅知道该怎样去做，而且你还控制着一个强有力的宣传媒体。你会怎样着手来实现你的目标呢？这很简单：你可以在知识含量较高的节目之后选择一个时段（为了保证知识群体能够收看），与此相应，你所提供的是两方面的观点（因为两方面的观点最容易对知识群体起作用）。在安排这些观点时，你让那些赞成国家健康保险的观点显得更有说服力而且首先播出（以便利用好首因效应）。你描绘着贫困群体的困境，讲述他们如何因为不能负担医疗费用而生病致死。你列举了你所了解的一些生动的个别实例。在讨论这些事件时，你采取了一种能够激起人们许多恐惧的形式；与此同时，你提出了一套具体的行动计划，因为这两种形式结合起来，可以最大限度地促使大部分人改变看法，而且可以最大限度地促使人们去行动。你提供了一些反对你的立场的观点，而 86
且对这些观点进行了强有力的反驳。你安排了一位很内行的、值得信赖的，而且非常讨人喜欢的发言者。你尽可能使你的观点强劲有力，以此使你所提供的观点与接受者最初的态度之间的差异达到最大。然后，你就可以休息一下，养养神，静候人们的观点开始出现转变。

事情当然不会如此简单。设想有这样一位典型的观众：我们假设她是一位中产阶级，一位 45 岁的房地产经纪人，她认为政府对个人的私生活干预过多。她感到任何形式的立法都会对崇尚个性的精神造成破坏，而后者恰恰是民主的本质。她在搜寻晚间娱乐节目时碰巧看到了你的节目。她开始聆听你赞成国家健康保险的观点。在收听的过程中，她开始对自己原来的坚持的观点感到有点不太自信。她不再像以往那样十分确信政府不应该干预健康事务。她会做些什么呢？如果她与兰斯·坎农（Lance Canon）[72]实验中的被试一样，那么她最有可能拿起她的遥控器，调换到正在重播电视游戏节目《命运之轮》的频道。坎农发现，当一个人的自信心受到削弱时，他（她）便不愿意听到与自己的信念相反的观点。因此，那些你恰恰最想去说服的人，也是看法最容易被改变的人，却最没有可能继续呆在电视机前收看你专为这个目的设计的宣传。

你一定会向那些支持国家健康保险的观众播放你的信息吗？假如你坚持播放一份有关这一问题的严肃的纪录片，实际情况可能就会是这样。但是，经过权衡之后，你可能会决定采用另外一种方式。你召集广播公司的主管们开会。会上，你建议节目主管制作两个脚本，表现那些因重病花销导致家庭面临经济崩溃的困境。你要求新闻部调查其他国家实施国家健康保险的成功经验。最后，你推荐给深夜谈话节目主持人几个笑话，建议他在节目中讲讲，笑话内容是关于他那不称职但却很富有的医生的。尽管上述宣传中没有一个可以与纪录片所提供的信息相比，但是它们的累积影响可能非常大。这些宣传在电视剧或者新闻中播出，不必声明支持国家健康保险的主张；它们看上去似乎是无关痛痒的，但它们所包含的信息却是非常清晰的。没有表现出明显的说服意图，它们将很少激起观众的抵触，避免了接种效应，而且还通过分散观众的注意力防止他们形成相反的观点。最为重要的是，人们很可能会看下去，他们不会调换频道。

在此，我并非要暗示：是那些电视主管们密谋将说服宣传加以伪装，让它们在 87
其他背景中出现。但正如我在本章开始不久就曾指出的，电视在影响我们如何去认识世界方面扮演着重要的角色。美国人电视收看量增长之迅速是惊人的。[73]一个典型的美国家庭每天收看电视的时间超过 7 小时，[74]美国人每周收看电视的平均时间为 30 小时——即一年的收看时间在 1 500 小时以上。按照这样的比率，如果你收看电视的时间处于平均水平，你在一年中将收看大约 37 800 条广告，或者说你一天之内就要收看 100 多条广告。[75]一个中学毕业生呆在教室里的时间远远少于他们花在电视机前的时间。[76]

媒体会对人们产生影响，而且它所传递的现实观点很少不包含价值的成份。乔治 · 格伯纳(George Gerbner)和他的同事们[77]已经对电视进行了最为详尽的分析。从 20 世纪 60 年代后期开始，这些研究者已经录制并详细分析了数以千计的黄金时间播出的电视节目和人物。他们的发现表明，从总体上看，电视对现实的描写往往是一种误导。在黄金时段的节目中，男性与女性出现的比率大致为 3 : 1，当女性与男性在电视上相遇时，总是显得比后者更加年轻无知。有色人种(特别是拉丁裔和亚裔)以及上了年纪的人代表明显不足，而且少数群体的成员不成比例地担当次要角色。另外，绝大多数黄金时段人物被描绘成专业人员或者管理人员：尽管在美国劳动力总数 67%的是蓝领职员或辅助人员，但仅有 25%的电视人物表现的是这种工作。最后，电视上出现的犯罪行为至少是真实生活中的 10 倍。每周都有超过一半的电视人物卷入暴力对抗；而根据美国联邦调查局的统计，实际上任何一年美国公民成为暴力犯罪受害者的比例都在 1%以下。在过去的几年里，美国联邦调查局的统计显示这个国家的暴力犯罪率实际上已经在降低——但在电视屏幕上，暴力犯罪一直在上升。电视作家、前美国作家协会主席戴维 · 莱因特斯(David Rintels)对此做了最好的总结，“每晚 8 点到 11 点，电视都在撒大谎”。[78]

格伯纳和他的同事们还比较了那些长时间观看电视的观众(每天收看时间在4小时以上)和一般观众(每天收看时间在2小时以下)的态度和信念。他们发现长时间观看的观众:(1)表现出较多的种族偏见;(2)过多估计了人们从事医师、律师以及运动员职业;(3)认为女性比男性在能力和兴趣方面有较多的局限性;(4)对社会上的暴力现象普遍持夸大的观点;(5)认为与20年以前相比,老年人的数量减少了,健康状况恶化了,尽管实际上情况恰恰相反。另外,与一般观众相比,长时间观看电视的观众更倾向于将世界看成是险恶的;他们更可能同意大多数人只是替自己着想,只要有机会就会利用他人。格伯纳得出结论:这些态度和信念反映了电 88
视为我们描述的美国人的生活是不确切的。[①]

当然,在纷繁复杂的社会背景下,我们每个人都会与许多人进行广泛的人际交往,媒体仅仅是我们了解不同性别、种族或者职业群体的渠道之一。当我们可以同时借助于直接经验的时候,从媒体得来的信息和印象对我们的影响就可能较小。因此,那些在工作中与女性有着密切接触的人,可能较少接受电视上所描绘的妇女的刻板形象。另一方面,当我们形成了有关犯罪和暴力的观念时,其中的多数看法不太可能来自我们的个人经验。对我们中的大多数人来讲,电视实际上是我们有关犯罪的唯一生动形象的信息来源。绝大部分电视节目都包含犯罪的内容,那些15岁的孩子从电视上平均收看过的凶杀数量已经达到了13 000起。另外,一些研究发现,犯罪题材的电视剧分派给警察和罪犯的是明显固定的形象。例如,在电视上,警察具有超乎想象的力量,他们几乎可以侦破所有犯罪案件,而且他们绝对正确:在电视剧结束时,几乎没有一个受冤屈的人被关在监狱里。电视也使人们形成了犯罪治理中某些必然性的错误观念。电视上的罪犯之所以走上犯罪道路,一般是因为病态心理或者无法满足的(也是没有必要的)贪欲。电视强调罪犯犯罪行为的个人责任,而往往忽略与犯罪有关的环境压力,例如贫困和失业。这种描绘产生了重大的社会后果。那些看电视较多的人逐渐形成了这样的信念体系,由此影响他们的预期,并导致他们在成为陪审团成员时采取强硬的立场。那些长时间观看电视的观众更可能反对无罪推定,他们相信被告一定在某个方面有罪,否则他们不可能被送进监狱。[79]

研究还发现,当电视被引入某个地区时,那里的盗窃发生率也会上升。[80] 为什么会出现这种情况呢?最为合理的解释是,电视广告促进了人们对商品的消费;与

---

① 需要注意的是,格伯纳的研究是一种相关研究,而不是实验研究。因此,它不能确定究竟是长时间观看电视导致了偏见和不正确的信念,还是人们已有的态度和信念使他们倾向于多看电视。为了支持他们的结论,格伯纳和他的同事们抽取了不同年龄、受教育程度、收入以及不同种族的观众作为样本。考虑了观众的这些特征之后,他们发现在每类人群中,长时间观看电视与不正确的信念之间仍然存在着相关关系。

此同时，它也描述了作为一种标准的上层社会和中产阶级的生活方式。这种广为流传的财富和消费错觉，可能会导致那些贫困的观众感到沮丧和愤怒，将他们的生活方式与电视上所描绘的生活方式进行对比，由此而激发他们不择手段地去“分享美国梦”。

我们几乎不可能确切地指出，接触媒体可以在何种程度上影响公众的观点与 89
行为。这里涉及其他许多因素。由于以上所描述的这些研究并非实验研究，我们便很难将大众传媒的影响与个人经验以及同家庭和朋友交往的影响区分开来。但是实验却可以做到这一点。例如，让我们假定，作为电视联播公司的经理，你继续实施你最初的计划，在电视上播出那部有关国家健康保险的纪录片。在这种情况下，确定你的信息是否有说服力会相对容易。这项研究可以在最基础的水平上进行，在节目播出之前和之后，你可以就观众对国家健康保险的看法进行抽样调查。如果人们的看法向赞成的方向转变，你便可以推断你的节目是有效的。如果你对将节目的效力增加到最大限度感兴趣，你可以录制几种版本的纪录片，考察不同的发言者、不同的论据，以及不同的呈现形式对宣传效力的影响。如果将这些版本的节目向不同类型的观众呈现，你就可以对不同因素的组合效应进行比较。实际上，这一方案与本章前面介绍的大多数研究所采用的方法类似：准备不同主题的宣传内容。系统地改变节目呈现的各个环节——例如，发言人的可信性、论据呈现的次序，并将形成的信息版本呈现给观众。如果对观众的看法进行民意调查，这些变量的效应便可以得到测量。这种程序可以对信息进行很大的控制，而且非常适合对大规模被试的测量。实际上，这种方法非常有效，它已经被改造成一种计算机控制程序，通过该程序可以改变与信息有关的某些因素，并将它们呈现给坐在电脑控制台前的人。借助于有线电视网所拥有的家庭观众信息反馈技术能力，现在我们有可能迅速收集数以千计的观众对实播节目的反应。

假定，你决定不播放纪录片，而是选择在正常节目中间播出经过掩饰的较为微妙的信息，而且反复播出。这样就很难对这种方式的影响进行测量和评估，但这却是比较常见的方式。除非在政治运动期间，我们很少会在马上要决定某一问题之前向人们提供明确支持特定立场的说服性信息。我们大多数信念，是通过长期与他人进行信息接触交流逐渐形成的。总体看来，很难通过直接的宣传来改变人们的一些重要的信念。类似国家健康保险这样的问题，与抗组胺剂是否应当在没有处方的情况下出售、制造核潜艇的可行性、算术的实际作用之类的问题之间，存在着根本的区别。那么，这种区别在哪里呢？一个可能的区别是人们感到医疗问题 90
更为重要。但是人们判断一个问题是否重要的标准又是什么呢？

要回答这个问题，我们必须首先考察一下**意见**这个在本章中反复出现的词的含义。最通俗地讲，意见指的是被一个人视为正确的东西。这样说来，加利福尼亚大学圣克鲁斯分校招收的学生不足 15 000 人，系上安全带可以减少交通事故，纽约市夏季炎热，都是我的意见。这些意见基本上是认知性的——也就是说，它们还只出现在我的脑海里，还没有进入我的心灵深处。它们仍然是瞬息可变的——也就是说，一旦出现了更好的、更清晰的论据，它们可能向相反的方向改变。因此，如果有一位驾龄很长的消费者，拉尔夫 · 纳德(Ralph Nader)，这位我非常信任的交通安全宣传者，所提供的资料显示，现在制造的那种安全带没有明显地减少交通事故，那么我很可能会改变自己在这个问题上的意见。

相反，假定一个人持有如下意见：犹太人在经商方面很“精明”，亚洲人总是暗中较劲，老年人是社会的负担，美利坚合众国是世界历史上最强大的(或者最有威力)的国家，纽约市是一个竞争残酷的地方。这些意见与上一段所提到的那些有什么不同呢？它们往往既包含了情感也包含了评价——也就是说，隐含着喜欢或不喜欢。认为亚洲人总是暗中较劲，意味着这个人不喜欢亚洲人。认为纽约市是一个竞争残酷的地方，与“纽约市夏季炎热”是两种不同的意见。“纽约市是一个竞争残酷的地方”这一意见不仅仅是认知性的，它包含了一种负面的评价，甚至包含了一定程度的恐惧与焦虑。那些既包含评价性成分又包含情感性成分的意见，称之为**态度**。与意见相比，要改变态度非常困难。

假定萨姆是一位热情而又细心的消费者，他对健康问题非常关注。这些年来，他逐渐相信拉尔夫 · 纳德在许多问题上的研究，包括：有安全隐患的汽车、热狗中的胆固醇含量、危险的电器、大气污染，等等。让我们进一步假定，萨姆恰好是一个白人至上主义者，他认为白色人种在智力方面要优于其他种族。假如纳德的一项实验研究表明，当接受无文化差异的智力测验时，少数种族得分与白人一样高，此时会怎样呢？这一信息可能会改变萨姆的态度吗？或许不能。那么会怎样呢？难道萨姆不认为纳德是一位严谨的研究者吗？这只是我的一种推测，因为这一问题以情感为基础，纳德在智力测验方面的发现，不会像他有关汽车、胆固醇、污染等方面的发现那样，对萨姆产生轻易的或者彻底的影响。人们的态度要比简单的意见更难改变。

人类的思维并不总是具有逻辑性。尽管我们人类能够精确细致地进行思考， 91
但在我们的思维过程中同样也会出现歪曲或者极端的草率。为了搞清楚人们如何改变态度，首先必须了解人类思维的复杂性，以及导致人们抵制态度改变的动机。这些都是引人关注而又十分重要的问题，我将在下面两章中加以探讨。第 4 章试图了解人们如何解释以及怎样歪曲社会事件；第 5 章将说明解释和歪曲背后的主要动机。

4

社 会 认 知[①]

在名著《民意》一书中，杰出政治分析家沃尔特·李普曼（Walter Lippmann）[1] 93
讲述了一个小女孩的故事。这个女孩出生在一个矿区小镇，有一天她一下子从快乐天使陷入了一场深深的痛苦之中。看起来好像是一阵突然刮起的狂风打碎了她家厨房窗户的玻璃，这令小女孩极为伤心，在此后几个小时里讲话语无伦次。当终于能够有条理地讲话时，她解释道，窗户玻璃被打碎，意味着一个很近的亲人去世了。因此，她在哀悼她的父亲，并确信他已经死去。小女孩一直闷闷不乐，直到几天后，她从电报中证实自己的父亲的确还好好地活着。这个小女孩仅仅根据某个外部事实（一扇被打碎的窗户）、某种迷信（窗户被打碎意味着亲人去世）、恐惧以及对父亲的爱，便进行了一场完整的虚构。

对生活在中世纪的欧洲人来讲，将便壶里的尿和大便从窗户上倒向当街是一种常见的做法。这些废物会留在大街上，滋生瘟疫与疾病。在现代人看来（特别是当人们想到古罗马人已经采用了室内排水管道），这种做法看上去原始、粗俗，而且十足的愚昧。那么，倒便壶这一做法是如何形成的呢？在中世纪，人们产生了这样一种信念：不仅赤身裸体是罪孽深重的，而且裸露的身体还会遭到恶魔的攻击。由于持有这种信念，整个欧洲都将罗马人天天洗澡的习惯抛弃了，人们一年才洗一次澡。最终，室内浴室失修了，维持室内盥洗的排水技术也在社会上失传了，便壶也就自然而然地出现了。直到几个世纪以后，有关疾病的“幽灵”理论，才被建立在病毒学和细菌学基础上的现代理论所取代。[2]

在此，我无意探讨这种异常想法的内在机制，也不想展示现代社会在卫生保健 94
方面所取得的进步。我讲述这些故事的目的，是为了引出一个基本的问题：我们这些现代人的行为，在多大程度上与那位矿区小镇的女孩，以及中世纪的便壶使用者

① 感谢我的朋友和同事安东尼·普莱特肯尼斯起草了本章的最初版本。

们相似？我们自己所虚构的东西，是如何指导我们去行动的？假如一位22世纪的社会心理学教科书的作者在开始撰写《社会认知》这一章内容时，她不再从便壶的故事讲起，而是讲述杀虫剂的泛滥和艾滋病致死，我将不会对此感到奇怪。她的故事很可能是这样的：

> 在20世纪和21世纪，数百万人死于饥荒，并不是因为缺少食物，而是因为食物受到了毒害，这种毒害是由于年复一年地滥用化学药品而逐渐在食物链中积累起来的。大量有见识的人对这种现象的出现有所觉察，但难以解释的是，人们很少或者说根本没有采取措施去制止它。
>
> 另外，还有一亿五千万人死于艾滋病，这种病是因为人们不愿意使用安全套引起的。现代读者可能会感到迷惑不解，为什么一种能够将男人和女人送上月球，而且能够治愈多血症之类危险疾病的一种文明，竟然会显得如此愚蠢。噢，在那个时代，人们似乎相信公开谈论与性伙伴如何做爱是一种罪孽，而且还可能带来危害。例如，在21世纪开始的时候，许多青少年的家长仍坚持一种原始的信念，那就是，在中学里发放安全套会导致乱交行为的增加——尽管严谨的研究表明事实并非如此。
>
> 但是，我之所以讲述这些故事，并不是为了说明生活在20世纪和21世纪的大多数人头脑有多么简单，而是为了提出一个更为基本的问题："我们与那些掉以轻心的艾滋病患者或者滥用杀虫剂的农民之间，存在多大区别？"

人们总是试图理解社会生活的意义，但我们对社会生活的理解方式却存在相当大的差异。每当我们与一个素不相识的人接触时，我们都会形成第一印象。当我们走进一家超市，穿行在摆满几百种不同品牌商品的过道里，我们必须尽力辨别出哪一种商品最适合我们。有时，人们会询问一些有关我们自身的问题，我们必须回想自己生活中的一些片断，以形成自认为准确的答案。我们每天都要做出决定——穿什么衣服，中午与谁一起用餐，吃些什么东西，去看什么电影，是否接电话。有时，我们所做出的决定非常重要：该相信什么人，选修哪门课程，选择什么样的职业，支持什么样的社会政策，与谁结婚，是否要孩子，等等。我们如何做出这些重要的或者不重要的决定，取决于我们对社会生活的理解方式。

我们如何理解世界

我们人类拥有功能强大而又富有效率的大脑。尽管我们的大脑令人称奇，但 95

它们却远远谈不上完美。这种不完美的表现之一就是，我们绝大多数人，仅仅停留在“知道”很多并不正确的事情上。让我们来看一个生活中经常见到的例子。许多人抱有这样信念：一对领养了孩子的不育夫妻，会比没有领养孩子的不育夫妻，更可能怀上自己的孩子。对此人们可能是这样进行推理的：在领养了孩子之后，他们的压力消失了；既然这对夫妻没有了压力，从某种意义上讲他们更容易怀孕。但是根据汤姆·季洛维奇（Tom Gilovich）[4]的观点，尽管这一信念广为流传，但它却纯属错误；那些领养了孩子的不育夫妻，并不会比那些没有领养孩子的不育夫妻，更可能怀上自己的孩子。那么，为什么大多数人会相信这一点呢？主要有两个原因：(1)这是一个如此有吸引力而又令人鼓舞的想法，因此人们希望它是正确的；(2)人们倾向于关注那些养父母怀上自己孩子的极少数事例，而对那些没有怀孕的养父母，或者怀上孩子但不是养父母的人则关注不够。于是，由于选择性注意和选择性记忆，这种想法便理所当然地被视为正确的。

那么，我们人类能否称得上理性的动物呢？我们当然会尽力使自己保持理性。一种比较普遍的看法是，人类的认知是完全理性的；每个人都会尽最大努力使自己正确，保证自己持有正确的意见和信念。18世纪功利主义哲学家杰里米·边沁（Jeremy Bentham），便是最早对人类的思维持这种看法的人之一。根据边沁[5]的观点，人们会就事物能否给自己带来幸福加以权衡，或者说计算幸福，以确定事物的善恶。让我们举一个通俗的例子。假定我想购买一部新车，在决定购买厂家和车型的过程中，我将会把每个品牌在款式设计、内部舒适程度、发动机功率等方面可能给我带来的快乐相加，然后减去我们将来每月需要支付的费用、频繁加油所需的高费用等方面可能给我带来的痛苦。这样，我就会选择能够给我带来最大快乐，同时又造成最少痛苦的车子。在边沁看来，“追求最大多数人的最大幸福”是政府的职责，而且需要有经济制度来加以保证。另外一些人对此也持赞同的立场。边沁权衡幸福的思想，已经成为现代资本主义的基本假定。

近年来，社会心理学家哈罗德·凯利提出了有关人类思维合理性的较为复杂的观点。在他看来，人们力图像朴素的科学家那样去行动。为了获得对特定事件或现象的最佳解释，科学家们从数据中寻找共变关系。也就是说，他们试图发现如下事实：“如果现象X在现象Y之前出现，总是和Y一起变化，而且X仅仅与现象Y一起变化，那么便可以推断现象X引起了现象Y的变化。”同样，在解释另外一个人的行为时，人们也试图寻找三个方面的信息：此人行动的一贯性（在不同的情境中或者在不同的时间里，他或她是否都会采取同样的行为方式?），多数人行动的一致性（其他人在同样的情境中是否也会采取同样的行为方式?），以及行动的独特性（他或她是唯一采取这种行为方式的人吗?）。

例如，假定贝丝(Beth)亲吻了斯科特(Scott)，这时有人问你，她为什么会那样 96
做。根据凯利的观点，在对该问题可以给出一个合理的答案之前，你可能希望对当时的情境有更多的了解：贝丝动不动就会走上前去亲吻每个人吗？如果贝丝一向如此，你便可能得出这样的结论：贝丝亲吻斯科特，是因为贝丝是一个非常容易动情的人。但假如你发现几乎每个人都去亲吻斯科特，那么多数人行动的一致性可能意味着：贝丝亲吻斯科特，是因为斯科特是一个大家都喜欢而且都很想去亲吻的人。最后，如果贝丝只是亲吻了斯科特，而且其他人没有亲吻斯科特，那么这种亲吻的独特性可归结为：贝丝与斯科特之间存在某种特殊的关系，要么是他们正在相爱，要么是斯科特为贝丝做了某件事情，因而特别值得她去亲吻。

当然，利用信息进行归因这种方式，不仅仅可以判断一个人为什么会亲吻另一个人，而且还可以成为一些更为重要的决策的依据。老师需要确定学生为什么不及格。陪审团需要确定犯罪嫌疑人无辜还是有罪。国家需要确定如何应对来自其他国家的挑衅。凡此种种，对行动的一贯性、一致性、独特性方面的信息进行系统的权衡，具有极高的价值和突出的意义。

但是，人们会这样去考虑问题吗？我们真的像边沁和凯利所说的那样富有理性吗？[7]很少有证据表明我们有能力那样去做。例如，本杰明·富兰克林(Benjamin Franklin)报告，他通过记录一些与重要决定有关的正反两面的信息，经常地对幸福加以权衡，结果发现，在很多时候我们许多人采取的是同样的行为方式。无论是购买一辆新车，还是决定进哪一所大学，都是如此。只要能够得到有关共变关系的恰当信息，我们便很容易对贝丝和斯科特之间的关系做出推断；这至少表明我们可能像一个朴素的科学家一样去思考。然而，理性思考至少需要两个条件：(1)思考者能够得到准确的、有用的信息；(2)思考者拥有处理生活资料的心理资源。这些条件我们几乎都不可能从日常生活中获得。

我们不可能拥有观察世界的“上帝之眼”——可以全知而且无偏地去进行观察。让我们考虑一下像买车这样一个简单的决定。我不可能了解所有的细节。如果这种车是一种新的款式，长期的维修资料便根本不可能存在。而且，我对这种车的意见也只局限于我个人的有限看法；我基本上是从广告人员那里听说这种车的，这些人有目的地夸大了车的正面特征。我对这种车的体验也十分有限，只是在经销商的监督之下试开了十分钟，没有在各种危险路况和复杂天气条件下的长期驾驶经历。如果说类似买车这样普通的事情可能会有许多缺失和误导的信息，那么可以设想一下当需要我们做出一些重大决定时可能面临的困难，譬如，决定什么时候参战，与谁结婚，或者怎样使用税款。

不仅如此，即便可以得到这些信息，我也根本不会有空余的时间或者有足够的动力，去对所遇到的每一个问题都进行深入细致的分析。假定我继续分析下去，对购买哪种车进行幸福权衡。进行这种研究以及对各种选择的权衡，花费了我大约五个钟头的时间。同时，还有另外十几个决定需要我做出：用午餐时我该做些什么？我该怎样修改我的报告笔记？最好聘用哪个应聘者？我女儿真的需要那种昂贵的牙齿矫正器吗？ 97

或许我要花费几个小时的宝贵时间，去列出与这些决定有关的正反两方面的信息，而与此同时，另外几十个需要马上做出的决定也只好顺延。我们生活在一个信息密集、需要做出大量决定的环境之中。一个普通的美国人，一生中收看的广告要超过 700 万条，每天需要做出无数的决定——有些很重要，有些则无关紧要，有些看上去无关紧要但却会产生不容低估的后果。我们不可能对向我们涌来的每一条信息，以及我们所做出的每一项决定，都进行深入的思考。

那么，我们实际上做了些什么呢？正如你所猜到的，只要可能，我们总是试图走捷径。根据苏珊·菲斯克(Susan Fiske)和谢莉·泰勒(Shelley Taylor)[8]的观点，我们人类是**认知吝啬者**——也就是说，人们总会尽力保存自己的认知能量。考虑到我们处理信息的有限能力，我们会试图采用复杂问题简单化的策略。在采用这一策略时，我们或者忽略掉一些信息，以减轻我们的认知负担；或者“过分利用”一些信息，以便不再去寻找更多的信息；或者因为感到几乎已经足够好，而情愿接受一种不太完美的选择。认知吝啬者策略可能很有效，它可以很好地利用我们有限的认知能力，去处理几乎无限多的信息。但是这些策略也可能导致严重的错误和偏见。特别是，当我们选择了一种不恰当的捷径，或者在我们仓促做出决定的时候，我们可能会忽略一些至关重要的信息。[9]

一些读者可能会因为发现自己的思维并不像曾经想象的那样有理性和深入而感到沮丧。相信人的大脑具有无限的能力，或者相信我们自己拥有获取绝对客观真理的办法，的确是令人兴奋的。但是，不论是否感到沮丧，意识到我们的捷径可能导致错误与偏见从而使我们远离真理，都是非常重要的。我们必须意识到自己认知的局限性，否则我们就会被它们所奴役。例如，假如我们不能意识到自己在对他人进行判断时常常依据的是定型，或者不能意识信息呈现的特定方式可能使我们的判断产生偏颇，那么我们便不可能采取措施去改正错误。更为糟糕的是，假如我们不了解作为认知吝惜者的后果，我们会更加倾向于将自己对事物的解释混同于绝对真理，并且假定那些与自己观点不同的人是被误导的、愚蠢的、疯狂的，甚至是邪恶的。就像历史所证明的，人们很容易采取极端仇视和残酷的行动，以确保自身的绝对正确。[10]因此，我们的偏见与错误倾向，可能会成为人与人之间以及不同群体之间相互理解的一道难以逾越的屏障。

我们是认知吝啬者，并不意味着我们必定要去歪曲事实。一旦我们了解了人 98
类大脑的一些局限和常见的偏见，我们就有可能进行更好的思考，并做出更聪明的决定。我在本章中的目的，不仅仅是罗列一些我们思维中的局限，而是希望通过探讨这些局限，使我们的思维更加清晰。

背景对社会判断的影响

让我们从考察社会背景——事物呈现或者被描述的方式——如何影响我们对人们（包括我们自己）的判断开始。我们会依次分析社会背景的四个不同的方面：比较不同的选择，想法被情境激活，为决策设置框架，以及呈现信息的方式。在进行分析的时候，我们将提出社会思考的一条基本原理：所有的判断都是相对的，我们对特定人或事的思考，取决于其周围的背景。

参照点与对比效应 某一对象看起来可以比实际上更好，也可以比实际上更差，这取决于它与什么东西相比较。我猜想绝大多数销售人员都对这一现象了如指掌，一些人也是这样去做的。比方说，你向一位房地产经纪人买房。在帮你确定了需求意向之后，经纪人便带你去看一些“可能令你感兴趣的”房源。第一站是一间小户型两居室的房子，坐落在一个很小的街区里。这套房子外部需要重新刷漆，里边也凌乱不堪，厨房里的油毡已经变形，客厅里的地毯也很陈旧，散发着一股难闻的气味，主卧很小，连一般尺寸的家具都放不下。当这位经纪人告诉你房子的要价时，你惊呆了：“好家伙！就这样一套房子，他们要价竟会这么高？谁会愚蠢到花那么多钱去买一套这样的破房子？”你当然不会这样做，或许没有任何人会这样做。但是，你能否想象到，看过了这样一套破败不堪的房子，可能会对你评价将要看到的另一套看上去普通的住房产生怎样的影响呢？

从某种意义上讲，那套破败不堪的房子是一个诱饵——诱饵可以通过改变各种可能选择的呈现方式，从而对人们的决定产生强有力的影响。安东尼·普莱特肯尼斯和他的同事们所进行的一项实验，对诱饵的这种作用做了很好的说明。[11]实验中，在控制条件下，实验者要求学生们进行一系列决策，例如：以下两种汉堡，你会选择(a)还是(b)？

a. 营养汉堡：用豆腐和其他一些蔬菜做成的汉堡，营养鉴定等级很好，但口味一般。

b. 风味汉堡：这种汉堡的口味鉴定等级很好，但营养价值一般。

目前还比较容易做出选择。需要做出的决定很清楚：假如你看重口味胜过看重营养，你便可能选择风味汉堡；假如你更看重营养，你便可能选择营养汉堡。在这个实验中，选择风味汉堡和营养汉堡的学生大致各半。 99

但假定我们是风味汉堡的制作者，怎样才能使这种汉堡更吸引人呢？我们可以插入一个诱饵。**诱饵**是一种可能的选择，与其他可能的选择相比，这种选择明显要差。但是让它出现的目的，是通过对比让其他可能选择中的一种（与诱饵最相似的那一种）看上去更好。在普莱特肯尼斯实验中，他们向其中一半学生提出了这样的问题：在(a)、(b)、(c)三种选择中，你会选择哪一种？

a. 营养汉堡：用豆腐和其他一些蔬菜做成的汉堡，营养鉴定等级很好，但口味一般。（与控制条件下的描述完全一样）

b. 风味汉堡：这种汉堡的口味鉴定等级很好，但营养价值一般。（与控制条件下的描述完全一样）

c. 懒汉汉堡：这是口味鉴定等级较好、营养价值一般的汉堡。

任何一个有理性的人都不会选择懒汉汉堡，因为它既不像营养汉堡那样有营养，也比不上风味汉堡的口味。但尽管没有人会选择，将懒汉汉堡写在菜单上却会产生某种效应；在这种条件下，选择风味汉堡的人明显多于选择营养汉堡的人。一种毫无价值的汉堡怎么会产生如此明显的优先选择效果呢？简单地说，答案就是：**对比效应**。与懒汉汉堡相比，风味汉堡看上去优点很突出。当人们将某一认知对象与同它类似但不如它好（或者不如它漂亮、不如它高大，等等）的东西相比时，会认为该认知对象实际上比一般东西更好、更漂亮或者更高大。例如，如果一个正常身高的人（比方说，五英尺十一英寸）在一个侏儒公司里上班，他就会显得非常高。如果他是一个专业篮球队的队员，他就会显得非常矮。有些人可能会回忆起几年前在波士顿凯尔特人队服役的一位被称为“矮个子”阿奇博尔德（Archibald）的年轻人。当听说“矮个子”的身高是六英尺一英寸时，你会感到惊讶吗？在乔纳森·斯威夫特（Jonathan Swift）的经典小说《格列佛历险记》中，那位英雄，一个正常身高的人，行走在小人国的居民中间时被认为是巨人，而行走在大人国时则被认为是侏儒。这便是对比效应。

我最喜欢引用的一个对比效应的例子，是道格拉斯·肯里克（Douglas Kenrick）和莎拉·古铁雷斯（Sara Gutierres）[12]在实验中发现的。他们播出流行电视剧《霹雳娇娃》（可能你已经想到了，“娇娃”是一些特别迷人的年轻女子）的一段情节，要求男大学生在收看该情节前后，就初次约会女朋友对自己的吸引力进行评价。从这些男士们的评价来看，看过影片之后，初次约会女朋友对他们的吸引力明显降低。这些“娇娃”为被试评价吸引力提供了一种约束性背景，几乎所有人都会受到对比效应的影响。

对比效应可以巧妙地发生，此时可能具有强大的影响力。一个二手车经纪人，可能会在卖场摆上一部年久失修的旧汽车，以便于让那些摆在旁边的汽车看上去更好。一位总统候选人可能会挑选一位不太出色的副总统作为竞选伙伴，以增强 100
人们对他（她）本人所具有的总统特质的正向感知。还记得经纪人让你看的那套破烂不堪的房子吗？你绝对不会购买它——但它可以确保，你将要看到的其他任何一套房子，看上去都是一笔很好的交易。透过有关对比效应的研究，我们可以从中得到的启示是，选择不同的比较物会产生不同的效果。在不同的背景中，认知对象和其他各种选择可能看上去更好或者更差。我们往往不太关注背景的影响，很少考虑各种选择呈现方式的有效性，这就大大增强了诸如政治家、广告商、记者、销售代理之类的“背景制造者”的影响力。他们所创设的背景可能影响我们的感知与判断，诱导我们做出在其他情况下不可能做出的决定。

我们所做出的一些针对自己的重要判断，也可能受到对比效应的有力影响。例如，许多中学毕业时致告别辞的毕业生代表，当他们进入名牌大学后，面对着众多其他致告别辞的毕业生代表时，都会感到自尊心有所下降。由于自己不再是周围孩子中最聪明的，他们可能仅仅因为表现平平，便认为自己愚笨。同样，有研究表明，如果让被试面对着一个长相漂亮的人的图像，他们自己的魅力评价，会比面对着一个长相一般的人的图像时更低。

启动与易接受性的形成　电视连续剧中一种常用的喜剧手段是语义双关。一种典型的语义双关是这样的：在电视剧开始的时候，一个十几岁的女儿告诉除父亲之外的所有人，她将成为学校男女混合垒球队的首发捕球手。另一方面，这位父亲发现女儿班上的一个同学正在组织一场大型聚会，预计聚会上会出现一些狂热的项目，而且聚会刚好安排在垒球比赛的同一天晚上。高潮场面出现在父亲偷听到自己“无辜”的女儿与她的一位朋友谈论一位投球手：

> “男孩，我几乎等不到今晚了——我太激动了。我以前从没有和汤米（Tommy）一起玩过。我喜欢他的技术。如果他尽力，我想他一定能够搞定。汤米的那两手真是太棒了。”这位父亲被激怒了，他冲出房间去阻止他的小女儿。观众们被逗乐了，因为他们知道究竟发生了什么；这位父亲认为自己的女儿正在谈论性，而事实上她是在讨论垒球。

连续剧中的双关揭示了**社会认知**中的一条重要原则：我们如何解释社会事件，往往取决于我们当前所考虑的事情，以及我们理解事物时所采用的信念和范畴。每个人在对世界进行解释时所采用的范畴都可能是不同的。一些人带着玫瑰色的眼镜来观察世界。而另外一些人在观察世界时,则持一种敌对的或者沮丧的态度。我们的解释也可能取决于在特定情境下发生的突出的事情。而这些事情可以通过 101
启动来诱发。启动过程基于这样一种观点:最近出现的或者被频繁激活的想法更可能出现在脑海里,因而被用于解释社会事件。

托雷·希金斯(Tory Higgins)、威廉·罗尔斯(William Rholes)、卡尔·琼斯(Carl Jones)[15]所进行的一项研究,揭示了启动在对他人印象形成中所起的作用。在实验中,实验者要求被试们参加两项"不同的"研究项目——一项是有关感知的研究,另一项是阅读理解方面的研究。第一项实验采用了不同特征的范畴进行启动,要求一些被试记住体现正向特征的单词(敢做敢为的、自信的、独立的、坚持不懈的),而要求其余被试记住体现负向特征的单词(鲁莽的、自以为是的、孤傲的、固执的)。五分钟以后,作为"阅读理解"研究的一部分,被试们阅读了有关唐纳德(Donald)这个虚构人物的一段模棱两可的文字。

这段文字介绍了唐纳德的一些行为表现,这些行为既可以解释成敢做敢为也可以解释成鲁莽(例如,跳伞),既可以解释成自信也可以解释成自以为是(例如,坚信自己的能力),既可以解释成独立也可以解释成孤傲(例如,不依靠任何人),既可以解释成坚持不懈也可以解释成固执(例如,往往不会改变自己的观点)。随后,要求这些被试用自己的语言来描述唐纳德,并对他的可取程度做出自己的评价。结果表明,对这些被试的启动方式,影响着他们对唐纳德的印象。当负向特征的范畴被启动时,被试们会采用负向的词汇来对唐纳德的个性加以描述;与正向特征的范畴被启动相比,他们更少地认为他是可取的。

因此,那些非常微妙的、我们不曾有意注意的线索,能够影响我们对他人行为的判断。这些线索是否也可能影响我们自身的行为呢?显然会的。约翰·巴格(John Bargh)[16]和他的同事们通过实验证实,接触一些词语会对人们的行为产生非常强烈的影响。在一项实验中,让被试恢复一些变位词(由颠倒字母顺序而构成的词),而且要求他们完成任务后到隔壁房间去找实验者。被试们并不知道,他们彼此之间所面对的变位词任务是不相同的,一些被试看到的是与粗鲁有关的一些词(闯入、扰乱),而其他被试看到的是较为中性的词。当任务完成后去找实验者时,他们却发现实验者正在走廊里跟另一个人聊得很投入。与那些接受中性词启动的被试相比,如果被试看到的是与粗鲁有关的词,他们更有可能去打断这两个人的谈话。

在另一项类似的研究中,实验者分别采用与老年人定型(佛罗里达*、退休)相

---

* 位于美国东南端的佛罗里达州,是美国东海岸各州的避寒胜地,退休之后的老年人多喜欢来此地居住。——译者注

一致的词和与此无关的词进行启动，然后对被试们通过走廊离开实验室的情况进行了观察。结果发现，那些受到老年人定型启动的人，步履更为缓慢——就像他们在被启动时所想象的那些老年人一样。至少，我们可以在很短的时间内，“成为”突然出现在脑海里的任何一个人或任何事物。

启动的确能够对许多人的态度和行为产生重要的影响。即便是一些富有经验的专家，当他面对着现实生活中生死攸关的情境时，也会受到影响。例如，那些医 102
治艾滋病患者的富有经验的内科医生。人们可能认为这些人会对自身感染的危险有清晰而可靠的认识。琳达·希斯（Linda Heath）和她的同事们[17]发现事实并非如此。研究者们找到了几百名内科医生，询问他们在工作中所觉察到的接触艾滋病病毒的风险。针对一组医生，希斯对他们进行了启动，让他们设想自己在工作中正面对着病毒。结果发现，这些医生对感染病毒风险的评估深受启动的影响。具体而言，那些要求设想在工作中正在接触艾滋病病毒的医生，随后感受到的风险明显高于那些没有被启动的医生。而且，这一点与医生们实际接触艾滋病患者的经验多少无关。

现在，让我们来看一下大众媒体的启动。一些研究表明，媒体所报道的内容，与观众所认为的当时最重要的问题之间存在联系。[18]换句话说，大众媒体使一些问题和观念变得容易被接受，并由此而进入公众的政治和社会议程。例如，在一项有关北卡罗来纳州选举的开创性研究中，马克斯韦尔·麦库姆斯（Maxwell McCombs）和唐纳德·肖（Donald Shaw）[19]发现，那些逐渐被选民们认为是选举中最重要的问题，与地方媒体对这些问题的报道量恰好一致。同样，大量同性恋者第一次开始深切关注艾滋病的危险，是在媒体广泛报道了篮球巨星“魔术师”约翰逊（Magic Johnson）声明他的艾滋病病毒检验呈阳性之后。[20]

政治心理学家仙托·艾英戈（Shanto Iyengar）、马克·彼得斯（Mark Peters）和唐纳德·金德尔（Donald Kinder）[21]通过一系列引人关注的实验证明，启动在媒体反复曝光与问题重要性二者关系上所发挥的重要作用。在一个实验中，研究者对晚间新闻进行了编辑，从而让被试们可以固定地获取有关美国所面临的具体问题的报道。例如，一些被试收看了有关美国防卫能力薄弱的报道；另外一些被试收看了侧重污染问题的报道；还有一些被试收看了对通货膨胀和经济问题所做的原因分析。

结果一目了然。在收看了经过编辑的节目一周以后，接受实验的被试们确信：与收看节目前相比，目标问题（即通过让被试收看节目中的大量报道而对他们进行启动的问题），更是美国需要解决的重要问题。不仅如此，研究还发现，被试们会运用新发现的这些观点，依据总统对目标问题的解决程度来评价他的政绩，并且更加倾向于对这类问题持强有力观点的候选人。正如政治学家伯纳德·科恩(Bernard Cohen)所评述的：

> 许多时候，大众媒体不能成功地告诉人们该怎样去思考，但令人惊奇的是，它却能够成功地告诉读者去思考什么……在不同的人看来，世界也是不同的……这取决于文章的作者，记者、编辑和出版商为他们绘制的是什么样的思考路径。[22] 103

为决策设置框架 另外一个影响我们如何解释世界的因素是，我们如何为决策设置**框架**——一个问题或者决策的呈现方式决定着是得还是失。为了说明为决策设置框架的作用，现在让我们假定你是美国总统，而且这个国家正面临着一场突然爆发的罕见瘟疫，预计将会有600人丧生。为了抗击疾病，你的高级顾问为你准备了两套方案，而且已经尽他们的最大努力预测了采取每种方案可能出现的后果。

- 假如采用了方案A，其中200人将会活下来。
- 假如采用了方案B，有三分之一的可能性600人都活下来，有三分之二的可能性没有一个人能够活下来。

总统先生(女士)，你会同意哪套方案？请认真思考这个问题并做出回答后，再继续阅读下面的内容。

如果你与丹尼尔·卡尼曼(Daniel Kahneman)和阿莫斯·特沃斯基(Amos Tversky)实验中的大多数被试一样，你会选择方案A(在他们的实验中72%的被试选择了这一方案)。[23]你可能会暗自思忖："方案A可以保证200人活下来，而在方案B这场赌博中，能够让更多人活下来的可能性仅为三分之一。"

但假设你的顾问们希望你做出另外一种判断，他们可能会以下面的形式呈现问题：

- 假如采用了方案A，其中400人将会死去。
- 假如采用了方案B，有三分之一的可能性没有人会死去，有三分之二的可能性600人将会死去。

你又会同意哪一种方案呢？请认真思考这个问题并做出回答后，再继续阅读下面的内容。

这两种选择方案在功能上是相同的。在这两种描述中，方案A意味着200人将会得救，而有400人将会死去；方案B的结果是，有三分之一的机会所有人都得救，这样的话600人就会活下来，有三分之二的机会没有任何人会得救，这样的话600人全部会死去。但对大多数人来说，他们对这场瘟疫的想法与此有很大不同。

他们会想，“如果我选择了方案 A，400 人将一定会死去。我可能会去赌一下方案 B。”当采用第二种方式提问时，卡尼曼和特沃斯基的被试中有 78%同意方案 B。

为什么在有关选择方案的措辞上简单的调整，会导致被试回答出现如此巨大 104
的变化呢？卡尼曼和特沃斯基注意到，人们不喜欢损失，而且会想方设法避免损失。失去 20 美元所体验到的痛苦，要比得到 20 美元所带来的快乐强烈得多。你的顾问为第一种决策设置的框架，使得方案 B 看上去就像一种巨大的损失；在第二种形式中，你的顾问所设置的框架，使得方案 A 看上去似乎必然受损。因此，如何对问题设置框架，是极为重要的。

但这仅仅是一种假想事件。这是一种假设的情境。提问措辞上的这种简单调整，肯定不可能影响人们的实际行为。如果这样想，就大错而特错了。我和我的两个学生马蒂·冈萨雷斯(Marti Gonzales)和马克·卡斯坦佐(Mark Costanzo)所做的一项实验发现，在决定人们是否愿意支付几百美元为他们的房屋绝缘以保存能量方面，框架可以发挥重要的作用。在一种条件下，在对每家每户进行考察之后，能源专家为每位户主提供了一份每年他们可以在取暖费上节省钱数的详细具体的说明。在另一种条件下，所设置的框架是要求核算师从损失角度加以说明；也就是说，他们提供了同样的信息，但却告诉那些户主们他们每天损失多少钱，就像每天从窗户往外扔钱一样。结果表明，“损失”条件下可能出钱为房屋绝缘的户主，是“节省”条件下的两倍。

让我们再来看一看乳腺癌的防治。乳腺癌对许多妇女的健康造成了巨大的威胁。幸运的是，对乳腺癌的早期察觉与诊断，可以大大提高妇女从这种疾病中生存下来的机会。但是，一种察觉乳腺癌的最好的方法——每月乳房自查，绝大多数妇女却不能按时做到。贝丝·迈耶罗维茨(Beth Meyerowitz)和谢莉·柴肯编写并分发了三种小册子，旨在促使女性更多地进行定期乳房自检。第一种小册子的内容只有乳房自检的有关要求以及具体做法。第二种小册子除包括这些内容外，还包括强调乳房自检的正面效果方面的论据(例如，那些进行这种检查的妇女可以有更多的机会在早期——也就是可以治疗的阶段，发现肿瘤)。第三种小册子强调了不进行这种检查的负面后果(例如，那些不进行这种检查的妇女在早期——也就是可以治疗的阶段，发现肿瘤的机会明显减少)。迈耶罗维茨和柴肯发现，在读完小册子四个月后，只有那些收到强调负面后果小册子的妇女，有更大的可能性进行乳房自检。如何为决定设置框架，在生死攸关的情况下可能导致截然不同的结果。

信息的先后次序 另外一个影响我们如何梳理和解释社会生活的因素，是信息的排列与分布方式。让我们来考察一下信息呈现方式的两种特性及其对社会判断的影响：(1)最先出现的是什么；(2)所提供的信息总量。 105

首因效应与印象形成 在上一章，我们曾经讨论了说服论据呈现的次序——也就是说在争论中，是最先（首因效应）陈述的论据，还是最后（近因效应）陈述的论据，具有更大的说服效力。但是，如果具体到对他人印象的形成，则没有太多的争议：除了极少的例外，"要给人留下一个好印象"这句老话被证明是正确的。我们最先对一个人的了解，会对我们判断这个人产生决定性的影响。在一项开创性实验中，所罗门·阿希证实了首因效应对印象形成的影响力。[26]在阿希实验中，实验者向被试提供了一些像下面这样的描述性的句子，接着要求他们对每句话所描述的人进行评价。

a. 史蒂夫（Steve）是一个聪明、勤奋、冲动、挑剔、固执、好妒忌的人。

b. 史蒂夫是一个好妒忌、固执、挑剔、冲动、勤奋、聪明的人。

请注意，这两个命题所包含的有关史蒂夫的信息是完全一样的；但是，命题（a）首先呈现的是正向的特征，而命题（b）则将它们放在最后。阿希发现，由于首因效应，与命题（b）相比，命题（a）这种描述方式，使史蒂夫得到了更为正向的评价。

阿希的最初发现，被人们以不同的方式在不同的时间反复验证。例如，在爱德华·琼斯（Edward Jones）和他的同事们所做的实验中，实验被试观察了另外一个人在一套30个题目的智力测验上的表现。[27]在各种情况下，这个人都正确回答了30个题目中的15个。但是，有时这个人开头"热"——也就是说，一开始正确地回答了很多问题——随后成绩开始下降；有时这个人启动慢，一开始正确回答的很少，但随后他的表现好极了，几乎完全答对了后面的题目。谁会被人们看作是最聪明的呢？正如人们可以根据首因效应加以预测的，尽管这两个人正确回答出来的问题数量是相同的，但被试们却认为，那个开头"热"的人比那位"后来居上者"更聪明。

这一规律的一个值得注意的例外，是乔舒亚·阿伦森和爱德华·琼斯在一项实验中发现的。该实验要求被试尽力提高对象（"学生"）解释变位词的成绩。对其中一半的被试，实验者仅仅要求他们尽力提高学生的得分；而对另一半被试，则要求他们尽力提高学生解决变位词问题的能力。在这两种条件下，分别对学生们进行培训之后，所有被试都会得到有关他们学生成绩的信息。学习成绩信息与上面所引述的琼斯实验中的完全一样：也就是说，一些被试得到的信息是，他们的学生 106
最初成绩很好，但后来成绩却不太好；另外一些被试得到的信息是，最初学生的成绩不好，到后来则非常好。其实，这些学生总的成绩是一样的，只是在次序上不同而已。

那些被要求提高学生成绩的被试，把最初表现很好的学生评价为比较聪明。

这是首因效应在起作用:被试们通过培训这些学生使他们做得更好,在最初的几轮尝试之后,他们便推断这些学生很聪明,而不管他们后来表现如何。而那些试图提高学生解决变位词问题能力的被试,则对那些最初表现较差但最后表现很好的学生评价较高。换句话说,他们更关注成绩的提高,而不是最初的表现。能力是可以发展的。因此,我们乐于看到自己的学生在进步,这意味着他们获得了真正的能力。

尽管阿伦森和琼斯的实验结果证实了这一问题的复杂性,但这是一般规律的一个有意义的例外。对人印象形成过程中,首因效应发挥着支配作用,这一点则几乎是很少有例外的。

为什么在印象形成中会出现首因效应呢?研究者们发现了一些证据,形成了对这种现象的两种解释。在特定的条件下,这两种解释都可能是正确的。根据**注意力渐减**的解释,由于观察者疲劳以及注意力不集中,后面出现的项目受到的关注较少;因此,这些项目对人们判断的影响也更小。根据**解释性定势**的解释,产生最初印象的信息,随后被用于解释后来的信息,或者低估不一致的信息(例如,如果史蒂夫是聪明的,他为什么会好忌妒呢?)或者对后边出现词的含义加以巧妙地改变(例如,如果史蒂夫是聪明的,那么挑剔就是一种正向的品质;但是,如果史蒂夫是固执的,那么挑剔就是一种负性的品质)。不论作何解释,首因效应对社会判断都存在着重要的影响。另外,我们也往往很少能够控制信息的接受次序——无论这些信息是来自电视新闻,还是我们朋友和邻居的日常观察。因此,重要的是我们要意识到存在这类效应,只有这样我们才能够尽力加以纠正。

信息量 人们在思考一项困难的决定时,经常可以听到的一个托辞是:"要是我能够得到更多的信息就好了。"尽管有时候拥有更多的信息可能会有帮助,但这也可能通过所谓的**稀释效应**改变我们对事物的感知与评价。稀释效应指的是中性的或无关的信息弱化判断或印象的趋势。我们可以用亨利·朱奇尔(Henry Zukier)所做的一项实验来举例说明这一点。下面哪个学生的平均成绩更高呢?

- 帝姆(Tim)平均每周课外学习时间大约31小时。 107
- 汤姆(Tom)平均每周课外学习时间大约31小时。汤姆有一个兄弟和两个姐妹。他大约每三个月会去看一次他的祖父母。他曾经约会过一个女朋友。他大约每两周打一次台球。

假如你与朱奇尔研究中的被试们类似,你会认为帝姆比汤姆聪明。朱奇尔发现,与手头问题无关的一些不相干的和不典型的信息(例如有关兄弟姐妹、家庭探访、日常习惯方面的信息)会稀释相关信息(帝姆和汤姆都花了大量的时间学习)的影响,或者说导致了有关信息效力的降低。

稀释效应对于某些对印象管理感兴趣的人，例如那些从事营销或者从政的人，具有显而易见的应用价值。广告商知道，广告中包含不牢靠的或者无关的说法，可能会降低顾客强烈的购买欲求。一位不讨人喜欢的政治家，可能会通过包含不相关信息（例如，一段他或她童年时代的小故事，或者对家庭住宅的描述）的竞选广告，来降低他在人们头脑中的负面形象所造成的影响。但是，为什么会出现稀释效应呢？毕竟，关注那些与所做判断无关的信息，没有多大意义。那么，为什么一些约会习惯方面的信息，会让一个人看上去不太聪明？或者，为什么一段某个政治家出生地的小故事，会降低他或她在人们心目中的负面形象的影响呢？一个可能的答案是，有关某个人的无关信息，可以使他看上去与他人更加相似，这样也就显得他更为普通，与其他任何一个人没有什么两样。一个普通的人在学业上不太可能取得很高的平均成绩，在从政时也不太可能特别地差劲。

便捷式判断

我们对蜂拥而至、浩若烟海的信息进行理解的一种途径就是采用**便捷式判断**。便捷式判断是一种心理捷径；它是一种解决问题的简单的（往往只是近似的）规则或者策略。[30]以下便是一些例子："如果一位男士和一位女士一起在街上行走，那位男士会走在外侧。""来自健康食品店里的一种食品，一定会对你的健康有益。""如果一个人来自阿肯色州的某个乡镇，他或她一定智力落后。"便捷式判断几乎不需要思考——只需选择特定的规则（在此运用这一规则可能并不正确），并直接用于手头的问题。我们可以将它与系统思考形成鲜明的对照。在系统思考中，我们可以依据尽可能多的相关信息，从多种角度对问题进行分析、类比和评估，详细考察各种解决方案的影响。让我们来看看两种最为常见的便捷式判断类型：代表性便捷式判断和态度便捷式判断。

代表性便捷式判断　根据丹尼尔·卡尼曼和阿莫斯·特沃斯基[31]的观点，当 108
我们运用**代表性便捷式判断**的时候，我们关注的是某个认知对象与另一认知对象的相似性，并推断第一个对象与第二个对象一样。例如，我们知道高质量的产品价钱也很贵；因此，如果某个东西价格很贵，我们便可能推断它的确很好。于是，当我看到货架上摆着两瓶酒，而且其中一瓶价格很高，我便可能贸然断定这瓶酒更好。我只是从可能关注到的许多其他特征中（例如，葡萄的品种、酒的经销商、制造年份或者葡萄酒产地）挑选了一种（价格），并在此基础上做出了我的决策。但是，正如大多数聪明的消费者所知道的，高价格并不总是意味着高质量。让我们通过偷听到的一位母亲和她的孩子在当地超市货架过道里的一段谈话，来详细分析一下运用代表性便捷式判断的影响。

想象一下这样的场景：7 岁的雷切尔（Rachel）发现了自己最喜爱的麦片——魅力幸运星麦片，她从货架上取下一包，不声不响地放进了购物车里。她的妈妈厌恶地看着那个盒子。它的正面是鲜红色的。一个矮妖精正在粉色和紫色的棉花糖碎片上方，洒下闪闪发光的小星星（一定是糖果）。在盒子的背面，她的妈妈发现了一条提示信息：内附一副特制的眼镜，可用于寻找隐藏的矮妖精。

妈妈严厉地说："雷切尔，把那乌七八糟的东西放回货架上。它含糖量很高，除了热量以外，什么都没有。"

雷切尔回答："可是，妈妈，它的味道很好。"

这位聪明的妈妈，为她提供了另一种选择，而且还进行了一些诱导。"为什么不拿这一种呢？这是 100％纯天然麦片，很适合你。吃了这种麦片，你就会长成大姑娘了。"

雷切尔看了看盒子。它很小但有些重。盒子正面画着一碗淡褐色的麦片粥，背景是森林稻谷以及几支未加工的谷穗。盒子的背面印着一些小得难以辨认的字。

雷切尔大叫："不！我不想成为一个大姑娘。"

你会如何打破围绕着早餐麦片这场僵局呢？你会站在妈妈一边，选择雷切尔可能并不喜欢的营养麦片吗？或者你是否会认为，尽管雷切尔年纪还小，但应当让她自己做主，而不必考虑后果？我的建议可能会让你大吃一惊：这场争论毫无价值。让雷切尔和她的妈妈购买魅力幸运星麦片，因为它实际上要比"天然"麦片更有营养。假如雷切尔的妈妈耐心阅读过这种精美的文字，并且将这种麦片与 100％纯天然麦片加以比较，她就会发现魅力幸运星麦片比 100％纯天然麦片含有的热量和饱和脂肪都少。[32]尽管它所含的糖稍多，但两者在这方面的差异是可以忽略不计的，而且食用后也不会有多大影响。的确，《消费者报告》，这一颇受消费者尊敬的信息源，在 1981 年进行了一项针对早餐麦片的测试。[33]他们的研究者在 14 到 18 周的时间里，向老鼠这种与人类营养需求非常类似的动物，喂食了仅由水和 32 种品牌的早餐麦片中的一种混合而成的食物。他们发现在食用了魅力幸运星 109
麦片之后，老鼠会生长很快而且保持健康的状态。相反，老鼠在食用了桂格公司的 100％纯天然麦片后，竟然会阻碍它们的正常发育。

是什么导致了雷切尔和她的妈妈之间发生争执呢？很显然，她们采用麦片的包装（而不是麦片本身）作为一种代表性便捷式判断的依据。在本例中，妈妈所关心的问题是要挑选一种有营养的麦片；而雷切尔所关心的问题是，找到一种好玩而且口味好的麦片。魅力幸运星麦片的包装盒就像一个儿童玩具——鲜亮的色彩，卡通人物，闪闪发光的糖果。我们推断这种麦片更加“适合孩子”，如果不严加管束，孩子们总是喜欢吃些乌七八糟的食品，这种麦片肯定也在这些乌七八糟的食品之列。从另一方面看，100%纯自然麦片的包装盒散发着泥土的气息，再加上一幅没有加工的谷穗的画面，就像真正来到了大自然。当然，这种品牌是名实相符的，它的确是天然的，而且在我们的脑海中，天然的等同于好的、有益健康的。因此，这种麦片一定是有营养的。

代表性便捷式判断也可以被运用于超市以外的其他场合。[34]一项针对民间疗法和最初的西医疗法的分析显示，它们的一个共同假定是治疗方法应当与病因之间有相似之处。例如，在某种文化中，对癫痫的治疗采用的是一种从猴子身上提取的药物，因为猴子的活动看上去带有癫痫性。同样，在西方文化中，报纸最初也对沃尔特·里德(Walter Reed)*提出的黄热病是由蚊子传播的说法大加嘲笑，因为在致病原因(蚊子)和结果(疟疾)之间几乎没有多少相似之处。代表性便捷式判断也被用于确定心理原因。例如，20世纪60年代到70年代，许多保守的成年人坚持这样的信念：那个时代大学生所表现出来的政治激进主义，是由放任的儿童教养方式造成的。在早期的精神分析理论中，一种被称之为肛门期滞留的强迫性人格，便被认为是儿童早期所受到的过于严格的排便训练直接造成的。在美国绝大多数总统选举中，都是两个主要候选人中个子高的人获胜——这意味着存在如下可能性：一些美国人从内心深处相信，身高可能与一个人的领导能力有某种关系。

代表性便捷式判断常常被用来形成对他人的印象和判断。我们所得到的某个人的第一印象——有关性别、种族、身体吸引力以及社会地位方面的信息——往往与指导我们思维与行为的一些简单的规则联系在一起。性别和种族方面的定型会告诉我们“男人与女人之间有何差异”、“某个特定种族的成员会是个什么样的人”。许多研究证实，大多数人贸然得出结论，认为漂亮的人比没有吸引力的人更加成功、敏锐、热情，而且具有更好的个性。一个社会地位高的人，经常可以从他们的装束和举止中推断出来，他们被人们所尊重并且拥有很高的自信。因此，我们也就不会对下述作法感到奇怪：一些“励志”类自助书经常介绍利用这类便捷式判断的方法，那就是鼓励它们的读者“穿出成功”，也就是说，去穿那些能够创造成功人士形象的服装。这正是代表性便捷式判断在起作用。 110

---

* 美国军医，弗吉尼亚州人，在黄热病的发病原因及预防方面作出了突出贡献。美国首都华盛顿陆军总院以他的名字命名。——译者注

易得性便捷式判断 假定你与一些朋友走进一家餐馆。你的朋友尼尔(Neal)点了一份带洋葱圈的牛排,但服务员送上的却是一份炸牛排。“噢,好呀!”他说。“没什么大不了的——我就像喜欢洋葱圈牛排一样,喜欢炸牛排。”由此而导致了一场有关他是否应该取消订单的讨论;马琳(Marlene)指责尼尔软弱。尼尔转过身来问你:“你觉得我是个软弱的人吗?”你会如何回答这个问题?

假如你非常了解尼尔,而且已经对他是否软弱形成了印象,你可以很容易而且迅速地回答他。但是,假如你从来没有真正地考虑过尼尔是否软弱,在这种情况下,我们多数人可能会借助于很容易想到的某个事例。如果你很容易地想到了尼尔表现很坚定的某个具体场合(例如,“有一次他制止了某个在电影院排队时硬挤到他前面的人”),你便会推断尼尔是一个非常坚定的人。如果你很容易地想到了尼尔表现很软弱的某个具体场合(例如,“有一次他竟然听从了电话推销员的劝告花费 29.99 美元购买了一套食品处理设备”),你便会推断他是一个非常软弱的人。

这种心理规则称之为**易得性便捷式判断**,它指的依据我们很轻易想到的具体事例而做出的判断。在很多情况下,我们运用易得性便捷式判断被证明是准确而有效的。具体而言,如果你可以很容易地想起几件尼尔维护自己权利的事例,他很可能就是一个坚定的人;如果你可以很容易地想起几件尼尔被别人支来支去的事例,他可能的确不坚定。运用易得性便捷式判断的一个主要问题是,有时我们最容易想到的并不能够代表整体的印象。这一点有可能导致我们得出错误的结论。

试想以下问题:你认为美国人中,死于鲨鱼袭击的多,还是死于飞机坠毁的多?你认为死于火灾的人多,还是被水淹死的人多?请思考几分钟。

当被问到这些问题时,绝大多数人回答,死于鲨鱼袭击的人比死于飞机坠毁的人更常见,死于火灾的人比被水淹死的人更为常见。事实上,这两种回答都是错误的。但为什么大多数人会这样认为呢?根据斯科特·普劳斯(Scott Plous)的观点,人们可能比较容易想起那些死于鲨鱼和火灾的人,因为这类事件更有可能出现在清晨六点钟那些栩栩如生的新闻报道中,而且更有可能保留在人们的记忆里。

同样,如果让人们估计每年在美国发生的暴力犯罪数量,你会得到十分不同的回答。就像我们在第 3 章曾经了解到的,这取决于人们收看黄金时间电视节目的数量。那些收看电视节目多的人,会看到大量虚构的暴力,他们对我们这个国家的真实犯罪量也会做出过高的估计。

态度便捷式判断 态度是一种包含了情感与评价成分的特殊类型的信念;从 111
某种意义上讲,态度是对特定对象的(好的或者差的)累积性评价。根据安东尼·普拉特坎尼斯和安东尼·格林沃德(Anthony Greenwald)的观点,人们倾向于将态度便捷式判断作为一种决策和解决问题的方式。[37] 依据态度,我们可以将认知对象归为有利的一类(对这一类所适用的策略包括喜欢、接近、赞扬、珍爱、保护),或者不利的一类(对这一类所采用的策略包括厌恶、逃避、责备、忽视、伤害)。例如,假如萨姆不喜欢前总统罗纳德·里根,那么每当萨姆想到当前联邦政府的财政赤字,他便会将它归咎于里根在20世纪80年代推行的“贷记卡”经济政策。

许多研究表明,人们可以通过态度来理解我们的社会生活。例如,安东尼·普拉特坎尼斯的一项研究发现,一个人的态度在决定他(她)认为什么事物是正确的过程中发挥着重要的作用。[38]在这项研究中,要求大学生们确定类似下面的这两种可能的陈述中,哪一种正确:

a. 罗纳德·里根在尤里卡学院的平均成绩一直保持在A。

b. 罗纳德·里根在尤里卡学院的平均成绩从来没有超过C。

普拉特坎尼斯会有什么发现呢?实际上,很少有人知道里根在大学的学业成绩,他们的回答取决于他们对里根的态度。结果发现,那些喜欢里根的学生更有可能相信陈述(a);而不喜欢里根的学生则更有可能相信陈述(b)。而且,学生们对里根的态度越极端,他们对自己判断的自信越强。换句话说,该实验中的学生们将他们的态度作为便捷式判断来确定什么是正确的,而且相信他所做出的决定是正确的。你们中想必会有人对这个问题感到好奇,事实上陈述(b)是正确的。在大学阶段里根的平均学业成绩从来没有超过C。(需要马上予以补充的是,这只是一种事实,与我个人对里根先生的态度没有任何关系!)

对态度便捷式判断的运用,可能会影响我们的逻辑推理能力。例如,20世纪40年代后半期,唐纳德·塞斯特怀特(Donald Thistlewaite)曾要求被试说明类似下面的三段论是否正确:[39]

前提1:如果生产是重要的,那么就需要和睦的劳资关系。

前提2:如果生产是重要的,那么让黑人班组长多于白人班组长就是一种错误。

因此:如果需要和睦的劳资关系,那么让黑人班组长多于白人班组长就是一种错误。

稍加思考便可以发现,所陈述的这个三段论是错误的;结论不可能从前提中推 112
导出来。但是,塞斯特怀特发现,与那些没有偏见的人相比,持有偏见的人(对结论持赞同观点的人)更有可能(错误地)认为这一逻辑是正确的。

态度便捷式判断的另一个方面是**光环效应**,这是一种总体性偏见,对某个人良好的或者不好的总体印象,会影响到我们对这个人的推测与期望。例如,假如你真正喜欢乔治·布什,你便可能会对他身上那些被认为是负向的行为置之不理或者替他辩解，而夸大他的正向行为的价值。在你的头脑中，他带有天使般的光环。同样，对于一个自己不喜欢的人，人们则会假定他拥有负向的品质，并会贬低他的成绩。在一项实验中，理查德·斯坦因（Richard Stein）和卡罗尔·尼莫洛夫（Carol Nemeroff）[40]证实，大学生们会根据女性所吃的食品，给她们带上一种（正向的或者负向的）光环：在其他条件一致的情况下，如果一位女士食用的是健康食品，她就会被认为比那些吃垃圾食品的女性更娇柔、身体更有魅力，而且更加可爱。

态度便捷式判断还有一个重要方面是**错误一致效应**。几乎我们每个人都倾向于过高估计人们在每个问题上赞同自己的比例。如果我相信某件事情，那么我就会得出结论，大多数人都是这样看的。例如，在一项实验中，李·罗斯（Lee Ross）和他的同事们[41]询问大学生，是否愿意戴上标志在校园里四下里做宣传，“到 Joe's 餐馆用餐。”结果发现，那些同意佩戴标志的人会认为，其余大多数人也会同意这么做；那些决定不佩戴标志的人则估计，很少会有其他学生佩戴它。换句话说，我们往往会做出（未必正确）假定，其他人与我们的喜好相同，而且会去做我们愿意做的事情。

人们何时会运用便捷式判断　当然，做出决定并不一定总是依靠便捷式判断。雷切尔的妈妈可能会仔细阅读麦片包装盒上的成份说明，可能会订阅一份消费者杂志，也可能会参考营养教科书。同样，我们也可以认真地对一个问题进行推理，或者调查一个政治家的履历和业绩；这样做可以使我们尽可能少地采用一种简单的态度去理解世界。而且，有时候，我们大多数人在决策的过程中也的确采取了理性的方式。

这就提出了一个重要的问题：什么样的条件更可能导致人们运用便捷式判断，而不是进行理性决策？研究发现这样的条件至少有五种。联系到我们前面对人类是认知吝啬者的讨论，你可能已经预料到，便捷式判断在下述条件下很可能会得到运用：我们对某个问题没有时间进行仔细思考；我们接受了过多的信息，以至于我们不可能全部处理这些信息；需要权衡的问题并不十分重要，因而我们不屑于对它进行思考。当可用于决策的可靠知识或者信息很少时，我们也会运用便捷式判断。 113

稍作思考我们便不难发现，雷切尔和她的妈妈所面对的说服处境，包含了许多可能导致便捷式决策的特征。如果与大多数美国人一样，雷切尔的妈妈越来越感到时间紧迫，因为在过去的十年里她的休闲时间已经大大减少了。作为一个消费者，她面对着密集的信息环境，在超市现场就有 300 多种可供选择的不同麦片品牌。她所接受的消费者教育与培训可能很少。同时，她还可能收看过数以百万的广告，每一条她都反复收看过并且强化着对某种品牌的印象，以至于走在当地超市的过道里，这种品牌的形象会迅速浮现在她的脑海里。考虑到这一切，她所做出的任何一种决策如果不是依靠便捷式判断，那倒反而令人奇怪了。

分类与社会定型

1991年海湾战争爆发前，美国国会就开战的正面和负面影响，展开了一系列辩论。那些支持战争的人，将萨达姆·侯赛因描绘成“新的希特勒”；他们强调了萨达姆用毒气杀死库尔德人与希特勒用毒气杀死犹太人、伊拉克入侵科威特与德国入侵波兰和波罗的海国家，以及萨达姆与希特勒的扩充军备之间的相似性。那些反对战争的人，将伊拉克的形势比作越南；他们将两者都视为内战——越南南方与北方之间的战争，或者不同的阿拉伯派别之间的战争；他们为美国军队在国外沼泽和沙漠地形下的作战能力感到担忧；他们将战争描绘成一场支持“大企业”和“大石油公司”的战争。

从某种意义上讲，对是否出兵伊拉克而展开的辩论，也是对谁在这一模棱两可事件上分类正确的辩论。而且归类要有正当的理由。因为一旦确定了某个事件或者某个人应当如何被归类，应当采取的行动也就很清楚了。如果萨达姆的确是“新的希特勒”，那么经济制裁政策(被一些人视为一种绥靖政策)只会对和平带来新的威胁，并且最终会导致一场更为糟糕的战争，如果伊拉克成为另一个越南，那么干涉将会导致一场长期的制造分裂的战争，陷入没有胜利者和失败者的泥潭之中。[43]

我们每周都要就如何对人物和事件分类进行上百次的“辩论”，尽管辩论的结果一般不需要我们出兵，但我们解释和界定事件所产生的影响却是巨大的。例如，我认识一位社会心理学家，在他那代人中堪称最出色的研究者之一。他也是一位深思熟虑而又替民众着想的人，而且是X理论的主要贡献者。但是，他却很少被描述为“该领域里一位关心民众的重要人物”或者“X理论的主要倡导者”，而是主要被描绘成一位“非常有天赋的黑人社会心理学家”。将这位人士称之为黑人，把这 114
个特征从其他许多可以提供的特征中突出出来，会产生什么样的结果呢？在本书后面的内容里，我们将从偏见的本质和后果方面进行深入的探讨。在此，我们主要考察人们如何对事件和人物加以分类，以及会产生什么样的结果。

定型化认识与预期 分类的一个重要后果是，它会唤起特定的信息或者定型来指导我们的预期。例如，下面的这些词汇可能会唤起一些非常确定的含义：雅皮士、大学教授、交际花、种族主义者以及自由民主党人。一旦我们采用这些术语(与其他术语相区别)中的一个来对某个人或某件事加以分类，我们就会把对未来互动的预期建立在相关的定型的基础之上。假定我走进了一家小餐馆，这家餐馆被我的一位朋友归类为“酒吧”，而不是“高雅的用餐场所”。我很可能用异样的术语来想象这个地方，而且会采取一种异样的行为方式——但是，假如这种分类是错误的，我的行为便可能是愚蠢的，而且给我惹上严重的麻烦。

约翰·达利和佩吉特·格罗斯(Paget Gross)[44]所做的一项引人关注的实验，证实了预期影响人们思考和判断他人方式的巨大威力。在实验中，他们讲述了一个名叫“汉娜”(Hannah)的四年级女学生的四个不同的故事。在听过其中一个故事之后，实验者要求大学生们判断汉娜的学业能力。在收听最初的两个故事时，大学生们只是收看一段她与上层社会的邻居，或者与贫穷的邻居一起玩耍的录像。这样做是为了形成有关汉娜背景的定型化预期。在收听后面的两个故事时，被试们除了收看一段汉娜玩耍的录像外，还收看了一段反映汉娜完成二十五道成就测验问题的影片。汉娜在这些测验上的表现是难以理解的；有时她能够回答上很难的题目，却会在很容易的题目上出错。

达利和格罗斯发现，当被试们单单收看汉娜在公园里玩耍的录像时，他们对她的能力评价一般；汉娜与她的同班同学没有什么两样。换句话说，收看了这些录像的被试，并没有将他们对富孩子和穷孩子的定型，运用到对汉娜能力的判断上。但是，当这些被试同时收看了汉娜解决成就测验问题的影片时，这种定型的影响便开始显示出来：当汉娜看上去来自底层而没有很高的社会经济地位时，被试们对她的评价便较低；他们在对汉娜难以理解的表现的解释，也与他们的判断相一致——当汉娜被认为具有贫困背景时，被试们判断测验比较容易而且她能够解决的问题更少。从这个实验中我们可以得到有关定型的两点启示。第一，大多数人似乎都对定型有一些了解；我们似乎不太愿意在缺乏可靠的资料的情况下运用它们。第二，尽管我们对此有一定的了解，但是当存在着可能导致理性判断失真的其他模糊信息时，我们的定型仍然会影响我们的感知和判断。

在真正的面对面互动中，达利和格罗斯实验中所观察到的这种作用，并不会仅 115
仅局限于做出判断。在一项经典研究中，罗伯特·罗森塔尔(Robert Rosenthal)和雷诺尔·雅各布森(Lenore Jacobson)[45]让一些中学老师在心目中形成了某种虚假的定型，这种定型对学生的成绩产生了戏剧性的影响。在这项实验中，实验者首先对某所小学的所有学生进行了智力测验。对分数进行统计之后，他们从每个班级中随机挑选了20%的学生，并告诉老师，测验显示这些学生是“能成大器者”，他们在今后的一年里智力会有很大的提高，由此而使老师对这些学生产生不切实际的预期。在这一年结束的时候，他们又进行了一次智力测验。

结果如何呢？那些被老师误认为能成大器者，比那些被认为不能成大器的人，的确变得聪明了，而且智力得分也有了明显的提高。这种预期或者定型引导人们采取一定方式对待他人，使他们证实自己预期的过程，称之为**自证预言**。在后面的几章里，我们还会遇到这种现象。当我们按照自己对他人的印象行动时，自证预言就会出现。那么，老师的预期又是如何提高了那些被视为能成大器学生的智力呢？当老师们看到这些学生身上所具有的潜力之后，他们（通过语言或者非语言）为这些学生创造了一种更加温暖的“气候”；他们给予这些学生更多的关注，更为严格的反馈以及更多的回答问题的机会。这些都是任何一个人智力得到提高的重要条件。简言之，老师们对某个学生成长潜力的信念——无论对错——都会导致他们为这个学生的成长创造最优条件。

发现不存在的关系：虚假关联　分类的另外一种作用是，我们常常感觉到我们认为两个实体之间应该存在的某种联系，但事实上却并不存在。社会心理学家将此称为**虚假关联**。我们通过戴维·汉密尔顿（David Hamilton）和他的同事们[46]所做的一项实验来说明这一点。在这项实验中，被试阅读了 24 份针对不同人的描述，包括这些人的姓名、职业以及两种突出的性格特征。例如，被试可能读到类似这样的描述，“汤姆，营销员，健谈、令人厌烦”，“比尔，会计师，谨慎、谦虚”。有时，所描述的性格恰巧与人们对某种职业所持的一般定型相符；也就是说，营销员被描述成热情、健谈，或者会计师被描述成完美主义者、谨慎。实验数据清楚地显示，被试们过高估计了定型化的词汇在对每个职业的人进行描述时出现的频率。换句话 116
说，他们成功地在性格特征与职业之间建立了虚假关联。

在社会判断中，我们经常可以看到这种虚假关联。让我们考虑以下两个例子：在一些非正式调查中，人们一致地高估了女同性恋者感染艾滋病病毒的可能性。[47]事实上，与男同性恋者和男女双性恋者相比，女同性恋者感染艾滋病病毒的比例是最小的。但是，人们认为男同性恋者艾滋病病毒感染的比例很高，并会以此类推女同性恋者艾滋病病毒感染的比例也会很高，这就导致了女同性恋者很可能感染艾滋病的错误判断。在临床判断中，如果将某个人进行某种诊断分类（例如精神分裂症或者躁狂抑郁症），便可能会感到这个人的行为与该病症相吻合的行为之间存在关联（即使这种关联根本不存在）。[48]不论背景因素如何，虚假关联大大强化了我们最初的定型；我们的定型导致了我们看到了某种关联，而这种关联似乎又提供了证据，证实最初的定型是正确的。

内群体—外群体效应　对人们加以分类的最为常见的方式是，将他们分为两部分：属于“我的”群体的人，以及不属于“我的”群体的人。例如，我们常常对世界作如下的划分：我们的与你们的，我的学校与你的学校，我方体育运动队与对方体育运动队，美国人与外国人，我的民族与你的民族，与我一起用午餐的与剩下的你们所有的人。在将世界分为这样两类事实时，研究者发现了至少存在两种后果的大量证据，它们可以称之为**同质性效应**（所有那些人看上去都与我相似）和**内群体偏爱**。

总的看来，我们倾向于将外群体的成员，看得比我们自己的群体（内群体）成员之间，具有更多的相似性。例如，伯纳德特·帕克（Bernadette Park）和迈伦·罗斯巴特（Myron Rothbart）要求三个不同的妇女联谊会的成员，指出每个联谊会中成员之间的相似程度。[49]他们发现，这些妇女认为其他联谊会成员之间的相似性，要高于自己所在的联谊会。对这种效应的一种解释是，当被试们考虑自己的群体时，他们将群体成员视为个体，每个人都有自己独特的个性和生活方式。当考虑外群体成员时，被试们用群体标签来看待他们，因此便认为他们每个人的特性都与其群体特征相类似。

内群体偏爱指的是，人们所持有的这样一种倾向：从任何维度上看都感到自己的群体更好，而且认为自己的群体应当受到奖赏。内群体偏爱已经得到了广泛的研究，研究者们所采用的方法被称之为**最小群体范式**。这种方法由英国社会心理学家亨利·塔吉菲尔（Henri Tajfel）[50]首创。在运用这种方法时，完全陌生的人通过可以想象到的最无关紧要、微不足道的标准来组成一个群体。例如，在一项研究中，塔吉菲尔通过抛硬币的方式随机将被试安排到“X 组”或者“W 组”。在另外一项实验中，塔吉菲尔要求被试们对一位以前从未听说过的画家们发表看法，然后随机地将被试分配到欣赏“克利”（Klee）组，或者欣赏“康定斯基”（Kandinsky）组，分组完全依据被试对这些画家肤浅的、轻描淡写的偏爱。

塔吉菲尔的研究令人们感兴趣的是，一些重要的结果往往来自于意义很小的 117
群体认同。也就是说，这些被试在参与研究之前是素不相识的，他们相互之间不可能有交往，而且他们在行动时又完全匿名。然而，从他们的表现来看，他们同那些与自己共享一个无意义名称的人，就像是很好的朋友或者很近的亲戚。被试们表示他们喜欢那些与他们有共同名称的人。与那些分属不同名称的人比起来，他们在评价与自己同属一个名称的人时，认为这些人拥有更加讨人喜欢的个性，而且能够创造出更好的作品。特别引人注目的是，被试们会向那些共享同一名称的人分配更多的金钱和奖赏。就像我们在第 7 章中将要看到的，这些倾向可能构成种族或者民族偏见的基础。

重构性记忆

记忆在我们的社会交往中扮演着一个主要的角色。因此，领会下面这一点是至关重要的：记忆是一个**重构**的过程。对此，我所要表达的意思是，我们不可能停留在对以往事件的原原本本的转述。记忆不像重放一盘录音带或者一张 VCD 光盘；相反，我们在重建我们的记忆时，要对零零碎碎的真实事件加以过滤和改造，这一过程所依据的是：我们认为可能是发生了什么，我们认为应该发生了什么，以及我们希望所发生的事情是什么样的。我们的记忆也会深深地受到人们有可能告诉我们的一些具体事件的影响——而这一切也是在事件发生很久以后才出现的。正如安东尼·格林沃德[51]所注意到的，假如历史学家们对历史的修改与歪曲程度，与我们从自己的生活出发对历史事件的回忆相同，那么这些历史学家将会失业！当然，我们大多数人宁愿相信自己记忆中所保存的只有往事的真相。[52]对大多数人来讲，想到自己的记忆错误会心烦意乱。但想象一下，这一点对于蒂莫西·亨尼斯(Timothy Hennis)而言，又是多么的可怕。由于陪审团成员相信人们的记忆绝对可靠，他几乎丢掉了自己的性命。

且让我对此加以解释。1986 年 7 月 4 日，亨尼斯被指控对凯瑟琳(Kathryn)、卡拉(Kara)和艾伦·伊斯特布恩(Erin Eastburn)三人犯有谋杀罪，对凯瑟琳·伊斯特布恩(Kathryn Eastburn)犯有强奸罪。[53]犯罪过程特别恐怖。显然，入侵者闯入了伊斯特布恩家中，持刀威逼凯瑟琳·伊斯特布恩，强奸了她，然后切断了她的喉管，在她身上共刺了十五刀。三岁的艾伦和五岁的卡拉，也分别被刺了十余刀。警察得到线索后迅速赶到。案发当周早些时候，蒂莫西·亨尼斯曾经对伊斯特布恩的报纸广告进行了回应，他们在广告中征求有人能收养她们的黑色拉布拉多猎狗。亨尼斯已经试养了那条狗。

审判期间，目击者认定亨尼斯在犯罪现场。查克·巴雷特(Chuck Barret)作证，他曾经在谋杀案发生的当天凌晨 3:30 看到亨尼斯在附近走动。桑德拉·巴恩斯(Sandra Barnes)作证，她看到一个很像亨尼斯的人在使用一张银行卡，而这张银行卡早些时候已被警察认定是从伊斯特布恩的住处偷走的。但是亨尼斯拥有无懈 118
可击的证据证明案发当晚自己身在何处。而且没有发现可以将他与现场联系在一起的物证(指纹、衣料纤维、脚印、血迹、毛发)。但陪审团仍然认为目击者的证言可信，而且宣告亨尼斯有罪——被判处注射式死刑。

当上诉法庭的一位法官基于一个程序上的技术性问题(该问题与目击者的证言无关)要求对本案重审时，亨尼斯在死刑牢房里已经度过了 845 天。亨尼斯的律师知道假如他们还有一丝希望来推翻对他的定罪的话，那么他们就必须对证明他在案发现场的目击者证词进行抨击。仔细对这些证据进行推敲，它们显得很不充分。查克·巴雷特在案发两天后第一次告诉警察的是，他看到的人长着褐色的头发(而亨尼斯的头发是金色的)，而且身高在六英尺(而亨尼斯则高得多)。此外，当要求巴雷特从一组照片中辨认亨尼斯时，他对自己的判断并不确定。当桑德拉·巴恩斯在案发几周后与警察第一次接触时，她确定无疑地对他们说，事发当天她没有在银行取款机前看到任何人。那么，为什么在审判时这两位证人都会如此肯定地认为亨尼斯在案发现场呢？难道他们都在说谎吗？并非如此，他们与你我一样都是普通人；经过警察和律师一年多的盘问，他们对事件的记忆已经拉平而且被锐化——记忆构建，受到他人影响，出现记忆重构。

伊丽莎白·洛夫特斯（Elizabeth Loftus），一位杰出的认知心理学家，作为一位专家证人参与了对亨尼斯的第二次审判。洛夫特斯此前曾进行了引人注目的记忆重构研究计划——考察这类“暗示性的”盘问对记忆和后来的目击者证言的影响。[54]在她所进行的一项实验中，洛夫特斯让被试收看了一段描述多车相撞的交通事故的影片。收看完影片后，实验者询问其中的一些被试，“当这些汽车相撞的时候速度大约有多快？”另外一些被试也被问到了同样的问题，但“相撞”这个词被换成了“相碰”。与那些被问到“相碰”的被试相比，被问到“相撞”的被试们对车速的估计明显要快；而且，在看过影片一周以后，他们更有可能（错误地）声称在现场看到了被撞碎的玻璃。

引导型提问不仅可以影响对事实的判断（就像在上面的例子中所反映出来的），而且可以影响人们对所发生的事情的记忆。在较早的一项研究中，洛夫特斯让被试们收看了一套描述汽车与行人相撞事故的幻灯片。[55]在一张关键性的幻灯片中，一辆绿色的汽车从事故现场驶过。看过幻灯片后，实验者立即向其中的一半被试提问，“从事故现场驶过的那辆蓝色汽车的车顶上是否有滑雪架？”另外的被试也被问到了同样的问题，但是问题中没有出现“蓝色”二字。那些被问到了“蓝色”汽车的被试，更有可能不正确地声称他们看到的是一辆蓝色汽车。一个简单的问 119
题便改变了他们的记忆。

在亨尼斯接受第二次审判的证词中，洛夫特斯阐述了记忆重构的性质，以及讯问如何可能导致观察者构建出一种想象的场景，并且使自己相信这一切的确发生过。让我们思考一下桑德拉·巴恩斯的证言，最初，她不能回忆起任何人出现在银行的提款机前。然而，在收听了几个月的电视报道以及阅读了报纸一年多对案件有分量的报导之后，再加上由于自己可能是唯一见到凶手的人所带来的压力，巴恩斯重构了她前往银行取款机的记忆，其中包括了见到某个很像亨尼斯的人——就像洛夫特斯实验中那些声称见到的是一辆蓝色车（而不是绿色车）的那些大学生们一样。通过在那些律师和法官面前一次又一次的演练，巴恩斯逐渐接受了这一事实。值得注意的是，桑德拉·巴恩斯并非蓄意撒谎。她只是对该事件进行了重构，并逐渐相信了自己所说的一切。查克·巴雷特的证言也是在类似的方式下形成的。后来,在案发当天凌晨他所看到的那个人,最终被认定为正要赶去上班的另一个人,而不是亨尼斯。

对亨尼斯来说,幸运的是他的故事并没有在死刑牢房里结束。1989 年 5 月 20 日,第二个陪审团根据他缺少在案发现场的物证以及证人证言不充分,宣布他无罪。在一审中,亨尼斯成为证人错误的指认和陪审团对证人记忆准确假定的受害者。

尽管这一案件仍然没有破获,而且不宜公开报道,但当地警察已经表示,他们现在已经有充分的理由相信谋杀实际上是另外一个人干的:在亨尼斯拘押在死刑牢房期间,临近的一个城市发生了另一起惊人相似的强奸谋杀案。在这些案件发生后不久,亨尼斯和警方都收到了一系列有说服力的匿名信,感谢亨尼斯在伊斯特布恩谋杀案中代人受过。

自传式记忆

很显然,当记忆的内容是一些突发性事件(例如试图回忆一起车祸的细节)时,它可以被重构。但假如记忆的内容是一些较为持久的事物,例如回顾我们的个人经历,情况又会如何呢? 在此,重要的还是要意识到,我们对自己过去的经历不可能像我们所希望的那样准确。我们不可能记住生活中的每一个细节。随着时间的推移,我们的记忆会出现一些严重的修改与歪曲。正如可以想象到的,对自传式记忆的这种修改并非随意进行的。我们具有一种凭借黑泽尔·马库斯(Hazel Markus)[56]所称的**自我图式**来组织我们个人经历的强烈倾向:将与我们自身有关的连贯一致的记忆、情感和信念结合在一起,并形成一个协调一致的整体。因此,我 120
们的记忆以这样一种形式被歪曲:它们会适应我们对自己的总体印象。例如,假如我们对自己童年的总体印象是不幸福的,而且认为父母对自己的态度很冷淡,那么来自我们童年的任何偏离这一总体印象的事件,与那些相吻合的事件相比,回忆起来都会更加困难。这样,随着时间的推移,我们的记忆变得越来越一致,也更加不准确。我们采用这种方式改写了我们的个人经历。我们并非要对自己的过去撒谎,而是以一种与我们的自我图式相一致的方式进行了错误的回忆。

迈克尔·罗斯(Michael Ross)、凯茜·麦克法兰(Cathy McFarland)和加斯·弗莱彻(Garth Fletcher)通过一项简单的实验,对这一现象如何发生给以相当程度的说明。[57]在他们的实验中,大学生们收到了一条有关经常刷牙重要性的说服性信息。收到信息后,他们改变了自己对刷牙的态度。不用说,大家也不会对此感到奇怪。然而奇怪的事情发生了：就在同一天晚些时候，在另外一个场合，学生们被问到，“在过去的两周里你们刷过多少次牙？”那些接受过信息的学生，比控制条件下的学生们，回忆起的刷牙次数要多得多。这些学生并不是要欺骗实验者，他们没有理由说谎。他们仅仅是采用新形成的态度作为便捷式判断，来帮助他们回忆。从某种意义上说，他们必须相信自己一直采取一种理性而明智的行为方式——即使他们才刚刚发现什么是理性而明智的行为方式。

伊丽莎白·洛夫特斯[58]已经将这类研究推向深入。她曾经发现，仅仅让一个关系很近的亲人煞有其事地谈论某些事情，就可以将童年的虚假记忆植入年轻人的头脑中。例如，如果一个年轻人的姐姐告诉他：“还记得你五岁的时候你曾经在大学城购物中心走失了几个小时吗？你惊慌失措，是一位上了年纪的男人帮助了你。当我们发现你的时候，你正抓着那个人的手在哭。”在听到这个故事几天的时间里，大多数人会将所植入的记忆，吸收到他们自己的经历之中，会添油加醋地增加一些细节（“哦，是的，那个帮助我的老年人穿着一件法兰绒衬衫”），而且会确信这件事真的发生过——而实际上，它并没有发生。这种现象被称之为**虚假记忆综合征**。

记忆恢复现象　洛夫特斯对植入童年虚假记忆的研究，使得她和其他许多认知科学家[59]能够对最近发现的一种社会现象——**记忆恢复现象**——加以严格的审视。在20世纪80年代到20世纪90年代期间，成千上万的成年人回忆起他们以前没有记忆起的骇人听闻的童年事件。这类记忆包括遭到来自自己的父亲或者其
他某个家庭成员的成年累月的性虐待。一些回忆甚至包括（作为虐待的一部分）被 121
迫参与那些恶魔般的施暴仪式的详细描述，其中包括一些荒诞不经、令人毛骨悚然的可怕举动，如杀死并吃掉婴儿。这类记忆特别容易出现在集中心理治疗期间——经常性地处于催眠状态——或者读完一本生动形象而又极具暗示性的自助书之后。

毋庸讳言，性虐待的确在一些家庭中存在，而且这类虐待的后果也可能是悲剧。因此，所有披露出来的这类事情都需要认真对待。但与此同时，许多认知科学家对人类记忆的系统研究都确信，大多数这类记忆报告都是不真实的。他们认为，就像警察和律师可能帮助证人“回忆”从未发生过的事件一样，许多人也可能“回忆”起诸如童年性虐待这类从未发生过的可怕事情。

根据对记忆的性质进行过大量系统研究的科学家的意见，那些在一段较长时间内反复出现的创伤性事件，一般不会忘记；他们认为，假如这类事件偶尔发生，它不会是记忆起作用的结果。[61]他们进而主张，与洛夫特斯实验中所采用的方式类似，有关虐待的记忆也可能被那些治疗师本人在不经意间植入——当然，他们并没

有任何恶意，而只是试图向患者提供真诚的帮助。事情很可能是这样发生的：假定一位治疗师坚信这样一种理论——恐惧或者某些人格特征（例如，自尊心差、怕黑、担心失控）[62]是曾经遭到性虐待的症状。现在有一位带有这类症状的人走进了他（她）的诊所。在治疗的过程中，这位治疗师从一种良好的愿望出发，可能微妙地暗示可能发生过这类事件。接下来，这位治疗师便可能请这位患者尽力回忆这类事件，而且在患者开始探讨这种可能性时，不知不觉表现出浓厚的兴趣（甚至激动）。在这种条件下，患者便可能开始构建出一整套完全虚假的记忆。

因此，记忆研究者对一些自助书（这类书试图指导人们去解开来自童年的秘密）进行了批评。他们认为，这些书的作者经常大大低估了暗示的威力，并且会不知不觉地引导人们重构虚假的记忆。例如，一本最畅销的自助书，实际上就是在鼓励人们浪费时间去重构自己的童年经历，并不断列举出被说成与虐待有关的各种各样的可能性。在此列举该书的部分内容；它是以下面的方式引入的：

> 在那些发生虐待的家庭中存在着一些共同的特征。对于这些特征，你可能不曾全部体验过，但你可能体验过其中的某几个方面。
>
> - "我为自己的家庭感到羞愧。" 122
> - "我有一些难以启口的事情。"
> - "我们家总是有很多秘密。"
> - "我们家有很多好事，也有一些坏事。"
> - "我的父母中至少有一人吸毒而且酗酒。"
> - "我经常受到侮辱和羞辱。"
> - "我的许多基本需求没有得到关心。"
> - "我们家里的事情乱作一团、难以预料。"
> - "在我们家很多诺言不能兑现。"
> - "我不确定自己是否遭到虐待，但当我听到有关性虐待及其影响的一些说法时，就感到毛骨悚然而且颇为熟悉。"[63]

很显然，以上所列举的这些项目对我们大多数人都是适用的——不论我们是否有过类似性虐待的经历。而且，正如约翰·基尔斯托姆（John Kihlstom）[64]最近所指出的，没有任何科学的证据表明，儿童性虐待与所列举的这些项目之间存在明确的联系。我们会如何对待这样的情境：成千上万的成年人声称童年时受到性虐待，这些人一度曾压抑了这种受虐待的记忆，而现在，当读完这本书后，似乎又回忆起了这些事情？一方面，我们迫切希望认真对待这些事件。如果这些事情真正发生过，那的确是一场悲剧，我们也会替这些有过创伤经历的人悲伤。但是，假如这种记忆是虚假的，情况又会怎样呢？没有任何确凿的证据，这个人是否应当对受到指责的家庭成员进行对质、提起指控呢？成千上万的人已经这样做了——许多家庭也已经被这类指控所拆散。[65]正如可以想象到的，当人们在所谓的真相发生了30年以后被指控，他们往往不能证明自己无罪。

不言而喻，这已经成为现代心理学的一个极具争议的问题。一些专业心理学家一直想将这些叙述信以为真。但依据对记忆所进行的研究，大多数认知科学家认为，如果没有任何表明虐待的确凿证据，便对受到怀疑的家庭成员进行这种严重犯罪的指控，这样做是错误的。除了我们所提到的这些科学研究外，研究者们还提供了一些来自日常生活的证据，表明这些重构的虐待"记忆"在经过仔细调查后，要么发现是完全错误的，要么被证实是根本不可能的。例如，在某些事例中，住在同一房间（所谓事件发生的地方）的姐妹，却肯定地说从来没有发生过这样的事件；有时，在一系列所谓的事件发生时，被指控的罪犯却身在几百里之外（例如，正在军队服役）；在许多事例中，几年以后，在治疗中获得了这些记忆的人逐渐自己意识到，
那些事件实际上从来没有发生，并且撤销了他们的指控。[66]有时，尽管看上去应该 123
存在很清晰的证据，但却因为找不到而引人注目。例如，前面所提到的一些人重构出来的活灵活现的"记忆"，在记忆中这些人被迫参与恶魔般的施暴仪式，他们杀死并吃掉了婴儿，然后将剩下的部分掩埋。其中一些人对尸体埋葬地点记忆非常精确。但自始至终，执法官员的系统排查从未找到一块骨头——也没有得到与此相关的绑架案报告以证明这些指控的真实性。[67]

当然，仍然还存在着一些无法解答的问题。其中，最令我感兴趣的是，对那些所谓的受害者而言，其中意味着什么？对一些不太重要的事情（例如，童年时在购物中心走失）的虚假记忆只是小事一桩，但是重构一种曾经被性虐待的记忆则将会蒙受许多痛苦。假如这些事情的确没有发生，那为什么有人会情愿相信它们曾经发生过？对这个问题，我不能做出明确的回答。我只想提供一个可能典型也可能不典型的个案，它是有关我的一位亲密朋友的，这位朋友是一位聪明而且非常成熟的中年女性，我称她为"马德莱娜"（Madelaine）。以下便是她的一段记述：

> 我正处在生活的最低谷。我感到自己特别不幸而且没有安全感。最近我的婚姻解体了。在与男人交往时我面临着很多困难。我的职业生涯也受到了一些重大的打击。我的自尊心一直处于低迷状态。我强烈地感到自己的生活正在失控——不是它应该的那个样子。我捧起一本自助书，并开始阅读有关不正常家庭的内容，特别是：我读到了童年时受到性虐待的人的特征，还读到了发生性虐待家庭的特征。当我阅读着这一切的时候，就好像有一盏灯熄灭了。通过一种奇怪的方式，我获得了解脱感——获得了这样一种感觉："哦，原

来可以这样解释我为什么如此悲惨!”那本书告诉我,假如我不能回忆起细节,这很可能意味着我在压抑一些可怕的记忆。我感到自己就像一位侦探。我越是开始思考我的童年时代,就会有越多的事情开始涌现出来。在随后的几周里,我在各种各样的情感中游移不定。我对自己的父亲感到很愤怒,他让我蒙羞,而且伤害了我——也是一种解脱。我现在明白了,这种解脱来自这样的事实:假如我可以将我的不幸归咎于小时候的可怕事件,那么我就不需要对自己作为一个成人的失败负责。

幸运的是,我没有去与自己的父母对质,因为我逐渐意识到这些记忆可能是不可靠的——我开始获得一些在事件的细节上完全不同的新的“记忆”。这两套记忆可能都是不正确的。而且,我开始意识到自己所“回忆”起来的事件不可能发生过,这样说有着充足的理由。要放弃我每天的不快和伤心有清晰的、可认定的理由这种想法,是非常困难的。当阅读那本书的时候,我感到很 124
脆弱而且心乱如麻。假如我公开说出了自己的“记忆”,可能已经对我的家庭以及我本人造成了难于言表的伤害。我仍然感到很愤怒,不是对我的父母,而是那本该死的书。

人类认知的保守性

设想你正在一间暗房里观察一张照片。图像很模糊,几乎不可能辨认出是什么。渐渐地,图像开始清晰起来,但还是有一点模糊。此时,要求你推测图像上是什么。假如你与参与这项实验的大部分被试一样,[68]那么你此时正确回答上来的概率为25%。现在,假定你直接去看有一点模糊的图像,而没有前面逐渐清晰的过渡,你做出正确判断的概率会更高,还是更低?乍一看,似乎你所做判断的准确率将会降低。因为你观察这张图像的时间减少了。其实不然,尽管你现在只有很短的一段时间看图像,没有了逐渐清晰的过程,但是此时你正确回答的概率几乎达到了75%——准确率增加了三倍。怎么会这样呢?这项实验的结果说明了一种被称为**证实偏差**的现象。所谓证实偏差指的是,人们总是倾向于寻求对最初的印象或看法加以验证。当那张图像非常模糊的时候,大多数人会就它可能是什么进行假设——它看上去像一个冰淇淋蛋筒;不,像一匹驯养的马;不,像艾菲尔铁塔。我们倾向于坚持这类最初的推测;这类推测会对我们解释有点模糊的图像产生干扰。许多证据表明,证实偏差是人类思维中的一种普遍倾向。例如,在马克·斯奈德(Mark Snyder)和威廉·斯万(William Swann)[69]进行的一项实验中,实验者告诉女大学生们，他们将要见到的那个人或者是一位外向者（好交往的、热情的、友好的），或者是一位内向者（保守的、冷淡的、疏远的）。接着，让她们准备一套要向这个人提出的问题，以便对他（她）进行了解。她们会准备问什么类型的问题呢？总体上看，被试们都寻求验证她们最初的假定。那些认为自己会遇到一位外向者的被试，更可能提问这样一些验证她们假设的问题，“你会做些什么来活跃晚会的气氛？”或者“在什么场合下你最健谈？”而那些认为自己会遇到一位内向者的被试很可能会问这样的问题，“在什么样的场合希望自己有较多的交往？”或者“在喧闹的宴会上，你最不喜欢的是什么？”请注意，假如对问题的回答是真诚的，被试对这个人的假设很可能被证实。也就是说，无论是一个外向者还是一个内向者，当他（她）回答第一套问题时，他（她）便很可能看上去是外向的，而当他（她）回答第二套问题时，他（她）便很可能看上去是内向的。

我们不仅倾向于要证实自己的假设，而且往往对它们的真实性十分有信心。这一点可以通过巴鲁克·费雪夫（Baruch Fichhoff）所说的**事后聪明偏差**或者“后见之明”效应来加以解释。[70]正如我们在第1章曾经讨论过的，一旦我们知道了某个 125
事件的结果，我们便会更倾向于认为，事前我们已对此进行过预测。在费雪夫的实验中，实验者对被试进行了一项测验，以评价他们在历史事件方面的知识。被试们的任务是，指出有关事件的四种可能结果中哪一种是实际发生的。实验者告诉其中一些被试，四种可能中的一种是实际发生的，但却要求他们说出在事先不知道“正确”答案的情况下，他们做出的估计。结果显示，被试们不可能忽视这一信息；他们大大高估了此前自己对正确答案的了解。换句话说，尽管被试并不真正知道测验的正确答案，一旦被告知了某个答案，他们会认为自己一直知道这个答案，而且他们的记忆没有发生改变。

证实偏差和事后聪明偏差都支持这样一个命题：**人类认知倾向于保守**。也就是说，我们会尽力去保护已经形成的认知，去维护我们先前存在的知识、信念、态度和定型。在本书中，我们通篇都会看到有关认知保守性的大量例证：第一次获得的信息几乎总是影响力最大的，在形成判断时过度运用容易使用的分类；有时，代表性便捷式判断和态度便捷式判断会被误用；定型会对信息处理造成歪曲，而且会证实定型所具有的明显价值；为适应当前的观点，记忆会被重构。

在一篇充满激情的文章里，安东尼·格林沃德[71]提出，认知保守性至少具有一个方面的好处：它可以让我们将所感知到的社会生活，视为一个连贯而且稳定的空间。例如，假定某个时间图书馆收到了一些与原来的文献编目系统不相符的新书，图书管理员开始对所有馆藏图书进行重新编号与编目。“HM251s”（社会心理学类图书）被突然改成了“AP57s”，“BFs”（心理学类图书）被分成了“EAs”和“DBs”两部分。对书籍进行重新编目，可能将要花费这位图书管理员一年的时间。当你要撰写有关社会认知的学期论文时，你会发现几乎找不到自己所需要的书籍和文章；图书馆已经乱作一团。要保证图书馆得以运行和连贯一致，可行的做法是对当前的编目系统稍作修改，使新图书能够适合原有的系统。同样，要保证我们的头脑正常运行和连贯一致，可行的做法是坚持认知的保守性，同时对我们的认知分类稍做修正。

但是，正如我们在本章中所了解到的，认知保守性是要付出代价的。对不适当的分类的误用，可能会导致一个人对事件加以歪曲，或者将重要的信息错过。对便捷式判断的不正确运用，可能会导致低劣的决策。面对着全新的、矛盾的信息，如果不能更新自己对世界的看法，我们就可能对现实产生错误的认识。其结果不仅会对我们的心理产生影响，而且还体现在我们所说的种族主义、性别歧视、偏见等社会问题，以及愚不可及的思维之中。

那么，我们如何避免认知保守性的消极后果呢？这里有四条经验法则可能会 126
对人们有所帮助。首先，提防那些试图影响你对情境加以分类或界定的人。有许多途径可以对某个人或者事件加以界定和分类。你要问自己，“为什么有人会建议采用某种特定的分类方式？”其次，尽力采用多种途径对某个人或事件加以分类和描述。从不同的角度来观察一个人或事件，我们就不会依靠唯一的分类方式，并因此而导致应用不当——对资料加以扭曲以适应原有的观点。第三，尽力将个人以及重要的事件看作独特的；尽管他们可能是某个具有突出特征的类别中的成员（例如，某个特定的种族或者性别），但他们也是许多其他类别中的成员，而且他们具有自身的独特的性质。个性化有助于防止某种定型或者便捷式判断的过度使用。最后，在形成某种印象的时候，要考虑你犯错误的可能性——你是否可能成为本章所介绍的一种或多种认知偏差的受害者。在下一章有关自我辩护部分，我们会进一步探讨认知保守性，并考察可以保证我们不受扭曲思维不利后果影响的其他方法。

态度和信念如何指导行动

在前几部分，我们已经考察了信念和态度，对人们思考社会生活的方式所产生的影响。一个顺理成章的问题便是：人们的态度与我们的行为之间，是一种什么样的关系？我们能够根据人们的态度来对人们如何行为做出预测吗？例如，假定我喜欢香草冰激凌，而你不喜欢。你和我在对香草冰淇淋的行为方面会有差别吗？我们的直觉会告诉我们“是的”。多数人会预料，我将购买很多香草冰淇淋——对它的挑选要超过其他口味；而你则恰恰相反，会很少购买它。对于挑选香草冰淇淋这样的简单的事情，我们的判断往往是正确的。但如果假定事情总会如此，那么我们就大错而特错了。长期的研究表明，在许多场合下这样的直觉是错误的。

让我们对此加以详细分析。有关态度与行为之间关系的一项经典实验是理查德·拉皮尔(Richard LaPiere)[72]在20世纪30年代完成的。在当时的美国，对有色人种公开的、露骨的偏见，要比今天厉害得多。亚洲、西班牙或者非洲血统的美国人，经常被拒绝随意进入公共厕所、使用饮水机、到餐馆就餐以及到旅馆住宿。1933年，拉皮尔与128家旅馆和饭店的经营者进行了联系，就他们对中国人的态度进行了评定。拉皮尔向他们提出的问题是，“你会在你的店里接待中国人吗？”被调查者中超过90%的人回答：“不！”但是，当一对年轻的中国夫妇实际出现时，拉皮尔发现在128家旅馆和饭店中，只有一家拒绝让他们食宿或者为他们提供服务。这些经营者对中国人的态度并不能预测他们的实际行为。 127

拉皮尔的发现并非偶然。1969年，阿伦·维克尔(Alan Wicker)对40多项有关态度和行为关系的研究进行了回顾。这些研究从诸如工作满意感、种族偏见、消费者偏爱、政治信念等很广的范围，对态度和意见进行了考察。维克尔发现，这些研究对态度可以预测行为的假定只有微弱的支持。正如他所说的：“从总体上看，这些研究表明，态度与外显行为之间很可能不存在相关或者相关很弱，而并非存在着很强的相关。”[73]

人们心目中的态度与行为关系　那么，我们怎样才能在这些研究结果与人们有关态度与行为之间存在很强相关的直觉之间，找到一致之处呢？方法之一就是推断态度与行为之间不存在一致性的关系。这一点存在于我们头脑之中，我们只是猜想人们的行为与其信念和态度相一致。我们可以发现一些支持这一观点的一些证据。在前面两章中，我们了解了社会情境在诱导人们从众时所具有的力量。拉皮尔实验中的店主们，在回答是否接纳中国人的调查时，无疑面对着说“不”的强大社会压力。与此同时，他们也面对着相反的压力(力图避免出现的一幕)，一旦这对年轻的中国夫妇出现在他们的旅馆里，就要让他们住宿。或许他们只是屈服于最为直接的压力。或许我们人类不过是屈服于直接的社会环境中存在的各种压力的生物。

我们假定：态度与行为相一致的看法“一直存在于我们头脑之中”。而对这一假定的最好证明便是，我们具有这样一种共同的倾向：将个体的行为归因于个人特征(例如人格特质、态度)，而不是来自环境的力量。例如，对“小约翰为什么没有完成老师布置的作业”这一问题，我们的回答往往是“因为他笨或者懒”——而忽略了诸如学校过于拥挤、学习环境很差之类的环境因素。换句话说，正如我们在第1章所了解到的，当我们看到某件事情发生在某人身上时，我们大多数人会假定，所发生的事情与这个人的特征是一致的。我们会认为，人们所得到的都是他们应该得到的。爱德华·琼斯和他的同事们，将人们所表现出来的行为与个人特征相符合的归因倾向，称之为**一致性推断**，[74]即：人们会根据某种与特定行为类似的属性或者特质，来对这个人的行为进行解释。类似的解释包括"萨姆将酒洒到了地摊上是因为他很笨拙"（并非因为暂时的走神），以及"埃米（Amy）去抓特德（Ted）是因为她是一个怀有敌意的人"（并非因为她一时性急发脾气）。

爱德华·琼斯和维克托·哈里斯（Victor Harris）的一项实验证实这类推断是普遍存在的。[75]实验中，被试们阅读了据说是政治学专业的学生撰写的赞成或者反对古巴菲德尔·卡斯特罗（Fidel Castro）政权的短文。实验者告诉其中一半被试，128
这些短文的作者可以在短文中自由选择所要表达的立场；而告诉另外的被试，作者们被迫采取这种立场。接着，要求这些被试推测短文作者对卡斯特罗的真实态度。当短文作者可以自由选择立场的时候，被试们假定他们所撰写的短文内容反映了他们的态度：那些撰写亲卡斯特罗短文的人，被认为是亲卡斯特罗者；那些撰写反卡斯特罗短文的人，被认为是反卡斯特罗者。这一点并不奇怪。令人奇怪的是，即使被试们很清楚短文作者被迫采取某种被指定的立场时，也出现了同样的结果。换句话说，那些被迫为卡斯特罗辩解的人被视为亲卡斯特罗者，而那些被迫反对卡斯特罗的人被视为反卡斯特罗者。在做出推断的过程中，这些被试并没有考虑采取某种立场的环境压力，并且假定短文作者的态度反映了他们所持有的某种坚定信念。在这种情况下，态度与行为之间的关系已经存在于观察者的头脑之中。

什么时候态度可以预测行为　态度往往不能预测信念，但这并不意味着态度根本不能对行为进行预测。科学家的作用在于，尽力确定特定事件在某种条件下或多或少出现的可能性。拉塞尔·法兹诺（Russell Fazio）[76]曾经发现了增加人们按自己态度行事可能性的一个重要因素——可通达性。**态度的可通达性**指的是某个事物同我们对它的评价之间的联系强度。例如，如果我说到"蛇"，大多数人立刻会想到，"邪恶，危险"。如果我说"雷诺阿（Renoir）的绘画"，大多数人会脱口而出，"太美了"。我们总会立即想到自己所认识的某个人，"哦，不，该不会又是那个古怪的人吧，"或者相反，"哇，一个很棒的人。"这些都是可通达性很强的态度。

并非所有的态度和信念都是可通达性很强的。例如，我们可能会对波多黎各的国家地位或者广告的价值有某种看法，但对我们大多数人来讲，这些看法不太容易想起来。有时我们没有真正的态度，也就是说，我们的记忆中没有对特定认知对象的评价。即便如此，当被问及的时候，我们也可能会大胆发表意见。例如，调查研究者们发现，被调查者竟然能够对一些编造出来的问题（如对伪造硬币进行立法，或者向一个根本不存在的国家提供外援）发表意见。在后面的这两个事例中，这些可通达性很小的态度或者根本不存在的态度，不可能用来指导人们的行为。

那么，态度的可通达性如何影响行为呢？根据法兹诺的观点，人们将态度有选择地运用于对特定认知对象的解释或者感知、理解复杂的情境。在前面的内容里，我们已经了解到态度如何影响认知加工；某种态度可以通过便捷式判断来影响我们对特定情境的解释、说明、推理和判断。但是，任何一种态度，都只是可用来理解特定情境的许多因素之一。例如，要理解某种复杂的情境，我们可以运用该情境的 129
客观特征、其他人对它的说法或者我们对类似情境的一般态度。当态度具有很高的可通达性时，它便有可能成为我们用来解释情境的主要因素。在这种条件下，我们就会依据态度去行动。

有大量证据对高通达性的态度指导行为的观点提供了支持。测量态度的可通达性的一种方法是，考察一个人对某个认知对象或者问题进行评价的速度。采用这种简单的测量方法，拉塞尔·法兹诺和卡罗尔·威廉姆斯（Carol Willianms）对1984年总统选举中谁将投票给罗纳德·里根或沃尔特·蒙代尔（Walter Mondale）进行了特别准确的预测。在距那次大选约五个月前，法兹诺和威廉姆斯带着微型计算机来到一家购物中心，请过往行人对一些问题发表意见，其中包括分别对两位候选人所做的评价。他们采用计算机记录下人们对候选人评价的速度，这样就完成了对态度可通达性的测量。稍后，法兹诺和威廉姆斯与这些被试进行了联系，询问他们对两次总统大选辩论的看法。大选过后，研究者对他们的投票情况进行了调查。结果表明，那些在距大选五个月前态度可通达性高（能够迅速做出回答）的人，更可能投他们所欣赏的候选人的票，而且他们对大选辩论的看法与他们的态度相一致。

采用一种略微不同的方式，法兹诺和他的同事们[78]对态度的可通达性进行了实际的操作。这种操作包括：让被试重复表达他们的意见，或者让他们有机会直接体验态度对象。他们发现，与没有获得可通达性的态度相比，通过这种方式获得了可通达性的态度，对后继行为的预测程度大大提高了。法兹诺对态度的可通达性的看法，为拉皮尔研究中店主的态度与行为关系的研究没有结果提供了几种可能的解释。问题在于，我们不知道每一位店主对中国人态度的可通达性如何。而且，很可能研究者所做的调查以及这对中国夫妇的到来，激活了不同的态度。例如，问卷中提及中国人的某个问题，可能使这些店主想起了他（她）那带有普遍性的偏见，而那对穿着考究的年轻的中国夫妇的到来，可能唤起了店主们对中国人全面的认识与感受。另外，即便这种有偏见的态度具有很高的可通达性，并且会影响到后来对情境的感知，但这并不能保证那些店主一定会（或者一定能）按照这种看法去行动。或许另外一些客人的到来，令这些店主害怕出现尴尬的场面。或许这些经营者是第一次经历这样的事情，他们不知道该如何处理。这些因素都会对一个人按照他(她)个人的信念去行动产生制约。

依据感知觉行动 态度和信念还可以通过另外一种方式影响人们的行为：信念可以逐渐创造我们的社会生活本身。保罗·希尔(Paul Herr)所做的一项实验说明了这种情况是如何发生的。[79]希尔采用字谜游戏，运用本章前面所讨论过的启动技术，有意识地提高了部分被试对敌意这种概念的可通达性。具体而言，希尔要求被试们从字母矩阵中找到隐藏在中间的某个人的名字。对其中一半的被试，这些隐藏的名字与敌对联系在一起——查尔斯·曼森(Chales Manson)、阿道夫·希特勒、霍梅尼(Ayatollah Khomeini)和德古拉(Dracula)。要求其余被试寻找的是一些比较友善的名字——彼得·潘(Peter Pan)、教皇约翰·保罗(John Paul)、秀兰·邓波尔(Shirly Temple)和圣诞老人。接着，被试们阅读了一段模棱两可的短文，描写的是一个名叫唐纳德的人，他的行为既可以看成是敌对的，也可以看成是友善的。读完短文后，被试们对唐纳德的敌对程度进行了评价。与前面曾经讨论过的比较效应相一致，我们预期对唐纳德的判断会受到不同的影响。与希特勒和曼森相比，包括唐纳德在内的几乎所有人看起来都是友善的；而与教皇和圣诞老人相比，包括唐纳德在内的几乎所有人看上去都是敌对的。这便是希尔的发现。与那些受到友善启动的被试相比，那些受到最敌对的人启动的被试认为唐纳德的敌对性要小得多。① 130

但是，希尔的实验并没有就此结束。接下来，这些被试与一个被他们认为是唐纳德的人进行了一种交易游戏。在游戏中，实验者要求被试在竞争与合作两种策略中选择一种。希尔发现，当被试预计游戏的对手是一个敌对的唐纳德时，他们在游戏中会采取一种高度竞争的姿态；当他们预计所面对的是一位友善的唐纳德时，他们在游戏中便会有更多的合作。有趣的是，扮作唐纳德的那位根本不知情的被试也能够感受到这种竞争；他们对竞争对手敌对程度的评价，与这个人在游戏中的

---

① 读者应当注意该实验与本章前面讨论过的希金斯实验之间的重要区别。在希金斯实验中，研究者启动的类别具有否定性。由此而影响观察者更为消极地去看待随后出现的模棱两可的刺激(如唐纳德)，因为这正是被试在被启动时所期望出现的。在希尔实验中，研究者采用了敌对的例子(如希特勒)。在此，便会产生一种对比效应：与被认为最具敌对性的人相比，一个模棱两可的人(如唐纳德)看上去就像一只可爱的玩具熊。从大量有关态度与行为关系的研究中我们可以总结出以下结论：首先也是最为重要的，也是本书中我们将要看到的有关态度与行为研究都强调的一条原则：微妙的环境变量往往是人们行为强有力的决定因素。其次，大多数人在解释一个人的行为时往往忽略环境因素，而是从他人的人格或态度假定来进行解释。换句话说，我们大多数人都会假定，的确可以通过人们的态度来预测他们的行为，并且我们过分地将这种观点运用到对他人行为的解释上。即使现实中不存在，我们也可以发现态度与行为之间的关系。

实际表现相一致。总之，一种比较微妙的背景，会对人们的态度和预期产生影响，进而影响到行为，并最终影响到新一轮的感知。

卡罗尔·德威克(Carol Dweck)和她的同事们证实了人们较为持久的信念所 131
具有的行为后果。根据德威克的观点，儿童会对诸如智力或善良这类起决定作用的品质具有持久的内隐看法：这些看法会对儿童的判断和行为产生相当大的影响。让我们以智力为例。德威克发现，一些人认为智力是不能改变的——人们可以学习新东西，但是他们实际上根本不可能变得比出生时更加聪明。另外一些人则持有不同的观点，认为智力是可以培养的，它通过个人努力得到发展。在一些研究中，德威克发现了这种不同的认识对学习活动所产生的巨大影响。[80]

他们最为基本的发现是，那些认为智力是一成不变的人特别担心失败。因而，他们总是尽力绕过现实中可能暴露出自己局限性的挑战。这样做有一定道理，假如不能提高自己的智力，人们就会采取一种保险的做法，来维持自己是聪明的这种形象。这样，与那些同等智力但认为智力是可以培养的人相比，那些认为智力不能改变的人更可能选择较为容易的任务，而且当任务更加具有挑战性时，他们便会放弃。他们常常在难度高的测验中卡壳，而且甚至会就学业成绩向不熟悉的人撒谎，虚报自己的成绩。而那些认为智力是可以培养的人则完全不同。他们愿意寻求挑战，而且会努力去提高自己的能力。在遇到困难的时候他们不但不会放弃，而且会更加努力或者尝试另外一种策略——他们的适应性更强。

在下一章里会看到一个好消息，人们可以通过各种有效的途径来改变这类行为。例如，最近的研究发现，假如你改变了人们对智力的态度，让他们相信智力是可以培养的，他们就会得到更高的分数、更加喜欢学习、更渴求接受挑战，而且在标准测验中取得更好的成绩。[81]

社会解释中可能出现的三种偏差

在日常生活中，我们总是力图对各种事件以及所发生的事情做出解释：为什么北朝鲜的做法会如此捉摸不定？那个令人着迷的人走过房间时为什么对我不加理睬？最近的论文作业，为什么我做得那么差，而你却做得那么好？为什么回家过圣诞节时妈妈没有做我最喜欢吃的饭菜？我们所做出的解释一般是理性的而且准确的。但它们也容易出现偏差和不准确。在研究人们如何对社会生活进行解释的过程中，社会心理学家发现了三种经常影响人们进行归因和解释的偏差：**基本归因错误**、行动者—观察者偏差、自我偏差。

基本归因错误 基本归因错误指的是人类所具有的这样一种一般倾向：当描述和解释社会行为的原因时，与情境和环境性因素的影响相比，人们会过高估计人格和气质因素的重要性。[82]我们已经了解了这种倾向中的一种——一致性推断。也就是说，在解释萨姆为什么会持有某种政治立场或者表现出某种行为时，我们倾 132
向于赞同人格解释，而不是情境解释。这可能会致使我们认为，动机与行为之间的一致性比实际存在的一致性更强。

冈特·比尔布劳尔（Gunter Bierbrauer）所做的一项实验，为我们提供了另外一个有关基本归因错误的例子。[83]在这项实验中，被试们亲眼看到了对斯坦利·米尔格拉姆著名的权威服从实验中某个人表现的重现。米尔格拉姆的实验在本书第2章已做过介绍，现在让我们来回想一下。在那个实验中，米尔格拉姆创设了一种能够引起高比率服从的情境。在这个例子中，被试的行为包括向一个“学习者”发出高强度的电击。就像米尔格拉姆实验中的大多数被试一样，比尔布劳尔重现实验中的被试，也表现出很高的服从水平，向“学习者”发出了最大强度的电击。在对实验进行重现之后，比尔布劳尔请被试们估计，在这种情境下米尔格拉姆的被试中会有多少人服从。结果表明，被试们对实际服从程度一致做出了低估。具体而言，比尔布劳尔的被试们估计，在这种背景下仅有10%到20%的被试会发出最高强度450伏的电击。实际上，正如回想到的，米尔格拉姆发现65%的被试发出了这一强度的电击。换句话说，比尔布劳尔的被试假定这个人是一个精神变态者，认为他的行为反映了突出的个人素质（例如，他是一个特别有侵犯性的或者特别服从的人）。他们并没有将他的行为归因为导致大多数人做出这种行为的环境压力。

作为观察者，我们很少注意到这样的事实：每个个体都扮演着许多社会角色，而我们可能只是观察了其中之一。这样，我们在对一个人的行为进行解释时，可能轻易地忽略了社会角色的重要性。例如，我所认识的一位心理学教授，我姑且称他为门什（Mensch）博士。学生们很喜欢门什博士。当他们在教师评价表上以及非正式地对他进行描述时，使用的是这样一些词语：热情、有爱心、关心学生、随和、有魅力、有才华、友好。但是，门什博士的专业同行们对他的看法却不同，特别是当他作为一位听众时与他有过专业对话的那些同行。与学生们一致的是，同行们认为他很有才华，但是他们同时将门什博士描绘成极端的、挑剔的、冷酷的、好争论的、无情的。

谁的印象是正确的，是那些学生，还是那些专业同行？难道他只是在学生们面前装出一副热情、有爱心的样子，而实际上是一个冷酷而又挑剔的人吗？或者说，他实际上是一个热情而且有爱心的人，只是在其他心理学家面前假装冷酷吗？这些问题都是错误的。实际上我的这位朋友会做出各种类型的行为。这些行为都属

于他——而且他还拥有许多我们永远也看不到的行为。一些社会角色容易表现出
这个行为系列中的一部分；另外一些社会角色则容易表现出这个行为系列中其他
部分。学生们看到的只是门什博士的一种角色——作为他们老师的角色。他是一 133
位很好的老师，一个好老师的职责就是让学生做得最好；这一点往往需要热情而有
爱心的行为。学生们准确地描绘了我这位朋友在这种角色下的行为。

从另一方面看，一种有益的专业同行角色有时需要对抗的行为。为了发现真理，一个优秀的专家往往会强烈地坚持某个观点，以便观察它具有多大生命力。这样往往会导致尖锐、激烈而又无情的批评。因此，门什博士的专业同行们也准确地描述了他们所看到的行为。但是，不论是学生还是专业同行，在假定他们所观察到的行为完全可以归结为某些人格特征时，都犯了基本归因错误；而这些行为在很大程度上基于门什博士如何看待社会角色对自己的要求。这并不是说人格与此无关。并非人人都会表现出门什博士那么多的行为。但是，假定他或者是冷酷或者是热情，则无疑忽视了社会角色的作用。

李·罗斯、特里萨·阿玛贝勒(Teresa Amabile)和朱丽亚·斯坦因迈兹(Julia Steinmetz)所做的一项巧妙的实验，说明了在解释行为时社会角色的作用是如何被低估的。[84]他们采用“智力竞赛节目”的形式，将被试随机地指定为两类角色中的一种：(1)提问者，其任务是准备难题；(2)参赛者，其任务是回答问题。一个观察者对这种模拟的智力竞赛节目进行观察，然后对提问者和参赛者的常识加以评估。试着将自己置于观察者的角色，你会发现什么？除非你观察得特别仔细，否则你会看到一个非常聪明、知识渊博的人，和另一个相当愚蠢的人。

但是，请仔细分析一下，特别注意这两种角色如何限制了参与者的行为。提问者很可能根据深奥的知识，设计了一些难度非常大的问题：“巴贝·鲁斯(Babe Ruth)的倒数第二次本垒打是在哪个棒球场打出的？”“立陶宛的首都是哪里？”以及“托马斯·杰斐逊(Thomas Jefferson)是哪一天去世的？”[85]仅仅提问这些问题，就会使得提问者看上去很聪明。相反，参赛者却要面对并回答这些问题，而且其中一些题目很可能回答不上来。这会使他(她)看上去有些愚蠢。而这正是罗斯和他的同事们所发现的：观察者感到提问者比参赛者更有知识。但是，由于每个人角色都是随机指定的，所有的提问者绝对不可能比所有的参赛者实际上知识丰富。最有意思的是，这些观察者知道被试们的角色是随机指定的。但是，在对智力竞赛的参与者进行判断时，他们并没有考虑这些社会角色的影响，而是落入了“将他们所看到的归因为个人素质”这样一种陷阱。

假如基本归因错误仅限于对大学教授和智力竞赛节目参与者的判断，那么它很可能不会引起如此多的关注。然而，它的影响是十分广泛的。想一想大多数美

国人对有人在超市使用贫民食品券的普遍反应："她很懒惰；如果稍做些努力，她便能够找到工作。"或者将这种人物视为被判过刑的窃贼："他是一个可怕的人；什么 134
样的无赖才能做出这样的事情呢？"对二者的描述可以想象得到是正确的，但更有可能的是它们是基本归因错误的体现。尽管在此不可能对贫困与犯罪的环境决定因素展开详细的讨论，但是一定还有除个人特征之外的许多其他因素，可以解释一个人贫困或者犯罪的原因。这些因素包括缺少工作机会、文盲、经济衰退、邻里中缺乏积极的角色榜样，以及在不正常家庭中长大。

在此，我并不是要暗示一个罪犯不应该承担自己行动的责任。罪犯应当对他们所做的事情负责，而且也必须承担起这种责任。但是如果将注意力集中在个人而不是环境因素，在对待诸如贫困和犯罪之类的社会问题时，我们就会赞同不同的政策。例如，假如做出"罪犯是魔鬼"的归因，我们就会赞同投入更多资金来扩建和加固监狱、对罪犯处以更长刑期的政策。假如我们认为犯罪的原因很大程度上是由失业、不良的角色榜样以及文盲等因素造成的，我们就会赞同加大投入改善校舍和师资、贷款给那些在贫困地区投资的企业的政策。请不要误解我的意思。在此，我并不想主张像懒惰、愚蠢、道德败坏这样的一些性格因素不起作用。它们的确会发生作用。但是，当人们行为的原因可以很好地归结为环境因素时，我们许多人在许多时候，却过分倾向于进行性格归因。我们在基本归因错误方面的知识至少可以提醒我们，人们的归因并不一定总是正确的，我们应当认真对待小说家塞缪尔·巴特勒(Samuel Butle)的格言："蒙上帝的垂怜，我们才拥有现在的一切。"

行动者—观察者偏差　社会判断中另外一种带有普遍性的偏差被称之为**行动者—观察者偏差**：行动者倾向于将他们自己的行为归因为情境性因素，而观察者则倾向于将同样的行为归因为行动者稳定的人格素质。[86]例如，根据我的判断，我经常到海边去，是因为海边的天气好极了；但是，根据我的判断，你经常到海边去，是因为你可能是个沉溺于海滩运动的人。政治领导人经常将明智的举动和重大失误视为特定环境下难以避免的，而普通民众则更可能将二者都视为领导者个性特征的产物。让我们回想一下本书第2章曾经讨论过的基蒂·珍诺维丝凶杀案。当珍诺维丝小姐在纽约市的38位目击者众目睽睽之下被杀害之后，目击者们声称当时的情况模糊不清，因而很难决定该做些什么；新闻记者将此称之为旁观者冷漠。换句话说，我会做出对自己有利的辩解，即采用情境性原因来解释自己的行为。但是，我并不会同样地做出对你有利的辩解，当我试图对你的行为进行解释时，就会出现基本归因错误。

大量证据表明，行动者—观察者偏差是普遍存在的。例如，研究发现：(1)在解 135
释人们在某项智力测验上的得失时，大学生们倾向于从能力方面来解释他人所取得的较差成绩，而从测题难度方面来解释自己的较差成绩；(2)那些自愿参加心理学研究的大学生们，将他们自身的参与归因为研究的重要性，而观察者则认为这些人参与实验，反映出他们本人喜欢参加所有研究；(3)当观察某个同伴的表现时，大学生们会贸然得出这个人将来会继续这样去做的结论(这便意味着他具有按照某种特定方式行为的潜在特质)，而"行动者"则表明他们将来很可能会采取不同的做法；(4)学生们从最要好朋友的特质方面去解释他对女朋友和大学专业的选择，却从女朋友和大学专业的特质方面来解释自己所做出的选择；(5)人们更多地对他人进行人格特性归因。[87]

那么，是什么导致了行动者—观察者偏差？迈克尔·斯托姆(Michael Storms)所做的一项实验表明，它是由一个人的注意力焦点所决定的。[88]行动者的注意力往往集中在环境以及过去的经历；他(她)可能对导致自己行为的因素以及如何看待自己的行为，具有特殊的体验。相反，观察者的注意力几乎总是集中在行动者身上；因此，观察者可能并不知道行动者做出某种行为的历史和环境原因。

在斯托姆实验中，两位观察者对正在交谈的另外两个被试进行了观察，实验者要求每个观察者分别对两个谈话者中的一人进行监听。谈话结束后，要求行动者和观察者指出，谈话中出现的诸如友好、健谈、紧张、支配等行为，在多大程度上可以归因为个人特性或者情境。正如可以想象到的，行动者更可能从情境方面对自己的行为做出解释，而观察者则从行动者的个性特征方面来解释这些行为。这一点并不令人奇怪，它与我们所了解的行动者—观察者偏差是一致的。但是，实验出现了有趣的转折。一些被试在收看重播的谈话录像带时，或者让他们从与最初观察时相同的视角观察(例如，行动者收看的是另外一个人的录像带，观察者收看的是被要求监听的那个人的录像)，或者让他们从相反的视角观察(例如，行动者收看他们自身的录像，观察者收看另一个人的录像)。当视角相同时，会出现行动者—观察者偏差；但是，当视角相反时，也会出现行动者—观察者偏差。那些从观察者的立场来看待他们自己的行动者，更可能从性格因素来解释自己的行为，而那些从行动者的立场来收看录像的观察者，则更可能从情境方面来解释行为。行动者—观察者偏差可能常常造成误解与冲突。例如，假如萨姆和苏珊约会时迟到了，他 136
(行动者)可能将自己的迟到解释为"碰巧赶上了一路红灯"，而苏珊(观察者)便可能推断萨姆"对自己失去了兴趣"。这些不同的看法和归因反过来又可能作为后续行为的基础，而这些行为可以升级为敌对感和冲突。

斯托姆实验指出了将潜在的冲突消除在萌芽状态的一种方法：转变行动者和观察者观察问题的视角。这样做的策略之一是，根据其他人的观点进行角色扮演来促使人们产生移情。[89]另外一种被用于解决国际冲突的策略，是文化交流项目。

在这类项目中，某个国家的居民到另外一个国家居住。这两种策略都能够改变人们观察问题的视角以及可用于归因的信息。

自我偏差 现在让我们将注意力转向对我们最为重要的社会认知——自我有关的社会认知。正如前面我们对自我图式所讨论过的，我们的主要心理目标之一就是维持并强化我们对自身的看法。按照威廉·詹姆斯的观点，对我们的社会自我和"精神自我"而言，这一点尤为正确。以下是詹姆斯的有关论述：

> 社会自我……比物质自我具有更高的地位……与健康的肤色或财富相比，我们必须对我们的荣誉、朋友、人际关系予以更多的关注。精神自我也极其珍贵，因此，一个人宁愿放弃朋友、良好的声誉、财富，甚者生命本身，也不愿失去它。[90]

作为动机的主要源泉，我们如何设想自我极大地影响着我们所有的社会认知。[91]在下一章我们将对自我的过程进行详细的讨论。在此，让我们关注一下自我对社会认知产生影响的两种一般方式：自我中心思维和自利偏差。

自我中心思维 大多数人倾向于更多地将自己视为事件的中心，而实际上却并非如此。[92]我们将这种现象称之为**自我中心思维**。持有自我中心思维的人在回顾以往的事件时，把自己看得就像一位主要演员，影响着事件的进程和他人的行为。有许多关于自我中心思维的例子。可能其中最引人关注的便是政治学家罗伯特·杰维斯(Robert Jervis)所提供的。[93]他认为，一些重要的世界领袖倾向于非理性地相信，另外某个国家采取某种行动，要么是对他们先前决策的回应，要么是为了引起他们的某种反应。换句话说，这些世界领袖将世界上所发生的外交事务都看作与自己有关。例如，二战期间，希特勒将英国没有轰炸德国城市归因为，英国希望对德国的克制给予回报，而不是英国飞机短缺——这恰恰是真正的原因。

这些世界领袖们常常相信，他们的行动挫败了敌人的邪恶企图，但实际上这种 137
邪恶计划并不存在，或者它们是因为其他原因而破产的。尼克松政府的官员们就是这样的例子，他们预言在理查德·尼克松总统访华期间，北越会发动大规模的进攻，随后他们又宣称已经通过空袭阻止了这场进攻。战争结束后，人们发现根本不存在这一进攻计划。后来，罗纳德·里根将前苏联的突然衰落解释为主要是他的军费开支计划的结果，而不是归因为苏联已经恶化多年的经济和体制问题。最近，乔治·布什对北朝鲜发展核武器的反应受到批判，这些反应看上去就像人身侮辱。[94]关于这些国家首脑的自我中心思维的影响，杰维斯得出了令人心惊的结论：某个人对其他国家行为原因的(很大程度上是错误的)看法，会使得他更加信奉威慑力量——相信一个人可以通过惩罚和惩罚威胁来制止将来可能发生的事件。

毋庸讳言，并非只有那些世界领袖相信他们可以控制事件。在我们普通人中这种现象也很普遍。艾伦·朗格(Ellen Langer)通过一项简单的实验证实了“控制错觉”的威力。[95]在这项研究中，被试从实验者那里购买彩票，但这里有一个重要的设计：一些被试的彩票是自己选购的，而另外一些被试的彩票则是实验者分配的。稍后，被试们有机会将这些彩票再卖给实验者。朗格发现，自己选购彩票的被试提出的要价四倍于那些接受分配彩票的被试。该实验中的被试们持有这样的错觉：人们挑选彩票的行为会影响到最终的结果；因此，他们认为由于自己挑选了号码，这些彩票会更有价值。当然，正如我们都知道的，彩票中奖仅仅是由机会决定的；不论是谁来选择，任何一个号码都不会比另外一个号码具有更多的中奖机会。但是，由自我中心思维所形成的控制错觉却可以发挥很大的作用。由此，我们也就并不奇怪，为什么大多数州营彩票都允许自己挑选号码。

将自己视为世界中心的看法，还有助于解释美国报纸上天天都会出现的一种自相矛盾的说法。尽管许多美国人都为他们的科技成就感到骄傲，但是只有不到10％的日报上辟有固定的科学栏目。相反，90％以上的报纸每天都有占星术(通过一个人出生时星象的位置来对他的未来进行预测的一种方法)专题文章。怎么会这样呢？报纸上的占星术采用的惯用手法是巴纳姆陈述法。该方法以艺人巴纳姆(P. T. Barnum)的名字来命名，他曾经指出：“每分钟都会出现一个容易上当的傻瓜。”巴纳姆陈述是对个性的一种描述，它所包含的陈述几乎对每个人都是正确的。
例如，假定研究了你的星象图并且告诉你：“在一个陌生的社会情境中你会很矜持。 138
你对生活持有一种既乐观又悲观的态度。你很愿意听取他人的意见，但在情境需要时你会采取一种坚定的立场。”你是否会认为我是一个很有天赋的星象解读者呢？稍加思考，你就会发现这种描述机会适合任何人。但是，由于我们倾向于进行自我中心式的思维，几乎每个人都会相信巴纳姆陈述与他们的情况特别吻合；我们大多数人都不会停下来思考一下，几乎其他所有人都会有同样的感觉。于是，报纸上的占星术就会对大多数人保持一种吸引力。而且，正如彼得·格里克(Peter Glick)、底波拉·高兹曼(Deborah Gottesman)杰弗里·乔顿(Jeffrey Jolton)所证实的，一旦看到巴纳姆陈述既可信又积极，即便那些最初对星象学持怀疑态度的人也会发生动摇。[96]也就是说，那些怀疑者所接受有关自己的虚假的星象描述，对大多数人都是正确的(属于巴纳姆陈述)，而且这种描述一定程度上能够讨人喜欢，他们便逐渐减少了怀疑而且增强了对占星术的信心。

在另一项为考察巴纳姆陈述的可信度而设计的实验中，理查德·佩蒂和蒂莫西·布洛克(Timothy Brock)[97]对被试进行了一项虚假的人格测验，随后提供了一份伪造的人格反馈结果。其中一半被试收到的是将他们描述成“能够接受新思想”

的正向的巴纳姆陈述(例如,你可以从多个角度来看问题),而另外一半被试收到的则是将他们描述成“不能接受新思想”的正向陈述(例如,一旦你下定决心,你就会采取一种坚定的立场)。尽管这些人格反馈是伪造的,但几乎所有被试都认为这是对他们人格的非常恰当的描述。另外,佩蒂和布洛克还发现,被试们的这些“新发现的人格”会对他们后来的行为产生影响。具体而言,实验者要求“能够接受新思想”和“不能接受新思想”的被试,都列举出各自对两个有争议的问题的看法。那些收到将他们描述为“能够接受新思想”的巴纳姆陈述的被试,会从正反两个方面列举出对问题的看法;而那些收到“不能接受新思想”人格陈述的被试,则容易只从一个方面列举对问题的看法。这也是人们的信念和预期可能变为社会现实的又一例证。

自我中心思维趋向会在不知不觉中出现,它常常包含我们对过去的事件和信息的记忆。一个非常普遍的发现是,人们对那些关乎自身的信息描述具有更好的记忆。[98]而且,当在群体中工作的时候,人们倾向于关注和回忆自己的成绩,为此而不惜截留有关其他人成绩的信息。另外,假如一个人在信息生成的过程中发挥了积极的作用,这些信息就会比那些被动接受的信息得到更好的回忆。最后,许多研究反复证明,人们会更好地记忆与自我有关的信息;也就是说,当人们考虑如何将一个术语或者对象运用于自身时,他们对该术语或对象运用于他人时记忆得更好。记忆中存在的自我中心思维对于学生具有实际意义:对书本材料进行记忆的一个最好的方法,就是将它与你的个人经验联系在一起——来考虑如何将它运用到你 139
身上。这种方法会帮助你在下次考试中取得更好的成绩。

自利偏差　**自利偏差**指的是个体所具有的这样一种倾向:对自己的成功进行性格归因,而对自己的失败进行情境归因。例如,在篮球比赛中,如果琳达投进了一个高难度的球,她很可能会将此归因于自己的判断力和弹跳力。相反,假如她没有投中,她可能会声称自己被人犯规,或者声称因地板打滑而导致自己没有把握好起跳时间。汽车驾驶也为驾驶者陷入自利偏差提供了许多机会。例如,下面是某个卷入一起交通事故的驾驶者提供的一份写实报告。从中可见,自利偏差特别值得关注。[99]

- 电话线杆正快速倒下来;当它砸向我的汽车前部的时候,我试图转弯躲过它。
- 不知从哪里驶来了一辆汽车,我还没来得及看清就撞在我的汽车上,并很快消失了。
- 在背靠另一辆车子时,我的汽车是合法停靠的。
- 当我接近一个十字路口时,一排树篱冒了出来,阻挡了我们的视线,我看不见另一辆车。

■ 一个行人撞向我，然后钻到了我的车子底下。

研究者们已经搜集了大量的证据，这些证据支持非正式观察所得出的结论：人们总是将好的一面归为己有，而否定坏的一面。例如：(1)那些在考试中取得了好成绩的学生倾向于将他们的成绩归因于能力和努力，而那些成绩差的学生则归因于考试不公平或者运气差；(2)赌徒们认为成功来自个人技术，而将失败归结为偶然因素；(3)让一对结了婚的人估计一下每人平常做了多少家务，他们所做的家务加起来会远远超过100%——换句话说，每个人都认为自己做了绝大部分家务，这要远远多于对方对他(她)的估计；(4)一般来看，人们在评价自己时，会比他人对自己的评价更好，并且相信自己在平均水平以上；(5)两人组队完成一项技术性的任务，都会延揽好成绩的功劳，而将差的成绩怪罪到对方头上；(6)当要求大学生们解释一个人为什么不喜欢他们时，这些大学生很少认为自己应该对此负责(例如，一定是这个人出了问题)，但当得知有人喜欢他们时，这些学生便将此归因于自己的人格。[100] 正如格林沃德和布雷克尔(Breckler)所指出的："所描述的自我(往往)是好得失真；如此好的自我也总能够被信以为真。"[101] 一个有趣的问题是：为什么人们会出现自利偏差？一种能够说明某些材料的解释是纯认知性的；人们更多的是作为行动者而非观察者，来了解各种信息。[102] 我们可以考虑一下有关那对夫妇的发现，他们对所做家务的估计在总和上甚至超过了100%。这种效应可以很容易地归结 140
为差别性注意和记忆。例如，每当我在擦地板、刷厕所或者洗碗的时候，与你做这一切相比，我更有可能将这些贡献记住并且能够回想起来。这样，很可能我能够回想起上周自己做了四次饭菜、倒垃圾、清理车库、为狗梳洗、修剪草坪。我只记得你清洗微波炉，而没有看到(或者忘记了)你还有三个晚上在做饭洗碗、到超市购物、为地毯除尘、修剪树篱、支付账单。当我对两个人所做的家务进行估计时，我当然认为自己做得更多。

但是，这种纯认知性的解释并不能说明所有类型的自利偏差。例如，成功或者不成功的考生和赌徒所得到的信息是类似的。对自利偏差的另外一种解释是，我们之所以采取这种归因，是为了保护和维持我们的**自我概念**和自尊心。根据这种观点，假如我具有一种正向的自我看法，那么我就乐于看到或接受自己去做一些好事；相反，对这种正向的自我看法的威胁一定会加以防卫——或许通过否定，或者通过合理化。这被称之为**自我防卫**行为。

我们怎么才能确定这样一些行为是为了维持较高的自尊心呢？让我们分析一下人们最容易做出自我防卫归因的情形。吉福德·韦利(Gifford Weary)和他的同事们[103] 通过一系列实验发现，在下列条件下人们做出自利性解释的可能性会增加：

(1)一个人与某种行为高度相关;(2)一个人感到要对自己行动的后果负责;(3)一个人的行为可以被其他人公开地观察到。另外,当人们感到不可能不被发觉的时候——也就是说,当听众清楚地认识到某个理由是不正确的,或者某个理由会产生一种对未来表现的不合理期待的时候,便很少会采取自利归因。换句话说,自利归因最有可能出现在自我"在线"的时候——此时,自我明显地受到了威胁,或者某个人看到了获得积极的自我形象的机会。

自我偏差的价值 当我们将心理过程作为研究对象,而且发现绝大多数人都会出现自我中心思维和自利偏差的时候,我们就很容易推断出:(1)人类是可怜的、非理性的、愚蠢的有机体,他们看不清事物的真相;(2)自我偏见必须不惜一切代价地加以克服。这一结论可能过于简单。首先,正如前面曾提到的,尽管我们常常出现偏差性思维,但我们也能够进行清晰的、理性的思维。而且,自我偏见可能有助于达到一些重要目的。那些认为自己可以使好的事情发生的人,将会更加努力并
且更加坚定地去实现可能的目标。这些努力可能会带来这样一些结果:新的科学 141
发现、伟大的艺术作品,以及能够给成千上万的人带来巨大利益的政治协定。

有关这类过程的一个有趣的例子,是罗伯特·格罗夫(Robert Grove)和他的同事们对篮球运动员所做的一项研究的结果。[104]格罗夫发现,赢球的球队将成功归因于一些稳定的原因,而输球的球队则将他们的失败归因于诸如意外、倒霉之类的不稳定原因。这种偏差可能有利(至少在短期内),因为它可以保证输球的球队避免受到挫折的心理伤害,坚持下去,面对一连串的打击继续比赛。

自我偏差还有一些更为重要的短期价值。这一点是被谢莉·泰勒发现的。[105]她曾经访谈了几百位经历过悲剧或者近乎悲剧事件的人们。她的访谈对象包括强奸受害者、癌症病人,以及其他一些绝症患者。她发现,这些人远没有被摧毁,悲剧事件给他们大多数人带来了一种更有生机的新生活。特别是当他们对从疾病中康复充满乐观的看法,或者相信他们可以控制未来可能受到的伤害时,这一点便更加确定。对一个人可以排除悲剧烦扰的信念(尽管这种信念可能是一种幻想),使得这些人采取更为健康的生活方式,并且形成了处理压力的应对策略,对他们的生活产生了有益的影响。

与此类似,马丁·塞利格曼(Martin Seligman)[106]通过一系列实验研究发现,乐观主义的思维方式——相信失败是由于坏运气引起的,而且可以通过努力和能力加以克服——会导致更多的成功、更佳的健康,以及更好的精神状态。总之,采取自我中心思维和自利归因具有许多益处。但与此同时,我们也应牢记这些积极的结果并非毫无代价的。想必你已经预见到,它最大的代价就是,在一定程度上歪曲了人们对自我和世界的一般看法。

正如所看到的，具有讽刺意味的是，人们对世界的这种歪曲的看法，往往是由为自己以及自己的行为进行辩护的动机引起的。在进行自我辩护的过程中，人们对自己行为的意义进行解释或者歪曲，以便于使它们符合自己所认为道德上完美而又合乎理性的人的行动。对我而言，社会性动物最具吸引力的一面就是，人们有着将自己视为完美而又有具有理性的需要——而这种需要又是多么频繁地致使我们采取那些既不完美又没有理性的行动。人们进行自我辩护的倾向非常重要，值得辟专章来对它进行探讨，我们现在就转入这一章的内容。

5

自 我 辩 护

让我们想象下面这样一种情景：一个名叫萨姆的年轻人正在接受催眠。催眠 143
师对萨姆进行了催眠后暗示，他告诉萨姆，当时钟敲响四下的时候，他会(1)走到衣橱前，拿起雨衣和雨靴，并且穿好；(2)抓起一把雨伞；(3)走过八个街区来到超市，购买六瓶波旁威士忌酒；(4)回到家里。萨姆被告知，只要他再次踏进自家的公寓，马上就会“苏醒过来”，并恢复原状。

当时钟敲响四下的时候，萨姆马上走向衣橱，穿好雨衣和雨靴，抓起他的雨伞，怀着对波旁威士忌酒的渴求，步履蹒跚地走出门来。这项任务有几个令人感到奇怪之处：(1)这是一个天空晴朗、阳光明媚的日子，天上看不到一片云彩；(2)仅隔半个街区就有一家酒水商店，这里出售的波旁威士忌酒，与相距八个街区的那家超市售价一样；(3)萨姆并不饮酒。

萨姆的家到了，他打开门，又回到了自己的公寓，从“催眠状态”中苏醒过来，发现自己穿着雨衣和雨靴站在那里，一只手拿着雨伞，另一只手里提着一大袋瓶装酒。他一下子糊涂了。他的朋友，那位催眠师问道，

“嗨，萨姆，你去哪里了？”

“噢，刚才到商店去了。”

“买了些什么东西？”

“唔……唔……好像买了这些波旁威士忌酒。”

“可是你并不喝酒，对吗？”

“是的，可是……唔……唔……我打算今后几个周招待不少客人，我的一些朋友喝酒。”

“今天这么好的天气，你怎么会带着所有的雨具呀？” 144

“喔……实际上，一年中这个季节天气变化很快，我不想冒险被淋。”

“可是天上根本没有云彩。”

"喔……那可是谁也说不准。"

"顺便问一句，你从哪里买的这些酒？"

"噢，呵，呵。喔，唔……到超市买的。"

"你怎么会到那么远的地方去？"

"喔，唔……唔……今天天气这么好，我觉得多走点路挺好。"

人们都会对自己的行为、信念和感受加以辩护。当人们去做某件事情的时候，只要有任何可能，都会尽力让自己（或者他人）相信所做的事情是合乎逻辑的、合理的。萨姆之所以会做出上述愚蠢的举动，当然有一个合理的理由——他被催眠了。但由于萨姆并不知道自己被催眠了，而且对他来说很难接受自己会做出如此没有理智的行为，他便会尽最大限度来使自己（以及他的朋友）相信，他那些看似疯狂的举动是理智的，他的行为是非常合理的。

本书第2章讨论过的斯坦利·沙赫特和杰罗姆·辛格实验，也可以从这个角度来加以理解。我们可以回想起两位研究者给被试们注射消旋肾上腺素。那些事先被警告这种药物可以引起症状（心悸、掌心出汗、手颤）的被试，在症状出现时会对它们进行合理的解释。"噢，是的，这不过是药物在我身上发生作用。"然而，那些在药物影响方面受到误导的被试，却不会对他们的症状进行这种敏锐的、合乎逻辑的解释。但是他们又不能不对这些症状加以辩护，于是他们便设法将这些症状解释为：由于受到了周围环境中的社会刺激的影响，他们陷入了极度的快乐或者愤怒之中。

自我辩护这一概念还可以运用于更广的范围。假定你此时置身于一场巨大的自然灾害（如地震）之中。在你的周围，建筑物在倒塌，人们正在死伤。不用说，你被吓住了。还有必要为这种恐惧寻求辩护吗？当然不会。这些证据在你的周围比比皆是；伤亡的人和被毁坏的建筑物，都是让你感到恐惧的充分理由。但是，假定地震发生在另外一个邻近的城镇。你可能会感觉到大地的震动，听到有关那个城镇遭受破坏的一些报道。你会感到十分恐惧，但你并未置身于被毁坏的 145
地区；你和自己周围的人都没有受到伤害，而且你所在的城镇也没有建筑物被毁坏。你也需要为这种恐惧辩护吗？是的。就像沙赫特-辛格实验中那些体验到强烈的消旋肾上腺素身体反应但却不明就里的被试们一样，或者就像我们那位被催眠的穿着雨衣雨靴的朋友一样，你很可能会为自己的行为或者感受辩护。在这类场合中，你看不到附近有任何值得害怕的东西，因而你很可能需要对自己为什么会被吓得半死进行辩护。

这些灾害场面并非假定的事例，它们在印度就真实地发生过。一场地震过后，研究者们对四处流传的谣言进行了搜集和分析，他们的发现令人十分震惊。一位名叫贾木纳·普拉萨德(Jamuna Prasad)[1]的印度心理学家发现,如果地震发生在附近村庄,此时村民们能够感到震动但不会立即受到伤害,村子里就会出现大量的谣言对即将发生的灾难进行预测。具体而言,这个村庄的居民们所相信并传播的谣言大意是:(1)一股洪水正向他们冲来;(2)2月26日将是洪水暴发、浩劫来临的日子;(3)月蚀的那一天还会再发生一场严重的地震;(4)近日还会刮一场龙卷风;(5)无法预见的灾难即将降临。

为什么世上会有人编造、相信和传播这类谣言呢?难道这些人是受虐狂吗?他们是妄想狂吗?这类谣言肯定不能让人们感到平静和安全。一种令人信服的解释是,村民们陷入了极度的恐惧之中,而且找不到这种恐惧的充足理由,他们就编造了这些理由。这样,他们便不会被感到是愚蠢的。毕竟,假如龙卷风马上就要来临的话,人们感到非常恐惧不就显得很合理吗?这一解释得到了德迦南德·辛哈(Durganand Sinha)有关谣言研究的支持。[2]辛哈对印度某个村庄在类似程度的灾难发生后谣言的传播进行了研究。普拉萨德和辛哈的研究之间最主要的差异是,辛哈的研究对象实际遭受了灾难,而且目睹了灾难所带来的破坏。他们惊恐万状,但是他们的恐惧有充分的理由——他们不必为自己的恐惧寻找其他理由。因此,他们所传播的谣言中没有对即将发生的灾难的预测,也没有过分的夸张。实际上,即便有这样的成分的话,这些谣言也令人们安慰。例如,其中一个谣言预测(虚假的)很快就会恢复供水。

利昂·费斯汀格对这一系列发现进行了整理,并且将它们作为一种很有影响的人类动机理论的基础,他将这种理论称之为认知失调。这是一种非常简单的理论,但我们将会看到,它的应用范围很广。从根本上讲,**认知失调**[3]是一种紧张冲突 146
的状态,无论何时只要某个人同时拥有心理上不一致的两种认知(想法、态度、信念、意见),就会出现这种状态。换句话说,如果分别加以考虑,一种认知的对立面是另一种认知的结果,这两种认知就会导致失调。由于认知失调会带来不愉快,人们便会有目的地去减少它;这一过程与人们因饥渴而引起某种驱力并设法减少这种驱力的过程是大致相同的,只是在这里引起驱力的力量是认知不适,而不是生理上的需求。一个人持两种相互矛盾的观点,无疑是与荒谬为伍,而且正如存在主义哲学家阿尔伯特·加缪(Albert Camus)所看到的,人类这种生物一生都在努力使自己确信自身的存在不是一种荒谬。

那么,人们又是如何让自己确信自身的存在不是一种荒谬呢?或者说,我们是如何减少自身的认知失调呢?为了做到这一点,我们要么通过某种方式改变一种或者两种认知,使它们之间更加协调(更加一致),要么增加更多的认知以弥合最初两种认知之间的差距。①

让我们举一个许多人都很熟悉的例子。假定一个吸烟的人阅读了一篇医学报告，这份报告证明吸烟与肺癌以及其他呼吸系统疾病之间有联系，这个吸烟的人就会产生失调的体验。“我吸烟”的认知与“吸烟会导致癌症”的认知之间，便产生了失调。显然，对这个人来讲，在这种情况下减少失调的最有效办法就是戒烟。这样，“吸烟会导致癌症”的认知，便可以与“我不吸烟”的认知之间保持一致。

但是，对于大多数人来讲，戒烟并不容易。让我们假定有一个叫萨莉(Sally)的年轻女子，尽管努力戒烟但还是失败了。她会采取什么样的办法来减少失调呢?最有可能的是，她会在另一种认知“吸烟会导致癌症”上想办法。她会轻视有关吸烟与癌症之间联系的证据。例如，她会努力让自己相信实验证据并不具有结论性。另外，她可能找出那些聪明人吸烟的例证，这样就可以使自己确信：既然德碧、妮可(Nicole)、拉里(Larry)都在吸烟，可能吸烟并不十分危险。萨莉还可能会换一种带过滤嘴的品牌，并自欺欺人地认为过滤嘴会过滤掉致癌物质。最后，她可能增加一些与吸烟相一致的认知，这样就可以使这种行为看上去不太荒谬——尽管它可能存在危险。于是，萨莉就可能强化吸烟的价值；也就是说，她可能会逐渐相信，吸烟是一种重要的而且极具享受性的活动，是一种不可缺少的消遣：“我可能会缩短寿命，但是我会更加享受人生。”同样，她可能试图通过形成一种浪漫而又自得其乐的 147
自我形象，彰显吸烟的好处，藐视吸烟的危险。所有这些行为都会减少她故意要染上癌症想法的荒谬性，进而减少认知失调。萨莉通过在认知上将危险最小化，或者夸大吸烟的重要性，证明了自己的行为是正当的。实际上，她已经成功地构建了一种新的态度或者改变了原有的态度。

的确如此，围绕着 1964 年美国公共卫生部长的健康报告所展开的宣传过后不久，有人通过一项调查[4]来评估民众对“吸烟会导致癌症的一些新证据”的态度。在不吸烟者中，压倒多数的人相信这份健康报告，仅有 10%的人质疑报告所提到的吸烟与癌症之间的联系还没有得到证实，但这些被调查者并非有意识地怀疑这份报告。而那些吸烟者则面临着更多的困惑。吸烟是一种很难克服的习惯，仅有 9%的人能够放弃。为了替自己继续吸烟的行为辩护，吸烟者倾向于推翻这份报告。他们更可能去否认那些证据，40%的重度吸烟者认为这些证据并不能证明二者之间存在联系。他们也更容易进行合理化解释，说超过不吸烟者两倍的吸烟者都赞成这样的说法：生活中存在着很多危险，无论吸烟者还是不吸烟者都会得

① 在上一章里我们了解到，信念和态度并不总能很好地预测一个人的行为——也就是说，行为并不总是与相关的信念和态度一致。在此我们要说明的是，由于大多数人感到他们的信念和态度应当与他们的行为一致，因此，当自己的行为与某种已有的态度不一致时，他们就要为这些行为辩护。

癌症。

那些痛苦地意识到吸烟会危害健康的吸烟者，可能会采取另外一种方式——将他们的吸烟习惯降到最低限度以减少失调。一项研究[5]发现，在155名每天吸烟量在一包到两包的吸烟者中，有60%的人认为自己是中度吸烟者；余下的40%认为自己是重度吸烟者。我们如何来解释这种不同的自我知觉呢？无需惊讶，那些将自己列入中度吸烟者的人，比那些将自己列入重度吸烟者的人，更多意识到吸烟在病理上的长期影响。也就是说，这部分吸烟者通过让自己相信每天吸烟一到两包其实并不算多，明显地减少了失调。毕竟，中度和重度都是主观概念。

假定有一个十几岁的小女孩，她还没有开始吸烟。在阅读了公共卫生部长的健康报告之后，她会轻意地相信吗？就像调查中的大多数不吸烟者一样，她会相信的。这些证据客观合理，它们的来源很可靠而且值得信任，因而没有什么理由不相信这份报告。这正是问题的关键。在本书前面的内容中，我曾经指出人们会努力保证自己正确，当一些价值和信念看上去正确的时候，它们就会逐渐被人们所内化。正是为了确保自己正确的这种努力，促使人们密切关注其他人的行为，并且留意那些内行的、值得信任的宣传者的建议。这是一种非常理性的行为。然而，也存在着一些力量会对这种理性的行为不利。认知失调理论并没有将人类描述为理性的存在，而是将他们描述为理性化的存在。根据这一理论的基本假定，我们人类并不试图确保自己正确，而只是试图相信自己是正确（聪明、正直、可靠）的。

有时，人们确保自己正确的动机与相信自己正确的动机，是沿着同样的方向起 148
作用的。这就是在那个年轻女子身上所出现的：她不吸烟因而发现自己很容易接受吸烟会导致肺癌的观点。一个见到过吸烟与肺癌之间相联系的证据而且成功地戒了烟的吸烟者，也符合这种情况。但是，有时减少失调的需要（使某个人相信自己正确或者可靠的需要）导致的是适应不良，并因而导致不合理的行为。例如，许多人曾经试图戒烟但最后失败了。这些人会怎么去做呢？假定他们会不顾死活地更凶地去吸烟，肯定是错误的。他们不会这样做。相反，他们会采用其他方式来尽力减少他们的失调，这就是：让自己相信吸烟并不像想象的那样糟。因此，里克·吉本斯（Rick Gibbons）和他的同事们[6]最近发现，那些进戒烟诊所的重度吸烟者，会戒烟一段时间，随后又会故态复萌，再次成为重度吸烟者，结果是他们成功地降低了对吸烟危害程度的认识。

为什么心理上会出现这种变化呢？假如一个人在类似戒烟这样的行动过程中做出了严肃的承诺，随后又不能履行这一承诺，他（她）那“自己是一个坚强的有自制能力的人”这样一种自我概念，就会受到威胁。这当然会引起失调。减少这种失调并重新获得一种健康的自我意识（而不是健康的肺）的办法之一，就是通过将吸烟看得不那么危险来淡化这一承诺。一项针对 135 名做出了新年承诺的大学生的比较全面的追踪研究，为这一观点提供了支持。[7]那些没有按照这些承诺（例如戒烟、减肥，或者更多地锻炼）去做的人，起初会对自己没有能够履行承诺而感到很难为情，但过了很短一段时间后，他们便成功地贬低了这些承诺的重要性。具有讽刺意味的是，贬低这些不能兑现的承诺能够恢复大学生们的自尊，但是也几乎肯定会在将来受到自我打击。短期内他们可以做到自我感觉良好，但从长期来看，却大大降低了他们成功实现这些目标的机会。

难道这是减少因目标无法实现而导致的失调的唯一方式吗？当然不是。另外一种应对方式（或许并非适应不良的方式），便是降低一个人对成功的期望。例如，一个已经不能完全戒烟的人，但是假如他已经减少了每天吸烟的数量，他便可以将这个结果解释为：取得了部分的成功，而不是彻底的失败。这种做法可以减少失败给他（她）的自尊心所带来的打击，而且仍然保持了将来通过努力取得完全戒烟成功的可能性。

让我们在吸烟这个话题上多花点时间，来看一个有点极端的例子：假定你是一家大型烟草公司的一位高层主管——因此你处在这样一种境地：必须明确表达自己对吸烟的看法。你的工作包括生产香烟，为香烟做广告，以及向成千上万的人推 149
销香烟。假如吸烟的确会导致癌症，那么从某种意义上说，对很多人的患病和死亡，你需要承担部分的责任。这会带来相当程度的失调：你的"我是一个正直而善良的人"的认知，与"我正在加速许多人过早死亡"的认知之间，出现了不一致。为了减少这种失调，你必须尽力使自己相信吸烟是无害的；这就需要对堆积如山的大量证据进行反驳，这些证据都认为吸烟与癌症之间存在因果关系。而且，为了进一步确证自己是个完美的、有道德的人，你可能会走得更远：通过自己大量吸烟来证明你根本不相信那些证据。假如你的这种需要非常强烈，你甚至可能会成功地让自己相信吸烟对人们有益。这样，为了证明自己聪明、可靠、正确，你就会去采取愚蠢而又有损健康的行为。

这种分析看上去过于离奇，以至几乎不可相信。1994 年国会举行了有关吸烟危害的听证会。在这些听证会上，大多数大型烟草公司的高层主管们承认自己吸烟，而且的确主张吸烟并不比玩视频游戏或者吃一些垃圾食品，对人更有害和让人更加上瘾。在 1997 年举行的一次后续听证会上，美国最重要的香烟制造企业的董事长兼执行总裁詹姆斯 · 摩根（James J. Morgen）说，香烟并不会导致药理性成瘾。"瞧，我喜爱熊崽软糖，而且我食用熊崽软糖。但是在我不食用熊崽软糖的时候，我并不喜欢它，"摩根说。"但是，我肯定不会对它成瘾。"[8]这种公开的否认当然没有什么新奇之处。二十多年前，《华盛顿邮报》发布了这样一则新闻报道：

> 杰克·兰德里(Jack Landry)的桌上放着两包万宝路香烟,他从其中的一包里抽出一支香烟——这已经是他今天吸的第30支烟了,点上火柴并告诉人们,他并不相信所有有关吸烟会导致癌症和肺气肿的报道。他刚刚开始营销菲利普·莫里斯公司的另一种香烟,而且对它的前景十分满意。但是,他如何在自己的良心和明年为诱导人们购买这种新品牌将向美国各州投入的一千万美元之间,取得平衡呢?"事实并非如此,"杰克·兰德里,这位菲利普·莫里斯公司负责营销的副总裁说,"在这个国家里,有将近一半的成年人吸烟。对他们来讲,香烟是一种基本商品。我不过是在满足人们的某种需要……一些非常著名的医学和科学权威对此进行了研究,其中有一项研究依据的是压力理论,他们认为,如果没有香烟来缓解压力,不知有多少人会糟糕透顶。而且,有许多可靠的研究显示吸烟与各种疾病无关。"兰德里说,他的满意感来自于自己在一个竞争非常激烈的行业里非常出色的工作。他指出,菲利普·莫里斯公司及其销量最大的万宝路品牌,已经超过了美国烟草公司而成为美国第
> 二大烟草商(雷诺兹仍然是第一品牌)。为什么要推出一种新的品牌呢?当然 150
> 是为了营销,兰德里说。营销一种新品牌的美国香烟令人鼓舞之处在于——兰德里信心十足地预测——它将在一年的时间里占有美国市场1%的份额。这1%相当于五十亿支香烟,而且会为菲利普·莫里斯公司带来可观的利润。[9]

很可能,詹姆斯·摩根和杰克·兰德里只是在撒谎。(难以设想,烟草公司的经理们会撒谎!)但事情也可能要更复杂一些;我的推测是,年复一年,他们可能已经成功地蒙骗了自己。在第3章快要结束的时候,我曾经提到,信息说服对于改变根深蒂固的态度是没有多大效果的。现在我们可以对其中的原因进行确切的分析。如果人们持有某种态度,而宣传者所提供的信息又引起了失调,一般来说,减少失调的最好办法就是对那些证据加以拒绝或者曲解。一个人所持的态度越牢固,他(她)拒绝不一致证据的倾向性越强。

让我们举一个令人毛骨悚然的例子来说明这一过程,那就是哈雷-波普彗星自杀案。1997年,39名天堂之门教(一种令人难以理解的宗教崇拜)成员,被发现在加利福尼亚州兰乔圣菲高级住宅区集体自杀。几周前,为了能够清晰地看到哈雷彗星和跟在它后面的宇宙飞船(对此他们坚信不疑),几名信徒曾经到一家专卖店购买了一架昂贵的大功率望远镜。他们相信,当哈雷彗星飞近地球的时候,就是将自己从他们的"地球容器"(他们的肉体)中解脱出来的时候,他们会通过杀死自己来做到这一点,以便于他们的本体可以被飞船带走。买走了望远镜几周之后,他们又回到那家商店,退掉了望远镜,并且很客气地要求退款。当店主问他们望远镜是否存在什么问题时,他们表示它有缺陷:"我们可以很清楚地看到彗星,但是我们却

看不到跟在它后面的飞船。”不用说，那里根本没有什么飞船。但是，假如一个人是如此地相信存在这样一艘飞船，以至于想通过结束生命的方式去搭乘它，而他的望远镜却不能发现它，那么显然一定是他的望远镜出了问题。

富有刺激性的轶事具有暗示性。但是它们并不能构成科学的证据，因此其自身并不能令人信服。让我们再举香烟的例子，摩根先生和兰德里先生很有可能知道吸烟是有害的，而且他们那样做仅仅是因为愤世嫉俗。同样地，也可能兰德里一直相信吸烟对人们有益，即便在开始他的兜售之前，他也这样认为。显然，假如这两种可能性中有一种是真实的，他那些吸烟有益的慷慨陈词都很难归因于认知失调。更具说服力的例证，来自一起很特别的事件，从中我们可以清楚地看到态度如何被歪曲。这一例证发生在 20 世纪 50 年代，是由常春藤联盟举办的一场橄榄球赛引起的。这是普林斯顿大学和达特茅斯大学之间的一场重要比赛，也被认为是 151
一场有积怨的比赛，而且这一点很快被场上的情形所证实：这场比赛作为两队历史上最粗暴、最肮脏的比赛留在了人们的记忆深处。普林斯顿的明星球员，是全美最优秀的后卫迪克·卡兹梅尔（Dick Kazmaier）；随着比赛的进行，人们越来越清楚地看到达特茅斯的球员们决意要令他恼怒。只要他一带球，就会受到围堵，挤压，甚至被击伤。最终他因鼻子被踢断而不得不离开赛场。与此同时，普林斯顿队也并不示弱：卡兹梅尔受伤后不久，一名达特茅斯球员也因腿被踢断而被抬下了场。在比赛过程中场上爆发了几起拳击战，双方都有多人受伤。

比赛结束一段时间后，两位心理学家——来自达特茅斯的阿尔伯特·哈斯托夫（Albert Hastorf）和普林斯顿的哈德利·坎特里尔（Hadley Cantril）[10]——走访了两个校园，在两个校园里分别让一些学生收看了比赛的录像。他们要求这些学生在收看录像时，要完全客观，并记录下每次犯规是怎样开始的，谁应当对此负责。可以想象，两所大学的学生们看待比赛的方式存在着很大的差异。学生们特别倾向于将自己的同学视为犯规的受害者，而不是侵犯行为的实施者。另外，还出现了不小的失真：研究者发现，普林斯顿的学生看到的达特茅斯队犯规的次数，整整是达特茅斯的学生所看到的两倍。需要提醒的是，人们在进行信息贮存时并不是被动的容器。人们看待和解释信息的方式，取决于他们对特定信念和行动过程的坚持程度。为了减少失调，人们会对客观事物加以歪曲。人们进行歪曲的方式以及歪曲的程度，在很大程度上是可以预测的。

几年后，伦尼·布鲁斯（Lenny Bruce），一位敏锐的戏剧家和社会评论家（几乎可以肯定他没有读过认知失调理论），对发生在理查德·尼克松和约翰·肯尼迪之间的 1960 年总统大选，进行了透彻入理的分析：

> 与一群肯尼迪的崇拜者一起收看大选辩论，他们会这样评论，“他的确将

> 尼克松打得一败涂地。”随后，我们一起来到另一所公寓，尼克松的崇拜者们对我们说，“你认为他对肯尼迪的致命一击如何?”于是我意识到，每个群体都热爱他们的候选人，因此即便有人对着摄像机大叫大嚷：“我是个窃贼，是个骗子，你听到了吗？选我做总统是你们做出的最糟糕的选择!”他的追随者也仍然会说，“现在站在你面前的是一个诚实的人。只有伟大的人物才会承认这一点。这正是我们所需要的总统人选。”[11]

人们不喜欢看到或者听到与自己所坚持的信念或愿望相冲突的事情。古代人 152
对这种坏消息的反应是直接杀掉报信人。杀掉报信人的现代版本，就是指责媒体提供使人们产生失调痛苦的材料。例如，1980 年里根竞选总统的时候，《时代周刊》发表了一篇分析他竞选活动的文章。随后编辑收到了一些怒气冲冲的来信，形象地反映了来自他的支持者和贬低者的不同反应。让我们看看下面这两封信：

> 劳伦斯·巴雷特(Lawrence Barrett)在大选前发表的那篇谈论候选人罗纳德·里根的短文(10 月 20 日)，是华而不实的人身攻击，你很清楚这一点。你应当为自己刊出这样一篇假装从客观角度对里根进行评价的文章而感到耻辱。

> 你那有关“真实的罗纳德·里根”的描述的确起作用了。你为什么只编辑那些支持他的文章呢？巴雷特如此巧妙地掩饰了里根的致命弱点，以至于“真实的”罗纳德·里根好像是对我们所有问题的答复。

这些来信所反映出来的认识上的差异，不仅仅是 1980 年的选举活动中所独有的。它同样出现在克林顿的支持者和贬低者身上，也出现在小布什的支持者和贬低者身上。事实上，它每四年就会出现一次。在下一次总统大选期间，假如你查阅一下你最喜欢的新闻杂志在刊发了一篇关于某个领先的候选人的文章后人们给编辑的来信，你同样会看到大量的不同看法。

减少失调和理性行为

我曾经提到减少失调的行为是“非理性的”。我的意思指的是，它往往是适应不良的，因为它会阻止人们去了解一些重要的事实，或者会妨碍人们发现解决问题的真正途径。从另一方面看，它又的确满足了一个目的：减少失调的行为是一种自我防卫行为，通过减少失调我们便可以维持一种积极的自我形象，这种形象将我们描绘成有道德的、聪明的，或者有价值的。尽管这种自我防卫行为可以被认为是有益的，但是它却可能导致灾难性的后果。爱德华·琼斯和石川·科勒（Rika Kohler）[13]通过实验室实验充分证明了减少失调行为的非理性。研究者们选择的被试是一些对种族隔离问题持某种强烈立场的人；一些被试赞成隔离，而其他人则对此持反对态度。实验者让这些被试阅读了一系列有关这一问题的正反两方面的论点。一些论点是明智的而且听起来很有道理，另一些论点听起来根本没有道理，甚至近乎可笑。琼斯和科勒感兴趣的是确定人们对哪种论点记忆最好。假如人们是纯理性的，我们可以预期他们会对那些听起来有道理的论点记忆最好，而对那些听起来没有道理的论点记忆最差，但为什么在现实中人们又会记住一些听起来没有道理的论点呢？按照上面的说法，理性人会复述并记住所有合理的论点，而摈除所 153
有可笑的论点。认知失调理论是如何预测的呢？按照这一理论，最令人们感到内心舒适的是，所有的聪明人都站在你的立场上，而所有的傻瓜都站在另一立场上：假如一个人的立场得到了一种愚蠢的论点的支持，则会引起失调，因为这会导致此人对那一立场是否明智或者赞成那一立场的人是否聪明产生怀疑。同样，一种听起来有道理的论点，站在了问题的另一立场上，也会导致失调，因为它意味着另一立场可能是正确的。因为这些论点引起了失调，人们就会尽力不去考虑它们——也就是说，人们可能不会很好地去了解它们，或者可能干脆忘掉它们。这正是琼斯和科勒的发现。他们的被试并非以理性起作用的方式进行记忆，这些人倾向于记住的是：那些符合自己立场且听起来有道理的论点，以及那些与对方立场一致而且听起来没有道理的论点。

在另一项类似的实验中，查尔斯·洛德（Charles Lord）、李·罗斯和马克·莱佩尔（Mark Lepper）[14]发现，人们在处理信息时不会采取不偏不倚的方式。相反，人们会采取一种与自己原来所确信的观点相符合的方式，对信息加以歪曲。研究者们从斯坦福大学分别挑选了几位反对死刑和赞成死刑的学生。他们让这些学生阅读两篇研究论文，论文讨论了死刑是否可能震慑暴力犯罪。其中一项研究证实了学生们的已有看法，而另一项研究则没有证实。如果这些学生是完全理性的，他们可能会推断出这是一个复杂的问题，因此，两组学生可能会在有关死刑的看法上互相接近。另一方面，认知失调理论则预测，他们会对两篇论文加以歪曲：他们会将那篇证实了自己看法的论文牢记在心，并为其确凿无疑地支持了自己的看法而兴奋不已；而对不能证实自己看法的那篇论文，他们则会寻找方法上或者概念上的错误，并拒绝来自它的影响。这就是他们的发现。事实上，在看到从两个方面提供的这份材料之后，两组学生的看法不仅没有更加接近，他们的意见分歧反而比此前更加明显了。这一过程大概可以说明这样的事实：在类似政治或宗教之类的问题上，不管我们的论点多么有力和公正，那些笃信某种观点的人也几乎不可能按照我们的方式去对事物进行观察。

我们之中那些坚持认知失调理论的人，并不否认人类具有理性思维的能力。该理论只是主张，人们的许多行为是非理性的——尽管在他们自己看来，这些行为似乎是非常合理的。假如你去问那位被催眠了的年轻人为什么会在一个晴朗的日子里穿着雨衣，他会想出一个自认为合理的理由；假如你去问那位菲利浦·莫里斯的副总裁为什么会吸烟，他也会给出一个自己认为讲得通的说法——他可能会告诉你香烟对每个人的健康多么的有益；假如你去问琼斯和科勒的被试们，为什么会 154
记住一些论点而记不住另外一些，他们会坚持认为，自己所记住的论点能够最全面、最有代表性地反映所阅读的内容。同样，有关死刑实验中的那些学生们，会坚持认为反对他们立场的证据是错误的。注意到下面这一点是很重要的，那就是：世界上的人不可能划分为理性人和需要减少失调的人两种。人与人之间并非完全相同的，一些人可能会比另外一些人更能忍受失调，但我们所有的人既能够做出理性的行为，也能够做出减少失调的行为，这取决于环境。有时，在同一个人身上这两种行为会接连出现。

在接下来的论述中，我们会对人类自我辩护需要的各种形式加以讨论，其间，我们会反复地说明人类行为的理性与非理性。实际上，这些形式存在于人们的全部行为之中，但为了节约时间与版面，我们将仅举几例。我们首先来看一下决策过程，从中我们可以看到人们最具理性的行为和最不理性的行为之间的瞬间变换。

决策造成的失调

假定你要做出一项决策——例如，购买一辆新车。这关系到了一笔不小的资金，因此按理讲是一项重要的决策。经过考察，你在购买一辆客货两用车还是购买一辆小型汽车之间犹豫不决，感到很为难。这两种车型各有利弊：客货两用车用起来很便利，可以装下不少东西，长途旅行时可以在里面过夜，而且有足够的马力，但是耗费极大，而且不容易停放。小汽车不太宽敞，你可能会对它的安全性能有些担心，但是购买以及维修都花销不大，驾驶起来很有乐趣，而且你还听说它的返修记录相当不错。我推测，在你做出决策之前，你会搜集尽可能多的信息。你很可能会去阅读《消费者报告》，看看这一内行的、公正的信息源会有何说法。或许你会请教那些拥有客货两用车或者小汽车的朋友。你可能会去拜访汽车商，对这两种车进行试驾，来体验一下不同车的感受如何。所有这些决策前的行为都是绝对理性的。

现在让我们假定你做出了某种决策，决定购买小汽车。接下来会出现什么情况呢？你的行为可能会开始发生变化：你不再去搜集各种型号汽车的客观信息，而是很可能开始花更多的时间与那些小汽车车主们进行交流。你们会谈论平均每加仑汽油可以行驶的里程，似乎这成了世界上最重要的事情。我推测你不会花太多时间来考虑自己不能在小汽车里睡觉这样的事情。同样，尽管意识到一些缺陷（你的新车在发生碰撞的时候会特别危险、刹车不是十分灵敏）很可能会付出生命的代价，但你仍会对这些事实不太重视。

上述这类事情是如何发生的呢？做出一项决策之后，尤其是那些困难的决策， 155
或者牵扯到大量的时间、努力或者金钱的决策，人们几乎总会体验到某种失调。之所以如此，是因为人们所做出的选择很少是十全十美的，而人们所拒绝的选择也很少是一无是处的。在本例中，你对自己购买了一辆小汽车的认知，与你对这辆车可能存在某种缺陷的认知之间，会存在失调。同样，你对自己曾经考虑过但却没有购买的其他型号汽车的优点的认知，与你没有购买其中某款汽车的认知之间，也会存在失调。减少这种失调的很好办法，就是找到你所选择的汽车所独有的正面信息，同时回避与它有关的负面信息。一种没有风险的信息来源就是广告；可以肯定地说，广告不会去诋毁自己的产品。因此，我们可以预测：一个最近买了新车的人，会开始选择性地去阅读广告；在购买新车之后，他会比那些最近没有购买这种汽车的人，更多地阅读与这种汽车有关的广告。另外，新车车主倾向于尽量避开其他型号汽车的广告。这正是戴纽特·埃里克（Danuta Ehrlich）和她的同事们[15]在一项著名的广告读者调查中所发现的。简单地说，埃里克的资料显示，人们在做出决策之后，会通过寻找那些肯定使人放心的信息，尽力安慰自己，证明自己所做出的决策是明智的。

人们并不是总需借助于麦迪逊大街*来获得安慰；在安慰自己方面，他们可以做得很出色。杰克·伯里汉姆（Jack Brehm）[16]所做的一项实验显示了这一切是如何发生的。伯里汉姆扮做市场调研人员，向一些妇女出示了八种不同的厨房用具（烤箱、电动咖啡机、三明治烤架，等等），并且要求她们根据每种用具对人们的吸引力大小进行等级评定。作为奖赏，每个妇女被告知可以得到其中的一种用具作为礼品，并允许她在两件自己评定为同等吸引力的用具中任选一种。等她选好之后，就将这件用具包装好送给她。几分钟后，要求她再次对这些产品进行评定。结果发现，得到了自己挑选的用具后，每个妇女都对该用具的吸引力做出了较高的评

* 美国纽约最繁华的大街，这里云集了美国的一些重要广告公司，“麦迪逊大街”为此而成为广告业的代名词。—— 译者注

定，而降低了对那件可以得到但自己没有挑选的用具的评价等级。我们又一次看到了决策所导致的认知失调：对所喜欢的对象的任何负面认知，与选择了它的认知之间，会产生失调；对没有选择的对象的正面认知，与没有选择它的认知之间，也会产生失调。为了减少失调，人们将这些可能的选择从认知上扩展开来。也就是说，在做出决策之后，伯里汉姆研究中的妇女们，会强调自己决定选用的用具的正面特性，同时贬低它的负面特性；而对自己决定不选用的用具，则强调它的负面特性，同时否认它的正面特性。

为个人选择进行辩护的倾向，并不仅仅局限于消费者决策。事实上，有研究发 156
现，类似的过程甚至可能影响人们的爱情关系，以及人们打算与那些可能成为伴侣的人进行交往的意愿。在一项由丹尼斯 · 约翰逊（Dannis Johnson）和卡莱尔 · 罗斯鲍特（Caryl Rusbult）[17]进行的研究中，研究者要求大学生们评价校园里新兴的一种电脑约会服务成功的可能性。被试们看到了一些异性的照片，并且相信这些人是约会服务的申请者。接着，要求他们对这些申请者的吸引力进行等级评定，而且评定与他（她）可能的约会使自己快乐的程度——合乎实际地提出某种可能性。这项研究的结果，与伯里汉姆有关用具的发现非常类似：学生们对自己当前的恋爱对象越忠诚，他们对研究中所提供的可供选择的伴侣的吸引力评价越差。在后来的一项实验中，杰弗里 · 辛普森（Jeffry Simpson）和他的同事们[18]也发现，与那些还没有建立起忠诚的恋爱关系的人相比，那些已经建立起这种关系的人，会认为其他异性的身体和性吸引力较低。另外，辛普森和他的合作者还发现，这种效应只是对"合适的他人"起作用；假如所提供的人选年龄有些偏大或者是同性，那些建立了忠诚的恋爱关系的人便不会贬低这些人的吸引力。简言之，没有威胁，就不会出现失调；没有失调，就不会去贬低他人。

总之，不论我们谈论的是用具还是恋人，一旦建立起某种坚定的承诺，人们便会倾向于关注自己所做选择的积极方面，并且会贬低自己所拒绝的可能选择的吸引力。

决策后果的一些历史例证　尽管上面所讨论的一些材料是无害的，但是我们不可能对因受到这类倾向影响所导致的潜在危险做过高的估计。当我讲到"为了减少失调而对潜在的危险视而不见很可能会导致死亡"时，丝毫没有夸张之意。假定有一个疯子占领了你的国家，并且要消灭你所属的教派的所有信徒。但你对这一点还不能够确定。你所知道的是，这个国家被占领了，占领军的首领不喜欢你所属的教派，有时一些信徒被驱出家门并被关进了集中营。你会怎么做呢？你可能会设法逃离你的国家；你可能会假装自己是不同教派的信徒；或许，你可能会静观其变，期待着出现最好的结果。所有的这些选择都是非常危险的：逃跑或者隐瞒而又不被察觉，是很困难的；一旦你因为试图逃跑或者隐瞒自己的身份而被捕，便会被立即执行死刑。从另一方面看，假如有迹象表明你所属的教派正在被有计划地消灭，决定静观其变则可能是一个灾难性的决策。现在让我们假定你打算不采取行动。也就是说，你打算坚持自己的信仰以静观其变——放弃逃跑或者隐瞒的机 157
会。这样一种重要的决策自然会产生很大的失调。为了减少失调，你会让自己相信所做出的决策是明智的——也就是说，你会让自己相信：尽管你所属教派的信徒被驱逐或者受到了不公正的对待，但只要不违法，他们就不会被处死。这一立场坚持起来并不困难，因为并没有确凿无疑的证据表明情况相反。

假定几个月以后，你所在城镇的一位受人尊重的人告诉你，当他躲藏在森林里的时候，看到了士兵们正在一个不留地屠杀一些男人、妇女和孩子，这些人是最近刚刚被驱逐出城的。我预计你会尽力去认定这个信息不真实——你会设法使自己相信，说这种话的人要么是在撒谎，要么是产生了幻觉。假如你听从了这个人的警告，你可能会逃脱。否则，你和你的家人便会遭到屠杀。

这件事看起来是否有些荒诞？是否不太可能？怎么会有人不认真对待一个受人尊敬的人的话呢？上面所描述的事件，便是对 1944 年在匈牙利锡盖特小城所发生事情的真实报道。[19]

认知歪曲和对信息的选择性注意，也可能是引起越南战争的毫无目的地逐步升级的一个重要因素。在对五角大楼一份报告所做的发人深省的分析中，拉尔夫·怀特(Ralph White)认为，是失调导致了我们的领导人，对那些与他们所做决策相矛盾的信息视而不见。正如怀特所说的，“当行动与观念不一致时，决策者便倾向于按照行动来调整他们的观念。”我们可以从许多这样的事例中举出一例，继续加大对北越轰炸的决策，就是以忽视来自中央情报局和其他渠道的关键证据为代价做出的。这些证据表明，轰炸并不会摧毁北越人民的意志，而且恰恰相反，只会使他们的决心更加坚定。

> 例如，将国防部长罗伯特·麦克纳马拉(Robert McNamara)1966 年所做的高度真实、证据确凿的反对轰炸的总结，与参谋长联席会议备忘录加以比较，是很有启发性的。备忘录对麦克纳马拉的总结提出了质疑，并且将轰炸称之为我们所拥有的两张王牌之一，与此同时它对所有来自反对方的事实都视而不见。但是，最终参谋长联席会议占了上风。[20]

怀特推测，参谋长联席会议占上风的原因在于，他们的建议与已经做出的决策相一致，这一点反过来又导致了一些后来被证明是错误的重要假定。[21]

逐步升级会无休止地持续下去。一旦做出了一个很小的承诺，哪怕这种承诺很小，它也会为今后越来越多的承诺创造条件。由于行为需要得到辩护，便只好改变态度；这种态度上的改变又会影响到未来的决策和行为。《时代周刊》的编辑们 158
对五角大楼那份报告的分析，很好地揭示了这种认知上逐步升级的特点：

> 然而，五角大楼的报告显示，这些官僚们总是需要新的选择；而每一种选择都会使用更多的武力。每一次对自身观点的肯定，都会出现一种新的需要辩护的主张。而一旦开战，就必须保持军事压力。[22]

这种逐步升级的潜在过程，也被人们从一种更为个体的层面，在控制性实验条件下进行了考察。假定你希望在一项宏大的事业上得到某人的支持，但是你知道你打算让这个人从事的工作非常艰难，而且需要付出大量的时间与努力，因此这个人肯定会拒绝。这时，你会如何去做呢？其中一种可能，就是让这个人先参与这项工作的一小部分，让他（她）感到这项工作很容易，以至于他（她）不会想到去拒绝它。这种做法有助于让这个人参与到“这项事业”中来。一旦人们参与进来，他们按照更高要求去做的可能性便会增加。这一现象被乔纳森·弗里德曼和斯科特·弗雷泽（Scott Fraser）[23]所证实。他们试图劝导一些房主在自家的前院竖起一块写有“谨慎驾驶”的巨大招牌。由于这块招牌很难看而且很惹眼，大多数居民拒绝了这一做法，只有 17%的人表示同意。但是，对另外一组居民，则首先由实验者对他们加以“软化”——让他们签署一份赞同安全驾驶的请愿书。由于签署请愿书是一件很容易的事情，所有受到邀请的人都签署了。几周后，另外一位实验者带着写有“谨慎驾驶”的那块很难看的招牌，找到了每一位居民。结果发现，超过 55%的居民同意在自家的土地上竖起这块招牌。因此，当人们就某种行为做出了初步的承诺时，他们承诺进一步按照这一方向去行为的可能性便会增加。这种通过要求帮小忙来促使人们同意提供更大帮助的过程，被称之为**登门槛技术**。这种技术之所以有效，是因为它通过请人们帮小忙，制造了一种让人们同意提供更大帮助的压力；实际上，它已经为人们将来按照更高的要求办事提供了理由。

帕特丽夏·普利纳（Patricia Pliner）和她的合作者[24]也取得了类似的结果。这些研究者发现，在直接找被试们商量的时候，有 47%的人愿意向癌症学会进行小额捐款。他们要求类似的一组人提前一天戴上领针，对募捐运动进行宣传。当第二天同这些人商量时，愿意捐款的人大约是前一组的两倍。

让我们回过头来考虑一下第 2 章讨论过的米尔格拉姆关于服从的经典实验。假定，在实验一开始，米尔格拉姆就要求他的被试发出一个 450 伏的电击。你认为大多数人会服从吗？大概不会。我的推测是：从某种意义上讲，实验刚开始一段时间所发出的温和的电击，对米尔格拉姆的被试们所起的是“登门槛”的引导作用。

由于电击的强度是逐渐加大的，被试们进行了一系列自我辩护。假如你是被试，假 159
如你已经为第一步找到了正当的理由，那么这种辩护会使得走出第二步更为容易；而一旦你为第二步找到了正当的理由，走出第三步也就更加容易了；以此类推。到了你发出450伏的电击时，与435伏之间已经没有多大差异了，对吧？换句话说，一旦人们开始陷入了自我辩护的滑坡，就会越来越感到难以放弃自己的行为——因为实际上，他们会反复地问自己，“以前电击强度在15伏的时候我没有放弃自己的行为，为什么现在要放弃呢？”

不可改变的重要性

上面所列举的这些例子具有一个重要的特征，就是决策具有相对不可改变性，我们有必要对此做些解释。有时，我们做出的是尝试性的决策。例如，假定你曾表示可能会在旧金山附近购买一套价格不菲的住房，但这并非你的最终决策，你很可能不会花费一点精力，来让自己相信所做出的决策是明智的。但是，一旦你投入了资金，而且很清楚自己难以要回这笔钱，你就可能会将自己对地下室潮湿、地基上有裂缝或者正好建在圣安第斯断层上这类问题重要性的看法，降到最低程度。同样，一旦某个欧洲的犹太人决定不再隐瞒并且认可自己的犹太人身份，这一决策也是不可改变的；他不能再轻易地谎称自己是个非犹太人。由此类推，一旦五角大楼加大了对北越轰炸的力度，他们就不能够罢手。而一旦某个房主签署了请愿书，他也便对安全驾驶做出了承诺。

一项针对赛马场上赌徒的认知摇摆的巧妙的研究，为不可改变的重要性提供了直接证据。赛马场是对不可改变进行详细考察一个理想的场所，因为一旦下了赌注，你就不可能回去告诉那位坐在窗子后面的好心人，你改变了主意。罗伯特·诺克斯(Robert Knox)和詹姆斯·英克斯特尔(James Inkster)[25]只是拦住了那些前去下两美元赌注的人们。这些人已经选好了马匹，正要去下赌注，研究者问他们对自己所选的马匹胜算有多大。由于他们正在前往下注窗口的路上，因此他们的决定并非不可改变。在另外一些赌徒离开下注窗口的时候，研究者拦住了他们，也询问了他们对自己所选马匹胜算的把握有多大。结果表明，那些已经为自己所选的马匹下过赌注的人，比那些正要去下赌注的人，感到胜算把握更大。当然，实际上除了最终结果之外，任何事情都不会对胜算产生影响。对加拿大选举所做的一项调查也得到了类似的结果。[26]那些刚投完票便接受访谈的选民，会比那些在投票前一刻接受访谈的选民，更加相信自己所看好的候选人会赢得大选，而且更加喜欢自

己所看好的候选人。简言之，当某项决策不可改变时，会导致更多的失调；为了减 160
少这种失调，在已经无能为力的情况下，人们会更加确信自己是正确的。

尽管决策的不可改变性总会增加失调，并且会增强人们减少这些失调的动机，但在一些场合下不可改变性也并非必不可少。我们可以通过一个例子来说明这一点。假定你走进一家汽车展厅去购买一辆新车。通过与几位车商的接触，你已经从内心给出了自己想购买的车型的价格；你觉得可能需要 9 300 美元上下。但意想不到的是，一位销售人员告诉你只需 8 942 美元就可以成交。这桩交易令你激动不已，你马上同意成交并且用支票支付了定金。当销售人员拿着你的支票去找销售经理完成交易时，你兴奋得一直在搓手，想象着自己已经开着闪亮的新车行驶在回家的路上了。但是，天哪！十分钟后，那位销售人员回来了，脸上一副无奈的样子；看起来是他算错了，他的销售经理发现了这个错误。车的实际价格是 9 384 美元。你可以到低于这个价格的其他经销商那里去购买；也就是说，你所做出的购买决策并非不可改变。尽管从这家经销商购买这款车的理由（交易价格）已经不存在了，但是与一开始就报价 9 384 美元相比，更多的人会将交易继续下去。事实上，罗伯特·西奥迪尼，[27]这位曾经为某家汽车经销商做过短期销售人员的社会心理学家发现，以上所描述的策略是一种常用的而且颇为有效的伎俩，被称之为**虚报低价**，或者用低价来为难消费者。

在这种情况下会出现一些什么问题呢？至少有三个重要的问题值得关注。首先，尽管消费者所做出的购买决策是可以逆转的，但是用支票支付了定金加重了购买承诺的分量。其次，这种承诺激发了购买者对愉快的或者是感兴趣体验的预期：驾驶着一辆新车。让预期的事情泡汤（不与推销商继续交易）会导致失调或失望。第三，尽管最终价格高于顾客所想到的价格，但只是比其他地方的价格高出一点点。在这种情况下，这位顾客实际上会说，“噢，怎么搞的。我已经在这儿了，而且已经填完了表格——还等什么？”[28]很显然，这种伎俩在关系到一些生死攸关的事情时，是不会起作用的。

有关不道德行为的决策　一个诚实的人是如何腐化堕落的？反过来讲，我们怎样才能让一个人更加诚实呢？途径之一就是通过人们做出困难决策时所带来的失调。假定你是一个生物专业的大学生。你的成绩取决于正在进行的期末考试。考题中的关键问题是一些你非常熟悉的材料，但是由于焦虑，你头脑中一片空白。
你坐在那里紧张地出了一身汗。你抬头看了一下，想不到的是，你恰好坐在全班最 161
聪明的女生后面（幸运的是，碰巧她字迹在全班也是最容易辨认的）。你瞥了一眼，看到她刚刚做完了那个关键问题。你知道假如自己愿意，便很容易看到她的答案。你会怎么做？你的良心告诉自己，作弊是错误的；但是假如不作弊，你肯定会得分很差。你在同自己的良心做斗争。不论你是决定作弊还是不作弊，你都注定会体验到失调。假如你去作弊，你那“我是一个正派的、有道德的人”的认知，就会与“我刚刚做了一件不道德的事情”的认知之间，产生失调。假如你决定抵制这种诱惑，那么你那“我希望取得好成绩”的认知，与“我可以通过某种方式取得好成绩，但我没有那样做”的认知之间，便会产生失调。

假定，在经历了一番艰难的思想斗争之后，你决定作弊。你会怎样去减少失调呢？在继续阅读下面的内容之前，请你思考一会儿。减少失调的一种方式，是将自己所选择行为的消极影响减少到最小，同时将它的积极影响增加到最大——就像杰克·伯里汉姆实验中的被试在选择了某种用具后所做的那样。本例中，减少失调的一种有效途径，就是改变你对作弊的态度。简单地说，你会采取一种更为包容的态度。你可能会做如下推理：“在某些情况下作弊并不是一件坏事。只要没有人受到伤害，它实际上并不是十分不道德的。人人都会这样做的。因此，它是人性的一部分——这样看来，又怎么能说它不好呢？由于它是通人情的，那些因作弊被逮到的人，也不该受到严厉的惩罚，人们应当对他们表示理解。”

假定，在经历了一番艰难的思想斗争之后，你决定不去作弊。你又会怎样去减少失调呢？你会又一次改变你对行动的道德性的态度——但是会从相反的方向。也就是说，为了替自己放弃好成绩辩护，你必须让自己相信，作弊是一种十恶不赦的罪过。它是一个人能够做出的最卑劣的事情之一，而且作弊者应当被查处并受到严厉的惩罚。

在此，需要记住的一件有趣而又重要的事情是，采取了上述两种不同行为的人，一开始所持的态度几乎完全一致。这两种决定可能只有毫厘之差：一种险些拒绝，但最后选择了作弊；而另一种则险些作弊，最后决定拒绝。但是一旦做出了决策，他们对作弊的态度就会有天壤之别，这是他们决策的结果。

贾德森·米尔斯[29]对六年级学生所做的一项实验，证实了这些推测。米尔斯首先测量了这些学生对作弊的态度。随后，他让他们参加了一项竞争性考试，考试中的获胜者将会获得奖赏。在实验者所安排的情景中，不去作弊几乎不可能获胜；而且，这种情景很容易让孩子们去作弊，并认为自己不会被察觉。正如可以预料
的，一些学生进行了作弊，而另外一些学生则没有作弊。第二天，这些六年级的学 162
生再次被要求说明他们对作弊的感受。总体看，那些作弊的学生变得对作弊更加宽容，而那些拒绝了作弊诱惑的学生则对作弊采取了一种更为严厉的态度。

来自米尔斯实验的资料的确令人感兴趣。其中，它们所提示的一点就是，那些对某种观点反对最积极的人，并不是那些一直与该观点保持距离的人。例如，人们可以大胆猜测：那些对当代年轻人身上明显表现出来的性自由最为愤怒的人，不太

可能是那些自己从未受到过诱惑且从未有过随意性行为的人。事实上，米尔斯的资料显示，那些最强烈地要求对这类行为进行打击的人，正是那些受到过强烈诱惑的人，这些人几乎快要屈服于这种诱惑，但最终还是拒绝了。那些几乎决定去干错事的人，往往最容易指责他人。

同样，我们可以推断：那些担心自己可能会对同性产生性吸引的人，很可能是那些最易对同性恋者持强烈反对态度的人。在一项引人关注的实验中，亨利·亚当斯(Henry Adams)和他的同事们[30]向一群男性出示了一系列清晰的色情录像带(包括两性之间的、男同性恋之间的、女同性恋之间的)，同时测量他们的性唤起水平。尽管大多数男性在观看两性或者女同性恋的录像时性唤起水平会增加，但是在观看男同性恋录像时性唤起水平最高的，却是那些对男同性恋持有最强烈反对态度的人。

在本章前面的论述中，我曾经提到，那些在某一问题上强烈地支持某种态度的人，之所以会倾向于抵制任何改变这种态度的明显企图，一个重要的原因就是自我辩护的需要。事实上，这些人对于那些有疑问的宣传和教育是刀枪不入的。我们现在可以看到，能够让一个人坚持某种态度的机制，同样可以导致他改变某种态度。这取决于，在特定的环境中哪类行动最有助于减少失调。如果了解了这一理论，我们就可以通过让某个人易于接受某种信念，来建立一种适当的条件以引起这个人态度的改变。例如，假如某个当代的马基雅维里(Machiavelli)式人物想为一位现代统治者提出建议，依据决策后果理论和材料，他便有可能提出下列策略：

> 1. 假如你希望人们对某个对象具有更为积极的态度，就要让他们自己拥有这一对象。
>
> 2. 假如你希望人们对一些不端行为的道德态度出现软化，就要诱导他们去做出这类行为；反过来讲，假如你希望强化人们对某种不端行为的道德态度，你也需要诱导他们，但不能诱导到让他们做出这种行为的程度。

不充分理由心理

当然，并不仅仅是在决策之后，人们才将态度改变作为减少失调的一种手段。163
它也可能出现在其他各种情景之中，包括：某个人讲出一些连自己都不相信的事情，或者做出一些愚蠢或不道德的事情。这类影响可能会产生极大的威力。以下我们就对此加以分析。

身处复杂的社会之中，人们有时会发现自己说出或者做出一些连自己都不完全相信的事情。难道这样做总会引起态度的改变吗？并非如此。我将举一个简单的例子来对此加以说明。律师乔走进办公室，看到自己的同事乔伊斯(Joyce)，在他们共用的办公室墙上挂了一幅非常糟糕的画。乔正要告诉她自己感到这幅画多么糟糕，乔伊斯却得意地对他说，“你有多喜爱这幅画？这是我自己画的——知道吗？是我在晚间选修的美术课上完成的。”

“棒极了，乔伊斯，”乔回答道。从理论上讲，乔有关“我是个诚实的人”的认知，与他那“我说过那幅画很好，但实际上它很糟糕”的认知之间，产生了失调。无论这种不一致引起的是何种失调，都很快会轻而易举地被乔的另外一种认知所减弱，那就是，重要的是不能去伤害他人：“我撒谎是为了不让乔伊斯受到伤害；为什么要告诉她那是一幅糟糕的画呢？这样做没有任何益处。”这是减少失调的一种有效办法，因为它可以完全为乔的行为辩护。实际上，这种辩护是情景决定型的，我将它称之为**外部理由**。

但假如情景本身不存在充分的理由，情况又会如何呢？例如，假设律师乔是一位在政治上保守的人，他与一些不太熟悉的人相逢在一场鸡尾酒会上。当话题转到政治问题时，人们惊恐地谈到美国似乎大大地提升了向古巴卡斯特罗政权示好的姿态。乔的看法很复杂，他对这个话题夹杂着不同的情感，但总的来说他反对与古巴独裁政府结盟，因为他认为古巴政权是邪恶的，而我们不能向邪恶妥协。部分是由于同伴们的谈话是好心的，部分是出于开玩笑，乔渐渐发现自己采取了与比实际看法更为自由激进的立场。事实上乔甚至走得更远，他竟然声称菲德尔·卡斯特罗是一位杰出的有天赋的领导人，古巴人民在共产主义条件下的生活，比他们以往几百年的生活都要好。有人反驳乔的观点，提出据说为了达到卡斯特罗建立联合政府的目的，成千上万的人遭到屠杀或者监禁。在争论达到白热化的时候，乔回击说那些数字完全是言过其实的。对于乔这样一位真正相信卡斯特罗在取得政权期间的确夺走了成千上万生命的人来说，这的确是一种可笑的举动。*

当乔第二天清晨醒来的时候，回想起前一天夜里所发生的事情，他不由得倒吸
了一口冷气。“噢，我的上帝，我做了些什么？”他说道。他感到强烈地不安。换句 164
话说，他正体验着巨大的失调。他那“我误导了一群人；我告诉了他们很多有关古
巴的事情，而这些事情我自己并不相信”的认知，与“我是一个理性、公正而又诚实
的人”的认知之间，产生了失调。他会如何去减少这种失调呢？他开始从周围寻找
外部理由。首先，乔想到的是他可能喝了酒，因此不能对所说的一切负责。但他记

* 由于政治立场不一样，有些美国民众对古巴政府存在着偏见。——编辑注

得自己只喝了一两杯啤酒，这并不能成为辩护的外部理由。因为乔不能为自己的行为找到充分的外部理由，他就必须通过**内部理由**来尽力对自己的行为做出解释，使自己的态度与所说过的话相吻合。也就是说，假如乔可以让自己相信所说过的话与事实没有多大出入，那么他便会减少失调；换句话说，他就不会再将自己在前一天夜里的行为视为荒谬的。我并不是说乔会突然之间变成一个公然宣扬共产主义革命的人。我的意思是，与讲出那些话之前相比，乔对古巴政权的态度已经有所软化。世界上的大多数事物和问题并非绝对白色或者绝对黑色的，还存在着相当多的灰色地带。因此，乔可能会对过去五十年里古巴所发生的一些事件采取不同的看法。他可能会研究卡斯特罗的政治和决策，会更加留意这个人身上所具有的那些以往所没有注意到的智慧。他也可能会更容易接受那些显示前政府有多么腐败、残暴、愚蠢的资料。需要强调的是：假如一个人所表达的看法难以从外部加以辩护，这个人就会试图从内部进行辩护，努力使自己的态度与所表达的看法更加一致。

我已经提到了外部理由的两种形式。一种形式是，用无害的谎言来避免对某个人的感受造成伤害，就像律师乔和他同事那个例子中所表现出来的这种做法。另一种形式是将行为的原因归因为喝醉酒之类的事情。此外，还有一种外部理由，那就是奖赏。现在由你来暂时扮演一下乔的角色，而且假定你我一起出席了那场鸡尾酒会，我的身份是一个行为古怪的百万富翁。当话题转向古巴的时候，我将你拉到一边说道，“嗨，我希望你发表强烈支持卡斯特罗和古巴共产主义的讲话。”另外，假定我为此支付了你五千美元。点清钞票后，你倒吸了一口冷气，将五千美元揣进兜里，回到讨论现场，全力替卡斯特罗辩护。当第二天清晨醒来的时候，你会感觉到有些失调吗？我认为不会。你那“我说了一些有关卡斯特罗和古巴的话，对这些话我自己并不相信”的认知，与“我是一个诚实而公正的人”之间，会出现不一致。但与此同时，你可以为自己所说的话提供充分的外部理由：“我为了得到五千美元才说了那些赞扬古巴共产主义的话，而且这样做值得。”你不需要软化你对卡斯特罗的态度来为自己说过的话辩护，因为你知道自己为何会那样讲：这样做并不 165
是因为你相信它们正确，而是为了得到五千美元。你认识到自己靠出卖灵魂得到了五千美元，而且觉得这样做值得。

这种现象被称之为“讲过为真”。也就是说，失调理论预测：人们会开始相信自己的谎言，但只是在没有充分的理由对那些与自己原有态度相反的观点进行辩护时才会如此。现在让我们对本书前面有关从众的讨论加以详细说明。回想一下，在第 2 章里我们曾经发现，对依从的奖赏越大，一个人做出依从行为的可能性越大。现在我们可以进一步得出结论：如果结果是态度产生了持久的变化，则奖赏越大，人们的态度出现变化的可能性越小。假如我希望你做的只是发表一个讲话，来赞扬菲德尔·卡斯特罗的公费医疗制度或者其他什么事物，我最有效的做法就是尽最大可能地给你奖赏。这样做，会增加你依从并发表讲话的可能性。但假定我还有一个更具雄心的目标：希望促使你的态度和信念产生持久的改变。在这种情况下，只有采取相反的做法才会奏效。我所提供的诱导你发表讲话的外部奖赏越少，你就越需要通过使自己相信所讲的事情正确，来为自己的讲话寻找另外的理由。这将导致态度出现实际的变化，而不仅仅是依从。这种方法的重要程度不可讲得太过分。假如人们由于发表了一个公开声明而改变了自己的态度，而这样做又很少有理由，那么他们态度的变化将会相对持久；在这种情况下，人们改变态度并不是因为某种奖赏（依从），或者是因为受到了某个有吸引力的人的影响（认同），而是因为人们成功地让自己相信原有的态度是不正确的。这是态度改变的一种强有力的形式。

至此，我们已经对一些带有推测性的材料进行了讨论。这些推测已经得到一些实验的科学验证。其中一项经典的研究是利昂·费斯汀格和默瑞尔·卡尔史密斯完成的。[31]研究者们要求大学生们去做一系列十分枯燥而且需要不断重复的事情——把卷轴装进一个盒子里，再倒出来，然后一遍又一遍地重新将盒子装满；或者将一排排螺丝钉旋进四分之一，然后旋出来，再旋进去四分之一。学生们这样干了整整一个小时。随后，实验者要求学生们对所做事情撒谎；具体而言，他让学生们告诉一位年轻女士（她正在等候参加实验），她将要做的事情充满了乐趣。一些学生因为撒谎得到了二十美元，而其他学生则只得到一美元。实验结束后，一位访员询问撒谎者，他们对实验中刚做过的事情喜欢程度如何。结果是一目了然的：那 166
些撒谎（称放卷轴和旋螺丝钉有趣）后得到了二十美元的人，评价所做的事情乏味单调。这并不令人奇怪，它本身就是单调的。而对于那些撒谎后只得到一美元的人，情况又如何呢？他们评价自己所做的事情有趣。换句话说，那些可以为撒谎找到充分外部理由的人，虽然会去撒谎，但却并不相信；而那些不能为撒谎找到很多外部理由的人，则倾向于相信自己所说过的话正确。

支持“讲过为真”现象的研究，不仅仅局限在诸如枯燥乏味的单调活动的不太重要的态度方面。研究表明，人们对各种重要问题的态度也会改变。例如，在一项实验中，亚瑟·科恩（Arthur R. Cohen）让耶鲁大学的学生们去做出一项非常困难而且与他们的态度相反的行为。科恩在一次学生骚乱后马上进行了他的实验，骚乱中纽黑文市警察做出了出格的反应，野蛮地对待学生。实验者要求学生们写一篇短文对警察的行为表示强有力的支持，而这些学生强烈地认为警察的行为一直很恶劣。在撰写这篇短文之前，一些学生得到了十美元，另一些学生得到了五美元，还有一些学生得到了一美元，而第四组学生得到了五十美分。每个学生在短文完成后，都被要求表明各自对警察行为的态度。结果呈现出明显的线性关系：获得的奖赏越少，学生们态度的变化越大。因此，在写文章支持警察行为的学生中，那些得到了可怜的五十美分的人比那些得到了一美元的人，对警察的行为持更为赞同的态度；那些得到了一美元的人比那些得到了五美元的人，对警察的行为持更为赞同的态度；而那些得到了十美元的人，对警察的行为的支持度最低。

让我们再来看一下种族关系和种族偏见，这是长期困扰我们国家的最为突出的问题之一。我们是否可以通过让人们来赞同一项有利于某个少数群体的政策，来考察他们对这个群体的态度是否比较友好呢？在一项重要的实验中，迈克·雷普(Mike Leippe)和唐娜·艾森施塔特(Donna Eisenstadt)让白人大学生撰写一篇短文来论证**态度相反的倡议**：公开赞同所在学校提出的一项有争议的建议——将非洲裔美国学生奖学金的基金量提高一倍。由于奖学金的总量有限，这样做意味着白人学生的奖学金基金量减少一半。可以想象，这是一种高度失调的情景。学生们会如何去减少失调呢？最好的办法就是让自己相信，他们的确对这项政策坚信不疑——要充分考虑到，为非洲裔美国人提供较多资金支持是公平的。另外，也可以合理地设想，减少失调可能会超越这一具体的政策而具有一般的意义。也就是说，根据失调理论，我们可以预言，学生们对非洲裔美国人的一般态度会变得比较友好而且会提供更多的支持。这也正是雷普和艾森斯塔特所发现的。 167

外部理由的构成 正如我在前面已经提到的，外部理由可以(而且的确)有许多种形式。在面临着惩罚的威胁或者面对着来自金钱以外的奖赏(例如表扬、讨人喜欢)时，人们会根据要求去说或者去做那些与自己的信念或者愿望相矛盾的事情。而且，假如一位朋友请我们帮个忙，我们多数人会考虑去做一件其他情况下不会做的事情。让我们举一个有点牵强的例子。假定一位朋友请你去吃一种稀有食物，这种食物是他(她)刚刚从“美味佳肴”烹饪班上学会的。我们假定这种食物是油炸蚱蜢(取这个名字，仅仅是有趣而已)。现在，想象一下相反的情景——一个自己不太喜欢的人请你去吃油炸蚱蜢。

好，准备好了吗？假定你接下来去吃蚱蜢，你认为自己在哪种情况下会更喜欢它的味道呢？是受到一位好朋友的邀请，还是受到那个自己不喜欢的人的邀请呢？常识可能会告诉我们，如果是一位朋友推荐，我们会感到蚱蜢的味道更好。毕竟，朋友是值得信任的，因而与自己不喜欢的人相比，这是一种更为可信的信息源。但是，请你思考片刻：哪一种条件下所包含的外部理由较少？与常识不同，认知失调理论会预言，假如你受到的是一个自己不喜欢的人的邀请，你会更喜欢吃蚱蜢。

以下便是它的机理：你那“吃蚱蜢是令人厌恶的”认知，与你刚刚吃过一只蚱蜢之间是不一致的。但假如这是你的朋友邀请，你吃下一只蚱蜢这件事便可以得到大量的外部理由——你这样做，是受惠于一位好朋友。相反，假如你这样做是受到一个自己不喜欢的人的邀请，你便不会为津津有味地咀嚼一只蚱蜢而得到同样多的外部理由。在这种情况下，你会如何来为自己的矛盾行为进行辩护呢？很简单。减少失调的方法是，向着喜欢的方向改变自己对蚱蜢的态度——“哇，它们终究是非常鲜美的野味。”

尽管这是一个有关减少失调行为的有些离奇的例子，但它可能并不像你所认为的那样牵强附会。菲利普·津巴多和他的同事们[34]做过一个类似的实验，在一项据说是“残存”食物研究的一个环节中，实验者要求预备役军人们试吃油炸蚱蜢，对于其中一半的被试，要求是由一位热情而友好的军官提出的；而对另外一半被试，则是由一位冷淡而不友好的军官提出的。在这些预备役军人吃蚱蜢之前和之后，分别测量了他们对吃蚱蜢的态度。结果正如前面所预言的：按照那位令人讨厌的军官要求而去吃蚱蜢的预备役军人们，比那些按照那位令人喜欢的军官要求去
做的人，对蚱蜢的喜爱程度要高得多。因此，当存在充分的外部理由时（预备役军 168
人们依从了那位待人友好的军官的要求），人们感到对蚱蜢的态度不需做太多的改变。他们已经有令人信服的理由来解释为什么会去吃蚱蜢——他们这样做是为了帮助一位“好人”。但是那些依从了那位待人不友好的军官的要求的预备役军人，自己的行为则很少存在外部理由。结果，为了合理解释自己矛盾的行为，他们对吃蚱蜢采取了更为积极的态度。

不充分理由　在本部分，我不断地提到不充分的外部理由情景，以及充分的外部理由情景。我们有必要对这些术语加以说明。在费斯汀格-卡尔史密斯实验中，事实上，所有的被试都同意说谎——包括那些只付给了一美元的人。从某种意义上讲，一美元是充分的——也就是说，足以诱使被试们去撒谎；但是正如所看到的，它却不足以使被试们不感到自己愚蠢。为了减少这种愚蠢感，他们不得不减少自己为了不足取的一点钱而去说谎所带来的失调。这就需要以一定的形式来获得另外的支持，这种形式就是让自己相信所说的并不完全是谎言，所做的也不像一开始所看到的那样乏味——事实上，从某个角度看，它也的确是非常有趣的。

将这些结果与贾德森·米尔斯对六年级学生所做的有关作弊影响的材料相比较，是很有意义的。[35]让我们回想一下，在米尔斯的实验中，做出是否作弊的决策，对于大多数孩子来讲都几乎可以肯定是一个难题。这就是不论他们是作弊还是拒绝诱惑，都会体验到失调的原因。我们可以推测，假如通过作弊而获得的奖赏很大，将会导致什么样的情形。首先，这会导致更大的作弊诱惑；因此，会有更多的孩子去作弊。但是，更为重要的是，如果作弊所带来的收获是巨大的，那些作弊者将

会很少去改变自己的态度。就像费斯汀格-卡尔史密斯实验中二十美元条件下说谎的大学生一样,那些为了很大的奖赏而去作弊的孩子,已经为自己的行为提供了充分的外部理由,因而他们减少失调的需要也就较少。事实上,米尔斯的实验中的确包含了这种概括,而且他的结论与这种推理是一致的:与那些希望获得很大奖赏的作弊者相比,那些希望获得奖赏很小的作弊者更容易软化他们对作弊的态度。另外,正如人们可以预料的,那些在巨大的奖赏诱惑下不去作弊的人(这种选择会导致很大的失调),比那些面对较小的奖赏不去作弊的人,对作弊的态度更加强硬。

失调与自我概念 在本部分我们对失调现象进行分析,必须偏离费斯汀格原先的理论。例如,在费斯汀格和卡尔史密斯所做的实验中,他们最初对失调的说法是这样的:“我认为这项活动是单调乏味的”的认知,与“我说过这项活动很有趣的”的认知之间,会出现失调。几年前,我从更加侧重人们如何构想自我的角度,对这一理论进行了重新阐述。总的说来,我所做的重新阐述主张,在自我概念受到威胁的情况下,人们所体验到的失调最大。[36]因此,对我而言,上述情景中失调的最重要方面便不是“我说过‘X’”的认知与“我认为‘不是X’”的认知之间的失调,而是我对人们进行了误导这一关键事实:“我告诉了人们一些自己并不相信的事情”的认知与我的自我概念(即“我是一个正直诚实的人”的认知)之间的失调。 169

我的阐述是建立在以下假设的基础之上的:大多数人倾向于将自己视为通常不会去误导人们的正派的人。例如,卡茜(Kathy)认为大麻是危险的,绝对不应当合法化。现在,假定有人让她去做一场提倡使用大麻的演讲。我们假设她做了这个演讲,知道自己的听众是一些坚决反对使用大麻的人(例如,警局缉捕队成员、美国革命妇女会成员、禁毒论者)。在这种情况下,由于听众具有坚定的信念,因此她不太可能对他们产生影响。根据我的失调论观点,卡茜不会改变自己的态度,因为她没有对任何人的行为产生影响。同样,假如卡茜被要求向一群坚决支持使用大麻的人做同样的演讲,也不可能对听众产生影响。但是,假如有人让卡茜去向一群从未听说过大麻的人做同样的演讲,我们可以预料,与在其他情况相比,她会体验到更多的失调。她那“我是一个善良正派的人”的认知,与“她说了一些自己都不相信的话而且这些话会对她的听众的看法和行为带来严重的影响”的认知之间,会产生失调。为了减少这种失调,她就必须让自己相信自己所说过的话是正确的。这样才能使她仍然相信自己是个正直诚实的人。而且,在这种情况下,她因倡导这种观点而得到的奖赏越小,她的态度改变得越大。我和伊丽莎白·内尔(Elizabeth Nel)、罗伯特·赫姆瑞克证实了这一假设。[37]我们发现,当被试在得到奖赏很少的情况下去录制一场支持使用大麻的演讲时,他们对大麻的态度会出现很大的变化。当然,只有在被试们认为录像将要向那些在该问题上观点不确定的观众播放时,才会出现这种情况。相反，当被试们得知录像将会向那些对大麻态度十分坚定的人播放时，演讲者的态度则只有很小的改变。因此，如果说谎者因说谎得到的奖赏很 170
小，那么他的态度会有较大的改变，尤其是当谎言有可能导致听众的信念和行为发生改变时，更是如此。①

大量的后续研究[38]支持这一推理，并使得我们能够就失调与自我概念问题提出一般的原则：失调的影响在以下条件下达到最大：(1)人们感到个人需要为自己的行为负责；(2)人们的行为会产生严重的后果。也就是说，行为所造成的结果越大，而且人们对行为的责任越大，人们感受到的失调越大；所感受到的失调越大，人们自身态度的改变越大。

只要自我概念受到挑战便会导致失调的观点，可以体现在许多有趣的方面。让我们详细探讨其中的一个方面。假定你正呆在家里，这时听到有人敲门，请你为一项很有价值的慈善事业捐助。假如你不想捐助，你可能会发现不难想出拒绝的理由——你没有多少钱，你所做的捐助可能根本没有多大帮助，等等。但是假定出现下面这样的情况，在说完那些一般的要求之后，募捐者又加上了一句“即便是一分钱也会有帮助的”。无疑，听到这句话后拒绝捐助就会对你的自我概念形成挑战，从而引起失调。毕竟，一个吝啬到连一分钱都不愿出的人，会属于哪类人呢？你先前的那些强辩都不再管用了。这一场景被罗伯特·西奥迪尼和戴维·施罗德(David Schroeder)通过实验加以验证。[39]扮作募捐者的学生们挨家挨户募捐，有时他们只是请求捐助，有时则会加上一句“即便是一分钱也会有帮助的”。像所推测的那样，那些受到“即便一分钱”请求的居民所做出的捐助更多，几乎是仅仅一般请求条件下提供捐助人数的两倍。而且，平均起来看，“即便一分钱”捐助者所捐助的数额，几乎与其他捐助者一样多。也就是说，试图让这些人认可少量捐款的说法，并没有导致他们捐助数额的减少。为什么会这样呢？很显然，缺少拒绝捐助的外部理由不仅仅促使人们去捐助，而且在捐助者做出捐助决定后，避免让人感到自己小气的想法也影响到他们决定捐助多少。一旦人们决定掏钱，仅仅拿出一分钱就是自我降低身份；只有提供更多的捐助，才能与他们好心慷慨的自我认知统一起来。

不充分奖赏在教育中的运用 大量的研究表明，不充分奖赏现象不仅仅体现 171
在做出与态度相反的陈述，它体现在所有类型的行为之中。回想一下前面所提到的，有研究表明，假如人们在外部理由很少的情况下实际从事了一项单调乏味的活

① 有必要做出说明的是，我们在此讨论的这个实验以及其他一些实验中，实验一结束，被试便得到了彻底的纾解。实验者多方努力以避免被试的态度出现持久的改变。实验结束后对被试进行纾解是非常重要的，特别是在实验导致了被试在态度和行为上出现重大变化的情况下，对他们进行纾解便显得尤为重要。

动，与存在大量外部理由的情况相比，他会认为这项活动更有乐趣。[40]这并不意味着人们去做从事某项工作，宁愿得到较少的报酬而不是较高的报酬。人们当然希望得到较高的报酬，而且为了较高的报酬他们往往会更加努力地去工作。但是，假如人们从事一项工作得到的报酬较少，而且他们又仍然同意去做这项工作，工作的单调乏味和较低的报酬之间就会出现失调。为减少这种失调，他们就会认为工作本身具有一些良好的特征，因此，与薪水较高的情况相比，在薪水较低的情况下，他们会更喜欢工作本身的一些技巧。这种现象会产生深远的影响。例如，让我们来看一下发生在小学课堂上的事情。假如你希望强尼(Johnny)背出乘法表，然后对他奖赏；贴金星、表扬、给高分、送礼物等等，都是很好的外部理由。如果得到了奖赏后很长时间不能得到新的奖赏，仅仅因为有趣，强尼就会去背诵乘法表吗？换句话说，较高的奖赏能够使他对任务感兴趣吗？我对此很怀疑。但是假如外部奖赏不是太高，强尼就会对进行数学练习做出自己的辩护，他甚至可能将它视为游戏。简单地说，他可能在放学以后很长的时间里，在没有任何奖赏的情况下，继续记忆乘法表。

对于一些死记硬背的任务，老师可能并不关心强尼是否对它们感兴趣，他所关心的只是强尼是否掌握了这些内容。从另一方面来看，假如强尼能够喜欢这些任务，那么他在离开学校以后仍然会继续练习。结果，经过大量的练习，他可能逐渐实现对问题的更好的掌握，并且能够保持长久的记忆。由此看来，提供大量的奖赏作为教育手段，可能是一种错误。假如学生们所得到的仅仅是能够促使他们从事某项任务的奖赏，老师便可能最大限度地激发他们的兴趣。这会有助于改善长期记忆并提高成绩。我并非要主张，不充分奖赏是引导人们喜爱那些本身缺乏吸引力的材料的唯一方法。我想说的是，提供大量的外部理由，可能会抑制有助于兴趣增长的过程。

爱德华·德西(Edward Deci)和他的同事们所做的几项实验很好地说明了这一点。事实上，德西将这一问题的分析又向前推进了一步。他证实，在人们去从事一项很愉快的活动的时候提供奖赏，实际上会降低这项活动对人们的内在吸引力。例如，在他所做的一项实验中，大学生们单独解了一个小时的趣味难题。第二天，为学生们提供的新的实验条件是，只要他们解出一道难题就会得到一美元。而控制条件下，就像原来一样，不提供奖赏。到了第三阶段，这两组都没有得到奖赏。 172
所要考察的问题是：每一组学生对解趣味难题的喜爱程度有多大？在第三阶段，德西通过观察每个学生在自由休息期间是否仍然在解难题——这时他们可以做自己喜欢的任何事情，来测量他们对这一活动的喜爱程度。结果发现，未受奖赏组比受奖赏组，花费了更多的自由支配时间来解题，而受奖赏组在得不到奖赏的情况下便失去了兴趣。马克·莱佩尔和他的同事对学前儿童的研究也发现了同样的关系[42]。研究者要求其中一半孩子进行塑料拼图游戏，并答应让他们稍后玩一种更有趣的游戏。他们要求另外一半孩子也进行塑料拼图游戏，但没有允诺提供任何回报。进行完塑料拼图游戏后，所有的孩子都被允许玩那种更有趣的游戏（但是请记住，只有一半的孩子被告知，这是对他们进行拼图游戏的奖赏）。几周过后，他们让这些孩子们自由参加拼图游戏。结果发现，那些为了获得玩更有趣的游戏而进行拼图游戏的孩子们，在拼图上花费的时间更少。一句话，实验者通过为孩子们的游戏提供某种奖励，竟然将这种游戏变成了工作。

假如我们不采用提供奖金或者报酬的方式，而是采用表扬的方式来对人们进行奖赏，情况又会如何呢？大多数家长和老师认为，表扬孩子取得好成绩总是有益的。詹妮弗·亨德朗（Jennifer Henderlong）和马克·莱佩尔[43]最近回顾了该领域的大量研究，发现情况并非如此简单。只有运用适度而且让孩子们感到的确值得，表扬才会有益。假如某位家长或者老师滥用表扬，以至于让孩子们产生自己做某件事情就是为了得到表扬这样的错觉，那么孩子便不会对活动本身产生乐趣。同样，假如将表扬的重点放在竞争上——即做得要比班上大部分孩子好，孩子们便会将注意力集中在赢过他人而不是做好某事，结果导致他们不会喜欢所做的事情。这些发现与我们前面所讨论过的有关奖赏的实验结果相似；导致人们去关注做好一件事情的外部原因，会降低任务本身的吸引力。而且，正如卡罗尔·德威克[44]曾经指出的，当表扬针对的是儿童的努力而不是天赋或能力时，它所产生的作用最大。也就是说，如果孩子们在从事一项困难的任务时付出了努力，并因此而受到了表扬，他们就会从中汲取一条重要的教训："当情况变得棘手时，我会努力，因为只要努力就会取得较好的成绩。"但是，假如他们因为聪明而受到表扬，那么一旦出现失败的情形，他们往往会得出这样的结论："我并不像人们所认为的那样聪明。"这可能会导致破坏性结果。

不充分惩罚　在日常生活中，我们经常面对着这样一些情景：那些负责维护法律和秩序的人会发出警告，一旦我们不能遵守社会的要求就会受到惩罚。作为成 173
年人我们都清楚，如果超速行驶并且被抓获，就要缴纳一大笔罚款。如果这样的事情频繁发生，我们就会被吊销驾照。所以，当附近有巡逻车的时候，我们就会按照限速行驶。在学校里上学的孩子们都很清楚，如果在考试中作弊而且被抓获，就可能会受到老师的羞辱以及严厉的惩罚。因此，当老师在教室里监考的时候，他们便不会去作弊。但是严厉的惩罚会让他们懂得不该作弊吗？我并不这样认为。我认为这只是教他们学会避免被抓获。简单地说，采用严厉惩罚来威胁一个人不去做他喜欢的事情，必须不断地进行干预和警告。假如人们从某种程度上能够喜欢做那些事情，而且认为它们有益于自己和他人的健康和福利的话，社会管理将会更加有效而且也较少需要那些令人讨厌的限制。假如孩子们感到不欺负比自己小的孩子、不作弊、不偷他人的东西很有乐趣的话，社会便可以放松警戒减少惩罚。要去说服人们（特别是少儿）欺负比自己弱的人没有什么乐趣，是十分困难的。但是可以想象，在某些条件下，人们可以说服自己这类行为是没有乐趣的。

让我们具体分析一下。想象这样一种情景：你是一个五岁男孩的家长，这个孩子很喜欢打自己三岁的妹妹。你已经尽力给他讲道理，但毫无效果。于是，为了保护女儿，并且为了让儿子成为一个善良的人，你开始对他的攻击行为进行惩罚。作为一位家长，你可以选择从特别轻微的（严厉的目光）到特别严重的（狠揍一顿、在墙角罚站两小时、剥夺一个月看电视的权利等）一系列的惩罚方式。所受到的惩罚威胁越严重，你的儿子在你的面前改正的可能性越大。但只要你看不到，他便可能变本加厉地打自己的妹妹。

假定你采用一种非常轻微的惩罚来威胁他。在这两种情况下（严重的威胁或轻微的威胁），孩子都会体验到失调。他知道自己现在不能打自己的妹妹，同时也知道自己特别喜欢打自己的妹妹。当他强烈地希望去打自己的妹妹，但又不能打她时，他会问自己，“我怎么不去打我的小妹妹呢？”在严重威胁的情况下，他有一个来自外部理由的现成的答案：“我之所以现在不去打她是因为，如果我打了她，那边的那个巨人（我的父亲）就会来揍我，让我站墙角，并且会一个月不让我看电视。”这样，严重的威胁为这个孩子的“当着父亲的面不打自己的妹妹”提供了充分的外部理由。

在轻微的威胁下，这个孩子也会体验到失调。但当他问自己“我怎么不去打我的小妹妹呢”时，他找不到一个很好的答案，因为那种威胁太轻微了，以至于不可能提供充分的理由。这个孩子没有做自己想做的事情——尽管他有一些不做这件事情的理由，但是缺乏充分的辩护。在这种条件下，他会不断地体验到失调。他不能 174
通过简单地将不做这件事情归咎于严重的威胁来减少失调。这个孩子必须为自己不再去攻击自己的小妹妹找到一种辩护方式。最好的方式就是使自己相信，他的确不喜欢打自己的妹妹，一开始他就不想这样做，而且打一个小孩子没有什么乐趣。所受到的威胁越不严重，所能够找到的外部理由越少；而所能够找到的外部理由越少，越需要去寻找内部理由。为人们提供构建自身的内部理由的机会，是向建立个人持久价值体系迈出的一大步。

为了验证这一观点，我和默瑞尔 · 卡尔史密斯[45]在哈佛大学幼儿园进行了一项实验。由于伦理方面的原因，我们没有尝试去改变类似攻击这样的基本的价值倾向；可以理解的是，家长们可能不会同意改变这些重要的价值倾向。因而，我们选择了一个不太重要的方面——玩具偏爱。

我们首先要求这些五岁的孩子们对几种玩具的吸引力进行评价；接下来挑选出每个孩子认为非常有吸引力的玩具，并且告诉他不能玩那个玩具。对其中一半的孩子，我们用比较轻微的惩罚来威胁可能出现的违反行为：“我会有些生气”。而对另一半孩子，我们采用了一些较重的惩罚威胁：“我会非常生气”；“我会把所有的玩具都带回家去，再也不会回来了”；“我觉得你就像一个婴儿”，等等。随后，我们离开了房间，让孩子们玩其他玩具——以此来阻止来自那件被禁止玩的玩具的诱惑。结果所有的孩子都抵制住了诱惑，没有一个孩子去玩那件被禁止玩的玩具。

返回房间后，我们再次要求孩子们对所有玩具的吸引力进行评价。结果令我们感到震惊而又兴奋。那些受到了轻微的威胁的孩子们认为，被禁止玩的玩具不如原来所认为的那样有吸引力了。总之，由于对不玩那件玩具缺乏充分的外部理由，他们成功地使自己相信他们没有玩那件玩具是因为自己不喜欢它。相反，对于那些受到严重威胁的孩子而言，那件玩具的吸引力并没有减弱。这些孩子仍然将那件被禁止玩的玩具视为自己非常希望玩的；实际上，有几个孩子甚至认为它比在受威胁以前对自己的吸引力更大了。那些处于严重威胁条件下的孩子，可以对不能玩那件玩具提供充分的外部理由，为此他们不必再去寻找其他的理由，因此，他们仍然喜爱那件玩具。

乔纳森·弗里德曼[46]拓展了我们的发现，并且戏剧性地解释了这一现象的持久性。他所采用的“关键玩具”是一个非常吸引人的以电池为动力的机器人，它可以来回奔跑，还能够向孩子们的敌人扔东西。其他玩具与它比起来就差多了。很自然，孩子们都喜欢这个机器人。但他要求这些孩子不要去玩这个机器人，还对一些孩子提出了轻微的惩罚威胁，而对其他孩子提出了严重的惩罚威胁。随后他便 175
离开了学校而且再也没有回去。几周以后，一位年轻的女士来到学校，对孩子们进行了一项纸笔测验。孩子们并不知道她是替弗雷德曼工作的，而且也不知道她的到来与那个玩具以及此前他们所受到的威胁有某种关系。她进行测验的房间恰巧是弗里德曼做实验使用过的同一个房间，房间里随意地摆放着那些玩具。在对孩子们进行的测验结束以后，她开始计算分数，在这段时间里，她让孩子们四下活动——而且很随便地提出，他们可以尽情地去玩这些不知什么人留下来的玩具。

弗雷德曼的结果与我们的结果高度一致。几周前受到过轻微威胁的孩子，绝大多数拒绝去玩那个机器人，他们去玩其他的玩具。相反，那些受到过严重威胁的孩子，事实上绝大多数会去玩那个机器人。总之，严重的威胁并不能有效阻止孩子们后来的行为，但某种轻微威胁的影响却可以在九周以后仍然阻止孩子们的行为。该研究通过下面的事实再一次表明了这一现象的威力：这些孩子并没有因为大人告诉他们做某件事不受欢迎而去贬低这一行为（玩那个玩具）的价值，他们是自己让自己相信它是不受欢迎的。我推测,这一过程可以适用于类似对攻击行为进行控制等一些基本而又重要的领域,而不仅仅是玩具偏爱。在儿童发展领域所进行的一些相关研究,为这一推测提供了部分支持。这些研究显示,家长采用一些严重的惩罚去制止儿童的攻击行为,往往会导致这些孩子在家里不会表现出多少攻击行为,但在学校或者在离开家庭玩耍时表现出大量的攻击行为。这正是我们根据第 2 章讨论过的依从模型可以做出的预期。

为努力进行辩护

失调理论会预言:如果一个人为达到目标付出了很大的努力,那么这个目标对他而言,会比那些付出了很少努力或者根本没有付出努力便达到了同样目标的人,更具吸引力。举个例子将有助于说明这一点:假如你是一个打算加入兄弟会的大学生。为了被接纳,你必须要通过一套加入仪式;我们假定这是一种很严苛的仪式,需要付出很大的努力,面临很多的痛苦或者困窘。成功地通过了这些严峻的考验之后,你被允许加入兄弟会。当你搬进兄弟会的住处之后,发现自己的新室友有一些令人很不舒服的习惯:例如,他会在深夜将他的立体声录音机音量放得很大,借钱不还,有时还会将脏衣服放到你的床上。一句话,一个客观的人会将他看成一个自私而又粗俗的人。但是你已经不是一个客观的人了:"你历尽千辛万苦才加入兄弟会"的认知,与任何"你在兄弟会里的生活是消极的、不快乐的或者不顺心的"的认知之间,会产生失调。为了减少这种失调,你会尽可能从最有利的方面来看待 176
你的室友。再者,尽管你会受到现实条件(无论你付出多么大的努力,都无法让这个自私而粗俗的家伙看上去像个白马王子)的局限,但只要稍加整饰,你便能让自己相信他并不太差。例如,在一些人身上可能被认为是懒散的毛病,在他身上便被认为是不拘小节。因此,他在深夜大声放录音机以及将脏衣服放到你的床上,只能证明他是一个多么不拘小节的人——他这样做是因为他对物质方面太不放在心上了,这样他忘记还钱的事也就自然可以理解了。

尽管不是什么白马王子,但他还是完全可以被容忍的。我们可以将你的这种看法,同你没有付出努力的情况下对他的态度加以对比:假定你搬进了一个普通的校内宿舍,而且遇到了同样一位室友。由于你没费什么努力就得到了这个房间,你便不会出现失调;由于没有失调,你就不必尽可能从正面来看待你的室友。我推测你很快就会将他看成一个难以理解的邋遢鬼,并且会设法搬到另外一间宿舍。

30 多年前,我和我的朋友贾德森·米尔斯[48]已经通过实验验证了这些推测。

在那项研究中，一些女大学生自愿参加一个定期讨论各种性心理问题的小组。这些女生被告知，如果想加入这个小组，她们首先需要通过一项筛选测验，测验的目的是保证所有的人都认可在小组中可以自由公开地讨论性问题。这个指导语是为了后面的加入仪式做准备的。实验者为三分之一的女生安排了严酷的加入仪式，要求她们大声背诵一列淫秽的词语。另外三分之一的女生经历的是一种温和的过程，他们背诵的是一些与性有关但并不淫秽的词语。余下三分之一的被试没有通过任何仪式便加入了小组。接下来，让每一位被试收听一段由她刚刚加入的这个小组的成员们进行的一场讨论。实验者让女生们相信这是一场正在进行的现场讨论，而实际上她们听到的是一段提前录制的录音带。所录制的讨论被制作得尽可能枯燥无味而又言过其实。播放完录音带后，要求每个被试评价：她对这场讨论的喜爱程度如何，这场讨论有多么有趣，讨论的参与者有多明智，等等。

结果支持了我们的预言：那些在加入小组时付出努力很少或者根本没有付出努力的人，对讨论并没有多少兴趣。她们所能看到的，也正是讨论本身所表现出来的——单调乏味，只是浪费时间。但是，那些经历了严酷的加入仪式的被试，却成功地让自己相信同样一场讨论是有趣而且有价值的。

其他研究者采用不同种类的不愉快加入形式，也得到了同样的结果。例如，哈罗 177
德·杰勒德和格罗弗·马修森(Grover Mathewson)[49]进行了一项与阿伦森-米尔斯实验构思相同的实验，只是被试所面对的严酷的加入条件不同：他们用痛苦的电击取代了大声背诵一列淫秽的词语。他们得到了与阿伦森和米尔斯相同的实验结果：那些为加入小组而接受了重度电击的人，比那些接受轻度电击的人更加喜爱这个小组。

需要明确的是，我并不是在主张人们喜欢痛苦的经历——事实上人们并不喜欢；我也并不是主张人们喜欢那些与自己的痛苦经历联系在一起的事情。我所要说的是，如果一个人为了达到某个目标或者目的，有过某种困难或者痛苦的经历，那么这个目标或者目的便会更具吸引力，这一过程被称为**为努力进行辩护**。假如你在前去参加某个小组讨论的路上被砖头砸伤了头，你就不会更喜欢这个小组；但是假如你为了加入这个小组而自愿被砖头砸伤头，你就一定会更加喜欢这个小组。自愿接受某种不愉快经历的重要性，得到了约珥·库珀(Joel Cooper)所做的一项实验的很好的证明。[50]这项实验中的被试是一些患有严重的蛇恐怖症的人。实验者首先测量了被试对蛇的恐惧程度，看看这些被试能够接近关在玻璃罐里的一条六英尺长的蟒蛇的最短距离，测量是在被试不知情的条件下进行的。随后，他们经历了一系列或者高度紧张的或者需要付出很大努力的体验，并告诉他们这一过程可能具有某种治疗价值，可以帮助他们减少对蛇的恐惧。但是对不同的被试的指导语是不同的(这是最重要的一点)，对于其中一半的被试，他们只是介绍了这一过程，随后就要求他们开始。而对于另一半被试，则包括了让他们自愿参加的内容；他们被告知，他们并非一定要经历这一过程，而且他们可以随时离开。在经历了治疗过程之后，所有被试又被带回到那条蟒蛇前，实验者要求他们尽可能地靠近它。结果发现，只有那些被告知可以自愿参与不愉快的治疗过程的被试，才表现出进步；他们比先前离蟒蛇的距离更近了。那些只是被要求进入不愉快治疗过程（实际上没有选择的自由）的被试则改善很小。

在大多数失调的情况下，减少失调的方法都不止一种。例如，在加入仪式实验中我们发现，那些费了很大努力才加入到一个单调乏味的小组的人们，会尽量使自己相信小组是有乐趣的。难道这是他们减少失调的唯一方法吗？并非如此。另外一种理解我们已经做出的努力有意义的方法，是修正以往的记忆——也就是说，对我们遭受苦难或付出过努力之前的事情进行错误的回忆。在迈克尔·康威 178
（Michael Conway）和迈克尔·罗斯进行的一项实验中，[51]一组学生参加了一门名不副实的学习技能课。另外一组学生报了名，但没有参加。实验者要求所有的学生对自己的技能进行评价，而不论他们是否参加这堂课。经过了三周毫无用处的培训之后，那些参加了那堂课的被试应该认为他们的技能有了提高，但客观数据却显示他们的功课做得并不好。他们会如何来减少失调呢？他们所做的是对上这门课之前的技能之差进行了错误记忆。也就是说，他们低估了在参加这门课之前自己的技能水平。而那些报了名但没有参加那堂课的学生，则没有表现出自我辩护的行为；他们对先前技能自我评价的回忆是准确的。这些结果可以解释为什么那些花费了大量时间和金钱去做健美的人，尽管并没有完全成功，但仍然会感到满意。他们可能并不能使自己相信已经达到了预期目标，但是可以通过对自己训练前身材多么不好的歪曲回忆，来过高估计自己的进步。正如康威和罗斯所指出的，人们实现自己愿望的方法之一，就是对自己曾经拥有的加以修正。①

为残忍进行辩护

我曾一再指出，我们需要使自己相信我们是正派的、有理智的人。我们已经看

---

① 敏锐的读者可能已经注意到本研究和本章早些时候讨论过的一项研究之间的联系。在那项研究中，那些违背了新年承诺的人，对自己没有能够做到感到很难为情，而且后来还去贬低那些承诺的重要性。我曾提到另外一种减少与失败有关的失调的办法是，不要将成功界定得太严格，例如接受部分的成功。康威和罗斯的研究提出了另外一种选择：例如，假如一个试图戒烟的人，没有能够成功地减少或者完全停止吸烟，如果这个人对自己试图戒烟前的吸烟程度进行错误的回忆，由失败所引起的失调仍然可以减少。

到这一点是如何促使我们在一些重要的问题上改变自己的态度。例如，我们已经看到，假如一个人在外部理由很少的情况下去发表与自己态度相反的支持使用大麻并且使其合法化的讲话，而且他知道讲话录音将会向一群态度很容易改变的年轻人播放，这个人就会让自己相信大麻并不太坏，借此使自己看上去不太像一个邪恶的人。本部分，我将讨论有关这一主题的一种变形：假定你做出了一件对某个无辜的年轻人伤害很大的事情。而且，假定这一伤害是真实的而且确凿无疑的。此时，你那“我是一个正派、公道、有理智的人”的认知，与你那“我伤害了另一个人”的认知之间，就会产生失调。假如这种伤害是一目了然的，你便不能通过改变你对这件事的看法（即通过使自己相信你没有造成伤害）来减少自己的失调——就像在大麻实验中人们所做的那样。在这种情景中，减少失调的最有效的方法就是，将你行 179
为的受害者的罪过最大化——使你自己相信那个受害者是罪有应得，要么是因为他在自找麻烦，要么是因为他是一个坏人或者一个应该受到指责的人。

即使发生在受害者身上的伤害不是由你直接导致的，但仅仅因为你讨厌他（在他受害之前）而且希望他受到那种伤害，这种机制便可以发挥作用。例如，当肯特州立大学的四个学生被俄亥俄州国民卫队队员枪杀之后，一些谣言迅速传播开来：(1)两个被杀死的女生已经怀孕（因此，言外之意是，她们是恣情纵欲、放荡不羁的）；(2)四个学生的身上都爬满了虱子；(3)这些受害者都染上了严重的梅毒，反正也会在两周内死去。[52]正如我在第一章中所提到的，这些谣言全都是假的。被杀害的学生都是些干净、正派、聪明的人。事实上，其中的两个人甚至没有参加那场导致悲剧的示威，他们在被枪杀的时候仅仅是从校园路过。为什么市民们会如此热衷于相信和传播这些谣言？确切地弄清这一点是不可能的，我的推测是，其原因与普拉萨德和辛哈所研究的印度人之间传播谣言的原因相似——那就是，谣言可以令人得到安慰。想象一下那种情景：肯特是俄亥俄州的一个保守的小城镇。许多市民对一些学生激进的行为已经怒不可遏。一些人可能希望看到这些学生遭到报应，但被处死还是有些过分的。在这种环境中，任何用不利的眼光看待受害者的信息，都意味着这些学生的死亡实际上是一件好事，从而有助于人们减少失调。另外，这种认为受害者罪孽深重、罪有应得的急切心情还以更为直接的方式表达出来：几个俄亥俄国民卫队的队员坚持认为受害者是罪有应得，而詹姆斯·米歇纳访问过的一位肯特的中学教师甚至更为过分地声称，“任何一个留着长发、衣衫不整或打着赤脚的人，出现在类似肯特这样城市的大街上，都该被枪毙。”她还说，这句话即使对她自己的孩子也适用。[53]

人们很容易简单地将这些人看成是疯子，但是我们不能如此轻易地做出判断。尽管事实上很少有人像那位中学教师一样极端，但是同样可以肯定的是，几乎每个人都会受到这种偏向的影响。为了说明这一点，让我们来回顾一些历史。尼基塔·赫鲁晓夫（Nikita Khrushchev），这位20世纪60年代的苏联总理，在回忆录中，将自己描绘成一个不屈不挠、怀疑一切的人，吹嘘自己从不相信别人告诉他的任何事情。他还特别列举了几个自己不愿相信对那些有权势的人进行中伤的例子。但让我们来看一下在迎合自己需要的时候，赫鲁晓夫又是如何轻信的。斯大 180
林死去不久，出现了权力之争。秘密警察首脑拉夫连季·贝利亚（Lavrenty Beria）将有可能成为共产党的领导人。出于对贝利亚的恐惧，赫鲁晓夫使最高苏维埃主席团的其他成员相信，由于作为秘密警察首脑所获取的资料，贝利亚对他们构成了实际的威胁。在赫鲁晓夫的操纵下，贝利亚被捕并受到监禁，最终被处死。失调理论会预言，由于在贝利亚垮台和被处死中起了关键作用，赫鲁晓夫可能会放下他那怀疑一切的一般态度，而是更愿意相信贬损贝利亚的谣言（不管这些谣言看上去有多么荒诞），以支持自己的态度与行为。让我们用赫鲁晓夫自己的话来验证这一点：

> 当这一切（指逮捕贝利亚）结束之后，马林科夫（Malenkov）将我拉到一边说，"我的侍卫长有件事情要向你汇报。"那个人走过来对我说，"我刚刚听说贝利亚被捕了。我想向您报告他曾强奸了我的继女，一个七年级的学生。大约一年前，她的外祖母去世了，我和妻子必须去医院，将她一个人留在家里。一天晚上她到贝利亚的住处附近去买面包。在那里碰到了一个老头一个劲地盯着她看。她感到很害怕。有人走过来将她带到了贝利亚的家中。贝利亚让她坐下来一起吃晚饭。她喝下了某种酒，便昏睡过去，于是贝利亚就强奸了她。……"后来，我们得到了一份名单，超过一百名女孩或者妇女被贝利亚强奸。他对她们采用的是同样的手法。邀请她们吃晚饭，然后让她们喝下含有安眠药的酒。[54]

这简直是荒诞不经的，没有人会相信贝利亚真的对一百多位女性犯下那样的罪行。然而，显然赫鲁晓夫相信了——或许是因为他具有相信这些事情的强烈需要。

这些例子与我依据失调理论所做的分析是相吻合的，但是它们没有提供任何可靠的证据。例如，很可能在这些学生被枪杀之前，驻扎在肯特州立大学的国民卫队成员就认为他们该死。或许赫鲁晓夫在处决贝利亚之前，就已经相信有关他的一些荒诞不经的谣传。也可能赫鲁晓夫根本不相信那些谣言，只是要将这些话传出去，以进一步败坏贝利亚的声誉。

为了更好地确定"为残忍辩护现象"会在这类情景下发生，社会心理学家必须（暂时地）离开纷杂的现实世界，在实验室这种可以更好地加以控制的环境中检验我们的预言。理想的是，假如我们希望对由认知失调导致的态度改变加以测量，我们应当了解引起失调的事件发生前的态度。基斯·戴维斯（Keith Davis）和爱德华·琼斯[55]的实验便创设了这样一种情景。他们说服学生们自愿帮助完成一项实 181
验。每个学生被试要做的包括：观察另一个学生接受访谈的情况，告诉另外一个学生自己认为所观察的人很肤浅、不值得信赖，而且乏味单调。该实验的重要发现是，那些自愿做这件事情的人成功地使自己相信，他们不喜欢受到自己残忍对待的受害者。简言之，在讲过了一些肯定会对另一个学生有害的话之后，他们使自己相信他应当受到这样的对待——也就是说，在这些被试在伤害了这个人之后，认为这个人的吸引力下降了。尽管事实上被试很清楚那个人并没有做出什么该受指责的事情，而自己伤害他不过是按照实验者的要求去做，但他对那个人的态度仍然会出现变化。

戴维·格拉斯（David Glass）所作的一项研究也得出了类似的结果。在这项研究中，当被要求向另外一些人发出电击时，那些自认为善良正派的人，会因为自己曾经给受害者造成了伤害而对他们加以贬损。这一结果在那些自尊心强的人身上表现得最为明显。假如我认为自己是一个无赖，那么因此而导致其他人受到伤害便不会对我引起太大的失调；这样，我便不太需要使自己相信他们应该得到那样的报应。想象一下这是多么具有讽刺意味的事情：就是因为我认为自己是个非常好的人，假如我的行为导致了你的痛苦，我就必须要让自己相信你是个卑鄙小人。换句话说，因为像我这样好的人不可能没事找事地去伤害一个无辜的人，所以如果我伤害了你一定是因为你做了什么龌龊的事情。

有一些条件制约了这种现象的普遍存在。其中之一便是上面所提到的，那些自尊心差的人不太会去贬损他们的受害者。制约贬损现象的另一个因素是受害者的报复能力。假如受害者有能力而且力图在将来的某个时候进行报复，伤害者感到自己将来也会受到同样的伤害，因而便不会通过贬损受害者来为自己的行为辩护。在艾伦·博施德和她的同事们[57]所作的一项巧妙的研究中，一些大学生自愿参加实验，实验中要求他们每个人都向一个同学发出痛苦的电击；正如所预料的，发出电击的后果是对受害者进行贬损。但其中一半的被试被告知将会调换位置——也就是说，其他学生将会有机会对他实施电击。结果表明，那些认为受害者能够进行报复的被试，不会对受害者进行贬损。一句话，由于受害者能够进行报复，失调便减少了。伤害者不需要为了让自己相信受害者是咎由自取而去贬低他。

这些结果暗示，在战争期间，与那些军人受害者相比，士兵们对平民受害者做出贬损的需要更为强烈（因为它们不可能进行报复）。在对陆军中尉威廉·卡利进行法庭调查以确定他在美莱村屠杀无辜平民事件中所起的作用时，他的精神病医生报告，这位中尉将越南人视为劣等人。或许本部分所提供的这些研究有助于解释这种现象。社会心理学家们懂得，人们不可能做出某种残忍的行为而内心不受 182
伤害。我不能确定卡利中尉(以及其他数以千计的人)是如何将越南人视为劣等人的，但进行如下的假设可能是有道理的：我们正从事一场战争，大量无辜的人由于我们的行动而丧生，于是我们便会尽力去贬损受害者，来为所造成的后果中我们应当承担的责任进行辩护。我们会戏弄他们，将他们称作“亚洲佬”，将他们非人化；但是，一旦我们成功地做到了这一点，就需要特别当心——因为与杀害同类人相比，杀害劣等人更加容易。因此，采用这种方式来减少失调，将会产生可怕的后果；它会大大增加我们愿意犯下暴行的可能性。在下一章里我会对这一问题展开详细分析。在此，我要详细论述我在第 1 章和第 2 章里曾经提出的一个观点：归根结底，人们都要对自己的行为负责。并非所有的人都像卡利中尉那样去做。与此同时，需要注意的是卡利中尉也并不是唯一这样做的人，他不过是一种相当普遍的现象中的一个引人注目的例子。为此，承认某些情景性因素可能会对人的行为产生巨大的影响是非常重要的。因此，在我们将这类行为确定为“绝无仅有的怪诞、绝无仅有的疯狂、绝无仅有的卑鄙”之前，去考察一下产生这类行为机制的环境是明智的。这样，我们才能开始理解允许某种条件出现所要付出的可怕代价。或许，最终我们在避免这些条件的出现方面可以有所作为。失调理论便有助于我们搞清这一机制。

当然，这类情景不仅仅局限于战争。许多暴力行为都可能殃及无辜的受害者，而且人们会为此而去辩护，这样做反过来又会导致更多的暴力。假定你所居住的社区不能公平地对待黑人和拉美人等少数族裔。随便举个例子，我们假定几十年来，占多数的白人一直不允许黑人和拉美人进入一流的公立学校，而是让他们进入二流学校接受落后的教育。这种“无害的忽视”的结果是：与同年级普通白人孩子相比，普通黑人孩子和普通拉美裔孩子在所受教育和激励方面都处于较低水平。这一点可以通过他们在成就测验上得分很差来证明。这种情景为那些城市领导人替他们的种族歧视举措辩护提供了绝佳的机会。“你们看，”他们可能会说，“那些人是愚蠢的(因为他们在成就测验上得分很差)；当我们决定反对浪费我们的资源为他们提供高质量的教育时，我们是多么的明智。这些人是不可教的。”这种自证预言，为残忍和忽视提供了极好的辩护，也为将黑人和拉美人视为品性低劣提供了极好的辩护。我们将少数族裔限制在拥挤的贫民窟中，并且营造了某种环境，在这 183
种环境里，有色人种几乎不可避免地被排斥在大多数美国白人所拥有的发展和成功的机会之外。借助电视的神奇力量，少数族裔看到人们取得成功而且过着奢华而体面的中产阶级生活。他们痛苦地意识到，自己不可能拥有机会、舒适和奢华。

如果挫折导致他们采取暴力行为，或者失望导致他们去沾染毒品，这便很容易让他们的白人兄弟姐妹们，自鸣得意地靠在椅背上，煞有其事地摇着头，将他们的行为归因于某种品性低劣。正如爱德华·琼斯和理查德·奈斯比特[58]所指出的，当一些不幸降临到我们头上的时候，我们倾向于从环境方面进行归因；但当我们看到同样的不幸降临到他人头上时，我们倾向于从那个人个性中某些固有的弱点进行归因。

对不可避免事件的心理

乔治·萧伯纳(George Bernard Shaw)曾经受到自己父亲酗酒的沉重打击，但是他尽力做到了容忍这一点。他曾经写道："假如你不能摆脱家丑，你最好顺其自然。"[59]从某种意义上讲，失调理论描述了在困境中随遇而安(或者说，容忍不愉快结局)的一些方法。当所面对的某种情景是消极的而且不可避免时，情况尤其如此。此时，人们会尽最大努力从认知上将情景所带来的不愉快减少到最低程度。在一项实验中，杰克·伯里汉姆[60]让孩子们自愿去吃一种蔬菜，这些孩子事前曾声称不喜欢这种蔬菜。在吃过蔬菜之后，实验者让其中一半孩子相信，他们将来会更多地吃这种蔬菜；而没有将同样的话告诉余下的孩子。那些认为将来要不可避免地吃这种蔬菜的孩子，成功地使自己相信这种蔬菜并不太差。简言之，"我不喜欢那种蔬菜"的认知，与"我将来要吃那种蔬菜"的认知，产生了失调。为了减少这种失调，孩子们开始相信这种蔬菜并不像原来所认为的那样令人讨厌。约翰·达利和艾伦·博施德[61]发现，就像人们对待蔬菜一样，同样的现象在与人交往时也会起作用。在他们的实验中，女大学生们自愿参加了一系列会议，在会议期间每个学生都会同一个自己不认识的女生讨论性行为和性规范方面的问题。在讨论会开始之前，每个被试都得到了两张卡片。每张卡片上都有对已经自愿参加过同样讨论的另一位女生个性特征的描述；这些描述包含了令人愉快的和令人不快的特征。其中一半的被试被告知，她们将与卡片 A 上所描述的那位女生交谈，余下的被试则被告知将与卡片 B 上所描述的那位女生交谈。在实际与这些女生见面之前，被试 184
们被要求依据自己所读过的人格描述分别对她们进行评价。那些感到将不可避免地把自己的隐私告诉卡片 A 所描述的那个女生的被试，认为该女生比卡片 B 所描述的那个女生更有吸引力。相反，那些认为自己必须同卡片 B 所描述的那个女生交谈的人，则发现她更有吸引力。和吃蔬菜一样，不可避免会令被试对认知对象更加喜爱。一个人在得知自己将不可避免地与另外一个人呆在一起，会强化这个人的正面形象，或者至少淡化他(她)的负面形象。一句话，人们倾向于从最好的方面去看待那些必然会发生的事情。

同样的现象也出现在总统大选中。试想：你的国家(地球上最强大的国家)被一个你认为是十足傻瓜的人来领导，这样一种想法简直是不可忍受的。但对此人们又做了些什么呢？他们当然会尽量从最好的方面来看这件事情。距 2000 年总统大选一周的时候，艾伦·凯(Aaron Kay)和他的同事们[62]向几百人散发了一篇文章，文章对大选可能的结果作了令人信服的分析。一些被试读到的内容是，许多受人尊重的专家预测布什会以压倒性的优势赢得大选；另外一些被试读到的内容则是，同一批专家预言布什将会险胜对手。还有一些被试读到的内容预言，戈尔要么取得压倒性胜利要么险胜。随后，要求这些人对戈尔和布什做总统的可取性进行评价。

结果表明，候选人被感知到的获胜可能性与选民对他的可取性评价之间，存在很强的相关关系。也就是说，当戈尔获胜的可能性增加时，无论是共和党人还是民主党人，都会认为他更有可取性；而当布什获胜的可能性增加时，他们则对布什的可取性评价更高。

当确定哪一种蔬菜是自己不喜欢的、与自己从未见过的某个人交谈或者学会容忍一个自己并没有投给选票的总统时，对消极方面的忽略可以成为一种适应策略。但有时，这种策略也可能被证明是灾难性的。20 世纪 80 年代中期，加州大学洛杉矶分校地质学专业的学生们的研究表明，在随后的 20 年里洛杉矶地区至少爆发一次大地震的可能性为 90%。面对即将到来的灾难，那些明智的人无疑会承认这种危险而且会有所准备，尽量了解有关地震的情况并进行安全预防。1987 年加州大学洛杉矶分校的两位社会心理学家，达林·雷曼(Darrin Lehman)和谢莉·泰勒，对 120 位在校大学生进行了访谈以确定情况并非如此。[63]他们的发现是令人担忧的：只有 5%的人采取了一些安全措施(例如确定最近的灭火器的位置)；只有三 185
分之一的人知道，在地震爆发时最好的做法就是爬到坚实的家具下面或者呆在户外；没有一个被调查者采取了专家推荐的预防措施。研究显示即使是在受到良好教育的群体中，对一种不可避免灾难的典型反应仍然是无所适从。

值得注意的是，学生们应对方式会随着他们居住环境的变化而变化。与那些住在比较安全的宿舍里的学生相比，那些住在抗震性能差的宿舍里的学生，更可能采用置之不理或者对可能的危险做最低的估计来应对即将到来的灾难。也就是说，那些在地震中面临着最大危险的人，恰恰是那些对迫在眉睫的灾难置之不理或者对其后果的严重性估计不足的人。简言之，假如我十分清楚将要爆发一场地震，我怎样才能为自己在一个不安全的宿舍里活下来辩护呢？做到这一点很容易：我否认将要爆发地震，而且不去想它。对不可避免的危险事件进行自我辩护可以在短期内得到安慰。但是假如它们妨碍人们采取行动来增进自己的安全，那么从长期来看这种反应便是致命的。

不用说，20 世纪 80 年代中期发出的地震预告已经被证明是正确的。1994 年冬天，洛杉矶地区发生了一场大地震，导致了大量的财产损失，高速公路也遭到了破坏，致使几个月里交通中断。幸运的是，由于地震在下午 4:30 分爆发，而且正在休假期间，人员伤亡较小。尽管这已经是一场大地震，但大多数专家认为仍然有一场更大的地震在逼近。你认为 1994 年地震会促使人们对下一场地震的到来做好充分的准备吗？

正如你所注意到的，孩子们对不喜欢的蔬菜的反应，大学生们对不可避免地与他人交往的反应，与加州洛杉矶分校的学生们对将要来临的地震的反应之间，存在着令人奇怪的差异。在前一种情景中，不可避免地得到了认可，而且人们欣然采取了强调不可避免事件的积极方面的态度。但是在后一种情景中，人们却要面对着危及生命而且不可控制的极有可能发生的事件。将大地震重新界定为人们所渴望的或者并非大灾难，远远超过了人类的想象。而且，人们不可能阻止地震的发生；人们的最大希望就是能够对它作出适应性的反应，任何人都不能保证安全方案可以为人们提供切实的保护。因此，人们作出何种性质的反应，取决于人们是否相信所采取的预防措施能够真正增加我们对不可避免事件的控制。因此，假如所采取的行动看上去是无效的，那么在这上面花费精力只能进一步增加失调感。在这种情况下，我们很可能为自己没有采取安全预案进行辩护，要么否认潜在灾难发生的可能性，要么大大低估它的严重性。

自尊的重要作用

在本章中我们已经看到，我们对某个特定行动过程的投入程度，会维持或者改 186
变我们的态度，歪曲我们的感知，决定我们去搜集哪类信息。另外，我们还看到，一个人可以通过多种形式投入到情景中去——通过决策，通过努力达到某个目标，通过相信某件事情是不可避免的，通过实施某种具有严重后果（例如伤害他人）的行动，等等。正如我前面曾提到的，当一个人处在自尊心受到威胁的情景之中时，他投入的程度最深。因此，假如我做出了某种残忍的或者愚蠢的行为，我便会感到自尊受到了威胁，因为这会使我意识到自己可能是一个残忍的或者愚蠢的人。在认知失调理论启发下所进行的几百项实验中，那些涉及人们自尊心的情景下所获得的结论是最明确的。而且，正如可以预料的，我们发现那些自尊最强的人，在做出愚蠢的或者残忍的举动时所体验到的失调最多。

那么，当一个人自尊很低的时候，情况又会如何呢？从理论上讲，当这样一个人做出一件愚蠢的或者不道德的事情时，他（她）并不会体验到多少失调。“我做了一件不道德的事”的认知，与“我是一个笨蛋”的认知之间是一致的。一句话，那些认为自己是笨蛋的人预期会去做傻事。换句话说，那些自尊心低的人并不会感到去做一件不道德的事情有多么困难，因为做不道德的事情与他们的自我概念之间没有什么不协调。相反，那些自尊心强的人更可能拒绝做不道德的事情的诱惑，因为行为不道德将会给他们带来很大的失调。

我和戴维·梅迪（David Mettee）对这一观点进行了验证。[64] 我们预言，那些自视较低的人会比那些自视很高的人更可能去作弊（假如有机会的话）。需要讲清楚的是，我们并没有简单地预言，那些认为自己不诚实的人会比那些认为自己诚实的人更容易去作弊。我们的预言要更大胆一些；它是建立在以下假设之上：假定一个正常的人自尊受到了暂时的打击（例如，假定他们被自己所爱的人抛弃，或者在一门课的考试中不及格），并因此而情绪低迷、感到自己一无是处，他们很可能会在玩牌时作弊、回家生闷气，或者做出许多与自己自视很低相一致的事情。由于感到自己是品味不高的人，人们便会做出一些品味不高的事情。

在实验中，我们通过提供一些有关个人人格方面的假信息，让学生们暂时改变他们的自尊。在接受了一项人格测验之后，三分之一的学生得到了正面的反馈；具
体而言，他们被告知，测验结果表明他们是成熟的、风趣的、深刻的，等等。另外三 187
分之一的学生得到的是负面的反馈；他们被告知，测验结果表明他们是不成熟的、没有风趣的、相当肤浅的，等等。剩下三分之一的学生没有得到测验结果方面的信息。

随后，学生们被安排参加一项由另一位心理学家进行的实验，该实验与那项人格测验之间没有明显的联系。作为第二项实验的一部分，实验者安排被试与他们的同学打牌。这是一种赌博游戏，游戏中允许学生赌钱而且允许他们将所赢的钱归为己有。在游戏过程中，被试们会得到几次不可能被察觉的作弊机会。情景是这样设计的：假如某个学生决定不作弊，她将必输无疑；但假如她决定去作弊，她将肯定会赢得相当大的一笔钱。

结果清楚地表明，与那些先前得到高自尊信息的学生相比，那些得到较低自尊信息的学生，会更多地去作弊。控制组（那些没有得到信息的学生）作弊情况恰好处于二者之间。这些发现表明，家长和教师应当特别警惕自己的行为可能对他们的孩子和学生的自尊造成深远的影响。具体来说，假如较高的自尊可以作为防止

不诚实行为的缓冲器，那么尽可能采取措施帮助个体学会尊重和喜欢自己，便似乎是明智的。

但是在此，我们必须谨慎行事。较高的自尊一般来讲是有益的，但是它绝对不可能是一种万能之药。假如一个人的自尊没有现实依据[65]或者仅仅是一种自我陶醉（建立在对他人虚假的优越感之上），它便会产生相当多的消极影响。例如，罗伊·鲍迈斯特（Roy Baumeister）、布拉德·布希曼（Brad Bushman）和基斯·坎贝尔（Keith Campbell）[66]通过一系列实验发现，当一个人的自我陶醉式自尊受到批评的威胁时，他会攻击批评者以尽力获得平衡并修复受到威胁的自我形象。在一项实验中，他们要求被试们撰写一篇短文。这些短文随后遭到了他们同伴的批评。受到批评之后，被试们得到了通过发出刺耳的声音来向这些同伴表示敌意的机会。这些被试可以控制声音的强度。结果发现，那些将声音调到最高分贝的人，在先前所做的自尊测验和自我陶醉测验中也都得分最高。总之，当那些人的自傲受到威胁的时候，他们会愤怒而且会表现出比常人更多的攻击性。克丽斯汀娜·塞米瓦里（Christina Salmivalli）和她的同事们认为，这种自我陶醉式的高自尊心，根本不是真实的高自尊，它是一种建立在不安全感之上的脆弱的自我吹捧。他们发现，持有这种形式自尊的人在校园里会恃强欺弱，而那些真正持有高自尊的孩子会感到更安全，因而不会去恃强欺弱。事实上，这些真正持有高自尊的人，更愿意尽力保 188
护那些遭到欺负的受害者。[67]

是不安，还是自我知觉？

认知失调理论是一种动机理论。根据这一理论，人们自我概念受到威胁而产生的不安，促使他们去改变自己的态度与行为。但是，我们又怎能确定人们在参与这些实验的过程中的确感到不安呢？或许这只是一个自我知觉问题。我们可以从一种幽默的说法中看到这种可能性：“在我没有见到自己做什么之前，我怎能知道自己在想什么呢？”几年前，达里尔·贝姆[68]提出了自我知觉的观点，并且将它运用到一些有关失调理论的研究中。贝姆认为，正在改变自己的态度和行为的人们，可能不会感到不安，也可能不会想到要为自己辩护。他们可能冷静而沉着地观察自己的行为，并且根据自己的观察得出某种结论。贝姆的看法颇有道理。正如你所知道的那样，我们都有这种强烈的归因倾向——无论是对他人还是对自己。例如，假定在自助餐厅里摆上了一大排甜点，在看过一遍之后，你选了一种楔形的大黄馅饼。假如我正在自助餐厅里对你进行观察，我会推测你喜欢大黄馅饼。贝姆认为，你通过观察自己的行为，也会得出同样的结论。你可能会说："嗨，是我自己挑选了大黄馅饼，我猜自己一定是喜欢它！"

到目前为止，我与贝姆的看法是一致的。但这正是有趣之处：假定你是一位耶鲁大学的学生，并且正在撰写一篇替纽黑文市警察的残忍辩护的文章（就像前面所介绍的科恩实验中的被试所做的）。根据贝姆的观点，你将会冷静地观察自己的行为，不以为然地说，"呵，因为我写了那篇文章（仅仅为了 50 美分！），我猜自己一定相信所写的那些观点……否则的话，我就不会写了。"没有失调，没有不安，也没有自我辩护；在这里，只有自我知觉。

贝姆的观点是简洁明确的。如果在这种情景下态度发生改变仅仅是一种冷静的自我知觉，那么我们就不需要有关不安、自我概念、自我辩护等方面的理论了。

看来贝姆的观点只是部分正确。自我知觉的确发挥了某种作用；但是，它似乎只是在人们一开始就没有清晰明确看法的情景中，才会起作用。相反，当人们已经有了清晰的看法（例如，纽黑文警察的行为太恶劣了；装卷轴是一项令人厌烦的任务；我是一个正派的、理智的人）时，就会引起不安，并且会威胁到人们的自我概念。[69]

那么，我们怎样才能确定不安在这种失调的情景中发挥了重要的作用呢？理 189
由之一便是来自那些身处这类情景中人们的报告。例如，帕特丽夏·戴维尼（Patricia Devine）和她的同事们[70]发现，当人们身处能够引起失调的情景中时，与那些处于控制条件下的人们相比，他们的确会报告感到更加激动不安。

被试们对自己不安的报告是毋庸置疑的。而且，还存在着有关不安的行为方面的证据。例如，我们知道不安导致注意力分散。在一项巧妙的实验中，迈克尔·帕雷克（Michael Pallak）和塞恩·皮特曼（Thane Pittman）[71]证实，那些体验到失调的人比没有体验到失调的人，在一项复杂任务上所取得的成绩更差。那些体验到失调的人，与那些由其他状态（例如，极度饥渴）引起不安的人一样，表现出成绩下降。

此外，一些研究者[72]也发现了一些明显的有关失调的动机性质的行为的证据。在一项实验中，马克·让娜（Mark Zanna）和约珥·库珀给被试们提供了一种安慰剂药片。他们对一些被试说，这种药片会唤起他们的紧张感。而对另一部分被试说这种药片会让他们感到镇定与放松。控制组的被试则被告知，这种药片对他们不会起任何作用。在服下药片之后，要求每个人都撰写一篇持相反态度的短文，由此而产生失调。失调理论预言这些被试会改变他们的态度，使自己的态度与短文观点相一致，以减少引起自己不安的唤起状态。但是，假如某些被试认为自己所体验的唤起状态是由药片引起的，他们就不必通过改变态度来使自己感觉更好。反之，假如有些被试认为他们服用药物后会感到放松，那么他们所体验的任何唤起状态都会特别强烈，因为尽管服用了药片，他们仍然体验到了这种不安的唤起状态。相应地，这些被试的态度会有很大的改变。因此，这个理论预期：在各种条件下人们的态度是否会发生改变，取决于因失调而唤起的不安是被某种可能的解释所掩饰（“哦，是的——我服用了一种据说可以让我感到紧张不安的药片，所以我才有这种感觉”），还是被某种可能的解释所放大（“哦，不——我服用了一种据说可以让我感到放松的药片，但是我却感到紧张”）。

这正是让娜和库珀的发现。就像在典型的失调实验中所发现的那样，在控制条件下的被试态度出现了相当程度的改变。但是，唤起状态下的被试并没有改变自己的态度——他们将自己出现不安归因于药片，而不是自己所写的那篇持相反态度的短文。最终，那些被告知药片会对他们起放松作用的被试，甚至比那些控制条件下的被试，更多地改变了自己的态度。他们推测撰写那篇持相反态度的短文使这些被试感到紧张，因为尽管他们服用了某种放松的药物但这种紧张仍然被唤起。由此，他们推测这些被试的行为与他们认为自己是一个正派而理智的人的自我知觉之间很不一致，于是他们便改变了自己的态度，以便与自己短文中的观点保持一致。

失调对生理和动机的影响

那么，失调的影响范围到底有多大呢？在过去的几年里，研究者们发现，失调 190
不仅会影响人们的态度，而且可以改变人们的基本生理欲求的体验方式。在特定的条件下，减少失调可以让那些饥饿的人感到不太饿，让那些口渴的人感到不太渴，让那些受到了高强度电击的人感到不太痛苦。从以下例子中我们可以看出它是如何发生作用的：假定有一个名叫维克（Vic）的志愿者，被说服愿意较长时间呆在一个得不到食物和水的环境中，或者愿意接受电击。假如维克这样做很少能够得到外部理由，他便会体验到失调。他有关自己所体验到的饥饿、干渴或者电击所引起痛感的认知，与自己是自愿接受这些体验并没有从中得到多少回报的认知之间，便会产生失调。为了减少这种失调，维克使自己相信那种饥饿不算太强烈，那种口渴也不算太糟，或者所接受的那种电击也不算太痛。这并不令人感到奇怪。尽管饥饿、口渴以及疼痛都有生理基础，但是它们也包含了很强的心理成分。例如，通过暗示、冥想、催眠、安慰剂、来自一位医术精湛的医生的安慰等方式以及这些方式的组合，都可以减少疼痛感。实验社会心理学家的研究表明，在感受到强烈失调的条件下，一般人即使不通过冥想或者催眠等特殊技能，也可以同样做到这一点。

于是，菲利普·津巴多和他的同事们[73]让一些人接受了高强度的电击。其中一半被试处于高度失调状态——也就是说，他们被说服愿意接受电击，没有多少外部辩护理由；另外一半被试则处于轻度失调状态——也就是说，他们被迫接受电击，具有充分的外部辩护理由。结果表明，与那些处于低失调状态的被试相比，那些处于高度失调状态的被试所报告的自己体验到的痛苦更少。而且，这种现象并不仅仅停留在被试的报告。有确切的证据表明，在高度失调状态下，被试对疼痛的生理反应（通过测量皮肤电反应）不太强烈。另外，高度失调状态下被试的疼痛对他们手头工作的干扰较小。因此，不仅这些被试报告了较少的疼痛感，而且疼痛对他们的影响也较少。

有关饥饿和口渴的研究也得到了同样的结果。杰克·伯里汉姆[74]报告了一系列实验。在这些实验中，人们在一段较长的时间里被剥夺了食物和水。除了会体 191
验到饥饿和口渴之外，这些被试还会体验到或高或低的失调，其原因与津巴多实验相同。具体而言，一些被试很少有外部理由为自己的饥饿或者口渴辩护，而另一些被试则有很多外部理由。对那些体验到很大失调的被试来讲，减少失调的最有可能的办法就是将饥饿和口渴的体验降低到最低程度。在分别进行的饥饿和口渴实验中，伯里汉姆发现，在同样长的时间被剥夺食物（或水）的情况下，那些高度失调的被试比那些轻度失调的被试饥饿（或口渴）的程度要小。需要再次强调的是，这一点并不仅仅是口头报告：实验结束后，当所有的被试被允许可以随意进食（或喝水）时，那些高度失调者的确比低度失调者吃得（或喝得）较少。

失调理论的实际运用

认知失调理论能够引起如此之大的关注并引发如此之多的研究，原因之一在于它对那些不易用常识来解释的现象具有解释和预测能力。而且，正如读者已经看到的，失调理论已经被用于解释大量的现象：从谣言的传播到一些重要态度和行为的改变；从安全的性行为到种族偏见的减少。

理解对灾难的反应　令人兴奋的是，这一理论可以帮助人们理解发生在现代社会的许多事件。否则的话，人们便会对它们感到迷惑不解。例如，我们可以回想一下 1979 年的三哩岛危机。这座核电站的一次事故导致了核反应堆连续几天处于不稳定状态，并可能导致堆心熔化，对周围地区造成灾难性的污染，进而危及附近地区成千上万的居民。依据常识，那些离电站最近的居民会感到最惊恐，因而最有可能采取行动。失调理论则做出不同的预测。假定事故发生的时候你居住在距核电站几哩的范围之内。由于事故早期从反应堆泄露出放射性物质，很可能你和你的家人已经受到了放射性污染。你会如何反应呢？你可以从该地区撤离，但是辞掉工作去寻找一个暂时的安身之所，成本很高而且相当困难。另外，即便真的撤走，你很可能已经接触了放射性物质。许多报告在社会上传播，这些报告对危险程度的估计是相互矛盾的。你的一些邻居已经决定撤离；另外一些人则在贬低危险
程度。过了一段时间，核能管制委员会的专家们来到了现场，并发布了一份可靠的 192
声明，宣称所泄露的放射性物质是微量的，几乎不可能导致严重的灾难。你可能会如何看待这份声明呢？

我推测此时离核电站最近的居民最有可能看重并且相信这些声明，他们会抓住任何可以消除自身疑虑的信息。假如你居住在三哩岛的附近，你那“我把家安在离核电站很近的地方，如果发生了事故，我和家人就会摄入有害的放射性物质”的认知，与“我是一个聪明、理智、谨慎、顾家的人”的自我概念之间，就会出现失调。因此，无论是否会撤离，你都会急于相信这些来自专家的保证。即便是几天后核能管制委员会的专家们改变了立场，建议孕妇从核电站附近撤离，居住在那里的人们仍会倾向于相信这个委员会的发言人所讲过的话，那就是说：他们仅仅向人们发出警告，而实际的危险则微乎其微。我们可以将此与那些居住在临近直接危险地带人们的反应加以对比。尽管这些人受到的威胁不那么直接而且也没有受到放射性毒害，但他们同样感到担心和恐惧。由于他们并没有像生活在危险地带的人们一样置身其中，他们便更有可能表达自己的怀疑与愤怒。实际上，他们这样做也可能是出于自身利益的考虑，因为假如核电站的情况恶化或者实际危险比所宣布的严重得多，那么他们自己便会陷于危险之中。因此，我推测：那些居住地离三哩岛反应堆最近的居民，会比那些居住地更远的居民更加相信核能管制委员会的声明。事故发生后不久进行的一项大规模调查证实这一推断。[75] 调查数据显示，那些居住地离核电站最近的被调查者，更有可能声称核能管制委员会发布的信息特别有用；而那些居住地相距十五哩开外的居民，则更有可能声称那些信息毫无用处。①

一些有趣的迹象也支持这一结论：据报道，对这场危机的最可怕的谣言竟来自遥远的加利福尼亚，当全国的媒体都充斥着有关核能管制委员会无能和失职的报

---

① 但需要注意的是，这些发现也可能存在着其他解释。那些居住地离三哩岛核电站最近的居民，可能与那些相距较远的居民有很大的不同。例如，他们选择在离核电站较近的地方居住，可能恰恰反应了他们对核电行业的积极的态度。因此，即使在这次事故之前，那些居住地离核电站最近的居民，可能已经比那些相距较远的居民对核能管制委员会更加信任。

道时，据称，三哩岛附近的民众竟然“像对待千钧一发之际赶来救援的骑兵”一样欢迎核能管制委员会。

通过减少失调来减肥　假如某一理论不仅可以有力地帮助人们理解和预测各 193
种现象，而且还能够让人们实际地从中受益，那么它便具有特别的价值。在本章前面的内容中我曾经指出，认知失调理论可以帮助老师按照自己的愿望向学生们灌输内在的学习动机，或者帮助父母找到一种比严厉惩罚更为有效的方式使孩子们获取道德和人道方面的价值。在类似海军陆战队或者大学兄弟会这样的机构中，已经长期采用一些严酷的加入仪式来强化成员对组织的承诺。丹尼·阿克苏姆(Danny Axsom)和约珥·库珀[77]通过实验提供了一个十分引人关注的例子，通过这个例子我们可以运用失调理论来帮助个人克服肥胖这一难题。实验者假定，如果一个人为达到某个目标而付出了大量的努力，那么他就会坚持这个目标。他们说服一些超重妇女自愿参加一项体重控制计划，同时让她们参与一项与减肥无关的智力活动——其中一组需要付出很多的努力，而另一组则只需付出很少的努力。在计划实施的四个周里，这两组被试体重减轻都很少。但是在六个月和十二个月之后，当实验者与这些妇女再次联系时，他们发现了相当大的差别：那些付出过很多努力的妇女平均减少了八磅，而那些在计划实施过程中完成任务不需要付出多少努力的妇女体重则根本没有减少。为了替自己的行为辩护而改变自己的态度，不仅会产生强有力的影响，而且还可以在很长一段时间内坚持这些活动。

失调与艾滋病预防　正如人们所知道的，失调会令人感到不安。因此，人们不仅在感到失调时尽力去减少失调，而且还试图从一开始就避免出现失调。避免出现失调的方法之一就是坚决不去关注我们所做的事情。这种“稀里糊涂”行为的一个很好的例子，便是成千上万的年轻人在发生性行为时所面对的艾滋病传播。你会想起在第3章里我曾经简要地对这个问题进行了讨论。希望读者能够耐心地容我就这个问题展开论述。正如人们所知道的，通过大众传媒所进行的艾滋病报道和预防计划已经花费了上亿美元。尽管这些计划在传递信息方面取得了相当的效果，但是在阻止人们发生危险的性行为方面却几乎没有什么成效。例如，尽管处于性活跃期的大学生们很清楚艾滋病的严重性，但是他们中间经常使用避孕套的人的比例却少得惊人。之所以如此似乎是因为，避孕套使用起来不方便而且不浪漫，而且会让人们想到疾病——而这恰恰是人们在准备做爱时所不愿意想到的。的 194
确，正如许多研究者所反复发现的，[78]人们特别倾向于持否认的态度——在这种情况下，他们倾向于相信，尽管艾滋病对他人是个麻烦，但对自己而言却没有什么风险。假如大众传媒都对此无能为力，还有什么其他办法可以奏效呢？

在过去几年里，我和我的学生们采用本章前面所讨论过的各种形式的“讲过为真”范式的一种变式来说服人们使用安全套，并取得了很大的成功。请回想一下，在一项典型的“讲过为真”实验中，实验者要求人们发言，提倡某个与自己的态度相反的观点。这样做会导致失调；于是，为了减少失调，人们就会改变自己的态度，使之与所提倡的观点相一致。那么，怎样才能将这种范式运用到预防艾滋病传播中呢？

作为研究者，我们所面临的问题是：当进行安全的性行为时，几乎人人都相信所提供的信息，也就是说，几乎人人都相信艾滋病是危险的，而且相信假如人们进行性活动最好戴上安全套；但是在公开承认这一点的人中，实际上只有很少的人会经常使用安全套。因此，如何才能让一个相信安全套有好处的人提出同意使用安全套的理由，并由此而体验到失调呢？这是一个两难问题。我们所采取的措施实际上非常简单：由于人们通过借助否认机制来使自己避免感受到失调，我们试图通过让他们直接面对自己的**虚伪**来戳穿这种否认。

在实验中，[79]我们首先要求大学生们撰写一篇描述艾滋病危险并提倡“在每一次性生活时”都使用安全套的发言稿。每个学生都很愿意来写这篇稿子，因为所有的人都相信人们在性活动时使用安全套是个好主意。在一种条件下，仅仅让这些学生撰写稿子。在另一种条件下，在稿子完成之后，学生们被要求在摄像机前朗读这篇稿子，朗读之前告诉他们这盘录像将在中学生的性教育课上播放。另外，在朗读之前，每种条件下挑选一半的学生，要求他们列举自己在生活中感到使用安全套很困难、很尴尬或者根本不可能使用安全套的情形，来提醒他们注意自己以往不使用安全套的经历。

重要的是，那些受到提醒自己以往没有使用安全套后为高中生录像条件下的被试，处于很高的失调状态。这是因为这些被试意识到了自己的虚伪；也就是说，他们完全清楚：向中学生们所做的那些说教，自己并没有做到。为了远离虚伪并保持自尊，他们不得不开始按照自己所讲的去做。而这正是我们所发现的。在实验结束时，与处于其他条件下的学生相比，那些处于虚伪条件下的学生更有可能去购买在实验室门外展售的安全套。而且，几个月以后，处于这种条件下的学生中有相当大比例的人报告自己经常使用安全套。 195

失调与水资源保护　几年前，当加利福尼亚中部遭遇了一次长期缺水时，我们大学所在地圣克鲁斯市对饮用水也实行了定量配给。在我们大学的校园里，行政部门急切地试图找到一种通过缩短淋浴时间来保护水资源的方法。直接要求学生们重视水源保护收效甚微。正如在第 2 章中已经提到的，几年前我们通过让学生们依从合适的榜样的行为，取得了相当可观的效果。为了在水资源保护方面对人们施加更大影响，我们着手采用假榜样来减少人们的失调感，其做法与上面讨论过的安全套实验中所采用的方法非常相似。

在淋浴实验中，[80]我的研究助手中途拦住那些前往学校更衣室的学生。就像在安全套实验中所做的那样，我们将条件变化为承诺和提醒注意两种。在承诺条件下，询问每一个学生是否愿意在一张促使人们节约用水的宣传单上签名。宣传单上写着："请缩短淋浴时间。我能够做到的，你也一定能够做到！"在提醒注意条件下，我们还要求学生们回答一份有关水资源保护的"调查"，这项调查所设计的一些项目，是要让学生们了解自己赞成水资源保护的态度，并让他们了解自己有时会在淋浴时浪费水资源。

随后学生们走进淋浴室，我的另一位研究助手不动声色地等在那里（带着一种隐藏的防水秒表）测量他们的淋浴时间。就像安全套实验一样，我们只是在重度失调条件下才对学生们的行为有重要的影响。也就是说，当学生们被要求支持缩短淋浴时间时，他们同时也被提醒回忆自己以往的行为。在这种条件下，学生们会意识到自己以往并没有像他们现在所要求的那样去做，于是他们淋浴所用的平均时间仅仅为三又二分之一分多一点（已经非常之快！），远远地少于控制条件下所用的时间。

对宗教领袖权威的解释　失调理论有助于人们增加对那些完全超乎自己想象的事件的理解。例如，像吉姆·琼斯（制造了圭亚那琼斯城的大屠杀）、大卫·柯瑞希（David Koresh，制造了得克萨斯州维柯庄园的那场大火）和马歇尔·赫夫·阿普尔怀德（Marshall Herff Applewhite，制造了天堂之门教的集体自杀）这样一些宗教领袖，对他们追随者的心理和情感具有巨大的威力。让我们以琼斯城大屠杀 196
为例，这毋庸置疑是一场极端的悲剧性事件。让人难以理解的是，一个人竟然会有如此之大的威力：在他的命令下，几百人会去杀死自己的孩子然后自杀。这一切怎么可能发生呢？发生在琼斯城的悲剧特别复杂，我们不可能通过简单而有效的分析来完全加以理解。但我们可以从本章前面所讨论过的登门槛现象中得到线索。吉姆·琼斯是从他的追随者那里一步步地获得巨大信任的。的确，通过详细地考察我们会发现，他的那些追随者们对他表现出一连串的持续增加的信奉。尽管人们对最终的事件几乎完全不能理解，但是假如我们一步一步地考察，就会发现事情比较容易理解。就像我在本章前面曾经提到的，一旦做出了某种小的承诺，便为今后持续不断的承诺创造了条件。

让我们从头说起。人们很容易理解像吉姆·琼斯这样的魅力型领袖可以从他的教徒那里榨取钱财。一旦教徒们为他所传递的和平信息和普天下的兄弟捐出少量的钱财，他便可以提出更多的要求并且收到大量的钱财。接下来，他会诱使人们卖掉家产并将所得钱财交给教会。不久，在他的要求下，一些追随者离开自己的祖国，离开自己的家人和朋友，在圭亚那一个陌生而艰苦的环境里开始了新的生活。在那里，他们不仅辛勤劳作（由此而增加他们对教会的供奉），而且还可以阻止出现各种可能的反对意见，因为他们周围都是真正的信徒。一连串事件连续发生。琼斯可以向信徒中几个已婚妇女任意地提出性要求，她们即便不情愿也要默许，琼斯声称自己是她们孩子的父亲。后来，作为最终事件的前奏，琼斯诱使他的追随者们举行了一系列模仿自杀的仪式，来考验他们对自己的忠诚和服从程度。由此，一步一步地，对吉姆·琼斯的信奉与日俱增。与此前的行动相比，他所采取的每一步行动都谈不上什么差距很大而又十分荒诞的飞跃。

需要再次指出的是，必须承认，这只是一种过于简单的分析。除了我所描述的对吉姆·琼斯不断增加的信奉之外，在他的那些追随者中间还发生了很多事件。这些都导致了悲剧的发生。与此同时也要看到，通过前面的事件所导致的与日俱增的信奉这个背景来考察最终的结局，的确可以解释那些我们最初看起来根本无法理解的现象。

乌萨马·本·拉登（*Osama Bin Laden*）在利用失调吗？ 2001年9月11日世贸中心因自杀式爆炸袭击而遭到灾难性破坏之后，许多政治分析家试图搞清，在已经确切知道自己的行动不可能取得任何直接政治利益的时候，到底有多大的仇恨竟会促使这些人不惜毁灭自己去夺走数以千计的无辜百姓的生命。大多数分析家 197
从宗教狂热方面对自杀式爆炸行为进行了解释。但这类解释并不能增加我们对问题的理解。托马斯·弗里德曼（Thomas Friedman），一位获得过普利策新闻奖的记者，也是国内中东事务最敏锐的观察家，采取了不同的分析方法。他在认知失调理论的基础上部分地回答了这一最为困难的问题。弗雷德曼认为，[81] 在中东和欧洲各地有几千名年轻的穆斯林，这些人正经受着尊严的丧失。根据弗雷德曼的观点，这些年轻人：

> 从少年时代就开始从清真寺里接受教诲，认为他们的宗教是三大一神论信仰中最完美和最高级的——要优于基督教和犹太教。但是，他们同时也意识到伊斯兰世界在教育、科学、民主和发展方面，要落后于基督教盛行的西方和犹太国家。这一点在这些青年人中产生了某种认知失调——这种失调成为所有愤怒的爆发点……为了缓解这种失调，他们断言穆斯林世界落后于其他文明的原因，或者是因为欧洲人、美国人和以色列人从穆斯林那里盗走了一些东西，或者是因为欧洲人、美国人和以色列人蓄意阻止穆斯林的发展，或者是因为穆斯林世界的领袖们偏离了真正的信仰并按照非伊斯兰方式行事而权力却掌握在美国的手中……他们将美国视为摧毁他们的宗教世界（或者至少是他们希望建立的世界）的最致命的武器。这就是他们将美国变成最大的邪恶

（甚至超过了欧洲）的原因。在他们看来，这是一种必须加以削弱的邪恶，假如有可能，必须予以摧毁。甚至可以采用自杀式袭击，为什么不可以这样做呢？假如美国正在摧毁他们生命的意义，那么就必须予以摧毁性的反击。

减少失调与文化

认知失调体验会普遍到何种程度呢？主要是美国人体验到它，还是它是人类生活条件的一部分？对这个问题进行确切的回答是不可能的，因为失调体验并非无处不在。但是我可以断言：尽管大多数研究都是在北美地区进行的，但在世界上任何一个地方进行的研究，都表明了它的存在。[82]值得注意的是，研究者们在其他文化背景下所取得的具体结果，与他们在北美地区所得到的结果并非总是完全采取同一形式。例如，在个体主义倾向弱于我们的社会里，减少失调的行为可能会采取更为共同的形式。回想一下本章前面所提到的费斯汀格和卡尔史密斯的经典实验。当实验者为了让被试说谎而提供一美元或者二十美元时，日本学生和美国学 198
生的反应会一样吗？在一系列引人注目的实验中，日本社会心理学家酒井春树（Haruki Sakai）[83]重复了费斯汀格-卡尔史密斯实验——而且他做得甚至更多！首先，酒井发现在日本被试中，那些为了很少的奖赏而去告诉另一个人那项单调的任务有趣的人，实际上也开始认为那项任务有趣。另外，酒井发现，假如一个人仅仅观察某个自己熟悉和喜爱的人的行为便将一项单调的事情说成有趣，也会令观察者体验到失调。因此，在这种情境中，观察者也会逐渐相信那项任务是有趣的。总之，在类似日本这样的集群文化中，观察者倾向于将他们的评价与自己的朋友所讲过的一致起来。

"人"不能只靠和谐生活

在本章开始不久我曾经指出，人们不仅具有理智的、适应性的行为，而且还有减少失调的行为。现在让我们回到这个问题上。假如一个人将时间和精力集中在自我保护上，他便永远也不会发展。为了发展，人们就必须从自己的失误中学习。但假如我们有意识地去减少失调，我们便不可能承认自己的失误。相反，我们会隐瞒这些失误，或者更糟的是，我们会将它们说成是美德。前总统们的回忆录便充满了这类为自我利益服务和自我辩护式的说法，前总统林登·约翰逊（Lyndon

Johnson)的话对此做了最好的概括:“假如我可以从头再来,我的作法不会有丝毫的改变。”[84]

从另一方面看,人们又的确经常性地从自己的失误中学习和成长。人们是如何做到这一点的呢?他们又是在何种条件下这样做呢?最理想的是,当一个人出现失误的时候,他会采用一种不加防御的形式来思考这一失误对自己有什么样的帮助,实际上,他会对自己说,“哦,我把事情搞砸了。我能够从中吸取什么教训以便不会在同一件事情上再次跌倒呢?”一个人可以通过下列形式的反应来增加这种可能性:

- 加深对自我防卫倾向和减少失调倾向的理解。
- 意识到做出愚蠢的或者不道德的行为并不一定意味着自己是一个不可救药的傻瓜或者是一个不道德的人。
- 发展足够的自我力量来容忍自己的失误。
- 增强自己的认知能力,认识到承认失误对于自己的学习和成长的益处;同时增强自己形成与他人之间密切而有意义的人际关系的能力。

当然,进行这样的列举,比实际做起来要容易得多。那么,我们是如何形成自 199
我防卫和减少失调的倾向呢?我们又是如何意识到像我们一样聪明而又有道德的人,有时也会做出愚蠢和不道德的举动呢?抽象而又肤浅的了解是不够的;一个人要想完全利用这种知识,还必须有意识地去实践。在本书第 8 章我们会对这一过程详加考察,在那里我们将考察我们与他人之间真实的、没有防卫的人际关系所带来的好处。

6

人类的攻击性

35 年前，我们国家在东南亚战场上正处于最残酷的时期。一天，我正在收看 201
电视新闻，男主播沃尔特·克洛基（Walter Crokite）报道了一起美国飞机在一个村庄被凝固汽油弹击落的事件，据说这个村庄是越共的基地。我的儿子哈尔当时大约十岁左右，好奇地问我，"嗨，爸爸，什么是凝固汽油弹？"

"哦，"我随口答道，"按我的理解，它应该是一种能够让人燃烧的化学制品；它应该很有黏性，一旦粘到皮肤上，就不能取下来。"说完，我便接着看电视。

几分钟后，我无意中看了哈尔一眼，发现他已经是泪流满面。我深深地被他的痛苦和伤心打动了，当我意识到在他的身上发生了什么的时候，我们感到非常沮丧。难道我已变得如此残酷而毫不掩饰地回答儿子的问题，就像回答他垒球是怎样做成的，或者树叶有什么功能一样吗？难道我对人类的残忍已经习以为常，对它们的存在已经无动于衷了吗？

从某种意义上讲，这一点并不令人奇怪。我们这一代人已经经历过了难以名状的恐怖岁月，在此仅举几例：二战期间发生在欧洲的纳粹对犹太人的大屠杀，发生在广岛和长崎的原子弹爆炸，朝鲜战争以及发生在东南亚的战争。在接踵而来的日子里，我们也见证了中美洲的几场残酷的内战；在柬埔寨的杀人场超过百万的平民百姓被屠杀；发生在波斯尼亚的"种族灭绝"；发生在卢旺达、苏丹和几内亚的大屠杀；发生在我们本土的 9·11 自杀式袭击；等等。尽管这些事件很恐怖，但是这类大规模屠杀并非现代所特有的。很多年以前，我的一位朋友给我看过一本小书，薄薄的只有十页或十五页那么厚，试图将世界历史浓缩于其中。它按年代列举了有记载的历史中发生的主要事件，你能够猜出它是怎么阅读的吗？当然是一场战争接一场战争，间或出现几个非暴力的事件，例如耶稣（Jesus）诞生或者印刷术
的发明。假如在人类短短的历史上，最为重要的事件就是人们之间相互残杀，那么 202
我们又沦落成一个什么样的种群呢？

而且，我们美国人有时对一些看来荒谬愚蠢的暴力行为，表现出了令人心寒的认可态度。让我们来看一个非常惨痛的例子。1986年，为报复利比亚日益高涨的恐怖主义行径，美国战机对这个国家进行了轰炸。当后来我们的民众被问及是否支持这场军事行动时，尽管只有31%的人认为这场袭击对遏制未来的恐怖主义有效，但仍有高达71%的人回答“是”。[1]对此，我们只能断定，大量的美国民众已经将纯粹复仇的行动视为美国对外政策可以接受的一部分。

从更广的范围来看，我们人类已经证明自身是一个特别富有攻击性的种群。除了几种啮齿目动物外，还没有其他脊椎动物会如此一贯而又恣意地残害自己的同类。这一切促使我提出如下问题：攻击性是与生俱来的吗？或者说它是我们人类本性的一部分吗？它可以被改变吗？有哪些社会性因素和情境性因素会增加或者减少攻击性？

对攻击性的定义

社会心理学家将**攻击行为**定义为旨在引起身体痛苦或者心理痛苦的有意行为。绝不能将攻击性与强烈的自信心混为一谈——尽管一个人在诸如坚持自己的权力，或者向编辑写信抱怨真实的或者想象中的不公，或者特别努力地工作，或者表现出很大的抱负，或者是一位特别能干的人时，大多数人也会宽泛地认为他具有攻击性。同样，在一个存在性别歧视的社会里，一位女士可能仅仅因为说出自己的想法或者主动提出邀请一位男性朋友用晚餐，便可能会被一些人说成是具有攻击性。我的定义是清晰明确的：攻击行为指的是旨在造成伤害或者引起痛苦的行为。这种行为可能是身体的，也可能是言语的。不论是否达到目的，它都是攻击行为。因此，假如一位愤怒的朋友向你的头部投掷啤酒瓶，虽然你低头躲过了，酒瓶没有击中目标，但是这仍然是一种攻击行为。其中关键的因素是故意。同样，假如一个酒后驾车的人无意之中将一位正在过马路的人撞倒，尽管它所造成的伤害远远大于没有击中的酒瓶的伤害，但是它却并不是攻击行为。

将攻击行为区分为敌对性攻击和工具性攻击，也是有益的。[2]**敌对性攻击**是因愤怒感而引起的一种攻击性行为，它旨在施加痛苦与伤害。**工具性攻击**，也是一种故意伤害他人的行为，但是这种伤害只是达到某个目标的手段，而并不是为了引起他人的痛苦。例如，在一场职业橄榄球比赛中，某个防守队员总是不顾一切地拦截对方球员（拦截者）并且将带球队员铲倒。这种行为通过故意给对方球员造成痛苦，让他退出比赛，从而使自己的球队获取胜利。这属于工具性攻击。相反，假如 203

他认为对方踢得太过卑劣，并因此而怒火中烧，即便不能增加拦截对方控球队员的机会，也会不顾一切地去伤害对手。这便属于敌对性攻击。

攻击性是本能的吗？

科学家、哲学家以及其他一些严肃的思想家，在攻击性是与生俱来的本能现象还是通过学习获得的行为这个问题上，并没有完全达成一致意见。[3]这种争论并非刚刚出现的，它已经持续了几个世纪了。例如，托马斯·霍布斯（Thomas Hobbes）在他的经典著作《利维坦》（最初发表于 1651 年）中便提出，我们人类生来就是残忍的。因此，只有通过强化法律以及社会秩序，我们才能够遏制霍布斯所讲的人类攻击的本性。相反，让·雅各·卢梭（Jean-Jacques Rousseau）则提出了高尚的原始人的观点（该理论是在 1762 年提出的），他主张人类生来本是一种善良的动物，正是社会约束使我们变得敌对和攻击。[4]

到了 20 世纪，西格蒙德·弗洛伊德（Sigmund Freud）提出了比霍布斯更加悲观的观点。根据弗洛伊德提出的理论，人类生来具有生的本能，他称之为**爱**（Eros）；同时人类还有一种强大的死本能，即**桑纳托斯**（Thanatos），这是一种促使人类走向死亡的一种本能的驱力，会导致攻击行为。对于死本能，弗洛伊德写道："它在每个生命体中都会起作用，它会竭力使他走向毁灭，生命变成最初的无生命状态。"弗洛伊德认为，必须采取某种形式将攻击性能量释放出来，以免它继续累积并导致疾病。弗洛伊德的观点可以称之为**液压理论**。它可以与某个容器中正在积聚的水压相类比：除非攻击性被释放，否则它便会导致某种形式的爆炸。根据弗洛伊德的观点，[6]社会在调节这种本能并帮助人们将其升华（即将这种破坏性的能量转化为可接受的或者有益的行为）的过程中，起着根本的作用。

一些学者对人类攻击性与生俱来的观点进一步加以发展，认为不仅人类生来就是嗜杀成性的，而且在所有的动物中，人类所具有的这种肆意毁灭性也是独一无二的。因此，这些学者们认为，将人类的行为称之为"兽行"是对兽类的诋毁。安东尼·斯托尔（Anthony Storr）明确地表达了这一看法：

> 我们常常用兽性或者兽行来描述人类那些令人发指的残暴行为。我们之所以使用这些形容词，是为了说明这些行为是那些低于我们人类的动物所具有的特征。但实际上，极端的"残暴"行为只发生在我们人类身上；在自然界中，再也找不到像我们人类这样自相残杀的种群了。严峻的事实是，我们人类 204
> 是地球上曾经出现过的物种中最为残酷无情的。尽管从报纸上或历史书中阅

读那些描写发生在人与人之间的暴行会令我们惊恐不安，但我们在内心深处知道，每个人都怀有同样野蛮的冲动，它们会导致谋杀、虐待和战争。[7]

在攻击性是否为人类的本能这个问题上，还缺乏确定而明晰的证据。我猜想这是争论仍然很激烈的原因。有关这方面的许多观察和实验证据，都来自于人类以外的种群。例如，在其中的一项研究中，郭仁远(Zing Yang Kuo)[8]试图推翻猫出于本能去捕食老鼠这种没有事实根据的观点。他的实验很简单，将一只小猫和一只老鼠放到同一个笼子里喂养。结果发现，小猫不仅没有攻击老鼠，而且它们还成了亲密的同伴。而且，这只小猫也不会去捕捉或杀死另外的老鼠。但值得注意的是，这个实验并不能证明攻击行为不是本能的；它仅仅能证明攻击行为可以受到早期经验的抑制。伊瑞纳斯·艾伯-亚贝费特(Irenaus Eibl-Eibesfeld)所报告的一项实验发现，[9]向隔离条件下喂养(也就是说，它根本没有攻击其他老鼠的经验)的老鼠笼子里放进另外一只老鼠时，这只老鼠马上会向它的同类发起攻击。而且，这只隔离喂养的老鼠会采用与有经验的老鼠同样的恐吓和攻击方式。因此，尽管攻击行为可以被经验所改变(就像郭仁远实验中所展示的)，但艾伯-亚贝费特却让人们看到，攻击性是明显不需习得的。另一方面，人们也并不能从这项研究中得出攻击性一定来自本能的结论。正如约翰·保罗·斯科特(John Paul Scott)所指出的，[10]要想得出这样的结论，必须要有生理学证据证明，那些引起动物好斗的自发性刺激只来自它们体内。上述实验中的刺激却来自外部——也就是说，看到另外一只老鼠激发起那只隔离喂养的老鼠的攻击。斯科特从对证据的全面考察中得出结论，动物没有与生俱来的好斗的需要：假如一个有机体可以安排自己的生活，使自己不会面对外来的好斗性刺激，那么它就不会体验到任何生理或心理上的损害，这是没有表现出攻击性的结果。这种观点与弗洛伊德的主张是矛盾的，实际上它断言攻击性并非来自本能。

这一争论一直摇摆不定。斯科特的结论受到了康拉德·洛伦兹(Konrad Lorenz)[11]的质疑。洛伦兹对一种被称为慈鲷的攻击性极强的热带鱼的行为进行了观察。为了保卫自己的领地，雄性慈鲷会对其他雄性慈鲷发起攻击。在自然环境中，慈鲷不会攻击雌性慈鲷，也不会攻击其他鱼类，而只会攻击自己同类的慈鲷。假如将其他雄性慈鲷从鱼缸里取走，只留下一条没有竞争对手的雄性慈鲷，情况又会如何呢？根据本能论的液压理论，这只雄性慈鲷的攻击需要会不断增长，而当这种需要增长到一定程度时，它便会去攻击那些平时并非攻击对象的鱼类。实际情况的确如此。在其他雄性慈鲷不在的情况下，它会去攻击那些以往置之不理的其他雄性鱼类。如果取走所有的雄性鱼类，这只慈鲷最终会攻击并杀死雌性鱼类。 205

最近，理查德·罗尔(Richard Lore)和洛瑞·舒尔茨(Lori Schultz)[12]报告，在脊椎动物中普遍存在的攻击行为雄辩地表明，攻击性是进化而来的，它之所以被保存下来是因为它具有生存价值。与此同时，这些研究者们也强调了这样的事实：几乎所有的有机体似乎也都进化形成了强有力的抑制机制，这种机制可以使得它们为了自己的最大利益而去压抑自身的攻击性。因此，即便是那些被证实最为凶残的种群，攻击行为也只是一种可供选择的策略。是否采用这种策略，取决于这种动物以往的社会经验，以及它们对自身所处具体社会背景的体察。

社会心理学家们一般同意罗尔和舒尔茨对动物研究的解释。而且，具体到人类而言，由于我们社会交往的复杂性，与动物相比，社会情境发挥着更为重要的作用。正如伦纳德·博克威茨[13]所提出的，人类似乎天生具有这样一种倾向：当面对某些挑衅性刺激的时候，我们会对加害者迎头痛击。这种攻击性倾向是否表现为公开的行为，是这些固有的倾向、后天习得的各种抑制性反应以及所面临的社会情境的确切性质之间相互影响的结果。例如，尽管从昆虫到猿类，许多有机体的确都会去攻击入侵它们领地的动物，但正如一些当红作家所理解的，人类同样也会保护自己的领地，并且对特定的刺激做出攻击性的反应。这显然是过于简单化了。

许多证据支持博克威茨的论点，即：人类天生的行为模式极具可塑性和灵活性。人类文化在这一方面具有相当大的差异。例如，在一些所谓的原始部落，像锡金的勒嘉人、中非的俾格米人和新几内亚的阿拉佩什人，无论部落内部交往还是与部落之外其他人的交往，他们都会努力做到合作与友好。在这些人中间，很少见到攻击行为。[14]与此同时，在像我们这样的比较“文明”的社会中，我们选举出来的领导人却在军事装备和人员方面耗费巨额的资源，家庭暴力屡见不鲜，驾车射击成为都市生活中的悲剧，奸杀案竟然发生在我们的中学里。

人类可以改变自身攻击倾向的无限可能性，集中体现在：在特定的文化中，社会条件的改变会导致攻击行为的戏剧性变化。例如，易洛魁印第安人作为狩猎民族和平地生活了几百年。但是在 17 世纪，与新来的欧洲人之间不断增加的贸易，导致了易洛魁人在毛皮(用来交换制成品)交易中与邻近的呼伦族之间的直接竞争。随后爆发了一系列战争，易洛魁人开始变得凶残并最终成为斗士，之所以如此 206
并非因为不可控制的攻击本能，而是因为社会变化所引起的竞争的加剧。[15]

在我们的社会中，不同地域之间在攻击行为以及引起暴力的事件种类方面存在着明显的差异。例如，理查德·奈斯比特发现，南部地区的男性白人谋杀案发率大大高于北部地区的男性白人，这一点在乡村地区尤为突出。[16]但是这种看法的真实性仅限于人们对谋杀所做的讨论。奈斯比特的研究表明，从总体上看，南方人对暴力的认可并不比北方人多；南方人只是在保护自己的财产以及对所受到的羞辱进行反击时，才比较倾向于使用暴力。这种行为模式意味着，南部绅士的“名誉文化”可能是他们的经济和职业环境的特征。特别是那些便携式（因而，也是容易被盗窃的）财产，就像在早期南部和西部游牧社会中所见到的，一个人的所有财产可以被盗贼一扫而光。也就是说，假如你是一个依阿华的农民，没有人可能偷走你所有的庄稼，因此他也就无需建立起为保护自己的财产而勇敢地去抗争的名声。但是，假如你是一位牧场主，建立起“别对我不客气”的名声以便让那些打你财产主意的窃贼们能够三思而后行，便显得十分重要。

这种现象特别令人感兴趣之处在于，名誉文化竟然在其得以产生的条件不复存在后长期延续下来。于是，在最初发现的基础上，奈斯比特和他的同事们[17]进行了一系列实验，这些实验证实：名誉文化的典型特征，在密歇根大学所招收的那些来自南部的白人男性大学生的认知、情感、行为以及生理反应等方面都有所表现。在许多代以前，这些男性大学生的家庭已经脱离了游牧生活。在实验中，每一位被试都会“偶然”碰到一位实验者的帮手，这个人会用带有诋毁性的话来喊他的名字，对他进行羞辱。与那些来自北方的白人男性相比（这些人对这种羞辱往往不屑一顾），南方学生更有可能感到自己作为一个男子汉的名誉受到了威胁，他们会更加感到苦恼（这一点可以从他们血液中皮质酮水平的升高反映出来），从生理方面看更有可能激发出攻击行为（这一点可以从他们血液中睾丸素水平的升高反映出来），从认知方面也做好攻击的准备，最终，他更有可能在发生了这件事情后做出攻击行为和强势反应。在后续的实验中，科恩和奈斯比特[18]向美国各地的公司发出了一封求职信，信中声称自己曾经在一场关乎个人荣誉的冲突中杀过人。与位于北部的公司相比，那些位于南部和西部的公司更有可能对这种行为表示容忍和理解。

基于这些发现，我们可以推断，尽管几乎可以肯定人类存在攻击的本能成分， 207
但是攻击行为并非完全由本能所引起。一些明显的例子表明，情境和社会事件会导致攻击行为。更为重要的是我们知道，对于人类而言，这类行为可以通过情境和社会因素加以改变。一句话，攻击行为是有可能减少的。

攻击性是否有益？

适者生存 人类的攻击性有可能被减少，但它是否应该被减少呢？一些研究者提出，攻击性可能是有益的，甚至可能是必要的。例如，康拉德·洛伦兹[19]主张，攻击性是“人们出自本能的生命保护系统的必不可少的组成部分。”洛伦兹的观点是建立在对动物观察的基础之上的，他认为攻击性对于进化具有首要作用，它可以使幼小的动物拥有最强壮、最聪明的父母，并使得群体拥有尽可能出色的头领。人类学家舍伍德·沃什伯恩(Sherwood Washburn)和精神病学家戴维·汉伯格(David Hamburg)[20]对东半球的猴子进行的研究中得到了一致的意见。他们发现，在同一个猴群中，在进食、生殖以及确定统治模式方面，攻击性都发挥着重要的作用。一个猴群中最健壮、最具攻击性的雄性，从一开始就通过展示其攻击性取得了统治地位。具有讽刺意味的是，斯蒂文·平克尔(Steven Pinker)[21]注意到，这有助于减少猴群中以后出现严重的争斗，因为其它雄猴知道谁是猴王后便会望而却步。而且，由于雄性猴王占有大部分交配机会，强壮的雄猴会将它的活力传给下一代，猴群得以生存的几率由此而大增。

海象的行为模式也与此类似，但更为残忍。根据精神生物学家伯尼·勒伯夫(Burney LeBoeuf)的研究，[22]在每年交配季节到来之前，雄海象会为争夺统治地位而互相捉对厮杀。最强壮、最富攻击性、最敏捷的雄海象不仅成为头号统治者，而且成为海象群中头号交配者。例如，他在一次观察中发现，在一处有185头雌海象和120只雄海象的群栖地，海象王垄断了半数的交配。在一个仅有40头或更少雌海象的较小的群栖地，雄性海象王一般垄断了全部的交配。

面对着这些资料，许多观察者极力主张在试图控制人类的攻击性方面应当谨慎从事。他们认为，就像动物一样，攻击性对于人类的生存可能是必不可少的。这种推理部分基于这样的假设：驱使一个人杀害他的邻居的同样的机理，可能会驱使另外一个人去“征服”外层空间，去“钻研”一道数学难题，去“攻克”一个逻辑问题，或者去“统治”宇宙。

但是，正如我前面曾经讲过的，这种推理的基础是对攻击性进行宽泛的界定。 208
将取得很高的成就以及很大的进步与敌对、攻击性等同起来，会混淆问题的性质。去攻克一道难题或者掌握一种技能，不会对他人造成伤害，甚至根本没有想过要去征服他人。我们很难掌握两者之间的区别，因为在西方人特别是美国人的头脑中，人们已经习惯于将成功等同于胜利，将做好某件事情等同于战胜他人。阿什利·蒙塔古(M. F. Ashley Montagu)认为，[23]对达尔文(Darwin)理论的过分简化和误读，使得普通人形成了这样一种错误的观点：冲突是生存的必然规律。阿什利·蒙塔古宣称，在工业革命时期，这样的说法很实用，因为那些剥削工人的富裕工厂主为了替自己的剥削辩护，便将生活说成是一种奋斗历程，而适者(且只有最适者)生存也就成了天经地义的事情。危险的是这种推理会成为一种自证式的预言，并且会导致人们忽视或者贬低非攻击性和非竞争性行为的生存价值。例如，一百多年以前，彼得·克罗波特金（Peter Kropotkin）[24]就曾断言，对于许多生命形式而言，合作和互助具有巨大的生存价值。大量的证据支持这一推断。在某些具有社会性的昆虫中，像白蚁、蚂蚁和蜜蜂，存在众所周知的合作行为。人们所不太了解的是，在黑猩猩中也存在着某种形式的被称之为“**利他的**”行为。这种行为大致是这样的：两只被关在相邻笼子里的黑猩猩，向其中的一只提供了食物，而另一只则没有。没有食物的黑猩猩开始乞讨。那只有食物的黑猩猩不情愿地递给它了一些食物。从某种意义上讲，正是这种不情愿使得赠品越发意味深长。这种情形表明，这只黑猩猩很喜欢这些食物而且非常希望能够独自享用。因此，它的举动表明与另一只黑猩猩共享食物的推动力的确是根深蒂固的。[25]但是，克罗波特金的研究在很大程度上被忽视了，这或许是因为它们与当时的时代走势或者工业革命中既得利益者的需要不相适应。

让我们来看一下我们自身所处的社会。作为一种文化取向，我们美国人似乎更多地在竞争中成长起来。我们奖赏获胜者，蔑视失败者。经历了两个世纪，我们的教育制度已经建立在竞争和适者生存规律的基础之上。在绝大多数情况下，我们不会去教育孩子们热爱学习，而只是教育他们努力考取高分。体育新闻记者格兰特兰德·赖斯（Grantland Rice）曾经讲过，重要的不是赢输，而是如何进行比赛。他这样讲，并没有揭示出美国生活中处于主导地位的主流意识。他不过表达了这样一种希望：我们可以以某种形式从不惜一切获胜的病态关注中摆脱出来，这种病态关注主宰着我们国家的社会生活。一位少年棒球联盟赛选手，当他所在的球队输给那些在体育馆里高唱着“我们是第一”的大学生们时，他的眼泪会夺眶而出；在 209
越南战争期间，前总统林登·约翰逊的判断几乎完全被他经常讲到的愿望所扭曲，这个愿望就是决不做第一个输掉一场战争的美国总统；一个三年级的小学生，竟会因为自己在算术测验中得了高分而看不起自己的同学。凡此种种，我们看到的是一种带有文化特征的对获胜的极其迷恋。文斯·隆巴蒂（Vince Lombardi），这位绿湾包装工橄榄球队的传奇教练，用一种简练的说法来概括这一切：“获胜不是最重要的事情，而是唯一的事情”。接受这样一种哲学的可怕之处在于，它意味着为了达到获胜的目标，采取任何手段都是正当的。即便是对于最初被人们视为一种娱乐活动的橄榄球比赛，也是如此。

在人类进化史的早期阶段，高度的竞争和攻击行为可能的确具有适应性。一些作者将人类的攻击性追溯到我们的祖先狩猎和采集的时代。那时，为了生存，他们不得不杀死动物并到处寻找食物。但是，理查德·李奇（Richard Leakey）和他的同事们[26]最近出土的考古证据却表明，这种假定可能是不可靠的。根据他们的发现，人类攻击性的出现要晚得多，只是在人们逐渐开始关心个人所得并保护财产时才出现的。但无论如何，当我们四下环顾，看到一个不同国家之间、不同种族之间、不同部族之间充满了仇恨和猜疑的世界时，当我们看到毫无意义的屠杀、恐怖活动以及被用作武器的炭疽和天花之时，当我们看到悬在头上的足以多次完全摧毁地球人口的核弹头时，我感到有理由质疑这种行为的现实生存价值。人类学家洛伦·艾斯利(Loren Eiseley)对我们古代的祖先大加称颂，但警告人们不要模仿他们，他写道："与那些曾经为我们战胜过严寒、老虎和狗熊的人们不同，今天我们所需要的是更加和善、更加宽容的人。"[27]

宣泄能够发挥作用吗？　有人曾经从另一层意义上主张，攻击行为可以发挥一种有益的甚至必要的功能。我在这里所讲的是宣泄——能量的释放——这个心理分析学概念。具体而言，正如前面所讲到的，西格蒙德·弗洛伊德认为，除非允许人们带有攻击性地表达自己的思想感情，否则这种攻击性能量会受到抑制并形成压力，这时这种能量就需要寻找一个发泄渠道，要么以极端暴力的方式爆发，要么以精神疾病的症状显现出来。美国杰出的精神病学家威廉·门林格尔(William Menninger)曾经断言："竞争性的游戏为本能的攻击性内驱力提供了一种非常适当的发泄渠道。"[28]

这种看法已经成为我们的文化神话的一部分。例如，几年前，在一部出色的、上座率很高的影片《老大靠边站》中，比利·克里斯特尔(Billy Crystal)扮演的一位精神病医生，被迫为一个黑手党头子同时也是一个谋杀犯提供治疗，此人由罗伯特·德·尼罗(Robert De Niro)扮演。德·尼罗所扮演的人物患上了因过度愤怒和焦虑引起的高血压。在其中一个疗程期间，比利·克里斯特尔所扮演的人物说，"你知道我在愤怒的时候会干什么吗？我会打枕头。现在请你来试一下。"在歹徒 210
看来，"打"的意思是"杀死。"于是，德·尼罗迅速拔出手枪，向枕头射出了几发子弹。比利·克里斯特尔倒吸了一口冷气，强作笑容，说道，"感觉好点了吗？"德·尼罗答道，"是的，感觉不错！"

令人着迷吗？是的。确实如此吗？非也。大量的证据表明，比利·克里斯特尔的方法并没有起到什么作用。在最近的一项实验中，布拉德·布希曼通过他的帮手(他的学生)对被试进行羞辱以激怒被试。紧接着，被试们被安排到三种不同的实验条件之下：在一种条件下，允许他们用几分钟的时间击打吊袋，同时让他们想象着那个令他感到愤怒的学生。在第二种条件下，当学生们击打吊袋时，让他们将这些活动当作锻炼身体。在第三种条件下，只是让学生们在那里静静地坐上几分钟，没有让他们击打任何东西。在实验结束的时候，哪一组学生所感受到的愤怒最少呢？是那些静静地坐在那里、没有击打任何东西的那组被试。

另外，布希曼随后还向被试们提供了对那个羞辱他们的人表现攻击性的机会：

大声地用令人厌烦的噪音痛斥这个人。他们可以向这个人发出刺耳的、令人厌烦的噪音。结果表明,那些击打过吊袋并且在击打时想象着他的"敌人"的学生攻击性最强,向他发出的噪音响度最大、时间也最长。而受到羞辱后只是静静地坐在那里的被试们攻击性最少。因此,这个实验所传递的信息是清晰明确的。像击打吊袋这样的身体活动,似乎既不能消除愤怒,也不能减少随后出现的针对那个制造愤怒者的攻击行为。事实上,这些资料恰恰引导我们向相反的方向思考。布希曼的实验室实验,得到了一项针对中学橄榄球选手的现场实验的支持。亚瑟·派特森(Arthur Patterson)[30]在一个橄榄球赛季前、赛季中和赛季后,分别对这些橄榄球选手的总体敌对性进行了测量。假如橄榄球运动本身所包含的剧烈身体活动和攻击性行为有助于减少因抑制攻击性而引起的紧张,我们便可以预测在经历了整个赛季之后,这些选手的敌对性会呈下降的趋势。但恰恰相反,随着这个橄榄球赛季的逐渐推进,这些选手的敌对性有了明显的增强。

假如攻击行为直接指向那个激起我们愤怒的人时,情况又会如何呢?这样做是否能够充分满足我们攻击的需要,并由此而降低我们进一步去伤害他的意向呢?就像在吊袋实验中所发现的,系统的研究再一次证明,研究者所得出的是相反的结论。有关这类研究的一个很好的例子,是拉塞尔·吉恩(Russell Geen)和他的同事们[31]所做的一项实验。在这项实验中,每个被试都与另一个学生组成一组,另一个学生(到这里,你可能已经猜到了!)实际上是实验者的帮手。首先,这个帮手惹恼真正的被试。在实验的这一阶段,参与实验的人就各种问题交换看法,假如同伴不同意某个被试的意见,被试就会遭到电击。接下来,在一项有关"惩罚对学习的影 211
响"的研究中,被试扮演教师,而帮手扮演学习者。在第一项学习任务中,实验者要求部分被试在帮手出错的时候对他实施电击;而要求其他被试只是对他的错误进行记录。在第二项任务中,所有的被试都得到了对帮手实施电击的机会。假如宣泄能够起作用,我们便可以预测那些在第一项任务期间对帮手实施过电击的被试,在第二项任务期间所实施电击的强度会较弱、次数会较少。然而这种情况并没有出现。实际上,在第二项任务期间,那些曾经对帮手实施过电击的被试甚至攻击性更强。

在现实世界自然发生的事件中,我们也可以系统地观察到同样的行为。我们会发现,攻击性的言论会促使攻击进一步升级。在这种"自然实验"中,几位最近被辞退的技术人员,对他们的雇主火冒三丈,这一点自然是可以理解的。随后,他们中间的几个人有机会用言语表达对前任老板的敌意。稍后,要求所有技术人员对他们的老板进行描述。结果发现,与那些没有机会宣泄的人相比,那些先前有机会宣泄自己感受的人将这位老板描述得更加令人讨厌。[32]可见,让人们宣泄对某个特定目标的愤怒，会增加他们对该目标的厌恶程度。

总之，绝大多数证据都没有对宣泄假说提供支持。乍一看来，你可能会对此感到奇怪，因为从某种程度上讲，有关宣泄的看法是有道理的。在这样讲的时候，我的意思是，这种说法与民间智慧对人们在愤怒时应该如何去做的理解是一致的。“发泄一下精力”，你必须“宣泄”你的愤怒，等等。在此，为什么民间智慧与科学结论之间会出现矛盾呢？我认为这种矛盾是由这样一个事实造成的，即：我们人类是能够进行认知的动物。因此，对我们人类来说，攻击性不仅仅取决于我们所感受到的紧张状态，而且还取决于我们的思维。设想你置身于上述两项实验中那些被试所处的情境之中：一旦你对另一个人实施了电击或者说过讨厌自己老板的话，你便很容易再次这样去做。从某种意义上讲，你需要对最初的敌对性行为进行辩护。为什么会这样呢？正如我们在上一章所看到的，当一个人对另一个人造成伤害时，他便会开始通过认知机制对这种残忍的行为加以辩护。具体而言，当我们伤害了另一个人时，我们便会体验到认知失调。“我伤害了萨姆”的认知，与“我是一个正派的、理智的、善良的人，我不会肆无忌惮地到处伤害他人”的认知之间，就会产生失调。对我而言，减少这种失调的最好方式就是让自己相信，伤害萨姆并不是一件不正派、不理智、不善良的事情。为了做到这一点，我会忽略萨姆的优点而去强调他的缺陷和不足，会让自己相信萨姆是一个很糟糕的人，他是咎由自取。这样，失调就会减少，并为进一步攻击他提供借口。一个可悲的事实是：一旦你曾经对某个人加以诋毁，那么你将来便更容易去伤害他。

报复是过激行为　报复是没有识别能力的。也就是说，当我们进行报复时，我 212
们对这个人的伤害往往会远远超过他给我们所带来的伤害。这一点可以从迈克尔·卡恩[33]的一项实验中得到很好的说明。在卡恩的实验中，一位医疗技师基于对一些大学生的生理测量，讲了一些贬低他们的话。在一种实验条件下，这些学生可以通过向这个技师的雇主表达对他的不满来宣泄自己的敌意。他们很清楚，这样做会使这个技师陷入严重的困境，甚至可能会让他丢掉工作。在另外一种条件下，被试们没有机会表达对他的攻击性。结果很清楚：与前面所讨论过的研究一致，与那些没有机会表达自己攻击性的被试相比，那些可以表达自己攻击性的被试，稍候会更加讨厌那个技师而且对他抱有更多敌意。

与那个技师的攻击相比，让他丢掉工作可以视为一种过分的行为。过分会导致最大的失调。加害者对你的伤害与你对他的报复之间差距越大，你的失调也就会越大。你的失调越大，你便越需要去对他进行贬低。假设你的报复在一定水平上，一旦证明受害者是完全无辜的（例如，受到你攻击的那位受害者此前根本没有伤害过你)，两者之间的差距将会达到最大。于是，具有讽刺意味的是，当你所攻击的那位受害者是无辜的时候，你诋毁他的需要竟然会达到最大。这正是戴维·格拉斯以及戴维斯和琼斯[34]在实验中的发现（我们在前一章已经做过讨论）。被试向一个没有伤害过自己的人强加了心理的或者身体上的伤害。于是，他们便会继续对受害者加以诋毁，以使自己相信这个人是咎由自取、死有余辜。

让我们再回到你对某个伤害过你的人进行过度伤害这个话题上。假如你可以把握自己从而使自己对这个人的报复行为不会太残酷，情况又会如何呢？或者说，假如你能够理智地控制自己的报复程度，不使它超出你所受到伤害的程度，情况会如何呢？我预言在这种情况下很少或者根本不会产生失调。“萨姆羞辱了我；我对他也以牙还牙；我们彼此扯平了，我不必再对他进行报复。”这正是安东尼·多布(Anthony Doob)和拉瑞恩·伍德(Larraine Wood)[35]所发现的。就像卡恩实验一样，多布和伍德安排自己的帮手对被试进行了羞辱。在一种条件下，这些被试有机会对帮手进行报复以结清宿愿。在这种情境下，一旦彼此扯平了，他们便没有必要再对羞辱者进行报复。而那些没有机会报复的被试，随后的确会选择对羞辱者进行惩罚。因此，我们从中可以发现，如果恢复公平，报复便可以使进一步攻击的需要得以减少。

在此必须强调的很重要的一点是：现实世界中的绝大多数情境并不像多布和 213
伍德所面对的那样纯净；在他们的实验中，被试的报复行为与他们所受到的羞辱行为大致相当。在我看来，现实世界中的情况通常类似于迈克尔·卡恩实验中的情境：报复行为往往大大超过最初所受到的伤害。例如，回想一下我在第 1 章中所举过的例子，那些在抗议越南战争的游行中被枪杀的肯特州立大学的学生。无论这些学生对俄亥俄州国民卫队队员们做了什么（喊脏话、挑衅、辱骂），都不应受到被枪杀的惩罚。而且，受到猛烈攻击的大多数受害者是完全无辜的。在所有的这些情境中，宣泄都走向了它的对立面。因此，当我们重新审视前几章所提到的一些例子时，一旦某个人在肯特州立大学枪杀了学生，他就会使自己相信他们是罪有应得，他甚至会比没有杀死他们之前对他们更加憎恶；一旦某个人拒绝给非洲裔美国人提供良好的教育，他便会更加相信他们是愚蠢的，他们不可能从良好的教育中得到益处。在经历了 9·11 愚蠢的屠杀之后，你会如何看待反美恐怖分子团伙以及他们的支持者对美国人的感受呢？你是否会认为他们会对数以千计的无辜的受害者、那些救护人员以及他们的家庭感到悲哀和同情呢？你是否会认为他们已经断定美国人民所遭受的伤害已经足够多了呢？在大多数情况下，实施暴力或者对暴力宽容并不会减弱暴力倾向。暴力行为增加了人们对受害者的负向情感。最终，暴力几乎总是滋生了更多的暴力。

攻击的原因

正如我们所看到的，除了一些显而易见的原因(例如，族群之间的憎恨、复仇或者战争)，暴力的一个主要原因是暴力本身。当某个人发起了某种攻击时，特别是他所付诸的攻击力量超过了自己所受到的伤害时，他便会调动认知的和动机的力量来为这一攻击辩护，由此而使得攻击性不断增强。在此，让我们来考察一下导致攻击性的另外一些主要原因。

神经学和化学方面的原因 在大脑中央区有一个被称为**杏仁核**的区域，它与人类以及动物的攻击行为有关。当该区域受到电击时，那些驯服的动物会变得凶暴；同样，当该区域的神经活动受到抑制时，那些凶暴的动物也变得驯服。[36]但值得注意的是，在这方面也可能会存在着灵活性：神经机制的作用可能因社会因素而改变。这一点甚至会出现在动物身上。例如，假如一只公猴面对的是一群支配欲较 214
弱的公猴，一旦杏仁核受到刺激，它就会去攻击它们。但是假如这只公猴在杏仁核受到刺激时面对的是一群更具支配欲的公猴，它不仅不会发起攻击，反而会逃跑。

睾丸素 一些化学物质被证明会对攻击性产生影响。例如，当被注射了睾丸素(一种雄性荷尔蒙)后，动物的攻击性会增强。[37]对人类的研究也有类似的发现：詹姆斯·戴柏斯(James Dabbs)和他的同事们发现，那些因暴力犯罪被判刑的人睾丸素的自然水平，明显高于那些因非暴力犯罪被判刑的人。而且，一旦被监禁，那些睾丸素水平较高的犯人会更多地去违反监狱里的规章制度，特别是一些涉及公开对抗的罪犯。[38]詹姆斯·戴柏斯和他的同事们还发现，青少年罪犯的睾丸素水平明显高于大学生。[39]对某所大学的兄弟会进行比较研究发现，总体上被认为更加粗暴野蛮而且社会责任感较差的兄弟会，其成员的睾丸素平均水平也最高。[40]很显然，睾丸素会影响人们的攻击性。相反的说法似乎也是正确的：攻击性行为也会增加睾丸素的释放。[41]

假如说睾丸素水平会影响人们的攻击性，这是否意味着男性比女性更具攻击性呢？从身体攻击方面来看，答案似乎是如此。在一项针对儿童的大规模调查中，艾琳·迈克比(Eleanor Maccoby)和卡罗尔·杰克琳(Carol Jacklin)[42]发现，男孩总是比女孩具有更多的攻击性。例如，在一项研究中，研究者们对来自不同国家儿童的游戏活动进行了密切的观察，这些儿童分别来自美国、瑞士和埃塞俄比亚。他们发现，男孩比女孩表现出更多的与游戏无关的推搡和碰撞行为。与此类似，在成人世界，因暴力犯罪而被逮捕的绝大多数是男性。那些被逮捕的女性，通常是因为财产犯罪(例如,冒充顾客在商店内盗窃、伪造文书、盗窃),而不是暴力犯罪(像谋杀和猛烈袭击)。

但是当我们考察非身体攻击形式时,情况便变得更为复杂。尽管研究表明男孩倾向于表现出更多的身体攻击,但女孩会进行更多的社会形式的攻击。尼基·柯瑞克(Nikki Crick)和她的同事们将此称之为**关系性攻击**。具体而言,女孩更可能通过破坏他人与同伴的关系来对其加以伤害。排挤、散布虚假的谣言、搬弄是非,是最主要的形式。随后我们会看到,它们的影响会导致毁灭性的后果。

身体攻击所存在的性别差异源自生理还是社会呢?对此,我们尚不能确定,但一些证据指向生理方面。具体说来,从我们国家的情况来看,以往 40 年里影响妇女的巨大社会变化,并没有导致女性暴力犯罪事件较之男性有更大的增长。与此 215
同时,将男性和女性在非暴力犯罪方面的数据加以比较,我们会发现女性的增长远远超过了男性。[43]

对性别差异普遍性的最新支持,来自戴恩·阿彻(Dane Archer)和帕特丽夏·麦克丹尼尔(Patricia McDaniel)[44]所做的一项跨文化研究的结果。他们要求来自十一个国家的青少年阅读一些有关人际冲突的故事。故事在结束之前被打断,实验者要求这些青少年自己将故事讲完。阿彻和麦克丹尼尔发现,在任何一个国家的被试中,男性所给出的冲突解决方案,都要比女性有着更多的暴力倾向。

有关这些差异普遍性的发现清楚地表明,男性与女性之间存在着生物化学方面的差异。但与此同时,这些发现也显然不能仅仅归结为生物化学差异。阿彻和麦克丹尼尔发现,尽管在特定的文化中,男性总是比女性表现出更强的身体攻击倾向,但是文化也发挥了重要的作用。例如,有证据显示,与瑞典和韩国男性相比,澳大利亚和新西兰女性表现出更强的攻击性。

酒精类饮料 在世界各地,许多人都特别喜欢饮用的一种化学物质便是酒精类饮料。正如许多社交方面活跃的大学生所知道的,酒精类饮料可能会降低人们对一些不为社会所接纳的行为的控制能力,这其中就包括攻击行为。[45]日常观察显示,打架斗殴事件会在酒吧和夜总会频繁爆发,而家庭暴力也往往与酗酒密切相关。大量有说服力的资料支持这种日常观察的结果。例如,对犯罪现象的统计显示,因谋杀、强奸以及其他一些暴力犯罪而被逮捕的人中,有 75%的人被捕时饮酒过量。[46]另外,实验室实验也证实,与那些没有饮酒或者少量饮酒的人相比,那些饮酒过量的人更容易对挑衅行为做出过激的反应。[47]

这并不意味着酒精类饮料会自动增加攻击性;那些饮酒的人并不一定都去寻衅斗殴。实验室和现场研究的结果只是表明,饮酒有助于缓解约束;也就是说,饮酒会减少社会约束,会导致人们比平时放松警惕。但事情不止如此。最近的实验表明，酒精类饮料有可能破坏人们通常所采用的信息加工方式。[48]这意味着，喝醉酒的人常常对社会情境中最先出现的或者最为明显的方面做出反应，而忽略其中的细微之处。例如，在现实生活中，假如你在清醒状态不小心被人踩了一脚，你很可能会认为这个人是无意的。但是，假如你喝醉酒，便可能忽略情境中的一些细节，感到他似乎完全是故意踩你的脚，并据此做出反应。因此（尤其是当你是一位 216
男性的时候），你很可能会通过身体攻击进行报复。在这种模棱两可的情境中，假如不能考虑清楚，男性往往会将这类行为视为挑衅。

痛苦与不适 痛苦与不适是攻击的主要前兆。假如一个有机体体验到痛苦而又不能摆脱这种处境，它几乎总会去攻击；老鼠、仓鼠、狐狸、猴子、螯虾、蛇、浣熊、短吻鳄以及许多其它动物，都是如此。[49]这些动物会去进攻它们的同类，会去进攻其它动物，会去进攻出现在眼前的任何东西，包括木制的玩偶和网球。你是否会认为人类也是这样去做呢？稍作思考，你便会推测人类也的确会如此。我们大多数人在经受一种意想不到的剧烈痛苦时（例如，当我们踢破脚趾时），会怒火中烧，于是会迁怒于离自己最近的目标。在一系列实验中，伦纳德·博克威茨[50]发现，那些将手伸进冰冷的水中感到疼痛难忍的学生，对其他学生实施的攻击行为会大增。

同样，研究者们也推测一些其他形式的身体不适，例如高温、潮湿、空气污染以及令人作呕的气味，它们可能会降低攻击行为的爆发点。[51]例如，20 世纪 60 年代晚期到 70 年代早期，当美国由于越南战争、种族不平等之类的问题而陷入空前的紧张状态时，国家领导人特别担心的现象是他们所说的“炎热而漫长的夏天”。也就是说，他们认为骚乱和其他形式的民众动荡出现在夏季的频率，要远远多于秋季、冬季和春季。这是实际发生的情况，还是仅仅作为一种臆测呢？看来这的确是事实。在对 1967 年至 1971 年期间 79 座城市发生的骚乱进行系统的分析时，默瑞尔·卡尔史密斯和克雷格·安德森（Craig Anderson）[52]发现，骚乱更有可能在酷热季节而不是寒冷季节爆发。与此相似，在最近的一项研究中，安德森和他的同事们发现，天气越是炎热，人们越是可能去从事暴力犯罪。而且，他们还证实，炎热的气候并没有增加盗窃以及其他财产犯罪——只是炎热与暴力犯罪（而非一般犯罪）之间的联系得以强化。[53]

但是，正如你所看到的，迄今为止我们在对自然环境中所发生的事件进行解释时，不得不小心谨慎。例如，作为科学家的你，可能很想提出这样一个问题：攻击行为的增加，是因为气温本身的原因，还是仅仅因为人们在热天比冷天或雨天更有可能呆在户外呢？这样，我们如何来确定是炎热气温本身（而不仅仅是人们之间更多的接触机会）导致了攻击呢？我们可以将这种现象带到实验室中。这是相当容易做到的。例如，在一项这样的实验中，威廉·格里菲特（William Griffitt）和罗伯 217

塔·维奇(Roberta Veitch)[54]只是对学生们进行了一项测验,其中一些学生在一间温度正常的房间里进行,而其他学生则在一间温度高达华氏90°的房间中进行。那些呆在高温房间的学生不仅报告感受到了更多的攻击性,而且还对一位要求他们进行描述和评价的陌生人表现出更多的敌意。另外一些来自现实生活中的证据,也支持我们对这种现象形成原因的看法。例如,在棒球大联盟比赛中,当场内温度超过华氏90°时会出现更多的犯规。[55]在位于沙漠之中的亚利桑那州凤凰城,与那些驾驶有空调汽车的司机相比,那些驾驶没有空调汽车的司机更有可能在交通拥挤时按汽车喇叭。[56]

挫折与攻击 正如我们所看到的,攻击行为可以由任何不愉快的或者令人反感的情境引起,例如:生气、痛苦、特别高的气温等等。在所有这些令人厌恶的情境中,引起攻击行为的主要因素是挫折。让我们来想象下面的情境:你必须要驾车到城市的另一端去参加一次重要的求职面试。当你走向停车场的时候,你意识到自己有些晚了,于是只好一溜小跑。当你看到自己的汽车时,却惊恐地发现车胎瘪了。"噢,还剩下20分钟,情况还不算太糟,"你一边说,一边拿出千斤顶并吃力地拉出后备箱。经过一番折腾,你卸下旧胎,换上了备用胎——等做完一切后才发现,大事不好,备用胎也瘪了!带着满腹的沮丧,你步履蹒跚地回到宿舍,走进自己的房间。你的室友看到你手里拿着简历站在那里,满头大汗,一副凌乱不堪的样子。他立刻猜出了几分,幽默地说,"面试得怎么样呀?"他难道不是在自讨苦吃吗?

如果一个人在奔向目标的途中受到挫折,便会增加他的攻击性反应。罗杰·巴克(Roger Barker)、塔马拉·顿伯(Tamara Dembo)和库尔特·勒温[57]进行的一项经典实验,清楚地展现了一幅**挫折—攻击**关系的图像。这些心理学家向一群孩子展示了一屋子非常吸引人的玩具,却不让他们触摸,以此来让孩子们感受到挫折。孩子们站在金属网外观看这些玩具,他们很希望去玩(甚至感到应该让他们去玩),但却无法拿到这些玩具。经过了一段较长时间的痛苦等待之后,他们最终被允许玩这些玩具。在该实验中,另一组孩子事先没有受到挫折,他们被允许直接去玩这些玩具。结果发现,第二组孩子玩得非常快乐。而受过挫折的那组孩子,在最终被允许接触玩具时,却极具破坏性。他们会打碎玩具,将它们扔到墙上,踩踏它们,等等。因此,挫折可以导致攻击行为。

有几种因素可能会加重这种挫折。假设你正想去吃一个麦当劳汉堡,有人却将它抢走了。这会比你去麦当劳快餐店买汉堡的路上被人拦住更能挫伤你,你因此而更有可能做出攻击性反应。类似的情况被玛丽·哈里斯(Mary Harris)[58]所做 218
的一项现场实验所证实。她让学生在排队买票、餐厅外排队买饭或者商店里排队付款的人中加塞。有时,这些学生会加在第二个人之前,有时会加在第十二个人之前。正如我们可以预期的，当学生加塞到第二个人之前时，排在加塞者之后的人们会做出更具攻击性的反应。当目标即将达到的时候，整个进程却被中止，这时人们的挫折感会大增。

假如中止是突然发生的，或者看上去不合理，挫折感便会进一步增强。詹姆斯·库利克(James Kulik)和罗杰·布朗(Roger Brown)[59]的一项实验证实了这一点。实验中，被试被告知他们可以通过电话替慈善机构募捐，一旦被证明募捐款到位，他们就可以得到报酬。研究者让其中一些人对捐款成功率抱有很高的期待，通知他们之前通过电话约定的捐款有三分之二已经到位。而对另外一些被试，则让他们对成功抱有很低的期待。当那些可能的捐助者(接到被试电话的人实际上是实验者的帮手)全部拒绝捐款时，那些抱有很大希望的被试表现出更强的攻击性，他们讲话生硬粗暴，并且会猛地扔下电话。实验者还让帮手变换拒绝捐助的理由，有时让他们的理由听起来合理(“我没有能力捐助”)，有时则让这些理由听起来刁蛮无理(“慈善事业不过是在浪费时间和骗人”)。那些听到无理拒绝理由的被试，会表现出更多的攻击性。

总之，正如这些实验所证实的，假如目标已经变得触手可及，或者假如期望值很高，或者假如目标受到了无理的阻碍，人们所体验到的挫折感最为强烈。这些因素有助于说明挫折与剥夺之间的重要区别。那些没有玩具的孩子，并不一定会去攻击。正如前面的实验所表明的，那些以各种理由期待着得到玩具的孩子，反而会在他们的期望受到阻碍时体验到挫折。正是这种阻碍导致了孩子们的破坏性行为。同理，在20世纪60年代，最为激烈的非洲裔美国人骚乱，并没有发生在最贫穷的地区，而是发生在洛杉矶(瓦茨)和底特律。在这两个地区，黑人的情况并不比美国其他地区更糟。关键在于，在这里黑人的情况比白人差。革命通常不是由那些处于水深火热之中的人们发起的。革命的发起者常常是那些刚刚从水深火热中摆脱出来，举目四望，发现周围的人比自己过得更好而制度又不能公平对待自己的人们。因此，挫折并不是绝对剥夺的产物，它来自**相对剥夺**。

假定，中学毕业以后，我不愿意继续接受高等教育，而你选择了接受高等教育。219
十年以后，当我看到你的工作比我好，我可能会对工作感到不快但却不会有挫折感。毕竟，这是我自由做出的选择，这是由我自己的选择造成的合情合理的结果。但是，假如我们两人都接受了高等教育，你成为一个白领，而我(由于自己是一个非洲裔美国人，或者西班牙裔人)却只能扫大街，我便会产生挫折感。同样，如果你觉得自己很有条件接受教育，但由于是生长在一个贫民区，因而拒绝了你的教育要求，你也会感受到挫折。只要我一打开电视，看到白人们居住的漂亮的房屋，看到只能由别人去购买的那些令人喜爱的物品，看到自己不能得到的优越的生活和休闲，挫折感便会油然而生。想一想在这样一个丰裕社会里被剥夺了权利的少数族群的成员们所面对的所有经济和政治挫折时，你会惊诧于骚乱竟是如此之少。正如阿历克西·德·托克维尔(Alexis de Tocqueville)在150年前曾经讲过的，“当罪恶似乎是不可避免时，人们会耐心地去忍受，但是一旦有人提出要挣脱这种罪恶，它便会变得令人难以容忍。”[60]

只要存在着没有得到满足的期望，就存在着可以导致攻击行为的挫折感。我们可以通过满足人们的期望或者完全消除这种期望来减少人们的攻击性。没有希望的人是漠视一切的。当乌干达人民处在埃迪·阿明(Idi Amin)独断、高压、残暴的专制统治之下时，他们根本不敢去梦想改善自己的生存条件或者反抗他的统治。对于南非黑人而言(某种程度上讲，美国黑人也是如此)，只要能够阻止他们对自身的改善抱有任何希望，他们便不会起来造反。很显然，通过消除人们的希望来减少攻击行为，并不是一种理想的方式。至少从理论上讲，这个国家的可取之处在于它是期望的乐土。我们公开地或含蓄地教育我们的孩子，要有希望，要充满期待，要通过努力工作来改善自己的生活。但是，除非这些希望有可能得以合理地实现，骚乱将是不可避免的。

拒绝、排斥与奚落 几年前，在科罗拉多州利特尔顿市哥伦拜恩中学，两个全副武装的学生，埃里克·哈里斯(Eric Harris)和迪伦·克莱伯德(Dylan Klebold)，盛怒之下杀死了一个教师和十四个学生(包括他们自己在内)。这是美国历史上最血腥的校园枪击案。但它却不是独一无二的。在不到三年的时间里，美国的校园里发生了十一起这样的事件，它不过是最引人注目而且破坏性最大的一起而已。

是什么驱使这些孩子走向犯罪呢？经过对事件的深入研究，我得出了这样的结论：这场疯狂的屠杀，反映出来的不过是某种病态的冰山之一角。在美国的大部分中学里普遍存在着有害的社会氛围。这种氛围中充斥着拒绝、排斥、奚落和羞辱。在中学里，存在着具有牢固等级的小集团。高高在上的是运动员、班干部、拉拉队队长以及毕业班学生组成的极少数人的小集团。处在底层的则是那些被上层 220
学生们称之为笨蛋、野蛮人、怪胎、独行客、同性恋的人。这些孩子往往太胖、太瘦、太矮或者太高，或者穿着不得体，等等。那些接近最上层的孩子，对靠近底层的孩子总是拒绝、奚落或者加以取笑。

简·特文格(Jean Twenge)和她的同事们[62]最近的一项实验研究证实，被拒绝会诱发更多的消极影响，绝不仅限于攻击行为的大量增加。当然，比起孩子们在中学里日常面对的拒绝，特文格在实验室里对她的被试们所做的要轻得多。例如，在特文格的一项实验中，大学生们遇到了一群人并且彼此逐渐熟悉起来。随后，研究者询问他们将来愿意同哪位同学一起工作。一组随机选择的被试得到的信息是，没有任何人愿意同他们一起工作。当随后为被试们提供了一种去攻击的机会时，那些遭到拒绝的人比没有受到排斥的人，表现出更为强烈的敌意(会去反对那些拒绝他们的人，甚至反对那些中立的人)。

让我们重新回到混乱不堪的中学校园。我本人的研究显示，在每一起疯狂屠杀的背后，拒绝和随之而来的羞辱都是起决定性的原因。例如，在哥伦拜恩事件中，哈里斯和克莱伯德的情况便可以对此加以生动的说明。在疯狂屠杀事件发生前，他们曾录制了一盘录像带。在录像带中，他们对曾经拒绝和羞辱过他们的内群体大加指责。这一点也被哥伦拜恩中学内群体的一位成员所证实。在悲剧发生几个星期后的一次访谈中，这个学生为自己的行为进行了辩护，他说道：

> 大多数同学都不希望他们呆在这里。他们就像是被施了魔法。我们的确都在取笑他们。但是，当你看到一个学生留着怪怪的发型而且帽边上满是铃铛时，你又会如何去想呢？假如人们希望赶走某个人，就常常会去取笑他。因此，全校同学都会喊他们同性恋……[63]

当然，并非所有遭到拒绝和奚落的学生都会去疯狂地屠杀。枪击者的行为是极端病态的，但却并非不可理解。我认为最有可能的推测是，成百上千的学生正体验着类似的压力。他们默默地承受着这一切。在哥伦拜恩屠杀事件发生之后的那个周里，网络聊天室被那些不快乐青少年的帖子所淹没。虽然这些青少年没有宽恕这次枪杀行为，但绝大多数人却对此表示完全理解。他们表达了自身所遭到的拒绝和奚落的伤害，以及对这些拒绝和奚落的愤怒。大多数学生的发言可以概括为：“当然，我决不会去枪杀任何人，但我肯定幻想过这样去做！”这种说法会让人们感到震惊并引起人们的警觉。我们是否有办法来改变校园里的社会氛围吗？回答 221
是肯定的。在本章快要结束的时候以及下一章里，我们将会讨论一些经尝试被证明有效的干预措施。

社会学习与攻击性　在特定的情境中一个人是否会进行攻击，社会学习发挥着重要的作用。我们已经看到社会学习会如何抑制攻击性反应。回想一下，当人们去刺激一只猴子大脑中能够产生攻击行为的区域时，假如这只猴子已经学会了对另外一只猴子害怕，在这只猴子出现的时候，它便不会发起攻击。

基于社会学习的另一个限制性条件是，人们会对造成自己痛苦或者挫折的他人的意图进行归因。人类行为有别于动物的一个重要方面似乎是，人类具有对他人行为的意图进行估价的能力。试想下面的情境：(1)一个很能体贴人的人无意中踩了你的脚；(2)你所了解的一个不善于替他人着想(当然也谈不上对你关心)的人踩了你的脚。假定在这两种情况下，你的脚所承受的压力以及你所感受到的痛苦恰好是相同的。我推测后一种情况会激起你的攻击性反应，而前一种情况很少或者根本不会导致攻击行为。

这种现象被沙巴兹·马利克(Shabaz Mallick)和博伊德·麦坎德里斯(Boyd McCandless)[64]所做的一项实验所证实。在这一实验中，他们让一组三年级学生因为其中一人的愚蠢行为而错失一笔奖金，从而使他们产生挫折感。随后，研究者就致使他们错失机会的那个学生的行为，善意地向其中一些人做了合情合理的解释。具体而言，这些人被告知，那个学生已经“很困乏而且心情不好”。与那些没有得到解释的孩子相比，处于这种实验条件下的孩子们对那个拖后腿孩子的攻击要少得多。而且，后来采用成人被试所做的研究[65]表明，如果在事情发生之前而不是之后，了解到某个惹恼自己的人这样做的理由，人们更不会对这个人进行报复。

从另一方面看，假如人们对挫折的体验与特定的诱发刺激结合在一起，挫折所引起的攻击倾向可能会得到加强。伦纳德·博克威茨和他的同事们发现，假如一个人被激怒或者受到挫折，只要提到与诱发刺激有关的某个单词或者某个名字，便会提高这个人的攻击水平。在一项实验中，[66]被试们与另外的学生(实际上是实验者的帮手)搭配成对，这个学生被介绍成“学院里的拳击手”或者“主修语言专业的学生”。这个同伴会用电击去激怒被试；随后，让其中一半的被激怒者收看含有激烈拳击比赛镜头的影片，而让另一半人收看一段激动人心但没有攻击性的电影片段。接下来，他们有机会电击同伴。正如我们通过前面的讨论可以预料的，那些收看暴力电影片段的被试所发出的电击强度更大、时间更长。但是，有趣的是，在收看拳击比赛电影片段的被试中，与“拳击手”搭配的被试比与“主修语言专业的学生”搭配成对的被试，向同伴发出的电击更强。在一项类似的实验中，[67]实验者向 222
一些被试介绍他们的同伴名叫“科柯·安德森”，向另一些被试介绍他们的同伴名叫“鲍勃·安德森”。随后，仍然让被试们收看两部电影片段中的一段，结果仍然是收看拳击比赛电影的被试发出的电击更强。但是，在收看拳击镜头(这一镜头是从当时的流行影片《冠军》中截取的，该片由柯克·道格拉斯主演)的被试中，那些被介绍给“柯克·安德森”的被试，比与“鲍勃·安德森”搭配的被试，发出的电击更强。显然，对某个人的描述或者这个人的名字，即便与他的所作所为毫无关系，也会成为人们增加对这个人的攻击力度的线索。

同样，仅仅因为某个与攻击有关的物品在场，也会成为诱发攻击反应的线索。在一项实验中，大学生们被激怒了：其中一些大学生被激怒时所在的房间横着一杆来复枪(看上去，在前面的实验中使用过)，其他学生被激怒时所在的房间则摆放着一件中性的物品(一个羽毛球拍)。随后，这些学生得到机会向自己的同学发出电击。结果发现，与那些被激怒时有羽毛球拍在场的被试相比，那些被激怒时有**攻击**

性刺激在场的被试发出了更强的电击。这是启动效应的另外一种形式，在本书第4章中我们已经对启动效应进行过探讨。在这种情况下，与攻击行为有关的一些线索增强了人们攻击的倾向。我们经常看到大幅张贴的标语，“枪并不会自动杀人，只有人才会杀人”。上述研究所得出的结论，却与这则标语的内容背道而驰。正如博克威茨所指出的，“一个愤怒的人如果想使用暴力，他很可能会扣动手枪的扳机；但是，假如这个人已经做好了攻击的准备而这种行为倾向又不能得到强有力的抑制，扳机照样可以扣动他的手指或者促使他做出攻击性反应。”[69]

社会学习对攻击行为加以抑制的一个重要方面，就是大多数人都具有的为自己的行动负责的倾向。假如这种责任感被弱化，情况又会如何呢？菲利普·津巴多证实，在匿名或者身份不能辨认的情况下，人们会表现出更强的攻击性。在津巴多的实验中，[70]作为“移情研究”的一部分，实验者要求女生对另一个学生（实际上是一位帮手）实施电击。一些学生是匿名的，她们坐在一间昏暗的房间里，身穿宽松的罩袍，戴着很大的兜帽，不会被喊出名字。另外的被试则很容易辨认出来，她们房间的灯光很明亮，没有穿戴罩袍和兜帽，每个人都佩戴着名签。正如所预料的，那些匿名的女生所发出的电击强度更大、时间更长。津巴多认为，匿名导致了**去个性化**。在这种状态下，人们的自我意识会弱化，对社会评价的关注会减少，对那些被禁止行为的抑制会降低。

由于只是实验室控制条件下实验的一部分，津巴多实验中的被试所表现出来 223
的那种攻击行为，与骚乱、轮奸、私刑等相关的粗野而冲动的暴力行为，是无法比拟的。但是，我们有理由相信，同样的去个性化也会在实验室之外发生。布莱恩·穆仑（Brian Mullen）[71]对1899年到1946年间的60起有关私刑犯罪的新闻报道进行了分析，他发现团伙的大小与暴力之间存在着很强的相关；团伙人数越多，所做出的残暴行为越恶劣。穆仑的研究表明，当人们湮没在群体之中时，他们“无法辨认”，自我意识会变弱，对攻击性的抑制力也会变弱，他们会做出破坏性的举动。因此，他们不太可能对攻击行为负责。

社会学习，暴力与大众传媒　几年前，阿尔伯特·班杜拉（Albert Bandura）和他的同事们进行了一系列经典的实验。这些研究的基本方法是让一个成人去击打一个充气的塑料“不倒翁”。有时，这个成人在进行身体攻击的同时，会对“不倒翁”进行口头辱骂。随后，让那些观看过这个成人作法的儿童去玩“不倒翁”。在这些实验中，儿童们不仅会模仿攻击行为，而且他们在观察过成人的攻击行为后还会做出其他形式的攻击行为。简言之，儿童们的行为并不仅限于对成人的模仿；看到一个人的攻击行为会促使他们做出新的攻击行为。我们将这一过程称之为**社会学习**。为什么这些实验被认为如此重要呢？又有谁会去关心一个“不倒翁”呢？且让我们继续这个话题。

大众传媒，尤其是电视，是社会学习的一种强有力的媒介。毫无疑问，电视在儿童社会化过程中扮演了一种重要的角色。[73]但同样毫无疑问的是，电视也充斥着暴力。根据最近的研究，含有暴力的节目占所有节目的 58%。在这 58%的节目中，有 78%的节目对暴力没有痛悔、批评和处罚。[74]事实上，电视中所呈现的大约 40%的暴力事件，是由那些被儿童们视为英雄或者其他有吸引力的榜样人物发起的。[75]

那么，儿童们从电视上观看暴力到底会从中学到些什么呢？一些长期研究表明，人们在儿童时代收看的暴力越多，他们后来进入少年和青年时代所表现出来的暴力也越多。[76]在一项典型的研究中：(1)要求十几岁的青少年回想在孩提时代收看哪种类型的电视节目，以及收看这类节目的频繁程度；(2)对这类节目的暴力程度由评判人另行进行等级评价；(3)让老师和同学对这个青少年的总体攻击性分别进行等级评价。结果表明，在收看暴力电视节目量与收看者随后的攻击性之间存在着高相关，而且这种影响会随着时间的推移而累积；也就是说，随着年龄的增长，二者之间相关的强度会增加。尽管这些资料是十分有力的，但是它们并不能确切 224
地证明，观看大量的暴力电视节目会促使儿童成为暴力少年。毕竟，人们至少可以认为，具有攻击性的儿童生来就有喜欢暴力的倾向，他们对暴力的热衷，不仅体现在他们的攻击行为方面，而且也体现在他们喜欢从电视上收看暴力节目。在这里，我们又一次看到了控制条件下的实验在帮助我们确定“到底什么导致了什么”这个问题上所具有的价值。要想得出“收看暴力电视节目导致了暴力行为”的结论，这种关系就必须通过实验来加以证明。

由于这是一个具有重大社会意义的问题，因此人们已经对它进行过深入的研究。绝大多数实验证据证实，收看暴力节目的确会增加儿童攻击行为的频率。[77]例如，在针对该问题的一项早期实验中，罗伯特·李伯特(Robert Liebert)和罗伯特·拜伦(Robert Baron)[78]让一组儿童收看一段极端暴力的警匪片片断。在控制条件下，他们让一组类似的儿童收看一段激动人心但没有暴力场面的体育节目，收看时间与前一组相同。随后，他们让所有的儿童都到另一个房间里与其他儿童一起玩。结果发现，那些收看了充满暴力的警匪片的儿童对他们的伙伴表现出来的暴力，要远远多于收看体育节目的儿童。

温迪·约瑟夫森(Wendy Josephson)[79]后来所做的一项实验显示，正如人们可以想象到的，收看暴力的电视节目，对那些一开始就具有暴力倾向的孩子能够产生最大的影响。在这项实验中，研究者让年轻人们或者收看描述大量警匪暴力的影片，或者收看自行车比赛这类没有暴力但激动人心的影片。随后，这些年轻人进行了一项地面曲棍球比赛。结果表明，在收看了暴力影片后，那些在先前被自己的老师评为具有高攻击性的年轻人，在曲棍球比赛中攻击行为的次数大增。与那些同样收看了暴力影片但被评为没有攻击性的孩子、或者虽被评为具有攻击性但没有收看暴力影片的孩子相比，这些年轻人会更多地挥棍伤人、用肘撞击对手或者恶语相加。因此，收看暴力影片很可能会促使那些具有暴力倾向的孩子施展他们的暴力。约瑟夫森的实验意味着，那些一开始不具有暴力倾向的年轻人不一定会表现出攻击性——至少，不会仅仅因为收看了一部暴力影片便表现出攻击行为。

"仅仅收看一部暴力影片"这种限定是极为重要的，因为很可能出现这样的情况：即便那些没有攻击性倾向的年轻人，假如一段时期内沉溺于观看暴力影片，也会变得更具攻击性。这正是罗斯·帕克(Ross Parke)和他的同事们在一系列现场实验中的发现。[80]在这些实验中，分在不同组里的孩子，在一段时期内接触不同数量的媒体暴力。其中，绝大多数孩子(包括那些没有强烈的攻击倾向的孩子)在较长时期内接触高强度的暴力媒体后，会比那些收看良性节目的孩子表现出更多的攻击性。

顺便提及的是，在最近举行的一次有关电视暴力的国会听证会上，有人估计 225
12 岁儿童从电视上收看到的暴力行为平均超过了 10 万起。[81]之所以要提到这一点，是因为我们认为在上述发现(除社会学习和模仿之外)中至关重要的一个因素，是简单的启动现象。也就是说，让孩子们在家里或者实验室里面对着横在那里的来复枪或者其他武器，有可能增加他们在感到痛苦或者受到挫折时进行攻击性反应的可能性。同样，让他们面对着电视或电影中无休止的暴力，也可能带来同样的后果。

到目前为止，我们对媒体暴力的讨论主要集中在儿童身上，这样做是有充分的理由的。可以肯定的是，儿童比成人更具可塑性；也就是说，我们可以从总体上假定，儿童的态度和行为可能更深地受到他们所看到的事情的影响。但是，媒体暴力对暴力行为的影响，并不仅仅局限于儿童；媒体暴力既能对儿童也能对成人的攻击性行为产生重要的影响。杰弗瑞·约翰逊(Jeffery Johnson)和他的同事们[82]最近发表的一项研究，对 700 多个家庭的行为进行了长达 17 年的监测。他们的发现是令人震惊的：人们在青少年期或者成年早期花费在看电视上的时间量，与后来攻击他人的可能性之前，存在着显著的联系。不论父母受教育程度、家庭收入以及所在地区的暴力状况如何，这种联系都是显著的。此外，与大多数攻击性的实验室实验(可以理解，在这类条件下，攻击性必须采用非常呆板的测评手段，例如实施电击、发出喧闹声等)不同，由于这项研究是在现实世界中相当长的时期内进行的，研究者便能够对诸如强奸和武装抢劫之类的严重攻击行为进行考察。

在大多数场合下，成人暴力似乎是人们在生活中对艺术形式的一种模仿。例如，几年前，一个男子驾驶着自己的卡车，从窗子闯进得克萨斯州基林的一家人头攒动的自助餐馆，并胡乱地朝人群扫射。等到警察赶到时，他已经杀死了 22 个人，制造了美国历史上最具毁灭性的枪杀事件。随后，他开枪自杀。警察在他的口袋里发现了一张观看影片《渔王》的票根。这部影片描述的是一个疯狂的人用手枪向熙攘的人群射击，并导致了几个人的死亡。

难道观看影片会影响人们的暴力行为吗？对此，我们不能确定。但是我们了解到，媒体暴力的确会对成人的行为造成深刻的影响。几年前，戴维·菲利普斯(David Phillips)[83]对美国的日杀人犯罪率进行了详细的考察，结果发现这一数字几乎总是在重量级拳击赛之后的一周上升。而且，围绕着拳击赛的宣传越多，随后的杀人犯罪量越大。尤为引人关注的是，大奖赛中失败者的种族，与赛后被害者的种 226
族密切相关：在白人选手输掉比赛后，白人(而不是黑人)中间被杀害者的数量会相应地增多；在黑人选手输掉比赛后，黑人(而不白黑人)中间被杀害者的数量会相应地增多。菲利普斯的结论是可信的，它们前后一致，不能简单地被认为只是一种偶然。对此，我们仍然不能解释为所有的人或者相当大比例的人，在观看媒体暴力后会去从事暴力活动。但是，有部分人受到媒体暴力影响的事实却是不可否认的，而他们所造成的后果可能是悲剧性的。

电视暴力的麻木效应　反复不断地接触痛苦和不愉快的事件，似乎会使人们对这类事件的感受性出现麻木效应。回想一下本章一开始我所举的那个例子：我怎么会对在越南进行的大肆屠杀变得如此习以为常，以至于发觉自己在对自己的儿子谈起它来竟是那样的若无其事呢？这个事例可以很好地证明，这一现象已经是多么的普遍。在一项实验中，维克托·克莱恩(Victor Cline)和他的同事们，对几个正在观看一场十分残酷而血腥的拳击比赛的年轻男子的生理反应进行了测量。那些每天收看大量电视节目的人，似乎对拳击场上的暴行熟视无睹；他们很少表现出紧张、焦虑等方面的生理征兆。他们面对着这些暴力显得无精打采。相反，那些收看电视相对偏少的人则会出现重要的生理变化。暴力的确对他们产生了影响。

在一项风格类似的研究中，玛格丽特·汉拉提·托马斯(Margaret Hanratty Thomas)和她的同事们[85]证实，观看电视暴力，能够导致人们在后来面对真实生活中的攻击行为时做出麻木的反应。托马斯让她的被试或者收看一部充满暴力的警匪片，或者收看一场激动人心但却不含暴力的排球比赛。稍事休息后，她让被试们观察发生在两个学前儿童之间的言语和身体攻击。与那些收看排球比赛的被试相比，那些收看警匪片的被试表现得更加无动于衷。似乎他们先前观看的暴力使得他们对暴力行为变得麻木不仁;他们没有对一起本应感到心烦的事件感到心烦。尽管这种反应方式会帮助人们远离心烦,但是它也会在无意中造成人们对暴力行为受害者的漠视,或许还会导致人们将暴力视为现代社会一个不可避免的方面。在一项后续实验中,托马斯[86]对这一推论进一步加以发展。她证实,那些收看了大量暴力电视节目的大学生,不仅表现出更多的认可暴力的心理迹象,而且假如后来他们有机会对自己的同学实施电击,他们会比那些处于控制条件下的学生发出更强的电击。

媒体暴力为什么会影响观众的攻击性? 让我们对本部分所讨论过的内容加 227
以总结:有四个明显的理由可以说明,为什么接触媒体暴力能够增加人们的攻击性:

1. “假如别人可以这样做,我也可以这样做。”当人们从电视上看到某些角色实施暴力时,有可能弱化他们以往所习得的对暴力行为的抑制。

2. “噢,他们原来是这样做的!”当人们从电视上看到某些角色实施暴力时,他们便可能去模仿,并搞明白这些人是如何去做的。

3. “我想我现在感受到的一定是攻击性感受。”观看暴力节目使人们更容易感受到愤怒,而且更可能促使人们仅仅因为启动效应而做出攻击性反应。因此,一个人可能会将自己轻度的恼怒错误地解释为愤怒,并且更有可能对人拳脚相加。

4. “嗬-哼,还是凶残的拼杀;看看其他频道在播些什么?”观看了大量的暴行,似乎不仅减少了人们对暴力的恐惧,而且还降低了人们对受害者的同情,由此而使得人们更容易容忍暴力,或许也更容易导致人们做出攻击性行为。

媒体、色情描写以及针对女性的暴力 在美国,一种重要而又长期困扰人们的攻击行为,是男性对女性所实施的强奸形式的暴力。根据过去 25 年的全国性调查,几乎一半的强奸案或强奸未遂案,并非来自陌生人的袭击,而是属于所谓的约会强奸,在这类案件中受害者与攻击者是熟识的。我们如何了解这一现象呢?

看起来许多约会强奸之所以发生,是因为男性没有将女性所说的“不”当真。出现这种情况部分原因在于,在青少年走向性成熟的过程中所习得的“性脚本”存在着某些混乱。**脚本**是人们从文化中潜移默化地习得的社会行为方式。在青少年所接触的性脚本暗示中,传统的女性角色是拒绝来自男性的性建议,而男性角色则是要坚持。[87]因此,在一项针对中学生的调查中,尽管有 95%的男生和 97%的女生同意,一个男士在听到女士说“不”时应该立即停止他的性建议,但是同样一批学生中却有将近一半的人认为，当一位女士说“不”的时候，她的本意并非总是如此。[88]这种混乱促使几所大学制定了严格的规章制度，规定从约会一开始，约会男女就必须对他们的性行为以及限制条件签订明确的协约。考虑到与性脚本有关的一些问题以及由于对女性的意向与愿望的误解所带来的不愉快（有时甚至是灾难），大学行政官员求助于这种极端的预防措施是可以理解的。但与此同时，值得注意的是，228
不少社会批评家对这一举措持强烈的反对态度。他们的依据是，这种做法会导致过度的恐惧与偏执，破坏自然产生的浪漫情感，降低约会给人们带来的兴奋与激动，使约会地点看上去就像是一位律师的办公室。[89]

与过去20年间强奸案增加的趋势相吻合的是，在此期间杂志、电影和录像对性行为绘声绘色的露骨描述也呈增多的趋势。不管怎样讲，在最近几年里，我们的社会对色情描写变得更加自由与宽容。假如就像我们所看到的，从电视上和电影中观看暴力行为会导致更多的暴力，那么是否可以推导出观看色情作品会导致强奸事件的增加呢？这个问题在论坛和报告会上一直在争论着，看上去这种假定有些过于简单化。事实上，在对现有的证据进行研究之后，美国总统反淫秽与色情委员会得出的结论是，性暴露的作品本身不会导致性犯罪、对女性施暴或者其他的反社会行为。

上面这句话中的关键词是“本身”。在过去的几年里，内尔·马拉姆斯（Neil Malamuth）和爱德华·唐纳斯坦（Edward Donnerstein）和他们的同事们进行了一系列细致的研究，以确定色情描写可能存在的影响。总的看来，这些研究显示人们接触色情作品是无害的，但是假如人们接触的是暴力性色情作品（这些作品将色情与暴力结合在一起），便会增加人们对那些针对女性的性暴力的认可程度，而且会成为对女性的实际攻击行为的一个影响因素。[90]在一项实验中，[91]唐纳斯坦分别向男性被试们播放了三部影片中的一部。其中，一部影片包含了攻击性和色情的内容，涉及强奸；一部影片没有攻击性内容，只是纯粹的色情片；另外一部影片既没有攻击性内容，也没有色情内容。在收看了这几部影片中的一部之后，被试参与了一项据称与此无关的研究，教一位男性或者女性（实验者的帮手）学习一些无意义音节。实验者要求被试在那些男女帮手出现错误时向他们发出电击，而且他们可以任意地对所使用的电击水平做出选择。（这些被试不知道的是，实际上他们并没有发出电击。）结果发现，那些此前收看过强奸影片的男性被试对女性帮手所发出的电击强度最高。

马拉姆斯也做了一项类似的实验，[92]让一些男性大学生观看了两部色情影片中的一部。一部影片描述的是一对两厢情愿的男女在做爱，另一部影片则描写的是一起强奸案。看过影片之后，实验者要求被试进行性想象。与那些收看男女做爱的影片相比，收看强奸影片的被试产生了更多的暴力性性想象。在另一项实验中，马拉姆斯和彻克（Check）[93]让一些大学生或者收看一部性暴露的暴力影片，或者收看一部既没有性行为也没有暴力的影片。几天后，让这些学生填答了一份性态度问卷。对于男性学生来讲，收看性暴露的暴力影片，会增加他们对那些针对女性的暴力的认可。而且，这些男性会相信某些有关强奸的没有事实根据的说法，例 229
如，女性勾引人们去强奸，而且事实上她们很愿意被强奸。

在此需要指出的是，从总体上看，有关强奸的一些没有事实根据的说法，并不仅仅局限于男性。在一项针对女大学生的调查中，马拉姆斯和他的同事们发现，没有一个女性会感到自己能够从被迫性行为中得到任何快乐，但是她们中相当高比例的人却认为其他一些女性会有这样的感受。[94]在此，研究者们再一次发现，收看攻击性色情节目会促使男性相信那些有关强奸的没有事实根据的说法。一些证据表明，这些没有事实根据的说法并不一定源自人们根深蒂固的信念体系。例如，在一项研究中，当男性大学生们收看过攻击性的色情影片时，他们对有关强奸的没有事实根据说法的相信程度会出现预期的增长。但事后，当实验者就实验的程序向他们做出解释时，这些被试会比那些没有看过影片而且没有接受解释的控制组被试，更少接受有关这些没有事实依据的说法。[95]

尽管这一发现是令人鼓舞的，但是决不能因此而陷入虚幻的满足。因为这一结果也意味着，经常沉浸在暴力色情描写之中，会导致情感钝化，以至于对那些针对女性暴力的态度也变得麻木。另外，有理由相信，经常收看 X 级“恐怖”影片（这类影片充斥着极端的暴力，但并不像色情片那样多地出现性暴露镜头），会比收看非暴力的 X 级影片对人们产生更多的伤害。在一项研究中，[96]丹尼尔·林茨（Daniel Linz）和他的同事们让男性被试间隔两天收看两部 X 级影片，结果发现了钝化效应。也就是说，在将被试们收看第一部影片的反应与收看第二部影片的反应相比较时发现，男性被试对影片暴力内容的情绪反应减少了，而且他们认为影片中对待女性的方式并不那么卑劣。另外，研究者们还对 X 级恐怖影片、X 级轻微色情影片和青少年性影片的效果进行了比较。在收看这些影片两天以后，被试们参与了一项据称与影片无关的研究。研究者让他们观看了一场模拟强奸案的审判，要求他们对受害者和被告做出判断。结果再一次表明，恐怖片对男性观众的态度产生了强有力的影响。与那些收看非暴力色情片和青少年性影片的被试相比，那些收看恐怖影片的男性，对这场审判中的强奸受害者以及一般的强奸受害者都表现出更少的同情。这些发现表明我们的社会对影片的评价体系是具有偏颇和误导的：性暴露的非暴力影片被划定为受限更高的 X 级，而明显具有暴力恐怖倾向的影片却仅仅被划定为 R 级——尽管这类影片的负面作用已经被证实，但却可以在更广的范围内放映。

总之，无论是色情影片还是暴力影片，只要是性与暴力结合在一起，就会产生与其他传媒中的暴力类似的非常明显的影响：攻击的强度会增加，而且在许多情况下，对暴力的宽容态度也会大增。观看色情和暴力之类的东西，不仅不能起到宣泄的作用，而且看起来还会诱发攻击性行为。这些研究材料提出了一些复杂的政策 230
问题，包括审查制度和美国宪法第一修正案，这些问题已经超出了本书的讨论范围。在我个人对审查制度的不合理性持反对态度的同时，我也认为对上述研究不带偏见的理解，会令传媒领域的决策者们表现出谨慎与自制。

暴力有助于推销吗？ 正如我们在本章前面的内容中所看到的，大约58%的电视节目中含有暴力行为。其中的原因是显而易见的：电视制片人以及广告代理商认为，暴力可以推销产品。但事实似乎并非如此，这无疑是一个天大的玩笑。请不要误解我的意思。我并不是说暴力节目不够流行。尽管一个普通美国人可能会对电视上的暴力大加抱怨，但是他似乎仍然会乐此不疲地去收看这类节目。事情的确如此。但这并不一定意味着暴力有助于推销。毕竟，做广告的目的并不仅仅是让很多人去收看。做广告最终所要达到的目的是，通过展示某种产品而促使公众在相当长的时期内不断地去购买它。假如某类节目对人们的精神带来了很大的混乱，以至于赞助商的产品很快被遗忘，情况又会如何呢？假如人们不能记住产品的名称，观看节目便不会促使他们去购买该产品。最近的研究表明，性和暴力都会分散人们的注意力，它们会导致观众不去注意广告中的产品。

在最近的一项实验中，布拉德·布希曼和安洁莉卡·波纳卡(Angelica Bonaci)[97]让人们收看性暴露的或者暴力的节目，或者收看与性无关的电视节目。这几个节目中都同样插有九条广告。观众一看完节目，马上让他们回忆广告中的品牌，并且要求他们从超市货架的照片上将它们辨认出来。24小时以后，实验者打电话给他们，要求他们回忆曾经看过的品牌。结果表明，那些收看与性无关的(非暴力的，没有性暴露的)节目的人，比那些收看暴力节目或者性暴露节目的人，能够回忆起更多的广告品牌。无论是节目刚刚结束还是节目结束24小时之后，无论是男性还是女性，各个年龄段的人们都得到了同样的结果。看起来暴力和性削弱了观众的记忆。从推销的角度讲，对广告商的最好建议是去赞助那些不含暴力的节目。

用攻击性去吸引公众的注意力 1992年洛杉矶中南部的骚乱发生后，美国总统表示，他对事态保持着深切的关注，他将会提供联邦政府援助并且为那些失业者提供工作机会。假如没有发生骚乱，你认为他会优先考虑该地区的失业者吗？在类似我们这样复杂而又冷漠的社会中，攻击行为可能是少数被压迫者引起强势多数关注的最为重要的手段。没有人能够否认，经历了这么多年，瓦茨、底特律以及洛杉矶中南部骚乱的影响，提醒着很多正派体面却又冷漠无情的人们关注美国少数族裔的困境。没有人会怀疑，发生在纽约阿提卡国家监狱的流血冲突，促进了监 231
狱改革方面的尝试。以付出人的生命为代价来达到这样的结果是否值得呢？我不能回答这个问题。但作为一名社会心理学家，我所能够讲(而且一遍又一遍在讲)的是，暴力几乎绝对不可能只通过矫正产生它的环境便可得以终止。“暴力滋生暴力”这句话，不仅仅包含着受害者对自己的敌人加以反击的简单含义，它还包含着更为复杂而潜在的含义，即攻击者通过夸大他们敌人的罪恶来为自己的暴力辩护，从而增加他们一再发起攻击的可能性。

从来不会有一场战争会结束所有的战争和骚乱，会扫除所有的不公正，恰恰相反的是：好战的行为强化着好战的态度，而好战的态度又增加了好战行为出现的可能性。我们必须找到另外的方式。一种不太具有攻击性的工具性行为，可能既有助于消除社会病症，而又不会陷入一种不可调和冲突的循环。让我们回想一下甘地(Gandhi)20 世纪 30 年代在印度对英国人的成功反抗。罢工、联合抵制以及其他形式的有节制的不服从，最终在没有造成两个国家民众之间仇恨急剧升级的情况下结束了英国人的统治。类似静坐、联合抵制这样的非暴力策略，也被马丁·路德·金、塞萨尔·查维兹(Cecar Chavez)以及其他一些人有效地利用，藉此使我们的民族意识到现实中的不平等。因此，我赞成洛伦·艾斯利(Loren Eiseley)所提出的“做个更为仁慈的人”的号召，另外我还要号召人们对彼此之间的差异能够更为容忍——当然并不是号召人们去容忍不公正，人们相互爱护、相互信任，但又要能够为消除不公正和残暴而去大声疾呼、罢工、抵抗、较量、静坐(甚至投票!)。通过大量的实验，我们发现暴力并不能像水龙头那样开关自如。研究一次又一次地表明，减少暴力的唯一方式是继续努力减少不公正。正是不公正导致了挫折，并进而导致了暴力攻击的频繁爆发。

如何减少暴力

至此，我们主要对一些可能增加攻击行为的因素进行了集中讨论。然而，假如我们认为减少人们的攻击倾向是一个有价值的目标，那么我们该如何着手去做呢？最有吸引力的就是去寻找一些简便的方式。在 20 世纪 70 年代早期，前美国心理学会主席这样的专家曾建议，我们应当开发一种抗残忍的药品供人们(特别是国家领导人)服用，由此而普遍地降低人们的暴力倾向。[98]对解决这类方式的诉求是可以理解的，而且某种程度上也有些激动人心，但是假如不能让服用者的动机系统完全平静下来，开发这样一种可以降低人们残忍水平的药品便没有任何可能性。化学药品并不能像心理过程那样造就良好的个性。像阿尔波特·爱因斯坦(Albert 232
Einstein)那种既仁慈和善、热爱和平，又精力充沛、富有创造力且勇敢机智的人，是生理力量和心理力量完美结合的产物，也是遗传能力和习得价值完美结合的产物。很难想象化学药品能够表现得如此完美。而且，对人的行为进行化学控制带有“欧威尔(Orwellian)噩梦”的特征，我们能够信赖谁去使用这样的方法？

或许根本不存在简便而又安全的解决方式。但是依据目前所了解的，我们仍然可以对一些复杂而且多少有些风险的可能方式加以思考。

纯粹的理智　我敢肯定，人们能够构想出一套逻辑的、合理的论点，来描述攻击的危险以及攻击行为给受害者和攻击者可能带来的痛苦。我甚至可以十分肯定，我们可以让绝大多数人相信这些论点是正确的。很显然，绝大多数人都会赞同：战争是人间地狱，街头暴力是令人厌恶的。但是这类论点，无论是多么正确，无论多么令人信服，或许都不会明显地减少攻击行为。即便人们相信从总体上看攻击是令人厌恶的，但是人们仍然会实施攻击行为，除非他们确信攻击行为对自己是不利的。早在两千多年前，亚里士多德就观察到，很多人是不能通过理性行为加以说服的：“因为建立在知识基础上的论证意味着教育，而并非任何人都可以接受教育。”[99]另外，由于对攻击的控制问题最早出现在儿童早期，此时个体年龄尚小、不能进行推理，因而逻辑论点也就几乎没有什么价值。基于这些理由，社会心理学家们已在寻找另外的说服方式。其中许多是针对幼儿设计的，但也适用于成人。

惩罚　对一般人而言，减少攻击的一个常见的方式是对它加以惩罚。假如一个人去抢劫、殴打或者杀害他人，最简单的方式是将他投进监狱，或者情节严重将他处死。假如一个小女孩攻击她的父母、兄弟姐妹或者同伴，我们可以打她的屁股、对她大声呵斥、剥夺对她的优待，或者让她感到有罪。这样做的假设是，这类惩罚“会给他们一个教训”，使他们在再次做出类似的行为之前会“三思而后行”，而且所施加的惩罚越严重，所获得的效果越好。但情况并不如此简单。严厉的惩罚被证实在短期内有效，但除非谨慎使用，从长期来看它反而会起相反的作用。在现实世界中，对父母和儿童的观察反复证实，父母采用严厉的惩罚很可能会导致孩子极具攻击性，或者导致孩子长大后喜欢采用暴力手段达到个人目标或者政治目标。[100]
这些攻击行为通常发生在家庭以外，在那些可以摆脱惩罚的地方。但是，这些自然 233
条件下进行的研究并不能令人信服。它们不能必然证明对攻击行为的惩罚本身会催生攻击性儿童。那些采取了严厉惩罚的父母可能还做了许多其他事情，也就是说，他们本身可能就是严厉而且富于攻击性的人。因此，这些儿童很可能只是简单地模仿他们父母的攻击行为。事实上，已经得到证实的是，假如儿童们受到了某个成人的体罚，而这个成人以往总是以一种温和、扶持的方式对待他们，那么当这个人不在场的时候，这些儿童也倾向于遵从他的要求。相反，假如儿童们受到了一个没有人性的、冷漠的人的体罚，那么一旦这个人离开房间，这些儿童便不可能按照他的期望去做。因而，有理由相信，假如在一种温暖的人际氛围中明智而审慎地运用惩罚，它便可能是有益的。

另外一个对惩罚效能具有重大意义的因素，是惩罚的严重性或约束性。严重的或者约束性强的惩罚可能带来强烈的挫折感。由于挫折感是导致攻击的基本原因之一，因此避免采用挫折策略来减少攻击性是明智的。这一观点得到了罗伯特·汉布林(Robert Hamblin)和他的同事们所做的一项研究的很好证明。[101] 在这项研究中，那些富于攻击性的男孩受到了他们老师的惩罚，所采用的形式是剥夺对他们的优待。具体而言，这些男孩此前得到了一些可用来换取自己喜欢的各种物品的代用券，但是某个男孩只要发起攻击，他的一些代用券就会被收回。结果发现，采用这种方法期间和之后，男孩们发起攻击的次数实际增加了两倍。这一变化几乎可以肯定是挫折感增强的结果。

在我们国家的监狱里惩罚教育的严重性和约束性都很强，那里的情况又会如何呢？将罪犯监禁在这样一种严厉的环境之中会防止他将来继续犯罪，尽管这样一种想法凭直觉似乎是正确的，但却很少有证据支持这样一种假设。实际上，正如我们的分析所预测的，监禁可能会产生相反的效果。然而，对它的具体后果进行确定是困难的。在大多数情况下，我们不可能对监禁的影响进行单独的考察，因为有很多因素会影响到处于监禁条件下的个人。是监狱的严酷导致了犯人出狱后实际犯罪率的上升，还是将那些刑满释放后很快又重返监狱的人仅仅归因为他们的犯罪型人格呢？尽管这些可能性在现实世界中很难加以验证，但是一项自然条件下的实验表明，监禁并不能防止那些被释放的囚犯重新犯罪。最高法院的一项判决使得这一实验成为可能，[103] 研究者因此可以单独考察监禁对重新犯罪的影响。1963 年，在“吉迪思诉温赖特”(Gideon v. Wainwright)案做出裁决后，确定没有辩护律师的人不能被判重罪，佛罗里达监狱的许多囚犯没有服完刑期就被提前释放。这些提前释放的囚犯与那些继续呆在狱中的囚犯之间的唯一区别是，那些被释放 234
的囚犯此前不曾有律师代理。这样，研究者便可以对两组近乎相同的囚犯加以比较；一些人被提前释放，而另外一些人则继续接受惩罚直到服满整个刑期。结果，在两组囚犯之间出现了令人吃惊的差异：那些服满刑期的囚犯重新回到监狱的可能性，是那些提前释放者的两倍。

这是否意味着严厉的惩罚并不能减少犯罪呢？并非一定如此。尽管这项研究提供了有说服力的证据表明，较长的刑期并不能防止囚犯在被释放后重新犯罪，但是它也并不能完全排除这样一种可能性，即严厉的惩罚可能仅仅会约束那些从没有被判刑经历的人的犯罪倾向。完全可能的是，惩罚的威胁从一开始就阻止了许多走在犯罪边沿的人去以身试法。

尽管存在这种可能性，但是我却认为它是不可能的。据我所知，尽管严重的惩罚常常会导致顺从，但它却很少产生内化。为了建立起长期的非攻击性行为模式，重要的是要在人们还是孩子的时候，就去诱导他们内化一套贬低攻击行为的价值观。在第 5 章曾经比较详细讨论过的两项独立的实验中，我与默瑞尔・卡尔史密斯、乔纳森・弗雷德曼[104]证实，对幼儿来讲，轻度惩罚威胁比重度惩罚的威胁更为有效。虽然这些高度控制条件下的实验针对的仅仅是儿童对玩具的偏爱，但它们却强烈地表明，轻度的（而不是重度的）惩罚威胁同样可以抑制儿童的攻击性。

它是这样发生作用的。假如一位母亲用惩罚来威胁年幼的儿子，以便他任何时候都不再去欺负自己的小妹妹。假定她做到了，她的儿子便会体验到失调：他那“我喜欢打我的小妹妹”的认知，与“妈妈不许我打小妹妹”的认知之间，会出现失调。假如他受到了严重的威胁，他便可能摆出许多恰当的理由来解释自己为什么被禁止这样做。为了减少失调，他可能会这样讲，“我不能去打我的小妹妹的理由是，一旦我这样去做就会换来一顿狠揍——但我肯定很想去打她。”然而，假定孩子的母亲采用是一种较轻的而不是较重的惩罚威胁，这种威胁刚好能够让这个男孩停止他的攻击行为。在这种情况下，当男孩扪心自问自己为什么在当时可以打自己的妹妹却没有去打她时，他不能够用受到威胁作为减少失调的一个理由。也就是说，他不会轻易地说服自己，如果打了小妹妹自己就会挨揍，因为这不是事实。然而，他却必须为自己没有去打小妹妹进行辩护。换句话说，他的外部辩护理由（用威胁的严重性）微乎其微。因此，为了替自己没有去打小妹妹辩护，他必须从自身找理由。例如，他可能会让自己相信，他不再喜欢打自己的小妹妹了。这样，他 235
不仅可以为自己当前的友好行为辩护，而且更为重要的是，这将减少他以后打自己小妹妹的可能性。总之，一种反对攻击性的价值观得以内化。他会说服自己，打人既不是自己想做的，也没有什么乐趣。

这一普遍性的观点，已经在现实世界的校园里有了一些成功的应用。在挪威教育机构中工作的丹・奥维斯（Dan Olweus），通过培训教师和行政人员密切关注这个问题以及及时采取适度惩罚行为，将学生恃强欺弱现象的次数减少了 50%。就总体来看，这些研究显示，假如对攻击的惩罚行为及时到位而且不太严重，那么那些还没有形成自己价值观的儿童，比较容易对攻击行为产生厌恶。

对攻击性榜样的惩罚　惩罚的另外一种形式是对另外某个人的惩罚。具体而言，正如有人所主张的，让一个孩子目睹某个攻击性榜样的可悲下场，可能会减少他的攻击行为。对此的理论假定是，目睹了这种情况的人实际上会受到替代性惩罚，因此会使得他的攻击性变弱。也许在我们国家的历史上，曾经有过的公开绞刑和鞭挞就是由持有这种看法的人确立的。它能够起到作用吗？来自现实世界的大量资料并不支持这一理论。例如，根据总统法律执行委员会的说法，[106]死刑的存在和使用并没有降低杀人犯罪率。另外，一些非正式的资料表明，尽管一些攻击性人物最终都受到了惩罚，但是大众传媒往往将他们描绘得非常有吸引力。这种做法很可能会诱使人们对这些暴力人物产生认同。

来自控制条件下实验的证据，则向人们展示了一幅更为清晰的画面。在这些实验中，一般让孩子们收看一部有关某个攻击性人物的影片，这个人后来因为进行了攻击行为而得到奖赏或者受到惩罚。稍后，这些孩子得到了可以在类似影片中的环境下去进行攻击的机会。结果，研究者取得了一致的发现，那些从影片中看到攻击者受到惩罚的孩子，所表现出来的攻击行为明显少于那些从影片中看到攻击者受到奖赏的孩子。[107]正如前面所提到的，也有一些证据表明，那些看到影片中的攻击性人物受到惩罚的人，比那些看到影片中的攻击性人物既未受到惩罚也未受到奖励的人，表现出来的攻击性较少。从另一方面看（这一点对于我们的讨论十分重要），看到一个榜样因为攻击而受到惩罚，并不能够将攻击性水平降低到从未接触过攻击性榜样的儿童的平均水平。换句话说，这项研究的主要结论似乎表明，看到一个攻击者得到奖励会增加儿童的攻击性行为，而看到一个攻击者受到惩罚并不会增加儿童的攻击行为，但是看到一个攻击者受到惩罚是否会降低儿童的攻击 236
性行为则是不能确定的。它的作用或许与根本不让儿童接触攻击性榜样相同。此前，我们已经讨论了这项实验在大众传媒中的暴力展示方面带给人们的启示。

对替代性行为的奖赏 另外一种可能性也得到了研究，那就是：当一个孩子进行攻击时，对他（她）不予理睬；而当他（她）做出非攻击行为时加以奖赏。这一策略部分是基于这样一种假设：孩子们（或许成人也会如此）常常将攻击性行为当作引起人们注意的一种手段。对他们来说，宁愿受到惩罚也不愿意被忽视。因此，有悖常理的是，惩罚行为实际上便可能被解释成为一种奖赏——“嗨，你们瞧瞧！只要我去打小弟弟，妈妈就会来注意我。我想我还会这样做。”这一想法被鲍尔·布朗（Paul Brown）和罗杰斯·爱略特（Rogers Elliot）在一所幼儿园里所做的实验证实。[108]他们让幼儿园里的老师对孩子们的任何攻击性行为都不加理睬。同时，要求老师在孩子做出非攻击性行为（例如，友好地玩耍、与其他孩子分享玩具、与其他孩子合作，等等）时对他们特加关注。几周以后，孩子们的攻击行为有了明显的下降。在一项更为精巧的实验中，乔尔·戴维茨（Joel Davtz）证实，[109]挫折并不一定导致攻击行为;相反,假如通过事前训练使得这类行为让人们感到具有吸引力,它便有可能导致积极性行为。在这项研究中,孩子们被分成一些四人小组。在一些组中,积极性行为会得到奖赏;而在另一些组中,攻击性或竞争性行为会得到奖赏。然后,故意让这些孩子受到挫折。具体做法是,告诉孩子们将要观看一些娱乐片或者做一些好玩的事情,从而使他们抱有期待。实验者甚至开始放映一部影片,并且分发了一些糖果让他们稍后再吃。但随后便令他们体验到挫折。在影片放到最有趣的时候,实验者突然停止了放映并且收回糖果。随后,让孩子们自由玩耍。可能你已经意识到,这是一种故意安排以诱发孩子们的攻击行为。结果发现,与其他组相比,那些被训练过进行积极性活动的孩子表现出较多的积极性行为和较少的攻击性行为。

这项研究的确令人鼓舞。在此,我感到很有必要讲出自己的一种坚定的信念:期望我们社会的许多儿童在面对人际冲突和挫折条件时,自发地去选择积极的解决方法而不是攻击性手段,是极为天真的。整个社会为我们提供的各种各样证据表明,通过暴力手段来解决冲突和挫折,不仅是主要的,而且也是有价值的。阿诺德·施瓦辛格(Arnold Schwarzenegger)和詹姆斯·邦德(James Bond)式的英雄,已经成为一种文化偶像。无论是扮演复仇的牛仔、都市警察、拳击手、终结者,还是 237
扮演采用一种奇妙无比、引人入胜的方式进行谋杀的温文尔雅的秘密特工,这些银幕上的英雄都公开地或含蓄地向孩子们展示了社会的价值取向以及他们个人的追求与向往。

不用说,我们并不仅仅通过电影和录像接触解决问题的暴力手段;这类事件也是晚间新闻的主打内容。因此,我们不必为孩子们有这样的看法感到吃惊,那就是:成人往往通过暴力来解决他们的冲突。而且,许多孩子甚至不知道一些替代的办法是可行的或者是合理的。假如我们希望我们的孩子喜欢非暴力策略,一种很好的办法就是为他们提供有关这类技巧的具体培训,同时鼓励他们学以致用。没有任何理由认为,这类培训不能够在家庭和学校中进行。

非攻击性榜样的作用 约束攻击性行为的一种重要方法,是清楚地表明这种行为是不适当的。而最为有效的指导来自社会,即让人们看到在同样的条件下其他人会自我克制、不去攻击。例如,在罗伯特·巴伦和理查德·凯普纳(Richard Kepner)所做的一项实验中,[110]被试们遭到了某个人的侮辱,随后让他们看到这个人受到来自另外一个人电击的场面。所发出的电击或强或弱。另外还有一个控制组,该组被试没有看到有人实施电击的场面。随后,被试们得到了向侮辱自己的人发出电击的机会。与控制组相比,那些先前看到实施强电击的被试发出的电击也较强,而那些先前看到实施弱电击的被试发出的电击也较弱。这个例子是不是看上去很熟悉呢？读者会很容易发现，就像其他任何行为一样，攻击行为也可以被视为一种从众行为。具体说来，在一种模棱两可的情境中，人们会通过观察他人来确定什么样的行为是适当的。回想一下本书第2章我曾描述过的情形，你在弗里多尼亚高官的餐桌上打嗝的例子。在此，我想指出的是，假如你和你的朋友受到了挫折或者被激怒，你周围所有的人都向那个惹恼你们的人扔雪球，便会增加你向这个人扔雪球的可能性；假如人们只是大声斥责，便会增加你大声斥责的可能性；假如你周围的人都用棍棒挥向那个惹恼你们的人的头部，便会增加你操起棍棒挥向他头部的可能性。

建立对他人的移情 想象一下下面的情境：在一个繁忙的十字路口的交通灯前，汽车排起了一条长龙。绿灯亮了。排在最前面那辆车的司机迟疑了15秒钟。这时会发生什么情况呢？肯定是喇叭声大作。这不只是为提醒那位司机交通灯已 238
变换而响起的低沉喇叭声，而且是一群受到挫折的人为发泄心中的愤怒而按响的长长的、持续不断的刺耳喇叭声。事实上，一项控制条件的实验发现，在这类情境下，大约90%的排在第二的司机会以一种攻击性的方式按响喇叭。作为同一项实验的一部分，一个行人在红灯亮着的时候从第一辆车和第二辆车中间过马路，当他恰好走在十字路口时绿灯亮了，这时排在第二的司机中几乎仍有90%的人会按喇叭。但假如这个行人拄着拐杖，情况又会如何呢？显然，看到一个拄着拐杖的人会唤起一种移情性反应。由于移情所唤起的感受战胜了攻击的欲望，按响喇叭的人的比例大大降低了。[111]

移情是一种重要的现象。塞莫尔·费斯巴哈（Seymour Feshbach）[112]注意到，绝大多数人会发现故意将痛苦强加于人是很困难的，除非他们能够以某种方式认定受害者失去了人性。因此，当我们对亚洲人开战时（20世纪40年代在日本，50年代在朝鲜，60年代在越南），我们的军事人员常常将他们称为“亚洲佬”。我们看到，运用去人性化的这种手法，是替残忍的行为进行辩护的一种方式。对一个“亚洲佬”实施暴力，要比对一个像我们一样的人实施暴力容易得多。正如我在本书中不止一次地提到的，这类自我辩护不仅会促使我们去对另一个人进行攻击，而且会确保我们对他进行持续不断的攻击。回想一下那位生活在俄亥俄州肯特市的那位中学教师，在四个肯特州立大学的学生被俄亥俄州国民卫队枪杀后，她竟会对作家詹姆斯·米歇纳说，任何一个赤脚走在大街上的人都该被处死。这种说法乍听起来荒诞不经。只有意识到说这种话的人已经将那场悲剧的受害者看得失去人性时，我们才可以理解她的说法。

人们可能对去人性化的过程感到痛心，但与此同时对这一过程的了解又可以帮助人们去彻底改变它。具体而言，假如大多数人为了实施某种极具攻击性的行为的确必须对他们的受害者去人性化的话，那么通过在人们之间建立移情，攻击性行为便很难去实施。诺玛·费斯巴哈（Norma Feshbach）和塞莫尔·费斯巴哈的确已经证实，[114]儿童的移情与攻击性之间存在着负相关：一个人移情越多，他（她）便会越少地去采取攻击性行为。在后续研究中，诺玛·费斯巴哈提出了训练移情的方法，而且成功地检验了这些方法对攻击性的影响。[115]简单地说，她教育那些小学生如何采取他人的立场。孩子们学会分辨人们所具有的不同情绪，他们扮演处于各种痛苦的情绪状态下的人们，并且（在群体中）考察了自己的感受。这些“移情训练活动”导致了攻击性行为的明显减少。与此类似，乔治娜·赫默克（Georgina 239
Hammock）和黛博拉·理查森（Deborah Richardson）[116]也证实，移情是阻止极端的攻击性行为的一种重要的缓冲器。他们要求一些大学生向自己的同学发出电击，结果发现，那些学习过从他人的角度体验移情的被试，比那些没有移情体验的被试，发出的电击强度要弱。大渊健一（Ken-ichi Obuchi）和他的同事们[117]在日本学生身上也发现了类似的结果。在一项实验中，大渊要求这些学生向另一个学生发出电击。在一种条件下，在接受电击之前，受害者首先透露了他们的一些个人信息——这样做为移情的产生提供了可能。在另一种条件下，受害者没有机会透露个人信息。结果表明，与不能透露个人信息的条件相比，在能够透露个人信息的条件下，被试所发出电击的强度较弱。

有关建立移情的研究，对于可能避免像我们在前面所介绍过的哥伦拜恩屠杀案之类的悲剧，具有令人鼓舞的意义。在下一章中，我将对这一问题以及其他应对攻击和偏见的策略，进行详细的讨论。

7

偏　　见

> 一个白人警察大声吼道,"嗨,那家伙！你过来!"我有点被激怒了,反驳道, 241
> "我不是家伙!"他于是怒气冲冲地奔我而来,傲慢地站在我的面前,一副轻蔑的样子,"你这个家伙,在说什么?"他一边迅速地对我搜身,一边问道,"嗨,叫什么名字?"我惊恐地答道,"普森特(Poussaint)博士,内科医生。"他愤怒地嘶声吼道,"嗨,我问的是你的首名。"在我犹豫不决的时候,他摆出一副威胁的架势,握紧了拳头。我的心在扑扑地跳,感到深受侮辱,低声说道,"阿尔文(Alvin)。"他继续着他的心理暴行,大声喝道,"阿尔文,下次喊你的时候,动作快点,听到了没有？听到了没有呀?"我吞吞吐吐地答应着。"嗨,听到了我的话吗?"[1]

好莱坞会让英雄人物教训压迫他的人,并以胜利者的姿态出现。但是在现实世界中,普森特博士只能忍气吞声、蒙受侮辱——或者用他自己的话讲,遭受"心理阉割"。这种因受到压迫而产生的无助感和无力感,不可避免地会导致自尊心的损伤,这种损伤甚至在童年早期就已经开始了。许多年以前,肯尼斯·克拉克(Kenneth Clark)和梅米·克拉克(Mamie Clark)[2]证实,黑人儿童,有些甚至仅仅三岁,已经确信作为一个黑人是不体面的。他们拒绝黑人娃娃玩具,感到白人娃娃玩具更漂亮,一般而言也更高级。这个实验表明,所谓的"隔离但平等"的教育设施,从来没有平等过,因为对少数族裔的孩子而言隔离本身就意味着,他们之所以被隔离是因为他们某些方面存在问题。的确,这个实验被一项具有里程碑意义的联邦最高法院裁决(布朗诉教育委员会案,1954 年)特别加以引用,该裁决宣布种族隔离学校是违反宪法的。

这种对自尊心的伤害并不仅限于非洲裔美国人,它也影响到其他受压迫的群体。在一项与克拉克-克拉克实验类似的研究中,菲利普·戈德堡(Philip Goldberg)[3]证实,由于所受教育的影响,女性普遍认为自己的智力低于男性。在这项实验中,戈德堡让一些女大学生阅读几篇学术论文,并要求她们对这些论文从水平、风格等方面进行评价。向一些学生提供的论文署名是男性作者，例如约翰·T·麦凯(John T. Mckay)；而向另一些学生提供的论文署名则是女性作者，例如琼·T·麦凯(Joan T. Mckay)。结果发现，假如这篇论文是由一位男性作者而不是女性作者“撰写”时，这些女大学生会给出更高的评价。换句话说，这些女性已经“清楚自己所处的位置”，她们认为其他女性的作品一定比男性差，就像黑人孩子认为黑人娃娃玩具比不上白人娃娃玩具一样。这正是一个偏见的社会所留下的遗产。 242

但情况的确在发生改变。毕竟，克拉克-克拉克实验时是在20世纪40年代完成的，而戈德堡的实验也是在20世纪60年代完成的。从那时起美国社会已经发生了明显的变化。希望行动的立法为女性和少数族裔打开了机遇之门，使得他们能够接受高等教育，而且能够从事律师和医生等更有声望的职业。越来越多的女性和少数族裔被选为国会议员。科林·鲍威尔(Colin Powell)，这位非洲裔美国人，担任过美国国务卿这一重要而显赫的职务。像迈克尔·乔丹和“老虎”泰格·伍兹这样受人尊重的非洲裔美国运动员，经常在电视上露面并成为家喻户晓的人物。丹泽尔·华盛顿(Denzel Washington)和哈莉·贝瑞(Halle Berry)已经成为著名的电影演员。正如人们可以想到的，这些变化极大地增强了这些群体的成员们的自尊心。例如，近年来有研究表明，与生活在1947年的非洲裔美国孩子相比，今天的非洲裔美国孩子已经变得比较喜欢黑人娃娃玩具。[4]而且，正如珍妮特·斯威姆(Janet Swim)和她的同事们[5]所发现的，女性(包括男性)被试不再仅仅根据作者是一位女性而对一篇作品加以歧视。

尽管这些进步是重要而又令人振奋的，但是由此而推断偏见与歧视已经不是我们国家的严重问题则是错误的。尽管公开表现出来的偏见比以往有了减少，而且不那么明目张胆，但是偏见仍然存在并且会对受害者造成极大的伤害。每年我们仍然必须面对大量的报复犯罪，犹太教堂和黑人教堂纵火案，[6]难以计数的各种因偏见引起的暴力行为，以及一些危害相对较小的暴行——例如，假如你是一位黑人，那么当夜深人静的时候，在美国的一个大都市里，你便很难打上一辆出租车。[7]那么，什么是偏见？偏见是如何产生的？我们又如何去减少偏见呢？

定型与偏见

社会心理学家已经从不同的角度对偏见加以定义。严格说来，有正向的偏见，也有负向的偏见。对于一位现代派艺术家，我对他可能持反对的偏见，也可能持赞同的偏见。这意味着，在介绍萨姆·斯米尔(Sam Smear)(这是一位现代派艺术家)之前，我便会倾向于喜爱他或者讨厌他，我很可能会期待着从他身上找到某种特征。因此，假如我将现代派艺术家这一概念与女性化行为联系在一 243
起，当萨姆·斯米尔趾高气扬地走出门口，就像一位绿湾包装工橄榄球队的一位中后卫，我会对此感到迷惑不解。假如我将现代派艺术家与最激进的政治倾向联系在一起，当看到萨姆·斯米尔佩戴着乔治·布什的政治徽章时，我便会错愕不已。

在本章，我无意讨论人们“赞同”方面的偏见，因而我对偏见所下的定义将仅限于负向态度。我将偏见界定为：人们依据有错误的和不全面的信息概括而来的、针对某个特定群体的敌对的或负向的态度。例如，当我们说某个人对黑人持有偏见，我们的意思是说他(她)对黑人的行为持有敌意。这个人会感到，除个别黑人外，所有的黑人都是相差无几的。他(她)所强加给黑人的那些特征或者完全不正确，或者至多是将个别黑人的情况推及所有黑人。

在经典著作《偏见的本质》一书中，戈登·奥尔波特(Gordon Allport)提供了下面的对话：

> X 先生：犹太人的麻烦在于他们只是关心自己的团体。
>
> Y 先生：但是从社区捐助活动的纪录来看，按犹太人的人口数量比例，他们对社区慈善事业的捐助是更为慷慨的。
>
> X 先生：这表明他们总是邀宠，而且总是干预教会事务。除了金钱以外，他们什么都不在乎。所以会有那么多的犹太人银行家。
>
> Y 先生：但最近一项研究表明，从事银行业的犹太人是微不足道的，其比例远远低于非犹太人。
>
> X 先生：的确如此，他们不会去从事那些受人尊敬的行业。他们只会去搞电影业，或者经营夜总会。

这段对话表明，偏见的隐藏性远胜于对它的一大堆定义。事实上，持有偏见的 X 先生是在说，“不要用事实来干扰我的判断，我主意已定。”对于 Y 先生所提供的资料，X 先生根本无意去反驳。他要么通过歪曲事实来支持自己对犹太人的憎恨，要么对这些材料置之不理，大胆地展开新的攻击。一个持有很深偏见的人，实际上不受那些与自己原有定型不一致的信息的影响。正如著名的法官小奥利弗·温得尔·霍姆斯(Oliver Wendell Holmes, Jr.)曾经讲过的，“去教育一个固执己见的人，就像让光线去照射瞳孔——它会自动缩小。”大量的实验证据支持阿尔波特的 244
看法，证实：采用与人们的偏见相反的事实来对他们加以驳斥，是不会改变他们的偏见的。一种典型的反应体现在所谓的“亚型”之中。在这种情况下人们确信，即使所获得的事实是正确的，也不过是定型的一种罕见的特例。[9]于是，人们对那些偏离定型的事实所做出的反应往往是，从内心创造一种新的类型——例如“攻击性女性”、“诚实的律师”或者“受过良好教育的非洲裔美国人。”他们甚至可能将这类例外称之为“证明规律的例外。”这种反应会使定型变得牢固，即便有可能，也很难消除。

可以有充分的理由假定，我们所有的人在某种程度上都持有偏见：针对某个民族、国家或种族，针对那些与自己性取向不同的人，针对生活在特定地域的人们，或者针对某种类型的食品。让我们以食品为例：在我们的文化背景中，绝大多数人不食用昆虫。假定某个人（譬方说 Y 先生）要告诉你，包虫和地蜈蚣富含蛋白质，如果精心烹制，口味也很鲜美。你会跑回家去油炸这样一道菜肴吗？大概不会。你很可能会像 X 先生一样，为你对这类食品的偏见找出另外一些理由，例如，大多数昆虫都很难看。毕竟，生活在这样的文化之中，我们只会食用像大鳌虾之类的看起来很美的动物。

戈登·奥尔波特的著作成书于 1954 年，X 先生和 Y 先生之间的那段对话，对今天的读者来讲似乎有些过时了。今天的人们仍然会采用这样的思维方式吗？是否仍会有人头脑如此简单，以至于对犹太银行家持有那种陈旧而且不正确的定型呢？大概不会。但在奥尔波特对话面世大约 20 年后，某种类似的论调出现了。这一论调并非出自平民百姓，而是出自美国最高军事指挥官。时任参谋长联席会议主席的乔治·布朗（George S. Brown），在一次有关“犹太人对国会影响”的公开讲话中谈道，“现在，他们已经强大到令人难以置信的地步了。……他们控制着这个国家的银行和报纸。我们只需看一下犹太人的资本投向何处。”[10] 1997 年尼克松水门事件的录音带公之于世，我们有幸听到尼克松先生同他的白宫办公室主任霍尔德曼（H. R. Haldeman）之间的一段对话。在这段对话中，我们的这位前总统表达了对犹太人同样错误的看法和负向感受。

布朗将军和尼克松总统对特定群体的特征或者动机的这种概括称之为**定型**。**定型**就是将同样的特征强加到群体中的每一个人身上，而不考虑群体成员之间实际存在的差异。因此，一旦认定黑人天生具有节奏感，或者认定犹太人是唯利是图的，人们便会假设几乎所有的黑人都有节奏感，几乎所有的犹太人都四下攫取财富。人们从很小的时候就学会将同样的特征做这样的推演。在一项研究中，[11]实验者要求五年级和六年级的孩子们对他们的同学的一些特征做出评价，这些特征包括讨人喜欢、有领导力、公平等等。在要求评价的所有品质中，那些来自上层社会家庭的孩子，都比来自下层社会家庭的孩子得到了更为积极的评价。看起来这 245

些孩子在评价他们的同学时不是依据他们本人的特征，而是依据他们的社会地位进行定型化评价。

正如我们在第4章中所看到的，定型并不一定是一种蓄意的伤害行为。在多数情况下，它仅仅是我们人类认识世界的一种便捷方式，我们人人都会这样去做。当听到“纽约出租车司机”、“意大利理发师”或者“中学拉拉队队长”这类字眼时，我们绝大多数人的头脑中都会出现一种特定的形象。当这种定型完全建立在经验的基础之上而且完全正确时，它便可以成为人们处理复杂事件的一种适合的捷径。另一方面，假如这种定型导致我们忽视一群人的个别差异，它便是一种不适应的潜在的危险。

例如，我们社会中的许多白人将黑人与暴力行为联系在一起。这种定型会如何导致针对黑人的不公平和敌对行为呢？在就一所全部由白人打理的精神病医院对黑人和白人患者的治疗进行比较研究时，查尔斯·邦德(Charles Bond)和他的同事们提出了这一问题。[12]在这项研究中，他们观察了医护人员处理病人暴力行为事件的两种最常用的方法：将这类病人关进隔离屋中，或者给它们穿上约束衣，然后让他们服用镇静药。对该医院85天里的纪录进行考察发现，尽管黑人和白人患者在暴力事件的数量方面几乎没有什么差异，但是身体约束和镇静药这类较为严厉的方法，在黑人患者身上使用的次数几乎是白人患者的四倍。而且，即便在入院时的诊断表明黑人患者的平均攻击性水平低于白人患者，这种区别对待的治疗仍然会出现。但是，随着时间的推移，医护人员逐渐对黑人和白人患者同等对待。在入院第一个月以后，对黑人患者的限制性措施的使用出现了明显的下降。显然，在黑人患者刚入院的时候，对黑人的定型和偏见会发生作用。随后，随着医护人员与黑人患者之间熟悉程度的增加，他们对这些患者的偏见消除了。因此，这一实验表明，不同种族之间因长期交往接触而相互熟悉，会在无形之中减少不公正的定型，并且会为人们对个体特征的认知准备条件。但是，正如我们将会在本章后面的内容中所看到的，不同种族之间的接触本身并不能够自动消除根深蒂固的定型和偏见。

为进一步说明种族或者民族定型的潜在影响，让我们来考察一下少数族裔的成员被判有罪以及关进监狱的情形。当考虑这些人的假释时，他们的种族或者民族背景会比其他假释信息（例如，生活环境，在监狱中的良好表现）更重要吗？研究表明这种认知偏见是存在的。盖伦·博登胡森(Galen Bodenhausen)和罗伯特· 246
维尔(Robert Wyer)[13]让大学生们阅读一些有关犯人请求假释的小说式的材料，并要求他们根据材料中的信息做出是否准予假释的决定。有时，所犯罪行与犯人的身份是“吻合”的，例如，一个名叫卡洛斯·拉米雷兹(Carlos Ramirez)的拉美人犯了强奸罪或者斗殴罪，或者一个来自上层社会的名叫阿什利·张伯伦（Ashley Chamberlaine）的盎格鲁-萨克森人犯了盗用公款罪。在另一种情况下，所犯的罪行则与定型之间不一致。当犯人所犯的罪行与学生们对他们的定型相一致时，这些学生倾向于忽略另外一些相关的信息（例如他们在监狱中的良好表现），对他们的假释建议更为严格。因此，当人们做出符合我们定型的行为时，我们倾向于忽视一些信息，这些信息提供了他们如此行为原因的线索。我们会假定，一定是一些他们自身的原因（而不是他们的生活环境）导致了他们的行为。①

博登胡森和维尔的被试们中间有多少人曾经见证过拉美人强奸，或者盎格鲁-萨克森人盗用公款呢？假如说有的话，恐怕也很少，因为绝大多数定型并非建立在可靠经验的基础之上，而是来自道听途说，来自大众媒体杜撰的形象，或者产生于我们头脑之中，作为我们对自身的偏见和残忍行为的辩护方式。就像本书前面的章节中曾经讨论过的自证预言一样，将黑人或拉美人视为愚蠢的或者危险的，便有助于证明剥夺他们接受教育或者否决他们的假释是合理的；将妇女视为生理上天生适合繁琐的家务，便有助于一个男性优势社会将她们牢牢地束缚在吸尘器上。同样，认定那些来自下层社会的人是没有抱负的、愚蠢的且有犯罪行为倾向的，便有助于我们为他们在从事采矿之类的工作时尽可能少地向他们支付薪酬，或者阻止他们成为我们的邻居。在这类情况下，定型的确是被滥用了。在 20 世纪 90 年代初期，克林顿总统试图解除同性恋者服兵役的禁令便遭到了坚决的反对。古老的定型使得一些军队领导人和政治家预测，一旦允许这些人穿上军装，将会导致可怕的后果而且会降低士气。现实当然向他们开了一个巨大的玩笑：随着时间的推移，成千上万的男女同性恋者在军队中沉着而又训练有素地履行着他们的爱国使命，并没有惹来麻烦或者降低士气。

定型本身的性质并不必然具有侮辱性。但很明显，即便定型看上去是中性的或者正向的，它们对目标也是有害的。例如，将犹太人归之于“雄心勃勃”，将黑人归之于“天生具有节奏感”，将同性恋者归之于“具有艺术家气质”，都未必是消极的。[14]但是，仅仅因为它们剥夺了一个人拥有自己个人特征（无论这些特征是积极 247
的，还是消极的）的权利，这种概括便是对人有害的。

定型威胁 在大多数情况下，定型不是无害的。它可以直接带来侮辱，能够使目标群体的成员变得虚弱无力。让我用一个引人注目的例子来说明这一点：简单地说，在一群大学生中，黑人与白人之间在学业成绩上存在差距。而且，黑人学生

① 需要补充说明的是，这些资料是在假定情境下从大学生们身上获得的；因此，就其本身来说，它们并不能证实假释官员会如此行事。很可能假释官员要比该实验中的被试更有经验更为老到。该实验所能证实的是，即使是那些聪明的好心人也会出现认知偏见，而且除非保持警惕，我们人人都可能犯同样的错误。

的退学率几乎是白人学生的两倍。尽管可以从许多方面对这一现象进行历史的与社会的解释，但克劳德·斯蒂勒（Claude Steele）认为，[15]这些解释都存在缺陷。它们不能解释这样一种事实：黑人学生与白人学生在学业成绩方面的差异，在那些做过充分准备（通过前测的得分来衡量）和没有充分准备的黑人学生们身上竟然一样大。换句话讲，似乎有某种东西将那些聪明的、积极的、准备充分的黑人学生，与那些具有同等能力且做过同样准备的白人学生区分开来。

在研究这个问题的过程中，斯蒂勒和乔舒亚·阿伦森[16]推断，其中起作用的一个重要因素，可能包含黑人学生对证实"智力低下"的负性定型的担忧。斯蒂勒和阿伦森将这种认识称之为**定型威胁**。他们推断，这种担忧的额外负担，反过来可能会妨碍这些学生在标准化测验中取得好成绩的能力。在一项引人注目的实验中，斯蒂勒和阿伦森分别对斯坦福大学的黑人和白人学生实施了一项难度很大的语言测验（GRE）。实验者让其中一半的学生认为，研究者感兴趣的是测量学生们的智力；而让另外一半学生认为，这样做仅仅是为了对测验进行检验，研究者对评价学生的智力不感兴趣。

定型威胁的影响并不仅仅限于非洲裔美国人。许多研究者在其他群体中也发现了类似的结果。例如，让女性去解数学难题，让拉美人去做语言能力测验。因为，人们存在这样的定型：女性的数学能力不如男性，拉美人的语言能力不如盎格鲁人。的确，斯蒂勒和阿伦森认为，任何一个群体，如果有了在某些方面不如其他 248
群体的不好的名声，便会体验到相当程度的定型威胁。即使对一个从客观标准看，在有关方面都优于其他群体的群体，这种情况也可能发生。为此，在一项引人关注的实验中，阿伦森和他的同事们[17]对一些工程专业的男性白人学生（这些学生在数学标准成绩考试中几乎全都是满分）进行了一项难度很高的数学测验。在开始测验之前，所有学生都被告知这是一项数学能力测验。另外，让其中一半的学生面对这定型威胁：实验者告诉他们，他很想了解亚洲人表现出更强的数学能力的原因。结果发现，该组被试的测验成绩明显较差。这一发现揭示了定型威胁的情境性特征。强加给这些工程专业白人学生的异常情境，即将他们与某个可能优于他们的群体进行比较，对于黑人和拉美人来讲已是司空见惯。他们几乎天天都在与这类学业比较作斗争。当面对定型威胁时，这些聪明的有成就的学生竟然也会在考试中失手，这一点将促使我们重新思考那个肤浅的假定，即黑人和拉美人成绩差反映了他们缺乏能力。同时，这一实验也带来了利好的一面。那就是，由于类似定型威胁这样的心理过程可以通过改变一些情境中的细节加以弱化（就像斯蒂勒-阿伦森实验中所表现的），因而有理由相信，假如人们对这些细节加以关注，少数族裔与白人之间的成绩差距便可能缩小。

定型与归因

定型是归因的一种特殊形式。正如我们在第4章中曾经看到的，假如一个人采取某种行动，旁观者就会对他行为的原因进行推测。例如，假如你最喜欢的某个橄榄球队的近边锋丢了一个好球，你可能会对此做出许多可能的解释：或许是太阳光照得他睁不开眼睛；或许他因为孩子生病而走神；或许他是故意失手，因为他赌对方球队赢球；或许他原本就不是一个出色的球员。请注意，上述有关那位偏边锋失球原因的每一种归因都相差很大。假如他是担心孩子的病情，而不是赌对方球队赢球，那么你对他的看法便会截然不同。

正如人们所了解的，我们对他人行为的原因进行探究的需要，反映了人类超越所给予的信息的倾向。这样做往往是有益的。例如，假定你刚刚搬到某个陌生的小镇，在这里你没有任何朋友，你感到很孤独。有人敲门了，是一位名叫乔的邻居，他握着你的手，欢迎你做他的邻居。你邀请他进屋。你们交谈了大约20分钟，彼此感到很谈得来。能够结识这样一位新朋友，你感到很开心。当他站起来要离开的时候，说道，"哦，顺便说一句，如果你需要什么保险的话，我恰好在做这个行业，我很乐意帮你参谋，"接着，他留下了自己的名片。他恰巧是一位从事保险生意的 249
朋友，还是为了卖保险而谎称与你交朋友呢？搞清这一点是很重要的，因为你必须决定自己是否与他继续交往。需要再次强调的是，在进行归因时，个体必须超越已有的信息。我们不清楚为什么那位近边锋会失手，我们也不清楚乔表现出友好的动机。我们只是在推测。因而，归因者对原因所做出的解释可能是正确的，也可能是错误的；可能是有益的，也可能是无益的。

在模棱两可的情境中，人们很可能做出与他们的偏见相一致的归因。托马斯·佩蒂格鲁(Thomas Pettigrew)[18]将这种现象称之为**基本归因偏误**。假如毕戈(Bigot)[*]先生看到一位穿着得体的盎格鲁-萨克森白人新教徒，在某个周三下午三点坐在公园的椅子上晒太阳，他对此不会有任何看法。但假如他看到一个穿着得体的黑人做着同样的事情，他便很容易马上断定这个人一定是失业了。毕戈先生很可能会火冒三丈，因为他推测自己辛辛苦苦挣来的钱被征税，作为福利补助源源不断地供给眼前的这个懒汉，使得他能够穿着入时。假如毕戈先生路过盎格鲁先生的家门，看到垃圾箱翻倒在地，垃圾撒得到处都是。他很可能推断是一只流浪狗

* 英文原意为"偏执的人"、"心胸狭窄的人"。——译者注

在寻找食物。但假如他经过的是拉丁诺(Latino)* 先生的家门,看到了同样的事情,他很可能会大怒并且断言"那些人就像猪一样生活。"不仅偏见会影响他的归因与结论,而且他所得出的错误结论会为他的负向情感辩护,而且会进一步强化这种负向情感。因此,整个归因过程会呈螺旋状上升。偏见导致特定类型的负向情感或者定型,而后者反过来又会进一步强化偏见。[19]

性别定型 有关定型的一种特别有趣的表现,出现在人们对性别差异的感知方面。凯伊·戴奥克丝(Kay Deaux)和她的同事们证实,人们几乎普遍将女性看得比男性较为慈爱且较少专断。这种感知很可能与各自的角色密切相关,也就是说,从传统意义上看,女性承担着家庭主妇的角色,因此她们看起来更为慈爱。[20]在连续体的另一端,进化社会心理学家[21]认为,男女两性的行为正好在两性面临不同适应问题的那些领域中表现出差异。从一个达尔文主义者的角度看来,有很强的生物学原因可以说明为什么女性进化得比男性较为慈爱。例如,在我们的祖先中间,由于解剖方面的原因,女性总是婴儿的最早护理者。那些没有慈爱心的女性,不太可能让很多的孩子存活下来。

尽管我们并不能十分确定护理婴儿是否更有可能是女性(而不是男性)的遗传
本质,但有证据表明文化定型离现实并不遥远。正如艾丽斯·伊格丽(Alice 250
Eagly)、温迪·伍德(Wendy Wood)和珍妮特·斯维姆(Janet Swim)[22]所证明的,与男性相比,女性的确倾向于按照更具社会敏感性、更友好、更为关心他人幸福的方式去行事;而男性则倾向于按照更具支配性、控制性和独立性的方式行事。不言而喻,男性和女性在这些特征上存在着许多交叉之处;对于我们任何一个人而言,在自己的周围都存在着一些社会敏感性强的男性,也存在着一些社会敏感性差的女性。这正是我们需要关注的问题。无论定型的现实基础是社会性的还是生物性的,将这些定型推及所有的女性或者所有的男性,都会剥夺将她(他)作为一个具有特定个性和天赋的个体来看待的权利。

当然,性别定型的确经常会脱离现实,而且因此会具有特别的危害。例如,在谢莉·费尔德曼-萨默斯(Shirley Feldman-Summers)和莎拉·基斯勒(Sara Kiesler)[23]1974 年进行的一项实验中,当面对着一位成功的女医生时,男大学生们认为她的能力比不上一位成功的男医生。在一项类似的实验中,凯伊·戴奥克丝和蒂姆·埃姆斯维勒(Tim Emsweiler)[24]发现,如果性别定型足够强的话,甚至被定型化的群体中的成员也会认同这种定型。他们的具体做法是,向男生和女生展示他们的一位同学在一项复杂任务上的骄人成绩,并要求他们对做出成绩的原因

* 英文原意为"拉丁美洲人"。——译者注

加以解释。假如获得成功的是一位男同学，无论男生还是女生都会将他的成功归因为他的能力；但假如获得成功的是一位女生，男生和女生都会很大程度上将她的成功归结为运气。

但这项研究是在超过四分之一世纪以前完成的。正如我们所注意到的，从那时起美国社会发生了诸多变化。这些变化会影响到人们对女性的定型吗？看来这种变化并不像人们想象的那样大。1996 年，珍妮特·斯维姆和劳伦斯·珊娜(Lawrence Sanna)[25]对较近出现的有关该主题的 50 多项研究进行了详细的分析，结果发现这些研究的结果与早期实验的结果非常一致。斯维姆和珊娜发现，尽管性别的影响已经不大，但是它们却是惊人的一致：假如某个男性在某项任务上取得成功，旁观者倾向于将他的成功归因为能力；但假如某个女性在同样的任务上取得成功，旁观者则倾向于将她的成功归因为她的勤奋。假如某个男性在某项任务上失败了，旁观者倾向于将他的失败归因为运气不好或者努力不够；但假如某个女性失败，旁观者则会认为这项任务超过了她的能力水平。

研究也表明，小女孩存在低估自身能力的倾向。约翰·尼科尔斯(John Nicholls)[26]发现，四年级的男孩将自己成功地完成一项智力难题归因为自己的能力，而女孩却倾向于贬低自己的成功。此外，这项实验还显示，男孩已经学会通过将失败归因为运气不好来保护自我，而女孩却倾向于因失败而自责。在更近的一项实验中，黛博拉·斯蒂佩克(Deborah Stipek)和海蒂·格雷林斯基(Heidi Gralinski)[27]证实，女孩具有对自身能力进行贬低的倾向在像数学这样的传统中认为男性占优势的领域最为普遍。斯蒂佩克和格雷林斯基特别发现，初中女生将她 251
们在数学考试中取得的成功归因为运气，而男生则将他们的成功归因为能力。而且，当女孩在数学考试中取得成功时，她们所表现出来的自豪感明显低于男生。

这些自我打击的观念来自何处呢？总体看来，它们几乎肯定受到了我们整个社会所普遍持有的态度的影响，但最为有力的影响却来自这个小女孩生活中最重要的人——她的父母的态度。在一项研究中，贾尼斯·雅各布斯(Janis Jacobs)和雅克莱尼·伊克勒斯(Jacquelynne Eccles)考察了母亲的性别定型信念对这些母亲看待她们 11 到 12 岁的儿子或女儿的能力的影响。那些持有最强烈的性别定型信念的母亲，会认为自己女儿的数学能力要比自己的儿子差。而那些没有通常意义上的性别定型信念的母亲，则并不认为自己的女儿比自己的儿子数学能力差。这些观念反过来又会影响她们孩子的信念。这些人的女儿持有强烈的性别定型，认为自己没有什么数学能力。由于母亲没有强烈性别定型，她们的女儿并不会表现出自我打击信念。

这种自我归因现象可能会表现为一些有趣的形式。假定一位网球男选手在一场三局两胜制比赛中以 6∶2 的比分输掉了第一局，他会得出什么样的结论呢？或许他会认为自己努力不够或者运气不好。毕竟，他的对手的确打出了一连串令人难以置信的运气球。现在让我们假定一位网球女选手输掉了第一局，她又会得出什么样的结论呢？考虑到尼科尔斯的资料，她很可能感到自己技不如人。毕竟，她以 6∶2 的比分输了。在此出现了有趣的一幕：选手对自己在第一局中失败的归因，可能会部分地决定着接下来两局能否取胜。也就是说，男选手可能会在后面的比赛中更加努力，赢得随后的两局并最终赢得这场比赛。然而，女选手则会放弃，从而输掉第二局并最终输掉比赛。这也似乎正是现实中所发生的。有人对这种现象进行了系统的研究，考察了 19 300 场网球赛事的结果。[29]结果发现，在输掉第一局比赛的情况下，男选手比女选手更有可能扳回第二局和第三局。而女选手更有可能连输三局。甚至在那些确认自己拥有天赋和能力的职业选手中，也会出现这种现象。

马琳·特纳(Marlene Turner)和安东尼·普莱特肯尼斯[30]将致人弱化的自我归因的观点向前推进了一步，他们证实女性因受聘方式而产生的负向自我归因会妨碍她们的实际工作绩效。在研究中，特纳和普莱特肯尼斯对反歧视行动计划可能存在的一些消极影响尤其感兴趣。正如你所知道的，反歧视行动计划总的看来是有益的，因为这项计划已经为那些有才能的女性创造了就业机会，而在此之前女
性对这些岗位的申请被束之高阁。但不幸的是，这样做也可能会存在不利的一面： 252
其中一些计划无意中给这些有才能的女性带来耻辱，令她们产生错觉，认为自己被选中主要是因为性别而不是因为才华出众。这一点对有关女性会产生什么样的影响呢？在一项受到严格控制的实验中，特纳和普莱特肯尼斯让一些女性相信她们被选中是因为性别原因。而对另外一些女性，则让她们进行了一项难度很高的测验，随后告知她们之所以被选中是因为她们在这项测验中所取得的令人钦佩的成绩。结果发现，那些被告知是因为性别(而非成绩)原因选中的女性会贬低自己的能力。而且，她们很可能表现出自我妨碍行为。尤其是，当面对需要付出大量努力的任务时，与那些认为自己是凭成绩选中的女性相比，那些认为自己是因优待而被选中的女性付出的努力会较少。

归咎于受害者

对于从未体验过偏见的人而言，并不容易完全理解偏见的对象是什么样子。而对于那些比较稳定地处在主导性多数地位的群体成员而言，移情来得也并不容

易。他们可能持有同情心而且并不希望事情发生，但是频频出现的些许自以为是，仍然可以在不知不觉中影响着他们的态度，并导致他们持一种对受害者横加指责的倾向。这一点可以通过“理应得到的名声”这种形式做到。这类情况大致是这样发生的：“假如犹太人在自己的整个历史进程中一直是受害者，他们一定是做错了什么事情”，或者“假如一个妇女被强奸，一定是她进行了某种挑逗”，或者“假如这些人（非洲裔美国人、拉美人、美国土著人、同性恋者）不希望惹麻烦，为什么他们不……”（远离注意的焦点，闭嘴，不到自己不该去的地方，或者远离自己不该得到的东西）。这类建议会成为一种需求：要求外群体的成员更加严格地遵循那些为多数人设定的规则。

具有讽刺意味的是，将受到伤害归咎于受害者本人，将受害者所处的困境归因于他们的人格和无能，这样一种倾向却是由人们追求公平世界的愿望所引起的。正如梅尔文·勒纳（Melvin Lerner）和他的同事们[31]所指出的，人们倾向于将一些用其他方法难以解释的不平等归咎于个人。例如，假如两个做同样工作的人付出了同样的努力，通过抛掷硬币，其中一个人得到了一笔相当可观的奖金，而另一个人却一无所获，大多数旁观者会评价那个运气不好的人工作不够努力。同样，对穷人的负向态度（包括将他们的困难处境归咎于他们自身）在那些强烈地主张世界公平的人们中间也极为普遍。[32]显然，当我们想到世界上有这样一些人（他们本身并没有过错，但他们所应该得到的或者需要得到的却可以被剥夺，他们不能够同工同酬，不能获得基本的生活必需品）时，我们会发现这一切有多么的可怕。同样，假如 253
六百万犹太人没有任何明显理由便遭到屠杀，人们便只有相信他们是咎由自取才可以获得些许安慰。①

巴鲁克·费雪夫[33]对事后聪明偏差（我们在第 1 章和第 4 章已经进行了讨论）的研究，有助于我们进一步理解**归咎于受害者现象**。正如你可以回想到的，费雪夫实验发现，我们大多数人会成为可怕的事后诸葛亮：当我们得知某个事件的结果后，与它相关联的一些复杂的背景一下子变得清晰起来；看起来似乎我们一直清楚地了解这一切，假如有人要求我们对事件的结果加以预言，我们可能会毫不费力地做到这一点。但这只是一种错觉。

在一系列有趣的实验中，朗尼·亚诺夫-布尔曼（Ronnie Janoff-Bulman）和她的合作者证实，事后聪明偏差在增强被试有关强奸受害者应当对自己所受伤害负

① 敏锐的读者可能已经注意到，这是人们贬损那些受害者的一种较为温和的形式。在第 5 章和第 6 章中，我们曾经看到，当一个人去伤害另一个人时，攻击者会对所伤害的对象加以贬损，将受害者视为非人，并再次对他造成伤害。现在我们看到，当一个人注意到另一个人处于困境时，他（她）在某种程度上会感到受害者是咎由自取。

责的信念方面，具有重要的影响力。该实验中的被试阅读了在大学课堂上相识的一男一女约会的报导材料。报道材料基本一致，只是最后一句话不同，其中一半被试读到的是，“我知道，接下来他会强奸我”；而另一半被试读到的是，“我知道，接下来他会把我带回家。”在建议被试不去考虑约会的实际后果之后，研究者要求他们对几种可能发生的后果（其中包括他们读过的可能后果）进行预测。尽管事件所导致的后果在报导的两个版本中完全一致，但与那些读到“带回家”后果的被试相比，那些读到“强奸”后果的被试更可能预言会发生强奸。而且，那些读到强奸内容的被试更可能去指责那个女生的行为（例如，她竟然会让那个男生去亲吻自己），并认为她的行为导致了约会出现消极后果。这些发现是令人不安的。为了让人们理解和同情受害者的困境，我们必须从受害者的观点对事件所导致的伤害后果进行重新解释。但正如我们所看到的，人们很容易忘记，与我们不同的是，这些受害者不可能从事后聪明偏差中受益以指导自己的行为。

偏见与科学

科学家是训练有素的，他们秉持客观、公正。但即便是科学家也可能受到流行氛围的影响。19 世纪伟大的美国生物学家之一路易斯·阿加西（Louis Agassiz）竟然声称，上帝创造了白人和黑人，他们分属于不同的人种。[35]与此类似，1925 年英 254
国杰出的科学家和数学家卡尔·皮尔逊（Karl Pearson），在对他有关种族差异方面的研究进行总结时竟然是这样开始的：“一般而言，不论男女，外来的犹太人在身体和心智方面都比本地（英国）人低劣。”[36]在这些发现的基础上，皮尔逊主张反对那些来自东欧的犹太移民进入大英王国。与阿加西和皮尔逊的观点相比，大多数当代科学家需要更加令人信服的论据。例如，大约二、三十年以前，大多数心理学家都对智商测验是否会沦为一种带有偏见的工具认真地加以审视，这类测验无意之中偏袒了中产阶级的白人城市居民，那些生活在城市里的孩子比生活在贫民窟和乡下的孩子，对测验例题中所使用的词句更为熟悉。因此，如果我们要下结论说是愚笨使得黑人、拉美人或者乡下人在某种智商测验中得分较低，我们就必须搞清楚这种智商测验是否做到了文化中立。

但是这种认真的做法并不能够保证智商测验不受文化背景的影响。即便出于好意，人们也可能落入社会偏见的陷阱，而这一点是非常难以察觉的。让我们通过我亲身经历的一个与性别歧视有关的例子来说明这一点。在本书第一版中，在讨论说服力的个别差异时，我提出女性似乎比男性更容易被说服。这一论断依据的是欧文·贾尼斯和彼得·菲尔德(Peter Field)[37]在上世纪50年代后期所做的一项实验。但是,在对该实验进行严格审视后发现,就像智商测验无意中不利于居住在乡下和贫民窟中的人们一样,这一实验也同样在无意中不利于女性。实验中所列举的说服话题包括民防、癌症研究、冯·兴登堡(Von Hindenberg)等等。在上世纪50年代的文化背景中,男性比女性对这些话题更感兴趣。因此,该实验的结果只能说明,人们在一些自己不关心或者不熟悉的话题上更容易被说服。的确,这些推测被弗兰克·西斯川克(Frank Sistrunk)和约翰·麦克戴维(John McDavid)[38]随后所进行的一系列实验所证实。在这些实验中,他们采用了各种各样的话题,其中一些明显是男性感兴趣的,而另外一些从传统上看则更适合女性的兴趣与专长。结果清楚地表明:女性在那些有男性取向的话题中更容易被说服,而男性则在一些传统上吸引女性的话题中更容易被说服。当然,女性和男性对不同的话题感兴趣这一事实,本身便是性别歧视的不幸后果。

1970年,当我撰写本书的第一版时,我还没有意识到贾尼斯和菲尔德的这项实验可能存在的缺陷。后来,直到我的一个学生(礼貌而且坚定地)向我指出了这一点,才引起了我的注意。从这个例子中,我们能够获取的教训是显而易见的:当人们生活在一个具有偏见的社会之中时,他们常常会不加批评地去接受各种偏见。由于社会所持有的定型的影响,人们会轻易地相信女性容易上当受骗。于是,我们很容易不加批判地对待那些支持性的科学资料,而且无意之中将这些资料用作支持我们原有偏见的科学依据。

偏见的一些微妙影响

毫无疑问,与四、五十年前相比,我们的社会对女性和少数族裔的偏见大大减 255
少了。仅仅通过一个指标便可以说明这一点,在1963年近80%的白人市民声称,一旦非洲裔美国人进入,他们就会从邻近地区搬走。但到了1977年,这一数字下降到20%。无论如何,这都是一种进步。与此同时,不可否认的是,我们仍然生活在一个种族歧视和性别歧视暗流涌动的社会之中。这一点无论对那些处于主流的多数人的行为,还是对女性和少数族裔成员的行为,都会产生微妙而重要的影响。这类行为往往是在无意之中发生的。在一组重要的实验中,卡尔·沃德(Carl Word)和他的同事们,首先对普林斯顿大学的白人学生进行了面试求职者的培训。他们通过观察发现,面试者对黑人和白人求职者所采取的面试方式存在着巨大的差异:当求职者是黑人时,与面试白人求职者相比,面试者会在不知不觉中将座位远离求职者，出现更多的口误，且有25%的面试会结束得更早。你认为这样做会对求职者的行为表现产生影响吗？且让我们来看一看。在第二项实验中，沃德和他的同事们对面试者进行了培训，要求他们用以前实验中对待白人或黑人求职者同样的方式对待白人求职者。实验者录制了那些白人学生参加面试的情况。结果发现，当这些求职者受到黑人求职者(而不是白人求职者)那样的对待时，人们判断他们比较紧张而且效果较差。这项实验的结果引起了人们强烈的质疑，当女性和少数族裔成员在接受一位盎格鲁-萨克森白人男性面试时，他们的成绩便可能受到损害。出现这样的情况，不是因为他们自身有什么差失，而是因为面试者无意之中的所作所为令他们感到不安。

即使我们可能永远也不会处在上述实验中面试者的位置上，但是我们却每天都在与人打交道：男人、女人、年轻人、老年人、黑人、白人、亚洲人、拉美人、同性恋者，等等。而且，对这些人的先入之见往往会影响我们的行为，我们从他们身上引发出我们一开始就预期的特征和行为。之前我曾经将这种现象称之为自证预言。例如，假定你我素不相识，但一个与我俩都相识的朋友警告我，你是一个很冷漠而且很矜持的人。当我们终于相见的时候，我很可能会与你保持距离，而且不会尝试与你进行热情的交谈。假定，实际上你是一个很热情直率的人。我的表现可能不会给你机会来展示你实际上是一个热情直率的人。你对我的表现所做出的反应，很可能是与我保持距离，由此我便证实了自己的预想：你是一个不太热情友好的人。

这仅仅是“信念创造现实”[40]的诸多情形中的一种。当我们对他人持有错误的看法或定型时，我们对他们的反应往往会导致他们做出符合这些错误看法的行为。正如社会学家罗伯特·默顿(Robert Merton)所指出的，这种自证预言会引起并维持一种“错误主导。”[41]假如人们持有这样的定型：女性是被动依赖的，或者黑人是懒惰愚笨的，那么他们便可能这样对待这些人，并在无意之中引起了与这些定型相关的行为和特征。“瞧，”他们会自言自语道，“我对这些人的看法一向是正确的。” 256

当然，并非我们所有的人都对其他群体的成员持有牢固的定型。我们往往只是暂时相信一些社会普遍的看法，并且会尽力确定它们是否正确。我们常常通过社会交往来检验我们对他人看法的一些假定。但是，在我们的假设检验策略中存在着一些内在的陷阱。那就是，即便在我们对他人假设不正确的情况下，我们用来检验这些假设的策略也可能会提供证实性的证据。回想一下第4章我们曾经介绍过的马克·斯奈德和威廉·斯万实验。在其中一项实验中，当实验者要求被试就某个人符合外向特征这一假设进行验证时，他们会选择那些“外向的”问题(例如，“你会做些什么来活跃晚会的气氛？”)。当他们要求被试就某个人符合内向特征这一假设进行验证时，他们会选择那些“内向的”问题（例如，“是什么因素导致了你很难向他人敞开心扉？”）。正如你所知道的，斯奈德和斯万[42]发现，问题的性质决定着人们的反应。也就是说，那些既不特别外向也不特别内向的人，在回答第一类问题时显得外向，在回答第二类问题时显得内向。

总而言之，上述研究的结果让我们容易理解定型难以改变的原因。当我们对他人持有某种看法时，自证预言便会确保出现一种与我们预期相符的社会现实。而且，即便我们不带先入之见地对这些看法的准确性加以检验，我们也往往不知不觉地使用那些可以证实这些看法的“验证”策略，甚至在这些看法错误的时候，我们仍然会这样去做。

尽管许多正派的人士尽最大努力克服先入之见，但是他们仍然会表现出不易觉察的偏见行为。的确，许多研究者，包括托马斯·佩蒂格鲁和他的同事们，[43]都认为，间接（或许更为隐蔽）形式的偏见，已经在很大程度上取代了以往美国白人所表达出来的露骨的种族偏见。今天，尽管大多数人可能仍以一种不太明显的方式延续着对少数族裔成员的歧视，但他们都认为自己是不带偏见的。

我所描述的这种不易觉察的种族歧视，也正是戴维·弗里（David Frey）和塞缪尔·盖特纳（Samuel Gaetner）在考察白人对黑人个体的帮助行为时所发现的。
在研究中[44]他们发现，只有在某个求助的黑人学生已经尽了最大努力时，他才可能 257
得到与某个白人学生一样的帮助。假如白人学生认为这个黑人学生没有尽最大努力去完成任务，与对待求助的白人学生相比，他们更容易拒绝来自这个黑人学生的求助。这些发现意味着，不易觉察的种族歧视很容易以合理化的形式出现：对于一个让人感到或者看上去不像是持有偏见的人而言，在拒绝向一个少数族裔成员提供帮助时，他很难判断他（她）所需要的帮助是由不可控制的环境造成的。但是当拒绝提供帮助看起来更为合理时（例如，请求帮助的人是“懒惰的”），人们便可以在保持自己不存偏见形象的同时，继续带有偏见地去行事。

我们也可以从人们的外显行为中发现这类不易觉察的偏见的例子。例如，伊恩·艾尔斯（Ian Ayers）和他的同事们[45]访问了芝加哥地区的 90 家汽车经销商，他们采用仔细复核、统一定价的策略通过谈判达成一辆汽车（这款汽车的成本价大约为 11 000 美元）的最低价格。结果发现，最终白人男性的均价为 11 362 美元；白人女性为 11 504 美元；非洲裔男性为 11 783 美元；非洲裔女性为 12 237 美元。因此，在其他方面都相同的情况下，就购买一辆汽车而言，身为非洲裔美国人（或女性）会被置于一种不利的境地。

假如你正在申请一份工作，而且你可能的雇主事先得到了你是一个同性恋的信息，他们会如何对待你呢？他们会拒绝雇用你吗？他们对你的热情会比对那些异性恋者低吗？2002 年的时候，回答是似是而非的。在一项现场实验中，米歇尔·赫伯(Michelle Hebl)和她的同事们[46]培训了 16 名大学生(其中男女各八人)，让他们到当地商店去求职。在某些面试中，他们声称自己是同性恋者，而在另外一些面试中则没有做这样的说明。为了使面试中的互动能够标准化地进行，这些求职者都身着统一的牛仔裤和茄克套衫；而且不论是扮作“同性恋者”还是“异性恋者”，他们都表现出同样的行为举止。

结果，研究者们发现没有证据表明人们会公然歧视那些声称自己是同性恋的人。例如，那些“同性恋”学生被允许填写求职申请，被允许使用雇主的个人卫生间，而且收到复试通知的频率也与那些“异性恋者”一样多。从另一方面看，有明显的迹象表明，人们对那些扮作同性恋的人持有更多的不易觉察的偏见。面试者给出的口头肯定、交谈时所讲的话以及与他们之间的眼神交流较少，面试所用的时间也较短。换句话说，从那些可能的雇主的行为举止看来，显然他们与那些被认为是同性恋的人接触时明显表现出不安或者较为冷淡。敏锐的读者可能很容易发现，这些同性恋者所受到的对待，同前面我们曾经讨论过的卡尔·沃德和他的同事们实验中面试者对待非洲裔美国人的行为举止非常相似。

不易觉察的性别歧视与性别角色社会化 不易觉察的偏见也会针对女性。正 258
如我们在前面曾经谈到的，并非所有的偏见都包含着对目标群体的厌恶感。由于我们生活在一个父权统治社会，许多人对女性持有矛盾的心态。彼得·格里克和苏珊·菲斯克[47]指出，这种矛盾心态可以表现为两种形式：**敌意的性别歧视**或者**善意的性别区分**。敌意的性别歧视对女性所持的定型化看法是，女性不如男性(例如，女性不如男性聪明，不如男性有能力，等等)。善意的性别区分则对女性持有正向的定型化看法。的确，他们的看法从本质上看是正直的。正如我们在前面曾经提到的，对某个群体持有定型化的正向感受(那些善意的性别区分论者的确如此)，有可能因为其局限性而对目标群体造成损害。甚至那些善意的性别区分论者在这方面走得更远。根据格里克和菲斯克的观点，从骨子里讲，善意的性别区分论者(与敌意的性别歧视论者一样)也假定女性是弱者。善意的性别区分论者倾向于对女性进行浪漫的理想化的描述，他们可能会将女性作为完美的厨师和母亲来加以赞美，而且会在女性不需要保护的时候致力于向她们提供保护。因此，最终看来，无论是敌意的性别歧视论者还是善意的性别区分论者，尽管出自不同的原因，但都认为女性应当回归传统的定型化社会角色。

达里尔·贝姆和桑德拉·贝姆(Sandra Bem)认为，性别歧视是一种人们潜在的意识形态，即人们在潜移默化中接受的一套信仰体系，因为他们没有对世界的其他看法。例如，在这种文化背景下，大多数 50 岁以上的人所接受的社会化方式，使得他们很难想象一个女性会成为一个吊车司机或者医生，而她的丈夫却呆在家里照看孩子、缝缝补补、打扫房间。假如听说这样的情形，他们马上会得出这对夫妇出了问题的结论。为什么会这样呢？因为，迄今为止，这种安排还不是我们这个社会的一种现实的选择。与鱼儿意识不到自己生活在水中非常类似的是，绝大多数持有这种意识形态的人甚至并没有看到这是一种意识形态，因为这种意识形态普遍存在于人们的直接经验之中。

让我们回想一下第 1 章中曾经介绍的小玛丽的例子，在九岁生日时她收到的礼物是苏丝家庭主妇玩具(带有小炉灶)。假如玛丽出生在上世纪 60 年代，到她九岁的时候，她可能已经形成这样的条件反射：自己的位置应该在厨房。这种条件作用是如此彻底，以至于她的父亲认定“家政”完全是遗传而来的。这一点绝不仅仅是幻想。直到最近，幼儿阅读的第一本小人书也倾向于散布这样的角色定型。[49]的确，在上个世纪中期，鲁斯·哈特雷(Ruth Hartley)[50]的研究就已经证实．到五岁时，孩子们已经就“男性和女性的适当行为是什么”形成了清晰明确的概念。人们这种潜在的意识形态对社会具有重要的影响。例如，让·李普曼-布鲁门(Jean Lipman-blumen)[51]报告，绝大多数女性在幼年时便获得了传统的性别角色观念(即，“一个女性的位置就是在家里”)，她们不会寻求高等教育。从另一方面看，那 259
些获得了较多的性别角色平等主义观念的女性，则对高等教育表现出非常强烈的渴望倾向。

情况正在发生改变。正在兴起的提高女性觉悟的趋势，被证明是有利于女性的。从李普曼-布鲁门的发现中我们可以推断，随着传统的性别角色定型不断地被打破，我们会看到女性中需求高等教育的人数将增多。事实上，这种情况已经开始显现：1980 年，在我们国家的历史上，大学校园里女性的人数首次超过了男性。这一趋势一直持续到 21 世纪。从专业训练方面看，尽管在写作本书时在一些传统上男性占优势的领域(例如，工程领域)男性的数量仍然超过女性，但是在一些性别区分不太明显的领域(例如，心理学领域)，大多数研究生都是女性。[52] 2002 年，医学院录取的学生中女性超过了一半。女性觉悟的提高也被证明有利于男性。随着女性兴趣的扩展以及进入新的工作领域，对男性的角色规定也变得不那么严苛了。

让我们对这个例子进一步加以讨论。近年来，我们所处的社会已经越来越认识到，正是不同的性别角色导致了歧视和定型化的出现。性别角色观念，或者说角色要与一个人的性别方面的生理特征相适应，有助于人们理解社会向男性和女性所施加的压力。按照传统观点，人们期待男性成为能够养家糊口的人、开拓者和斗士，任何时候都不能表现出柔情和脆弱。而与女性角色密切相关的则是高度焦虑、自尊心低以及不容易被社会接受。正如前面所提到的，女性被人们认为更为热情、更为敏感、更善表现，但却缺乏能力与决断。女性的角色主要集中在家庭、孩子和婚姻方面，她们在进入社会地位更高和更为专业化的工作领域时受到了限制。

这种性别角色定型会产生严重的后果。在一项有趣的实验中，纳塔莉·波特(Natalie Porter)和弗洛伦斯·盖斯(Florence Geis)[55]证实，与男性同伴相比，即便是女研究生也没有因为成为智能型领导而受到信任。研究者分别向大学生们出示了一张照片，有时照片中是一组男生，有时则是一组女生，他们都围坐在一张桌子周围。据介绍，照片反映的是一组研究生正在进行一项研究计划。研究者要求这些大学生猜测其中哪个成员对小组的贡献最大。被试们大多倾向于选择坐在上首的那个人。在另外一种实验条件下，实验者向这些大学生出示的是一张男女混合小组(两男三女)围坐在桌子周围的照片。当某个男生坐在上首时，绝大多数被试都会指出他是贡献最大的人。但是当一位女生坐在上首时，几乎根本没有人会选择她。的确，照片中的每一位男生被选择的次数都要多于所有三个女生被选择次数的总和。这项实验的结果为潜在意识形态的影响提供了一个极好的例证，因为男性被试和女性被试的结果是类似的：与男性一样，女性也很少去选择女生。 260

有一些证据表明，与以往相比，而今人们更容易接受女性领导者。例如，1957年盖洛普进行的一项民意测验显示，57%的女性和75%的男性会选择一位男性做自己的老板。但是到了2000年，这种偏见实际上消失了：只有50%的女性和45%的男性选择一位男性做老板。然而，这并不意味着女性在扮演领导角色时会事事顺心。当女性成为领导者时，她们往往会发现自己陷入了进退两难之中。根据艾丽斯·伊格丽和斯蒂文·卡劳(Steven Karau)[56]对以往研究的分析，它是这样产生的：假如一位女性领导者按照通常的社会规范去行事(比男性更有爱心、更为敏感、更重社交)，人们便会认为她们缺乏领导能力。这是因为绝大多数人都期望成功的领导者更加坚强、刚毅、果断，而不是充满爱心、比较敏感、看重社交。与此同时，一旦女性表现得更为坚强，与她们一起工作的人们便会对她们做出比男性较为消极的评价，因为她们的做法与人们心目中女性的行为举止是截然相反的。

这项研究意味着，如果要让人们的态度发生改变，重要的是要让男性和女性都从性别定型的桎梏中解脱出来，从具体的情境需要出发选择各种可能的行为方式。譬如，在请求加薪时，某种程度的果断便是适当的、可取的，无论男性还是女性都是如此。在这种情形下，表现得优柔寡断或者过于感情化便可能达不到加薪的目的。然而，当两个人在争吵之后试图和解时，无论对男性还是女性，爱心、敏感和其他社交活动都是非常有效的。在这种情形下，果断可能只会增加紧张程度。一个令人欣喜的消息是，有理由相信人们有关男性和女性适宜行为的流行看法正慢慢变得更加灵活。例如，琳达·杰克逊(Linda Jackson)和托马斯·克什(Thomas Cash)[57]

发现，那些打破性别定型化行为桎梏的人们（无论是男性还是女性），实际上会比那些只是按照传统性别角色去行事的人，更受欢迎而且能够更好地去适应。

这项研究的一个重要的启示是，它让人们意识到我们所有的人（包括男人、女人、男孩、女孩、黑人、拉美人、亚洲人、白人、富人、穷人、同性恋者、异性恋者）都会成为狭隘的定型化角色的牺牲品。忽视某些角色会受到更多的限制与压抑这样一个明显的事实，是极为幼稚的。然而，意识不到某个群体从偏见的枷锁中摆脱出来会间接地有利于我们所有人，也同样是愚蠢的。在我们学会接受他人偏离角色行为的同时，我们自身的偏离角色行为也会逐渐得到认可，由此我们人类便可以更为自由地发挥出自身的潜能。

偏见与媒体

媒体在偏见维持中发挥着重要的作用。不久前，报纸还在热衷于鉴别那些非 261
白人罪犯或嫌疑犯的种族；但假如他（她）恰巧是一个白人，便倾向于对他的种族避而不谈。这样做无疑为人们提供了非白色人种犯罪数量的一幅扭曲的图像。在那扇封闭的门被比尔·考斯比（Bill Cosby）、迈克尔·乔丹和老虎泰格·伍兹打开之前，人们极少能够从电视上非定型化角色或者商业广告中看到一张黑人的脸。多年前，当非洲裔美国人的角色被限定在《阿莫斯与安迪》中的人物、或者在各类演出中又蹦又唱的人物时，有关黑人愚笨、无能、懒惰、天生有节奏感的定型不断得到强化。

在过去的30年中，这种情形已经得以改变，但这种变化究竟有多大呢？考虑到上世纪80年代具有开创性的比尔·考斯比表演所受到的巨大欢迎，以及到处张贴的，像奥普拉·温弗瑞（Oprah Winfrey）、老虎泰格·伍兹、迈克尔·乔丹这些优雅的文化偶像的宣传画，这一切都促使人们假定这种变化是巨大的。但是，尽管近年来非洲裔美国人在媒体上出现的频率大增（为产品做担保，或者主持“脱口秀”节目），但具体到戏剧方面，他们的出现往往集中在那些完全是黑人背景的喜剧中，或者在一套余者全部是白人的节目中扮演一个装点门面的角色。让我们来看一下美国电视节目的龙头——黄金时段播出的节目。正如我在本书第3章曾经提到的，一位杰出的学者乔治·格伯纳，[58]一直在对媒体进行定期的、全方位的调查。根据格伯纳的发现，在过去的20年里，非洲裔美国人出现在黄金节目中的比例在6%到16%之间波动，在此期间没有明显的上升趋势。

在另外一些交流和娱乐媒体形式中，情况甚至更为极端。让我们来看一下幽默卡通这种更为简单普遍的传媒。几年前，我的一个学生鲁斯·蒂博多(Ruth Thibodeau)[59]对《纽约人》杂志1946年到1987年间刊载的所有卡通进行了深入的分析。她发现非洲裔美国人的人物形象极少出现。而且，在她所研究的最初十年里(上世纪40年代到50年代)，非洲裔美国人每次在卡通里出现时，他(她)都是一种高度定型化的角色。因此，随着时间的推移，非洲裔美国人的人物形象出现的频率实际上在减少，因为它采用定型化的手法来描绘少数族裔变得越来越难以接受。蒂博多惊奇地发现，在长达42年的时间里，只有一个非洲裔美国人作为与种族完全无关的中心人物出现在卡通中。这可是35 874幅卡通中唯一的一幅呀！蒂博多断定，在卡通中，黑人简直没有被描绘成普通市民的代表。

让我们再回到电视上的黄金时段节目，总体看来其他少数族裔的画面更是罕见。格伯纳发现，在上世纪90年代，拉美人出现在黄金节目中的比例刚刚超过
1%，而亚洲人或者美洲土著人出现的比例则不到1%。男女同性恋出现的则极 262
少，而且他们一旦出现，也最有可能是定型化的角色。这一切并非无关紧要。对于我们绝大多数人而言，电视为我们提供了有关这个世界的重要信息。因此，对少数族裔或者少数性取向群体的较少报导或者不真实描写是一种误导，而且几乎肯定会对他们造成伤害，因为这种做法会促使人们产生错觉，认为这些人对于我们的社会而言是无关紧要的，他们不会体验到真正的冒险、普通的问题以及人类的情感。① 而且，媒体中正面角色榜样的缺乏，无疑会在少数族裔成员(尤其是孩子们)中间培养起自卑感和疏离感。

类似的问题也已经影响到对女性的描写。许多年来，当女性在黄金时段电视节目、广告、儿童书之类的传媒中出现时，她们几乎从未被描绘成权威人物、知识分子或者富有冒险精神的人。相反，她们常常被视为很有魅力但却头脑简单的“女孩”，她们过分忧虑应该使用哪种品牌的洗衣剂，在一些重要问题上要依靠男人来指点迷津。在上世纪90年代，随着墨菲·布朗(Murphy Brown)这类有权威、有能力的人物的出现，以及对诸如女子篮球这类体育活动的电视转播，这种趋势出现了逆转。然而，尽管这种变化是令人鼓舞的，但仍然存在着极端的不平衡。根据乔治·格伯纳的分析，在黄金时段播出的戏剧中，男性人物出现的次数几乎是女性人物的两倍，而且女性被描述成暴力犯罪受害者的频率远远多于男性。与此类似，在孩子中间广受欢迎的报纸连环画，也倾向于保持性别定型。对包括《史努比》、《蜘

① 对这种一般趋势的一个值得注意的例外是艾伦·德杰尼勒斯(Ellen DeGeneres)1997年出演的电视节目，其间这位女演员(以及她所扮演的人物)公开了自己的女同性恋者身份。有趣的是，这场演出成为电视情景剧史上收视率最高的节目之一。而且，尽管许多保守团体威胁要联合抵制，但是她的做法总体上说得到了美国公众的认可。

蛛侠》和《向导身份证》在内的14种在各大报同时发表的连环画所作的一项分析发现，只有15%的场合中女性是主要人物。另外，尽管实际上大约69%的美国妇女走出家门在外工作，但女性人物中仅有4%的人看起来承担工作角色。

媒体中广为传播的女性定型会产生什么影响呢？从不易觉察的层面上看，人们倾向于相信和接受频繁出现的事物，除非有强有力的理由来反对这样做。而且，要人们去说明那些没有被描述的事物是相当困难的。因而，假如我们几乎从未见过女性承担强有力的角色，我们便很容易推断她们没有能力有效地行使权力，或者推断她们更喜欢的是洗衣房而不是会议室。

让我们对此做进一步的分析。一旦得以内化，这种定型便会弱化女性对自身
生命潜能的感知。弗洛伦斯·盖斯和她的同事们认为，电视商业广告中对女性的 263
传统描述为女性的行为提供了内隐的脚本，可能会抑制她们的成就欲望。在一项研究中，[61]研究者们向一些被试呈现了定型化的商业广告，广告中将女性描绘成迎合男性需要的性发泄对象或者能干的家庭主妇。而另外一些被试所看到的商业广告则恰恰相反：例如，他们看到的是一位丈夫很自豪地为辛苦工作了一天、刚刚进门的妻子端上可口的饭菜。当实验者要求被试们想象一下他们“从现在开始十年以后”的生活时，那些收看的广告将女性描绘成性发泄对象或者能干的家庭主妇的女性被试，更可能忽略职业和其他成就方面的话题。收看定型化的商业广告不仅会对实验期间女性的欲望产生暂时的抑制。相反，与那些收看传统定型广告的女性一样，处于控制条件下的女性（那些没有收看商业广告的被试）也表现出同样低水平的成就欲望。然而，那些收看与传统角色相反的广告的女性，其成就欲望水平却同男性一样高。非常有趣的是，男性被试的欲望水平既不受传统广告的影响，也不受非传统广告的影响。这些发现表明，性别定型化的广告折射出女性作为二等公民的文化形象，长期收看这类广告会制约女性对自身所能达到目标的认识。而且，经常收看不带性别偏见的广告，很可能会提高女性的成就和职业成功预期。

偏见的原因

是什么导致人们出现偏见呢？偏见是否是与生俱来的呢？进化心理学家认为，动物中存在着这样一种强烈的倾向：对与自己基因相同的其他个体表现出善意；而对与自己基因不同的个体则表现出恐惧和强烈的反感，尽管后者根本没有对它造成伤害。[62]因此，偏见可能是与生俱来的，是我们的生存机制所不可或缺的一部分，它会驱使我们喜爱我们的家庭、部族和种族，而对外来者表示敌意。从另一

方面来看，可以想像，作为人类，我们与低等动物存在根本的不同。或许我们生来就倾向于友好、开放与合作。假如事实果真如此，那么偏见便不是与生俱来的。的确如此，我们所处的文化（通过父母、社会和媒体）会有意无意地教化我们，将一些负性的品质和特性强加给那些与我们不同的人。

尽管我们人类可能天生具有表现出偏见行为的生物倾向，但没有人确切知道偏见是否是我们生理结构的一个极其重要而又必不可少的部分。不管怎样，大多数社会心理学家都赞同，偏见的特性一定是后天习得的——或者通过模仿他人的态度与行为，或者通过我们自身心理现实的构建方式。

本章我们将探讨偏见的五个基本原因：(1)经济和政治方面的竞争与冲突，264
(2)替代性攻击，(3)地位或者自我形象的维持，(4)性格性偏见，(5)对现存社会规范的遵从。这五个方面的原因并非相互排斥，事实上它们会同时发挥作用，但确定每个原因的重要程度对我们是有帮助的，因为我们要采用何种方式去减少偏见，取决于我们对导致偏见的主要原因的认识。例如，假如一个人认定偏见具有性格性，在我们的人格中根深蒂固，那么他很可能会无可奈何地得出这样的结论：如果不进行深度心理治疗，大多数持有偏见的人们将永远持有偏见。他会去嘲笑那些通过减少竞争或者消除遵从压力来减少偏见的努力。现在，就让我们来详细考察一下这五个原因。

经济和政治竞争 偏见可以被视为经济和政治力量的结果。根据这一观点，由于资源是有限的，强势群体便试图通过对弱势群体的掠夺和诋毁，来获取一些物质利益。当时局紧张或者相互之间的排斥性目标（包括经济目标、政治目标或者意识形态目标）陷入冲突时，带有偏见的态度便会增多。因此，由于有限的工作岗位，盎格鲁人和墨西哥裔美国移民工人之间会存在偏见；由于领土争端，阿拉伯人和以色列人之间存在偏见；由于废除农奴制问题，美国北方人与南方人之间存在偏见。只要考察一下某些行业工会所取得的成功，便可以发现歧视所带来的经济利益是显而易见的。许多年来，这些行业工会拒绝女性和少数族裔成员成为会员，从而将他们排斥在由工会所控制的较高收入的职业之外。例如，上世纪50年代中期到60年代中期，是民权运动在政治和法律上取得巨大发展的时期。但是，在1966年，工会控制的实习工中黑人仅占2.7%，与前一个十年相比，只增加了1%。此外，在上个世纪60年代中期，美国劳工部对四个大城市中水管工、汽车装配工、钢板工、石匠、车工、油漆工、玻璃工和操作工程师工会中的少数族裔成员进行了调查，结果没有发现一个黑人被雇用。很显然，偏见对一些人是有利的。[63]尽管过去的30年里，进步的立法和社会活动使得这些统计数据有了明显的改观，但是对少数群体而言还远远没有达到公平的地步。

随着工作岗位短缺而导致的竞争加剧，歧视、偏见以及负性定型也在大幅度增加。约翰·多拉德(John Dollard)早年曾经在一个工业小镇进行了一项有关偏见的经典研究，他证实，尽管最初这个小镇对德国人并没有明显的偏见，但随着工作岗位的短缺，偏见出现了：

> 那些主要来自附近农场的当地白人将攻击的矛头直指这些外来者。人们 265
> 藐视这些德国人并对他们加以诋毁，当地白人在他们面前保持着一种充分的优越感。……导致他们攻击这些德国人的主要因素是，当地木材加工厂里工作岗位和地位方面的竞争。由于德国人的加入，当地白人感到工作岗位相当紧张。如果身处逆境，他们便有可能去指责那些德国人，正是他们的出现使得原本短缺的工作岗位更具竞争性。由此看来，除了对所有来到此地的外群体成员都持有的猜疑之外，这些当地人对德国人似乎并不存有传统类型的偏见。[64]

同样，在整个19世纪美国民众对中国移民的偏见、暴力以及负性定型的变化，很大程度上是经济竞争的变化所驱动的。例如，当中国人试图到加利福尼亚去开采金矿的时候，他们被描绘成“堕落而邪恶的……极其贪婪的……残忍而且没有人性的。”[65]但是，仅仅20年过后，当这些中国移民愿意承担修建横贯大陆铁路这项危险而艰苦的工作(这是一项白人不愿意从事的工作)时，他们又被普遍视为朴实、勤劳而又守法的人。实际上，正如一位西部铁路巨头查尔斯·克罗克(Charles Crocker)所描述的，“他们堪与最为优秀的白人相媲美。……他们非常诚实，非常聪明，而且总是能够很好地履行合同。”[66]然而，铁路建成之后，工作岗位变得较为稀缺。特别是在内战结束以后，大批退役士兵涌入本已吃紧的劳务市场。由此而导致人们对中国人负性态度迅猛的增长：对中国人的定型变为“罪犯”、“教唆犯”、“奸诈”和“愚笨”。

这些资料表明，竞争和冲突滋生着偏见。而且，这种现象已不仅仅限于历史上的影响，它似乎还具有持久的心理效应。在上世纪70年代进行的一项调查发现，大多数反对黑人的偏见都出自那些在经济和社会状况稍稍高于黑人的群体。而且，正如我们可以预料的，当这些白人与黑人对工作岗位的竞争形势处于激烈状况时，这种倾向最为明显。与此同时，对这些资料也可有多种解释。因为在有些情况下，竞争这个变量会与教育水平、家庭背景等变量纠缠在一起。

为了确定竞争本身是否会引起偏见，我们便需要借助实验。但我们如何来进行这项工作呢？假定冲突和竞争会导致偏见，我们便有可能在实验室中制造出偏见。这一点可以通过简单的方式来实现：(1)将来自不同背景的人随机地分配到两个小组之中，(2)采用随意的方式将两个小组区分开来，(3)让两个小组处于相互竞争的情境之中，(4)寻找偏见的证据。在童子军夏令营这一自然环境中，穆扎法 266
尔·谢里夫和他的同事们[68]进行了这样一项实验。被试是一些正常的、适应良好的12岁男孩，他们被随机分为两个小组：鹰组和响尾蛇组。在每个小组内部，孩子们接受了互相合作的教育。这种教育主要是通过安排一些活动进行的，这些活动需要小组成员之间高度相互依赖才能完成。例如，在每个小组中，成员们通过合作为游泳制作跳水板、为整个小组准备饭菜、搭建一座绳桥，等等。

当每个小组内部成员之间形成强烈的凝聚力之后，实验进入了冲突阶段。研究者们安排了一系列两组对抗的竞争性活动，这些活动包括橄榄球比赛、篮球比赛、拔河比赛，等等。为了增加紧张程度，赢得比赛的小组将会获得奖赏，这在比赛中产生了一些敌意和恶意。另外，为了使这两个小组能够进入旨在增加冲突性的情境之中，研究者们还想出了一些相当恶劣的策略。在一种这样的情境中，研究者安排了一场野营晚会。他们故意设计成鹰组比响尾蛇组提前很长一段时间到达营地。晚餐由两种截然不同的食物组成：其中一半食物新鲜、诱人、很容易引起食欲，而另一半食物被压扁、难看、很难引起食欲。或许是由于已经存在的竞争性，先到达的一组用尽了绝大部分诱人的食物，只是将那些让人不感兴趣、提不起食欲、挤压损坏的食物留给他们的对手。当响尾蛇小组终于赶到并且看到自己吃了亏时，他们的愤怒是可想而知的：他们愤怒极了，开始用诬蔑性的绰号来称呼提前到达的那组人。由于鹰组成员认为自己应该得到这种待遇(先到达者先享用)，他们对所受到的对待感到不满并反唇相讥。从口头对骂升级到互掷食物，在很短的时间内，一场大规模的骚乱出现了。

这一事件发生后，竞争性比赛被取消了，取而代之的是大量的社会交往。然而，一旦彼此之间产生了敌意，这种敌意仅仅靠取消竞争性活动是无法加以消除的。实际上，敌意仍在持续升级，甚至也会出现在两个小组坐在一起收看电影这类良性的活动中。最终，研究者还是成功地减少了敌意。至于他们如何做到了这一点，将在本章后面的内容中加以讨论。

替代性攻击：替罪羊理论 在上一章中我曾经指出，攻击行为部分地是由于挫折以及其他不愉快的、令人讨厌的情境(例如痛苦或者厌烦)引起的。在那一章里我们看到，一个受到挫折的人会对挫折源具有强烈的攻击倾向。然而，这类挫折源要么太大要么过于模糊，受挫者很难直接进行报复。例如，假如一个六岁的男孩受 267
到他的老师的辱骂，他怎能还击呢？老师所拥有的权力太大了。但是这种挫折感会增加他去攻击一个力量较弱的旁观者的可能性——尽管这个旁观者与他的痛苦没有丝毫关系。同样，如果出现了大规模的失业，那些受到挫折的失业工人又能向谁发起攻击呢？去攻击经济制度吗？经济制度过于庞大而且也过于模糊。如果这些工人能够找到一种不太模糊或者较为具体的人或事，也就便于他们加以谴责。总统？他的确是具体的，但是他太强大了，对他进行攻击肯定会受到惩罚。

在这种情境下，古老的希伯来人有一种值得关注的习俗。在赎罪日，一位神职人员将手放在一只山羊的头上，嘴里念叨着人们的罪过。这样做便象征性地将邪恶与罪过从人的身上转移到这只羊的身上。随后这只羊被放到野外，于是便洗去了社区的罪恶。这只山羊被称之为替罪羊。在现代社会中，**替罪羊**一词被用于形容某个力量较弱的无辜的人，因为某件自己无过错的事情而受到谴责的过程。不幸的是，这个人却不能逃到野外，而是常常会受到残酷的对待甚至死亡。于是，如果人们失业了或者通货膨胀耗尽了他们的积蓄，人们不能轻易地去攻击经济制度，但是却可以找到一只替罪羊。在纳粹德国，这只替罪羊是犹太人；在 19 世纪的加利福尼亚，这只替罪羊是中国移民；在美国南部乡村，这只替罪羊是黑人。几年前，卡尔·霍夫兰德和罗伯特·西尔斯(Robert Sears)[69]发现，在 1882 年到 1930 年间，他们可以通过某一年的棉花价格，对这一年南方受私刑的人数做出预测。随着棉花价格的下降，受私刑的人数便会增加。简言之，当人们经历一场经济萧条时，他们便可能体验到很多挫折。这些挫折会导致私刑和其他暴力犯罪明显增多。

奥托·克林伯格(Otto Klineberg)[70]为我们描绘了日本一种独特的替罪羊形式。部落民*是一个由两百万被抛弃者组成的群体，他们散居在日本各地。尽管部落民与其他日本人之间在种族和身体上没有遗传方面的差异，但人们却认为他们是肮脏的，只适合从事某些令人厌恶的职业。正如你可能想象到的，部落民往往居住在贫穷、脏乱的地区。他们的智商得分平均比其他日本人低 16 分左右。部落民的孩子会经常逃学，他们的少年犯罪率高出其他日本孩子三倍。据克林伯格介绍，部落民的成员被禁止与其他群体成员通婚。他们是难以辨认的种族，一个更多地从社会地位而非生理特征进行界定的外群体。人们只能通过他们那与众不同的言语类型(因多年不曾与其他日本人接触而形成的)以及他们的身份证，来对他们加以辨认。尽管人们还不太清楚他们的历史起源，但他们可能一直处在社会经济阶梯的较低层次，直到某次经济萧条将他们完全驱逐出日本社会。而今的日本人 268
仍然认为部落民生来低人一等，因此而使得替罪羊和歧视进一步合理化。

人们很难搞清楚黑人所受到的私刑以及部落民所受到的虐待是否仅仅是由经济竞争引起的。在这些行动中包含着大量的情感，这一点启发我们在经济因素之

---

* 日本德川幕府时代，从事屠宰业、皮革业等所谓贱业者和乞丐游民被视为贱民，前者被辱称秽多，后者被辱称非人。他们聚居在官府指定的生存条件恶劣的区域，身份、职业世袭，严禁与平民通婚，形成了特殊的群体——部落民(Burakumin)。部落民长期处在日本社会最底层，备受歧视和压迫。——译者注

外还存在着深层次的心理因素。与此相类似，纳粹企图灭绝所有犹太人（不管他们的经济地位如何）的那种狂热强烈地暗示着，这一现象绝不仅仅是经济和政治问题，而且也是（至少部分程度上是）心理问题。[71] 尼尔·米勒（Neal Miller）和理查德·布吉尔斯基（Richard Bugelski）[72] 通过一项严格控制的实验，对心理过程的存在提供了更为有力的证据。实验者要求被试表明他们对各个少数族群的看法。随后，其中一些被试被剥夺了看电影的机会，而是让他们去参加一系列难度很大的测验，由此而让他们产生挫折感。接着，又要求他们重新表明对那些少数族群的感受。有一些证据表明，这些被试在体验到挫折之后对少数族裔的偏见增加了。没有经受挫折体验的控制组，他们的偏见则没有出现任何变化。

另外一些研究则令这一现象更为明确。在一项实验中，[73] 作为学习实验的一部分，实验者要求白人学习者向另一个学生发出一系列电击。被试有权力调整电击的强度。事实上，扮作学生的人是实验者的一位帮手，他当然没有真正连接到仪器上。实验中有四种条件：这位帮手是一个黑人或者是一个白人；通过培训让他友好地对待被试或者对被试加以羞辱。结果发现，当帮手友好地对待被试时，被试们向黑人学生所发出的电击强度也较弱；当被试遭到羞辱时，他们向黑人学生发出电击的强度远远高于白人学生。在另一项实验中，[74] 大学生们都受到很大的挫折。其中一些学生对闪米特人 * 持强烈反对的态度；而其他学生则并不如此。随后，实验者要求被试根据他们看过的图片编写故事。给其中一些被试的图片中标有犹太人的名字；而给其他被试的图片中则没有标注。结果有两点重要的发现：(1) 在受到挫折之后，与那些不反对闪米特人的被试相比，那些反对闪米特人被试所编写的故事对犹太人进行了更多的攻击，(2) 当所描写的人物身份不是犹太人时，那些反犹太闪米特人的学生与其他学生之间没有什么差异。总之，作者或者愤怒导致了特定的攻击——去攻击某个外群体成员。

实验室实验可以帮助人们去澄清现实世界可能存在的一些因素。替罪羊现象一般出现在这样的情境中：个体倾向于将攻击矛头转向他们所不喜欢、明显的而又相对弱小的群体。而且，他们所采取的攻击方式，要考虑能够被内群体允许或赞 269
同。在社会上，针对黑人的私刑以及针对犹太人的集体迫害，并不会经常发生，除非它们被强势文化或者亚文化所认可。

我在上面的这句话中之所以使用了过去时，是因为令人欣慰的是极端形式的替罪羊已经成为往事。但是，在过去 20 年里所发生的一些事件，却给我们带来了

---

* 又称闪族人，是起源于阿拉伯半岛的游牧民族，相传诺亚的儿子闪即为其祖先。阿拉伯人，犹太人都是闪米特人。——译者注

许多惊恐。例如，当苏联解体的时候，我们曾一度为之欢欣鼓舞，整个东欧从此获得了自由。但不幸的是在许多地区，这种新生的自由与日益增长的民族主义情感结伴而行，反过来又产生了对外群体的新的偏见与敌意。例如，在巴尔干，强烈的民族主义导致了整个地区敌对情绪的爆发，其中最为引人注目的是波斯尼亚。而且，东欧经济上的举步维艰以及希望的破灭导致了这一地区到处弥漫着反闪米特主义的情绪。经济和政治上的失败也导致了对美国的恐怖主义袭击，其中部分原因在于美国是地球上最惹眼的国家，因而也成为最具吸引力的攻击目标。

自我形象和地位的维持 正如我们所看到的，偏见的一个很重要的决定因素隐含在我们为自身的行为和自我感觉进行辩护之中。例如，在前面两章里我们已经看到，假如我们做出了令某个人或者某个群体痛苦的事情，我们大多数人会试图通过贬损这个人或者这个群体来为自己的残忍辩护。假如我们能够使自己相信某个群体毫无价值、没有做人的资格、愚笨或者伤风败俗，在我们去奴役这个群体的成员、剥夺他们接受像样的教育或者对他们进行攻击时，便不会令我们产生不道德感。于是，我们便可以继续走进教堂，感到自己像一个模范的基督徒，因为我们所伤害的不是一个正派的人。的确，假如我们可以做得更巧妙一些，我们甚至可以让自己相信，对老人、妇女和孩子的野蛮杀戮是一种美德——就像十字军军士所做的，在奔赴圣地的途中，他们以耶稣的名义屠杀欧洲的犹太人。我们又一次看到，这种形式的自我辩护得以强化后发生的凶残屠戮。尽管这种自我辩护可以保护我们的自我形象，但是它却致使我们不断增加对目标个体或目标群体的敌意。

同样，不论我们是否对他人造成伤害，假如我们的地位处在社会经济等级制度的底层，我们便很可能需要有一个受压迫的少数群体出现，以便令自己感到比有些人优越。一些研究表明，对偏见进行预测的一个很好的指标便是，一个人的社会地位是否很低，或者是否下降。例如，詹妮弗·克罗克(Jennifer Crocker)和她的同事们[75]发现，与那些属于地位较高的女生联合会的女大学生相比，那些属于地位较低的女生联合会的女大学生对其他女生联合会表现出更多的偏见与蔑视。同样，在考察白人对黑人[76]或者非犹太人对犹太人[77]的偏见时，研究者们也发现，与那些地位较高或者地位上升的人相比，那些地位较低或者地位下降的人更容易持有偏见。270
而且，有研究发现，那些在教育、收入、职业方面处于或者接近最底层的白人，不仅对黑人最厌恶，而且最可能通过暴力去阻止学校中取消种族隔离。[78]最近，斯蒂文·费恩(Steven Fein)和斯蒂芬·斯宾塞(Stephen Spencer)[79]发现，即便是很小的挫折也可能增加偏见。在他们的实验中，对闪米特人持反对态度的学生们，在一项考试中得了低分后，竟会变得对犹太人更有偏见。

带有偏见的人格 有一些证据支持“在仇恨的一般倾向方面存在个别差异”的

观点。换句话说，有些人具有偏见的倾向，他们的偏见不仅仅是因为直接的外部影响，而是因为他们就是这样的人。特奥多尔·阿多诺(Theodor Adorno)和他的同事们[80]将这类个体称之为权威人格。权威人格具有以下基本的特征：他们的信仰往往非常坚定；他们往往持有传统的价值观；他们不能容忍软弱(不管是自己的，还是他人的)；他们倾向于严厉的惩罚；他们多疑；而且他们对权威的崇拜达到了无以复加的地步。现有的用来确定权威倾向的工具(被称为F量表)，测量的是一个人对如下项目的同意或者不同意程度：

> 像强奸和儿童性侵犯之类的罪犯不仅仅要被监禁，而且还应当受到公开的鞭笞，乃至更严厉的惩罚。
>
> 大多数人没有意识到，我们的生活竟是如此多地受到一些暗中策划的阴谋的控制。
>
> 对权威的服从与崇拜，是孩子们应当学会的重要美德。

某个人对这类项目同意的程度很高，则表明他具有权威主义倾向。研究者们的一个重要发现是，那些专制主义倾向很高的人，不仅仅厌恶犹太人和黑人，而是对所有少数族裔都持有很大的偏见。

通过对那些在F量表上得分很高或者很低的人进行细致的临床观察，阿多诺和他的同事们将这一系列态度和价值观追溯到儿童早期在家庭中的经验，这类家庭的特点是，父母采取粗暴而威胁的教育方式。而且，那些在F量表上得分高的人，他们的父母往往将"爱"或"不爱"作为迫使他们服从的主要手段。从总体上看，具有权威人格的人从小便缺乏安全感，而且对他们的父母高度依赖；同时他们对自己的父母感到恐惧并且对他们持有无意识的敌意。这种爱恨交织的感受，使得他们在长大成人后脾气极为暴躁。由于存在恐惧和不安全感，他们便将攻击矛头转向弱势群体，同时保持着明显的权威崇拜。

颇有启发意义的是一项针对前苏联权威主义倾向的研究。在这项研究中，萨 271
姆·麦克法兰(Sam McFarland)和他的同事们[81]发现，那些在F量表上得分高的人，比较容易赞成抛弃他们刚刚获得的民主，而恢复原有的共产主义制度。从意识形态上看，这与美国的权威主义者相去甚远，后者往往是反共产主义者。当然，二者的共同之处不在于某种具体的意识形态信仰，而是恪守成规以及对权威的崇拜。换句话说，无论是美国还是俄国的权威主义者，都有遵从他们属于各自文化的传统价值观的需要，也都有怀疑新观念与怀疑与自己不同的人们的倾向。

尽管对权威人格的研究对那些可能引起偏见的因素有了更多的了解，但值得注意的是，大量的数据体现的只是相关关系。也就是说，我们仅仅知道两个变量是相关的，却不能确定它们之间的因果关系。例如，就一个人在F量表上的得分与他(她)儿时所经历的特定社会化活动之间的相关来看，尽管那些具有权威倾向或者持有高度偏见的成人，在儿时的确受到了父母粗暴严厉的管教，而且他们的父母也的确将有条件的"爱"作为促使他们社会化的手段，但我们却并不能由此断定这些是导致他们成为有偏见的人的原因。很可能这些人的父母本身就对少数族裔持有强烈的偏见。因此，一些人的偏见的形成很可能是由于认同过程中的遵从，就像我们在本书第2章中所描述的。即，由于对父母的认同，孩子便会有意识地从他们那里获得对少数族裔的看法。这与阿多诺和他的同事们的解释相去迥异而且更为简单。他们的解释建立在子女对父母的无意识敌意以及受抑制的恐惧基础之上。

这并不意味着，对某些人而言，偏见并非植根于童年时代的无意识冲突之中。相反，可以认为，许多人可能在爸爸妈妈的膝盖上就已经学会了一系列的偏见。而且，一些人还会去遵从那些狭隘的、针对性很强的偏见，这些偏见依据的是他们所处的亚文化的标准。现在，就让我们对那些从众行为引起的偏见现象加以详细考察。

从众引起的偏见　我们常常可以观察到，在南方对黑人的偏见要多于北方。这种偏见体现在人们对消除种族隔离所持的强烈反对态度上。例如，1942年仅有4%的南方人赞成取消交通工具上的种族隔离，而56%的北方人却赞成那样做。[82]为什么会这样呢？是由于经济竞争吗？大概不是。在南方经济竞争程度较低的地区，人们对黑人的偏见，要明显多于北方经济竞争程度高的地区。难道是南方人比 272
北方人具有更强的权威人格吗？并非如此。托马斯·佩蒂格鲁[83]在南方和北方大范围施测了F量表，结果发现北方人和南方人的得分基本一样。另外，尽管在南方人们对黑人持有更多的偏见，但与全国相比，南方人对犹太人的偏见却较低。带有偏见的人格应当对所有人都持有偏见，但南方人显然并非如此。

那么，我们如何来解释南方人中存在的对黑人的敌意呢？这可能是由于历史原因：黑人曾经是奴隶，南北战争正是因为奴隶制问题爆发的，等等。这一切可能会形成南方人对黑人持有较大偏见的氛围。但又是什么在维持着这种氛围呢？一个可能的线索，来自对南方一些非常奇特的种族隔离形式的观察。我们用一个西弗吉尼亚矿区小镇一组矿工的例子，便足以说明这一点。[84]黑人矿工和白人矿工们形成了这样一种生活模式：在井下的时候，他们完全融合在一起；一旦到了井上，他们便完全隔离开来。对这种矛盾的做法我们该如何解释呢？假定你真正厌恶某个人，你就会希望远离这个人。为什么在井下交往，而到了井上却不交往了呢？

佩蒂格鲁认为，对这类现象的解释便是从众。在本例中，那些白人矿工只是遵从他们所处社会的规范(仅仅是在井上!)。与南方的历史事件导致了对黑人较大的偏见，而从众则使这种偏见得以持续。佩蒂格鲁的确相信，虽然经济竞争、挫折和人格需要可以解释部分偏见，但绝大部分偏见行为却是人们对社会规范盲目遵从的结果。

我们如何来确定从众应当对此负责呢？方法之一便是确定一个人的偏见与他的一般从众模式之间的关系。例如，对南非不同种族之间紧张关系的一项研究[85]显示，那些最可能遵从各种社会规范的人，也对黑人表现出很高程度的偏见。换句话说，假如可能从众的人表现出更多的偏见，那么偏见便会成为他们遵从的另一个目标。确定从众起作用的另外一种方法是，当人们在国内迁居到另一个地区时，考察这些人的偏见有何变化。假如从众是导致偏见的因素，我们就可以预期，当人们迁入社会规范中偏见更多的地区时，他们的偏见会戏剧性地增加；而当人们受到了较少偏见的规范的影响时，他们的偏见便会戏剧性地减少。而这恰恰是实际出现的情况。在一项研究中，珍妮·华生（Jeanne Watson）[86]发现，那些新近迁居纽约市而且与那些反闪米特人进行直接交往的人，也会对闪米特人持更加反对的态度。在另外一项研究中，佩蒂格鲁发现，那些参军的南方人在频繁接触较少的种族歧视的社会规范后，会减少对黑人的偏见。

从众的压力可能是比较明显的，就像我们从阿希实验中所看到的。但从另一 273
方面看，人们对偏见性规范的遵从，可能仅仅是由于不能得到确切的证据或者错误的信息处于优势。这种情况有可能会使人们采取一种建立在道听途说基础之上的消极态度。这类定型化的行为在文学作品中大量存在。我们以克里斯托弗·马洛（Christopher Marlowe）的戏剧《马耳他的犹太人》和威廉·莎士比亚（William Shakespeare）的戏剧《威尼斯商人》为例。这两部作品都将犹太人描绘成一群贪婪无度、嗜钱如命、奴性十足的人。我们可能很容易去推测，马洛和莎士比亚与令人讨厌的犹太人之间有过一些不幸的经历，结果才会出现这些尖刻而逼真的描写。但事实上，在距离这些作品问世大约 300 年以前，犹太人已经被驱逐出英格兰。因此，马洛和莎士比亚唯一能够接触到的便是遗留下来的定型。可悲的是，他们的作品不仅反映了这种定型，而且无疑还起到了助长的作用。

即使随意接触到的偏见也可能影响到我们对偏见受害群体的态度和行为。例如，有研究证实，仅仅无意之中听到某个人对某个特定的群体使用了贬义的称呼（例如，种族或者民族的别称），也会增加人们用一种否定的目光去看待属于该群体某个人（或者与该群体有联系的某个人）的可能性。在一项实验中，萨莉·科克兰德（Shari Kirkland）和她的合作研究者[87]要求被试阅读一场刑事审判笔录的副本，在这场审判中一位黑人律师为一个白人被告做辩护，他的照片也被附在审判笔录的副本上。当这些被试阅读笔录副本的时候，他们“无意中听到”扮作被试的两个实验者帮手之间的谈话。一些被试听到第一个帮手将那个黑人律师称为“黑鬼”，而其他被试听到这个帮手称他为“讼棍”。在这两种条件下，第二个帮手都对第一个帮手对那位黑人律师的贬损性意见表示赞成。在这种从众压力形成后，实验者要求被试对律师和被告做出评价。对这些评价的分析显示，与那些无意中听到与律师种族无关的讥讽性评论的被试相比，那些无意中听到对律师进行种族侮辱的被试对他的评价更低。而且，那些无意中听到对那位黑人律师进行种族侮辱的被试，对那个白人被告给予了特别严厉的裁决和更为消极的评价。后一点发现表明，对偏见性规范的遵从所产生的破坏性影响，可能会从最初的种族歧视目标扩展到其他人。

偏见性态度也可能被一个在机制上支持这种态度的偏见性社会有目的地加以培养。例如，一个通过法律和习俗来支持种族隔离观念的社会，就会支持某个群体比另外一个群体优劣的观念。为此，在实行种族隔离政策的日子里，一位研究者[88]对南非白人进行了访谈，试图发现他们对黑人持负性态度的原因。他发现典型的南非白人确信，绝大多数犯罪活动都是黑人干的。事实上这种看法是错误的。这 274
种错误的观念是如何形成的呢？这些人报告，他们看到许多黑人囚犯在公共场合劳动，但他们却从来没有见过一个白人囚犯。由此可以证明黑人被判刑的人数多于白人吗？当然不能。事实是，法律禁止白人囚犯在公共场合劳动！总之，一个社会可以通过其自身的制度来制造偏见。在我们的社会中，迫使黑人坐在公共汽车的后部，将女性排斥在那些久负盛名的俱乐部之外，禁止犹太人入住高级宾馆，这一切都是我们最近的历史——它们制造了低劣和无法接受的错觉。

国家干预可以改变民间习俗

1954 年，美国最高法院宣布，人们所说的隔离而平等的学校，实际上是不平等的。用首席大法官厄尔·沃伦(Eear Warren)的话说，当仅仅根据种族就将黑人孩子和白人孩子隔离开来时，由此便会“产生一种关于他们在社会中的地位的自卑感，这一点会以一种可能永远无法弥补的方式影响着他们的心灵。”我们还没有完全意识到，这一裁决将我们的国家带入了一场前所未有的、最为激动人心的大规模社会实验之中。

在这一历史性裁决做出之后，许多人从“人道主义”的立场出发反对取消学校里的种族隔离。他们预言，如果在学校里强迫种族混合，便会导致一场大屠杀。他们坚持，法律不能强迫人们去相互交往。这种说法重复了著名社会学家威廉·格雷厄姆·萨姆纳(William Graham Sumner)的观点。多年前,他曾经宣称,“国家政策不能改变民间习俗。”当然,萨姆纳的意思是说,人们不能对道德或者宽容进行立法。许多人主张,只有在人们的态度改变以后,种族隔离才能得以消除。

当时的社会心理学家,理所当然地认为改变人们行为的途径是改变人们的态度。因此,假如你能够让那些顽固的白人成年人减少对黑人的偏见,他们便会毫不犹豫地让自己的孩子和黑人孩子进同一所学校。尽管许多社会科学家应该有更多的了解,但他们对通过发起一场信息运动来改变人们的偏见仍然比较有信心。他们采用了减少偏见的“十六毫米”方法:假如持有偏见的人们认为黑人是无能懒惰的,那么人们需要做的就是给他们放映一部描写黑人勤劳正派的影片。这样做的理念是可以让影片所提供的信息与错误信息交锋。假如莎士比亚由于接受了错误的信息而认定犹太人是贪得无厌的吸血鬼,那么让他接受有关犹太人的较为准确的信息便可以消除他的偏见。假如大多数南非人认为所有的罪行实际上都是黑人犯下的,那么让他们看到白人囚犯便可以改变他们的看法。遗憾的是,情况并不如此简单。无论引起偏见的主要原因是经济冲突、对社会规范的遵从还是深层次的人格需要,一场信息运动都不会轻易将它们改变。随着时间的推移,大多数人都会 275
更加明显地表现出偏见行为。当所有的朋友或同事仍然对少数族裔持有偏见的时候,你要形成一种对他们开放接纳的态度是很困难的。仅仅通过一场电影,并不能够消除人们坚持多年的思维和行为方式。

正如本书读者已经知道的,当涉及一些重要的问题时,信息运动是无效的,因为人们往往不会心甘情愿地接受那些与自己的观念不一致的信息。例如,据保罗·拉扎斯菲尔德(Paul Lazarsfeld)[89]介绍,上个世纪40年代早期,许多无线电广播为了减少人们的种族偏见,以热情、同情的方式向人们提供了不同种族的信息。有的节目专门介绍波兰裔美国人,有的节目专门介绍意大利裔美国人,等等。那么,究竟是哪些人在收听这些节目呢?绝大部分波兰裔美国人节目的听众是波兰裔美国人。那么,让我们来猜一猜意大利裔美国人节目的大多数听众又是哪些人呢?对,是意大利裔美国人。而且,正如我们所看到的,假如强迫人们去收听那些与他们固有的态度不一致的信息,他们便会对这些信息加以拒绝、歪曲、置之不理,就像X先生不理会Y先生所提供的信息继续对犹太人持消极的态度,或者就像达特茅斯和普林斯顿的大学生们对所观看的橄榄球比赛录像进行歪曲。对大多数人而言,偏见在他们的信念体系中是如此的根深蒂固,与他们的日常行为是如此的密不可分,而且如此多地受到周围人的支持与鼓励,因而它们的偏见是不可能通过一本书、一场电影、一套无线电节目来减少的。

地位平等的接触的影响 尽管态度的改变可能会引起行为的改变,但正如我们所看到的，往往很难通过教育来改变人们的态度。社会心理学家很早便意识到，行为的改变会影响态度的改变，但他们只是在不久以前才开始搞清这一点的。有研究已经在最简单的层面上证实，如果让黑人和白人直接接触，那些持有偏见的个体便会接触到自己亲身体验到的现实，而不仅仅是定型，最终会增进理解。当然，这种接触必须是在黑人和白人地位平等的背景下进行的。历史上许多白人与黑人之间也有过大量的接触，但在这类情境中黑人处于奴仆的地位，如奴隶、搬运工、洗碗工、擦鞋工、洗衣工或者佣人。这种接触只能助长白人对黑人的偏见，同时也会增加黑人的仇恨与愤怒。直到最近，地位平等的接触仍然很少，这一方面归咎于我们的社会在教育和就业方面存在的不平等，另一方面是由于居住场所的隔离。1954 年最高法院的裁决是情况出现变化的开始，地位平等的接触逐渐变得频繁起来。

即使在 1954 年以前，个别地位平等的接触事例也会偶尔出现。这类接触的结 276
果往往支持人们行为的改变会导致态度改变的观点。在一项开创性的研究中，莫顿·多伊奇和玛丽·艾伦·柯林斯(Mary Ellen Collins)[90] 考察了 1951 年“公共住宅计划”中白人对黑人的态度。具体而言，在其中的一项计划中，黑人家庭和白人家庭被安排到彼此隔离的住宅楼内。而在另外一项计划中，黑人家庭和白人家庭则被安排到同一幢住宅楼内。迁入新居之后，那些混合居住的居民所报告的对黑人的态度，比那些隔离居住的居民变得更为正向。这些发现似乎表明，国家干预可以改变民间习俗。人们可以对道德进行立法，当然决不是直接这样去做，而是以地位平等的接触作为中介。如果不同种族可以在地位平等的条件下走到一起，他们彼此之间便有可能更好地相互了解。正如佩蒂格鲁[91]最近所发现的，在其他条件相同的情况下，这样做有助于增进理解并减少紧张气氛。值得注意的是，多伊奇和柯林斯的研究是在公共住宅区（而不是在私人住宅区）进行的，这是一个非常关键的因素，稍后我们会加以讨论。

取消种族隔离的其他影响　直到最近，社会心理学家才开始接受这样一种观点：取消种族隔离可能会对那些根本没有机会与少数族裔成员接触的人的价值观产生影响。我们可以从本书第 5 章所提到的“不可避免心理”这一机制来发现这一点。具体而言，假如我知道自己与你相处将不可避免，而且我又并不喜欢你，我便会体验到失调。为了减少失调，我会设法让自己相信你并不像我原来所想的那么差。我会开始寻找你的正向特征，并且会尽力忽略你的负向特征或者把它们的重要性降至最低程度。因此，在其他条件相同的情况下，仅仅是“我知道自己必须在某一时刻与你进行密切接触”这一事实，便会迫使我改变自己对你的偏见性态度。正如我们在本书前面的内容中曾经看到的，实验室实验已经证实了这一预测：例如，那些认为自己必须去吃原来不喜欢的蔬菜的孩子，会说服自己相信这种蔬菜并不像原来想象的那么难吃。[92]同样，那些得知自己会同一个优缺点都很明显的女士进行密切合作几个星期的女大学生，甚至在没有同她见面之前便形成了对她的好感。而当她们在不知道将会与她合作的情况下，这一切并不会出现。[93]

不可否认，让孩子去吃一碗自己不喜欢的蔬菜，与处理好黑人、拉美人和白人的关系之间，存在着天壤之别。几乎没有哪个社会心理学家会幼稚到相信，假如人们仅仅通过向那些他们认为不可避免的事件让步以减少失调，根深蒂固的种族偏
见便能够得以消除。我的想法是，在理想状态下，这类事件有助于大多数人开始消 277
除偏见，并开始降低敌对情绪。稍后，我会对我所理解的“理想状态”加以讨论，但首先让我们来为这一理论框架充实更多的内容。减少失调的过程是怎样发生的呢？

让我们回到上世纪 50 年代后期。假设有一位 45 岁的白人男性，他那 16 岁的女儿进了一所种族隔离学校。让我们假定这个人对黑人持有负向的态度，在他看来，黑人是无能而且懒惰的，所有的男性黑人都性欲过胜，有可能成为强奸犯。司法部突然颁布了一项法令：在下一个秋天，他那宠爱有加的女儿不得不到一所取消了种族隔离的学校去上学。中央和地方政府的官员，尽管也可能不喜欢这种主张，但却传达了很清楚的信息：没有任何可能阻止这一法令，这是国家法令，必须得到执行。当然，这位父亲可以拒绝让他的孩子接受教育，或者将他的女儿送进一所学费昂贵的私人学校。但这样做要么过于极端，要么代价太高。于是他只能决定将女儿送进一所取消种族隔离的学校。他那“自己宠爱有加的女儿必须和黑人进同一所学校”的认知，与“黑人是懒惰的强奸犯”的认知之间，便会产生失调。他会怎样做呢？我推测他会开始重新审视自己对黑人的看法。他们的确都会那么懒惰吗？他们的确果真会到处去强奸吗？此时，他可能会换个角度来看黑人，尽可能地寻找他们身上的良好品质，而不是去捏造或者夸大他们不好的、不能接受的品质。我估计到九月来临的时候，他对黑人的态度可能已经缓解而且可能已经向正向转变。假如这种转变能够得到取消种族隔离后的一些积极性事件的支持，例如他的女儿与她的黑人同学相处愉快、和睦，那么这位父亲的态度便可能出现重大的变化。不可否认的是这一分析仍然过于简单化。但基本的过程已经包含在其中了，而且我们看到这一过程已经优于信息运动了。在此，启动了一种促使这位父亲转变对黑人的负向定型的机制。

上述分析强烈地暗示，某种特定的公共政策，尽管恰恰是大多数人所不认可的，却可能给社会带来潜在的最大利益。正如前面所提到的，1954 年最高法院做出裁决以后，人们普遍感到取消种族隔离的进展一定缓慢。绝大多数政府官员和

社会科学家认为，为了实现和谐的种族关系，必须在种族隔离取消前通过再教育使人们的偏见得以减少。总之，1954 年时人们的普遍看法是，只有在认知改变以后，人们的行为（取消种族隔离）才会随之改变。我的分析认为，要达成种族之间最终的和谐，应当从改变人们的行为开始。而且，最为重要的是，个体越迅速地意识到取消种族隔离是不可避免的，他们就会越快地改变自己的偏见。从另一方面看，这一过程可能（而且已经）因政府官员鼓励“取消种族隔离的过程可能是曲折的、可能会被延迟”这样的观点而遭到破坏。这会促使人们产生取消种族隔离这个事件不是不可避免的错觉。在这种情况下，人们的态度便不会出现改变，结果会导致骚乱 278
和不和谐的增加。让我们再回到前面的例子：假如那个对女儿宠爱有加的父亲受到影响（被某个政府官员、某个市长、某个校董会主席或者某个地方行政司法长官的言论和做法所打动），认为取消种族隔离不可能进行下去，他便会感到没有必要重新审视自己对黑人的负向看法。结果他很可能会激烈反对取消种族隔离。

现实与这种推理是一致的：随着取消种族隔离运动的全面推开，对取消种族隔离持赞同态度的人也在增加。1942 年，国内只有 30%的白人赞成在学校取消种族隔离；到 1956 年，这一数字上升到 49%；而到了 1970 年，这一数字上升到 75%。最终，到 1980 年，当形势越来越明显地表明在学校取消种族隔离不可避免时，这一数字达到了 90%。[94]而南方的变化（这种变化是自行发生的）则更为明显。在 1942 年，只有 2%的南方白人赞成在学校取消种族隔离；到 1956 年，当大多数南方人仍然认为这一法令执行起来会很困难时，仅有 12%的人赞成取消种族隔离；但到了 1970 年，当取消种族隔离的运动仍在进行中时，已有近 50%的人赞成取消种族隔离——到了上世纪 80 年代，数字仍在继续攀升。当然，这些数字并不能成为“人们改变对学校取消种族隔离的态度是因为他们屈服于那些不可避免的事情”这一推理的确凿证据，但它们仍然富有启发性。

在对学校取消种族隔离的过程及其影响进行详细分析时，托马斯·佩蒂格鲁曾经提出这样的问题：为什么在取消种族隔离最初的几年里，只是在像阿肯色州小石城这样一些地方的社区里才出现暴力行为？暴力行为为什么不发生弗吉尼亚州的诺福克以及北卡罗来纳州的温斯顿-萨勒姆这样的其他地区？他的结论进一步为我的推理提供了支持。在他看来，“暴力行为一般发生在这样的地方：在那里，至少有一些当权人物事前会加以暗示，如果发生骚乱人们便可以心满意足地回到种族隔离状态；只有强有力的领导才能带来各种族的和睦相处。”[95]换句话说，假如人们没有机会减少失调，便会带来暴力。早在 1953 年，肯尼斯·克拉克[96]就已经在一些取消了种族隔离的边境州观察到同样的现象。他发现，与逐步取消种族隔离相比，立即取消种族隔离会更为有效。而且，暴力行为还会发生在政策模棱两可或者不一致以及地方领导人举棋不定的地区。第二次世界大战期间，当部队开始取消种族隔离时，也出现了同样的情况：在政策模棱两可的地方，出现的麻烦最大。[97]

其他条件不相同的情况　在上一部分，我们对一个非常复杂的问题给出了一种一般公认的过于简单化的解释。我之所以特意这样做，是为了表明在理想状态下这样做是行得通的。但理想状态是很少见的，几乎总是多少存在一些复杂情况。279
现在就让我们来考察一下这些复杂情况，并进一步探讨如何在复杂的情况下消除或者减少偏见。

当谈到在取消种族隔离的住宅区人们的偏见会减少时，我曾特别指出那是一个公共住宅区这一事实。假如取消种族隔离涉及私人住宅，情况就会变得复杂起来。首先，这个白人会强烈地意识到，一旦黑人成为自己的邻居，房产便会贬值。这种看法会导致经济上的冲突与竞争，由此而影响到偏见的减少。的确，系统研究表明，在取消种族隔离的私人住宅区，白人居民的偏见有所增加。[98]

此外，正如我所提到的，对“不可避免心理”的实验是在实验室中进行的，这类研究中所涉及到的厌恶，绝对不像现实社会中的种族偏见那样强烈和根深蒂固。尽管我们欣喜地看到，这些发现与来自取消种族隔离实践的资料相吻合，但是由此而推断“只要个体有可能向不可避免的东西屈服，取消种族隔离运动便会顺利进行”，也是幼稚和错误的。情况往往是，种族隔离刚一取消，麻烦便接踵而至。其中部分原因是，白人孩子与少数族裔孩子之间的接触（特别是从高中以后才开始的接触）通常是地位不平等的。让我们想象一下这样的情景：一个来自贫穷的黑人或者拉美人家庭的十年级男孩，在接受了多年的二流教育之后，突然进入一所很有影响的中产阶级白人中学。在这里，由中产阶级白人教师任教，他必须同那些来自中产阶级白人家庭的孩子竞争，而那些孩子接受的是中产阶级白人价值观的熏陶。实际上，他被置于一种毫无准备的竞争环境之中。这里的规则对他极不公平，由于不具备某些方面的能力，他不可能取得好的成绩。从心理上讲，他是在一个自己所不熟悉的环境中进行竞争。颇具讽刺意味的是，这些因素有可能导致她的自尊的降低——这正是促使最高法院做出裁决的首要因素。[99]沃尔特·斯蒂芬（Walter Stephan）[100]在对有关取消种族隔离的研究进行分析时发现，没有一项研究显示取消种族隔离后黑人孩子的自尊明显提高，但却有25%的研究显示黑人孩子的自尊明显降低。而且，偏见也并没有出现大量减少。斯蒂芬发现偏见增多的情况几乎与减少的情况一样多。

在看到这些资料以后，再听说那些刚刚取消种族隔离的学校往往处于紧张状态，你便不会感到吃惊。少数族裔学生很自然要设法提高自己的自尊。而提高自尊的方法之一便是团结一致、攻击白人、张扬个性、拒绝白人的价值观和领导，等等。[101]

让我们对以上所做的讨论加以总结：(1)在没有经济冲突的理想状态下所进行 280
的地位平等的接触，能够(而且也的确能够)增进理解、减少偏见。[102](2)在理想的状态下，不可避免心理能够(而且的确能够)对人们造成减少偏见的压力，而且能够为顺利地、无暴力地取消学校种族隔离创造条件。(3)当存在经济冲突的时候(就像在私人住宅区取消邻里间的种族隔离一样)，人们的偏见往往会增加。(4)在那些因学校取消种族隔离而导致竞争的地方，特别是在那少数族裔受到严重不平等对待的地方，黑人或拉美人针对白人的敌意往往会增加，这种情况至少可以部分归结为少数族裔成员为了获得某些失去的自尊。

相互依赖：一种可能的解决办法

取消学校里的种族隔离可以为增进学生之间的理解打开大门，但是它本身并非解决问题的最终办法。问题的关键，并不在于让来自不同的种族和民族背景的孩子们走进同一所学校，而在于这些孩子们走到一起后会发生些什么。正如我们所看到的，假如孩子们处于一种高度竞争的环境之中，那么最初存在的紧张气氛可能会因为彼此相互接触而变得更加紧张。取消学校种族隔离常常会产生紧张气氛，使我联想到穆扎法尔·谢里夫和他的同事们所做的暑期野营实验中那些男孩们的某些行为。[103]回想一下两个小组在被置于竞争和冲突的情境时所产生的敌意。一旦敌意产生了，便不太可能通过简单地消除冲突和竞争来减少这种敌意。事实上，一旦彼此之间的不信任牢固地建立起来，即使是将两个地位平等、没有竞争的小组聚拢到一起，也会增加彼此之间的敌意和怀疑。例如，即使这些小组的孩子们坐在一起观看一场电影，彼此之间也会生出事端。

谢里夫最终是如何成功地减少了他们之间的敌意呢？他是通过将这两组孩子置于相互依赖的情境中来做到这一点的，即让孩子们置身于一种只有相互合作才能实现目标的情境之中。例如，研究者通过破坏供水系统来制造一种紧急情况。修复该系统的唯一途径是，所有的孩子必须马上进行合作。在另一个场合下，在孩子们奔赴营地的路上，野营卡车抛锚了，要重新发动卡车，必须将它拉上一个很陡的山坡。只有全体孩子(包括鹰组和响尾蛇组)一起来拉，才能够完成这项工作。最终，敌对感和负向定型减少了。不同组的孩子们之间交起了朋友，他们开始友好相处并且进行自发的合作。

这里的关键因素似乎是相互依赖。相互依赖是这样一种情境：为了实现目标， 281

个体之间彼此需要对方。一些研究者已经在严格控制的实验室实验中证实了合作的好处。例如,默顿·多伊奇证实,与竞争的氛围相比,身处合作气氛中解决问题的小组会比较友好、比较关心人。同样,帕特丽夏·凯南(Patricia Keenan)和彼得·卡纳维勒(Peter Carnevale)的研究也表明,小组内部的合作也有助于增进小组之间的合作。[105]也就是说,某个小组内部建立起来的合作关系,会对后来小组之间的互动继续发挥作用。他们的研究表明,在随后进行的与其他小组的谈判中,与那些一开始就以一种竞争的方式工作的小组相比,那些从事合作任务的小组会更多地进行合作。

遗憾的是,在大多数学校里,课堂教学过程并不以合作和相互依赖为特征,在小学中更是如此。相反,在我们国家的大多数课堂上盛行的却是竞争。当得克萨斯州奥斯汀公立学校发生了一场严重的危机时,我被邀请进行干预工作,这使得我有机会近距离地对这种现象进行观察。那是 1971 年,取消种族隔离运动刚刚开始,并且已经催发了几起恶性事件。由于奥斯汀的学生宿舍以往是实行种族隔离的,因此这是不同种族和民族的学生第一次相聚在一起。在相互接触之前,学生们之间存在着很多疑虑和定型。接触似乎使问题进一步恶化。在任何情况下,嘲弄往往都会升级为拳脚相加。形势变得恶劣而危险,打破了人们对取消种族隔离将自动减少偏见所抱的幻想。

当学校负责人向我寻求帮助时,我和我的同事们进入了校园。我们的目标不是为了直接消除人们的不愉快情绪,而是为了探索我们可以做些什么来帮助取消种族隔离达到某些预期的正向目标。我们所做的第一件事情,是对导致各类课堂上出现情况的原因进行系统的观察。我们所观察到的典型的过程,体现在一个六年级课堂上所上演的这一幕:老师站在教室的前面向学生提问,期待着学生们示意他们知道问题的答案。最常出现的情况是,六到十个孩子在座位上伸长身子、举手示意,有些人甚至将手不停地舞动以引起老师的注意。另外几个学生则默默地坐在那里,极力避开老师的目光,似乎是为了不让老师发现。

当老师提问其中一个学生时,那些急切地举手而没有被提问的学生的脸上显得失望、沮丧、不快。假如这个学生对问题进行了正确的回答,老师便会微笑、赞许地点点头,然后继续提问下一个问题。这便是对学生最好的奖励。但此时,那些热切地期盼被提问但却被忽视的学生,便会发出可以听得到的嘟囔声。显然他们正 282
为失去了一个向老师表现自己聪明程度的机会而感到心烦。

通过这一过程,学生们在学习知识之外还领悟了其他几件事情。首先,他们意识到在课堂上只有一个专家,那就是老师。学生们还体会到,通过积极地展示自己的聪明程度让老师满意,便可以得到奖励。与其他同学进行切磋是不会得到奖励的。事实上，许多孩子意识到同学是自己需要战胜的敌人。而且，大部分老师都不会赞成学生之间的合作。假如学生们在课堂上合作，便被视为捣蛋；假如他们在考试时合作，便被称为作弊。

在这种高度竞争动力的支配下，假如你是一个知道正确答案的学生，而老师却提问了另外一个学生，那么你很可能会希望他(她)回答错误，这样你就可以向老师展示自己的聪明。那些被提问而没有回答上来的，以及那些甚至连手都没举、根本不去参与竞争的人，便很可能会去怨恨那些成功的孩子。而那些成功的学生，也常常蔑视那些没有成功的学生，他们认为这些学生愚笨、令人厌烦。这一过程妨碍着学生们之间的友谊和理解。它往往会制造敌意，而且这种敌意甚至会出现在相同种族的同学之间。这种竞争的课堂动力与已经由种族间互不信任而造成的紧张结合在一起，便为我们在奥斯汀所碰到的骚乱准备了条件。

尽管在当时课堂上竞争几乎是普遍存在的，但作为社会心理学家，我们认为它本不该如此。部分地依据我们前面所介绍过的穆扎法尔·谢里夫的实验，我们推论在这种环境中所需要的可能恰恰是合作过程。但如何去实施这一过程呢？实际上，实施起来并不困难。在几天内，我和我的学生们成功地提出了一种专为这类课堂设计的简单的合作方法。正如人们所看到的，我们的方法实际上极为简单。根据我们的设计，为了学习好当前的材料并在将要进行的考试中取得好成绩，学生们之间必须进行合作，试图赢过他人的动机在这里失去了作用。我们将这种方法称之为拼图法，因为它的形式很像拼图游戏。[106]

我们可以通过一个例子来加以说明：在一个五年级课堂上，孩子们正在学习美国名人传记。将要学习的内容恰好是著名报人约瑟夫·普利策(Joseph Pulitzer)。首先，我们将学生们分为六个小组，并确保每个小组尽可能差异(在种族或者性别方面)很大。随后，我们编写了普利策的一份传记，包括六个段落。第一段介绍了普利策的祖先以及他们是怎样来到美国的；第二段介绍了幼儿时代的普利策以及他的成长经历；第三段介绍了青年普利策，他的受教育情况以及他早年的工作；第四段介绍的是他的中年以及他如何创办自己的第一份报纸；等等。普利策一生的 283
各个重要方面都独立成段。我们油印了这份约瑟夫·普利策传记，将每份印刷品按六个段落裁成六份，让介入学习小组中的每个孩子都得到一份描写普利策一生的某个段落。这样，每个小组内部都会有一份完整的约瑟夫·普利策传记，但小组中的每个学生得到的仅仅是传记内容的六分之一。为了全面了解约瑟夫·普利策，每个学生都必须认真听取同组其他学生的叙述。

老师告诉学生们他们之间进行交流的时间是一定的，而且在交流结束之前会对他们进行知识测试。

在几天的时间内，学生们便意识到，离开了小组里其他人的帮助，他们没有一个人能够很好地完成任务。他们意识到自己必须尊重这样的事实：小组里的每个人（不分种族、性别或者民族）都会对自己理解知识以及随后的测试做出独特的、不可或缺的贡献。现在，与只有一位专家（老师）不同的是，每个学生都成为自己所了解的那部分内容的专家。他们之间开始互相激励，而不再互相嘲弄，因为关乎每个学生最大利益的是，要确保每个学生能够尽可能好地把他（她）自己的那部分材料和其他同学交流。

正如我所谈到的，我花了几天的时间。合作行为不可能马上出现。我们实验组里的这些学生在入学之后的日子里一直习惯于进行竞争。尽管竞争已经不起作用，但在最初的几天里，他们大多数人仍然互相竞争。让我用一个实际发生的例子来说明，孩子们是如何艰难地转向合作学习过程的。在我们的实验组中，有一个墨西哥裔美国男孩，我姑且称他为卡洛斯。卡洛斯的任务是讲述约瑟夫·普利策的青年时代。他已经搞清了材料，但因过于紧张使得他在讲述时遇到了很多困难。在过去的几周里，一些盎格鲁学生还曾嘲笑过他的口音，他很担心会再次发生这样的事情。

他结结巴巴，犹豫不决，而且坐立不安。无疑，这个小组的其他孩子从他那里没有得到多大帮助。他们都很熟悉竞争性课堂上的那套治人把戏，知道当某个孩子（特别是他们认为愚笨的孩子）卡壳时该如何去对付他。他们会取笑他。在我们的实验中，我们看到玛丽叫了起来，“喔，你没有弄懂那段话的意思，太笨了，你是个傻瓜。竟然不知道自己在做什么。”在我们实验的初期阶段，这些小组只有一位研究助手进行松散的管理，他要在小组之间巡视。当这个事件发生后，我们的助手只是进行了简单的干预：“好吧，假如你们愿意，就这样做吧。这样做可能会让你们感到好玩，但决不会帮助你们了解约瑟夫·普利策的青年时代。顺便说一句，不到一小时就要进行测验。”请注意这一强化会带来怎样的变化。玛丽对卡洛斯的讥讽，不能再给她带来多少好处，事实上她现在可能要失去很多。

经过几轮同样的实验，卡洛斯所在小组的学生们才突然意识到，他们要学会卡 284
洛斯所承担的那部分任务的唯一办法，便是集中精力听卡洛斯讲述。渐渐地，他们开始成为卡洛斯的很好听众，一些人甚至能够很好地同他进行交谈。当卡洛斯在表达自己所知道的内容上遇到困难时，他们不再对他漠视或者嘲笑，而是提问一些和善的、带有探索性的问题，这些问题有助于卡洛斯比较流畅地表达出自己的想法。卡洛斯开始更为轻松地回答这些问题。他越来越放松，表达能力也不断得到提高。几周以后，其他孩子感到卡洛斯要比他们所想象的聪明得多。由于他们用心观察，他们从他身上看到了以往从未看到的东西，并开始喜欢他。就卡洛斯而言，他也开始喜欢学校，不再将自己小组的盎格鲁人视为恃强凌弱者，而是将他们视为乐于助人且有责任感的人。而且，随着他在班上越来越感到顺心以及开始获得越来越多的自信心，他的学业成绩也开始提高。恶性循环已经发生了逆转，那些导致螺旋式下滑的因素已经发生了改变，而今出现了螺旋上升的趋势。短短的几周时间，整个课堂气氛出现了明显的变化。

随后，我们在奥斯汀随机挑选的几个课堂实施拼图法教学，并且将这些课堂同那些采用传统竞争方法的课堂进行了比较，结果一目了然而且颇为一致。与那些接受传统教学方法的学生相比，接受拼图法教学的学生在考试中取得了更好的学业成绩，他们相互之间更加友爱，更加热爱学校，自尊心也有了很大的提高。那些来自拼图法教学课堂的学生相互之间喜爱程度的增加，超越了种族和民族的界限，偏见和定型大幅度下降。我们在几个城市的许多课堂上重复了同样的实验，都得到了同样的结果。[107]

许多年来的研究发现，拼图法并非仅仅对美国人或者幼儿有效果。拼图法已经在欧洲、非洲、中东和澳大利亚等地都得到广泛的应用，涉及从小学到大学不同层次的学生，都取得了很大的成功。[108]另外，研究者们也将拼图法运用于消除各种类型的偏见——包括许多人对身体残疾或者情感缺陷者所持的偏见。在一项这样的研究中，[109]大学生们与一位扮作"有精神病史的同学"进行交往。交往是结构式学习的一部分，其中一部分大学生与这位"有精神病史的学生"在一个拼图式小组中交往，而其他人则与他在较为传统的学习环境下交往。结果是引人注目的：那些在拼图小组的学生很快放弃了他们原有的定型，与那些处在传统学习环境中的学生相比，他们更喜欢他而且更愿意与他交往。而且，总的看来，那些与"有精神病史 285
的同学"一起进行过拼图学习的人，后来对精神病人的描述要积极得多。

潜在机制 为什么拼图法会取得如此积极的结果呢？其有效性的原因之一在于，这种合作策略将人们置于一种施惠于人的环境之中。也就是说，小组中的每个个体都会通过与他人分享自己的知识，而使他人受益。你可能会想起，在第5章我们曾经讨论过的雷普和艾森斯塔特[110]所做的一项实验。该实验证实那些按照对他人有利的方式去行动的人，会对他们所帮助过的人持有更多的好感。

塞缪尔·盖特纳和他的同事们的一项实验[111]可以说明另外一种可以对此加以补充的机制。他们的实验表明，似乎是合作过程通过改变人们所采用的认知类型而降低了群体间的障碍。换句话说，合作使得我们的定型倾向从"他们那些人"转变为"我们这些人"。但从"他们那些人"到"我们这些人"的转变是如何实现的呢？我认为中介过程便是**移情**，即一种体验其他群体成员正在体验的事物的能力。在竞争性的课堂上，最基本的目标是向老师展示自己是如何聪明。人们不必更多地去注意其他人。但是在拼图式的课堂上，情况则根本不同。为了有效地参与拼图式课程，每个学生都必须密切关注正在讲述的小组成员。在这一过程中，被试们开始意识到只有采用适合每个同学特殊需求的方式来对待每个同学才能取得最好的结果。例如，爱丽丝可能意识到卡罗尔有些羞怯，需要对他进行一些善意的鼓励；菲利斯(Phylis)这个白人男孩很健谈，她可能需要偶尔对他控制一下。可以对彼得开玩笑，瑟瑞纳(Serena)可能只接受严肃的建议。

假如我们的分析是准确的，那么便可以假定：拼图式小组学生的一般移情能力会得到增强。为验证这一观点，黛安娜·布里奇曼(Diane Bridgman)[112]在十岁的儿童身上进行了一项巧妙的实验。实验开始前，其中一半的孩子用了两个月的时间参加拼图式课堂学习；而其他孩子在这段时间里则接受传统课堂教学。在实验中，布里奇曼通过让孩子们收看一系列卡通来测试他们的移情能力——设身处地地替卡通人物着想。例如，在一套卡通图片中，第一张图片显示的是一个看起来伤心的小男孩，在机场向他的父亲挥手告别。在第二张图片中，一个邮递员给男孩送来一件包裹。在第三张图片中，男孩打开包裹，发现里面有一个玩具飞机，便忍不住大哭起来。布里奇曼请孩子们说出为什么那个男孩看到飞机会大哭起来。几乎所有的孩子都能够做出准确的回答：因为玩具飞机让他想到自己有多么想念父亲。随后，布里奇曼向他们提问关键的问题：“当那位邮递员看到男孩打开包裹后大哭 286
起来，他会想些什么？”

这个年龄段的孩子一般都会做出错误的回答，他们会假定任何人都知道他们自己所知道的东西。因此，控制组的孩子们认为，邮递员会想，这个孩子伤心是因为这件礼物让他联想到自己父亲的离开。但是，那些参加拼图式学习的孩子们却做出了不同的回答。由于拼图式学习的经历使得他们从邮递员的角度(设身处地)思考问题的能力得到了发展，因此他们认为，邮递员会对那个孩子收到了这么好的礼物后大哭感到迷惑不解，因为邮递员并没有看到在机场上告别的一幕。

乍一看，这一点似乎并不重要。毕竟，有谁会去留意孩子们是否有能力指出卡通人物的心理想的是什么呢？可是事实上，我们可能都对此非常在意。回想一下我们在前面的章节中对哥伦拜恩悲剧的讨论。在那一章里，我们提出了移情对于抑制攻击性的重要作用。孩子们能够在何种程度上形成从他人的角度去观察世界的能力，对于总体的人际关系状况具有深刻的意义。一旦具备了理解他人经历的能力，便会增加我们向另一个人敞开心扉的可能性。一旦向这个人敞开了心扉，我们便根本不可能对他形成偏见，不会对他进行欺侮、嘲弄与羞辱。在我看来，假如哥伦拜恩高中采用了拼图策略(或者在哥伦拜恩的小学、初中采用了这种策略)，悲剧便可能得以避免，那些死去的孩子们很可能会活到今天。

我和我的学生们在1971年发明了**拼图技术**。在那以后，其他人也提出了一些类似的合作技术。[113]通过采用拼图方法以及其他一些合作策略，本章所介绍的这些引人注目的结果，在全国各地的几千个课堂上重演。[114]种族关系问题的重要研究者约翰·麦克纳海(John McConahay)，[115]曾经将合作学习称为在取消种族隔离学校中改善种族关系的最有效的方法。从一所学校开始的一项简单的实验，最终缓慢地成为整个公共教育领域的一种重要力量。遗憾的是，在前面的这句话中“缓慢地”这个词最为重要。就像其他官僚制度一样，教育制度也往往会拒绝变化。正如哥伦拜恩屠杀所表现出来的，这种延缓可能会产生悲剧性的后果。

来自差异的挑战　一个国家、一个城市、一个社区乃至一个学校的内部，都会存在差异。差异可以令人鼓舞，也可能成为骚乱之源。取消种族隔离使得我们有机会从差异中受益。但是为了使这种利益最大化，我们必须学会采用一种尽可能和谐的形式将不同种族和民族的人们联系在一起。毋庸讳言，我们国家在达到类似种族和民族和谐的目标方面还有很长的路要走。将合作学习引入课 287
堂已经帮助我们向这个目标迈进。普利策奖获得者戴维·希普勒(David Shipler)曾经对一个多民族国家所面临的挑战做过形象的描述。几年前，希普勒走遍了这个国家的山山水水，就种族情感和态度问题访问了各种各样的人。他所得出的相当惨淡的结论体现在他的书名上：《陌生人的国家》。[117]希普勒发现，大多数美国人几乎与其他种族的人们之间没有密切的关系，因此普遍存在着大量的猜疑与误解。阅读希普勒的书，不由得令我想起1971年一位得克萨斯州的中学校长对我讲过的话，当时取消种族隔离给他的学校带来了一些麻烦：“瞧，教授，政府可以逼迫黑人孩子和白人孩子进同一所学校，”他说，“但是，没有人能逼迫他们相互结交。”(敏锐的读者会发现，这不过是本章前面所提到的威廉·格雷厄姆·萨姆纳的观点的另一种表述而已。)

似乎是为了强调他的观点，就在那一天午餐时间，当我漫步校园的时候，我所看到的并不是一个取消了种族隔离的学校——这里离取消种族隔离还远得很。我所看到的是几个簇拥在一起的自我种族隔离的人群：黑人孩子聚成一群，拉美孩子聚成一群，白人孩子也聚成一群。不用说，人们会毫不奇怪地发现这些孩子只在与自己的种族或民族相同的孩子中选择自己的伙伴。而且，除非这种选择方式列为严格禁止的行为，它们本身肯定没有任何过错。在这个学校开始实施拼图法技术几个月后，当我有一次偶然从校园走过时，突然(非常出乎意料)被所看到的一切惊呆了：那些簇拥在一起的人群完全融合在一起了。没有人去“逼迫”孩子们相互喜爱，是他们自己选择了跨越种族和民族界限的相互交往。很显然，是拼图经历减轻了原有的一些猜疑和不信任。我突然意识到，“这一切正是所期望的！”

实际上，实施了两个世纪的种族隔离可能已经将这个国家的成年人变成了“一个陌生人的国家”，但是那些体验过合作学习的数以万计的孩子们，却给我们带来了明天的希望——他们最终会成长为懂得欣赏差异并从差异中受益的成年人。他们已经懂得了相互尊重，他们还会继续相互学习。

8

喜欢、爱与人际敏感性

作为社会性动物，我们会相互表现出各种各样的行为。在前面的章节里，我主 289
要介绍了人类行为中的一些比较暗淡的方面，诸如服从、攻击和偏见。在本章，我将讨论人类社会行为中比较温柔、比较令人激动和幸福的一面：人际吸引。是什么导致人们之间彼此喜欢呢？更为神秘的是，究竟是什么导致人们坠入爱河呢？

“吸引”这个词包含着很多含义：可以是我们所发现的愿意一道工作的人，可以是我们仅仅愿意与之打交道的人，可以是那些会成为我们的朋友和知己的人，也可以是与我们深深地坠入爱河的人。为什么我们喜欢某些人，而不喜欢另外一些人？为什么在喜欢的所有人当中，我们唯独会与某个人坠入爱河？随着时间的推移，爱会如何变化？最后，是什么导致了我们对另外一个人的爱增强，或者消退？

几乎可以肯定，人际吸引是一个古老的问题。人类历史上的第一个还居住在洞穴之中的业余社会心理学家，一定很想知道怎样才能让住在隔壁洞穴里的那个人更多地喜欢自己，或者更少地讨厌自己，或者至少不能让他挥棒砸向自己的脑袋。或许他会像老虎觅食那样露出锋利的牙齿，希望这一招会奏效。或许他会采取另外一种方式来露出自己的牙齿，不是咆哮恐吓，而是一种较为柔顺、温和的方式。这种方式最终进化成了我们今天称之为“微笑”的姿态。[1]

几千年以后，人们仍然在思索着吸引的前提条件，仍然在思考究竟怎样做才能
让我们的邻座、邻居或者邻国人比较喜欢我们，或者至少不会欺辱或者消灭我们。290
但是，对吸引的原因我们又了解多少呢？当我向朋友们询问为什么会对自己所熟识的某些人比较喜欢时，得到的却是五花八门的回答。人们最有可能做出的回答是，他们最喜欢(1)那些信仰和志趣与自己相同的人；(2)那些身怀某种技巧、能力或才干的人；(3)那些具备某些令人愉快或令人崇敬的品质(例如，忠诚、明理、诚实、善良等)的人；(4)那些喜欢自己的人。

这些理由都是合情合理的。它们也同戴尔·卡耐基(Dale Carnegie)[2]在《如何

赢得朋友并影响他人》*（书名便令人感到心寒，有些试图操纵他人的感觉）一书中所提出的劝告相一致。尽管书名颇具操纵性，但这本有关人际关系技巧的书似乎恰好是人们所梦寐以求的，所以它一直是最为畅销的书籍之一。这一点并不令人感到奇怪。美国人似乎特别看重被人喜欢以及给人留下美好的印象。对高中生所做的民意测验显示，[3]学生们最关心的是人们对待自己的方式，而他们的最大愿望是让人们更加喜欢自己。在同辈群体极其重要的青少年期，这种关心会达到最大限度。但是，并非仅仅美国青少年希望得到他人的喜欢，人们似乎普遍希望找到一个如何吸引他人的简单公式。卡耐基的这本书被译成35种文字，在全球范围内吸引了一大批忠实的读者。

卡耐基的劝告看上去很简单：如果你希望人们喜欢你，就要让人们感到愉快，做出喜欢他们的样子，对他们感兴趣的问题表现出兴趣，“毫不吝啬地去赞扬他们”，对他们的观点表示欣然同意。事实是这样吗？这些策略能够奏效吗？从一定程度上看，它们是有效的，至少在刚刚开始交往时会有效果。来自严格控制的实验室实验的资料表明，[4]与那些具有令人不愉快特征的人相比，我们更喜欢那些具有令人愉快特征的人；我们更喜欢那些赞成自己观点的人，而不是那些反对自己观点的人；我们更喜欢那些喜欢自己的人，而不是那些不喜欢自己的人；我们更喜欢那些与自己合作的人，而不是那些与自己竞争的人；我们更喜欢那些表扬自己的人，而不是批评自己的人；如此等等。人际吸引的这些方面可以一般性地概括为：我们喜欢那些只需付出最小的代价便可以给我们带来最大奖赏的人。[5]

有关吸引的一般奖赏理论可以说明许多问题。比起那些其貌不扬的人，我们会更喜欢长相出众的人，因为长相出众的人可以给我们带来“美”的奖赏。[6]同时，通过这一理论我们还可以预言，我们会喜欢那些与自己观点相同的人，[7]因为当我们与这类人相遇时，作为奖赏，他们会为我们的观点提供一致性的证据，也就是说，他们会让我们相信自己的观点是正确的。另外，正如我们在上一章曾经提到的，减少偏见和敌意的方法之一便是，通过改变环境让个体之间相互合作而不是竞争。对这种关系的另外一种表述是，合作会导致吸引。因此，不论是处在穆扎法尔·谢里夫实验中的夏令营环境，[8]还是处在我和我的同事们实验中的课堂环境，[9]只要人们之间能够花些时间相互交往，彼此之间的吸引力便会增强。依据定义，合作行为显然是一种奖赏。一个同我们合作的人会向我们提供援助，会听取我们的意见，会给我们提出建议，会替我们分担重任。 291

一般奖赏—代价理论可以解释大量的人类吸引现象，但却并不能解释它的全

* 有中文版译作《人性的弱点》。——译者注

部，世界并非如此简单。例如，根据奖赏—代价理论我们可能会猜想，在其他条件相同的情况下，我们会喜欢那些居住地离我们更近的人，因为与居住地离我们远的人相比，我们只需用较短的行程便可以得到同样的奖赏。的确，我们多数的朋友居住地离我们较近，而不是较远，但是这一点并不意味着自然距离较近会导致人们之间相互吸引。自然距离的接近，只能使人们更容易相互结识。而一旦相互结识，人们便有可能会相互喜欢。而且，正如我在本书前面的内容中所提到的，个体也喜欢那些曾经为之痛苦过的人或事。例如，回想一下我和贾德森·米尔斯一起做过的一项实验。[10]在那项实验中我们发现，与那些为了要成为一个群体的成员付出较少时间和精力的人相比，那些经历了不愉快的加入仪式的人对所在的群体更加喜欢。他们所得到的奖赏是什么呢？是痛苦的减少？还是失调的减少？这种奖赏又是怎样同小组联系在一起？这一切还都没有搞清楚。

另外，仅仅搞清某些事物是起奖赏作用的并不一定有助于我们去预言或者理解一个人的行为。例如，回想一下第2章、第3章和第5章，在分析人们为什么会从众以及人们为什么会改变自己的态度时，我讨论了几种原因：为了获得表扬、被人喜欢或者免受嘲笑；为了认同自己所尊敬或者钦佩的人；为了显示自己正确；或者仅仅是为了替自己的行为辩护。从某种程度上讲，所有这些行为对人们都有意义，或者让人们感觉良好，或者二者兼而有之，因此都可以被认为是奖赏。但是简单地给它们贴上奖赏的标签，很可能会掩盖它们之间的重要差异。尽管显示自己正确的愿望和避免他人嘲笑的愿望，在得到满足时都会令人产生满足感，但是人们为了满足这些需要所采取的行动却往往是相反的。例如，在对直线长度的判断中，为免受嘲笑，一个人可能会遵从群体压力；但同一个人为了显示自己的正确，也可能偏离群体其他成员的一致意见。将这两种行为都用“奖赏”这一术语来表示，不会让我们获得更多的理解。作为社会心理学家，一项更为重要的任务是确定人们采取这种或那种行为的条件。当我们介绍有关人际吸引的一些研究时，这一点会变得更加清晰。

赞扬和帮助他人的效果

戴尔·卡耐基曾经建议我们“毫不吝啬地去赞扬。”这似乎已经成为一种人所 292
共知的常识，我们的确可以通过赞扬老师的观点或者我们员工的努力“赢得朋友”。的确，有实验表明，从总体上看，与对我们进行负性评价的人相比，我们更喜欢那些给予我们正性评价的人。[11]但是，这一常识总能够奏效吗？让我们对此详加讨论。

常识也启示我们，有时批评可能比赞扬更加有效。例如，假定你是一位大学里的新教员，正在向某个班级的研究生演讲，介绍你自己创立的一套理论。在教室的最后一排坐着两个学生。其中一个学生不停地点头、微笑，看起来听得入了迷。演讲结束后，他走过来对你说，你是一个天才，这是他所听过的最精彩的见解。听到这些，当然会令人感到惬意。相反，另一个学生在你讲演的时候，不时地皱眉摇头，讲演结束后，她走过来告诉你，你的理论中有些方面讲不通。而且，她还详细地指出了这些方面，口气中带有几分不屑。当天晚上，当你反复思考演讲的内容时，你意识到第二个学生所讲的话尽管有些极端而且也不完全正确，但的确有几分道理，这促使你反思自己的一些假设。这些反思最终促使你对自己的理论进行了重要的修正。对于这两个学生，你会更喜欢哪一个呢？不好说。尽管赞扬明显是一种奖赏，但是不同意见促使你理论的完善，自然也是一种奖赏。在这个问题上，我不能预言哪种行为带来的奖赏更多，因而我无法确定你会更喜欢其中哪一位。

赞扬和批评的交互影响更为复杂，也更为引人关注。一些研究发现，在其他条件相同的情况下，只要评价者不再评价我们，负性评价一般会提高我们对评价者的崇拜感。在一项实验中，特里萨·阿玛贝勒[12]让大学生们阅读发表在《纽约时报》书评版上的两篇小说评论的摘要。两篇评论在写作风格和质量方面相当，但其中一篇持极端赞赏的态度，而另外一篇则持极端不赞赏的态度。学生们认为，与持正性态度的评论者相比，持负性态度的评论者更加聪明、更有能力而且更为内行，但前者却更讨人喜欢。

让我们举一个不同的例子，这个例子，涉及对赞扬者隐秘动机的归因。假设南希是一位工程师，她设计出一套很棒的图纸。她的老板对她说，“南希，棒极了。”这种说法对她几乎肯定是一种奖赏，南希对自己老板的喜爱程度可能会增加。但假定南希将要休假，她设计了一套很草率的图纸，而且她自己对此也心知肚明。老板走过来用同样的口气讲出上面这句话。在这种情况下，这句话还能够起到奖赏的作用吗？对此，我不能肯定。南希可能会将此解释成，即使面对着差强人意的作 293
品，老板也试图对她进行鼓励并释出善意。由于老板的这种体贴关怀，南希可能会比自己因工作出色而受到赞扬时对他更加喜欢。从另一方面看，南希也可能将此归因于老板的各种品性或隐秘的动机：她可能会推断自己的老板在讽刺挖苦、耍弄人、不诚实、好坏不分、故作姿态、利诱或者愚蠢，不论南希做出上述何种推测，都会减少她对老板的喜欢程度。假如我们不能对构成奖赏的内容做出清晰的界定，一般奖赏—代价理论便会丧失它的许多价值。当情境变得越来越复杂时，我们发现这样的一般理论的价值也会减小，因为提供奖赏的社会背景出现些许变化便可能使得奖赏变为惩罚。

该领域的研究表明，尽管人们喜欢得到赞扬，而且倾向于喜欢赞扬者，[13]但他们并不喜欢被操纵。如果赞扬过于慷慨、来得毫无根据，或者赞扬者可以通过迎合他人而从中获利（这一点最为重要），那么他（她）便不会受到多少欢迎。在爱德华·琼斯所做的一项实验中，他的一个帮手观察了女性被试在面谈时的表现后，对她进行了评价。这些评价是事先准备好的，一些被试听到的是正向评价，另一些被试听到的是负向评价，其余被试听到的是中性评价。在一种实验条件下，评价者可能存在某种隐秘的动机：被试被提前告知，评价者是个研究生，她需要她们参与她的这项实验，希望被试们自愿参加。结果表明，与那些给予自己负向评价的人相比，被试们更喜欢那些赞扬她们的评价者。但是，当赞扬可能存在某种隐秘的动机时，她们对赞扬者的喜欢程度便会大大降低。因此，那句古老的谚语"甜言蜜语从来不会得逞"是错误的。正如琼斯所说的，"甜言蜜语有时是会起作用的"——但并非任何时候都能起作用。

同样，我们也喜欢那些向我们提供帮助的人。提供帮助可以被视为奖赏，而且我们往往喜欢那些为我们提供这类奖赏的人。例如，在对女子少年感化院犯人所做的一项经典研究中，海伦·霍尔·杰宁斯（Helen Hall Jennings）[15]发现，最受欢迎的是那些发起有乐趣的新活动并帮助其他犯人参与到活动中来的人。即使是这类帮助是无意中发生的，我们也会去喜欢那些帮助我们的人。博尼丝·洛特（Bernice Lott）和阿尔伯特·洛特（Albert Lott）[16]在一项对幼儿的实验中证实了这一点。研究者们将这些儿童分为三组，让他们在棋盘上玩一种路径选择游戏。那些幸运地选择了正确路径的孩子们将在游戏中获胜，而那些做出错误选择的孩子则以失败告终。实际上，孩子们要在想象的雷区里排成一队行进，里面的地雷即便已经爆炸也仍然有威力。假如走在最前面的孩子选择了错误的路径，他便会"被炸死"（退出游戏），排在他后面的孩子自然而然会选择另外的路径。那些幸运地选择 294
了正确路径的引路人，会带领其他孩子顺利地完成游戏。结果表明，与那些没有能够达到最终目标的孩子相比，那些受到奖赏（安全地达到目标）的孩子更加喜欢自己的队友（当然，这些队友对他们获得奖赏提供了很大的帮助）。总之，与那些没有帮助过我们的人相比，我们更喜欢那些帮助我们取得胜利的人——即使他们并非有意对我们进行帮助。

但就像对赞扬我们的人一样，我们对那些帮助我们的人，也并非一概喜欢。具体而言，我们不喜欢那些有附带条件而帮助我们的人。这种附带条件会对受益者的自由造成威胁。假如赠送礼物是为了得到回报，人们便不会喜欢接受这种礼物；同样，人们也不喜欢接受那些希望从被帮助者那里得到利益的人。回想一下前面的章节中我曾经举过的一个例子：假如你是一位老师，你可能会对收到学生的礼物感到欣喜。但从另一方面看，假如某个可能不及格的学生，在你将要阅读学期论文之前送给你一份昂贵的礼物，你便可能感到很不舒服。杰克·布雷姆和安·科尔(Ann Cole)[17]的一项实验对这一推理提供了强有力的支持。在这项实验中，实验者请大学生们参加一项研究(被称之为一项很重要的研究)，要求他们说出自己对另外一个人的第一印象。在每位学生等待实验开始的时候，“另外那个人”(实际上是实验者的帮手)请求离开房间一小会儿。在一种条件下，他稍候便回到房间，重新入座。在另外一种条件下，他带回了一瓶饮料，并迅速地交给被试。随后，要求每位被试帮助那位帮手完成一项枯燥的任务。十分有趣的是，与那些收到饮料的学生相比，那些没有收到饮料的学生更可能向他提供帮助。

这项研究的结果表明，提供帮助和赞扬并不总是奖赏。对一只饥饿的老鼠或者饥饿的人而言，一碗米饭便是一种奖赏。不管是在白天还是在晚上，不管是在寒冬还是在夏日，不管是来自男性还是来自女性，如此等等，它都是一种奖赏。同样，对于一个溺水的人而言，无论在何种情境下，救生艇都是一种奖赏。也就是说，这类奖赏是跨情境的。

但是，赞扬、提供帮助等奖赏却并非跨情境的。它们能否起到奖赏作用取决于很小的情境变化，其中某些变化是相当微妙的。的确，正如我们所看到的，与保持沉默或袖手旁观相比，赞扬和提供帮助有时甚至会降低赞扬者和帮助者的吸引力。因此，戴尔·卡耐基的建议并不是一贯正确的。假如你希望某个人喜欢自己，将向他提供帮助作为一种讨好手段，的确是一种冒险。

假如你希望某个人喜欢自己，你就要努力去让他向你提供帮助，而不是去向他提供帮助。让人们帮助自己，是增加个人吸引力的更可靠的途径。回想一下在第5章里，我曾经描述过一种被称之为“为残忍辩护”的现象。简单地说，我曾指出，假如个体对某个人造成了伤害，他们会通过贬损受害者来为自己的行为辩护。我 295
也曾分析过辩护过程如何从相反的方向起作用。如果我向某个人提供了帮助，我便会为这种行为辩护，使自己确信这是一位有吸引力的、可爱的人，他应当得到这种帮助。事实上，我会对自己说，“我到底为什么会为萨姆如此卖力(或者花费如此多的钱，或者做了其他什么)呢？因为萨姆是一个非常好的人，这就是理由！”

这种观点并不新奇，的确，它似乎是一种民间智慧。世界上最伟大的小说家之一列夫·托尔斯泰(Leo Tolstoy)[18]在1869年写道：“我们并不是像喜欢我们曾经帮助过的人那样，喜欢向我们提供帮助的人。”在托尔斯泰讲这番话一个多世纪之前，本杰明·富兰克林便成功地将此作为一种政治策略。在遭到来自一个宾夕法尼亚州议员的对抗和敌意困扰时，富兰克林开始把他争取过来：

我并未……试图通过卑躬屈膝的尊敬来赢得他的帮助。相反，过了一段时间后，我采取了另外一种方法。听说他的图书馆里有某种相当罕见而奇妙的书籍，我给他写便条表达了自己想阅读那本书的愿望，并请求他能够借我几天。他马上将书送来，大约一周后我归还了那本书，并附上另外一张纸条强烈表达了自己对这种帮助的感受。当我们再一次相遇在众议院时，他很有礼貌地跟我打招呼（这是从未有过的事情）；在那以后，他表示随时愿意为我效劳，我们成了名副其实的朋友，我们的友谊一直持续到他去世。这是我所知道的一个古老格言的又一例证，那就是，"曾经帮助过你的人，会比曾经接受你帮助的人更容易再次向你提供帮助。"[19]

尽管本杰明·富兰克林显然对自己策略的成功感到满意，但作为一个科学家，这一点却并不能让我完全信服。因为，在这里并没有完全搞清楚的是，富兰克林的成功是由于这种策略，还是由于他那富有魅力的人格。为了确定这一点，就必须进行严格控制的实验。大约在富兰克林借阅那本图书 230 年以后，乔恩·杰克尔（Jon Jecker）和戴维·兰迪（David Landy）[20]进行了一项这样的实验。实验中，学生们参与了一项概念形成的任务，这项任务能够为他们赢得一大笔钱。在实验结束以后，实验者向其中三分之一的被试解释，他在实验中使用的是自己的积蓄，而现在钱要用光了——这就意味着他不得不停止实验。他问道，"就算专门帮我的忙，能将你赢的钱还给我吗?"向另外三分之一的被试提出要求的，不是实验者本人，而是系里的秘书。这位秘书询问被试能否将钱还回来，对将要耗尽的心理系研究基金提供特别的帮助。余下的被试没有被要求归还所赢得的钱。最后，所有被试均被要求填答一份问卷，其中包含了表达对实验者感受的内容。结果表明，那些被劝说对实验者提供特别帮助的人，对实验者最喜欢。296
也就是说，由于这些被试曾经帮助过实验者，他们成功地使自己相信实验者是一个值得帮助的正派的人。

梅尔文·勒纳（Melvin Lerner）和卡罗琳·西蒙斯（Carolyn Simmons）所做的一项实验也得到了同样的结果。作为一项学习实验的一部分，实验者让几组被试对一个受到系列电击的学生进行观察。在观察了一段时间后，实验者让一些被试对是否应当继续向"受害者"发出电击进行投票（采取的是无记名投票的形式）。而其他被试则没有接到对此进行投票的要求。所有被要求投票的被试都赞成停止电击，其中一些人成功地做到了这一点，而其他人则并没有做到。结果发现，那些成功地阻止了电击的被试，对受害者的喜欢程度最强。那些试图阻止但最终却没能阻止电击的被试，与那些没有进行投票的被试，对受害者的喜欢程度相同。

个人特征

正如我曾经提到的，某些个人特征对于一个人受喜爱的程度起着重要的作用。[22]因此，人们往往喜欢那些真诚的、有能力的、聪明的、精力充沛的人。这类研究大多数采用民意测验的方式进行，要求人们对自己喜欢或者不喜欢的人的特征加以描述。在这类研究中，很难确定究竟孰因孰果：是我们喜欢那些具有悦人品质的人，还是我们认定自己的朋友都具有悦人的品质呢？很可能这两个方面是互为因果的。要确定具有某些正向个人特征的人是否比其他人更受人们喜欢，就必须借助于控制更为严格的实验来加以考察，而不能停留在民意测验。在本部分，我们将深入考察两种重要的个人特征：能力和外表吸引力。

能力 看起来显而易见，在其他条件相同的情况下，一个人越有能力，他便会越受到人们的喜欢。这很可能是因为我们需要让自己正确。假如我们的周围都是一些很有能力和才干的人，就有可能保证我们正确。但正如本章将要讨论的，决定人际吸引的因素往往是复杂的，往往不能仅用三言两语就表达清楚。至于能力，大量自相矛盾的研究文献证实，在问题解决小组中，那些被认为最有能力最有思想的被试，往往并不是最受欢迎的人。[23]我们如何来解释这种矛盾的现象呢？一种可能 297
性是，尽管我们喜欢与有能力的人呆在一起，但是能力超群的人可能会令我们不安。这样的人可能看起来不好接近、有距离感、超凡脱俗。与他们比起来，我们显得很糟。假如事实的确如此，我们便可能更喜欢那些多少会犯些错误的人。例如，萨姆是一位杰出的数学家，同时也是一位水平很高的篮球运动员，而且着装一向考究。如果他偶尔计算出点错、投丢个把好球或者打着带有油污的领带，那么我们便可能更喜欢他。

大约 45 年前，当我正潜心思考这一现象时，碰巧看到了来自盖洛普民意测验的一些惊人的资料：约翰·肯尼迪担任总统期间，1961 年登陆猪湾试图入侵古巴事件刚刚发生不久，他的个人声望竟然升高了。这的确令人大跌眼镜，因为试图入侵古巴显然是大错而特错，以至于当时便被称之为（而且至今人们仍普遍这样认为）"猪湾惨败"。对此，我们可以做何解释呢？一位总统犯下了美国历史上（截至事件发生时）最为严重的错误之一，而令人不可思议的是，人民却因此而更加喜欢他。为什么会这样呢？可能性之一便是，肯尼迪以往可能"过于完美"了。"过于完美"意味着什么？一个人怎么能"过于完美"？

1961 年，肯尼迪的个人声望非常高。他几乎是所有故事书中都要出现的人物。的确，他的政府被称之为卡米洛特*。肯尼迪年轻、英俊、聪明、机智、富有魅力、体格健壮。他是一位求知欲极强的读者、一位畅销书的作者、一位精通政治的战略家、一位战争英雄，同时也是一位对肌体痛苦耐力无比的人。他与一位极具天赋的漂亮女士（能够讲几种外语）成婚，有两个聪明伶俐的孩子（一男一女），而且还拥有一个成功而又团结的家族。在他的身上发现一些过失（例如对某项重大失误负有责任），会有助于公众将他视为普通人，从而对他更加喜欢。

当然，这只是几种可能的解释之一，而且正如读者已经了然于心的，在现实世界中是无法对这一假设进行验证的。在现实世界中，许多事情是同时发生的，其中任何一点都有可能提高肯尼迪的声望。例如，在猪湾惨败发生后，肯尼迪总统并没有试图替自己辩解或者推卸责任，而是对这一重大失误勇敢地承担了全部责任。这种无私的举动可能大大增加了其对民众的吸引力。为了验证"发现能力超群的人出现过失会令这个人更受喜欢"这个命题，我们就需要进行实验。实验研究的最大优点之一便是，它可以消除或者控制无关变量（例如无私地承担责任），从而使我们更为准确地评定一个变量对另一个变量的实际影响。我和本·维尔曼（Ben Willerman）、琼·弗洛伊德（Joanne Floyd）[24]一起进行了一项这样的实验。被试是来自明尼苏达大学的男性大学生。每个学生都收听了一段体现四个人（刺激源）中 298
一个人特征的简单讲话录音，这四个人分别是：(1)一个近乎完美的人，(2)一个犯了错误的近乎完美的人，(3)一个平庸人，(4)一个犯了错误的平庸人。在准备阶段，实验者告诉被试，他们将会听到某个"学院杯"智力竞赛节目（这个节目在当时颇为流行）选手的讲话录音，随后要求被试根据对这位选手的印象以及他看起来的可爱程度等对选手进行评价。每段录音都包括一位学生（刺激源）和访谈者之间的谈话，其中访谈者提出了一些难度相当大的问题，就像"学院杯"中经常提问的。在一段录音中，刺激源个体表现得很有能力，看上去近乎十全十美，正确地回答了92%的问题。在访谈过程中，当问及他在中学的表现时，他谦虚地承认自己曾经是一个优等生，做过年鉴的编辑，还是田径队的队员。在另一段录音中，刺激源个体（实际上是同一个扮演者，采用的也是同样的语调）像一个能力平庸的人那样表现：他仅仅对30%的问题作出了正确的回答。在访谈过程中，他坦陈自己在中学成绩一般，做过年鉴的校对员，曾经为加入田径队而付出大量努力但未能如愿以偿。在另外的两段录音中（其中，一个人能力"超群"，另一个人能力"平庸"），刺激源个体出现了一次令人尴尬的失误。在访谈快要结束的时候，他笨拙地将一杯咖啡洒到了自己的身上。这次"出丑"通过录音表现出来，包括忙乱声和杯子的哗啦作响声、

* 传说中亚瑟王的宫殿所在地。——译者注

椅子的挪动声以及来自刺激源个体的抱怨声，“噢，天哪，我的新衣服洒满了咖啡。”为了实现最大程度的控制，实验者对这段录音进行了翻录，一份接在能力超群者的录音带后，另一份则接在平庸者的录音带后。

结果是令人吃惊的：那位出现过失的能力超群者，被评价为最有吸引力；而那位出现过失的平庸者，则被评价为吸引力最低。那位完美者（没有出现失误）吸引力位居第二，那位平庸者（没有出现失误）位居第三。很显然，洒掉一杯咖啡这件事情本身并不具有吸引力。尽管它的确有助于令完美者更加讨人喜欢，从而增加他的吸引力，但同样的行为也会令平庸者更加平庸，进而降低他的吸引力。这一实验为我们的论点提供了强有力的支持，那就是：尽管能力超群的确会使我们显得更具吸引力，但一些失误迹象也会令我们的吸引力更上一筹。这种现象被称之为**出丑效应**。

更为复杂的实验为这一发现提供了一些精细化的印证。一般而言，当观察者认为自己与刺激源个体之间存在潜在竞争的威胁时，出丑效应最为明显。凯伊·戴奥克丝[25]所做的一项实验证实，出丑效应在男性中表现得最为强烈。她发现，研究中的绝大多数男性几乎都喜欢那些有过失的能力超群的男性；而对女性而言，无论刺激源个体是男是女，她们都喜欢无过失的能力超群者。我和我的同事也发现，那些自尊心处于中等程度的男性最有可能喜欢有过失的能力超群的男性，而自尊心低的男性（这些人明显感到与刺激源个体之间几乎不存在竞争）则喜欢没有过失的能力超群者。[26] 299

应当强调的是，无论自尊心水平如何，没有多少人会喜欢平庸者。由于曾经发生过一件不同寻常的政治事件，我想就这一点再做些说明。在 20 世纪 70 年代早期，前总统尼克松的声望如日中天，他力图将两位极其平庸的法官擢升到最高法院任职，但没有成功。在为这两位提名人辩护时，参议员罗曼·赫鲁斯卡（Roman Hruska）认为（我敢断定，他是很认真的！），虽然这两个人的确是平庸的，但这个国家的普通民众也需要在最高法院拥有自己的代理人！我们的研究资料并不支持这一观点。

外表吸引力 假定你与某个人初次约会。已经到了夜幕降临的时候，你正在思忖自己是否愿意再与这个人一起外出。你会更看重这位同伴哪方面的特征呢？热情？奔放？聪明？富有同情心？还是好的外表？我推测应当是好的外表！

我们大多数人会对这种说法表示怀疑和震惊。我们不希望这是事实。我们宁愿相信，美貌只是表面上的东西，因此，对喜欢只起很小的作用。而且，似乎这非常不公，为什么像外表吸引之类的东西（这些很大程度是一个人所不能主宰的）会起到重要的作用呢？事实上，当问及在一次可能的约会中所关注的东西时，大多数大学生将“外表吸引”排得非常靠后。[27]但我怀疑这种排序仅仅反映了学生们认为应当采取何种观点，因为后来针对实际做法的一项研究表明，大学生们（以及来自一般群体的被试）主要受到了来自他人外表吸引的影响。[28]例如，在一项研究中，伊莱恩·韦斯特（海特菲尔德，Hatfield）和她的同事们[29]为明尼苏达大学初次约会的学生们进行了随机搭配。此前，先对这些学生进行了一套人格测验。在诸多特征中有哪一种会决定他们之间相互喜欢呢？结果表明，不是智力、男人气质、女人气质、支配性、柔顺、依赖、独立、奔放、真诚之类的特征。决定某对学生是否相互喜欢并继续约会下去的唯一因素便是外表吸引。假如一位英俊的男士同一位漂亮的女士 300
搭配，他们最有可能期待再次相见。

这种现象并不仅仅局限于初次约会。格利高里·怀特（Gregory White）[30]对加州大学洛杉矶分校的青年男女之间相对较长的关系进行了研究。就像伊莱恩·韦斯特（海特菲尔德）和她的同事们所发现的一样，怀特发现外表吸引是一个重要的因素。不过在这一情境中，某对学生彼此之间吸引力方面的相似性，是决定两人之间的关系是否得以持续的关键因素。具体而言，在一对学生开始约会大约九个月之后，与那些在吸引力方面彼此之间存在差异的学生相比，那些被评价为外表吸引方面非常般配的学生会有更深的交往。

对这些约会组合的研究所得出的结论是显而易见的：无论是从短期还是长期来看，外表吸引在决定一个人是否会喜欢另一个人方面都起着重要的作用。另外，这些研究还表明，至少在美国（其中绝大多数研究是在美国进行的），外表吸引具有明显的文化标准。评价者在评价人们的外表吸引方面没有任何困难。而且评价者之间评价比较一致，也就是说，评价具有很高的信度。在其他条件相同的情况下，一个人所具有的外表吸引力不仅有助于我们预测他人是否希望与他约会，而且还会对更为广泛的属性产生影响。例如，在一项研究中，克伦·迪翁（Karen Dion）和她的同事们[31]向大学生们出示了三个大学生的照片。这些照片是根据吸引力程度的不同而特地挑选出来的：其中一张很有吸引力，一张相貌平平，一张根本没有吸引力。实验者要求被试们就 27 种人格特征对这些照片上的人物进行评价，并对他们未来的幸福程度加以预测。结果发现，被试们将最合意的特征和最大限度的预期幸福赋予那些外表具有吸引力的人。无论是男性评价男性、男性评价女性，还是女性评价男性、女性评价女性，结果都是如此。

当得知大多数人似乎都同意所谓美貌的人既有外表吸引人的特征又有相应的人格特征时，你会感到惊奇吗？或许不会。从童年早期的经验中，我们已经认识到，美貌的具体含义是与美德联系在一起的。从沃尔特·迪斯尼的影片和小人书中的插图我们得知，像白雪公主、灰姑娘、睡美人这样一些高贵而迷人的女主角，以及那些令人着迷并赢得她们芳心的王子，看起来都是相像的。他们都具有固定的特征：小巧玲珑的鼻子，大大的眼睛，丰满的嘴唇，完美无瑕的皮肤，苗条健美的身材。他们看起来都像“芭比娃娃”和“肯娃娃”！的确，“芭比娃娃”和“肯娃娃”是这样的。而相反，恶毒的继母、继母带来的女儿、巨人、侏儒以及王后，又是被如何描写的呢？

此外，电视也在支持着这些文化标准。人们精心挑选那些符合美国美貌定型的演员，来出演流行肥皂剧或黄金时间播出的情景喜剧的女主角或男主角。接下来便是商品广告。那些大量收看电视的人，要面对着接连不断的广告宣传，这些广告是为了兜售“瓶中美人”* 的想法。洗发水、化妆液、防臭剂、牙膏、跑步机，所有 301
这些商品都被大肆兜售，并力图让人们相信它们会令人美丽永驻、富有魅力，最终获得成功。接触这类广告，的确会对人们产生影响。例如，在一项实验中，[32] 实验者让一些 16 到 18 岁的年轻女性系统地接触大约 15 种电视商品广告，广告中盛赞为美貌而采取的措施是美德。控制组看到的则是与美貌无关的产品广告。稍后，要求所有的年轻女性被试对十种属性的相对重要性进行排序，其中包括性吸引力、智力、漂亮的脸蛋、勤奋，等等。结果表明，与控制组相比，那些收看了美貌广告的年轻女性更倾向于认为，与美貌有关的属性比其他品质更为重要。

我们的讨论中所隐含的观点之一便是，美貌的文化标准是很早就习得而来的。假如我们对美貌的认识来自观赏小人书中的图画、迪斯尼影片或者观看电视，那么由此可以得出结论：即便儿童也会受到这些标准的影响。事实的确如此。在一项引人注目的研究中，克伦·迪翁和爱伦·博施德[33] 发现，甚至早在幼儿园，孩子们就会对同伴的外表吸引力作出反应。在研究中，迪翁和博施德首先让研究生们对幼儿园孩子们的外表吸引力作出独立的评价。随后，他们确定孩子们中间谁会喜欢谁。他们发现外表吸引非常重要。在男孩子身上所得出的结果尤为明显：与外表没有吸引力的男孩子相比，外表有吸引力的孩子受到了更多的喜欢。而且，那些没有吸引力的男孩，被认为比那些有吸引力的男孩更具攻击性。当要求孩子们说出那些“恐吓他们”的人的名字时，他们倾向于指认那些没有吸引力的孩子。当然，也有可能那些缺乏吸引力的孩子的举止的确更具攻击性。在该研究中，研究者没有观察幼儿园孩子们的实际行为，因而他们不能对这种可能性加以验证。

但是，我们有另外的证据可以证明，人们会不顾事实地为那些外表有吸引力的孩子开脱责任。这一发现来自克伦·迪翁的一项后续实验。[34] 迪翁要求几位女性

---

* 《瓶中女人》是根据真人故事改编的一部影片，女主角由格温妮丝·帕尔特洛（Gwyneth Paltrow）饰演。在此作者用“瓶中女人”指代做电视广告的漂亮演员。——译者注

被试对严重扰乱课堂秩序的报告进行检查，这份报告显然出自一位教师之手。每份报告都附有一个孩子的照片，据称是他（她）首先扰乱秩序。在一些情况下，照片上是一个外表有吸引力的男孩或女孩；而在另外一些情况下，照片上的男孩或女孩则没大有吸引力。这些女性被试往往更多地指责那些没有吸引力的男孩或女孩，而且推断他们做出这样的事情是家常便饭。然而，当照片上的孩子很有吸引力时，他们便可能会原谅这种破坏行为。正如一位女士所谈到的，“她和任何一个人都很玩得来，但就像其他任何一个人一样，她也会有情绪低落的时候。对她的破坏行为……不应看得太重。”当同样的事情发生在一个从照片上看外表不具吸引力的女孩身上、并以完全同样的方式加以描述时，人们的典型反应是，“我想这个孩子可能 302
十分讨人嫌，可能没少给老师惹麻烦。她很可能在向年龄相同的小伙伴故意找茬……总之，她的确是个麻烦。”因此，我们往往假定那些有吸引力的孩子是无辜的。他们的错误行为被视为可以谅解的过失，是由特殊的情境、他人或者某个不幸的事件所导致的。相反，那些缺乏吸引力的孩子则不会轻易地被放过。他们的错误行为被加以内部归因，即被归因于稳定的负性人格特质。

外表吸引力在青少年早期、儿童期和成人身上都会产生重要的影响，对此没有人会感到奇怪。例如，理查德·勒纳（Richard Lerner）和他的同事们[35]发现，经过了一个学年，六年级的学生们往往认为那些外表有吸引力的同学比没有吸引力的同学更有能力。而且，在这项研究中教师们也落入了同样的“陷阱”。从教师方面看来，在其他条件相同的情况下，那些外表有吸引力的教师也比他们那些缺乏吸引力的同事占优势。在一项研究中，布鲁斯·汉斯伯格（Bruce Hunsberger）和布兰达·卡范娜（Brenda Cavanagh）[36]发现，六年级的学生在评价教师时认为，那些外表有吸引力的老师比没有吸引力的老师更友好、更快乐，也更为宽容。

外表吸引力在商业领域也会产生重要的影响。伊雷娜·弗瑞泽（Irene Frieze）和她的同事们对700多位年轻人的外表吸引力进行了等级评价，同时考察了他们的就业经历——从他们刚刚获得工商管理硕士学位开始就业，直至此后十年里的就业情况。结果是显而易见的。那些外表有吸引力的男士从一开始便得到了比较丰厚的薪水。而且，这种影响并没有随着雇主对他们的逐渐了解而消退。在整整十年的时间里，有吸引力男士的薪水总是超过他们没有吸引力的同事。对于女性而言，有吸引力在一开始并没有影响到她们的薪水，但在工作一段时间之后她们的吸引力开始对薪水产生影响，而且这种影响一直持续到研究结束。对吸引力的评价采用的是五点等级量表。研究者们计算出，在该量表上每个等级价值2 150美元。因此，从理论上讲，假如经过整形手术后你的容貌从第二等级上升到第四等级，这就等于一年增加了整整4 300美元。

外表吸引并不一定是单向的。几年前，我和哈罗德·西格尔(Harold Sigall)合作进行了一项实验，我们证实，无论如何有吸引力的女性比没有吸引力的女性对男性都有更大的影响。在这项实验中，实验者让一位女士打扮得很有吸引力，或者看起来没有吸引力。具体做法是：挑选一位天生丽质的女士，在没有吸引力的条件下，让她衣着松垮凌乱、很不得体，头上佩戴着与她的肤色很不相称的金黄色蜷曲假发，皮肤看上去带有油腻，显得很不健康。随后，她扮作一位临床心理学专业的研究生，对几位男大学生进行了访谈。在访谈结束的时候，她将自己对每个学生所做的临床评价交给了他们。其中，一半学生收到的是非常有利的评价，而另外一半 303
学生收到的则是不利的评价。我们发现，当评价者打扮得没有吸引力时，大学生们似乎不太关注从她那里得到的评价是好是坏。在这两种情境下，他们对她的喜欢程度大致相当。然而，当她看起来漂亮的时候，假如她提供的是有利的评价，大学生们会更加喜欢她；假如她提供的是不利的评价，他们会比在其他任何条件下都对她更不喜欢。特别有趣的是，尽管被有吸引力的女士评价消极的男大学生声称不喜欢她，但他们仍表现出在随后的实验中与她再次交往的强烈愿望。我们推测，来自漂亮女士的负性评价对一个男性是非常重要的，因此他们希望有机会再次交往以改变她对他们的看法。

在随后的实验中，哈罗德·西格尔和南希·奥斯特罗夫(Nancy Ostrove)[39]发现，除非人们怀疑某个漂亮的女士滥用她的美貌，他们一般都会对她偏爱有加。他们在实验中要求男性和女性大学生阅读一篇有关刑事案件的报道，案件中的被告显然有罪在身。随后，要求被试按照自己的看法对被告的刑期做出适当的“判决”。结果表明，当被告所犯罪行与吸引力无关(例如盗窃罪)时，假如被告外表很有吸引力，判刑就会较轻。当所犯罪行与吸引力有关(例如在一桩诈骗案中，女被告引诱一个中年光棍向一个空壳公司投资)时，被试会因被告具有外表吸引力而加重对她的判决。

让我们占用一点时间来对这一问题做些深入探讨。西格尔—奥斯特罗夫实验本身是一项很重要的实验，因为它证实了外表吸引力对人们决策的重要影响。但是，考虑到我们的法律制度，我们又是多么需要认真地对待这些资料！毕竟，西格尔和奥斯特罗夫并不是在同训练有素的法官打交道，他们实验中的被试不过是一些大学生。难道我们可以从这项实验中推断我们的法律制度是如此的不公正，以至于外表吸引竟然会对实际犯罪判决产生作用吗？难道法官也同大学生们一样容易受到美貌的影响吗？克里斯·当斯(Chris Downs)和菲利普·莱昂斯(Philip Lyons)[40]决定对此加以探讨。他们详细考察了在真正的法庭上真正的法官做出的罚金和监禁方面的判决结果，这些案件涉及 915 名女性被告和 1320 名男性被告，他们因品行不端的轻罪或者更为严重的罪行而受到指控。他们的发现颇为有趣而且令人欣慰。如果所犯的是轻罪，法官们对那些外表有吸引力的男性或女性被告都宽松得多；与那些吸引力较差的被告相比，对他们的监禁和罚金量刑较轻。但是，如果所犯的是重罪，被告的外表吸引力便不会起作用。因此，答案是即便那些训练有素的法官也面临受到人们外表吸引的危险，但是当面对重罪时，他们良好的判断力会战胜这些无关因素的潜在影响。

一个人的外表吸引力不仅会影响到人们对他(她)的评价以及人们受他(她)影 304
响的程度，而且还可能改变人们对那些与他(她)有关的人的看法。哈罗德·西格尔和戴维·兰迪[41]的一项实验证实，一位男士同一位漂亮的女士在一起，与他同一位没有吸引力的女士在一起，给人们造成的印象是不同的。在他们的研究中，与被试们看到一位男士与一位没有吸引力的女士坐在一起相比，当他们看到同一位男士与一位非常有吸引力的女士比邻而坐时，他们会更喜欢这位男士，认为他更为友好而且更加自信。

综合考虑这方面所有的研究，很显然，美貌绝不仅仅停留在表面。人们会受到那些外表有吸引力的人的影响，除非这些人对人们滥用这种吸引力，相比于缺乏吸引力的人，人们往往会更喜欢他们而且行事也会对他们更为有利。另外，当处在困境或者混乱状态时，漂亮的人们往往被假定是无辜的，他们会比那些没有吸引力的人受到更多的优待。这一点从他们很小的时候就开始了。这些资料令人感到不安的方面是，这类优待很有可能包含了自证预言的种子：我们知道，人们所受到何种方式的对待，会影响到他们看待自己的方式。有关这一现象的一些证据，来自马克·斯奈德、伊丽莎白·德克尔·坦克(Elizabeth Decker Tanke)和爱伦·博施德[42]所进行的一项经典实验。设想你是他们实验中的一个男大学生：你自愿参加一项研究，主题是“人们是如何相识的”。你与呆在另一个房间里的一位女生搭配成一个组合，很显然你们两人被安排在“进行言语交流”的实验条件下。尽管你没有见过你的搭档，但你已经得到了一包资料，其中包括她的照片。当你接下来通过对讲机与她交谈时，你认为这个女生照片上的外表吸引力会影响到你对她的印象吗？

正如读者能够猜到的，男大学生所看到的照片并不是他的搭档本人的。其中一半的被试，从照片上看到的是一位很有吸引力的女生；而另外一半被试，看到的女生照片则不太有吸引力。但是照片的确产生了作用。与那些认为自己在与一位没有吸引力的女生谈话的男生相比，那些认为自己在与一位有吸引力的女生谈话的被试，认为自己的搭档更为稳重、幽默且更擅长交往。这一点并不令人惊奇，令人感到震惊的是：当另一些旁观者只是收听了女生一半的谈话录音，尽管并没有见过她的照片，但他们却对那些男搭档认为具有外表吸引力的女生留下了更深的印象。总之，由于男搭档认为自己正在同一位有吸引力的女生谈话，他对这位女生所采取的交谈方式，充分展示了她的最佳特征。当这些旁观者听到这位女生的谈话时，便会认为她比那些被男搭档评价为缺乏吸引力的女生更加迷人、更加自信、更加活跃、更加热情。因此，那些外表有吸引力的人会逐渐感到自己很完美很可爱，305
因为他们一向被人们如此看待。相反，那些相貌平平的人则可能认为自己很差或者不讨人喜欢，因为他们也一向被人们如此看待——甚至从孩提时就开始了。最终，人们开始按照符合这类自我概念的方式去行事，这种方式正是一开始人们对待他们的方式。

请注意一点，我们对美貌的讨论在很大程度上集中在视觉美方面。其实还存在着其他形式的美。我们的视觉机制对我们的情感和行为发挥着特别稳定的影响。我们坚信自己的双眼，并将其视为确定他人是否有吸引力的工具。而且，正如我们所看到的，一旦我们认定某个人相貌出众或者相貌平平，我们便往往会将其他一些特征也安在这个人的身上。例如，与相貌平平的人相比，我们往往会感到相貌出众的人更为热情、更有性感、更能让人动心，也更能让人感到愉快。在上世纪 60 和 70 年代，在敏感性训练小组最受欢迎的时候，许多人自愿参与非视觉体验。例如，其中一种体验是，大约 50 个人被蒙上双眼，允许他们在一个房间里任意走动，彼此结识只通过触觉和相互交谈。在参与了一项这类练习之后，小组成员们往往会报告，先前的定型大大减弱了。最为根本的是，个体发现在非视觉情境中，无所谓“相貌平平”。此外，当后来睁开双眼的时候，参与者们常常会惊奇地发现一些事情，例如，站在他们面前的那个大鼻子、满脸疙瘩、长相滑稽的人，竟然与几分钟前（当他双眼被蒙住的时候）给他们以非常热情、温和、敏锐、迷人印象的是同一个人。这种体验令许多参与者终生难忘。

相似与吸引

林恩（Lynne）参加一个鸡尾酒会，经人介绍认识了苏珊。她们仅仅交谈了一会儿，便发现在一些问题上彼此看法完全一致，例如所得税制度的不平等、理查德·尼克松在世界历史上的最终地位、自由主义艺术教育的重要性。回家后，林恩告诉自己的丈夫，她非常喜欢苏珊，认为苏珊是个不一般的、很聪明的人。唐·拜恩（Donn Byrne）和他的同事们[43]通过一系列严格控制的实验发现，如果你对一个人的了解只是他对一些问题的看法，那么他们和你的看法越是相似，你对这个人也就越是喜欢。

为什么一致的意见会导致人际吸引呢？至少有两个重要原因。首先，很显然，对我们大多数人而言，那些与我们在一些重大问题上态度和看法一致的人，往往是特别聪明、很有见解的人。与那些聪明而且有见解的人交往或者谈话，总是受益匪 306
浅、妙趣横生。其次，他们为我们的看法提供了一种社会印证。也就是说，他们使我们感到自己是正确的。这一点对我们也是有益的。因此，我们喜欢那些与我们意见一致的人。

在此还必须提到另外一个因素：我们人类对意见与喜欢之间的关系持肯定的态度，因此，假如我们恰好由于某种无关的理由而喜欢一个人，我们便会假设他（她）的看法一定与我们类似。于是，因果关系会从两个方向起作用：在其他条件相同的情况下，我们喜欢那些意见与我们相似的人；而且，假如我们喜欢某个人，我们就会推定他（她）所持的意见与我们相似。

喜欢、被人喜欢与自尊

还有另外一个原因致使我们倾向于喜欢那些与我们意见相似的人。研究表明，当我们意识到有人与我们的意见相同，而且倘若这个人也意识到了这一点，我们便往往会认为他（她）会喜欢我们。[45]这一假定是重要的，因为它证明了我们是否喜欢另一个人的一个最为重要的决定因素便是这个人是否表现出对我们的喜欢。[46]

而且，仅仅认为某个人喜欢自己，便可能诱发有助于增进两个人之间正向情感的一系列螺旋上升的事件。这一切是如何发生的呢？让我们举例说明。假定在一场晚会上经由你我的共同朋友介绍，我和你之间进行了一小会儿无关痛痒的谈话。几天后，你在校园里碰到了我们的那位朋友。她告诉你，晚会结束后，我说了一些对你特别恭维的话。你认为我们下次相见时你会如何对待我呢？我的直觉是，你得知我喜欢你，很可能会使得你也喜欢我，而且你会通过你的行为举止让我知道你也喜欢我。与得知我喜欢你之前相比，你可能会更多地对我微笑，更多地向我袒露心扉，在行为举止中表现得更加热情、更加投入、更加可爱。那么，你认为你的这些做法又会对我的行为产生何种影响呢？面对着你热情而可爱的行为，我对你的喜欢也无疑会大增，而且反过来，我也会以一种更为可爱的方式表达出自己对你的喜欢之意。

但是，请你考虑下面的问题：假如我们共同的朋友所告诉你的与实际不符，会出现何种情况？假如你我刚刚相识，她便已经认定我们彼此会相互喜欢，而且在我还没有任何表示的时候，她便告诉你我喜欢你，情况又会如何？她的有目的的举动会在多大程度上起作用呢？假定你我像里贝卡·柯蒂斯（Rebecca Curtis）和金姆·米勒（Kim Miller）[47]实验中的被试，她的想法便会奇迹般地变为现实。这些研究者让一些人相信另外一个人喜欢他们，同时让另外一些人相信同一个人不喜欢他们。在随后的交往中，那些认为自己被人喜欢的被试与那些认为自己不讨人喜欢的被试相比，行为举止显得更加可爱。他们更多地袒露心扉，更多地去附和这个人的看法，他们对这个人显得更加热情、更为和蔼可亲。而且，后来出现的实际情况是，那些认为自己被人喜欢的被试，的确受到了这个人的喜欢；而那些认为自己不被人喜欢的被试，则不为这个人所喜欢。换句话说，错误信息会导致自证预言。那些被告知被人喜欢或者不被人喜欢的被试们的行为，引起他们的搭档做出相应的行为；需要注意的是，这些搭档实际上根本没有对他们表现出喜欢或者不喜欢。我们的看法，无论正确与否，都会对现实产生某种潜在的影响。 307

正如我们所看到的，被人喜欢的确会令人心旷神怡。不仅如此，我们越是缺乏安全感或者不自信，喜欢我们的人就越会令我们倾心。在伊莱恩·韦斯特（海特菲尔德）[48]所进行的一项引人关注的实验中，一群正在等候先前所进行的人格测验结果的女大学生，碰到了一个向她们走来的男青年。这个非常和蔼、相貌出众、衣着考究的男青年，实际上是实验者的帮手。他与每一个女大学生攀谈起来，表示对她很喜欢，并约她再次见面。就在此时，实验者走向他们，领这个女学生到办公室去，向她说明测验结果。在此期间，实验者让女学生阅读了一份对她的人格的评价报告。其中一半被试得到了很高的正向描述，这样设计是为了暂时提高她们的自尊。另外一半被试得到了有些负向的描述，这样设计是为了暂时降低她们的自尊。最后，作为实验的一部分，实验者要求这些学生对包括老师、朋友在内的各种各样的人，按照喜欢程度进行评价，并提议"既然还有空余的地方，为什么不把刚才和你一起等候的那个小伙子也一起评价？"结果表明，与那些在人格测验中得到对自己有利信息的被试相比，那些得到对自己不利信息的被试，更加喜欢她们的男性崇拜者。总之，人们喜欢被人喜欢，而且人们越是缺乏安全感，便会对那些喜欢自己的人越发喜欢。

这个实验的启示之一便是，那些对自身具有安全感的人，"需求"并不强烈，也就是说，他们不大可能去接受某个不期而遇的人主动示好。一个忍饥挨饿的人几乎会接受任何食物，而一个营养充足的人却会比较挑剔。同样，一个缺乏安全感的人几乎会接受任何一个人的示好，而一个具有安全感的人却会比较挑剔。此外，为了减少被拒绝的可能性，一个缺乏安全感的人甚至可能会从不太有吸引力的人那里寻找感觉。这一假设得到了莎拉·基斯勒和罗伯塔·巴拉尔（Roberta Baral）[49]所做的一项有趣的实验的证实。他们让一些男大学生相信自己在智力测验中表现很好,而让另外一些男大学生相信自己的表现很差。在随后的休息时间里,实验者同男学生一起去喝咖啡。当他们走进咖啡屋的时候,实验者"认出"了一位女学生,308 她正一个人坐在那里,他走到她的桌旁并将男被试介绍给她。当然,这个女学生是实验者的一个帮手,她是特意坐在那里的。有时,这位帮手打扮得很有吸引力,有时她则打扮得很平常。研究者对男性被试所流露出来的浪漫情趣程度进行了观察,看他是否邀请她再次见面,是否替她埋单,是否向她索要电话号码,是否尽量让她多呆一些时间,等等。正如我们可以料到的,那些受到诱导对自己具有安全感(例如,相信自己在测验中表现很好)的被试,对"有吸引力的"女生流露出更多的浪漫情趣;而那些受到诱导对自己没有安全感的被试,则对"没有吸引力的"女生流露出更多的浪漫情趣。

基斯勒—巴拉尔实验表明,大多数人都担心遭到拒绝。他们这样想,的确有很充分的理由。就像我们在第 6 章所看到的,被拒绝会导致攻击行为的增多,而且几乎可以肯定,这是造成哥伦拜恩中学枪击案的根本原因之一。另外,罗伊·鲍迈斯特和他的同事们[50]通过一系列引人注目的实验证实,遭到拒绝会带来多种形式的损害。在一项实验中,大学生们进行了一项标准智商测验。就在这项测验将要开始时,他们得到了早前进行的一项人格测验的虚假反馈。通过随机安排,其中一些被试得到的是良好的信息,这些信息意味着他们将受到他人的喜欢。另外一些被试得到的是不好的信息,这信息意味着他们很可能最后会无人搭理,因为他们的人格特征会使他们以后遭到人们的拒绝。第三组被试得到的也是不好的信息,但这些信息内容与第二组不同。他们被告知,这些人格特征很容易导致事故,他们很可能会出现骨折并入院治疗。实验结果是显而易见的。与处于其他两种条件下的被试相比,那些被诱导将来会遭到拒绝的青年男女被试,在智商测验上的得分都低。该实验证实,对于我们这些社会性动物而言,即便是预感会遭拒绝,也可能会影响到我们的智力表现。在一项类似的实验中,鲍迈斯特和他的同事们发现,当人们预感会遭到拒绝时,他们也会放弃健康食品而去选择不健康食品(过量食用奥利奥薄脆饼!)、拖延时间或者做出不明智的决策。[51]

尊重的获得与丧失

我们已经看到,得到某个人的喜欢会增加我们喜欢这个人的可能性。让我们进一步分析一下这种关系。假设,在一场鸡尾酒会上,你与一位年轻的女士第一次相见,而且与她很谈得来。过了一会儿,你走开去再斟一杯酒。当你返回来的时候发现，她正背对着你与另外一个人交谈，而且谈到了你。你自然会停下来听他们的谈话。显然，她对你的议论会影响到你对她的看法。很明显她没有不可告人的动机，实际上她甚至不知道你在偷听。因此，假如她对自己的同伴讲，你给她留下了很好的印象，她很喜欢你，认为你是一个聪明、诙谐、迷人、和蔼、诚实、开朗的人。我猜想她的这些表露会令你对她更加喜欢。相反，假如她表示她对你没有什么好印象，她不喜欢你，认为你是一个乏味、讨厌、虚伪、愚蠢、俗气的人，我猜想听到这一切会令你对她的喜欢大减。 309

到目前为止，一切都很顺利。但我敢肯定你对这些不会太感兴趣。因为你一向清楚：我们从某个人那里听到的有利于自己的事情越多，我们就会越喜欢他（除非这个人是为了蒙骗我们）；相反，我们从某个人那里听到的不利于自己的话越多，我们就会越讨厌他。尽管人人都知道，但这一点恰恰是不正确的。假定：你接连参加了七场鸡尾酒会，极为巧合的是，每次你都遇到了同样的事情。你与某个人交谈了几分钟，然后离开，当你回来的时候，无意中听到她在谈论你。每次你遇到的都是同一个人，在与你的这七次邂逅中，她对你的态度或者始终一致，或者有所变化。其中，我特别感兴趣的是以下四种可能：(1)在七种场合下，你无意中听到的都是这个人对你完全肯定的评价；(2)在七种场合下，你无意中听到的都是这个人对你完全否定的评价；(3)开始的两三次，她对你的评价是否定的，但渐渐地变得越来越肯定，最终变成完全肯定的评价；(4)开始的两三次，她对你的评价是肯定的，但渐渐地变得越来越否定，最终变成完全否定的评价。在以上哪一种情境中，这个人会对你更有吸引力呢？

根据有关喜欢的简单奖赏—成本理论，在第一种情境中你会最喜欢这个人，因为在这种情境中她对你持完全肯定的评价；而在第二种情境中你对她的喜欢程度最低（或者说最讨厌她），因为在这种情境中她对你持完全否定的评价。这种判断是显而易见的。因为正性评价是一种奖赏，这样的评价越多越好，而负性评价是一种惩罚，这样的评价越多越糟。

几年前，我提出了一种人际吸引理论，即得失理论，这一理论可以对上述问题做出完全不同的预测。[52]我的理论非常简单。根据这一理论，与来自另一个人的固定不变的正性奖赏行为相比，来自这个人的正性奖赏行为的增加，会对一个人产生更大的影响。因此，假如我们将被人喜欢视为一种奖赏，那么我们更喜欢的是那个在一段时期内对我们的喜欢逐渐增加的人，而不是那个一直喜欢我们的人。即便后者奖赏次数超过前者，这一点也是成立的。同样，正性行为的丧失，也会比来自另一个人一贯的负性行为，具有更大的影响。因此，与某个一向不喜欢我们的人相比（即使他对我们表现出来的负性行为次数更多），我们会更不喜欢一个对我们的尊重逐渐减少的人。让我们将话题转回鸡尾酒会，我会预言你最喜欢“获得”的情境中（一开始不喜欢你，但对你的喜欢逐渐增加）的那个人，而在“丧失”的条件下（最初喜欢你，但对你的喜欢却逐渐减少），对她最不喜欢。

为了验证我的理论，就必须设计一种与鸡尾酒会类似的实验情境，而且为便于 310
控制，我感到有必要将这几个事件集中安排在较长的一次活动中。在这样一个实验中，重要的是要让被试绝对确信评价者根本不知道她（评价者）被偷听。这样做可以消除被试可能存在的怀疑，即评价者为刻意奉承自己而去讲好话。这就向实验者提出了一个很大的挑战。设计这样一种实验程序的核心问题是可信性，即如何提供一种可信的情境，让被试在一段较短的时间内：(1)与一个事先安排好的帮手进行交谈，(2)当这个帮手向第三者评价他时，进行偷听，(3)与这个帮手进行另一次交谈，(4)再次偷听，(5)再次交谈，(6)再次偷听，如此反复，要进行几轮实验。提供任何形式的掩饰性情节都很困难，而要提供一种合乎情理的、不会引起被试怀疑的掩饰性情节则几乎是不可能的。但是，我和达温·林德(Darwyn Linder)最终设计出了这样一种情境。我们用以解决这些问题的措施是极为复杂的，这些措施为人们深入地去了解一项引人入胜的实验程序提供了不可多得的机会。为此，我愿意对这项实验详加描述，希望读者可以从中体会到进行社会心理学实验所面对的困难以及令人振奋之处。

> 当被试（一位女大学生）到来的时候，实验者对她表示欢迎并带她走进一间观察室，观察室通过单向玻璃窗和一套扩音设备与主实验室相联。实验者告诉被试这一时间段安排了两位女同学：其中一位做被试，另一位做实验助手，由于她先到达，因此她可以充当助手。实验者让她稍候，便离开房间去看另一位女同学是否到来。几分钟后，这位被试透过单向玻璃窗看到，实验者与另一位女同学（实验者花钱雇用的帮手）走进了实验室。实验者让帮手稍坐片刻，并告诉她自己很快就会回来向她说明实验的做法。随后，他重新回到观察室，开始指导真正的被试（她认为自己是实验者的帮手）。实验者告诉她，她所要做的是帮助自己对另一位学生进行一项言语条件反射实验；也就是说，假如那个学生在谈话中使用了某些词语，他就会对她进行奖赏。他告诉被试这些 311
> 奖赏会增加那位女生使用这些词语的频率。他继续说明，他的主要兴趣“并不是仅仅为了增加我所奖赏过的那些词语出现的频率，这方面的研究已经做过了。在这项实验中，我们希望搞清楚被试在没有得到奖赏的新情境中（在这种情境中，她与另外一个人谈话，这个人不会因她说出这些词语而给予她奖赏）是否仍然会使用这些词语。”具体而言，实验者向她解释，他会尽力促使另一位女生增加复数名词的使用次数，只要这位女生讲出复数名词，就用“姆……

姆……嗯！”给她以奖赏。“最为关键的问题是：即便你不对她进行奖赏，她是否仍然会说出大量的复数名词？”随后，实验者告诉真正的被试，她的任务是：(1)在另一位女生与实验者进行交谈时，收听并记录她使用复数名词的次数；(2)与她进行一系列谈话（在谈话中，她使用复数名词将不会得到奖赏），以便实验者可以听到并确定是否会出现泛化。实验者告诉真正的被试，他们将轮番同那位女生交谈（先是真正的被试，然后是实验者，接下来又是真正的被试），直到他们每人都同那位女生交谈七次为止。

实验者使被试清楚，一定不能让另一位女生知道实验的目的，以免结果无效。他解释说，为了做到这一点，必须采取一些隐瞒手段。实验者表示，尽管自己对采用隐瞒手段感到非常遗憾，但他仍然不得不告诉“被试”这是一项有关人际吸引的实验。（“不要发笑，一些心理学家实际上的确热衷于此。”）实验者说，他将告诉那位女生要同被试进行七次短暂的谈话，在每次谈话之间，她和被试都会接受访谈——那位女生会接受实验者本人的访谈，而被试则会接受呆在另一个房间里的那位帮手的访谈，从访谈中发现她们各自形成了何种印象。实验者告诉被试，这种掩饰性情节会保证他们完成这项语言行为实验，因为已经向那位女生进行了有关他们所采取程序的可信的解释。

在实验者与帮手的七次谈话期间，主要变量被引入其中。在他们进行谈话时，被试呆在观察室里，收听他们的谈话并负责统计那位帮手使用复数名词的次数。由于她已经相信帮手认为实验是有关对人印象的，因此实验者向帮手询问她对自己（被试）的感受是件很自然的事情。这样，被试便会在接连进行的七次谈话中听到另一位女生对自己的评价。

值得注意的是，采用这样一种掩饰性情节（其中包含了一个有关“人际吸引”掩饰性情节），我们能够在没有引起多少怀疑的情况下达到我们的目的。在 84 位被试中仅有 4 人对这一过程表示怀疑。 312

在此，存在四种实验条件：(1)肯定——由帮手做出的针对被试的一系列评价都是高度肯定的；(2)否定——这一系列评价都是高度否定的；(3)获得——最初几次评价是否定的，但渐渐趋于较为肯定，最终达到肯定条件下的肯定程度；(4)丧失——最初几次评价是肯定的，但渐渐趋于较为否定，最终降到否定条件下的否定程度。

结果证实了我们的预期：处于获得条件下的被试，比处于肯定条件下的被试对帮手更加喜欢。同样，处于丧失条件下的被试，比处于否定条件下的被试对帮手更加讨厌。请注意，根据一般奖赏—成本理论，奖赏和惩罚可以通过算术方法进行简单的相加，因此会做出与上述结果不同的预期。实验结果与我们的理论假定是一致的：逐渐获得的正性评价对喜欢的影响，比一组完全正性的评价要大；与一组完全负性的评价相比，丧失正性评价对人们的影响更大。早在大约300年前，哲学家巴鲁赫·德·斯宾诺莎(Baruch de Spinoza)就已经考虑过类似的现象，他注意到：

> 完全被爱所征服的恨，会转化为爱，因而这种爱会比先前没有经由恨而获得的爱，更为深刻。一个人爱一个他以往憎恨或者感到痛苦的东西，他便会从爱本身感受到快乐。除了包含在爱之中的快乐，还有因消除包含在以往的憎恨中由憎恨对象所造成的痛苦而产生的快乐。[54]

得失效应要发挥作用，必须要具备两个重要条件。首先，构成“获得”与“丧失”的不仅仅是一系列正性或者负性陈述，还必须有体现情感变化的整合性连续体。换句话说，假如你一度认为我愚蠢而且不诚实，但后来却又认为我很大气而且有魄力，这并不构成我(或斯宾诺莎)所界定的“获得”。另一方面看，假如你曾经认为我愚蠢而且不诚实，但后来你改变了自己的看法，现在你认为我是一个聪明而又诚实的人，这就是“获得”。因为其中体现了某种递变——一种肯定态度对否定态度的替代。戴维·梅迪[55]和他的同事们所做的一项实验证实了这种区别。他们的实验表明，“获得”效应只有在情感出现明显变化时才会起作用。其次，态度的改变必须是逐渐的。原因是显而易见的：突然出现的态度上的巨大转变(尤其是当这种转变所依据的证据不充分时)，会令被试感到迷惑不解并产生怀疑。假如玛丽在见过萨 313
姆三次后都认为他很愚蠢，却在第四次邂逅之后认为他才华横溢，这种戏剧性的变化一定会引起萨姆的怀疑。相反，态度的逐渐变化则顺理成章，它不会引起怀疑，由此会增强人们对评价者的喜欢。[56]

对共有关系的需求　设想你正与一位偶然相识的朋友(我们姑且称他萨姆)合住一间公寓。萨姆几乎从来也不去刷碗、倒垃圾、整理客厅。假如你希望房间整洁，就必须自己动手来做好这一切。我猜想，用不了多久，你便可能会心烦意乱并且感到自己遭到了盘剥。好了，假定萨姆是一位很不一般的朋友，你还会有遭到盘剥的感觉吗？可能会有，也可能没有，这取决于“很不一般”对我们而言意味着什么。

玛格丽特·克拉克(Margaret Clark)和贾德森·米尔斯[57]对交换关系和共有关系做出了重要的区分。在**交换关系**中，人们关心的是要确保达到某种程度的公正，即交往双方在收益与成本分配方面要公平。在这种关系中，假如出现了严重的不平衡，交往双方都会感到不快乐；处于劣势的一方会感到愤怒或者沮丧，处于优势的一方则往往会感到愧疚。[58]与此相反，在**共有关系**中，交往双方则都不会去计较。相反，一个人会自动地去满足对方的需要，而且当自己出现某种需要时也会很容易地得到同样的关心。

尽管在共有关系中交往双方对达成大致的公平并非根本不加关注，但是他们对此并不看重，并且相信从长远来看一些外在的公平会自然达成。双方关系越是亲密无间，这种关系便越是具有公共性。克拉克和米尔斯认为，在婚前契约中，将要结婚的人们将自己对对方的期望进行明确的规定，这种做法很可能会削弱而不是增强相互之间的感情强度。

这些问题都很难进行科学研究。但是，克拉克和米尔斯与戴维·科科伦(David Corcoran)一起进行了一系列巧妙的实验，这些实验成功地揭示了这种重要差异的本质。例如，在一项实验中，[59]被试们同一位很亲密的朋友或者陌生人搭配成组。随后，这位同伴被带到另外一个房间去完成一项复杂的任务。实验者告诉其中一半的被试，如果他们的同伴需要帮助，他们便会启动开关通过改变被试所在房间一些灯光的样式来发出信号。另外的一半被试则被告知，这种信号仅仅意味着他们的同伴进展顺利，不需要任何帮助，他们很快便会完成任务并获得两人可以分享的奖赏。随后，实验者对被试们注视灯光以确定他们的同伴是否给他们信号的频率进行了观察。假如同伴是一位陌生人(交换关系)，当他们被告知信号意味着可以得到奖赏时，他们会花更多的时间注视灯光；假如同伴是一位亲密的朋友 314
(共有关系)，在他们认为信号意味着自己的同伴需要帮助时，他们会花费更多的时间注视灯光。总之，即便是在这种相当纯净的科学实验条件下，研究者们也能够证明，处于共有关系中的人们更渴望对同伴的需要作出反应。

爱与亲密

迄今为止，本书的讨论主要集中在那些影响人们最初喜欢或讨厌感受的因素，这一切仍然停留在人们相识过程的初期。指出这一点并不意味着它们不重要。因为第一印象往往会持久地发生作用，它们可能会非常重要。

随着以上对共有关系的讨论，我们开始涉入一个更为复杂的领域。现在，我们将话题转向亲密的关系，对人们称之为“爱”的更为复杂和美妙的体验加以特别的关注。

人们对爱的认识 我们中的大多数人是看着好莱坞的爱情故事长大的。这类故事的基本情节颇为简单：男孩与女孩相遇；他们很快便被对方迷住了，并且(或快或慢地)坠入爱河。随后，误解出现了，其中一方或者双方都受到了伤害并陷入愤怒之中，他们断绝了关系，并且都遭受了痛苦。但随后，通过某个幸福的事件，他们再次相聚，他们消除了误解，走向婚姻的殿堂，此后便幸福地生活在一起。当他们举行婚礼时，影片也近尾声。但是，在现实生活中，结婚当然并不是故事的结局。事实上，我认为这恰恰是问题的真正开始。稍后我们会回到这个问题上。但首先，让我们从最根本的问题开始：你是怎样遇到那个自己决定今后与之幸福地生活在一起的人呢？

当我还是一个十几岁的少年郎时，我和我的朋友们都坚信那种浪漫的想法，即有一份而且是唯一的一份真爱，我们愿意热情、幸福、浪漫地与之度过自己的一生。这种信念也受到了当时的流行歌曲的鼓舞。因此我认定在“某个迷人的夜晚”，自己会“在拥挤房间的另一端，看到一个陌生人”，“一旦我的目光捕捉到她，就绝不会让她逃走。”接下来，我会与她翩翩起舞，将她紧紧拥抱，在她的耳边轻唱，“我注定是你的，你注定是我的；我心满意足，一定是安吉尔将你送来，她们认定你只属于我。”

我和我的朋友们并非与众不同；那时的许多年轻人都有这样的信念，即便今天持有这种信念的也不在少数。一旦持有了这种信念，眼前的主要任务便是去寻找那个注定属于你的人。但设想一下：在这个星球上居住着近 60 亿人口；找到你那“唯一真爱”——“命中注定为你创造的那位伴侣”的可能性极小。让我们做这样的设想：你居住在北达科他州的法戈，你的真爱居住在密西西比州雅助市（或者，再困难一些，让她居住在保加利亚的索非亚）。你们互相碰面的机会微乎其微。尽管有 315
极大的困难，假如在某个迷人的夜晚你们两人的目光，果真偶然地在某个拥挤的房间里相撞，你又怎能够认定这就是真爱而不是短暂的迷恋呢？

人们是如何坠入爱河，以及与谁坠入爱河的呢？研究发现，人们之间相爱与相互喜欢具有某些相同的理由。大量的研究发现，**接近性**是最为重要的因素。这些发现动摇了那种某个人（而且只有这个人）在等候（或许正在雅助市等候！）“自己最心仪的人到来”的浪漫神话。无可争议的事实是，居住地或工作地彼此相距甚远的人们，不可能相互坠入爱河。相反，那些在地理上距你最近的人，却最有可能成为你的挚爱。从古至今，一向如此。人们最有可能与住在隔壁洞穴里的人、居住在自己家附近的人、和你一起学习或者是与自己在同一个商店、办公室、工厂工作的人相爱并生活在一起。第二个重要因素是**相似性**。我们大多数人同那些在很多方面与我们类似的人相爱：我们会爱上那些长相与我们相似的人，也可能会爱上那些价值、态度、信念、人格与人们相似的人。[60]

对爱的界定　既然喜欢和爱具有某些共同的前提条件，那么这是否意味着爱不过是一种更为强烈的喜欢呢？爱是否具有某些特殊性呢？爱有许多类型，还是所有的爱从根本上是相同的呢？

尽管多少个世纪以来诗人和哲学家们对这些问题进行了不懈的探索，但是他们并没有给出一致的答案。对爱进行界定的困难，似乎至少部分在于以下事实：爱并非处于一种单一的一维状态，而是一种在各种各样的关系中体验到的复杂的多侧面现象。实际上，我们用“爱”这个术语来描述各种各样的关系：充满激情的青年恋人（像罗密欧与朱丽叶）、新婚夫妇、老两口以及亲密的朋友之间的关系。

社会心理学家们提出了各种方法来对不同形式的爱进行归类和描述。例如，济科·鲁宾（Zick Rubin）编制问卷来测量喜欢和爱。[61] 鲁宾的最重要发现是，爱不仅仅是喜欢在量上的增加，而是包含了对被爱者一系列性质不同的情感与关怀。根据这种观点，喜欢是一种赞美和友好的情感，可以通过诸如“________是我所喜欢的那类人”的项目反映出来。相反，“爱”一般包含着强烈的依附感、亲密感以及对被爱者幸福的深度关心。以下是鲁宾爱情量表举例：“假如我不能与________呆在一起，我会很痛苦”（依附感）；“我感到自己可以向________”吐露任何事情（亲密感）。

鲁宾在那些正在不断约会但还没有订立婚约的大学生们中间施测了他的爱情 316
量表和喜欢量表。他们依据自己的约会对象和一位亲密的朋友分别填写了爱情量表和喜欢量表。结果发现，在喜欢量表上，他们对亲密朋友的情感与对约会对象的情感相似；但是，在爱情量表上，他们对约会对象的情感要比对亲密朋友的情感强烈得多。

另外，鲁宾还发现，一对约会对象在爱情量表上的得分越高，他们越有可能认为他们总有一天会结婚。爱的程度是否可以通过人们的日常行为反映出来呢？为验证这一点，鲁宾将每对约会对象带到实验室里，并让他们完成一项任务。在他们不知情的情况下，鲁宾通过单向玻璃观察他们目光接触的频率和持续时间。与那些在爱情量表上得分较低的约会对象相比，那些得分较高的约会对象目光接触更为频繁而且持续时间也更长。[62]

鲁宾的研究强烈地表明，爱一个人与喜欢一个人的确是不同的体验。另外一些研究者则提醒人们注意爱这种体验本身的一些差异。伊莱恩·海特菲尔德和理查德·雷普森（Richard Rapson）[63] 区分了激情之爱和伴侣之爱这两种“爱”的基本类型。**激情之爱**的特征是：对被爱者持有强烈的情绪、性渴望以及强烈的关注。这种爱往往来势迅猛，而不是循序渐进，而且几乎是不可抗拒的，其炽热强度会随时间而冷却。在某些关系中，激情之爱可能是一种前奏，最终发展成**伴侣之爱**：这是一种比较温存的、更加稳定的体验，其特征是相互之间具有信任感、可靠感和温存感。与典型的短暂性、高强度的浪漫激情相比，一般情况下伴侣之爱持续时间较长，而且会随着时间的推移而不断加深。

罗伯特·斯滕伯格(Robert Sternberg)和他的同事们[64]在他们所谓的**爱情三角理论**中增加了第三种要素。斯滕伯格提出爱情的三种成分是激情(兴奋和性激动)、亲密(相互之间可以无所不谈、亲密无间,能够得到所爱的人的理解)以及承诺(必须要与对方呆在一起,忠诚感)。爱可能来自于这三种要素之一,也可能由三种要素任意组合而成。例如,一个人可能对另一个人充满激情或者被他的外表所吸引(仅仅是迷恋),但却体验不到些许真正的亲密。浪漫的影片往往将爱情关系描绘成以激情为主。正如我在前面所提到的,这类电影的结局往往是一对为激情所吸引的年轻男女决定结婚。但这可能并不是作出决定的最佳时机。正如罗伊·鲍迈斯特[65]所指出的,激情之爱在许多方面是一种走了形的意识状态(就像大麻和酒精所导致的状态)。尽管这种状态的确令人兴奋,但它却实在不是一个人作出具有长期而深远影响的决定的最佳状态。

根据斯滕伯格的观点,随着关系的发展,两人之间的关系往往会从纯粹的激情 317
亢奋转向激情与亲密相结合,斯滕伯格将这种状态称之为**浪漫之爱**。随着两人之间关系的进一步成熟,这种关系会走向**伴侣**;斯滕伯格用这个术语来形容那种没有太多激情的、亲密与承诺相结合的爱。在斯滕伯格的体系中,最终的目标是由三种成分混合而成的**完美之爱**。但是这种爱是很少达到的。爱情三角意味着,当一对相爱的人越来越能够习惯对方时,激情很可能被日常事务消耗殆尽,他们之间的关系可能会停留在伴侣状态。停留在这种状态并不可怕,但是它仍没有达到理想的完美之爱。

得失理论:亲密关系的含义 除了能够带来莫大的好处,长期亲密的共有关系也存在着潜在的负面效应。[66]为考察这类不太引人注目的负面效应,让我们首先再来看一下激情之爱与伴侣之爱之间的区别。与激情之爱的起伏不定相比,伴侣之爱那较为稳定可以预测的节律能够带来特别的礼仪。一种持久不衰的关系所带来的好处包括情感安全以及难能可贵的安慰,这种安慰来自某个对你的缺点和长处都了然于心的人能够接受你。

然而,亲密关系所具有的内在性质,集中体现在那首经典老歌具有讽刺意味的歌词中“你总是伤害自己所爱的那个人。”事情为什么会是这样呢?回想一下我们前面讨论过的获得—丧失理论,其中一个相当令人吃惊的事实是:我们发现,假如某个最初对我们持否定情感的人逐渐变得肯定,会比这个人自始至终对我们持完全肯定的情感,对我们带来更大的奖赏。反之,我们也往往会发现,假如某个最初对我们持肯定情感的人逐渐变得否定,会比这个人自始至终对我们持完全否定的情感,会使我们感到更加讨厌。尽管以往对获得—丧失理论的验证研究局限于短期的喜欢关系,但考察这些发现对长期关系可能存在的意义是非常有趣的。

其中的可能性之一便是，一旦人们确信可以从自己的长期伴侣那里获得某种奖赏性行为，作为一种奖赏源，这个人所具有的影响力就有可能比不上一个陌生人。我们都知道增益是很重要的；但是一个长期的恋人或者配偶的行为很可能会接近极限，因而不能给我们带来许多增益。换句话说，一旦我们很清楚可以从某个伴侣那里期待得到的爱、支持与赞扬，这类行为便不太可能被视为此人对我们的尊重而令我们从中受益。同样，一个我们所爱的人很可能会对我们造成伤害。人们之间的关系越亲密，以往所给予的稳定的尊重和奖赏越多，此人不再尊重我们而带来的破坏性也就会越大。因而，实际上长期的恋人具有足够的力量去伤害他（她）所爱的人，但提供重要奖赏的力量却极为有限。

我们可以通过一个例子来说明这一点。在结婚 20 年以后，一位溺爱妻子的丈 318
夫和他的妻子正在梳妆打扮，准备去参加一个正式的宴会。他对妻子的外貌大加赞赏："哎呀！宝贝，你看起来美极了。"她听到了这些话，尽管听起来不错，但这些话并不能令她欣喜万分。她已经清楚自己的丈夫认为自己很迷人；但无数次听过这样的说法已经不可能令她激动得不知所措。相反，假如这位溺爱妻子的丈夫（以往一直对她大加赞赏）告诉自己的妻子她花容渐失，而且感觉她一点吸引力也没有，这种说法一定会给她带来很大的痛苦，因为这意味着他对妻子的正性情感的丧失。

难道她注定要去体验厌倦与痛苦吗？并非如此，因为世上还有其他人存在。假定多廷*先生和多廷太太来到了宴会上，一个素不相识的人与多廷太太谈得很投机。过了一会儿，他十分温情而又饶有兴趣地注视着她，而且真诚地对她说，他发现她聪明、风趣、迷人。我猜想她对此绝不会感到厌烦，这对她而言无疑是一种收益，她会因此而自我感觉良好，而且也会因此而增加她对那位陌生人的正性情感。

这一推论与已有的研究结果相一致。例如，哈维[67]发现，当实验者要求陌生人和朋友分别对某个人做出正性评价时，这个人对前者的反应要比对后者更为积极。而且，当实验者要求陌生人和朋友分别对某个人做出负性评价时，这个人对后者的反应要比对前者更为消极。与此类似，一些实验者发现，与父母和其他熟悉的成年人相比，陌生人对幼儿的行为会产生更大的影响。[68]大多数幼儿已经对来自父母和其他熟悉成年人的认可习以为常。因此，再得到这些人的认可已经不会给他们带来多大的收益。然而，来自一个陌生人的认可却可以成为一种收益，而且根据获得—丧失理论，这种认可会导致更多的正性行为。

---

* 英文原意为"溺爱的"。——译者注

这些实验结果以及推测，为我们展示的是人类基本状况的一幅暗淡的画面；我们似乎在不停地从陌生人的眼中寻求赞赏，而与此同时却又在承受着来自自己最亲密的朋友或爱人的伤害。然而，在我们仓促得出这样的结论之前，且让我们后退几步，来看一看获得或丧失对个体在对待亲密朋友或陌生人的反应方式方面所产生的影响。琼·弗洛伊德[69]的一项研究，与这个问题高度相关。实验者将一组幼儿搭配成对，这样每一个孩子都会与一个亲密的朋友或者一个陌生人相处。随后，每一对中有一个孩子参加一个游戏，在游戏中他（她）会赢得一些小礼物。实验者要求这个孩子与所指定的同伴分享这些礼物。分享者的小气程度则由实验者加以操纵。使一些孩子相信朋友（或者陌生人）对他们慷慨，而使另外的孩子认为朋友（或陌生人）对他们小气。随后，那些“接受礼物”的孩子也有机会赢得一些礼物，实 319
验者也要求他们与自己的同伴分享。正如人们可以预料到的，在获得和丧失的条件下，孩子们表现得最为慷慨，也就是说，他们将更多的礼物送给慷慨的陌生人和小气的朋友。总之，他们对小气的陌生人（为什么不对他们小气呢？这些陌生人的做法与他们所预料的一样）和慷慨的朋友（嗬-哼，我的朋友喜欢我，这算什么新鲜事？）比较小气。但当看起来他们有可能得到一位朋友（慷慨的陌生人）时，他们就显得很慷慨；同样，当看起来他们有可能失去一位朋友（小气的朋友）时，他们也会表现出慷慨。尽管“人们总是伤害自己所爱的人”似乎是正确的，但受到伤害的人似乎也会受到触动并做出友善的反应（而不是“以牙还牙”），努力去恢复正向的密切关系。这一点意味着一种令人欣慰的可能性：个体倾向于通过自身的行为来维持与他人之间的稳定的关系。

沿着这一思路，最早可以追溯到公元前46年，而最近到1990年，从西塞罗（Cicero）[70]的阐释到约翰·哈维（John Harvey）[71]和他的同事们的论述，都说明在共有关系中，伤害感和冲突能够导致健康的、令人激动的新理解。这些理解何以可能呢？我们可以通过对多廷夫妇的重新审视发现某种线索。尽管多廷先生在通过指责自己的妻子而对她造成伤害方面具有很大的力量，但由于这种关系十分重要，多廷太太很可能会仔细倾听而且会对这种指责作出反应，她很可能会做出某种改变以重新赢得多廷先生的兴趣。反之亦然：假定多廷太太突然之间改变了她对多廷先生的高度评价，他很可能会对此高度重视，并且最终会采取行动重新获得她的认可。只有交往双方不去掩饰冲突，而是通过努力发展和创造性地改变双方关系来解决冲突，双方关系才会真正具有创造性并且能够得以持续地发展。在这一过程中，**真实性**极为重要。

将这一推论向前推进一步，我会推测：这种关系越是真诚并且越具有可靠性，它沦为一种类似多廷夫妇所深陷其中的那种停留在单调和麻木状态的可能性越小。我的看法是，在一种亲密的关系中，如果交往双方不能在彼此尊重方面为对方提供收益，那么对于交往双方而言，这种关系便几乎是相互封闭和缺乏真诚的。在亲密的关系中，人们往往会压抑自身的恼怒和负性情感。由此而会导致一种脆弱的高原现象，这种高原现象看起来稳定而且正向，但是这种状态很可能被突然出现的情感变化所击垮。遗憾的是，这种关系在我们这个国家中可能普遍存在。

在开放、真诚、真实的关系中，人们能够分享真实的情感和感受（包括负性情感与感受），那种脆弱的高原现象是不会出现的。而且，围绕着双方比较看重的某一点，会出现感情上持续不断的曲折波动。这种推测得到了一项研究的支持，[72] 这项研究表明：那些采取亲密的、不具攻击性的、但却要面对冲突的解决方式的婚姻伴侣，所报告的婚姻满意感较高。在这样的关系中，一对配偶之间的关系非常接近于 320
获得—丧失实验中获得的条件状态。同样，相互表现出亲密并将自身一些重要的方面（无论是正性的还是负性的）与对方交流，有益于建立亲密的关系。也就是说，在其他条件相同的情况下，当我们将自己的某件重要事情（即便是不好的事情）向某个人表露时，我们会更加喜欢这个人。另外，对处于亲密关系中的人们的研究显示，我们往往喜欢那些尊重我们并向我们表露自己的私密和负性事件的人。[73]

阿特·阿隆（Art Aron）[74] 和他的同事们在实验室中研究了这种现象，他们开发了一种谈话技术，这种技术可以促使陌生人之间袒露心扉。在这项实验中，他们将大学生们搭配成对以便相互交谈；这些大学生以前从未谋面。这种谈话技术的组织形式是：迫使大学生们表露自己的重要信息，每一次新的表露都会使彼此之间情感的强烈程度和亲密程度得到提升。结果是显而易见的：首先，学生们很喜欢这种程序。而且，在谈话过后，与控制条件下相处友好但在闲聊中没有自我表露的学生相比，经历了这种程序的学生彼此之间感到更加亲密。即便谈话中表露出的重要态度上存在差异，亲密感也会得到增加。

顺便说一句，除了人际亲密感之外，自我表露似乎还具有一系列好处。例如，在一系列引人注目的研究中，杰米·潘尼贝克（Jamie Pennebaker）[75] 和他的同事们证实，人们一旦表露出困难或者痛苦的情绪，便会带来明显的轻松感、总体幸福感、甚至会减轻身体疾病症状。

让我们对本部分的内容加以总结，资料显示，当人际关系变得更为亲密时，越来越重要的是真实性，这种能力使得我们不再试图留下好印象，而是开始将有关我们自身的真实的（甚至不利于我们的）事情表露出来。此外，可信赖性还意味着，我们愿意在适当的条件下，采取我们所喜欢的方式，与我们的朋友以及所爱的人进行广泛的人际情感交流。因此，当我们重新面对多廷夫妇的困境时，研究资料表明，假如两个人真正彼此喜欢，而且假如他们能够表达出彼此之间以及针对自身的正性和负性情感，那么在一段较长时间里，他们便会拥有更为令人满意和激动的关系。

亲密、真实性与交流

尽管与所爱的人之间的真诚交流是有效益的，但这一过程并不像听起来那样简单。真诚的交流需要让人分享我们的负性情感和一些关于我们自己的索然寡味的事情；这些事情会增加我们的脆弱性，而我们大多数人往往竭力避免自己的脆弱之处，即便对我们最爱的人也是如此。在现实关系中我们是如何做到这一点的呢？ 321
如果愿意，请想象下面的情节：

菲尔·汉修(Fhil Henshaw)和艾丽斯·汉修(Alice Henshaw)正在洗餐具。他们与几位朋友共进晚餐，朋友们已经离开了，菲尔和艾丽斯正在打扫卫生。整个晚上，艾丽斯都像平常一样迷人、风趣、活泼。但平时为妻子的迷人而欣喜不已的菲尔，却感到受到了伤害并且有些恼火。看上去是因为在讨论一个政治问题时，艾丽斯没有赞同他的观点，而且站在了汤姆一边。而且，整个晚上她对汤姆都表现出很多热情。事实上，她的所作所为可能被认为有些轻佻了。

菲尔思忖："我太爱她了。我不希望看到她做出那样的事情来。或许她对我已经失去了兴趣。上帝呀，如果她弃我而去，我该如何是好。难道她真的让汤姆给迷住了？"但是，菲尔并不愿意让她与自己分享这种脆弱性，于是他说道："今晚你肯定是在讨好汤姆。任何人都能看出这一点。你是在干一件傻事。"

艾丽斯也很关心菲尔怎么想。她感到自己整个晚上的一些谈话很机智，特别是在那个与政治有关的讨论中更是如此，而且她感到菲尔并不认可自己的那些富有智慧的见解。"在他看来，我不过是一个乏味的家庭主妇。他很可能对我感到厌烦。"

> 艾丽斯：我搞不懂你在说些什么。仅仅因为我恰好在有关总统税收计划问题上不同意你的观点，你便大为恼火。汤姆与我观点一样。我认为自己是对的。
>
> 菲尔：他跟你的观点一样！你在开玩笑吧？他还能怎么做呢？你几乎都要坐到他的大腿上了。其他客人都感到很尴尬。
>
> 艾丽斯(戏弄地)：嗨，菲尔，我猜你一定是吃醋了！
>
> 菲尔：我没有吃醋！我真的根本不在乎。如果你要像荡妇那样，随你的便去。

艾丽斯(气愤地)：哼，真是老古董。说起话来就像某些维多利亚女王时代的人，天哪！你一向如此！

菲尔(冷冷地)：这恰恰说明你是多么地不了解我。别人认为我很新潮，甚至有些时髦。

艾丽斯(讥讽地)：是啊，我肯定你与办公室里的那些秘书们在一起时，总会给人良好的印象。

菲尔：嗬，那是什么意思？

艾丽斯陷入了死一般的沉寂。菲尔几次尝试着从她那里得到回应，但都没有成功，于是他气冲冲地离开房间，砰地关上门。事情会如何进展呢？这是两个相爱 322
的人。他们怎么会陷入这类恶语中伤的争吵之中呢？

我们人类区别于其他生物的一个重要特征在于，人类具有使用某种高度复杂的语言进行复杂的信息交流的独特能力。与其它动物之间的交流相比，人类之间交流的微妙的确令人敬畏。但是，人们之间也常常会出现误解。而且，这种误解甚至常常会发生在关系很亲密、相互很关心的人们之间。尽管上面的例子是假定的，但汉修夫妇之间的争吵却并非在现实中找不到踪影。作为顾问，我在试图去帮助调解那些混淆不清、迂回曲折、误解重重的二人交往时，曾听到过上百例这样的对话。

对菲尔和艾丽斯之间的争吵进行分析是比较容易的。他们每个人都有一项重要的心事受到了威胁。而且都不能或者不愿意将这一心事坦率地讲清楚。就艾丽斯而言，她的重要心事似乎是自己的智力。她担心菲尔将自己看成傻瓜或者乏味的人；在这场争吵中，她内心的主要抱怨是，菲尔不认可自己在讨论那个政治问题时所表达的有说服力的观点，而菲尔则似乎在暗示，汤姆之所以注意她并且对她的观点感兴趣仅仅是因为色欲和调情。这一点伤害了她，威胁到了她的自尊心，令她愤怒。她没有将自己受到的伤害表露出来。她表达的只是愤怒，不是简单地发泄这种愤怒，而是反唇相讥，攻击菲尔不可理喻、无聊透顶。

菲尔的重要心事源自不安全感。在喜欢艾丽斯活泼可爱的同时，他又似乎在担心，随着年龄的增长，自己可能会失去男性的魅力。因此，他想当然地认为，艾丽斯与汤姆观点一致，就是站在汤姆的立场上反对自己，由于自身所具有的不安全感，他又将这一点与性含义联系在一起。当艾丽斯称他为“老古董”的时候，他似乎更多听到的是“老”，并且迅速地为自己的男子汉气质和性魅力辩护，而正在气头上的艾丽斯则不失时机地对他加以嘲讽。

这类争吵在那些亲密地生活在一起的人们之间司空见惯。这些重要的感受和心事的确存在，但是它们却并没有被公开地、真诚地加以讨论，而是逐步升级成为敌视，由此而加剧最初造成的伤害和不安全感。在美国社会，离婚率仍然很高，因而似乎有理由对这类现象产生的原因进行认真地探讨。将本应相互关心的人们之间的所有愤怒、分歧、伤害与敌视，都视为不良的或者不充分的交流的结果，是极为愚蠢的。处于亲密关系中的人们，在需要、价值、期望和目标方面往往存在冲突。这些冲突会导致压力和紧张。人们要么容忍，要么通过妥协、顺从或者断绝关系来消除这些压力和紧张。

但是，问题多半出在交流上。如果菲尔采取另外一种交流方式，情况又会如何 323
呢？假定当时你处在菲尔的位置。此时，艾丽斯——你所关心的人，走向你，并且用毫无责备、不带偏见的腔调对你说：

> 我对自己的智力（或者至少对人们在这个方面对我的看法）感到担心。你是我生活中最重要的人，因此，假如你承认我所讲的话是明智的或者是有价值的，我会感到莫大的满足。当我们在某个重大的问题上意见不一致而你又出言不逊并且对我不耐烦的时候，我的不安全感便会增加。今晚早些时候，在我们讨论那个政治话题时，如果你能够对我的一些看法和见解表示赞赏，我会感到多么高兴呀。

现在，假定你是艾丽斯。菲尔用下面的方式谈起晚饭后的讨论：

> 尽管很难启齿，我还是想和你谈一谈。我不知道自己这段时间是怎么搞的，今天晚上我真有点嫉妒。我感到不太好说的是：你和汤姆在看法上和行为上似乎都有点亲密，我感到伤心孤独。近来我一直在担心自己已经人到中年。这种担心看起来有些愚蠢，但我已经走下坡路了，感到疲劳，肚子也大起来了。我需要得到一些安慰；你觉得我还有魅力吗？假如你用今晚看汤姆的那种目光看我，我会多么喜欢呀！

我猜想，大多数人会对来自所爱的人的这类**坦率的谈话**，欣然接受并做出回应。我所讲的“坦率的谈话”指的是，一个人明确地说出自己的情感和心事，而且不对对方加以指责、挖苦或者嘲笑。坦率的谈话之所以行之有效，主要是因为它可以令听者不存戒心。

坦率的谈话看起来十分简单，而且效果明显。为什么通常人们不会这样去做呢？主要原因在于它并不像看上去那样简单。成长在一个竞争的社会中，我们大多数人已经学会了让自己刀枪不入以保护自身。因而，当受到伤害的时候，我们已经学会不把它们表现出来。而且，我们已经学会要么避开那些伤害我们的人，要么对他（她）大加恼火、指责或者嘲笑。正如我们所看到的，这样做要么遭到抵制，要么会导致反唇相讥，从而使得争吵升级。

总之，来自我们这个社会的一般教训是，绝不能暴露出自己的脆弱之处。这一策略可能是有用的，而且在某些情况下甚至是必不可少的。但是，在多数情况下，324
它是不适宜的、无效的，而且可能会产生相反的作用。对某个不共戴天的敌人掩饰自己的脆弱之处，或许是明智的。但对一些喜爱你的朋友和关心你的人掩饰自己的脆弱之处，则几乎肯定是不明智的。因此，假如艾丽斯和菲尔知道了对方的不安全感，他们便有可能在行为上令对方感到更安全。由于他们都过分地吸取了“宁可攻击对方也要掩饰自己”的社会教训，他们便无意将自己置于冲突之中了。

问题常常要比我们在本例中所描述的复杂得多。艾丽斯和菲尔似乎还知道一些自己的心事和情感。他们之所以会陷入激烈的冲突之中，主要是因为他们在相互交流自身的不安全感以及伤害感方面存在着困难。但是，在许多情况下，人们并不清楚自己的需要、愿望和情感。相反，可能存在着某种模糊的不舒服或不愉快的情感，人们难以准确地加以描述。通常会出现错误的归因；也就是说，菲尔可能会感到不舒服，但他可能会将这种不舒服归因于艾丽斯的轻佻行为所带来的难堪，而不是他对自己因人到中年而产生的不安全感。因此，假如我们不了解自己的情感而且不能很好地表达出来，我们便不能与他人进行交流。问题的关键在于敏感性。我们能够学会对自己的情感更为敏感吗？我们能够学会对他人敏感，从而当人们将自己的脆弱之处暴露出来时，我们能够以关心和尊重态度来对待这些脆弱之处吗？

有效交流的特征

开门见山的重要性　在亲密关系中进行有效的交流，情感的表达必须直接、公开。只有遵循这一策略，我们才能获得我们的言论和行为被如何解读的直接反馈。有了这种直接反馈，我们便可能更好地洞察我们的行为和言论所产生的影响，并考虑如何去满足自身以及同伴的需要。为了说明这一问题，假定我的某一行为激怒了我最好的朋友（而且这个人恰好是我的妻子）。如果她不发泄出这种愤怒，我可能永远也不会知道自己的行为令她愤怒。反之，假定她直接给我反馈，对我讲我的行为令她多么愤怒。那么，我至少有两种选择：我可能会继续那样做，或者停止自己的行为，这种选择由我自己来做出。或许这种行为方式对我而言很重要，我不想改变自己的做法。或者相反，我妻子的感受可能很重要，我选择停止自己的行为方式。但是，在不清楚自己的行为给她带来何种感受的情况下，我却没有任何选择。此外，确切地知道她对特定行为方式的感受，也可以促使我采取不同的方式来满足妻子和我本人的需要。

直接反馈的价值并不仅仅限于接受者。在提供反馈的过程中，人们往往会发现自身的一些需要。例如，假如莎伦(Sharon)感到发泄愤怒总是具有破坏性，她便 325
可能不再理会这种情感。而当这种情感的发泄得到认可时，她便有机会将自己的愤怒发泄出来，对此加以观望，而且会发现发泄愤怒并没有导致世界末日的到来。而且，愤怒情感的直接表达会使冲突得以消解，从而有助于防范负性情感的不断升级。例如，假如我的妻子已经学会直接发泄她的愤怒，就会使我们的争论停留在眼前的问题上。假如她压抑住自己的愤怒但却通过另外的方式(在另外的时间或者另外的情境中)发泄出来，我搞不清她的敌意因何而生，由此便会感到迷惑不解、受到伤害或者勃然大怒。

情感与看法　人们往往不知道如何提供建设性的反馈。我们在提供反馈时往往会令接受者愤怒或者苦恼，由此而导致冲突升级并带来更多的麻烦。与一般性的论述相比，举例会更有助于说明这一点。在下面的论述中我会举出一个无效反馈的例子，并说明人们是如何通过改变他们提供反馈的方式(没有减少反馈的内容)来实现最大限度的交流和理解的。这个例子是在我所主持的公司经理交流讲习班上发生的一个真实的事件。

在讲习班期间，其中一个学员(萨姆)直盯着另一个学员(哈里)说道，“哈里，我们已经听你发言并且注意你一天半了，我想向你提供一些反馈：我认为你是一个骗子。”哦，这可是一个相当强烈的指责。哈里会怎样回应呢？他可以有几种选择：他可以(1)认可萨姆的看法；(2)否认这种指责，声明自己不是骗子；(3)发泄自己的愤怒并回敬萨姆，告诉他错怪了自己；或者(4)为自己感到难过并独自生闷气。这些选择都不特别有效。难道萨姆没有权力表达这些看法吗？毕竟，他不过是在表露自己的感受。难道我们认为坦率和具有真实性没有价值吗？

这似乎是一个两难问题：有效交流需要坦率，但坦率有可能会对他人带来伤害。解决这一显而易见的两难问题是相当简单的：要尽可能地做到坦率，而在坦率的同时又能采取一种可能导致最小痛苦并带来最大理解的方式。有效交流的关键在于，我们要表露情感而不是表达看法。在这个例子中，萨姆不是在表露情感，而是在解释合理的行为并对它做出判断。“情感”这个词有多种含义。在这里我使用这个词并不是指“预感”或者“假设”。具体而言，我所讲的情感指的是，愤怒或者欣喜、悲伤或者快乐、恼怒、恐惧、不舒服、热情、受伤害、妒忌、兴奋，等等。

在讲习班上，我的主要干预措施是：仅仅询问萨姆是否对哈里产生了任何情感。萨姆思索片刻，说道，“噢，我觉得哈里是个骗子。”不用说，根据上面的定义，这不是一种情感。它不过是一种用“情感”这个术语表达出来的意见或看法。看法是 326

不适当地加以理解和表露的情感。因此，我进一步询问萨姆，他对哈里的情感是什么。萨姆仍然坚持认为哈里是个骗子。“那么，他那样做，对你有什么影响？”“他那样做，把我气得够呛，”萨姆答道。“萨姆，哈里所做的哪些事情使你感到恼火？”

最终，萨姆承认，只要哈里对讲习班里的其他学员表现出热情和理解，他便会感到恼火。进一步的探察显示，萨姆感到哈里很有魅力——特别是对那些女士。最终我们发现，萨姆所持有的是一种独具的情感：萨姆希望自己能像哈里轻而易举地将人迷倒并受到欢迎。

请注意，萨姆最初掩盖了自己的妒忌感；他通过表达自己对哈里的蔑视，将他称之为骗子来发泄自己的情感。这种表露是为了自我保护：因为我们生活在一个竞争性的社会之中，多年来萨姆已经懂得，如果他承认了自己的妒忌感，便有可能显得自己“低人一等”，而让哈里“高人一等”。这样便暴露出萨姆的脆弱之处，即与哈里相比，显得自己较差。但是，通过表达对哈里的蔑视，萨姆成功地让自己显得“高人一等”。

尽管萨姆的做法是一种成功的自我保护手段，但是这并不能帮助他理解自己的情感以及导致他产生这种情感的那类事件。而且，它肯定无助于萨姆对哈里的理解以及哈里对萨姆的理解。总之，萨姆的交流是无效的。作为一种自我防御措施，萨姆的行为具有适应性；但作为一种交流方式，它却极其不适应。因此，尽管承认自己妒忌哈里让萨姆暴露出弱点，但这也为彼此交流打开了大门；最终，这样做帮助他们彼此相互理解。

对我们所有人而言，听到以“我很苦恼”这样的情感表露形式的反馈，要比听到“你是一个麻木的蠢人”这样的看法或指责形式的反馈，更容易接受。一个人对另一个人的看法几乎总是采取素质性归因的形式（将某个人的行为归因于人格或者素质方面的不足）。在本例中，萨姆要向哈里指出的是他（哈里）是一个什么样的人。一般看来，人们会对他人就自己是个什么样的人说三道四感到愤慨，这一点是容易理解的，因为这种归因纯粹是一种猜测。萨姆对哈里的行为所做的素质性归因可能反映的是实际情况，也可能反映的并不是实际情况，而只是萨姆对哈里的揣测。只有哈里清楚自己是否是一个不诚实的骗子；萨姆只是在推测。但是萨姆所说的自己感到妒忌或者愤怒却不是一种推测或者揣测，而是一种确凿的事实。萨姆不是对自己的情感进行推测，他对此了如指掌。哈里可以关心（或者不关心）萨姆的揣测或看法，但假如他希望成为萨姆的朋友，他便可能希望了解萨姆的情感以及这些情感是如何因己（哈里）而生的。[76]

交流与完美之爱 萨姆和哈里不是一对爱人。他们不过是在一个试图提高交 327
流技巧的讲习班里的两位男士。有效交流对任何人而言都是有益的，而它对那些亲密关系则具有更大的价值。如果爱人之间不能够直接说出他们的负性情感（受到伤害、愤怒、苦恼），而是将他们隐藏起来，并且诉诸看法和素质归因，一些微小的分歧便可能不可避免地升级为严重的争吵——就像本章前面所描述的菲尔和艾丽斯之间的争吵。如果爱人之间表达的是情感，而不是有关对方错误、冷酷、没有魅力之类的看法，分歧便很少会升级。对幸福和不幸婚姻的研究为这一推断提供了支持。在一项追踪研究中，弗兰克·芬克姆（Frank Fincham）和托马斯·布拉德伯里（Thomas Bradbury）[77]对130对新婚夫妇进行了长期研究发现，那些在结婚初期就进行素质性归因的夫妇，感到与自己的配偶相处越来越不幸福。相反，那些进行情境性归因并且对配偶偶尔出现的一些无意举动予以谅解的夫妇，则对他们的婚姻越来越感到幸福。坦率的谈话可能的确是通往完美之爱的捷径。

9

作为一门科学的社会心理学

我第一次对社会心理学感兴趣是在大学学习期间，原因是这门学科的内容涉 329
及了人类生活的一些最为激动人心的方面：爱，恨，偏见，攻击，利他主义，社会影响，从众，等等。那时，我并不太在意这样一个引人入胜的知识体系是如何产生的。我想了解的仅仅是那些已知的事情。直到进入研究生院，我才突然意识到自己能够做到的远不止成为这门知识的一个消费者——我也可以成为一名生产者。于是一个全新的领域展现在我的面前——这就是科学社会心理学世界。我学会了如何提出一些重要的问题，以及如何通过做实验来寻找这些问题的答案——以我的微薄之力，为这门自己曾经作为一名学生学习过的知识体系作些贡献。从那时起我已经深深地陶醉于这项活动之中了。

阅读本章内容并非要使你成为一名科学家。我的目的并不在此，但这并非不重要。本章旨在帮助你提高能力，以便能够科学地思考那些在你自己的社会生活中正在发生着的事情。我一直觉得这是能够做到的一件有益的事情。但有时甚至连这点也不敢奢望。我可以举一个事例来对此加以说明。不久前，我买了一本《纽约人》杂志，在这本杂志上，我读到了一篇由詹姆斯·库恩(James Kunen)撰写的特别精彩的、信息量很大的短文，内容针对的是在我们的监狱中实施的大学教育计划。库恩热情地介绍了这些计划的效果。接着，他开始谴责一向很苛刻的国会多数党正试图取消这些计划，那些人认定这些计划是一种浪费而且是想对罪犯进行悉心的关照。

库恩的短文中包含了一些生动的典型例证显示，一些犯人在监狱中完成了大
学计划，并且在被释放后继续过着自食其力的生活。这些典型例证是鼓舞人心的。 330
但是，作为一名科学家，我想知道是否存在对该计划的总体效果进行评估的系统资料。的确，库恩报告了纽约州狱政部在 1991 年发表的一项研究，这项研究发现从监狱释放四年以后，那些在监狱中完成了一年以上大学教育的男性犯人再次犯罪

的比率比所有男性犯人再次犯罪的平均比率低20%。

这一点听起来相当诱人，难道情况果真如此吗？让我们仔细考察一番。作为科学家，我们必须提出一个最为基本而又特别重要的问题：在参与这项计划之前，那些报名参加计划的犯人与那些没有报名参加计划的犯人是否相似？是否存在这样一种可能：那些报名参加计划并且完成了一年教育的犯人，从一开始就与那些没有报名参加的犯人存在差别（譬如，在动机、能力、智力、教育经历、心理健康，或者其他一些方面）？我必须补充的是，这绝非故意找茬。如果从他们一开始成为犯人就存在差异，那么情况很可能是（或者，至少可能）：即便没有经过这种学习，那些参加该计划的人再次犯罪的比率也会较低。如果这是事实，那么并不是这项计划导致了较低的再次犯罪率。

当我阅读库恩的文章时，我头脑中自由主义人文学者的一面，想要为这一研究结果欢呼雀跃；如果能够用确凿的材料证明受过教育的犯人从中受益，这将是非常了不起的。但遗憾的是，我头脑中作为科学家的一面占了上风——要对此持怀疑的态度。因此，透过一个科学家的视野来观察社会生活，你就能够保持一份清醒。但这同时也赋予了我们一种辨别良莠的能力，因此，作为关心此事的市民，我们可以要求对改进的计划给以恰如其分的评估。那样的话，我们就可以在某种程度上清楚地确定，在上千种可能的计划中哪些与我们所付出的时间、精力和金钱相称。而且事实上正如你将要看到的，在大多数场合，正确地进行实验研究并不困难。

什么是科学的方法

无论是运用于物理学、化学、生物学，还是社会心理学，科学方法都是我们人类满足自身对知识和理解的渴望的最佳途径。具体而言，我们采用科学方法尝试发现事物之间存在的规律性的联系，这些事物可以是化学的、植物学的，也可以是人类在偏见和爱等方面的经历。科学研究过程的第一步是观察。一种物理学上的简单观察可能是这样的：假定在我孙女的婴儿车里有一个橡皮球，她推着婴儿车向前走，这时球看上去滚向了婴儿车的后部。（实际上球并没有向后滚，只是看上去如此。）当她突然停下车子的时候，球就会滚向婴儿车的前部。在社会心理学中，一种简单的观察可能是这样的：当我在做餐饮服务员时，如果我碰巧心情很好而且频频向我的顾客微笑，我得到的小费可能会比我在心情不好、不太微笑的时候多一些。

下一步是推测事情产生的原因；这种推测就是尝试发现我们前面所提到的“规 331
律性的联系”。第三步是提出可以验证的假设。最后一步是设计一个实验（或者一系列实验)来对假设进行证实或者证伪。如果一系列设计完美而且实施完好的实验不能证实这一假设,我们就会放弃。正如我最喜爱的物理学家理查德·费曼(Richard Feynman)[2]曾经提到的,“无论推测多么完美,推测者多么聪明、多么有名望,如果实验不能证实假设,那么假设便是错误的。这就是它的全部含义!”在我看来,这既是科学的本质也是它所独具的魅力。在科学中没有神圣不可侵犯的真理。

科学与艺术 依我看,在我们的科学中富含艺术。我相信艺术与科学之间既存在差异又相互联系。帕维尔·西蒙诺夫(Pavel Semonov)[3],一位杰出的俄国心理学家,很好地对二者进行了区分。根据西蒙诺夫的观点,作为科学家,我们密切观察周围的环境,并采用一种合乎情理而又有意义的方式来组织未知的事物。作为艺术家,我们则是对已知环境进行再组织以创造全新的事物。对于这一看法,我还要补充一点,那就是一项好的实验往往需要将这两个方面的技术结合起来。作为实验研究者,我们的确需要借助艺术来丰富我们的科学。我相信这一点对于社会心理学尤为重要。

为什么讲艺术与科学的结合对于社会心理学尤为重要呢?随着本章的展开,这一问题的全部答案也将显现出来。在这里,我只想简单地说,在社会心理学中,我们所研究的不是烧杯中的化学制品,也不是婴儿车里的橡皮球;我们要研究的是一生都要生活在社会之中的富有智慧、充满好奇、深谙世故的成年人的行为。不言而喻,就像研究这些成人的实验者一样,作为我们实验被试的人们,也会对那些引起他们情感与行为的原因(包括引起他们周围人情感与行为的原因),提出他们自己的看法和理论。这一点与人们在进行化学实验、实验室动物实验乃至非社会情境下的人类实验,都相去甚远。

事实上,面对着深谙社会世故的人,是使社会心理成为实验研究主题令人着迷的部分原因。与此同时,如果实验者希望得到准确而可靠的发现,这种场合便需要艺术的大力介入。本章中,我们将尽量准确地展示这一切是如何发生的。

从推测到实验

在第8章,我们描述了一种令人费解的现象,几年前我们又一次面对这一现象:当约翰·肯尼迪担任总统的时候,在犯下了一件代价极大的错误之后,他的个人魅力竟然急剧上升了。具体地讲,当肯尼迪犯下被称作猪湾惨败的悲剧性错误 332
之后,一项盖洛普民意调查显示,民众比事件发生前对他更加喜欢。就像大多数民众一样,我对这一事件是目瞪口呆。当一个人把事情搞得如此糟糕以后,我们怎么会更加喜欢他呢？作为科学家，我对可能导致这种变化的原因进行了推测。我的推测是，由于肯尼迪在以往被视为非常完美的一个人，做过一件错事之后令他看上去更具人性，这样就会令普通民众产生对他的亲近感。这是一种有趣的推测，但事实果真如此吗？

由于许多事情是在猪湾惨败的时候发生的，我不能确信这一推测是准确无误的。我们可能通过怎样的努力来寻找答案呢？哦，我们可以简单地去问人们，为什么他们现在会比一周之前更喜欢肯尼迪。这听起来很简单。遗憾的是，事情做起来并不那么容易。经过多年的研究我们发现，人们往往不清楚自己为什么会按某种方式行事，也不清楚为什么会改变自己的信念；因此，在一种复杂的情境中，简单地要求人们解释他们的行为，通常得不到可靠的结果[4]。这正是社会心理学家要进行实验研究的原因。那么，就约翰·肯尼迪受到欢迎这件事情，我们能够进行实验研究吗？我们不能。在类似这样的事例中，我们会针对深层的现象，而不是这一现象中具体的事件，进行实验研究。而且，恰恰是这些深层的现象（而非具体的事件）勾起了我们的兴趣：做一件错事，能够提高一个近乎完美的人的受欢迎程度吗？

为了回答这个更为一般的问题，我们必须超越引起我们思考的那个事件。我和我的同事必须设计一项实验，该实验可以控制那些无关变量，检验在不太复杂的情境中做一件错事对人际吸引的影响。在这样一种情境中，我们可以控制错误的性质以及犯错人的类型。正如所预料的，在这种简单的情境中我们发现，那些“近乎完美的”人在做错一件事情后会变得更有吸引力，而“相当普通的”人在犯过一次明显的错误后吸引力则会降低。（在第 8 章我已经对该实验做了详细的介绍。）

实验设计　正如前面所提到的，为了能够进行控制，实验者必须将他（她）的观点从纷杂的现实世界带到纯净的实验室环境中来。这往往需要策划一种情境，它与观点赖以产生的现实世界真实情境之间，很少有相似之处。事实上，最为常见的批评便是：实验室实验是不真实的，所创设的有关人类互动的模拟情境根本不能反映现实世界。这种批评在多大程度上是正确的呢？

或许回答这一问题的最好办法就是，详细地剖析一个实验室实验，对这种方法以及研究同样问题可以采取的某种更为现实的替代方法的利弊加以权衡。我和贾德森·米尔斯[6]合作进行的加入仪式的实验恰好符合这样的目的，因为它包含了实验室实验的许多利弊。读者可能会记起，我和米尔斯推断，人们会喜爱受过磨难才 333
得到的东西。随后，我们设计并实施了一项实验室实验，在实验中我们证实，与毫不费力地成为小组成员的人相比，那些经过很大努力（经历了一次严酷的加入仪式）才加入小组的人，对小组更加喜爱。以下便是实验的过程：

63 名先前自愿参加各种性心理问题讨论的女大学生，成为该研究的被试。每个学生都接受了个别测验。在研究的开始阶段，我向她们做出解释，我正在进行的是一项有关“小组讨论过程动力学”的研究。我对她们说，实际的讨论话题对我的研究并不重要，但由于大多数人对性问题感兴趣，我选择这样的话题，是为了保证找到足够的被试。我还解释道，在选择与性有关的话题时，我遇到了很大的阻力：具体说来，由于害羞，许多人感到在小组环境中讨论性问题很困难。对讨论的任何干扰都有可能导致结果的严重失效，因此我必须搞清楚被试参加与性问题有关的讨论时，是否感到有任何的犹豫。当被试们听到这些的时候，每个人都表示她们不存在任何困难。这些精心设计的指导语为接下来的重要事件做了铺垫。读者应当注意的是，实验者的话语引导试图使得随后出现的材料具有可信性。

到目前为止，对所有被试所采用的指导语都是相同的。现在，需要让处于不同实验条件下的人们得到不同的体验了，实验者认为这类体验会对结果产生影响。

被试们事先被随机分配到三种不同的实验条件下：(1)三分之一的女生将经历严酷的加入仪式，(2)三分之一的女生将经历温和的加入仪式，(3)三分之一的女生没有经历任何仪式。在没有加入仪式的条件下，被试们只是被告知现在她们可以加入讨论小组了。但是，在严酷的和温和的加入仪式条件下，我会告诉每一位被试，由于必须确定她能够公开地讨论性问题，我编制了一套筛选工具——窘迫测验，稍后我会让她进行这项测验。该测验也就是加入仪式。在严酷的加入仪式条件下，测验会令她十分窘迫。它要求被试背出 12 个淫秽词语以及从现代小说中节选的两段有关性行为的详细描述。处于温和加入仪式下的被试只需背出一组与性有关但并不淫秽的词语。

被试被分配的三种条件，成为本研究中的**自变量**。简而言之，研究者设计和实施某一实验的目的，是为了确定被试所面对的条件是否会对他们的反应产生影响。我们的目的是为了确定，加入仪式的严酷性（自变量）是否会引起
被试行为系统的差异。那些经历了严酷加入仪式的被试的行为，会与那些经 334
历温和加入仪式的被试或者根本没有加入仪式的被试存在差异吗？

而且，她们的行为会在哪个方面存在差异？加入仪式之后，实验者让每一位被试都偷听一场讨论，这场讨论是在她刚加入的那个小组的成员们之间进行的。为了控制讨论材料的内容，实验者使用了录音带；但同时让被试们相信这是一场正在进行的讨论。这样，所有的被试，不论她们经历的是严酷的加入仪式、温和的加入仪式，还是没有经历加入仪式，听到的都是同一场小组讨论。小组讨论非常枯燥乏味；内容包括对低等动物第二性征（诸如鸟类羽毛的变

> 化、某种蜘蛛交配舞蹈的复杂性)进行分析，发言者吞吞吐吐、口齿不清。录音带上有许多长时间的停顿、哼哼、嗡嗡声，讲话常常被打断，句子不完整，等等。所有这些设计都是为了让被试对讨论感到乏味。
>
> 当讨论结束的时候，我带着一套等级量表回到现场，让被试对这场讨论的趣味性和价值进行评定。这被称之为**因变量**，因为顾名思义，实验者假定被试的反应“取决于”她们被分配的特定的实验条件。实验者通过测量因变量来评估自变量的效应。简言之，如果自变量是原因，那么因变量便是结果。
>
> 结果支持了我们的假设：那些经历了温和加入仪式或者根本没有经历加入仪式的女生，认为小组讨论比较枯燥。而那些为了获准加入小组而历经磨难的女生，则认为小组讨论十分令人激动。请记住，所有学生评价的都是同一场讨论。

这项实验的设计和实施是十分辛苦的。我和米尔斯花费了几百个小时进行构思，创设可信的情境，为小组讨论录音撰写脚本，反复收听小组成员扮演者的录音，编制加入仪式的程序和测量工具，招募自愿者作为被试，对程序进行试测，在实验过程中对被试进行引导，向每一位被试解释实验的真实目的(进行隐瞒的原因，实验者的全部意图，等等)。我们的发现是：那些为加入小组经历了严酷的仪式的人，比那些经历温和仪式的人或者根本没有经历仪式的人，对小组要热爱得多。

想必还存在着研究这一问题的更为简单的方式！的确如此。读者们可能已经注意到，我和米尔斯所采用的方法，与其他一些加入仪式(例如，原始部落、大学兄弟会以及其他一些排他性俱乐部或组织所采用的加入仪式)有一些含糊的相似之处。现实情境既比较容易研究又更富戏剧性和真实性，那么为什么我们不利用现实情境的优点呢？让我们来看一看现实生活情境的优点。现实生活中的加入仪式 335
可能会更严酷(也就是说，他们可能会对其成员产生更大的影响)；我们不必费如此的周折来设计令被试相信的小组情境；社会互动是由真实的人进行的，而不是借助录音带上的声音；我们可以避免在科学的名义下进行隐瞒或者让被试处于困境和不愉快体验之中所带来的伦理问题；最后，完成这一研究所花费的时间会大大少于实验研究。

因此，当我们对自然情境进行粗略的考察的时候，假如我和米尔斯研究现有的兄弟会，看起来我们的工作便会简单得多。我们可以采用这样的做法：将每个团体加入仪式的严酷性进行等级评定，然后对成员进行访谈以确定他们对所属团体的喜爱程度。假如那些经历了严酷加入仪式的成员比那些经历温和加入仪式或者没有经历加入仪式的成员，对所在的兄弟会更加喜爱，我们的假设便可以得到证实。

果真如此吗？让我们仔细分析一下人们为什么会不厌其烦地去进行实验研究。

假如让人们指出实验室实验的最重要特征，大多数人会回答“控制”。这的确是一个很重要的优点。实验有助于我们对环境和变量加以控制，从而对每个变量的效应进行精确的研究。将假设置于实验条件下，我和米尔斯便可以排除现实世界中存在的大量无关变量。加入仪式的严酷程度是同等的；假如我们考察几个有着严酷的加入仪式的兄弟会，这种条件便很难得到保证。而且，小组讨论对所有被试都是一样的；而在现实世界中，兄弟会成员所评价的兄弟会实际上各不相同。假定我们能够发现有着严酷加入仪式的兄弟会和有着温和加入仪式的兄弟会之间的区别，我们又怎能搞清这种区别是由加入仪式造成的，还是由兄弟会成员本身的可爱程度造成的呢？在实验中，唯一的区别就是加入仪式的严酷性，因而我们可以确定所有差异都是由加入仪式造成的。

随机分配的重要性

控制是实验室实验的一个重要的方面，但却并非其最重要的优点。实验室实验的一个更为重要的优点是，被试可以被随机分配到不同的实验条件下。这就意味着在研究中被试处于任何一种实验条件的机会都是均等的。将被试**随机分配**到各种条件之下，的确是实验方法与非实验方法之间的重要区别。随机地将被试分配到各种条件之下的最大优点是：从理论上讲，任何没有被完全控制的变量，都会随机地分布在各种条件之下。这就意味着这类变量绝对不可能系统地影响实验 336
结果。

我们可以借助一个例子来说明这一点：假定你是一位科学家，而且你做出了“与聪明的女士结婚会令男人幸福”的假设。你如何去检验这一假设呢？譬方说，你找到一千个娶了聪明女士的男人，和一千个娶了不太聪明女士的男人，你让他们每人都填答一份“幸福”问卷。呀，你发现那些娶了聪明女士的男人，的确比那些娶了不太聪明女士的男人更加幸福。难道这意味着与聪明的女士结婚会令一个男人更幸福吗？并非如此。或许是因为幸福的男人更讨人喜欢、更有幽默感、更容易相处，因而受到聪明的女士青睐并且愿意与他们结婚。因此很可能男人的幸福，才导致了他们与聪明的女士结婚。问题并未就此得到解决。也有可能存在第三个因素，导致了男人的幸福以及他们与聪明的女士结婚。这样的因素之一便可能是金钱：有理由相信富有会令男人感到幸福，而且男人的富有会吸引聪明的女士。因此，很可能没有一种因果关系是真实的。也就是说，幸福并不是男人与聪明的女士结婚的原因，而且聪明的女士也并不会让男人感到幸福。

由于我们往往搞不清第三个因素可能是什么，问题便会变得更为复杂。在幸福研究中，既可能是财富，也可能是某种成熟的人格，使得男人感到幸福并且吸引那些聪明的女士。发挥作用的还可能是社交风度、体育运动能力、权力、声望、使用合适的牙膏、时髦的穿着打扮，或者可怜的研究者不得而知的或者不能给以解释的上千种特性中的任何一种。但假如研究者进行一项实验研究，他（她）就能够将被试随机地分配到不同的实验条件下。尽管这种方法不能排除诸如金钱、社交风度、体育运动能力之类的变量所造成的差异，但是通过将这些特征随机地分布在各种实验条件中，却可以将这些差异抵消。也就是说，如果被试被随机地分配到各种实验条件下，处于某种实验条件下的富人，与其他实验条件下的人数接近；处于某种实验条件下社交能力强的人，与其他实验条件下差不多相同；处于某种实验条件下的运动员，与其他条件下的运动员人数相似。因此，假如我们的确发现不同的实验条件之间存在差异，那么这种差异便不可能是个体在某一特征上的差异所造成的，因为所有的这些特征都平均地（或接近平均地）分布于各种实验条件之中。

必须承认，聪明的女士和她们那幸福的丈夫这样的特例，是不容易在实验室实验中加以控制的。但让我们想象一下，在可能的情况下我们会如何去做。最理想的是，我们会挑选 50 个男人，指定其中 25 人与聪明的女士结婚，而让另外的 25 人与不太聪明的女士结婚。几个月后，我们再回过头来施测幸福问卷。假如那些被指定与聪明的女士结婚的人，比那些被指定与不太聪明的女士结婚的人更幸福，我们便会搞清楚是什么导致他们幸福。我的确做到了这一点。简言之，他们的幸福 337
并不能轻易地归因于社交风度、英俊、金钱或者权力；这些特征在各种实验条件下被加以随机地分布。几乎可以肯定，妻子的特征是导致他们幸福的原因。

需要强调的是，这个例子完全是想象的；即便是社会心理学家也不能为了科学的目的而去安排他人的婚姻。但这并不意味着我们不能在实验室控制条件下验证那些重要的、有意义的相关事件。本书中包含了大量的这类例子。让我们通过分析其中一个例子来说明实验方法的优点。在第 6 章里，我报告了儿童花费在观看电视暴力上的时间与他们采用攻击手段解决问题的可能性之间的关系。

这是否意味着观看电视上的攻击行为会导致青少年具有攻击性呢？未必如此。有这种可能。但也可能仅仅意味着，具有攻击性的青少年喜欢观看攻击行为，而且即便每天都在收看《芝麻街》*，他们也会同样具有攻击性。但正如我们所看

* 美国著名的儿童益智节目。——译者注

到的，一些实验者证实观看暴力会增加暴力倾向。[7]他们是如何证实这一点的呢？他们将一些孩子随机地安排到特定的情境中：让孩子们观看了一部暴力电视系列片的录像片段，该片段长度为 25 分钟，展现的是人们之间相互扭打、屠杀、强奸、撕咬和拳击。作为控制条件，实验者随机地将另外一些孩子安排到另一种情境中：让他们观看同样长度的体育比赛。至关重要的一点是：每个孩子被挑选去观看暴力录像或者非暴力录像的机会都是均等的；因此，参加该实验的孩子们在个性结构方面所存在的差异，在这两种实验条件下得以抵消。这样，观看过暴力录像的孩子们比那些观看体育比赛的孩子表现出更多攻击性的发现，便可以有力地说明观看暴力会导致暴力。

你可能已经回想到，这正是我们在本章一开始所介绍的对监狱大学计划进行评价所遇到的问题：那些自愿参加该计划的犯人，可能在很多方面与没有自愿参加的犯人存在差异。因此，将二者的再次犯罪率进行比较是一种误导。这种比较可能是事先安排的，使这项计划看上去比实际效果更好。那么，如何来解决这个问题呢？一种办法便是尽可能吸引两倍的计划自愿参与者来进行研究。这样，你就可以随机地选择其中一半的计划参与者，而让另一半处于控制条件之下。假如这种选择真正做到了随机，对这两组犯人的再次犯罪率进行比较，便会使你得到有意义的资料。

让我们再看一看加入仪式实验。假如我们通过一项调查发现，与经历了温和加入仪式的兄弟会成员相比，那些经历了严酷加入仪式的兄弟会成员彼此之间更加喜爱，那么我们便可以证实，加入仪式的严酷性和喜爱兄弟会其他成员之间存在正相关。这就意味着，加入仪式越是严酷，兄弟会成员喜爱其会中兄弟的程度越高。但是，不论这两个变量之间相关程度有多高，我们都不可能仅仅根据我们的调查数据得出结论：严酷的加入仪式导致了对团体的喜爱。我们能够从这一调查中 338
得出的唯一结论是，这两个因素之间相互关联。

严酷的加入仪式与喜爱兄弟会其他成员之间存在着正相关，可能并不是因为严酷的加入仪式导致了成员对团体更加喜爱，原因可能恰好相反。可能是团体的高度吸引力导致了严酷的加入仪式。假如团体成员认为他人都渴望成为自己这样的人，他们便会通过维持群体的精英性来极力保持这种势头。为此，他们就需要一种严酷的加入仪式来限制人们的加入，只有那些愿望很强的人才能够加入进来。仅仅根据我们的调查数据，我们并不能推断这种解释是错误的，确实是严酷的加入仪式导致了成员对团体的喜爱。这些数据不能为我们做出这种解释提供依据，因为它们所提供的不是一种因果关系。另外，正如我们在前面的例子中所看到的，可能会存在导致严酷加入仪式和对团体喜爱的第三个变量。有谁愿意施加或者接受严酷的加入仪式呢？当然是那些具有强烈的施虐—受虐倾向的人。这些人相互喜爱可能并不是因为加入仪式，而是因为他们都是一样的。尽管这种解释听起来有些古怪，但这的确是一种可能。令研究者更为苦恼的，是那些他(她)根本想象不到的难以计数的其他解释。建立在随机分配实验条件基础上的实验方法，则可以将这些可能的解释全部排除。实验中，那些具有施虐—受虐倾向的人，被机会均等地分配到没有加入仪式的实验条件和严酷加入仪式的实验条件之下。而在现实生活中，他们中的绝大部分人肯定会令自己身处严酷的加入仪式情境之下，因而使得结果无法解释。

社会心理学实验的挑战性

控制与影响　实验方法并非完美无缺。在进行实验研究时我们会面临着一些很现实的问题。我曾经提到控制是实验研究的主要优点之一，但是对人类被试的环境进行完全控制是不可能的。许多心理学家使用老鼠而不是人类作为被试的原因之一便是，他们几乎可以控制这类被试从出生直到实验结束所发生的一切：气候、食物、训练、与同类接触的程度、不会受到创伤，等等。社会心理学家则不能将人类被试关进笼中，以控制他们的经历。尽管这样有助于被试感到比较快乐，但作为科学研究则有些草率。

个体在许多细微之处存在的无数差异，使得实验控制进一步受到局限。社会心理学家试图对人们的行为加以说明。当然，我们的意思是说，在特定的条件下，339
大多数人大多数时候会做些什么。如果一些未经测量的个体差异对我们的结果产生了影响，我们的结论便不可能适用于所有人。人们在态度、价值、能力、人格特征以及最近的经历方面存在的差异，都可能会影响到他们在实验中的反应方式。因此，即便我们有能力控制实验情境，同样的情境也不可能对每个人产生同样的影响。

而且，当我们成功地控制了实验情境使之对任何人都完全相同时，我们便要冒另外一个现实的风险：过于纯净的实验情境会导致被试可能采取不认真的态度。"纯净"这个词至少有两种含义：(1)不受污染的，(2)不起作用的，或者乏味的。实验者应当尽可能保证实验情境不受污染，同时又不使被试感到乏味或远离现实生活。假如被试发现实验过程没有意思、不吸引人，他们的反应就很可能不是自发做出的，这样我们的结果便不会有多大意义。因此，除了控制，还必须要使实验对被试产生影响。必须要让他们认真对待实验并真正参与到实验中来，否则便不可能对他们的行为产生有意义的影响。社会心理学家感到困难的是,"影响"和"控制"这两个最为关键的要素往往从相反的方向起作用:当其中一个因素增强时,另一个因素很可能会减弱。实验者所面临的"两难"问题是,如何在不减弱对情境控制的条件下,将对被试的影响最大化。要解决这个"两难"问题,就必须对实验情境进行富有创造性地、巧妙地设计和构想。这就向我们提出了实验研究的现实性问题。

现实性 在本章前面的内容中,我提到对实验室实验的一个常见的批评是,它们是人为设计出来的现实世界的仿制品,而并非"现实"。我们所说的"现实"指的是什么呢?几年前,在撰写一篇有关实验方法的论文时,我和卡尔史密斯试图对"现实"加以界定。[8]我们推想,实验具有两种不同的现实性:假如一项实验对被试具有影响,促使他们认真对待并参与到实验中来,我们就可以说它具有**实验的现实性**。与此不同的另一个问题是:实验室实验在多大程度上与外部世界经常发生的事件类似。我和卡尔史密斯将其称为**世俗的现实性**。我们会听到这样的批评:由于实验没有反应现实世界,因而它们是人为的、没有价值的。这往往是因为人们将实验的现实性与世俗的现实性混为一谈。

我们可以举一个实验现实性高而世俗现实性低的例子,来很好地说明这两种现实性之间的差异。回想一下本书第 2 章曾经讨论过的斯坦利·米尔格拉姆[9]的实验。在那项实验中,实验者要求每个被试向隔壁房间里的另一个人(这个人被认为用金属丝联在了一个电子装置上)发出强度逐渐增大的电击。实实在在地讲,在日常生活中我们怎么可能被要求对他人实施电击呢?这个实验并不现实,但仅仅是在世俗的意义上不现实。这一过程是否具有实验的现实性呢?也就是说,被试 340
是否投入实验之中?他们是否认真对待实验?实验是否对被试产生了某种影响?在实验进行的那一刻,它是否成为被试现实世界的一部分?或者说,他们只是在演戏,并没有认真对待,只是在装腔作势、敷衍了事?米尔格拉姆报告,他的被试们体验到了极大的紧张和不适。在此,让我们用米尔格拉姆自己的说法来对其中一位典型的被试的表现加以描述:

> 我看到一位成熟的、镇定自如的商人微笑而充满自信地走进了实验室。在 20 分钟的时间里,他便受到了严重的伤害,变得痉挛、结巴,很快接近神经崩溃状态。他不时地揪揪耳垂、搓揉双手。有一次他用拳头敲打着额头抱怨道:"噢,我的上帝,让我住手吧。"但他仍然继续对实验者的话做出反应,并且自始至终服从他的命令。

这似乎不应该是一个处于非现实情境中的人的行为。在米尔格拉姆的被试身上所发生的事情是现实的——尽管在日常生活经验中它们并不会发生。因此,似乎可以比较有把握地推断：如果类似的事件在现实生活中真的发生，该实验的结果便可以相当准确地预测出人们的反应方式。

隐瞒 对实验现实性的重要程度，不论强调怎样都不过分。要使实验具备这一基本特征，最为重要的是设计一种能够令被试感兴趣的情境。同时，往往需要掩饰实验的真实目的。为什么需要这种掩饰呢？

在前面的论述中我曾经提到，人们都能够意识到自己处于社会生活之中，而且会就自己在社会生活中所发生的事情不断地提出假设。在这个意义上，几乎每个人都是业余心理学家。在我们的实验中充当被试的那些个体当然也在此列。由于他们总是试图搞清事情的来胧去脉，因此假如他们知道了实验者试图达到的目的，他们便很容易做出与他们的假设相吻合的行为，而这不是他们在自然状态和平时的行为。因此，我们会尽力对被试掩饰实验的真实性质。由于我们几乎总是要面对极为聪明的成人，要做到这一点并不容易；但假如我们希望获得有效而又可信的数据，在大多数实验中这便是一种绝对需要。

这种需要将社会心理学家置于电影导演的位置，他们设计好了剧情，却不告诉演员它的全部。这种情境称之为**掩饰性情节**。其目的是为被试提供一种能自然行动的情境，他们在行动时不会因知道自己的哪些行为正在被研究而受到妨碍，从而增加实验的现实性。例如，在阿伦森—米尔斯所做的加入仪式研究中，被试们被告知，他们正在进行的是一项窘迫测验，目的是为了从她们中间挑选一些人，组成一个小组对性心理问题进行讨论；这就是掩饰性情节。这是不折不扣的隐瞒。实际 341
上，她们所面对的是一种加入仪式，以考察这种仪式对她们对该小组喜爱程度的影响（如果存在这样的影响的话）。假如被试们在参加这项研究之前已经对研究目的了如指掌，研究结果便可能完全失去意义。对该问题进行过研究的研究者们发现，如果被试们知道了实验的真实目的，她们便不会自然地去行为。她们要么尽力地展现自己好的一面，要么尽力做出自己所理解的为使实验成功而应当采取的行为去“帮助”实验者。对于实验者而言，这两种结果都是灾难。实验者往往能够成功地控制被试的帮助愿望，但是对于被试展现自己好的一面的控制则很难做到。大多数人不希望被他人视为软弱、异常、依从、没有魅力、愚蠢或者懒惰。因此，一旦被试们有机会搞清楚实验者的目的，大多数人便会尽力使自己看起来良好或正常。例如，在一项专门设计用以说明该现象的实验中，[11]当我们告诉被试某种结果意味着他们具有良好的人格特质时，与告诉他们同样的结果表明他们具有不良的特质相比，他们会更多地做出产生这种结果所必需的行为。尽管这种行为是可以理解的，但它的确会妨碍我们得到有意义的结果。因此，实验者们发现，对被试隐瞒实验的真实性质是必要的。

为了说明这一点，让我们再来看一下所罗门·阿希有关从众的经典实验。[12]回想一下，在那项实验中，实验者要求一位学生对几条直线的长度进行比较。这是一项很简单的任务。但另外几个学生(实际是实验者的帮手)却故意做出了不正确的判断。当面对着这样的情境时，相当数量的被试会屈服于潜在的群体压力而做出错误的判断。这当然是一个欺骗性很强的实验。被试们认为自己在参与一项知觉方面的实验，但实际上，实验者研究的是从众现象。这种隐瞒是必要的吗？我认为是必要的。让我们在无所隐瞒的情况下重新进行该实验：假定你就是实验中的被试，实验者对你说道，“我所感兴趣的是，在面对群体压力时你是否会从众，”接着他告诉你将要发生的事情。我猜想你不会去从众。而且我猜想几乎没有人会去从众，因为从众被认为是软弱和没有魅力的表现。实验者由此会得出什么样的结论呢？会推断人们都不容易从众吗？这种结论是错误的，这种实验也没有任何意义。

让我们再回想一下米尔格拉姆的服从实验。他发现大约65%的普通公民在实验中会服从实验者的命令，向另一个人发出强烈的电击。但每年，当我在课堂上讲述该实验的情境并询问学生们是否会服从这样的命令时，仅有1%的人表示他们会这样做。这是否意味着我的学生们比米尔格拉姆的被试们心地较为善良呢？ 342
我并不这样认为。我认为这意味着，哪怕有半点机会，人们都会尽力使自己看起来是善良的。因此，除非米尔格拉姆进行隐瞒，否则他所得出的结果便根本不可能体现人们感到自己身处真实情境时的行为表现。假如我们让人们有机会坐下来，轻松自如地推测他们在特定情境下的行为，我们看到的将是人们愿意怎么做，而不是实际怎么做。

伦理问题

进行隐瞒，可能是获取人们在最复杂和最重要的情境中如何行为的有用信息的最佳(可能也是唯一的)方式，但是这样做却向实验者提出了严重的伦理问题。从根本上讲，存在三个问题：

> 1. 对人说谎完全是不道德的。这个问题在后水门事件时代显得尤为突出，人们发现在这个事件中，政府机构对公民谈话进行了非法窃听，总统公然对选举他们的人民撒谎，总统的直属雇员竟然用尽了各种卑劣的花招，包括伪造信函、编造文件等等。社会科学家能够证明今天存在的欺瞒之风影响日甚是正当的吗？
>
> 2. 这种隐瞒往往会导致对个人隐私的侵犯。当被试不清楚实验者的真

实研究意图时，他们便不能提出赞成意见。例如，在阿希实验中，有理由相信，如果一些学生事先知道阿希是为了考察他们的从众倾向而不是他们的知觉判断，他们便很可能会不同意参加实验。

3. 实验过程常常包含一些不愉快的体验，例如痛苦、枯燥、焦虑，等等。

即使没有运用隐瞒、实验程序并没有被过分强调，我也要提出伦理问题。有时，即便看起来最人性化的程序，而且由最审慎的实验者来实施，也可能对少数被试造成难以预料的深刻影响。让我们来看一看罗宾·杜威（Robyn Dawes）、珍妮·麦克泰维什（Jeanne McTavish）和哈莉雅特·夏克丽（Harriet Shaklee）[13]所做的一系列实验。在他们对“社会困境”的研究中，被试们一般要在合作还是“逃离”之间做出选择。如果每个人都选择合作，那么人人都会得到金钱奖励；但假如有一个或者更多的被试选择逃离，这些人会得到很高的回报，而那些选择合作的人则会在金钱方面受到损失。被试的反应在整个研究过程中都是匿名的。实验一开始，实验者便向所有被试详尽地说明了游戏规则。没有做任何隐瞒。这种设计对被试 343
似乎是根本没有危害的。

但是，在其中一个实验单元结束 24 小时之后，一位上了年龄的男士给实验者打来了电话。他是自己所在小组的唯一逃离者，并因此而赢得了 190 美元。他希望退回自己所赢得的钱，要将这些钱分给其他被试（那些合作的人），这样每人仅得 1 美元。在交谈的过程中，他表示对自己的贪婪行为感到痛苦，一个晚上都没有睡着，等等。在一项相似的实验过后，一位予以合作（而其他被试都选择逃离）的女士报告说，她有上当受骗的感觉并且知道人们并不像自己以前所认为的那样可靠。

尽管研究者进行了精心的设计，但实验仍然会对被试造成难以预料的重大影响。我特意选择了杜威、麦克泰维什和夏克丽所做的这些实验，是因为这些实验中没有隐瞒而且也没有超出道德标准的界限。我的观点很简单但却很重要：没有什么道德准则可以预料一切问题，特别是被试在参与实验的过程中因发现一些与自己或者他人有关的不愉快的事情而产生的那些问题。

实验社会心理学家非常关心伦理问题，就是因为他们的工作建立在一种两难的伦理困境之上。让我来对此加以解释。这种两难困境是基于大多数社会心理学家所赞同的两种相互冲突的价值。一方面，他们信奉科学探索的自由。另一方面，他们也信奉人的尊严和个人的隐私权。这一两难困境真实地存在着，不可能通过虔诚地捍卫人的尊严或者宣称效忠于科学事业而加以消除。而且，社会心理学家必须直接面对这一困境——并非一时一事，而是在每次进行实验设计和实施实验时都需要面对——因为，没有一套具体而又普遍适用的规则或准则可用以指导每一次实验。

显而易见，一些实验技术所带来的伦理问题，要多于另外一些。总的看来，进行隐瞒的实验会令人忧虑，因为撒谎本身是令人讨厌的——即便撒谎是为了发现真理，也是如此。如果实验过程引起了被试痛苦、难堪、罪恶感或者其他强烈的情绪，便会带来明显的伦理问题。

当被试们自身面临着一些不愉快或消极的感受时，会产生更为微妙但却是不太重要的伦理问题。我们可以回想一下杜威、麦克泰维什和夏克丽较为温和的实验中被试们的感受。所罗门·阿希[14]实验中的许多被试知道，他们在面对群体压力时会去从众；我和梅迪[15]实验中的许多被试知道，他们会在纸牌游戏中作弊；米尔克拉姆[16]的大多数被试也知道，即使自己的服从会明显对他人造成伤害，他们也会去服从权威。

可以认为，这种自我发现有益于被试的健康，或者说对他们是有教益的；事实上，许多被试自己已经意识到了这一点。但是这些方法本身并不能证明其合理性。344
毕竟，一个实验者事先怎能知道实验过程会有益于人们的健康呢？另外，让任何一位科学家来确定在没有得到人们事先许可的情况下他(她)有权力或者有能力向他们提供有益于健康的体验，都是武断的。

考虑到这些问题，在社会心理实验结束的时候能够证明所采用的方法是合理的吗？这是一个争论的焦点。一些人主张，无论一项科学研究的目标是什么，无论它取得了多么大的成就，如果它对人们进行了隐瞒或者给人们带来了一些不适，它们都是不值得的。与此相反，另外一些人则坚持，社会心理学家的发现会给人类带来深远的利益，因此为此而付出的任何代价都是值得的。

我个人的观点介于二者之间。我认为社会心理学的科学价值是很重要的，同时我也认为实验被试的健康和幸福在任何时候都应当得到保护。在判断一项特定的实验方法是否合乎伦理时，我认为有必要进行成本—收益分析。也就是说，必须考虑：我们能够从这项实验中得到多大收益，以及这项实验会给被试带来多大的伤害。换句话说，将该实验能够给科学和社会带来的收益与被试所付出的代价加以比较，将二者的比率作为取舍依据。遗憾的是，很难进行这样的比较，因为我们在实验之前不可能完全确定其收益和危害。

让我们再来看一下服从实验。从表面上看，这是一项很难的实验，这一点是确定无疑的。然而，在实验进展到一定程度之前，米尔格拉姆却无从知道其确切的难度会有多大。在我看来，这也是一项极其重要的实验；它会极大地增加我们对人类行为的认识。在悬而未决的情况下，我很高兴看到米尔格拉姆进行这项实验。但是，并非所有的人都同意我的看法。该实验发表后，很快便遭到了对其伦理方面的抨击。这些抨击不仅来自新闻界，也来自严肃的科学家。在这些研究结果发表几年之后，斯坦利·米尔格拉姆伤心而且略带怨恨地向我吐露，他认为大多数批评是由他的研究结果，而不是由他的实际研究程序引起的。这本身就是一个有趣的问题：假如没有一个被试发出中等以上强度的电击，对米尔格拉姆实验伦理问题的批评是否不会那么强烈呢？十几年后，伦纳德·比克曼和马修·扎兰托内洛(Matthew Zarantonello)[17]发现，米尔格拉姆的反思可谓正中要害。他们进行了一项简单的小型实验，要求100个人阅读米尔格拉姆实验的程序部分。与那些被告知几乎没有被试完全服从的人相比，那些被告知米尔格拉姆被试中有相当高比例完全服从的人，认为该程序更为有害(因而，所面临的伦理问题更少)。从更为一般的意义上看，我认为，假如实验的结果提供给我们的是有关人性的一些愉快的或者赞誉性的发现，而不是一些我们不希望了解的东西，那么任何实验的伦理问题可能都不成其为问题。当然，这并不意味着我们必须将研究局限在那些赞誉性的发现！ 345
米尔格拉姆服从实验便是一个很好的例证。我相信，假如一个科学家的兴趣在于研究个体盲目服从权威对他人造成伤害的程度，那么除了制造一定程度的不安之外，他根本没有办法做到这一点。

总之，一个社会心理学家要决定是否进行某项实验研究，取决于他对特定实验的潜在成本和收益的评估。当我的学生在思考是否要将一项实验进行下去的时候，我建议他们考虑以下五条指导原则：

1. 如果有丝毫的可能，就应该避免那些会导致强烈痛苦和不安的实验程序。一些不安可能是不可避免的，这取决于所要检验的是什么样的假设。

2. 假如被试的不安反应变得十分强烈，实验者应当给予他们退出实验的真正自由。

3. 在使用隐瞒程序时，实验者应当保持警惕。如果能够找到其他行之有效的程序，应当予以采用。

4. 在实验单元结束的时候，实验者应当花费足够的时间，就实验的细节、真实目的、进行隐瞒或产生不安的原因等，向每一位被试详细地做出解释。在“纾解”阶段，应当想方设法维护被试的尊严，避免让他们因“落入”骗局而感到自己愚蠢或容易上当。必须保证被试们在离开实验现场时，保持着良好的精神状态，对自己以及自己在实验中所承担的角色感觉良好。任何一个真诚的实验者，只要愿意付出时间和努力(用信息或者体贴)来回报每一个被试对科学事业所起的重要作用，他都可以做到这一点。

5. 最后，实验者不应当“仅仅为了寻求刺激”便去进行那种对人隐瞒或者给人带来不安的实验。在走进实验室之前，实验者应当确信自己的实验是合理的而且有价值的，应当确信自己正在为一个引人关注的问题寻找答案而且会通过一种精心设计的方式来做到这一点。

社会心理学领域的实验者们，会尽力做到对被试的需求尽可能地敏感。虽然许多实验包含了会引起人们不同程度不安的程序，但绝大多数程序中都含有许多针对被试的防护措施。让我们再来看一下服从实验，这样做仅仅因为，从被试的角度来看，它是本书中所报告的给被试造成压力最大的实验程序。显然，在实验过后，为了将被试的全部体验变得对他们有益并令他们振奋，米尔格拉姆付出了大量的努力。事实也表明，他的努力取得了相当大的成功：实验结束几周之后，84%的被试报告，他们对参加这项研究感到高兴；15%的被试报告持中性情感；仅有1% 346
的被试声称，他们对参加实验感到难过。（然而，我们应当对这些发现保持警惕。通过第5章有关认知失调的讨论，我们已经知道，有时人们会通过改变自己原有的态度来为自己的行为辩护。）后续研究为我们提供了更加令人信服的证据：在该实验完成一年之后，一位大学精神病专家对随机选择的一组被试进行了访谈，发现实验并没有对被试造成伤害性的影响；相反，被试们普遍反映，参与这项实验令他们深受启发、受益匪浅。

我们对被试的责任 在本章中，我们讨论了实验方法的优点，展示了在社会心理学领域进行实验室实验设计的复杂程度和挑战性。另外，我也与读者一起分享了克服各种困难所带来的一些激动心情，讨论了如何确保我们的实验被试幸福并确保他们从实验中学习提高。本书前八章所描述的有关人类行为的知识、材料和富有洞察力的见解，都是建立在本章所讨论的技术和程序之上的。它们也是建立在成千上万的个体的合作的基础之上——这些个体遍布世界各地，他们允许我们在实验室中对他们的行为进行研究。我们深得他们的帮助。对人类复杂性的理解，最终要寄希望于我们巧妙地开发出可以很好控制而且更为有效地对人类行为进行研究的技术，而且这种技术不会对那些作为被试帮助我们理解人类行为的人的基本尊严造成侵犯。

假如我们的发现被误用怎么办

另外一个需要考虑的伦理问题是：科学家对他（她）的发现应当承担的道德责任。在整本书中，我曾经讨论了说服的一些关键性的先决条件。特别是在第5章里，我讨论了自我说服的技巧，在随后的一些章节里，我讨论了对这些技巧的运用。自我说服具有非常强大的威力，因为实际上，被说服者从来都不知道到底是什么说服了他们。他们不知不觉地认为某件事情是对的，不是因为J·罗伯特·奥本海默、T. S. 爱略特或者“肩膀”乔认为它是对的，而是因为他们自己认为它是对的。而且，他们往往不知道自己为什么以及怎样逐渐相信这一切。这就使得这一现象不仅很有威力，而且也很令人惊恐。只要一个人知道了自己为什么会相信某件事，他就比较容易改变自己的想法；但是假如他只是知道某件事是正确的（这就是事情的全部），那么即便面对的是接二连三的相反证据，他也更有可能坚持自己的信念。

我所描述的这些技巧，可以应用于促使人们清洁牙齿、阻止人们欺侮弱者、减 347
轻人们的痛苦，或者帮助人们去喜欢自己的邻居。许多人可能会联想到这些好的结果，但是他们也同样受到了操纵。此外，这些技巧也可能被应用于促使人们去购买特定品牌的牙膏，或许还被用于促使人们去为某个政治候选人投票。在一个政治策划师、宣传家和广告人员大行其道的时代，运用强有力的社会影响技术是否道德？

至此，本书读者想必已经认识到，作为一个生活在现实世界中的真实的个人，我持有多重价值取向，而且我并不想对它们加以掩饰；它们可以在任何地方得到表现。例如，我想要消除顽固和残忍。假如我拥有相应的力量，我会尽我所能采用最为人道和有效的方法来达到这些目的。我同样也会意识到，一旦提出了这类方法，有人便可能利用它们来达到我所不愿意看到的目的。这一点引起了我的极度关注。当然，我也意识到你们的价值取向可能与我不同。但只要你们认为这些方法是强有力的，就应当对它们加以关注。

与此同时，必须指出的是，我在这里所描述的现象并非都能令人耳目一新。毕竟，并非某个社会心理学家让兰德里先生对万宝路香烟上瘾，或者发明了低价进入式竞争策略；也并非某个社会心理学家诱导陆军中尉卡利为他肆无忌惮地屠杀越南平民辩护。他们这样做完全是出于自愿。社会心理学家只是试图搞清在世界上每天发生的诸如此类的现象，其中一些现象自打地球上最初的两个人开始互动就已经出现了。通过对这些现象的把握，社会心理学家有可能帮助人们了解其中的过程和结果，并帮助人们避免做出自己认为是反常的行为。

但是，作为正在从事研究工作的社会心理学家，知道“我们所研究的现象不是我们自己的创造”这一事实，并不能将我们从伦理责任中开脱出来。我们的研究往往会将这些现象具体化为高度结构化、容易实施的技术。总会存在这样的可能：一些人会发展这类技术并将它们用于个人目的。如果这些技术掌握在一些蛊惑民心的政客手中，它们很有可能会使我们的社会陷入“欧威尔噩梦”之中。我这样讲的目的，并不是在鼓吹社会心理学家的责任。对于我认为我们应负的那部分责任，我有着最为清醒的认识。简言之，我们的责任是：在不断进行研究以加深人们对社会性动物的理解(包括:人们如何思维、人们如何行为、什么导致人们去攻击、什么促使人们去爱)的同时,指导公众如何运用这些技术,并提醒人们警惕这些技术的滥用。坦率地讲,除此以外,我想不出还有什么更值得关注、更为重要的事情要做了。

术 语 表

行动者—观察者偏差(actor-observer bias):将他人的行为归因于行动者稳定的人格素质,而自己的行为解释为情境性因素的倾向。

攻击行为(aggressive action):旨在引起身体痛苦或者心理痛苦的有意行为。

攻击性刺激(aggressive stimulus):与攻击反应有关的刺激物品(例如,一支枪),仅仅因为它们的出现便会增加攻击的可能性。

利他行为(altruism):对他人有益而不会给帮助者带来利益的行为,这类行为往往需要帮助者个人付出一定的代价。

杏仁核(amygdala):大脑中央区一个与攻击行为有关的区域。

态度(attitude):对人、事物和观点所持的持久的(正向的或负向的)评价。态度包含情感评价和认知评价成分。

态度的可通达性(attitude accessibility):某个事物同我们对它的评价之间的联系强度;可通达性可以通过人们报告他们对特定问题或事物感受如何的速度来加以测量。

态度便捷式判断(attitude heuristic):决策时所采取的一种捷径:将认知对象的归为有利的一类或者不利的一类。

归因理论(attribution theory):对人们解释自己或他人行为原因的方式所做的描述。

真实性(authenticity):一个人的行为与交往与他自己的感受相一致。

易得性便捷式判断(availability heuristic):人们在进行判断时所借助的心理规则依据的是轻易想到的事物。

善意的性别歧视(benevolent sexism):看起来对女性持一种正向的(甚至正直的)态度,但从本质上看却具有定型化特征;例如,认为女性必须受到保护。

归咎于受害者(blaming the victim):将所受到的伤害归咎于受害者本人(进行素质归因)的倾向,导致这种倾向的动机一般是希望看到世界是公平的。

旁观者效应(bystander effect):目睹某个紧急事件的旁观者人数越多,他们中间某个人出手救助的可能性越小。

宣泄(catharsis):指的是这样一种看法:"排放系统"(通过实施攻击行为、观看他人实施攻击行为或者幻想性的攻击)释放积聚起来的攻击性能量,并因此而减少出现进一步攻击行为的可能性。

说服的中心路径(central route to persuasion):在这种情况下,人们会对说服信息进行详细的思考，仔细聆听其中的观点并进行深入地思考；只有在人们既具备一定的信息接受能力又具有相应动机的时候，这种情况出现。

认知失调(cognitive dissonance)：一种紧张冲突的状态，无论何时只要某个人同时拥有心理上不一致的两种认知(想法、态度、信念、意见)，就会出现这种状态。

认知吝啬者(cognitive misers)：人们在进行决策的时候，为了尽力保存认知能量，总是想法采用心理捷径。

共有关系(communal relationship)：在这种人际关系中，人们首先关心的是对他人的需要进行反应。

伴侣之爱(companionate love)：人们在深深地关心着另外一个人时所体验到的亲密与情感，但不一定在这个人出现的时候体验到激情。

依从(compliance)：个体因希望获得奖励或者害怕受到惩罚而对社会影响做出的反应。

证实偏差(confirmation bias)：指的是这样一种倾向：一旦人们持有了某种看法，只要有可能，他们便会带有偏见地看待随后出现的事件，以证实自己的看法。

从众(conformity)：由于受到来自他人真实的或者想象的影响，一个人的行为发生了改变。

完美之爱(consummate love)：根据斯滕伯格的观点，这是激情、亲密与承诺三种成分的混合。

对比效应(contrast effect)：某一认知对象看起来比它自身好或者差，取决于同它进行比较的认知对象的质量。

一致性判断(correspondent inference)：将某个人的行为归因于此人类似的属性或者特质的倾向。

态度相反的倡议(counterattitudinal advocacy)：当一个人陈述某种与自己的个人信念或态度相反的意见或态度时出现的认知失调过程。

掩饰性情节(cover story)：设计情境或一项实验来增加实验的现实性，在这种情境中被试可以自然地行动，他们的行动不会因知道自己的哪些行为正在被研究而受到妨碍。

来源的可信性(credibility of the source)：如果信息来源具有专家身份而且值得相信，她(他)很可能会对接受者的信念产生影响。

心理纾解(debriefing)：在一项实验结束时，实验者就研究目的以及所发生的事情对被试进行解释的程序。

诱饵(decoy)：消费者在决策的过程中，会遇到的一种明显差于其他可能选择的选择，它的出现旨在通过对比让其他可能选择中的一种看上去更好。

非人化(dehumanization)：将受害者视为非人的过程，通过这一过程来降低对自身攻击行为的限制，从而更容易更有可能采取进一步的攻击行为。

去个性化(deindividuation)：一种自我意识弱化的状态(往往是因匿名而引起的)，其结果会导致人们对社会评价的关注减少，以及对那些被禁止行为的抑制降低。

因变量(dependent variable)：在一项实验中，研究者用以考察是否会受到自变量影响的变量；研究者假定，因变量依存于自变量的水平。

稀释效应(dilution effect)：有关某个问题的额外的无关信息会弱化人们对该问题的判断或印象的趋势。

素质归因(dispositional attribution)：指的是这样一种假定：一个人的行为取决于他(她)的人格(素质)，而不是情境压力。

自我中心思维(egocentric thought)：倾向于更多地将自己视为事件的中心，而实际上却并非如此。

自我防卫(ego-defensive)：行为的目的是为了维持对自己的正向看法，但却丧失了对世界的正确认识。

情绪感染(emotional contagion):情绪或者行为在人群中迅速地传播。

移情(empathy):将自己置于他人位置上的能力,即采用此人的体验方式来对事件和情感(例如,喜悦、悲伤)进行体验。

爱(Eros):弗洛伊德所假定的人类所具有的生的本能。

交换关系(exchange relationship):人们之间受公平需要(例如,收益与成本之间的某种平等的比率)主宰的人际关系。

实验的现实性(experimental realism):一项实验对被试具有影响,促使他们认真对待并参与到实验中来。这一点即使在缺乏世俗的现实性时仍然有效。

外部理由(external justification):一个人对自己不协调行为的理由或解释,不是基于个人,而是基于情境(例如,某种奖励或惩罚)。

错误一致效应(false consensus effect):过高估计人们在所有问题上赞同自己的比例的趋势。

虚假记忆综合征(false memory syndrome):对以往的某种创伤性经历的记忆,尽管这种经历实际上是虚假的,但人们仍然认为它发生过。

登门槛技术(foot-in-the-door technique):通过先提出人们容易接受的小要求,然后提出较大的要求,来促使人们按照更大的要求办事的策略。

框架(framing):在决策的过程中,是否呈现命题(或者是否为其设置框架)决定着是得还是失。

挫折—攻击(frustration-aggression):因感到自己达到某个目标受阻而产生的挫折,会增加人们做出某种攻击性反应的可能性。

基本归因错误(fundamental attribution error):在对人们行为原因进行分析时所存在的、过高估计人格和气质因素而过低估计情境和环境性因素的趋势。

得失效应(gain-loss effect):指的是这样一种理论:假如我们能够从他人的预期中获得(例如,这些人最初不喜欢我们,而现在喜欢我们),那么我们便会最喜欢这些人;假如我们从他人那里丧失(例如,这些人最初喜欢我们,但现在不喜欢我们),那么我们会最不喜欢这些人。

群体思维(groupthink):指的是这样一种思维:为维持群体的一致而无视那些对事实所做的深思熟虑、实事求是的评价。

光环效应(halo effect):指的是这样一种偏见:对某个人良好的或者不好的总体印象,会影响到我们对这个人的推测和期望。

事后聪明偏差(hindsight bias):一旦人们知道了某个事件的结果,他们便会强烈地倾向于(往往是错误地)认为,自己事先能够预测到这一结果。

同质性效应(homogeneity effect):与看待自己所在群体的成员相比,人们在看待某个外群体时会发现其成员之间存在更多相似性的趋势。

敌对性攻击(hostile aggression):因愤怒感而引起的一种攻击性行为,旨在施加痛苦与伤害。

敌意的性别歧视(hostile sexism):对女性持有负向的定型化看法——例如,女性不如男性聪明。

液压理论(hydraulic theory):根据这一理论,没有表达出来的情绪会累积起来形成压力,必须采取某种形式将这种压力释放出来。

虚伪(hypocrisy):个体实际所做的与口头所说的之间存在差异所引起的一种认知失调。

认同(identification):个体因希望与影响施加者相像而对社会影响做出的反应。

虚假关联(illusory correlation):在两个实际上不存在关联的事件之间发现关联或者相关的趋势。

内群体(in-group):个体所认同或者感到自己所从属的群体。

内群体偏爱(in-group favoritism):人们对自己所确定的内群体成员会持有正向的情感并给以特别的对待,而对其他人则持有负向的情感并给以不公平的对待,这样做仅仅是因为将这些人界定为外群体成员。

自变量(independent variable):实验者用以考察其自身的改变或变化是否会对另外一些变量产生影响的变量;研究者预测这种变量会导致其他一些变量的变化。

信息;由信息而导致的社会影响(information; as in information social influence):由于我们将他人作为指导自己行为的信息源,因而来自他人的信息会导致我们从众;研究者预测这种变量会导致其他一些变量的变化。

预防接种效应(inoculation effect):通过先让人们接触少量与他们的态度不同的观点,而使人们对改变他们态度的企图产生免疫的过程。

工具性攻击(instrumental aggression):将攻击作为实现某种目标的手段,而不是仅仅为了对他人造成痛苦。

不充分惩罚(insufficient punishment):当个体对拒绝某个自己期望的活动或目标缺乏外部辩护理由而引起失调时,他们往往会贬低这个活动或目标。

内部理由(internal justification):通过改变自身的某些方面(例如,一个人的态度或行为)来减少失调。

内化(internalization):个体因希望自己正确而对社会影响做出的反应。

拼图技术(jigsaw technique):为减少孩子们的偏见和增强他们的自尊而设计的一种课堂结构,这种课堂将孩子们安排在规模很小、种族混杂的合作群体之中。

便捷式判断(judgmental heuristics):为使自己的判断迅速有效,人们所采用的心理捷径。

为努力进行辩护(justification of effort):个体会更加喜爱他们经过努力而达到的某个目标的倾向。

虚报低价(lowballing):一些营销人员所采用的一种不择手段的策略,他们首先诱导消费者同意在一个很低的价位上购买产品,然后声称出错并提高价格;最终消费者往往会同意按提高了的价格购买产品。

最小群体范式(minimum group paradigm):完全陌生的人通过微不足道的标准组成的一个无意义群体;最小群体成员之间仍然表现出内群体偏见。

世俗的现实性(mundane realism):实验室实验在多大程度上与外部世界经常发生的事件类似。

看法(opinion):坚持认为是正确的(无需评价和情感表露)。

外群体(out-group):不为个体所认同的群体。

激情之爱(passionate love):对另一个人所感受到的强烈的渴望并伴有生理唤起的情感;假如这种爱得到回报,人们便会体验到巨大的实现感并欣喜若狂,假如没有得到回报,人们便会感到伤心、失望。

说服的边缘路径(peripheral route to persuasion):在这种情况下,人们不会对说服信息中的观点进行详细考虑,而是受到边缘线索的影响。

出丑效应(pratfall effect):指的是这样一种现象:一些失误迹象会增加某个近乎完美的人的吸引力。

偏见(prejudice):仅仅依据特定群体中部分成员的特征而形成的、对整个群体的敌对的或负向的态度。

首因效应(primacy effect):在某种特定的条件下,人们最先听到的论证会对他们产生特别的影响。

启动(priming):启动过程基于这样一种观点:最近出现的或者被频繁激活的想法更可能出现在脑海里,因而被用于解释社会事件。

接近性(proximity):决定人们是否喜欢或者爱上一个人的重要因素之一是物理上的接近:人们更可能与居住在自己所在的城镇或城镇附近的人、或者居住地虽然很远但却同在一所大学的人坠入爱河。

随机分配(random assignment):将被试机会均等地分配到任何一种实验条件的过程;通过随机分配,研究者可以比较有把握保证使被试的人格或背景均匀地分布在各种条件之下。

近因效应(recency effect):在某种特定的条件下,人们最后听到的论证会对他们产生特别的影响。

重构性记忆(re-constructive memory):人们对某个事件的记忆会受到他们在该事件发生后所接触信息歪曲的过程。

记忆恢复现象(recovered memory phenomenon):对以往已经忘记的或者被压抑的事件(例如性虐待)的回忆;这类记忆的准确性往往存在着大量的争议。

关系性攻击(relational-aggression):一种非身体形式的攻击,诸如搬弄是非、散布虚假的谣言和排挤。

相对剥夺(relative deprivation):感觉自己(或者自己所属的群体)所得到的,少于自己应该得到的,少于自己所期望得到的,或者少于与自己相同的人所得到的。

代表性便捷式判断(representativeness heuristic):人们在对某一事物进行归类时所借助的心理捷径是该事物与某一典型事物之间的相似程度。

浪漫之爱(romantic love):根据斯滕伯格的观点,这是一种激情与亲密相结合的状态。

替罪羊(scapegoating):个体倾向于将攻击矛头转向他们所不喜欢、明显的而又相对弱小的群体。

脚本(script):人们从文化中潜移默化地习得的社会行为方式。

次级收益(secondary gain):在做出依从行为之后,某种未曾预料的、有利的事态使得从众行为更具吸引力。

自我概念(self-concept):自我的内容;即人们对自身的想法、信念以及人格特征的感知。

自尊(self-esteem):人们对自我价值的评价,即人们对自己在美德、能力和正派方面达到何种程度的看法。

自证预言(self-fulfilling prophecy):人们对另外一个人是什么样的人所抱的预期,这种预期会影响到人们对待此人的行为方式,并会促使此人按人们最初对他预期相一致的方式去行为。

自我辩护(self-justification):为了维持自己的自尊而去证明自己的行为合理的倾向。

自我知觉理论(self-perception theory):指的是这样一种理论:当我们的归因不确定或者模糊不清时,我们会依据对自身行为的观察来对其加以推测。

自我图式(self-schemas):依据我们以往的经历,对我们自身的知识加以组织,以帮助我们理解、解释和预测我们自身的行为。

自利偏差(self-serving bias):个体将自己的成功归因于素质,而将自己的失败归因于情境的倾向。

相似性(similarity):人们往往会喜欢或者爱上与自己的看法、态度、价值、长相类似的人。

社会认知(social cognition):人们如何思考自身以及社会生活;具体而言,人们如何选择、解释、记忆和运用社会信息进行判断和决策。

社会影响(social influence):人们对他人的看法和行为所施加的影响。

社会学习理论(social learning theory):这种理论认为,人们通过观察和模仿他人来习得社会行为

（例如，攻击）。

社会心理学(social psychology)：对受到真实的或想象的他人在场影响下的人们的思想、情感和行为方式的科学研究。

定型(stereotype)：对某个人群的简单的概括，从个人所持偏见出发，赋予他们完全相同的特征。

定型威胁(stereotype threat)：少数族裔的成员对他们自身的行为方式与已有的文化定型相符合体验的担忧。这种担忧往往会降低他们取得成绩的能力。

坦率的谈话(straight talk)：一个人明确地说出自己的情感和心事，而且不对对方加以指责、挖苦或者嘲笑。

睾丸素(testosterone)：与攻击性有关的一种雄性激素。

桑纳托斯(Thanatos)：根据弗洛伊德的观点，这是一种促使人类走向死亡的一种本能的驱力，会导致攻击行为。

爱情三角(triangle of love)：根据斯滕伯格的观点，爱情的三种成分是：激情、亲密和承诺。

基本归因偏误(ultimate attribution error)：在对特定人群进行整体归因时所出现的、与人们对该群体的偏见相一致的素质归因倾向。

英文注释

Chapter 1 What Is Social Psychology?

1. Michener, J. (1971). *Kent State: What happened and why*. New York: Random House.
2. Clark, K., & Clark, M. (1947). Racial identification and preference in Negro children. In T. M. Newcomb & E. L. Hartley (Eds.), *Readings in social psychology* (pp. 169 - 178). New York: Holt.
3. Harris, J. (1970). *Hiroshima: A study in science, politics, and the ethics of war*. Menlo Park, CA: Addison-Wesley.
4. Powell, J. L. (1988). A test of the knew-it-all-along effect in the 1984 presidential and statewide elections. *Journal of Applied Social Psychology, 18*, 760 - 773.
5. Michener, J. (1971). *Kent State: What happened and why*. New York: Random House.
6. E. Berscheid, personal communication.
7. Zimbardo, P. (1971, October 25). The psychological power and pathology of imprisonment (p. 3). Statement prepared for the U. S. House of Representatives Committee on the Judiciary; Subcommittee No. 3: Hearings on Prison Reform, San Francisco.

Chapter 2 Conformity

1. Copyright © 1933, 1961 by James Thurber. From "The day the dam broke," in *My life and hard times* (New York: Harper, 1933), pp. 41, 47. (Originally printed in *The New Yorker*.)
2. Schachter, S. (1951). Deviation, rejection, and communication. *Journal of Abnormal and Social Psychology, 46*, 190 - 207.
3. Kruglanski, A. W., & Webster, D. W. (1991). Group member's reaction to opinion deviates and conformists at varying degrees of proximity to decision deadline and of environmental noise. *Journal of Personality and Social Psychology, 61*, 212 - 225.
4. Speer, A. (1970). *Inside the Third Reich: Memoirs*. (R. Winston & C. Winston, Trans.). New York: Macmillan.
5. *Playboy*, January 1975, p. 78.
6. Kruglanski, A. W. (1986, August). Freeze-think and the Challenger. *Psychology Today*, pp. 48 - 49.
7. Janis, I. L. (1971, November). Groupthink. *Psychology Today*, pp. 43 - 46.

   Janis, I. L. (1984). Counteracting the adverse effects of concurrence-seeking in policy-planning groups. In H. Brandstatter, J. H. Davis, & G. Stocker-Kreichgauer (Eds.), *Group decision making*. New York: Academic Press.

   Kameda, T., & Sugimori, S. (1993). Psychological entrapment in group decision making: An assigned decision rule and a groupthink phenomenon. *Journal of Personality and Social Psychology, 65*, 282 - 292.
8. Asch, S. (1951). Effects of group pressure upon the modification and distortion of judgment. In M. H. Guetzkow (Ed.), *Groups, leadership and men* (pp. 117 -190). Pittsburgh: Carnegie.

   Asch, S. (1956). Studies of independence and conformity: A minority of one against a unanimous majority. *Psychological Monographs, 70* (9, Whole No. 416).
9. Gitow, Andi & Rothenberg, Fred (Producers). Dateline NBC: Follow the leader. Distributed by NBC News. (August 10, 1997)
10. Wolosin, R., Sherman, S., & Cann, A. (1975). Predictions of own and other's conformity. *Journal of Personality, 43*, 357 - 378.
11. Deutsch, M., & Gerard, H. (1955). A study of normative and informational social influence upon individual judgment. *Journal of Abnormal and Social Psychology, 51*, 629 - 636.

    See also: Kaplowitz, S., Fink, E., D'Alessio, D., & Armstrong, G. (1983). Anonymity, strength of attitude, and the influence of public opinion polls. *Human Communication Research*, *10*, 5 - 25.

12. Moulton, J., Blake, R., & Olmstead, J. (1956). The relationship between frequency of yielding and the disclosure of personal identity. *Journal of Personality*, *24*, 339 - 347.
13. Argyle, M. (1957). Social pressure in public and private situations. *Journal of Abnormal and Social Psychology*, *54*, 172 - 175.
14. Asch, S. (1955). Opinions and social pressure. *Scientific American*, *193 (5)*, 31 - 35.

    Morris, W., & Miller, R. (1975). The effects of consensus-breaking and consensus-preempting partners on reduction of conformity. *Journal of Experimental Social Psychology*, *11*, 215 - 223.

    Boyanowsky, E., Allen, V., Bragg, B., & Lepinski, J. (1981). Generalization of independence created by social support. *Psychological Record*, *31*, 475 - 488.
15. Allen, V., & Levine, J. (1971). Social support and conformity: The role of independent assessment of reality. *Journal of Experimental Social Psychology*, *7*, 48 - 58.
16. Deutsch, M., & Gerard, H. (1955). A study of normative and informational social influence upon individual judgment. *Journal of Abnormal and Social Psychology*, *51*, 629 - 636.
17. Pennington, J., & Schlenker, B. R. (1999). Accountability for consequential decisions: Justifying ethical judgments to audiences. *Personality and Social Psychology Bulletin*, *25*, 1067 - 1981.
18. Quinn, A., & Schlenker, B. R. (2002). Can accountability produce independence? Goals as determinants of the impact of accountability on conformity. *Personality and Social Psychology Bulletin*, *28*, 472 - 483.
19. Mausner, B. (1954). The effects of prior reinforcement of the interaction of observed pairs. *Journal of Abnormal and Social Psychology*, *49*, 65 - 68.

    Mausner, B. (1954). The effect on one's partner's success in a relevant task on the interaction of observed pairs. *Journal of Abnormal and Social Psychology*, *49*, 557 - 560.

    Goldberg, S., & Lubin, A. (1958). Influence as a function of perceived judgment error. *Human Relations*, *11*, 275 - 281.

    Wiesenthal, D., Endler, N., Coward, T., & Edwards, J. (1976). Reversibility of relative competence as a determinant of conformity across different perceptual tasks. *Representative Research in Social Psychology*, *7*, 35 - 43.
20. Bond, R., & Smith, P. (1996). Culture and conformity: A meta-analysis of studies using Asch's (1952, 1956) line judgment task. *Psychological Bulletin*, *119*, 111 - 137.

    Frager, R. (1970). Conformity and anticonformity in Japan. *Journal of Personality and Social Psychology*, *15*, 203 - 210.

    See also: Triandis, H. C. (1990). Cross-cultural studies of individualism and collectivism. In J. J. Berman (Ed.), *Nebraska Symposium on Motivation*, *37*, 41 - 133.
21. Maccoby, E., & Jacklin, C. (1974). *The psychology of sex differences* (pp. 268 - 272). Stanford, CA: Stanford University Press.

    Cooper, H. (1979). Statistically combining independent studies: A meta-analysis of sex differences in conformity research. *Journal of Personality and Social Psychology*, *37*, 131 - 146.
22. Eagly, A., & Carli, L. (1981). Sex of researchers and sex-typed communications as determinants of sex differences in influenceability: A meta-analysis of social influence studies. *Psychological Bulletin*, *90*, 1 - 20.

    Javornisky, G. (1979). Task content and sex differences in conformity. *Journal of Social Psychology*, *108*, 213 - 220.

    Feldman-Summers, S., Montano, D., Kasprzyk, D., & Wagner, B. (1980). Influence attempts when competing views are gender-related: Sex as credibility. *Psychology of Women Quarterly*, *5*, 311 - 320.
23. Schneider, F. (1970). Conforming behavior of black and white children. *Journal of Personality and Social Psychology*, *16*, 466 - 471.
24. Allport, G. (1954). *The nature of prejudice* (pp. 13 - 14). Cambridge, MA: Addison-Wesley.
25. Dittes, J., & Kelley, H. (1956). Effects of different conditions of acceptance upon conformity to group norms. *Journal of Abnormal and Social Psychology*, *53*, 100 - 107.
26. Bushman, B. J. (1988). The effects of apparel on compliance: A field experiment with a female authority figure. *Personality and Social Psychology Bulletin*, *14*, 459 - 467.
27. Gladwell, M. (2000) *The Tipping Point*. New York: Little Brown.
28. Festinger, L. (1954). A theory of social comparison processes. *Human Relations*, *7*, 117 - 140.
29. Mullen, B., Cooper, C., & Driskell, J. E. (1990). Jaywalking as a function of model behavior. *Personality and Social Psychology Bulletin*, *16 (2)*, 320 - 330.
30. Aronson, E., & O'Leary, M. (1982 - 1983). The relative effectiveness of models and prompts on energy conservation: A field experiment in a shower room. *Journal of Environmental Systems*, *12*, 219 - 224.
31. Reno, R., Cialdini, R., & Kallgren, C. A. (1993). The trans-situational influence of social norms. *Journal*

of Personality and Social Psychology, *64*,104 - 112.

Cialdini, R. B., Reno, R. R., & Kallgren, C. A. (1990). A focus theory of normative conduct: Recycling the concept of norms to reduce littering in public places. *Journal of Personality and Social Psychology*, *58*, 1015 -1029.

32. Cialdini, R. B., Reno, R. R., & Kallgren, C. A. (1990). A focus theory of normative conduct: Recycling the concept of norms to reduce littering in public places. *Journal of Personality and Social Psychology*, *58*,1015 - 1029.

33. Schachter, S., & Singer, J. (1962). Cognitive, social, and physiological determinants of emotional state. *Psychological Review*, *69*,379 - 399.

34. James, W. (1890). *Principles of psychology*. New York: Smith.

35. Haney, C. (1984). Examining death qualification: Further analysis of the process effect. *Law and Human Behavior*, *8*,133 - 151.

36. Kelman, H. (1961). Processes of opinion change. *Public Opinion Quarterly*, *25*,57 - 78.

37. Kiesler, C., Zanna, M., & De Salvo, J. (1966). Deviation and conformity: Opinion change as a function of commitment, attraction, and presence of a deviate. *Journal of Personality and Social Psychology*, *3*, 458 - 467.

38. Kuetner, C., Lichtenstein, E., & Mees, H. (1968). Modification of smoking behavior: A review. *Psychological Bulletin*, *70*,520 - 533.

39. Milgram, S. (1963). Behavioral study of obedience. *Journal of Abnormal and Social Psychology*, *67*,371 - 378.

Milgram, S. (1965). Some conditions of obedience and disobedience to authority. *Human Relations*, *18*,57 - 76.

Milgram, S. (1974). *Obedience to authority*. New York: Harper & Row.

40. Elms, A. C., & Milgram, S. (1966). Personality characteristics associated with obedience and defiance toward authoritative command. *Journal of Experimental Research in Personality*, *1*,282 - 289.

41. Kilham, W., & Mann, L. (1974). Level of destructive obedience as a function of transmitter and executant roles in the Milgram obedience paradigm. *Journal of Personality and Social Psychology*, *29*,696 - 702.

Shanab, M., & Yahya, K. (1977). A behavioral study of obedience in children. *Journal of Personality and Social Psychology*, *35*,530 - 536.

Miranda, F. B., Caballero, R. B., Gomez, M. G., & Zamorano, M. M. (1981). Obedience to authority. *Psiquis: Revista de Psiquiatria, Psicologia y Psicosomatica*, *2*,212 - 221.

Mantell, D. (1971). The potential for violence in Germany. *Journal of Social Issues*, *27*,101 - 112.

Meeus, W. H. J., & Raaijmakers, Q. A. W. (1995). Obedience in modern society: The Utrecht studies. *Journal of Social Issues*, *51*,155 - 176.

42. Milgram, S. (1974). *Obedience to authority*. New York: Harper & Row.

Sheridan, C., & King, R. (1972, August). Obedience to authority with an authentic victim. Paper presented at the convention of the American Psychological Association.

Blass, T. (1999) The Milgram Paradigm after 35 years: Some things we now know about obedience to authority. *Journal of Applied Social Psychology*, *29*,955 - 978.

43. Milgram, S. (1965). Liberating effects of group pressure. *Journal of Personality and Social Psychology*, *1*,127 - 134.

Meeus, W. H. J., & Raaijmakers, Q. A. W. (1995). Obedience in modern society: The Utrecht studies. *Journal of Social Issues*, *51*,155 - 176.

44. Milgram, S. (1965). Some conditions of obedience and disobedience to authority. *Human Relations*, *18*, 57 - 76.

45. Meeus, W. H. J., & Raaijmakers, Q. A. W. (1995). Obedience in modern society: The Utrecht studies. *Journal of Social Issues*, *51*,155 - 176.

46. Milgram, S. (1965). Liberating effects of group pressure. *Journal of Personality and Social Psychology*, *1*,127 - 134.

47. Rosenthal, A. M. (1964). *Thirty-eight witnesses*. New York: McGraw-Hill.

48. Korte, C., & Kerr, N. (1975). Response to altruistic opportunities in urban and nonurban settings. *Journal of Social Psychology*, *95*,183 - 184.

Rushton, J. P. (1978). Urban density and altruism: Helping strangers in a Canadian city, suburb, and small town. *Psychological Reports*, *43*,987 - 990.

49. Darley, J., & Latane, B. (1968). Bystander intervention in emergencies: Diffusion of responsibility. *Journal of Personality and Social Psychology*, *8*,377 - 383.

Latane, B., & Darley, J. (1968). Group inhibition of bystander intervention in emergencies. *Journal of Personality and Social Psychology*, *10*,215 - 221.

Latane, B., & Rodin, J. (1969). A lady in distress: Inhibiting effects of friends and strangers on bystander intervention. *Journal of Experimental Social Psychology*, *5*,189 - 202.

50. Latane, B., & Nida, S. (1981). Ten years of research on group size and helping. *Psychological Bulletin*, *89*, 308 - 324.

51. Latane, B., & Rodin, J. (1969). A lady in distress:

Inhibiting effects of friends and strangers on bystander intervention. *Journal of Experimental Social Psychology*, *5*,189 - 202.

52. Darley, J. , & Latane, B. (1968). Bystander intervention in emergencies: Diffusion of responsibility. *Journal of Personality and Social Psychology*, *8*,377 - 383.
53. Piliavin, I. , Rodin, J. , & Piliavin, J. (1969). Good samaritanism: An underground phenomenon? *Journal of Personality and Social Psychology*, *13*,289 - 299.
54. Bickman, L. (1971). The effect of another bystander's ability to help on bystander intervention in an emergency. *Journal of Experimental Social Psychology*, *7*, 367 - 379.

    Bickman, L. (1972). Social influence and diffusion of responsibility in an emergency. *Journal of Experimental Social Psychology*, *8*,438 - 445.
55. Piliavin, J. , & Piliavin, E. (1972). The effect of blood on reactions to a victim. *Journal of Personality and Social Psychology*, *23*,353 - 361.
56. Darley, J. , & Batson, D. (1973). "From Jerusalem to Jericho": A study of situational and dispositional variables in helping behavior. *Journal of Personality and Social Psychology*, *27*,100 - 108.
57. Clark, R. , Ⅲ, & Word, L. (1972). Why don't bystanders help? Because of ambiguity? *Journal of Personality and Social Psychology*, *24*,392 - 400.

    Solomon, L. , Solomon, H. , & Stone, R. (1978). Helping as a function of number of bystanders and ambiguity of emergency. *Personality and Social Psychology Bulletin*, *4*,318 - 321.
58. Baron, R. A. (1970). Magnitude of model's apparent pain and ability to aid the model as determinants of observer reaction time. *Psychonomic Science*, *21*, 196 - 197.
59. Suedfeld, P. , Bochner, S. , & Wnek, D. (1972). Helper-sufferer similarity and a specific request for help: Bystander intervention during a peace demonstration. *Journal of Applied Social Psychology*, *2*,17 - 23.

Chapter 3 Mass Communication, Propaganda, and Persuasion

1. ABC to air major nuclear war film (1983, September). *Report from Ground Zero*, *3 (1)*,1 - 2.
2. Schofield, J. W. , & Pavelchak, M. A. (1989). Fallout from "The Day After": The impact of a TV film on attitudes related to nuclear war. *Journal of Applied Social Psychology*, *19*,433 - 448.
3. *Newsweek*, June 2, 1974, p. 79.

    O'Connor, J. J. (1974, March 10). They sell all kinds of drugs on television. *The New York Times*, p. D15.
4. McCartney, J. (1997). News lite. The tendency of network newscasts to favor entertainment and tabloid stories. *American Journalism Review*, *19*,18 - 26.
5. Piccalo, G. (2001, September 26). *Los Angeles Times.*

    Kirtz, W. (1997). Dancy laments TV news today; former NBC reporter sees too much entertainment. *Quill 85*,11 - 16.
6. Gilbert, G. M. *Nuremberg Diary.* New York: Farrar, Straus and Company, 1947(pp. 278 - 279).
7. *St. Petersburg* (Florida) *Times*, October 21,1982.

    The (Nashville) *Tennesseean*, October 31,1982.
8. *Newsbank*, October 1982, Vol. 19, p. 1.
9. Phillips, D. P. , & Carstensen, L. L. (1986). Clustering of teenage suicides after television news stories about suicide. *New England Journal of Medicine*, *315*,685 - 689.

    Phillips, D. P. , Lesyna, K. , & Paight, D. J. (1992). Suicide and the media. In R. W. Maris, A. L. Berman, J. T. Maltsberger, & R. I. Yufit (Eds.), *Assessment and prediction of suicide* (pp. 499 - 519). New York: Guilford Press.

    Phillips, D. P. , & Carstensen, L. L. (1990). The effect of suicide stories on various demographic groups 1968 - 1985. In R. Surette (Ed.), *The media and criminal justice policy: Recent research and social effects* (pp. 63 - 72). Springfield, IL: Charles C. Thomas.

    Phillips, D. P. (1989). Recent advances in suicidology: The study of imitative suicide. In R. F. W. Diekstra, R. Maris, S. Platt, A. Schmidtke, & G. Sonneck (Eds.), *Suicide and its prevention: The role of attitude and imitation. Advances in suicidology* (Vol. 1, pp. 299 - 312). Leiden, the Netherlands: E. J. Brill.
10. Phillips, D. P. (1979). Suicide, motor vehicle fatalities, and the mass media: Evidence toward a theory of suggestion. *American Journal of Sociology*, *84*, 1150 - 1174.
11. McGinness, J. (1970). *The selling of the president: 1968*(p. 160). New York: Pocket Books.
12. Regan, M. B. (1996). A deepening cesspool of politics and cash. *Business Week*, *3485*,36 - 38.
13. Lyle, J. , & Hoffman, H. (1971). Explorations in patterns of television viewing by preschool-age children. In J. P. Murray, E. A. Robinson, & G. A. Comstock (Eds.), *Television and social behavior* (Vol. 4, pp. 257 -344). Rockville, MD: National Institutes of Health.
14. Lyle, J. , & Hoffman, H. (1971). Children's use of television and other media. In J. P. Murray, E. A. Robinson, and G. A. Comstock (Eds.), *Television and so-*

cial behavior (Vol. 4, pp. 129 - 256). Rockville, MD: National Institutes of Health.

See also: Unnikrishnan, N., & Bajpai, S. (1996). *The impact of television advertising on children*. New Delhi: Sage.

Kunkel, D., & Roberts, D. (1991). Young minds and marketplace values: Issues in children's television advertising. *Journal of Social Issues*, *47* (*1*), 57 - 72.

15. Bem, D. (1970). *Beliefs, attitudes, and human affairs*. Belmont, CA: Brooks/Cole.
16. Zajonc, R. (1968). The attitudinal effects of mere exposure. *Journal of Personality and Social Psychology, Monograph Supplement*, *9*, 1 - 27.
17. Grush, J., McKeough, K., & Ahlering, R. (1978). Extrapolating laboratory exposure research to actual political elections. *Journal of Personality and Social Psychology*, *36*, 257 - 270.

Grush, J. E. (1980). Impact of candidate expenditures, regionality, and prior outcomes on the 1976 presidential primaries. *Journal of Personality and Social Psychology*, *38*, 337 - 347.

18. Pfau, M., Diedrich, T., Larson, K. M., & Van Winkle, K. M. (1995). Influence of communication modalities on voters' perceptions of candidates during presidential primary campaigns. *Journal of Communication*, *45* (*1*), 122 - 133.

Soley, L. C., Craig, R. L., & Cherif, S. (1988). Promotional expenditures in congressional elections: Turnout, political action committees and asymmetry effects. *Journal of Advertising*, *17* (*3*), 36 - 44.

19. White, J. E. (1988, November 14). Bush's most valuable player. *Time*, pp. 20 - 21.
20. Rosenthal, A. (1988, October 24). Foes accuse Bush campaign of inflaming racial tension. *The New York Times*, pp. A1, B5.

Pandora's box (1988, October). *The New Republic*, pp. 4, 45.

21. Tolchin, M. (1988, October 12). Study says 53,000 get prison furloughs in'87, and few did harm. *The New York Times*, p. A23.
22. Pratkanis, A. R., & Aronson, E. (1992). *The age of propaganda: The everyday use and abuse of persuasion*. New York: W. H. Freeman.
23. Pratkanis, A. R. (1993). Propaganda and persuasion in the 1992 U. S. presidential election: What are the implications for a democracy. *Current World Leaders*, *36*, 341 - 361.
24. Zimbardo, P., Ebbesen, E., & Maslach, C. (1977). *Influencing attitudes and changing behavior* (2nd ed.). Reading, MA: Addison-Wesley.
25. Petty, R. E., & Cacciopo, J. T. (1986). The elaboration likelihood model of persuasion. In L. Berkowitz (Eds.) *Advances in experimental social psychology* (pp. 123 - 205). Hillsdale, NJ: Erlbaum.

See also: Petty, R. E., Heesacker, M., & Hughes, J. N. (1997). The elaboration likelihood model: Implications for the practice of school psychology. *Journal of School Psychology*, *35* (*2*), 107 - 136.

See also: Chaiken, S., Wood, W., & Eagly, A. H. (1996). Principles of persuasion. In E. T. Higgins & A. W. Kruglanski (Eds.), *Social psychology: Handbook of basic principles* (pp. 702 - 742). New York: Guilford Press.

26. Aristotle. (1954). Rhetoric. In W. Roberts (Trans.), *Aristotle, rhetoric and poetics* (p. 25). New York: Modern Library.
27. Hovland, C., & Weiss, W. (1951). The influence of source credibility on communication effectiveness. *Public Opinion Quarterly*, *15*, 635 - 650.
28. Aronson, E., & Golden, B. (1962). The effect of relevant and irrelevant aspects of communicator credibility on opinion change. *Journal of Personality*, *30*, 135 - 146.
29. Walster (Hatfield), E., Aronson, E., & Abrahams, D. (1966). On increasing the persuasiveness of a low-prestige communicator. *Journal of Experimental Social Psychology*, *2*, 325 - 342.
30. Eagly, A., Wood, W., & Chaiken, S. (1978). Causal inferences about communicators and their effect on opinion change. *Journal of Personality and Social Psychology*, *36*, 424 - 435.
31. *Santa Cruz Sentinel*, January 13, 1987, p. A8.
32. Walster (Hatfield), E., & Festinger, L. (1962). The effectiveness of "overheard" persuasive communications. *Journal of Abnormal and Social Psychology*, *65*, 395 - 402.
33. Mills, J., & Aronson, E. (1965). Opinion change as a function of communicator's attractiveness and desire to influence. *Journal of Personality and Social Psychology*, *1*, 173 - 177.
34. Eagly, A., & Chairken, S. (1975). An attribution analysis of the effect of communicator characteristics on opinion change: The case of communicator attractiveness. *Journal of Personality and Social Psychology*, *32*, 136 - 144.

Eagly, A. H., Ashmore, R. D., Makhijani, M. G., & Longo, L. C. (1991). What is beautiful is good, but ...: A meta-analytic review of research on the physical attractiveness stereotype. *Psychological Bulletin*, *110* (*1*), 109 - 128.

35. Hartmann, G. (1936). A field experience on the comparative effectiveness of "emotional" and "rational" political leaflets in determining election results. *Journal of Abnormal and Social Psychology*, *31*, 336 - 352.

36. Leventhal, H. (1970). Findings and theory in the study of fear communications. In L. Berkowitz (Ed.), *Advances in experimental social psychology* (Vol. 5, pp. 119 - 186). New York: Academic Press.

37. Leventhal, H., Meyer, D., & Nerenz, D. (1980). The common sense representation of illness danger. In S. Rachman (Ed.), *Contributions to medical psychology* (Vol. 2), New York: Pergamon Press.

See also: Cameron, L. D., & Leventhal, H. (1995). Vulnerability beliefs, symptom experiences, and the processing of health threat information: A self-regulatory perspective. *Journal of Applied Social Psychology*, *25 (21)*, 1859 - 1883.

38. *Time*, February 16, 1987, pp. 50 - 53.

39. *San Franciso Chronicle*, June 19, 1987, p. 9.

40. Leishman, K. (1987, February). Heterosexuals and AIDS. *The Atlantic Monthly*, pp. 39 - 58.

41. Liberman, A., & Chaiken, S. (1992). Defensive processing of personally relevant health messages. *Personality and Social Psychology*, *B*, *18*, 669 - 679.

42. Clark R. D., Ⅲ. (1990). The impact of AIDS on gender differences in willingness to engage in casual sex. *Journal of Applied Social Psychology*, *20*, 771 - 782.

43. Leishman, K. (1987, February). Heterosexuals and AIDS. *The Atlantic Monthly*, p. 44.

44. Williams, S. S., Kimble, D. L., Cowell, N. H., Weiss L. H., Newton, K. J., Fisher, J. D., & Fisher, W. A. (1992). College students use implicit personality theory instead of safe sex. *Journal of Applied Social Psychology*, *22*, 921 - 933.

45. Hirschorn, M. (1987, April 29). AIDS not seen as a major threat by heterosexuals on campuses. *Chronicle of Higher Education*.

Poppen, P. J. (1994). Adolescent contraceptive use and communication: Changes over a decade. *Adolescence*, *29 (115)*, 503 - 514.

Poppen, P. J. (1994). Adolescent contraceptive use and communication: Changes over a decade. *Adolescence*, *29*, 503 - 514.

Keller, Mary L. (1993). Why don't young adults protect themselves against sexual transmission of HIV? Possible answers to a complex question. *AIDS Education and Prevention*, *5*, 220 - 233.

46. Aronson, E. (1989). *Excuses, excuses, excuses: Why sexually active college students do not use condoms*. Invited address, meeting of the Western Psychological Association.

47. Aronson, E. (1991). *How to persuade sexually active college students to use condoms*. Invited address, meeting of the American Psychological Association, San Francisco.

48. Zimbardo, P., *Psychology Today* (2003). In Press.

49. Nisbett, R., Borgida, E., Crandall, R., & Reed, H. (1976). Popular induction: Information is not always informative. In J. S. Carroll & J. W. Payne (Eds.), *Cognition and social behavior* (pp. 227 - 236). Hillsdale, NJ: Erlbaum.

Nisbett, R., & Ross, L. (1980). *Human inference: Strategies and shortcomings of social judgment*. Englewood Cliffs, NJ: Prentice-Hall.

Hamill, R., DeCamp Wilson, T., & Nisbett, R. (1980). Insensitivity to sample bias: Generalizing from atypical cases. *Journal of Personality and Social Psychology*, *39*, 578 - 589.

Shelley Taylor, a cognitive social psychologist, argues that the "vividness" effect is not supported by a majority of the experimental findings. For a discussion of this issue, see Taylor, S., & Thompson, S. (1982). Stalking the elusive "vividness" effect. *Psychological Review*, *89*, 155 - 181.

50. Gonzales, M. H., Aronson, E., & Costanzo, M. (1988). Increasing the effectiveness of energy auditors: A field experiment. *Journal of Applied Social Psychology*, *18*, 1049 - 1066.

51. Hovland, C., Lumsdain, A., & Sheffield, F. (1949). *Experiments on mass communications*. Princeton, NJ: Princeton University Press.

52. Miller, N., & Campbell, D. (1959). Recency and primacy in persuasion as a function of the timing of speeches and measurements. *Journal of Abnormal and Social Psychology*, *59*, 1 - 9.

See also: Neath, I. (1993). Distinctiveness and serial position effects in recognition. *Memory and Cognition*, *21*, 689 - 698.

Korsnes, M. (1995). Retention intervals and serial list memory. *Perceptual and Motor Skills*, *80*, 723 - 731.

53. Zimbardo, P. (1960). Involvement and communication discrepancy as determinants of opinion conformity. *Journal of Abnormal and Social Psychology*, *60*, 86 - 94.

54. Whittaker, J. O. (1963). Opinion change as a function of communication-attitude discrepancy. *Psychological Reports*, *13*, 763 - 772.

55. Hovland, C., Harvey, O. J., & Sherif, M. (1957). Assimilation and contrast effects in reaction to communication and attitude change. *Journal of Abnormal and Social Psychology*, *55*, 244 - 252.

56. Aronson, E., Turner, J., & Carlsmith, J. M. (1963). Communication credibility and communication discrepancy as determinants of opinion change. *Journal of Abnormal and Social Psychology*, *67*, 31 - 36.

57. Zellner, M. (1970). Self-esteem, reception, and influenceability. *Journal of Personality and Social Psychol-*

ogy, *15*, 87 – 93.

Wood, W., & Stagner, B. (1994). Why are some people easier to influence than others? In S. Shavitt & T. Brock (Eds.), *Persuasion: Psychological insights and perspectives* (pp. 149 – 174). Boston: Allyn & Bacon.

58. Janis, I. J., Kaye, D., & Kirschner, P. (1965). Facilitating effects of "eating-while-reading" on responsiveness to persuasive communication. *Journal of Personality and Social Psychology*, *1*, 181 – 186.

59. Petty, R. E., Schumann, D. W., Richman, S. A., & Strathman, A. (1993). Positive mood and persuasion: Different roles for affect under high-and low-elaboration conditions. *Journal of Personality and Social Psychology*, *64 (1)*, 5 – 20.

60. Cohen, G. T., Aronson, J., Steele, C. (2000). When beliefs yield to evidence: Reducing biased evaluation by affirming the self. *Personality & Social Psychology Bulletin*, *26*, 1151 – 1164.

61. Hass, R. G., & Grady, K. (1975). Temporal delay, type of forewarning, and resistance to influence. *Journal of Experimental Social Psychology*, *11*, 459 – 469.

62. Freedman, J., & Sears, D. (1965). Warning, distraction, and resistance to influence. *Journal of Personality and Social Psychology*, *1*, 262 – 266.

Petty, R. E., & Cacioppo, J. T. (1979). Effects of forewarning of persuasive intent and involvement on cognitive responses and persuasion. *Personality and Social Psychology Bulletin*, *5*, 173 – 176.

Chen, H. C., Reardon, R., Rea, C., & Moore, D. J. (1992). Forewarning of content and involvement: Consequences for persuasion and resistance to persuasion. *Journal of Experimental Social Psychology*, *28 (6)*, 523 – 541.

63. Brehm, J. (1966). *A theory of psychological reactance*. New York: Academic Press.

64. Bensley, L. S., & Wu, R. (1991). The role of psychological reactance in drinking following alcohol prevention messages. *Journal of Applied Social Psychology*, *21*, 1111 – 1124.

65. Heilman, M. (1976). Oppositional behavior as a function of influence attempt intensity and retaliation threat. *Journal of Personality and Social Psychology*, *33*, 574 – 578.

66. Petty, R., & Cacioppo, J. (1977). Forewarning, cognitive responding, and resistance to persuasion. *Journal of Personality and Social Psychology*, *35*, 645 – 655.

67. Festinger, L., & Maccoby, J. (1964). *On resistance to persuasive communications*. *Journal of Abnormal and Social Psychology*, *68*, 359 – 366.

68. McGuire, W., & Papageorgis, D. (1961). The relative efficacy of various types of prior belief-defense in producing immunity against persuasion. *Journal of Abnormal and Social Psychology*, *62*, 327 – 337.

69. McAlister, A., Perry, C., Killen, J., Slinkard, L. A., & Maccoby, N. (1980). Pilot study of smoking, alcohol and drug abuse prevention. *American Journal of Public Health*, *70*, 719 – 721.

70. Pryor, B., & Steinfatt, W. (1978). The effects of initial belief level on inoculation theory and its proposed mechanisms. *Human Communications Research*, *4*, 217 – 230.

71. Aronson, E. (1972). *The social animal*. New York: W. H. Freeman.

72. Canon, L. (1964). Self-confidence and selective exposure to information. In L. Festinger (Ed.), Conflict, decision, and dissonance (pp. 83 – 96). Stanford, CA: Stanford University Press.

73. Robinson, J. P. (1990). I love my TV (TV viewing). *American Demographics*, *12 (9)*, 24 – 28.

Walling, A. D. (1990). Teenagers and television. *American Family Physician*, *42 (3)*, 638 – 641.

Huston A. C., Wright, J. C., Rice, M. L., & Kerkman, D. (1990). Development of television viewing patterns in early childhood: A longitudinal investigation. *Developmental Psychology*, *26 (3)*, 409 – 421.

74. TV violence for a new generation (1987). *TV Monitor* (p. 2). San Francisco: The Children's Television Resource and Education Center.

75. Statistics cited in Pratkanis, A. R., & Aronson, E. (1992). *Age of propaganda: The everyday use and abuse of persuasion*. New York: W. H. Freeman.

76. Liebert, R. (1975, July 16). Testimony before the Subcommittee on Communications of the House Committee on Interstate and Foreign Commerce.

77. Gerbner, G., Gross, L., Morgan, M., & Signorielli, N. (1986). Living with television: The dynamics of the cultivation process. In J. Bryant & D. Zillman (Eds.), *Perspectives on media effects* (pp. 17 – 40). Hillsdale, NJ: Erlbaum.

Gerbner, G., Gross, L., Morgan, M., & Signorielli, N. (1993). Growing up with television: The cultivation perspective. In J. Bryant & D. Zillman (Eds.), *Media effects: Advances in theory and research*. Hillsdale, NJ: Erlbaum.

Gerbner, G. (1996). TV violence and what to do about it. *Nieman Reports 50*, 3, 10 – 13.

78. Quoted in *Newsweek*, December 6, 1982, p. 140.

79. Haney, C., & Manzolati, J. (1981). Television criminology: Network illusions of criminal justice realities. In E. Granson (Ed.), *Readings about the social animal* (6th ed., pp. 120 – 131). San Francisco: W. H. Freeman.

Oliver, M. B. (1994) Portrayals of crime, race, and aggression in "reality-based" police shows: A content analysis. *Journal of Broadcasting and Electronic Media*, *38 (2)*, 179 - 192.

80. Hennigan, K., Heath, L., Wharton, J. D., DelRosario, M., Cook, T., & Calder, B. (1982). Impact of the introduction of television on crime in the United States: Empirical findings and theoretical implications. *Journal of Personality and Social Psychology*, *42*, 461 - 477.
81. Ronis, D., Baumgardner, M., Leippe, M., Cacioppo, J., & Greenwald, A. (1977). In search of reliable persuasion. *Journal of Personality and Social Psychology*, *35*, 548 - 569.

Chapter 4 Social Cognition

1. Lippmann, W. (1922). *Public opinion*. New York: Harcourt, Brace.
2. Panati, C. (1987). *Extraordinary origins of everyday things*. New York: Harper & Row.
3. Guttmacher, S., Ward, D., & Freudenberg, N. (1997). Condom availability in New York City public high schools: Relationships to condom use and sexual behavior. *American Journal of Public Health*, *87*, 1427 - 1433.
4. Gilovich, T. (1991). *How we know what isn't so*. New York: Free Press.
5. Bentham. J. (1876/1948). *A fragment on government and an introduction to the principles of morals and legislation*. Oxford: Blackwell.

   For a modern version of the felicific calculation, see Fishbein, M., & Ajzen, I. (1975). *Belief, attitude, intention, and behavior: An introduction to theory and research*. Reading, MA: Addison-Wesley.
6. Kelley, H. H. (1967). Attribution theory in social psychology. In D. Levine (Ed.), *Nebraska symposium on motivation* (Vol. 15, pp. 192 - 241). Lincoln: University of Nebraska Press.

   Kelley, H. H. (1973). The process of causal attribution. *American Psychologist*, *28*, 107 - 128.
7. Interestingly, it has been argued that even scientists do not always think like scientists and instead fall prey to some of the biases described in this chapter. See Greenwald, A. G., Pratkanis, A. R., Leippe, M. R., & Baumgardner, M. H. (1986). Under what conditions does theory obstruct research progress? *Psychological Review*, *93*, 216 - 229.
8. Fiske, S. T., & Taylor, S. E. (1991). *Social cognition*. New York: McGraw-Hill.
9. Oakes, P., & Reynolds, K. (1997). Asking the accuracy question: Is measurement the answer? In R. Spears, P. J. Oakes, N. Ellemers, & S. A. Haslam (Eds.), *The social psychology of stereotyping and group life* (pp. 51 - 71). Oxford: Blackwell.
10. Bronowski, J. (1973). *The ascent of man*. Boston: Little, Brown.

    Pratkanis, A. R., & Aronson, E. (1991). *The age of propaganda: The everyday use and abuse of persuasion*. New York: W. H. Freeman.
11. Pratkanis, A. R., Farquhar, P. H., Silbert, S., & Hearst, J. (1989). *Decoys produce contrast effects and alter choice probabilities*. Unpublished study, University of California, Santa Cruz.
12. Kenrick, D. T., & Gutierres, S. E. (1980). Contrast effects in judgments of attractiveness: When beauty becomes a social problem. *Journal of Personality and Social Psychology*, *38*, 131 - 140.
13. Marsh, H. W., Kong, C-K., & Hau, K-T. (2000). Longitudinal multilevel models of the big-fish-little-pond effect on academic self-concept: Counterbalancing contrast and reflected glory effects in Hong Kong schools. *Journal of Personality and Social Psychology*, *78*, 337 - 349.
14. Thornton, B., & Maurice, J. (1997). Physique contrast effect: Adverse impact of idealized body images for women. *Sex Roles*, *37*, 433 - 439.
15. Higgins, E. T., Rholes, W. S., & Jones, C. R. (1977). Category accessibility and impression formation. *Journal of Experimental Social Psychology*, *13*, 141 - 154.
16. Bargh, J., Chen, M., & Burrows, L. (1996). Direct effects of trait construct and stereotype activation on action. *Journal of Personality and Social Psychology*, *71*, 230 - 244.
17. Heath, L., Acklin, M., & Wiley, K. (1991). Cognitive heuristics and AIDS risk assessment among physicians. *Personality and Social Psychology Bulletin*, *21*, 1859 - 1867.
18. Rogers, E. M., & Dearing, J. W. (1988). Agenda-setting research: Where has it been, where is it going? In J. A. Anderson (Ed.), *Communication yearbook 11* (pp. 555 - 594). Beverly Hills, CA: Sage.
19. McCombs, M. E., & Shaw, D. L. (1972). The agenda-setting function of mass media. *Public Opinion Quarterly*, *36*, 176 - 187.

    McCombs, M. (1994). News influence on our pictures of the world. In J. Bryant & D. Zillmann (Eds.), *Media effects: Advances in theory and research* (pp. 1 - 16). Hillsdale, NJ: Erlbaum.
20. Penner, L. A., & Fritzsche, B. A. (1993). Magic Johnson and reactions to people with AIDS: A natural experiment. *Journal of Applied Social Psychology*, *23 (13)*, 1035 - 1050.

Basil, M. D. (1996). Identification as a mediator of celebrity effects. *Journal of Broadcasting and Electronic Media*, *40(4)*, 478 - 495.

Herek, G. M., & Capitanio, J. P. (1997). AIDS stigma and contact with persons with AIDS: Effects of direct and vicarious contact. *Journal of Applied Social Psychology*, *27(1)*, 1 - 36.

Brown, B. R., Jr., Baranowski, M. D., Kulig, J. W., & Stephenson, J. N. (1996). Searching for the Magic Johnson effect: AIDS, adolescents, and celebrity disclosure. *Adolescence*, *31(122)*, 253 - 264.

21. Iyengar, S., & Kinder, D. R. (1987). *News that matters*. Chicago: University of Chicago Press.

Iyengar, S., Peters, M., & Kinder, D. (1991). Experimental demonstrations of the "not-so-minimal" consequences of television news programs. In D. Protess & M. McCombs (Eds.), *Agenda setting: Readings on media, public opinion, and policymaking* (pp. 89 - 95). Hillsdale, NJ: Erlbaum.

22. Cited in Rogers, E. M., & Dearing, J. W. (1988). Agenda-setting research: Where has it been, where is it going? In J. A. Anderson (Ed.), *Communication Yearbook II* (pp. 555 - 594). Beverly Hills, CA: Sage.

23. Kahneman, D., & Tversky, A. (1984). Choices, values, and frames. *American Psychologist*, *39*, 341 - 350.

24. Gonzales, M. H., Aronson, E., & Costanzo, M. (1988). Increasing the effectiveness of energy auditors: A field experiment. *Journal of Applied Social Psychology*, *18*, 1046 - 1066.

25. Meyerowitz, B. E., & Chaiken, S. (1987). The effect of message framing on breast self-examination attitudes, intentions, and behavior. *Journal of Personality and Social Psychology*, *52*, 500 - 510.

26. Asch, S. (1946). Forming impressions of personality. *Journal of Abnormal and Social Psychology*, *41*, 258 - 290.

27. Jones, E. E., Rock, L., Shaver, K. G., Goethals, G. R., & Ward, L. M. (1968). Pattern of performance and ability attribution: An unexpected primacy effect. *Journal of Personality and Social Psychology*, *10*, 317 - 340.

28. Aronson, J. M., & Jones, E. E. (1992). Inferring abilities after influencing performances. *Journal of Experimental Social Psychology*, *28*, 277 - 299.

29. Zukier, H. (1982). The dilution effect: The role of the correlation and the dispersion of predictor variables in the use of nondiagnostic information. *Journal of Personality and Social Psychology*, *43*, 1163 - 1174.

Denhaerinck, P., Leyens, J., & Yzerbyt, V. (1989). The dilution effect and group membership: An instance of the pervasive impact of outgroup homogeniety. *European Journal of Social Psychology*, *19*, 243 - 250.

30. Nisbett, R., & Ross, L. (1980). *Human inference: Strategies and shortcomings of social judgment*. Englewood Cliffs, NJ: Prentice-Hall.

Sherman, S. J., & Corty, E. (1984). Cognitive heuristics. In R. S. Wyer & T. K. Srull (Eds.), *Handbook of social cognition* (Vol. 1, pp. 189 - 286). Hillsdale, NJ: Erlbaum.

Tversky, A., & Kahneman, D. (1974). Judgment under uncertainty: Heuristics and biases. *Science*, *185*, 1124 - 1131.

31. Kahneman, D., & Tversky, A. (1973). On the psychology of prediction. *Psychological Review*, *80*, 237 - 251.

32. Comparison based on U. S. Department of Health and Human Services. (1987). *Eating to lower your high blood cholesterol*. (NIH Pub. No. 87 - 2920). Saturated fats such as animal fat and some vegetable fats such as coconut oil, cocoa butter, palm oil, and hydrogenated oils have been shown to raise cholesterol levels. Cereal manufacturers sometimes use such fats, especially coconut, palm, and hydrogenated oils, in their products. Many manufacturers are in the process of reformulating their cereals to remove such oils, so check the label before making a final decision.

33. "Which cereal for breakfast?" (1981, February). *Consumer Reports*, pp. 68 - 75.

34. Nisbett, R., & Ross, L. (1980). *Human interference: Strategies and shortcomings of social judgment*. Englewood Cliffs, NJ: Prentice-Hall.

Shweder, R. (1977). Likeness and likelihood in everyday thought: Magical thinking in judgments about personality. *Current Anthropology*, *18*, 637 - 658.

35. Plous, S. (1993). *The psychology of judgment and decision making*. New York: McGraw-Hill.

Manis, M., Shedler, J., Jonides, J., & Nelson, T. E. (1993). Availability heuristic in judgments of set size and frequency of occurrence. *Journal of Personality and Social Psychology*, *65*, 448 - 457.

Schwarz, N., Bless, H., Strack, F., Klumpp, G., Rittenauer-Schatka, H., Simmons, A. (1991). Ease of retrieval as information: Another look at the availability heuristic. *Journal of Personality and Social Psychology*, *61*, 195 - 202.

Tversky, A., & Kahneman, D. (1973). Availability: A heuristic for judging frequency and probability. *Cognitive Psychology*, *5*, 207 - 232.

36. Signorielli, N., Gerbner, G., & Morgan, M. (1995). Violence on television: The Cultural Indicators Project. *Journal of Broadcasting and Electronic Media*, *39*, 278 - 283.

37. Pratkanis, A. R. (1989). The cognitive representation of attitudes. In A. R. Pratkanis, S. J. Breckler, & A. G. Greenwald (Eds.) *Attitude structure and function* (pp. 71 - 98). Hillsdale, NJ: Erlbaum.

Pratkanis, A. R., & Greenwald, A. G. (1989). A socio-cognitive model of attitude structure and function. In L. Berkowitz (Ed.), *Advances in experimental social psychology* (Vol. 22, pp. 245 - 285). New York: Academic Press.

38. Pratkanis, A. R. (1988). The attitude heuristic and selective fact identification. *British Journal of Social Psychology*, *27*, 257 - 263.

39. Thistlewaite, D. (1950). Attitude and structure as factors in the distortion of reasoning. *Journal of Abnormal and Social Psychology*, *45*, 442 - 458.

40. Stein, R. I., & Nemeroff, C. J. (1995). Moral overtones of food: Judgments of others based on what they eat. *Personality and Social Psychology Bulletin*, *21* (*5*), 480 - 490.

41. Ross, L., Greene, D., & House, P. (1977). The "false-consensus effect": An egocentric bias in social perception and attribution process. *Journal of Experimental Social Psychology*, *13*, 279 - 301.

42. Pratkanis, A. R. (1989). The cognitive representation of attitudes. In A. R. Pratkanis, S. J. Breckler, & A. G. Greenwald (Eds.), *Attitude structure and function* (pp. 71 - 98). Hillsdale, NJ: Erlbaum.

43. For a laboratory demonstration, see Gilovich, T. (1981). Seeing the past in the present: The effect of associations to familiar judgments and decisions. *Journal of Personality and Social Psychology*, *40*, 797 - 808.

44. Darley, J. M., & Gross, P. H. (1983). A hypothesis-confirming bias in labeling effects. *Journal of Personality and Social Psychology*, *44*, 20 - 33.

45. Rosenthal, R., & Jacobson, L. (1968). *Pygmalion in the classroom*. New York: Holt, Rinehart & Winston.

Rosenthal, R. (2002). The Pygmalion effect and its mediating mechanisms. In J. Aronson (Ed.), *Improving academic achievement: Impact of psychological factors on education*. San Diego: Academic Press.

46. Hamilton, D. L., & Rose, T. L. (1980). Illusory correlation and the maintenance of stereotypic beliefs. *Journal of Personality and Social Psychology*, *39*, 832 - 845.

Hamilton, D., Dugan, P., & Trolier, T. (1985). The formation of stereotypic beliefs: Further evidence for distinctiveness-based illusory correlations. *Journal of Personality and Social Psychology*, *48*, 5 - 17.

47. A. R. Pratkanis, personal communication.

48. Chapman, L. J. (1967). Illusory correlation in observational report. *Journal of Verbal Learning and Verbal Behavior*, *6*, 151 - 155.

Chapman, L. J., & Chapman, J. P. (1967). Genesis of popular but erroneous psychodiagnostic observations. *Journal of Abnormal Psychology*, *72*, 193 - 204.

Chapman, L. J., & Chapman, J. P. (1969). Illusory correlation as an obstacle to the use of valid psychodiagnostic signs. *Journal of Abnormal Psychology*, *74*, 271 - 280.

49. Park, B., & Rothbart, M. (1982). Perception of out-group homogeneity and levels of social categorization: Memory for the subordinate attributes of in-group and outgroup members. *Journal of Personality and Social Psychology*, *42*, 1051 - 1068.

50. For reviews and discussion, see Tajfel, H. (1981). *Human groups and social categories*. Cambridge: Cambridge University Press.

Turner, J. C. (1987). *Rediscovering the social group*. New York: Basil Blackwell.

51. Greenwald, A. G. (1980). The totalitarian ego: Fabrication and revision of personal history. *American Psychologist*, *35*, 603 - 618.

Greenwald, A. G., & Banaji, M. R. (1989). The self as a memory system: Powerful, but ordinary. *Journal of Personality and Social Psychology*, *57*, 41 - 54.

52. Loftus, E. F., & Loftus, G. R. (1980). On the permanence of stored information in the human brain. *American Psychologist*, *35*, 409 - 420.

53. Loftus, E. F., & Ketchum, K. (1991). *Witness for the defense*. New York: St. Martin's Press.

54. Loftus, E. F., & Palmer, J. C. (1974). Reconstruction of automobile destruction: An example of the interaction between language and memory. *Journal of Verbal Learning and Verbal Behavior*, *13*, 585 - 589.

55. Loftus, E. F. (1977). Shifting human color memory. *Memory and Cognition*, *5*, 696 - 699.

56. Markus, H. (1977). Self - schemata and processing information about the self. *Journal of Personality and Social Psychology*, *35*, 63 - 78.

Markus, H., & Nurius, P. (1986). Possible selves. *American Psychologist*, *41*, 954 - 969.

57. Ross, M., McFarland, C., & Fletcher, G. O. J. (1981). The effect of attitude on the recall of personal history. *Journal of Personality and Social Psychology*, *40*, 627 - 634.

58. Loftus, E. F. (1993). The reality of repressed memories. *American Psychologist*, *48*, 518 - 537.

59. Loftus, E. F., & Ketcham, K. (1994). *The myth of repressed memory: False memories and allegations of sexual abuse*. New York: St. Martin's Press.

Loftus, E. F. (1993). The reality of repressed memories. *American Psychologist*, *48*, 518 - 537.

Schacter, D. L., Norman, K. A., & Koutstaal, W. (1997). The recovered memories debate: A cognitive neuroscience perspective. In M. A. Conway (Ed.), *Recovered memories and false memories. Debates in psychology* (pp. 63 - 99). Oxford: Oxford University Press.

Schooler, J. W., Bendiksen, M., & Ambadar, Z. (1997). Taking the middle line: Can we accommodate both fabricated and recovered memories of sexual abuse? In M. A. Conway (Ed.), *Recovered memories and false memories. Debates in psychology* (pp. 251 - 292). Oxford: Oxford University Press.

Kihlstrom, J. F. (1997). Suffering from reminiscences: Exhumed memory, implicit memory, and the return of the repressed. In M. A. Conway (Ed.), *Recovered memories and false memories. Debates in psychology* (pp. 100 - 117). Oxford: Oxford University Press.

60. Wright, L. (1994). *Remembering Satan*. New York: Knopf.

61. Ofshe, R., & Watters, E. (1994). *Making monsters: False memories, psychotherapy, and sexual hysteria*. New York: Scribner's.

Loftus, E. F., & Ketcham, K. (1994). *The myth of repressed memory: False memories and allegations of sexual abuse*. New York: St. Martin's Press.

62. Blume, S. E. (1990). *Secret survivors*. New York: Ballantine.

63. Davis, L. (1990). *The courage to heal workbook*. New York: Perennial.

64. Kihlstrom, J. F. (1997). Memory, abuse, and science. *American Psychologist*, *52*, 994 - 995.

65. De Rivera, J. (1994). Impact of child abuse memories on the families of victims. *Issues in Child Abuse Accusations*, *6*, 149 - 155.

66. Nelson, E. L., & Simpson, P. (1994). First glimpse: An invited examination of subjects who have rejected their recovered visualizations as false memories. *Issues in Child Abuse Accusations*, *6*, 123 - 133.

67. Ofshe, R., & Watters, E. (1994). *Making monsters: False memories, psychotherapy, and sexual hysteria*. New York: Scribner's.

Wright, L. (1994). *Remembering Satan*. New York: Knopf.

68. Wyatt, D. F., & Campbell, D. T. (1951). On the liability of stereotype or hypothesis. *Journal of Abnormal and Social Psychology*, *46*, 496 - 500.

Bruner, J. S., & Potter, M. C. (1964). Interference in visual recognition. *Science*, *144*, 424 - 425.

69. Snyder, M., & Swann, W. B. (1978). Hypothesis-testing processes in social interaction. *Journal of Personality and Social Psychology*, *36*, 1202 - 1212.

70. Fischhoff, B. (1975). Hindsight is not equal to foresight: The effect of outcome knowledge on judgment under uncertainty. *Journal of Experimental Psychology: Human Perception and Performance*, *1*, 288 - 299.

Fischhoff, B. (1977). Perceived informativeness of facts. *Journal of Experimental Psychology: Human Perception and Performance*, *3*, 349 - 358.

71. Greenwald, A. G. (1980). The totalitarian ego: Fabrication and revision of personal history. *American Psychologist*, *35*, 603 - 618.

72. LaPiere, R. (1934). Attitudes versus actions. *Social Forces*, *13*, 230 - 237.

73. Wicker, A. W. (1969). Attitudes versus actions: The relationship of verbal and overt behavioral responses to attitude objects. *Journal of Social Issues*, *25 (4)*, 41 - 78.

74. Jones, E. E. (1990). *Interpersonal perception*. New York: W. H. Freeman.

Jones, E. E., & Davis, K. E. (1965). From acts to dispositions: The attribution process in person perception. In L. Berkowitz (Ed.), *Advances in experimental social psychology* (Vol. 2, pp. 219 - 266). New York: Academic Press.

75. Jones, E. E., & Harris, V. A. (1967). The attribution of attitudes. *Journal of Experimental Social Psychology*, *3*, 1 - 24.

76. Fazio, R. H. (1986). How do attitudes guide behavior? In R. M. Sorrentino & E. T. Higgins (Eds.), *Handbook of motivation and cognition* (pp. 204 - 242). New York: Guilford Press.

Fazio, R. H. (1989). On the power and functionality of attitudes: The role of attitude accessibility. In A. R. Pratkanis, S. J. Breckler, & A. G. Greenwald (Eds.), *Attitude structure and function* (pp. 153 - 179). Hillsdale, NJ: Erlbaum.

77. Fazio, R. H., & Williams, C. J. (1986). Attitude accessibility as a moderator of the attitude-perception and attitude-behavior relations: An investigation of the 1984 presidential election. *Journal of Personality and Social Psychology*, *51*, 505 - 514.

See also: Bassili, J. N. (1995). On the psychological reality of party identification: Evidence from the accessibility of voting intentions and of partisan feelings. *Political Behavior*, *17*, 39 - 358.

78. Fazio, R. H., Chen, J., McDonel, E. C., & Sherman, S. J. (1982). Attitude accessibility, attitude - behavior consistency, and the strength of the object - evaluation association. *Journal of Experimental Social Psychology*, *50*, 339 - 357.

Fazio, R. H., Powell, M. C., & Herr, P. M. (1983). Toward a process model of attitude - behavior relation: Accessing one's attitude upon mere observation of the attitude object. *Journal of Personality and Social Psychology*, *44*,723 - 735.

Fazio, R. H., & Zanna, M. P. (1981). Direct experience and attitude - behavior consistency. In L. Berkowitz (Ed.), *Advances in experimental social psychology* (Vol. 14, pp. 162 - 202). New York: Academic Press.

Regan, D. T., & Fazio, R. H. (1977). On the consistency between attitudes and behavior: Look to the method of attitude formation. *Journal of Experimental Social Psychology*, *13*,38 - 45.

79. Herr, P. M. (1986). Consequences of priming: Judgment and behavior. *Journal of Personality and Social Psychology*, *51*,1106 - 1115.

80. Dweck, C. S. (1999). *Self-theories: Their role in motivation, personality, and development*. Philadelphia, PA: Taylor & Francis.

81. Aronson, J., Fried, C., & Good, C. (2002). Reducing the Effects of Stereotype Threat on African American College students by shaping theories of intelligence. *Journal of Experimental Social Psychology*, *38*, 113 - 125.

82. Ross, L. (1977). The intuitive psychologist and his shortcomings: Distortions in the attribution process. In L. Berkowitz (Ed.), *Advances in experimental social psychology* (Vol. 10, pp. 173 - 220). New York: Academic Press.

83. Bierbrauer, G. (1973). *Effect of set, perspective, and temporal factors in attribution*. Unpublished Ph. D. dissertation, Stanford University as described in Ross (1977).

84. Ross, L., Amabile, T. M., & Steinmetz, J. L. (1977). Social roles, social control, and biases in social-perception processes. *Journal of Personality and Social Psychology*, *35*,485 - 494.

85. Answers: Forbes field in Pittsburgh, Vilnius, and July 4,1826.

86. Jones, E. E., & Nisbett, R. E. (1971). The actor and the observer: Divergent preceptions of the causes of behavior. In E. E. Jones, D. E. Kanouse, H. H. Kelley, R. E. Nisbett, S. Valins, & B. Weiner (Eds.), *Attribution: Perceiving the causes of behavior* (pp. 79 - 94). Morristown, NJ: General Learning Press.

87. See Jones, E. E., Rock, L., Shaver, K. G., Goethals, G. R., & Ward, L. M. (1968). Pattern of performance and ability attribution: An unexpected primacy effect. *Journal of Personality and Social Psychology*, *10*, 317 - 349.

McArthur, L. (1972). The how and what of why: Some determinants and consequences of causal attribution. *Journal of Personality and Social Psychology*, *22*,171 - 193.

Nisbett, R. E., Caputo, C., Legant, P., & Marecek, J. (1973). Behavior as seen by the actor and as seen by the observer. *Journal of Personality and Social Psychology*, *27*,154 - 164.

88. Storms, M. D. (1973). Videotape and the attribution process: Reversing the perspective of actors and observers. *Journal of Personality and Social Psychology*, *27*,165 - 175.

89. Roberts, W., & Strayer, J. (1996). Empathy, emotional expressivenss, and prosocial behavior. *Child Development*, *67 (2)*,449 - 470.

90. James, W. (1890/1950). *The principles of psychology* (pp. 314 - 315). New York: Dover.

91. Greenwald, A. G. (1980). The totalitarian ego: Fabrication and revision of personal history. *American Psychologist*, *35*,603 - 618.

Greenwald, A. G., & Pratkanis, A. R. (1984). The self. In R. S. Wyer & T. K. Srull (Eds.), *Handbook of social cognition* (Vol. 3, pp. 129 - 178). Hillsdale, NJ: Erlbaum.

92. Greenwald, A. G. (1980). The totalitarian ego: Fabrication and revision of personal history. *American Psychologist*, *35*,603 - 618.

93. Jervis, R. (1976). *perception and misperception in international politics*. Princeton, NJ: Princeton University Press.

94. Maura Reynolds. *The Los Angeles Times*. Jan. 3,2003.

95. Langer, E. J. (1975). The illusion of control. *Journal of Personality and Social Psychology*, *32*,311 - 329.

Langer, E. J. (1977). The psychology of chance. *Journal for the Theory of Social Behavior*, *7*, 185 - 208.

96. Glick, P., Gottesman, D., & Jolton, J. (1989). The fault is not in the stars: Susceptibility of skeptics and believers in astrology to the Barnum effect. *Personality and Social Psychology Bulletin*, *15 (4)*,572 - 583.

97. Petty, R. E., & Brock, T. C. (1979). Effects of "Barnum" personality assessments on cognitive behavior. *Journal of Consulting and Clinical Psychology*, *47*, 201 - 203.

98. Markus, H. (1977). Self-schemata and processing information about the self. *Journal of Personality and Social Psychology*, *35*,63 - 78.

Breckler, S. J., Pratkanis, A. R., & McCann, D. (1991). The representation of self in multidimensional cognitive space. *British Journal of Social Psychology*, *30*,97 - 112.

Brenner, M. (1973). The next-in-line effect. *Journal of Verbal Learning and Verbal Behavior*, *12*, 320 - 323.

Slamecka, N. J., & Graf, P. (1992). The generation effect: Delineation of a phenomenon. *Journal of Experimental Psychology: Human Learning and Memory*, *4*, 592 - 604.

Rogers, T. B., Kuiper, N. A., & Kirker, W. S. (1977). Self-reference and the encoding of personal information. *Journal of Personality and Social Psycho-logy*, *35*, 677 - 688.

Klein, S. B., & Loftus, J. (1988). The nature of self-referent encoding: The contributions of elaborative and organizational processes. *Journal of Personality and Social Psychology*, *55*, 5 - 11.

99. *San Francisco Sunday Examiner and Chronicle*, April 22, 1979, p. 35.
100. Greenberg, J., Pyszczynski, T., & Solomon, S. (1982). The self-serving attributional bias: Beyond self-presentation. *Journal of Experimental Social Psychology*, *18*, 56 - 67.

Arkin, R. M., & Maruyama, G. M. (1979). Attribution, affect, and college exam performance. *Journal of Educational Psychology*, *71*, 85 - 93.

Gilovich, T. (1983). Biased evaluation and persistence in gambling. *Journal of Personality and Social Psychology*, *44*, 1110 - 1126.

Ross, M., & Sicoly, F. (1979). Egocentric biases in availability and attribution. *Journal of Personality and Social Psychology*, *37*, 322 - 336.

Breckler, S. J., Pratkanis, A. R., & McCann, D. (1991). The representation of self in multidimensional cognitive space. *British Journal of Social Psychology*, *30*, 97 - 112.

Johnston, W. A. (1967). Individual performance and self-evaluation in a simulated team. *Organization Behavior and Human Performance*, *2*, 309 - 328.

Cunningham, J. D., Starr, P. A., & Kanouse, D. E. (1979). Self as actor, active observer, and passive observer: Implications for causal attribution. *Journal of Personality and Social Psychology*, *37*, 1146 - 1152.

101. Greenwald, A. G., & Breckler, S. J. (1985). To whom is the self presented? In B. R. Schlenker (Ed.), *The self and social life* (pp. 126 - 145). New York: McGraw-Hill.
102. Miller, D. T., & Ross, M. (1975). Self-serving biases in the attribution of causality: Fact or fiction? *Psychological Bulletin*, *82*, 213 - 225.
103. Weary (Bradley), G. (1978). Self-serving biases in the attribution process: A re-examination of the fact or fiction question. *Journal of Personality and Social Psychology*, *36*, 56 - 71.

Weary, G. (1980). Examination of affect and egotism as mediators of bias in causal attributions. *Journal of Personality and Social Psychology*, *38*, 348 - 357.

Weary, G., Harvey, J. H., Schwieger, P., Olson, C. T., Perloff, R., & Pritchard, S. (1982). Self-presentation and the moderation of self-serving attributional biases. *Social Cognition*, *1*, 140 - 159.

104. Grove, J. R., Hanrahan, S. J., & McInman, A. (1991). Success/failure bias in attributions across involvement catagories in sport. *Personality and Social Psychology Bulletin*, *17*, 93 - 97.
105. Taylor, S. E. (1989). *Positive illusions: Creative self-deception and the healthy mind.* New York: Basic Books.
106. Seligman, M. E. P. (1991). *Learned optimism.* New York: Alfred A. Knopf.

Chapter 5 Self-Justification

1. Prasad, J. (1950). A comparative study of rumors and reports in earthquakes. *British Journal of Psychology*, *41*, 129 - 144.
2. Sinha, D. (1952). Behavior in a catastrophic situation: A psychological study of reports and rumours. *British Journal of Psychology*, *43*, 200 - 209.
3. Festinger, L. (1957). *A theory of cognitive dissonance.* Stanford, CA: Stanford University Press.
4. Kassarjian, H., & Cohen, J. (1965). Cognitive dissonance and consumer behavior. *California Management Review*, *8*, 55 - 64.
5. Tagliacozzo, R. (1979). Smokers' self-categorization and the reduction of cognitive dissonance. *Addictive Behaviors*, *4*, 393 - 399.
6. Gibbons, F. X., Eggleston, T. J., & Benthin, A. C. (1997). Cognitive reactions to smoking relapse: The reciprocal relation between dissonance and self-esteem. *Journal of Personality and Social Psychology*, *72*, 184 - 195.
7. Goleman, D. (1982, January). Make-or-break resolutions. *Psychology Today*, p. 19.
8. Levin, M. (1997, July 18) Jury views CEO's "gummy bear" deposition. *Los Angeles Times*, p. D3.
9. *Austin American*, November 18, 1971, p. 69.
10. Hastorf, A., & Cantril, H. (1954). They saw a game: A case study. *Journal of Abnormal and Social Psychology*, *49*, 129 - 134.
11. Bruce, L. (1966). *How to talk dirty and influence people* (pp. 232 - 233). Chicago: Playboy Press, and New York: Pocket Books.
12. *Time*, November 24, 1980, p. 11.
13. Jones, E., & Kohler, R. (1959). The effects of plausibility on the learning of controversial statements. *Journal of Abnormal and Social Psychology*, *57*, 315 - 320.
14. Lord, C., Ross, L., & Lepper, M. (1979). Biased as-

similation and attitude polarization: The effects of prior theories on subsequently considered evidence. *Journal of Personality and Social Psychology*, *37*, 2098-2109.

See also: Edwards, K., & Smith, E. (1996). A disconfirmation bias in the evaluation of arguments. *Journal of Personality and Social Psychology*, *71*, 5-24.

15. Ehrlich, D., Guttman, I., Schonbach, P., & Mills, J. (1957). Postdecision exposure to relevant information. *Journal of Abnormal and Social Psychology*, *57*, 98-102.
16. Brehm, J. (1956). Postdecision changes in the desirability of alternatives. *Journal of Abnormal and Social Psychology*, *52*, 384-389.

    See also: Gilovich, T., Medvec, V. H., & Chen S. (1995). Commission, omission, and dissonance reduction: Coping with regret in the "Monty Hall" problem. *Personality and Social Psychology Bulletin*, *21*, 182-190.
17. Johnson, D. J., & Rusbult, C. E. (1989). Resisting temptation: Devaluation of alternative partners as a means of maintaining commitment in close relationships. *Journal of Personality and Social Psychology*, *57*, 967-980.
18. Simpson, J. A., Gangestad, S. W., & Lerma, M. (1990). Perception of physical attractiveness: Mechanisms involved in the maintenance of romantic relationships. *Journal of Personality and Social Psychology*, *59*, 1192-1201.
19. Wiesel, E. (1969). *Night*. New York: Avon.
20. White, R. (1971, November). Selective inattention. *Psychology Today*, pp. 47-50, 78-84.
21. Janis, I. (1972). *Victims of groupthink*. Boston: Houghton Mifflin.
22. Pentagon papers: The secret war. (1971, June 28). *Time*, p. 12.
23. Freedman, J., & Fraser, S. (1966). Compliance without pressure: The foot-in-the-door technique. *Journal of Personality and Social Psychology*, *4*, 195-202.
24. Pliner, P., Hart, H., Kohl, J., & Saari, D. (1974). Compliance without pressure: Some further data on the foot-in-the-door technique. *Journal of Experimental Social Psychology*, *10*, 17-22.
25. Knox, R., & Inkster, J. (1968). Postdecision dissonance at post time. *Journal of Personality and Social Psychology*, *8*, 319-323.
26. Frenkel, O. J., & Doob, A. (1976). Post-decision dissonance at the polling booth. *Canadian Journal of Behavioural Science*, *8*, 347-350.
27. Cialdini, R., Cacioppo, J., Bassett, R., & Miller, J. (1978). Low-ball procedure for producing compliance: Commitment then cost. *Journal of Personality and Social Psychology*, *36*, 463-476.
28. Ibid.
29. Mills, J. (1958). Changes in moral attitudes following temptation. *Journal of Personality*, *26*, 517-531.
30. Adams, H., Wright, L., Lohr, B. (1996). Is homophobia associated with homosexual arousal? *Journal of Abnormal Psychology*, *105*, 440-445.
31. Festinger, L., & Carlsmith, J. M. (1959). Cognitive consequences of forced compliance. *Journal of Abnormal and Social Psychology*, *58*, 203-210.
32. Cohen, A. R. (1962). An experiment on small rewards for discrepant compliance and attitude change. In J. W. Brehm & A. R. Cohen, *Explorations in cognitive dissonance* (pp. 73-78). New York: Wiley.
33. Leippe, M. R., & Eisenstadt, D. (1994). Generalization of dissonance reduction: Decreasing prejudice through induced compliance. *Journal of Personality and Social Psychology*, *67*, 395-413.
34. Zimbardo, P., Weisenberg, M., Firestone, I., & Levy, B. (1965). Communicator effectiveness in producing public conformity and private attitude change. *Journal of Personality*, *33*, 233-255.
35. Mills, J. (1958). Changes in moral attitudes following temptation. *Journal of Personality*, *26*, 517-531.
36. Aronson, E. (1968). Dissonance theory: Progress and problems. In R. P. Abelson, E. Aronson, W. J. McGuire, T. M. Newcomb, M. J. Rosenberg, & P. H. Tannenbaum (Eds.), *Theories of cognitive consistency: A sourcebook* (pp. 5-27). Chicago: Rand McNally.

    Aronson, E. (1969). The theory of cognitive dissonance: A current perspective. In L. Berkowitz (Ed.), *Advances in experimental social psychology* (Vol. 4, pp. 1-34). New York: Academic Press.
37. Nel, E., Helmreich, R., & Aronson, E. (1969). Opinion change in the advocate as a function of the persuasibility of his audience: A clarification of the meaning of dissonance. *Journal of Personality and Social Psychology*, *12*, 117-124.
38. Hoyt, M., Henley, M., & Collins, B. (1972). Studies in forced compliance: Confluence of choice and consequence on attitude change. *Journal of Personality and Social Psychology*, *23*, 204-210.

    Schlenker, B., & Schlenker, P. (1975). Reactions following counterattitudinal behavior which produces positive consequences. *Journal of Personality and Social Psychology*, *31*, 962-971.

    Riess, M., & Schlenker, B. (1977). Attitude change and responsibility avoidance as modes of dilemma resolution in forced-compliance situations. *Journal of Personality and Social Psychology*, *35*, 21-30.
39. Cialdini, R., & Schroeder, D. (1976). Increasing com-

pliance by legitimizing paltry contributions: When even a penny helps. *Journal of Personality and Social Psychology*, *34*, 599 - 604.

40. Freedman, J. (1963). Attitudinal effects of inadequate justification. *Journal of Personality*, *31*, 371 - 385.

41. Deci, E. (1975). *Intrinsic motivation*. New York: Plenum.

    Deci, E. (1971). Effects of externally mediated rewards on intrinsic motivation. *Journal of personality and Social Psychology*, *18*, 105 - 115.

    Deci, E., Nezlek, J., & Sheinman, L. (1981). Characteristics of the rewarder and intrinsic motivation of the rewardee. *Journal of Personality and Social Psychology*, *40*, 1 - 10.

    Ryan, R. M., & Deci, E. L. (1996). When paradigms clash: Comments on Cameron and Pierce's claim that rewards do not undermine intrinsic motivation. *Review of Educational Research*, *66*, 33 - 38.

42. Lepper, M. R., & Greene, D. (1975). Turning play into work: Effects of adult surveillance and extrinsic rewards on children's intrinsic motivation. *Journal of Personality and Social Psychology*, *31*, 479 - 486.

    Lepper, M. R., Keavney, M., & Drake, M. (1996). Intrinsic motivation and extrinsic rewards: A commentary on Cameron and Pierce's meta-analysis. *Review of Educational Research*, *66*, 5 - 32.

43. Henderlong, J., & Lepper, M. R. (2002). The effects of praise on children's intrinsic motivation: A review and synthesis. *Psychological Bulletin*, *128*, 774 - 795.

44. Dweck, C. (1999). *Self-theories: Their role in motivation, personality, and development*. Philadelphia, PA: Psychology Press.

45. Aronson, E., & Carlsmith, J. M. (1963). Effect of the severity of threat on the devaluation of forbidden behavior. *Journal of Abnormal and Social Psychology*, *66*, 584 - 588.

46. Freedman, J. (1965). Long-term behavioral effects of cognitive dissonance. *Journal of Experimental Social Psychology*, *1*, 145 - 155.

47. Sears, R., Whiting, J., Nowlis, V., & Sears, P. (1953). Some child-rearing antecedents of aggression and dependency in young children. *Genetic Psychology Monographs*, *47*, 135 - 234.

    Strassberg, Z., Dodge, K., Pettit, G., & Bates, J. (1994). Spanking in the home and children's subsequent aggression toward kindergarten peers. *Development and Psychopathology*, *6*, 445 - 461.

48. Aronson, E., & Mills, J. (1959). The effect of severity of initiation on liking for a group. *Journal of Abnormal and Social Psychology*, *59*, 177 - 181.

49. Gerard, H., & Mathewson, G. (1966). The effects of severity on initiation on liking for a group: A replication. *Journal of Experimental Social Psychology*, *2*, 278 - 287.

50. Cooper, J. (1980). Reducing fears and increasing assertiveness: The role of dissonance reduction. *Journal of Experimental Social Psychology*, *16*, 199 - 213.

51. Conway, M., & Ross, M. (1984). Getting what you want by revising what you had. *Journal of Personality and Social Psychology*, *47*, 738 - 748.

52. Michener, J. (1971). *Kent State: What happened and why*. New York: Random House.

53. Ibid.

54. Khrushchev, N. (1970). In S. Talbot (Ed. and Trans.), *Khrushchev remembers*. Boston: Little, Brown.

55. Davis, K., & Jones, E. E. (1960). Changes in interpersonal perception as a means of reducing cognitive dissonance. *Journal of Abnormal and Social Psychology*, *61*, 402 - 410.

    See also: Gibbons, F. X., & McCoy, S. B. (1991). Self-esteem, similarity, and reactions to active versus passive downward comparison. *Journal of Personality and Social Psychology*, *60 (3)*, 414 - 424.

56. Glass, D. (1964). Changes in liking as a means of reducing cognitive discrepancies between self-esteem and aggression. *Journal of Personality*, *32*, 531 - 549.

    See also: Sorrentino, R., & Boutilier, R. (1974). Evaluation of a victim as a function of fate similarity / dissimilarity. *Journal of Experimental Social Psychology*, *10*, 84 - 93.

    Sorrentino, R., & Hardy, J. (1974). Religiousness and derogation of an innocent victim. *Journal of Personality*, *42*, 372 - 382.

57. Berscheid, E., Boyce, D., & Walster (Hatfield), E. (1968). Retaliation as a means of restoring equity. *Journal of Personality and Social Psychology*, *10*, 370 - 376.

58. Jones, E., & Nisbett, R. (1971). *The actor and the observer: Divergent perceptions of the causes of behavior*. New York: General Learning Press.

59. Shaw, G. B. (1952). In D. Russel (Ed.), *Selected prose*. New York: Dodd, Mead.

60. Brehm, J. (1959). Increasing cognitive dissonance by a *fait-accompli*. *Journal of Abnormal and Social Psychology*, *58*, 379 - 382.

61. Darley, J., & Berscheid, E. (1967). Increased liking as a result of the anticipation of personal contact. *Human Relations*, *20*, 29 - 40.

62. Kay, A., Jimenez, M., & Jost, J. (2002). Sour grapes, sweet lemons, and the anticipatory rationalization of the status. *Personality and Social Psychology Bulletin*, *28*, 1300 - 1312.

63. Lehman, D., & Taylor, S. E. (1987). Date with an

earthquake: Coping with a probable, unpredictable disaster. *Personality and Social Psychology Bulletin*, *13*, 546 - 555.

64. Aronson, E., & Mettee, D., (1968). Dishonest behavior as a function of different levels of self-esteem. *Journal of Personality and Social Psychology*, *9*, 121 - 127.
65. Kernis, M. H. (2001). Following the trail from narcissism to fragile self-esteem. *Psychological Inquiry*, *12*, 223 - 225.
66. Baumeister, Roy F., Bushman, Brad J., Campbell, W. Keith. (2000). Self-esteem, narcissism, and aggression: Does violence result from low self-esteem or from threatened egotism? *Current Directions in Psychological Science*, *9*, 26 - 29.
67. Salmivalli, C., Kaukiainen, A., Kaistaniemi, L., Lagerspetz, K. M. Self-evaluated self-esteem, peer-evaluated self-esteem, and defensive egotism as predictors of adolescents' participation in bullying situations. *Personality & Social Psychology Bulletin 25*, 1268 - 1278.
68. Bem, D. J. (1967). Self-perception: An alternative interpretation of cognitive dissonance phenomena. *Psychological Review*, *74*, 183 - 200.
69. Fazio, R., Zanna, M., & Cooper, J. (1977). Dissonance and self-perception: An integrative view of each theory's proper domain of application. *Journal of Experimental Social Psychology*, *13*, 464 - 479.
70. Devine, P. G. (1998). Moving beyond attitude change in the study of dissonancerelated processes. In E. Harmon-Jones & J. S. Mills (Eds.), *Cognitive dissonance theory: Revival with revisions and controversies*. Washington, D. C.: American Psychological Association.
71. Pallak, M. S., & Pittman, T. S. (1972). General motivational effects of dissonance arousal. *Journal of Personality and Social Psychology*, *21*, 349 - 358.
72. Zanna & Cooper, 1974; Fried & Aronson, 1995.
73. Zimbardo, P. (1969). *The cognitive control of motivation*. Glencoe, IL: Scott, Foresman.
74. Brehm, J. (1962). Motivational effects of cognitive dissonance. In *Nebraska Symposium on Motivation*, 1962 (pp. 51 - 77). Lincoln: University of Nebraska Press.
75. Mountain West Research, Inc. (1979). Three Mile Island telephone survey. Preliminary report on procedures and findings. Report submitted to the U. S. Nuclear Regulatory Commission (NUREG CR-1093).
76. *Newsweek*, April 16, 1979, pp. 35, 93. CBS News-New York Times poll. The New York Times, April 10, 1979, pp. 1, 16.
77. Axsom, D., & Cooper, J. (1981). Reducing weight by reducing dissonance: The role of effort justification in inducing weight loss. In E. Aronson (Ed.), *Readings about the social animal* (pp. 181 - 196). San Francisco: W. H. Freeman.

    Axsom, D., & Cooper, J. (1985). Cognitive dissonance and psychotherapy: The role of effort justification in inducing weight loss. *Journal of Experimental Social Psychology*, *21*, 149 - 160.
78. Biek, M., Wood, W., & Chaiken, S. (1996) Working knowledge, cognitive processing, and attitudes: On the determinants of bias. *Personality and Social Psychology Bulletin*, *22*, 547 - 556.
79. Stone, J., Aronson, E., Crain, A. L., Winslow, M. P., & Fried, C. B. (1994). Inducing hypocrisy as a means of encouraging young adults to use condoms. *Personality and Social Psychology Bulletin*, *20*, 116 - 128.

    Aronson, E. (1997) The giving away of psychology — and condoms. *APS Observer*, *10*, 17 - 35.

    Aronson, E. (1997) The theory of cognitive dissonance: The evolution and vicissitudes of an idea. In S. Craig McGarty, & A. Haslam (Eds.), *The message of social psychology: Perspectives on mind in society* (pp. 20 - 35). Oxford: Blackwell.

    Aronson, E. (in press). Dissonance, hypocrisy, and the self concept. In E. Harmon-Jones & J. S. Mills (Eds.), *Cognitive dissonance theory: Revival with revisions and controversies*. Washington, D. C.: American Psychological Association Books.
80. Dickerson, C. A., Thibodeau, R., Aronson, E., & Miller, D. (1992). Using cognitive dissonance to encourage water conservation. *Journal of Applied Social Psychology*, *22*, 841 - 854.
81. Friedman, Thomas (2002). *Longitudes and Attitudes: Exploring the World After September 11*. pp. 334 - 335.
82. Beauvois & Joule, 1996, 1998; Sakai, 1999.
83. Sakai, H. (1999). A multipliative power-function model of cognitive dissonance: Toward an integrated theory of cognition, emotion, and behavior after Leon Festinger. In E. Harmon-Jones & J. S. Mills (Eds.), *Cognitive dissonance: Progress on a pivotal theory in social psychology*. Washington, D. C.: American Psychological Association.
84. Johnson, L. B. (1971). *The vantage point: Perspectives of the presidency 1963 - 69*. New York: Holt, Rinehart and Winston.

Chapter 6 Human Aggression

1. *Newsweek*, April 28, 1986, p. 22.
2. Berkowitz, L. (1993). *Aggression*. New York: McGraw-Hill.
3. Geen, R. (1998). *Aggression and anti-social behavior*.

In D. Gilbert, S. Fiske, & G. Lindzey (Eds.), *Handbook of social psychology* (4th. ed.), pp. 317 - 356. New York: McGraw-Hill.

4. Rousseau, J.-J. (1930). *The social contract and discourses*. New York: Dutton.
5. Freud, S. (1948). *Beyond the pleasure principle*. London: Hogarth Press and Institute of Psycho-Analysis.
6. Freud, S. (1959). Why war? (letter to Albert Einstein, 1932). In E. Jones (Ed.), *Collected papers* (Vol. 5., p. 282). New York: Basic Books.
7. Storr, A. (1970). *Human aggression*. New York: Bantam Books.
8. Kuo, Z. Y. (1961). Genesis of the cat's response to the rat. In E. Aronson (Ed.), *Instinct* (p. 24). Princeton, NJ: Van Nostrand.
9. Eibl-Eibesfeldt, I. (1963). Aggressive behavior and ritualized fighting in animals. In J. H. Masserman (Ed.), *Science and psychoanalysis, Vol. VI. Violence and war*. New York: Grune & Stratton.
10. Scott, J. P. (1958). *Aggression*. Chicago: University of Chicago Press.
11. Lorenz, K. (1966). *On aggression* (M. Wilson, Trans.). New York: Harcourt, Brace and World.
12. Lore, R. K., & Schultz, L. A. (1993). Control of human aggression. *American Psychologist*, *48*, 16 - 25.
13. Berkowitz, L. (1993). *Aggression*. New York: McGraw-Hill.
14. Baron, R. A., & Richardson, D. R. (1994). *Human aggression* (2nd ed.). New York: Plenum.
15. Hunt, G. T. (1940). *The wars of the Iroquois*. Madison: The University of Wisconsin Press.
16. Nisbett, R. E. (1993). Violence and U. S. regional culture. *American Psychologist*, *48*, 441 - 449.
17. Cohen, D., & Nisbett, R. E. (1994). Self-protection and the culture of honor: Explaining Southern violence. *Personality and Social Psychology Bulletin*, *20*, 551 - 567.

    Cohen, D., Nisbett, R., Bowdle, Brian, F., Schwarz, N. (1996) Insult, aggression, and the southern culture of honor: An "experimental ethnography." *Journal of Personality and Social Psychology*, *70*, 945 - 960.
18. Cohen, D., & Nisbett, R. E. (1997). Field experiments examining the culture of honor: The role of institutions in perpetuating norms about violence. *Personality and Social Psychology Bulletin*, *23*, 1188 - 1199.
19. Lorenz, K. (1966). *On aggression* (M. Wilson, Trans.). New York: Harcourt, Brace & World.
20. Washburn, S., & Hamburg, D. (1965). The implications of primate research In I. DeVore (Ed.), *Primate behavior: Field studies of monkeys and apes*. (pp. 607 -622). New York: Holt, Rinehart and Winston.
21. Pinker, S. (1997). *How the mind works*. New York: Norton.
22. LeBoeuf, B. (1974). Male-male competition and reproductive success in elephant seals. *American Zoologist*, *14*, 163 - 176.
23. Montagu, A. (1950). *On being human*. New York: Hawthorne Books.
24. Kropotkin, P. (1902). *Mutual aid*. New York: Doubleday.
25. Nissen, H., & Crawford, M. P. (1936). Preliminary study of food-sharing behavior in young chimpanzees. *Journal of Comparative Psychology*, *22*, 383 - 419.
26. Leakey, R., & Lewin, R. (1978). *People of the lake*. New York: Anchor Press/Doubleday.
27. Eiseley, L. (1946). *The immense journey* (p. 140). New York: Random House.
28. Menninger, W. (1948). Recreation and mental health. *Recreation*, *42*, 340 - 346.
29. Bushman, B. (2002). Does venting anger feed or extinguish the flame? Catharsis, rumination, distraction, anger and aggressive responding. *Personality & Social Psychology Bulletin*, *28*, 724 - 731.
30. Patterson, A. (1974, September). Hostility catharsis: A naturalistic quasiexperiment. Paper presented at the annual convention of the American Psychological Association, New Orleans.
31. Green, R. (1981). Spectator moods at an aggressive sports event. Journal of Social Psychology, 3, 217 -227.
32. Glass, D. (1964). Changes in liking as a means of reducing cognitive discrepancies between self-esteem and aggression. *Journal of Personality*, *32*, 531 - 549.

    Davis, K. E., & Jones, E. E. (1960). Changes in interpersonal perception as a means of reducing cognitive dissonance. *Journal of Abnormal and Social Psychology*, *61*, 402 - 410.
33. Kahn, M. (1966). The physiology of catharsis. *Journal of Personality and Social Psychology*, *3*, 278 - 298.

    See also: Berkowitz, L., Green, J., & Macauley, J. (1962). Hostility catharsis as the reduction of emotional tension. *Psychiatry*, *25*, 23 - 31.

    DeCharms, R., & Wilkins, E. J. (1963). Some effects of verbal expression of hostility. *Journal of Abnormal and Social Psychology*, *66*, 462 - 470.
34. Glass, D. (1964). Changes in liking as a means of reducing cognitive discrepancies between self-esteem and aggression. *Journal of Personality*, *32*, 531 - 549.

    Davis, K. E., & Jones, E. E. (1960). Changes in interpersonal perception as a means of reducing cognitive dissonance. *Journal of Abnormal and Social Psychology*, *61*, 402 - 410.

    See also: Buss, A. H. (1963). Physical aggression

in relation to different frustrations. *Journal of Abnormal and Social Psychology*, *67*, 1 - 7.

35. Doob, A. N., & Wood, L. (1972). Catharsis and aggression: The effects of annoyance and retaliation on aggressive behavior. *Journal of Personality and Social Psychology*, *22*, 156 - 162.
36. Stoff, D. M., & Cairns, R. B. (1996). *Aggression and violence: Genetic, neurobiological, and biosocial perspectives*. Mahwah, NJ: Erlbaum.
37. Moyer, K. E. (1983). The physiology of motivation: Aggression as a model. In C. J. Scheier & A. M. Rogers (Eds.), *G. Stanley Hall Lecture Series* (Vol. 3). Washington, D. C.: American Psychological Association.
38. Dabbs, J. M., Jr., Ruback, R. B., Frady, R. L., Hopper, C. H., & Sgoutas, D. S. (1988). Saliva testosterone and criminal violence among women. *Personality and Individual Differences*, *18*, 627 - 633.

    Dabbs, J. M., Carr, T. S., Frady, R. L., & Riad, J. K. (1995). Testosterone, crime, and misbehavior among 692 male prison inmates. *Personality and Individual Differences*, *7*, 269 - 275.
39. Banks, T., & Dabbs, James M., Jr. (1996). Salivary testosterone and cortisol in delinquent and violent urban subculture. *Journal of Social Psychology*, *136 (1)*, 49 - 56.
40. Dabbs, J. M., Jr., Hargrove, M. F., & Heusel, C. (1996). Testosterone differences among college fraternities: Well-behaved vs. rambunctious. *Personality and Individual Differences*, *20(2)*, 157 - 161.
41. Human Capital Initiative Committee (1997, October). Reducing violence. *APS Observer*, pp. 5 - 21.
42. Maccoby, E. E., & Jacklin, C. N. (1974). *The psychology of sex differences*. Stanford, CA: Stanford University Press.
43. Wilson, J. Q., & Hernstein, R. J. (1985). *Grime and human nature*. New York: Simon & Schuster.
44. Archer, D., & McDaniel, P. (1995). Violence and gender: Differences and similarities across societies. In R. B. Ruback & N. A. Weiner (Eds.), *Interpersonal violent behaviors: Social and cultural aspects* (pp. 63 - 88). New York: Springer.
45. Desmond, E. W. (1987, November 30). Out in the open. *Time*, pp. 80 - 90.
46. Shupe, L. M. (1954). Alcohol and crimes: A study of the urine alcohol concentration found in 882 persons arrested during or immediately after the commission of a felony. *Journal of Criminal Law and Criminology*, *33*, 661 - 665.
47. Taylor, S. P., & Leonard, K. E. (1983). Alcohol and human physical aggression. In R. Geen & E. Donnerstein (Eds.), *Aggression: Theoretical and empirical reviews*. New York: Academic Press.

    White, H. (1997). Longitudinal perspective on alcohol use and aggression during adolescence. In M. Galanter (Ed.), *Recent developments in alcoholism* (Vol. 13, pp. 81 - 103). New York: Plenum Press.

    Yudko, E., Blanchard, D., Henrie, J., & Blanchard, R. (1997) Emerging themes in preclinical research on alcohol and aggression. In M. Galanter (Ed.), *Recent developments in alcoholism* (Vol. 13, pp. 123 - 138). New York: Plenum Press.
48. Bushman, B. J. (1997). Effects of alcohol on human aggression: Validity of proposed explanations. In M. Galanter (Ed.), Recent developments in alcoholism: Vol. 13. Alcohol and violence: Epidemiology, neurobiology, psychology, family issues (pp. 227 - 243). New York: Plenum.
49. Azrin, N. H. (1967, May). Pain and aggression. *Psychology Today*, pp. 27 - 33.

    Hutchinson, R. R. (1983). The pain-aggression relationship and its expression in naturalistic settings. *Aggressive Behavior*, *9*, 229 - 242.
50. Berkowitz, L. (1988). Frustrations, appraisals, and aversively stimulated aggression. *Aggressive Behavior*, *14*, 3 - 11.
51. Stoff, D., & Cairns, R., (1996). *Aggression and violence: Genetic, neurobiological, and biosocial perspectives*. Mahwah, NJ: Erlbaum.
52. Carlsmith, J. M., & Anderson, C. A. (1979). Ambient temperature and the occurrence of collective violence: A new analysis. *Journal of Personality and Social Psychology*, *37*, 337 - 344.
53. Anderson, C. A., Bushman, B. J., & Groom, R. W. (1997). Hot years and serious and deadly assault: Empirical tests of the heat hypothesis. *Journal of Personality and Social Psychology*, *73*, 1213 - 1223.
54. Griffitt, W., & Veitch, R. (1971). Hot and crowded: Influences of population density and temperature on interpersonal affective behavior. *Journal of Personality and Social Psychology*, *17*, 92 - 98.

    See also: Anderson, C., Anderson, B., & Deuser, W. (1996) Examining an affective aggression framework: Weapon and temperature effects on aggressive thoughts, affect, and attitudes. *Personality and Social Psychology Bulletin*, *22*, 366 - 376.

    Bell, P. A. (1980). Effects of heat, noise, and provocation on retaliatory evaluative behavior. *Journal of Social Psychology*, *110*, 97 - 100.
55. Reifman, A. S., Larrick, R., & Fein, S. (1988). The heat-aggression relationship in major-league baseball. Paper presented at the meeting of the American Psychological Association, San Francisco.
56. Kenrick, D. T., & MacFarlane, S. W. (1986).

Ambient temperature and horn honking: A field study of the heat/aggression relationship. *Environment and Behavior*, *18*, 179 - 191.

57. Barker, R., Dembo, T., & Lewin, K. (1941). Frustration and aggression: An experiment with young children. *University of Iowa Studies in Chila Welfare*, *18*, 1 - 314.
58. Harris, M. (1974). Mediators between frustration and aggression in a field experiment. *Journal of Experimental and Social Psychology*, *10*, 561 - 571.
59. Kulik, J., & Brown, R. (1979). Frustration, attribution of blame, and aggression. *Journal of Experimental and Social Psychology*, *15*, 183 - 194.
60. Tocqueville, A. de. (1981). *Democracy in America*. Westminster, MD: Random House.
61. Aronson, E. (2000). *Nobody Left to Hate: Teaching Compassion After Columbine*. New York: Worth/Freeman.
62. Twenge, Jean M.; Baumeister, Roy F.; Tice, Dianne M.; Stucke, Tanja, S. If you can't join them, beat them: Effects of social exclusion on aggressive behavior. *Journal of Personality & Social Psychology*, 1058 -1069.
63. *Time*, December 20, 1999.
64. Mallick, S., & McCandless, B. (1966). A study of catharsis of aggression. *Journal of Personality and Social Psychology*, *4*, 591 - 596.
65. Johnson, T. E., & Rule, B. G. (1986). Mitigating circumstances information, censure, and aggression. *Journal of Personality and Social Psychology*, *50*, 537 -542.
66. Berkowitz, L. (1965). Some aspects of observed aggression. *Journal of Personality and Social Psychology*, *2*, 359 - 369.
67. Berkowitz, L., & Geen, R. (1966). Film violence and the cue properties of available targets. *Journal of Personality and Social Psychology*, *3*, 525 - 530.
68. Berkowitz, L., & LePage, A. (1967). Weapons as aggression-eliciting stimuli. *Journal of Personality and Social Psychology*, *7*, 202 - 207.
69. Berkowitz, L. (1971). *Control of aggression* (p. 68). Unpublished manuscript.
70. Zimbardo, P. (1969). The human choice: Individuation, reason, and order versus deindividuation, impulse, and chaos. In W. Arnold & D. Levine (Eds.), *Nebraska Symposium on Motiv ation*, *17*, 237 -307.
71. Mullen, B. (1986). Atrocity as a function of lynch mob composition: A self-attention perspective. *Personality and Social Psychology Bulletin*, *12*, 187 - 197.
72. Bandura, A., Ross, D., & Ross, S. (1961). Transmission of aggression through imitation of aggressive models. *Journal of Abnormal and Social Psychology*, *63*, 575 - 582.

    Bandura, A., Ross, D., & Ross, S. (1963). A comparative test of the status envy, social power, and secondary reinforcement theories of identificatory learning. *Journal of Abnormal and Social Psychology*, *67*, 527 - 534.

    Bandura, A., Ross, D., & Ross, S. (1963). Vicarious reinforcement and initiative learning. *Journal of Abnormal and Social Psychology*, *67*, 601 - 607.
73. Huston, A., & Wright, J. (1996). Television and socialization of young children. In T. M. MacBeth (Ed.), *Tuning in to young viewers: Social science perspectives on television* (pp. 37 - 60). Thousand Oaks, CA: Sage.
74. Seppa, N. (1997). Children's TV remains steeped in violence. *APA Monitor*, *28*, 36.
75. Cantor, J. Confronting children's fright responses to mass media. In D. Zillmann, J. Bryant, & A. C. Huston (Eds.), *Media, children, and the family: Social scientific, psychodynamic, and clinical perspectives* (LEA's communication series, pp. 139 - 150). Hillsdale, NJ: Erlbaum.

    Kunkel, D., Wilson, B., Donnerstein, E., Blumenthal, E., & others. (1995). Measuring television violence: The importance of context. *Journal of Broadcasting and Electronic Media*, *39*, 284 - 291.
76. Eron, L. D. (1982). Parent-child interaction, television violence, and aggression of children. *American Psychologist*, *37*, 197 - 211.

    Eron, L. D. (1987). The development of aggressive behavior from the perspective of a developing behaviorism. *American Psychologist*, *42*, 425 - 442.

    Eron, L. Huesmann, L., Lefkowitz, M., & Walder, L. (1996). Does television violence cause aggression? In D. Greenberg (Ed.), *Criminal careers: Vol. 2. The international library of criminology, criminal justice and penology* (pp. 311 - 321). Dartmouth.

    Huesmann, L. R. (1982). Television violence and aggressive behavior. In D. Pearly, L. Bouthilet, & J. Lazar (Eds.), *Television and behavior: Vol. 2. Technical reviews* (pp. 220 - 256). Washington, D. C.: National Institute of Mental Health.

    Turner, C. W., Hesse, B. W., & Peterson-Lewis, S. (1986). Naturalistic studies of the long-term effects of television violence. *Journal of Social Issues*, *42(3)*, 51 - 74.
77. Eron, L., Huesmann, L., Lefkowitz, M., & Walder, L. (1996). Does television violence cause aggression? In D. Greenberg (Ed.), *Criminal careers: Vol. 2. The international library of criminology, criminal justice*

and penology (pp. 311 - 321). Dartmouth.

Geen, R. (1994) Television and aggression: Recent developments in research and theory. In D. Zillmann, J. Bryant, & A. C. Huston (Eds.). *Media, children, and the family: Social scientific, psychodynamic, and clinical perspectives* (LEA's communication series, pp. 151 - 162). Hillsdale, NJ: Erlbaum.

Geen, R. (1998). Aggression and anti-social behavior. In D. Gilbert, S. Fiske, & G. Lindzey (Eds.), *Handbook of social psychology* (4th. ed., pp. 317 - 356). New York: McGraw-Hill.

Huesmann, L. R., & Miller, L. (1994). Long-term effects of repeated exposure to media violence in childhood. In: L. R. Huesmann, (Ed.) *Aggressive behavior: Current perspectives.* New York: Plenum Press, pp. 153 - 186.

78. Liebert, R., & Baron, R. (1972). Some immediate effects of televised violence on children's behavior. *Developmental Psychology*, *6*, 469 - 475.

79. Josephson, W. D. (1987) Television violence and children's aggression: Testing the priming, social script, and disinhibition prediction. *Journal of Personality and Social Psychology*, *53*, 882 - 890.

80. Parke, R., Berkowitz, L., Leyens, J., West, S., & Sebastian, R. (1977). Some effects of violent and non-violent movies on the behavior of juvenile delinquents. In L. Berkowitz (Ed.), *Advances in experimental social psychology* (pp. 135 - 172). New York: Academic Press.

81. Signorelli, N., Gerber, G., & Morgan, M. (1995). Violence on television: The Cultural Indicators Project. *Journal of Broadcasting and Electronic Media*, *39* (*2*), 278 - 283.

82. Johnson, Jeffrey G., Cohen, Patricia, Smailes, Elizabeth M., Karen, Stephani, Brook, Judith (2002). Television viewing and aggressive behavior during adolescence and adulthood. *Science*, *295*, 2468 - 2471.

83. Phillips, D. P. (1986). Natural experiments on the effects of mass media violence on fatal aggression: Strengths and weaknesses of a new approach. In L. Berkowitz (Ed.), *Advances in experimental social psychology* (Vol. 19, pp. 207 - 250). Orlando, FL: Academic Press.

84. Cline, V. B., Croft, R. G., & Courrier, S. (1973). Desensitization of children to television violence. *Journal of Personality and Social Psychology*, *27*, 360 - 365.

85. Thomas, M. H., Horton, R., Lippincott, E., & Drabman, R. (1977). Desensitization to portrayals of real-life aggression as a function of exposure to television violence. *Journal of Personality and Social Psychology*, *35*, 450 - 458.

86. Thomas, M. (1982) Physiological arousal, exposure to a relatively lengthy aggressive film, and aggressive behavior. *Journal of Research in Personality*, *16*, 72 - 81.

87. Check, J., & Malamuth, N. (1983). Can there be positive effects of participation in pornography experiments? *Journal of Sex Research*, *20*, 14 - 31.

88. Cox News Service.

89. Roiphe, K. (1994) *The morning after: Sex, fear, and feminism.* New York: Little, Brown.

Paglia, C. (1994) *Vamps and tramps: New essays.* New York: Vintage Books.

90. Malamuth, N. M. (1983). Factors associated with rape as predictors of laboratory aggression against women. *Journal of Personality and Social Psychology*, *45*, 432 - 442.

Malamuth, N. M. (1986). Predictors of naturalistic sexual aggression. *Journal of Personality and Social Psychology*, *50*, 953 - 962.

91. Donnerstein, E. (1980). Aggressive erotica and violence against women. *Journal of Personality and Social Psychology*, *39*, 269 - 277.

92. Malamuth, N. (1981). Rape fantasies as a function of exposure to violent sexual stimuli. *Archives of Sexual Behavior*, *10*, 33 - 47.

93. Malamuth, N., & Check, J. (1981). The effects of mass media exposure on acceptance of violence against women: A field experiment. *Journal of Research in Personality*, *15*, 436 - 446.

94. Malamuth, N., Haber, S., & Feshbach, S. (1980). Testing hypothese regarding rape: Exposure to sexual violence, sex differences, and the "normality" of rapists. *Journal of Research in Personality*, *14*, 121 - 137.

95. Check, J., & Malamuth, N. (1983). Can there be positive effects of participation in pornography experiments? *Journal of Sex Research*, *20*, 14 - 31.

96. Linz, D., Donnerstein, E., & Penrod, S. (1988). Effects of long-term exposure to violent and sexually degrading depictions of women. *Journal of Personality and Social Psychology*, *55*, 758 - 768.

97. Bushman, B. J., & Bonacci, A. M. (2002). Violence and sex impair memory for television ads. *Journal of Applied Psychology*, *87*, 557 - 564.

98. Clark, K. (1971). The pathos of power: A psychological perspective. *American Psychologist*, *26*, 1047 - 1057.

99. Aristotle (1954). Rhetoric. In W. R. Roberts (Trans.), *Aristotle, rhetoric and poetics* (p. 22). New York: Modern Library.

100. Sears, R., Maccoby, E., & Levin, H. (1957). *Patterns of child rearing.* Evanston, IL: Row, Peterson.

Baumrind, D. (1966). Effects of authoritative parental control on child behavior. *Child Development*, *37*, 887 - 907.

Becker, W. (1964). Consequences of different kinds of parental discipline. In M. L. Hoffman & L. W. Hoffman (Eds.), *Review of child development research* (Vol. 1). New York: Russell Sage.

Owens, D., & Straus, M. (1975). The social structure of violence in childhood and approval of violence as an adult. *Aggressive Behavior*, *1*, 193 - 211.

101. Hamblin, R., Buckholt, D., Bushell, D., Ellis, D., & Ferritor, D. (1969, January). Changing the game from "get the teacher" to "learn." *Trans-Action*, pp. 20 - 31.

102. Haney, C. (1979). A psychologist looks at the criminal justice system. In A. Calvin (Ed.), *Challenges and alternatives to the American criminal justice system* (pp. 77 - 85). Ann Arbor, MI: University International Press.

103. Eichmann, C. (1966). *The impact of the Gideon decision on crime and sentencing in Florida*. Tallahassee, FL: Division of Corrections Publications.

104. Aronson, E., & Carlsmith, J. M. (1963). The effect of severity of threat on the devaluation of forbidden behavior. *Journal of Abnormal and Social Psychology*, *66*, 584 - 588.

Freedman, J. (1965). Long-term behavioral effects of cognitive dissonance. *Journal of Experimental and Social Psychology*, *1*, 145 - 155.

105. Olweus, D. (1991). Bully/victim problems among school children: Basic facts and effects of a school-based intervention program. In D. Pepler & K. Rubin (Eds.). *The development and treatment of childhood aggression* (pp. 411 - 448). Hillsdale, NJ: Erlbaum.

Olweus, D. (1997) Tackling peer victimization with a school-based intervention program. In D. Fry & K. Bjorkqvist (Eds.), *Cultural variation in conflict resolution: Alternatives to violence* (pp. 215 - 231). Mahwah, NJ: Erlbaum.

Olweus, D. (1996). Bullying at school: Knowledge base and an effective intervention program. In C. Ferris & T. Grisso (Eds.), *Understanding aggressive behavior in children* (Annals of the New York Academy of Sciences, Vol. 794, pp. 265 - 276). New York: New York Academy of Sciences.

106. U. S. President's Commission on Law Enforcement and Administration of Justice. (1967). *The challenge of crime in a free society: A report*. Washington, D. C.: U. S. Government Printing Office.

107. Bandura, A., Ross, D., & Ross, S. (1963). Imitation of film-mediated aggressive models. *Journal of Abnormal and Social Psychology*, *66*, 3 - 11.

Bandura, A., Ross, D., & Ross, S. (1963). Vicarious reinforcement and imitative learning. *Journal of Abnormal and Social Psychology*, *67*, 601 - 607.

108. Brown, P., & Elliot, R. (1965). Control of aggression in a nursery school class. *Journal of Experimental Child Psychology*, *2*, 103 - 107.

109. Davitz, J. (1952). The effects of previous training on postfrustration behavior. *Journal of Abnormal and Social Psychology*, *47*, 309 - 315.

110. Baron, R. A., & Kepner, C. R. (1970). Model's behavior and attraction toward the model as determinants of adult aggressive behavior. *Journal of Personality and Social Psychology*, *14*, 335 - 344.

111. Baron, R. A. (1976). The reduction of human aggression: A field study of the influence of incompatible reactions. *Journal of Applied Social Psychology*, *6*, 260 - 274.

112. Feshback, S. (1971). Dynamics and morality of violence and aggression: Some psychological considerations. *American Psychologist*, *26*, 281 - 292.

113. Michener, J. (1971). *Kent State: What happened and why*. New York: Random House.

114. Feshbach, N., & Feshbach, S. (1969). The relationship between empathy and aggression in two age groups. *Developmental Psychology*, *1*, 102 - 107.

115. Feshbach, N. (1978, March). Empathy training: A field study in affective education. Paper presented at the American Educational Research Association, Toronto, Ontario, Canada.

Feshbach, N., & Feshbach, S. (1981, April). Empathy training and the regulation of aggression: Potentialities and limitations. Paper presented at the convention of the Western Psychological Association.

116. Hammock, G. S., & Richardson, D. R. (1992). Aggression as one response to conflict. *Journal of Applied Social Psychology*, *22*, 298 - 311.

See also: Richardson, D., Hammock, G., Smith, S., & Gardner, W. (1994). Empathy as a cognitive inhibitor of interpersonal aggression. *Aggressive Behavior*, *20*, 275 - 289.

See also: Ickes, W. (1997) *Empathic accuracy*. New York: Guilford Press.

117. Obuchi, K., Ohno, T., & Mukai, H. (1993) Empathy and aggression: Effects of selfdisclosure and fearful appeal. *Journal of Social Psychology*, *133*, 243 - 253.

Chapter 7 Prejudice

1. Poussaint, A. (1971). A Negro psychiatrist explains the Negro psyche. In *Confrontation* (pp. 183 - 184). New York: Random House.

2. Clark, K., & Clark, M. (1947). Racial identification

and preference in Negro children. In T. M. Newcomb & E. L. Hartley (Eds.), *Readings in socialpsychology* (pp. 169 - 178). New York: Holt.

3. Goldberg, P. (1968, April). Are women prejudiced against women? *Trans-Action*, pp. 28 - 30.
4. Porter, J. R., & Washington, R. E. (1989, July-September). Developments in research on Black identity and self-esteem: 1979 - 1988. *Revue Internationale de Psychologie Sociale*, *2*(*3*), 339 - 353.

   Gopaul-McNicol, S. (1987, August). A cross-cultural study of the effects of modeling, reinforcement and color meaning word association on doll color preference of Black preschool children and White preschool children in New York and Trinidad. Dissertation Abstracts International, 48, 340 - 341.

   Hraba, J., & Grant, G. (1970). Black is beautiful: A reexamination of racial preference and identification. *Journal of Personality and Social Psychology*, *16*, 398 - 402.

   Banks, C. (1976). White preference in blacks: A paradigm in search of a phenomenon. *Psychological Bulletin*, *83*, 1179 - 1186.
5. Swim, J., Borgida, E., Maruyama, G., & Myers, D. G. (1989). Joan McKay vs. John McKay: Do gender stereotypes bias evaluations? *Psychological Bulletin*, *105*, 409 - 429.
6. Wolpoff, C. (1996). Amid more fires, Congress acts on church burnings. Congressional Quarterly Weekly Report, 54, 17 - 66.
7. Fountain, J. W. (1997, May 4). No fare. Washington Post.
8. Allport, G. (1954, 1980). *The nature of prejudice* (p. 13). Reading, MA: Addison-Wesley.
9. Brewer (1988); Kunda and Oleson (1995).
10. *Newsweek*, November 25, 1974, p. 39.
11. Neugarten, B. (1946). Social class and friendship among schoolchildren. *American Journal of Sociology*, *51*, 305 - 313.
12. Bond, C. F., Jr., DiCandia, C. G., & MacKinnon, J. R. (1988). Response to violence in a psychiatric setting: The role of the patient's race. *Personality and Social Psychology Bulletin*, *14*, 448 - 458.
13. Bodenhausen, G., & Wyer, R. (1985). Effects of stereotypes on decision making and information-processing strategies. *Journal of Personality and Social Psychology*, *48*, 267 - 282.
14. Shaffer, D. R., & Wallace, A. (1990). Belief congruence and evaluator homophobia as determinants of the attractiveness of competent homosexual and heterosexual males. *Journal of Psychology and Human Sexuality*, *3*, 67 - 87.
15. Steele, C. (1992, April). Race and the schooling of black Americans. *The Atlantic Monthly*, pp. 16 - 23.

   Steele, C. (1997). A threat in the air: How stereotypes shape intellectual identity and performance. *American Psychologist*, *52*, 613 - 629.
16. Steele, C., & Aronson, J. (1994). Stereotype threat and the intellectual test performance of African Americans. *Journal of Personality and Social Psychology*, *69*(*5*), 797 - 811.

   Aronson, J., Quinn, D., & Spencer, S. (in press). Stereotype threat and the academic underperformance of women and minorities. In J. Swim & C. Stangor (Eds.), *Stigma: The target's perspective*. New York: Academic Press.
17. Aronson, J., Lustina, M. J., Good, C., Keough, K., Steele, C. M., & Brown, J. (1999). When white men can't do math: Necessary and sufficient factors in stereotype threat. *Journal of Experimental Social Psychology*, *35*, 29 - 46.
18. Pettigrew, T. F. (1979). The ultimate attribution error: Extending Allport's cognitive analysis of prejudice. *Personality and Social Psychology Bulletin*, *5*, 461 - 476.
19. Ibid.
20. Deaux, K., & LaFrance, M. (1998). Gender. In D. Gilbert, S. Fiske, & G. Lindzey (Eds.), *Handbook of social psychology* (4th. ed., Vol. 1, pp. 788 - 829). New York: McGraw-Hill.

   Deaux, K., & Lewis, L. (1984). Structure of gender stereotypes: Interrelationships among components and gender label. *Journal of Personality and Social Psychology*, *46*, 991 - 1004.
21. Buss, D. (1995). Evolutionary psychology: A new paradigm for psychological science. *Psychological Inquiry*, *6*, 1 - 30.

   Buss, D. (1996). Sexual conflict: Evolutionary insights into feminism and the "battle of the sexes." In D. Buss & N. Malamuth (Eds.), *Sex, power, conflict: Evolutionary and feminist perspectives* (pp. 296 - 318). New York: Oxford University Press.

   Buss, D., & Kenrick, D. (1998). Evolutionary social psychology. In D. Gilbert, S. Fiske, & G. Lindzey (Eds.), *Handbook of social psychology* (4th. ed., Vol. 1, pp. 982 - 1026). New York: McGraw-Hill.

   Buss, D., & Schmitt, D. (1993). Sexual strategies theory: An evolutionary perspective on human mating. *Psychological Review*, *100*, 204 - 232.
22. Eagly, A. (1995). The science and politics of comparing women and men. *American Psychologist*, *50*, 145 - 158.

   Eagly, A. (1996). Differences between women and men: Their magnitude, practical importance, and political meaning. *American Psychologist*, *51*, 158 - 159.

Eagly, A., & Wood, W. (1991). Explaining sex differences in social behavior: A metaanalytic perspective. Special Issue: Meta-analysis in personality and social psychology. *Personality and Social Psychology Bulletin*, *17*, 306 - 315.

Swim, J. (1994) Perceived versus meta-analytic effect sizes: An assessment of the accuracy of gender stereotypes. *Journal of Personality and Social Psychology*, *66*, 21 - 36.

23. Feldman-Summers, S., & Kiesler, S. B. (1974). Those who are number two try harder: The effect of sex on attributions of causality. *Journal of Personality and Social Psychology*, *30*, 845 - 855.
24. Deaux, K., & Emswiller, T. (1974). Explanations of successful performance on sexlinked tasks: What is skill for the male is luck for the female. *Journal of Personality and Social Psychology*, *29*, 80 - 85.
25. Swim, J., & Sanna, L. (1996), He's skilled, she's lucky: A meta-analysis of observers' attributions for women's and men's successes and failures. *Personality and Social Psychology Bulletin*, *22*, 507 - 519.
26. Nicholls, J. G. (1975). Causal attributions and other achievement related cognitions: Effects of task outcome, attainment value, and sex. *Journal of Personality and Social Psychology*, *31*, 379 - 389.
27. Stipek, D., & Gralinski, J. H. (1991). Gender differences in children's achievementrelated beliefs and emotional responses to success and failure in mathematics. *Journal of Educational Psychology*, *83*, 361 - 371.
28. Jacobs, J., & Eccles, J. (1992). The impact of mothers' gender-role stereotypic beliefs on mothers' and children's ability perceptions. *Journal of Personality and Social Psychology*, *63*, 932 - 944.
29. Weinberg, R. S., Richardson, P. A., & Jackson, A. E. (1983). Effect of situation criticality on tennis performance of males and females. *Newsletter of the Society for the Advancement of Social Psychology*, *9*, 8 - 9.
30. Turner, M., & Pratkanis, A. (1993). Effects of preferential and meritorious selection on performance: An examination of intuitive and self handicapping perspectives. *Personality and Social Psychology Bulletin*, *19*, 47 - 58.
31. Lerner, M. (1980). *The justice motive*. New York: Plenum Press.

    Montada, L., & Lerner, M. (1996). *Current societal concerns about justice*. New York: Plenum Press.
32. Furnham, A., & Gunter, B. (1984). Just world beliefs and attitudes toward the poor. *British Journal of Social Psychology*, *23*, 265 - 269.
33. Fischhoff, B., & Beyth, R. (1975). "I knew it would happen": Remembered probabilities on once-future things. *Organizational Behavior and Human Performance*, *13*, 1 - 16.
34. Janoff-Bulman, R., Timko, C., & Carli, L. L. (1985). Cognitive bias in blaming the victim. *Journal of Experimental Social Psychology*, *21*, 161 - 177.

    See also: LaBine, S., & LaBine, G. (1996). Determinations of negligence and the hindsight bias. *Law and Human Behavior*, *20*, 501 - 516.
35. Gould, S. (1977). *Ever since Darwin: Reflections on natural history* (p. 243). New York: Norton.
36. Pearson, K., & Moul, M. (1925). The problem of alien immigration into Great Britain, illustrated by an example of Russian and Polish Jewish children. *Annals of Eugenics*, *1*, 5 - 127.
37. Janis, I., & Field, P. (1959). Sex difference and personality factors related to persuasibility. In C. I. Hovland & I. L. Janis (Eds.), *Personality and persuasibility* (pp. 55 - 68). New Haven, CT: Yale University Press.
38. Sistrunk, F., & McDavid, J. (1971). Sex variable in conforming behavior. *Journal of Personality and Social Psychology*, *17*, 202 - 207.
39. Word, C., Zanna, M., & Cooper, J. (1974). The nonverbal mediation of self-fulfilling prophecies in interracial interaction. *Journal of Experimental Social Psychology*, *10*, 109 - 120.
40. Snyder, M. (1984). When belief creates reality. In L. Berkowitz (Ed.), *Advances in experimental social psychology* (Vol. 18, pp. 247 - 305). Orlando, FL: Academic Press.
41. Merton, R. F. (1968). The self-fulfilling prophecy. *Antioch Review*, *8*, 193 - 210.
42. Snyder, M., & Swann, W. B., Jr. (1978). Hypothesis-testing processes in social interactions. *Journal of Personality and Social Psychology*, *36*, 1202 - 1212.
43. Pettigrew, T. F., & Meertens, R. W. (1995). Subtle and blatant prejudice in western Europe. *European Journal of Social Psychology*, *25*, 57 - 75.
44. Frey, D. L., & Gaertner, S. I. (1986). Helping and the avoidance of inappropriate interracial behavior: A strategy that perpetuates a nonprejudiced self-image. *Journal of Personality and Social Psychology*, *50*, 1083 - 1090.
45. Ayers, I. (1991). Fair driving: Gender and race discrimination in retail car negotiations. *Harvard Law Review*, *104*, 817 - 872.
46. Hebl, M. Foster, J. Bigazzi, J., Mannix, L., Dovidio, J. (2002). Formal and interpersonal discrimination: A field study of bias toward homosexual applicants. *Personality & Social Psychology Bulletin*, *28* (*6*), 815 - 825.
47. Glick, P. & Fiske, S. (2002). Ambivalent responses.

American Psychology, *57*, 444 - 446.

48. Bem, D., & Bem, S. (1970, November). We're all nonconscious sexists. *Psychology Today*, pp. 22 - 26, 115 - 116.

49. Weitzman, L., Eifler, D., Hokada, E., & Ross, C. (1972). Sex-role socialization in picture books for preschool children. *American Journal of Sociology*, *77*, 1125 - 1150.

    Kolbe, R., & LaVoie, J. (1981). Sex-role stereotyping in preschool children's picture books. *Social Psychology Quarterly*, *44*, 369 - 374.

50. Hartley, R. (1960). Children's concepts of male and female roles. *Merrill-Palmer Quarterly*, *6*, 83 - 91.

51. Lipman-Blumen, J. (1972). How ideology shapes women's lives. *Scientific American*, *226*(*1*), 34 - 42.

52. Taeuber, C. M. (1996). *Statistical handbook on women in America*. Phoenix, AZ: Oryx Press.

53. Gray, S. W. (1975). Masculinity-femininity in relation to anxiety and social acceptance. *Child Development*, *28*, 203 - 214.

54. Broverman, I. K., Vogel, S., Broverman, D., Clarkson, F., & Rosencrantz, P. (1972). Sex-role stereotypes: A current appraisal. *Journal of Social Issues*, *28*, 59 - 78.

55. Porter, N., & Geis, F. (1981). Women and nonverbal leadership cues: When seeing is not believing. In C. Mayo & N. Henley (Eds.), *Gender and nonverbal behavior*. New York: Springer-Verlag.

56. Eagly, Alice H., Karau, Steven J. (2002). Role congruity theory of prejudice toward female leaders. *Psychological Review*, *109*, 573 - 598.

57. Jackson, L. A., & Cash, T. F. (1985). Components of gender stereotypes: Their implications for inferences on stereotypic and nonstereotypic dimensions. *Personality and Social Psychology Bulletin*, *11*, 326 - 344.

58. Gerbner, G. (1993). Women and minorities on television. Unpublished paper, Annenberg School for Communication, University of Pennsylvania.

    Gerbner, G., Gross, L., Morgan, M., & Signorielli, N. (1993). Growing up with television: The cultivation perspective. In J. Bryant & D. Zillman (Eds.), *Media effects*: *Advances in theory and research*. Hillsdale, NJ: Erlbaum.

59. Thibodeau, R. (1989). From racism to tokenism: The changing face of blacks in New Yorker cartoons. *Public Opinion Quarterly*, *53*, 482 - 494.

60. Chavez, D. (1985). Perpetuation of gender inequality: A context analysis of comic strips. *Sex Roles*, *13*, 93 - 102.

61. Geis, F., Brown, V., Jennings (Walstedt), J., & Porter, N. (1984). TV commercials as achievement scripts for women. *Sex Roles*, *10*, 513 - 525.

62. Buss, D., & Kenrick, D. (1998). Evolutionary social psychology. In D. Gilbert, S. Fiske, & G. Lindzey (Eds.), *Handbook of social psychology* (4th. ed., Vol. 1, pp. 982 - 1026). New York: McGraw-Hill.

63. Dollard, J. (1987). *Class and caste in a southern town*. New Haven, CT: Yale University Press.

64. Dollard, J. (1938). Hostility and fear in social life. *Social Forces*, *17*, 15 - 26.

65. Roberts, E., quoted by Jacobs, P., & Landau, S. (1971). *To serve the devil* (Vol. 2, p. 71). New York: Vintage Books.

66. Crocker, C., quoted by Jacobs, P., & Landau S. (1971). *To serve the devil* (Vol. 2, p. 81). New York: Vintage Books.

67. Greeley, A., & Sheatsley, P. (1971). The acceptance of desegregation continues to advance. *Scientific American*, *225*(*6*), 13 - 19.

    See also: Vanneman, R. D., & Pettigrew, T. F. (1972). Race and relative deprivation in the urban United States. *Race*, *13*, 461 - 486.

68. Sherif, M., Harvey, O. J., White, B. J., Hood, W., & Sherif, C. (1961). *Intergroup conflict and cooperation*: *The Robbers Cave experiment*. Norman: University of Oklahoma Institute of Intergroup Relations.

69. Hovland, C., & Sears, R. (1940). Minor studies of aggression: Correlation of lynchings with economic indices. *Journal of Psychology*, *9*, 301 - 310.

70. Klineberg, O. (1971). Black and white in international perspective. *American Psychologist*, *26*, 119 - 128.

    Lamont-Brown, R. (1993). The burakumin: Japan's underclass. *Contemporary Review 263*, 136 - 139.

71. Speer, A. (1970). *Inside the Third Reich*: *Memoirs* (R. Winston & C. Winston, Trans.). New York: Macmillan.

72. Miller, N., & Bugelski, R. (1948). Minor studies in aggression: The influence of frustrations imposed by the in-group on attitudes expressed by the out-group. *Journal of Psychology*, *25*, 437 - 442.

73. Rogers, R., & Prentice-Dunn, S. (1981). Deindividuation and anger-mediated interracial aggression: Unmasking regressive racism. *Journal of Personality and Social Psychology*, *41*, 63 - 73.

74. Weatherly, D. (1961). Anti-semitism and the expression of fantasy aggression. *Journal of Abnormal and Social Psychology*, *62*, 454 - 457.

75. Crocker, J., Thompson, L. L., McGraw, K. M., & Ingerman, C. (1987). Downward comparison, prejudice, and evaluations of others: Effects of self-esteem and threat. *Journal of Personality and Social Psychology*, *52*, 907 - 916.

76. Dollard, J. (1987). *Class and caste in a southern town*.

New Haven, CT: Yale University Press.

77. Bettelheim, B., & Janowitz, M. (1964). *Social change and prejudice, including dynamics of prejudice*. New York: Free Press.

78. Tumin, M., Barton, P., & Burrus, B. (1958). Education, prejudice, and discrimination: A study in readiness for desegregation. *American Sociological Review*, *23*, 41 - 49.

79. Fein, S., & Spencer, S. J. (1997). Prejudice as self-image maintenance: Affirming the self through derogating others. *Journal of Personality and Social Psychology*, *73*, 31 - 44.

80. Adorno, T., Frenkel-Brunswick, E., Levinson, D., & Sanford, R. N. (1950). *The authoritarian personality*. New York: Harper.

81. McFarland, S. M., Ageyev, V. S., & Abalakina-Paap, M. A. (1992). Authoritarianism in the former Soviet Union. *Journal of Personality and Social Psychology*, *63*, 1004 - 1010.

82. Taylor, D., Sheatsley, P., & Greeley, A. (1978) Attitudes toward racial integration. *Scientific American*, *238*, 42 - 49.

83. Pettigrew, T. F. (1959). Regional differences in anti-Negro prejudice. *Journal of Abnormal and Social Psychology*, *59*, 28 - 36.

84. Minard, R. D. (1952). Race relations in the Pocahontas coal field. *Journal of Social Issues*, *8*, 29 - 44.

85. Pettigrew, T. F. (1958). Personality and sociocultural factors and intergroup attitudes: A cross-national comparison. *Journal of Conflict Resolution*, *2*, 29 - 42.

86. Watson, J. (1950). Some social and psychological situations related to change in attitude. *Human Relations*, *3*, 15 - 56.

87. Kirkland, S. L., Greenberg, J., & Pyszczynski, T. (1987). Further evidence of the deleterious effects of overheard derogatory ethnic labels: Derogation beyond the target. *Personality and Social Psychology Bulletin*, *13*, 216 - 227.

88. MacCrone, I. (1937). *Race attitudes in South Africa*. London: Oxford University Press.

89. Lazarsfeld, P. (1940). *Radio and the printed page*. New York: Duell, Sloan & Pearce.

90. Deutsch, M., & Collins, M. E. (1951). *Interracial housing: A psychological evaluation of a social experiment*. Minneapolis: University of Minnesota Press.

See also: Wilner, D., Wallcley, R., & Cook, S. (1955). *Human relations in interracial housing*. Minneapolis: University of Minnesota Press.

91. Pettigrew, T. (1997). Generalized intergroup contact effects on prejudice. *Personality and Social Psychology Bulletin*, *23*, 173 - 185.

92. Brehm, J. (1959). Increasing cognitive dissonance by a fait accompli. *Journal of Abnormal and Social Psychology*, *58*, 379 - 382.

93. Darley, D., & Berscheid, E. (1967). Increased liking as a result of the anticipation of personal contact. *Human Relations*, *20*, 29 - 40.

94. National Opinion Research Center (1980). *General social surveys*, 1972 - 1980: *Cumulative code book*. Storrs, CT: Roper Public Opinion Research Center, University of Connecticut.

95. Pettigrew, T. F. (1961). Social psychology and desegregation research. *American Psychologist*, *16*, 105 - 112.

96. Clark, K. B. (1953). Desegregation: An appraisal of the evidence. *Journal of Social Issues*, *9*(4), 2 - 76.

97. Stouffer, S., Suchman, E., DeVinney, L., Star, S., & Williams, R. (1949). *The American soldier: Adjustment during army life*. World War Ⅱ). Princeton, NJ: Princeton University Press.

98. Kramer, B. (1951). Residential contact as a determinant of attitudes toward Negroes. Unpublished Ph. D. dissertation, Harvard University.

Winder, A. (1952). White attitudes towards Negro - white interaction in an area of changing racial composition. *American Psychologist*, *7*, 330 - 331.

99. Asher, S., & Allen, V. (1969). Racial preference and social comparison processes. *Journal of Social Issues*, *25*, 157 - 166.

Stephen, W., Kennedy, J. (1975). An experimental study of inter-ethnic competition in segregated schools. *Journal of School Psychology*, *13*, 234 - 247.

Gerard, H., & Miller, N. (1976). *School desegregation*. New York: Plenum Press.

100. Stephan, W. G. (1978). School desegregation: An evaluation of predictions made in Brown v. The Board of Education. *Psychological Bulletin*, *85*, 217 - 238.

101. Lester, J. (1971). Beep! Beep! Bang! Umgawa! Black power! In R. Kytle (Ed.), *Confrontation: Issues of the 70s* (pp. 162 - 181). New York: Random House.

102. Deutsch, M., & Collins, M. E. (1951) *Interracial housing: A psychological evaluation of a social experiment*. Minneapolis: University of Minnesota Press.

103. Sherif, M., & Sherif, C. (1956). *An outline of social psychology*. New York: Harper & Bros. Sherif, M., Harvey, O. J., White, B. J., Hood, W., & Sherif, C. *Intergroup conflict and cooperation: The Robbers Cave experiment*. Norman: University of Oklahoma Institute of Intergroup Relations.

104. Deutsch, M. (1949). A theory of cooperation and competition. *Human Relations* *2*, 129 - 152.

Deutsch, M. (1949). An experimental study of

the effects of cooperation and competition upon group process. *Human Relations*, *2*, 199 - 232.

105. Keenan, P., & Carnevale, P. (1989). Positive effects of within-group competition on between-group negotiation. *Journal of Applied Social Psychology*, *19*, 977 - 992.

106. Aronson, E., Stephan, C., Sikes, J., Blaney, N., & Snapp, M. (1978). *The jigsaw classroom*. Beverly Hills, CA: Sage.

Aronson, E., & Osherow, N. (1980). Cooperation, prosocial behavior, and academic performance: Experiments in the desegregated classroom. In L. Bickman (Ed.), *Applied social psychology annual* (Vol. 1, pp. 163 - 196). Beverly Hills, CA: Sage.

Aronson, E. (1992). Stateways can change folkways. In R. Baird & S. Rosenbaum (Eds.), *Bigotry, prejudice and hatred: Definitions, causes and solutions* (pp. 111 - 124). Buffalo, NY: Prometheus Books.

Aronson, E., & Patnoe, S. (1997). *Cooperation in the classroom: The jigsaw method*. New York: Longman.

107. Aronson, E., & Osherow, N. (1980). Cooperation, prosocial behavior, and academic performance: Experiments in the desegregated classroom. In L. Bickman (Ed.), *Applied social psychology annual* (Vol. 1, pp. 163 - 196). Beverly Hills, CA: Sage.

108. Aronson, E. (2002). Building empathy, compassion, and achievement in the jigsaw classroom. In Aronson, Joshua (Ed.), *Improving academic achievement: Impact of psychological factors on education* (pp. 209 - 225). San Diego, CA, US: Academic Press.

Juergen-Lohmann, Julia; Borsch, Frank; Giesen, Heinz. (2001). Cooperative learning at the university: An evaluation of jigsaw in classes of educational psychology/Kooperatives Lernen an der Hochschule. *Evaluation des Gruppenpuzzles in Seminaren der Paedagogischen Psychologie Zeitschrift fuer Paedagogische Psychologie*, *15*, 74 - 84.

Perkins, D., & Saris, R. (2001). A "jigsaw classroom" technique for undergraduate statistics courses. *Teaching of Psychology*, *28*, 111 - 113.

Walker, I., & Crogan, M. (1998). Academic performance, prejudice, and the Jigsaw classroom: New pieces to the puzzle. *Journal of Community & Applied Social Psychology*, *8*, 381 - 393.

109. Desforges D. M., Lord, C. G., Ramsey, S. L., Mason, J. A., Van Leeuwen, M. D., West, S. C., & Lepper, M. R. (1991). Effects of Structured Cooperative Contact on changing negative attitudes towards stigmatized social groups. *Journal of Personality and Social Psychology*, *60*, 531 - 544.

110. Leippe, M. R., & Eisenstadt, D. (1994). Generalization of dissonance reduction: Decreasing prejudice through induced compliance. *Journal of Personality and Social Psychology*, *67*, 395 - 413.

111. Gaertner, S. L., Mann, J. A., Dovidio, J. F., Murrell, A. J., & Pomare, M. (1990). How does cooperation reduce intergroup bias? *Journal of Personality and Social Psychology*, *59*, 692 - 704.

112. Bridgeman, D. (1981). Enhanced role-taking through cooperative interdependence: A field study. *Child Development*, *52*, 1231 - 1238.

113. Slavin, R. (1996). Research on cooperative learning and achievement: What we know, what we need to know. *Contemporary Educational Psychology*, *21*, 43 - 69.

Qin, Z., Johnson, D. W., & Johnson, R. T. (1995). Cooperative versus competitive efforts and problem solving. *Review of Educational Research*, *65*, 29 - 143.

114. Aronson, E., & Patnoe, S. (1997). *Cooperation in the classroom: The Jigsaw method*. New York: Longman.

115. McConahay, J. B. (1981). Reducing racial prejudice in desegregated schools. In W. D. Hawley (Ed.), *Elective school desegregation*. Beverly Hills, CA: Sage.

116. Aronson, E. (2000). *Nobody Left to Hate: Teaching Compassion After Columbine*. New York: Henry Holt.

117. Shipler, D. K. (1997). *A country of strangers: Blacks and whites in America*. New York: Alfred A. Knopf.

Chapter 8 Liking, Loving, and Interpersonal Sensitivity

1. Darwin, C. (1910). *The expression of emotions in man and animals*. New York: Appleton.

2. Carnegie, D. (1937). *How to win friends and influence people*. New York: Simon & Schuster.

3. Remmers, H. H., & Radler, D. H. (1958). Teenage attitudes. *Scientific American*, *198(6)*, 25 - 29.

Adler, P. A., & Adler, P. (1995). Dynamics of inclusion and exclusion in preadolesent cliques. *Social Psychology Quarterly*, *58*, 145 - 162.

Cohen, E., Reinherz, H., & Frost, A. (1994). Self-perceptions of unpopularity in adolescence: Links to past and current adjustment. *Child and Adolescent Social Work Journal*, *11*, 37 - 52.

Kennedy, E. (1995). Correlates of perceived popularity among peers: A study of race and gender differences among middle school students. *Journal of Negro Education*, *64*, 186 - 195.

4. Lemann, T., & Solomon, R. (1952). Group character-

istics as revealed in sociometric patterns and personality ratings. *Sociometry*, *15*, 7 - 90.

5. Homans, G. (1961). *Social behavior: Its elementary forms*. New York: Harcourt, Brace and World.
6. Walster (Hatfield), E., Aronson, V., Abrahams, D., & Rottman, L. (1966). Importance of physical attractiveness in dating behavior. *Journal of Personality and Social Psychology*, *5*, 508 - 516.
7. Byrne, D. (1969). Attitudes and attraction. In L. Berkowitz (Ed.), *Advances in experimental social psychology* (Vol. 4). New York: Academic Press.

   Sprecher, S., & Duck, S. (1994). Sweet talk: The importance of perceived communication for romantic and friendship attraction experienced during a get-acquainted date. *Personality and Social Psychology Bulletin*, *20*(*4*), 391 - 400.

   Pilkington, N. W., & Lydon, J. E. (1997). The relative effect of attitude similarity and attitude dissimilarity on interpersonal attraction: Investigating the moderating roles of prejudice and group membership. *Personality and Social Psychology Bulletin*, *23*(*2*), 107 - 122.
8. Sherif, M. (1956). Experiments in group conflict. *Scientific American*, *195*, 53 - 58.
9. Aronson, E., Stephan, C., Sikes, J., Blaney, N., & Snapp, M. (1978). *The jigsaw classroom*. Beverly Hills, CA: Sage.

   Aronson, E., & Osherow, N. (1980). Cooperation, prosocial behavior, and academic performance: Experiments in the desegregated classroom. In L. Bickman (Ed.), *Applied social psychology annual* (Vol. 1, pp. 163 - 196). Beverly Hills, CA: Sage.
10. Aronson, E., & Mills, J. (1959). The effect of severity of initiation on liking for a group. *Journal of Abnormal and Social Psychology*, *59*, 177 - 181.
11. Aronson, E., & Darwyn, L. (1965). Gain and loss of esteem as determinants of interpersonal attractiveness. *Journal of Experimental Social Psychology*, *1*, 156 - 171.

    Aronson, E., & Worchel, P. (1966). Similarity versus liking as determinants of interpersonal attractiveness. *Psychonomic Science*, *5*, 157 - 158.

    Sigall, H., & Aronson, E. (1969). Liking for an evaluator as a function of her physical attractiveness and nature of the evaluations. *Journal of Experimental Social Psychology*, *5*, 93 - 100.
12. Amabile, T. (1983). Brilliant but cruel: Perceptions of negative evaluators. *Journal of Experimental Social Psychology*, *19*, 146 - 156.
13. Deutsch, M., & Solomon, L. (1959). Reactions to evaluations by others as influenced by self-evaluations. *Sociometry*, *22*, 93 - 112.
14. Jones, E. E. (1964). *Ingratiation*. New York: Appleton-Century-Crofts.
15. Jennings, H. H. (1959). *Leadership and isolation* (2nd ed). New York: Longman, Green.
16. Lott, B., & Lott, A. (1960). The formation of positive attitudes toward group members. *Journal of Abnormal and Social Psychology*, *61*, 297 - 300.
17. Brehm, J., & Cole, A. (1966). Effect of a favor which reduces freedom. *Journal of Personality and Social Psychology*, *3*, 420 - 426.
18. Tolstoy, L. (1942). *War and peace*. New York: Simon & Schuster.
19. Bigelow, J. (Ed.). (1916). *The autobiography of Benjamin Franklin* (pp. 216 - 217). New York: G. P. Putnam's Sons.
20. Jecker, J., & Landy, D. (1969). Liking a person as a function of doing him a favor. *Human Relations*, *22*, 371 - 378.
21. Lerner, M., & Simmons, C. (1966). Observer's reaction to the "innocent victim": Compassion or rejection? *Journal of Personality and Social Psychology*, *4*, 203 - 210.
22. Lott, A. J., Lott, B. E., Reed, T., & Crow, T. (1960). Personality-trait descriptions of differentially liked persons. *Journal of Personality and Social Psychology*, *16*, 284 - 290.
23. Bales, R. (1958). Task roles and social roles in problem solving groups. In E. E. Maccoby, T. M. Newcomb, & E. L. Hartley (Eds.), *Readings in social psychology* (3rd ed., pp. 437 - 447). New York: Holt.

    Bales, R., & Slater, P. (1955). Role differentiation in small decision-making groups. In T. Parsons & R. F. Bales (Eds.), *The family, socialization, and interaction process*. Glencoe, IL: Free Press.
24. Aronson, E., Willerman, B., & Floyd, J. (1966). The effect of a pratfall on increasing interpersonal attractiveness. *Psychonomic Science*, *4*, 227 - 228.
25. Deaux, K. (1972). To err is humanizing: But sex makes a difference. *Representative Research in Social Psychology*, *3*, 20 - 28.
26. Aronson, E., Helmreich, R., & LeFan, J. (1970). To err is humanizing — sometimes: Effects of self-esteem, competence, and a pratfall on interpersonal attraction. *Journal of Personality and Social Psychology*, *16*, 259 - 264.
27. Tesser, A., & Brodie, M. (1971). A note on the evaluation of a "computer date." *Psychonomic Science*, *23*, 300.
28. Feingold, A. (1990). Gender differences in effects of physical attractiveness on romantic attraction: A comparison across five research paradigms. *Journal of Personality and Social Psychology*, *59*, 981 - 993.

29. Walster, E., Aronson, V., Abrahams, D., & Rottman, L. Importance of physical attractiveness in dating behavior. *Journal of Personality and Social Psychology*, *5*, 508 - 516.

30. White, G. (1980). Physical attractiveness and courtship progress. *Journal of Personality and Social Psychology*, *39*, 660 - 668.

31. Dion, K., Berscheid, E., & Walster (Hatfield), E. (1972). What is beautiful is good. *Journal of Personality and Social Psychology*, *24*, 285 - 290.

32. Tan, A. S. (1979). TV beauty ads and role expectations of adolescent female viewers. *Journalism Quarterly*, *56*, 283 - 288.

33. Dion, K., & Berscheid, E. (1971). Physical attractiveness and sociometric choice in nursery school children. Mimeographed research report.

34. Dion, K. (1972). Physical attractiveness and evaluations of children's transgressions. *Journal of Personality and Social Psychology*, *24*, 207 - 213.

Similar findings reported in Berkowitz, L., & Frodi, A. (1979). Reactions to a child's mistakes as affected by her/his looks and speech. *Social Psychology Quarterly*, *42*, 420 - 425.

35. Lerner, R. M., Lerner, J. V., Hess, L. E., & Schwab, J. (1991). Physical attractiveness and psychosocial functioning among early adolescents. *Journal of Early Adolescence*, *11(3)*, 300 - 320.

36. Hunsberger, B., & Cavanagh, B. (1988). Physical attractiveness and children's expectations of potential teachers. *Psychology in the Schools*, *25(1)*, 70 - 74.

37. Frieze, I. H., Olson, J. E., & Russell, J. (1991). Attractiveness and income for men and women in management. *Journal of Applied Social Psychology*, *21*, 1037 - 1039.

38. Sigall, H., & Aronson, E. (1969). Liking for an evaluator as a function of her physical attractiveness and nature of the evaluations. *Journal of Experimental and Social Psychology*, *5*, 93 - 100.

39. Sigall, H., & Ostrove, N. (1975). Beautiful but dangerous: Effects of offender attractiveness and nature of the crime on juridic judgment. *Journal of Personality and Social Psychology*, *31*, 410 - 414.

40. Downs, C. A., & Lyons, P. M. (1991). Natural observations of the links between attractiveness and initial legal judgments. *Personality and Social Psychology Bulletin*, *17*, 541 - 547.

41. Sigall, H., & Landy, D. (1973). Radiating beauty: Effects of having a physically attractive partner on person perception. *Journal of Personality and Social Psychology*, *28*, 218 - 224.

42. Snyder, M., Tanke, E. D., & Berscheid, E. (1977). Social perception and interpersonal behavior: On the self-fulfilling nature of social stereotypes. *Journal of Personality and Social Psychology*, *35*, 656 - 666.

43. Byrne, D. (1969). Attitudes and attraction. In L. Berkowitz (Ed.), *Advances in experimental social psychology* (Vol. 4). New York: Academic Press.

44. Marks, G., Miller, N., & Maruyama, M. (1981). Effect of targets' physical attractiveness on assumptions of similarity. *Journal of Personality and Social Psychology*, *41*, 198 - 206.

Granberg, D., & King, M. (1980). Cross-lagged panel analysis of the relation between attraction and perceived similarity. *Journal of Experimental Social Psychology*, *16*, 573 - 581.

45. Aronson, E., & Worchel, S. (1966). Similarity versus liking as determinants of interpersonal attractiveness. *Psychometric Science*, *5*, 157 - 158.

Condon, J. W., & Crano, W. D. (1988). Inferred evaluation and the relationship between attitude similarity and interpersonal attraction. *Journal of Personality and Social Psychology*, *54*, 789 - 797.

46. Secord, P., & Backman, C. (1964). Interpersonal congruency, perceived similarity, and friendship. *Sociometry*, *27*, 115 - 127.

47. Curtis, R. C., & Miller, K. (1986). Believing another likes or dislikes you: Behaviors making the beliefs come true. *Journal of Personality and Social Psychology*, *51*, 284 - 290.

48. Walster (Hatfield), E. (1965). The effect of self-esteem on romantic liking. *Journal of Experimental and Social Psychology*, *1*, 184 - 197.

49. Kiesler, S. B., & Baral, R. L. (1970). The search for a romantic partner: The effects of self-esteem and physical attractiveness on romantic behavior. In K. J. Gergen & D. Marlowe (Eds.), *Personality and social behavior*. Reading, MA: Addison-Wesley.

50. Baumeister, Roy F., Twenge, Jean M., Nuss, Christopher K. (2002). Effects of social exclusion on cognitive processes: Anticipated aloneness reduces intelligent thought. *Journal of Personality & Social Psychology*, *83*, 817 - 827.

51. Twenge, Jean M., Catanese, Kathleen R., Baumeister, Roy F. (2002). Social exclusion causes self-defeating behavior. *Journal of Personality & Social Psychology*, *83*, 606 - 615.

52. Aronson, E., & Linder, D. (1965). Gain and loss of esteem as determinants of interpersonal attractiveness. *Journal of Experimental and Social Psychology*, *1*, 156 - 171.

See also: Gerard, H., & Greenbaum, C. W. (1962). Attitudes toward an agent of uncertainty reduction. *Journal of Personality*, *30*, 485 - 495.

Mettee, D., Taylor, S. E., & Friedman, H.

(1973). Affect conversion and the gainloss like effect. *Sociometry*, *36*, 505 - 519.

Aronson, E., & Mettee, D. (1974). Affective reactions to appraisal from others. In *Foundations of interpersonal attraction*. New York: Academic Press.

Clore, G. L., Wiggins, N. H., & Itkin, S. (1975). Gain and loss in attraction: Attributions from nonverbal behavior. *Journal of Personality and Social Psychology*, *31*, 706 - 712.

Marshall, L. L., & Kidd, R. F. (1981). Good news or bad news first? *Social Behavior and Personality*, *9*(2), 223 - 226.

Tzeng, O. C. S., & Gomez, M. (1992). Behavioral reinforcement paradigm of love. In O. C. S. Tzeng (Ed.), *Theories of love development, maintenance, and dissolution: Octagonal cycle and differential perspectives* (pp. 17 - 132). New York: Praeger/Greenwood.

Turcotte, S. J., & Leventhal, L. (1984). Gain-loss versus reinforcement-affect ordering of student ratings of teaching: Effect of rating instructions. *Journal of Educational Psychology*, *76*(5), 782 - 791.

53. Aronson, E., & Linder, D. (1965). Gain and loss of esteem as determinants of interpersonal attractiveness. *Journal of Experimental and Social Psychology*, *1*, 156 - 171.

54. Spinoza, B. de (1910). The ethics. In A. Boyle (Trans.), *Spinoza's ethics and "De Intellectus Emendatione."* New York: Dutton.

55. Mettee, D. R., Taylor, S. E., & Friedman, H. (1973). Affect conversion and the gainloss like effect. *Sociometry*, *36*, 505 - 519.

56. Mettee, D. R., & Aronson, E. (1974). Affective reactions to appraisal from others. *Foundations of interpersonal attraction*. New York: Academic Press.

57. Clark, M. S., & Mills, J. (1979). Interpersonal attraction in exchange and communal relationships. *Journal of Personality and Social Psychology*, *37*, 12 - 24.

Mills, J., & Clark, M. S. (1982). Exchange and communal relationships. In L. Wheeler (Ed.), *Review of personality and social psychology* (Vol. Ⅲ). Beverly Hills, CA: Sage.

Clark, M. S. (1986). Evidence for the effectiveness of manipulations of desire for communal versus exchange relationships. *Personality and Social Psychology Bulletin*, *12*, 425.

58. Walster, E., Walster, G. W., & Traupmann, J. (1979). Equity and premarital sex. In M. Cook & G. Wilson (Eds.), *Love and attraction*. New York: Pergamon Press.

Schafer, R. B., & Keith, P. M. (1980). Equity and depression among married couples. *Social Psychology Quarterly*, *43*, 430 - 435.

59. Clark, M. S., Mills, J. R., & Corcoran, D. M. (1989). Keeping track of needs and inputs of friends and strangers. *Personality and Social Psychology Bulletin*, *15*, 533 - 542.

60. Berscheid, E., & Reis, H. (1998). Attraction and close relationships. Gilbert, T., Fiske, S., & Lindzey, G. (Eds.), *The handbook of social psychology*, Vol. 2 (4th ed.) (pp. 193 - 281). New York, NY: McGraw-Hill.

61. Rubin, Z. (1970). Measurement of romantic love. *Journal of Personality and Social Psychology*, *16*, 265 - 273.

62. Rubin, Z. (1973). *Liking and loving: An invitation to social psychology*. New York: Holt, Rinehart and Winston.

63. Hatfield, E., & Rapson, R. L. (2002). Passionate love and sexual desire: Cultural and historical perspectives. In A. L. Vangelisti, & H. T. Reis (Eds.), *Stability and change in relationships across the life span* (pp. 306 - 324). New York: Cambridge University Press.

64. Sternberg, R. J. (1988). *The triangle of love*. New York: Basic Books.

65. Baumeister, R. (1991). *Meanings of life*. New York: Guilford Press.

Buss, D., & Kenrick, D. (1998). Evolutionary social psychology. In D. Gilbert, S. Fiske, & G. Lindzey (Eds.), Handbook of social psychology (4th. ed., Vol. 1, pp. 982 - 1026). New York: McGraw Hill.

66. Duck, S. (1995). Stratagems, spoils and a serpent's tooth: On the delights and dilemmas of personal relationships. In W. R. Cupach, & B. H. Spitzberg (Eds.), *The darkside of interpersonal communication*. Hillsdale, NJ: LEA.

67. Harvey, O. J. (1962). Personality factors in resolution of conceptual incongruities. *Sociometry*, *25*, 336 - 352.

68. Stevenson, H., Keen, R., & Knights, J. (1963). Parents and strangers as reinforcing agents for children's performance. *Journal of Abnormal and Social Psychology*, *67*, 183 - 185.

69. Floyd, J. (1964). Effects of amount of reward and friendship status of the other on the frequency of sharing in children. Unpublished Ph. D. dissertation, University of Minnesota.

70. Cicero (46 B. C.). *De amicitia*. Libri Sapientis: Horti Novabaculae, Rome.

71. Harvey, J. H., Weber, A. L., & Orbuch, T. L. (1990). *Interpersonal accounts: A social psychological perspective*. Oxford: Blackwell.

72. Rands, M., Levinger, G., & Mellinger, G. (1981). Patterns of conflict resolution and marital satisfaction.

Journal of Family Issues, *2*, 297 - 321.

73. Skotko, P. K. (1981). The relation between interpersonal attraction and measures of self-disclosure. *Journal of Social Psychology*, *112*, 311 - 312.

    Archer, R., & Burleson, J. (1980). The effects of timing of self-disclosure on attraction and reciprocity. *Journal of Personality and Social Psychology*, *38*, 120 - 130.

    Taylor, D., Gould, R., & Brounstein, P. (1981). Effects of personalistic selfdisclosure. *Personality and Social Psychology Bulletin*, *7*, 437 - 492.

74. Aron, A., Melinat, E., Aron, E. N., & Vallone, R. D. (1997). The experimental generation of interpersonal closeness: A procedure and some preliminary findings. *Personality and Social Psychology Bulletin*, *23* (4), 363 - 377.

75. Pennebaker, J. W. (1997). Opening up: The healing power of expressing emotions (rev. ed.). New York: Guilford Press.

76. Kahn, M. (1995). The tao of conversation. Oakland, CA: New Harbinger.

77. Fincham, Frank D., & Bradbury, Thomas N. (1993). Marital satisfaction, depression, and attributions: A longitudinal analysis. *Journal of Personality & Social Psychology*, *64*, 442 - 452.

    Karney, Benjamin, & Bradbury, Thomas N. (2000). Attributions in marriage: State or trait? A growth curve analysis. *JPSP*, *78*, 295 - 309.

Chapter 9 Social Psychology as a Science

1. Kunen, J. S. (1995, July 10). Teaching prisoners a lesson. *The New Yorker*, pp. 34 - 39.
2. *Nova*, KQED (1993, December 21). Richard Feynman: The best mind since Einstein.
3. P. Semonov, personal communication.
4. Nisbett, R., & Wilson, T. (1977). Telling more than we know: Verbal reports on mental processes. *Psychological Review*, *84*, 231 - 259.
5. Aronson, E., Willerman, B., & Floyd, J. (1966). The effect of a pratfall on increasing interpersonal attractiveness. *Psychonomic Science*, *4*, 227 - 228.
6. Aronson, E., & Mills, J. (1959). The effect of severity of initiation on liking for a group. *Journal of Abnormal and Social Psychology*, *59*, 177 - 181.
7. Liebert, R., & Baron, R. (1972). Some immediate effects of televised violence on children's behavior. *Developmental Psychology*, *6*, 469 - 475.
8. Aronson, E., & Carlsmith, J. M. (1969). Experimentation in social psychology. In G. Lindzey & E. Aronson (Eds.), *Handbook of social psychology* (2nd ed., Vol. 2, pp. 1 - 79). Reading, MA: Addison-Wesley.

    See also: Aronson, E., Brewer, M., & Carlsmith, J. M. (1985). Experimentation in social psychology. In G. Lindzey & E. Aronson (Eds.), *Handbook of social psychology* (3rd ed., Vol. 1, pp. 441 - 486). New York: Random House.

9. Milgram, S. (1963). Behavioral study of obedience. *Journal of Abnormal and Social Psychology*, *67*, 371 - 378.
10. Ibid.
11. Aronson, E., Sigall, H., & Van Hoose, T. (1970). The cooperative subject: Myth or reality? *Journal of Experimental and Social Psychology*, *6*, 1 - 10.
12. Asch, S. (1951). Effects of group pressure upon the modification and distortion of judgment. In M. H. Guetzkow (Ed.), *Groups, leadership, and men* (pp. 177 - 190). Pittsburgh: Carnegie.

    Asch, S. (1951). Studies of independence and conformity: A minority of one against a unanimous majority. *Psychological Monographs*, *70* (9, Whole No. 416).

13. Dawes, R., McTavish, J., & Shaklee, H. (1977). Behavior, communication, and assumptions about other people's behavior in a common dilemma situation. *Journal of Personality and Social Psychology*, *35*, 1 - 11.
14. Asch, S. (1951). Effects of group pressure upon the modification and distortion of judgment. In M. H. Guetzkow (Ed.), *Groups, leadership, and men* (pp. 177 - 190). Pittsburgh: Carnegie.
15. Aronson, E., & Mettee, D. (1968). Dishonest behavior as a function of differential levels of induced self-esteem. *Journal of Personality and Social Psychology*, *9*, 121 - 127.
16. Milgram, S. (1963). Behavioral study of obedience. *Journal of Abnormal and Social Psychology*, *67*, 371 - 378.
17. Bickman, L., & Zarantonello, M. (1978). The effects of deception and level of obedience on subjects' ratings of the Milgram study. *Personality and Social Psychology Bulletin*, *4*, 81 - 85.
18. Milgram, S. (1964). Issues in the study of obedience: A reply to Baumrind. *American Psychologist*, *19*, 848 - 852.

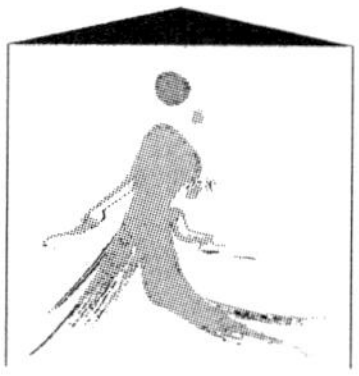

英文人名索引

英文主题索引

译者后记

20 年前的那个秋天，带着对人生和事业的无限憧憬，我跨入了大学的校门。老师告诉我们这些新生，大学的学习方式与中学有着根本的不同，每一门课程的学习都不能期待像中学那样有一本指定的教材，所谓的大学教材不过是一种主要的参考书，还需要进行大量的课外阅读。循着这样一种思路，我开始了宽泛的课外阅读。在所阅读的专业类书籍中，给我留下印象最深的便是美国社会心理学家阿伦森先生的《社会心理学入门》（该书由郑日昌先生等人根据《社会性动物》第三版翻译）。

这本书带给我的是一种完全不同的阅读体验。在第一次阅读时，我几乎是满怀激情、一鼓作气地读完这本书的。尽管此前还没有学过社会心理学这门课程，尽管书中不乏一些生僻的（至少对我这样一个当时第一次接触社会心理学的人是如此）的术语，尽管感到在翻译方面还有一些不太通达之处，但是我读起来却仍是那样津津有味、颇有意犹未尽之感。此后，以这本书所涉及的问题为线索，我又进行了大量的社会心理学阅读，并在四年大学生活结束后，如愿以偿地进入了华东师范大学心理学系，师从时蓉华先生攻读社会心理学硕士。硕士研究生学习期间，我从华东师范大学图书馆找来了《社会性动物》英文原版，这一次是将它作为一本专业书来字斟句酌地加以阅读的，从轻松简洁的文字、清晰明确的表述之中，细细品味着作者的思想与理念，深感这是一本可以由薄读厚的书，并为自己从一开始就有缘接触这样一部不可多得的经典社会心理学著作而庆幸。

时光荏苒，从 1972 年第一版问世至今，《社会性动物》已经修订了八次，第九版是作者在进入新世纪后修订的，于 2004 年面世。去年夏天，华东师范大学出版社决定将《社会性动物》（第九版）收入"当代心理科学名著译丛"，我欣然接受了翻译之约。拿到英文原版书后，我并没有仓促下手翻译，而是重新对全书进行了细致的阅读，力图在自己已有社会心理学知识的基础上对全书能有更好的理解与把握。

与曾经读过的英文原版相比，最新版本在体系上没有做太大的变动，但是它所涵盖的内容却在不断延伸，所选用的材料也在不断更新，最近30年该领域新出现的一些重要概念和重要研究被很好地整合到了原有的体系之中，从中可以看出作者最初所设计体系的强劲生命力。当然，同样在延伸的还有作者阿伦森先生的思想。作为迄今唯一一位在研究、教学和著作三个方面均获得美国心理学会最高奖的著名心理学家，阿伦森先生对社会心理学的诸多重要领域以及学科发展做出了自己的重要贡献。他的贡献和思想是这部精品力作得以成形并经久不衰的前提和保证。我想，阿伦森先生在本书中所表达出来的信念，或许曾使许多如我一样的读者深受鼓舞，令他们认识到"社会心理学家在帮助我们这个世界变得更加美好方面，可以扮演极为重要的角色"，激励着一批又一批社会心理学研究者不断地直面现实，去应对人们探索与社会影响有关的种种社会问题的兴趣。从这个意义上讲，对于社会心理学专业的学习者和研究者而言，本书的价值绝不仅仅是一部入门之作。该书在理论、原理、方法、技术等方面所做的诸多思考与论述都堪称经典，称其为"美国社会心理学的《圣经》"(*Revue des Questions Scientifiques* 对本书的评价)并不过分。

坦率地讲，同意翻译本书，我承受着相当大的压力。这种压力首先来自于这本书本身。对于这样一部社会心理学经典名著，对于这样一位杰出的社会心理学家的思想，我没有把握确定以自己有限的能力能否充分地加以理解并恰如其分地转述出来。其次，这种压力还来自于读者对翻译本书的更高的要求，毕竟在此之前国内读者对《社会性动物》已经有了或多或少的了解。特别是前一种压力，曾经令我几度彷徨迟疑。在此，非常感谢缪小春先生的鼓励和鞭策，特别是他能够同意在百忙之中抽时间审校译稿，付出了大量的心血，提出了许多宝贵的修改意见。感谢当代心理科学名著译丛编委会，特别是李其维先生为我提供这样一个进一步学习提高的机会。感谢在翻译本书的日日夜夜中默默地给予我支持与帮助的妻子。

责任编辑彭呈军同志为本书的顺利出版付出了辛勤的努力，他嘱咐我写一篇译者序，我感到对于这样一部深受欢迎的经典名著，译序似乎是多余的，于是草就了这篇译后记，姑且作为阅读和翻译本书时的一点个人体会与读者交流。译者自知学识浅陋，误译与不妥之处在所难免，衷心希望得到师长、同行和读者朋友的批评指正。当然，由于价值和文化等因素所导致的作者在观点和研究结论方面与我们所存在的差异，则只能由读者去加以鉴别了。

邢占军

2007年8月于泉城济南

当代中国心理科学文库

总主编：杨玉芳

国家出版基金项目

“十三五”国家重点出版物出版规划项目

整个丛书预计 30 种，已出版 18 种

《当代中国心理科学文库》由中国心理学会组织编写，文库选择的内容都是当代心理科学的重要分支领域，富有成果的理论学派和重大前沿科学问题，有重要价值的应用领域。各书作者都是在科研和教学一线工作的，在相关领域具有很深学术造诣、治学严谨的科研工作者和教师。《当代中国心理科学文库》着重反映：（1）当代心理科学的学科体系、方法论和发展趋势；（2）近年来心理学基础研究领域的国际前沿和进展，应用研究领域的重要成果；（3）反映和集成中国学者在不同领域所作的贡献。

- 郭永玉：人格研究
- 傅小兰：情绪心理学
- 乐国安、李安、杨群：法律心理学
- 王瑞明、杨静、李利：第二语言学习
- 李　纾：决策心理：齐当别之道
- 王晓田、陆静怡：进化的智慧与决策的理性
- 蒋存梅：音乐心理学
- 葛列众：工程心理学
- 白学军：阅读心理学
- 周宗奎：网络心理学
- 吴庆麟：教育心理学
- 苏彦捷：生物心理学
- 张积家：民族心理学
- 张清芳：语言产生：心理语言学的视角
- 张力为：运动与锻炼心理学研究手册
- 苗丹民：军事心理学
- 赵旭东：心理治疗
- 罗　非：健康的心理源泉

精神分析经典著作译丛

精神分析理念——即便是诸如“潜意识”和“移情”这样的基本概念——作为关于心灵运作的隐喻，如果不能随着一个人作为精神分析取向治疗师的发展而演进，那么这些概念将会变得陈腐。本丛书精选了克莱因、温尼科特、Daniel N. Stern、布隆伯格，以及安娜弗洛伊德的著作，展现了精神分析博大精深而且不断发展的生命力。

- 心灵的母体：客体关系与精神分析对话
- 让我看见你：临床过程、创伤和解离
- 婴幼儿的人际世界： 精神分析与发展心理学视角
- 成熟过程与促进性环境：情绪发展理论的研究
- 自我与防御机制
- 精神分析之客体关系
- 精神分析心理治疗实践导论
- 向病人学习

华东师范大学出版社　重磅好书

1　社会性动物（第 12 版）

在第 12 版中，艾略特 · 阿伦森与乔舒亚 · 阿伦森共同重新梳理了每一章，删除了一些几年前所谓的热点研究和理论，它们没有经受住时间和重复研究的考验，同时对每一章内容进行了重组和精简，以便在整合新材料时保持叙述的清晰性。阿伦森独具特色地从观察到实验、再从实验到现实的研究思路，影响了整个社会心理学的发展，能够帮忙读者更好地理解复杂的人类行为。当我们有可能像社会心理学家一样思考时，眼中的世界会大为不同。

2　文化性动物

本书对进化与文化进行了独到、广泛而深刻的阐述，其所蕴含的主题“自然为文化塑造了我们”建立在社会心理学及其他心理学领域（包括动物科学）与语言学、文化学等领域的实证研究基础之上。来自历史、政治、哲学、新闻和文学作品中的例证也使这一主题变得更加生动。作者是一位杰出思想家和大师级作家，本书则是他创意十足、意义深远的综合思想集合。